未来以来——智慧博物馆文集

邵小龙 著

科学出版社
北 京

内 容 简 介

本书是对博物馆数字化、信息化、知识化和智慧化建设中指导体系、实践经验和未来设想的个人三十二年（1991—2023 年）的文集汇集。本书分为理论、方案、实践和所思四个部分。理论部分是数字化、信息化和智慧化在博物馆的引入和思想（22 篇）。方案部分是多年来对于博物馆发展的规划策划（21 篇）。实践部分是指项目的实施和效果展示（22 篇）。所思部分是在博物馆建设中的思维、探索、设想和体会（17 篇）。

本书适合博物馆信息化、历史、考古、文物等相关专业的研究者及高等院校师生、文史爱好者等参考阅读。

图书在版编目（CIP）数据

未来以来：智慧博物馆文集 / 邵小龙著. —北京：科学出版社，2023.8
ISBN 978-7-03-076163-7

Ⅰ. ①未… Ⅱ. ①邵… Ⅲ. ①智能技术-应用-博物馆-工作-文集 Ⅳ. ①G26-39

中国国家版本馆 CIP 数据核字（2023）第 153420 号

责任编辑：孙 莉 王 蕾 / 责任校对：王晓茜
责任印制：肖 兴 / 封面设计：金舵手世纪

科学出版社出版
北京东黄城根北街16号
邮政编码：100717
http://www.sciencep.com
北京中科印刷有限公司 印刷
科学出版社发行 各地新华书店经销
*
2023 年 8 月第 一 版 开本：787 × 1092 1/16
2023 年 8 月第一次印刷 印张：39 1/4
字数：930 000

定价：368.00 元

（如有印装质量问题，我社负责调换）

作 者 简 介

邵小龙，男，1964 年 5 月生。香港理工大学信息管理专业，硕士，教授级高级工程师。中国文物协会信息化专委会副主任委员、中国博物馆协会数字化委员专委会委员。曾任陕西文物数据中心主任，陕西历史博物馆信息资料部主任。

研究方向为智慧博物馆建设，长期从事计算机软件开发和应用等博物馆信息化建设工作。近年来主要负责陕西省全省博物馆信息化和陕西历史博物馆信息化建设工作。发表学术论文数十篇及出版物 25 部。

前　言

人的一生在 15—20 岁这个阶段最为重要，这个时期，刚刚了解人间世事，也懵懵懂懂。往往立志就在此时，对于想做个什么样的人，内心的人生目标在迷迷离离中决定，有了所谓的指导思想。到了 20—28 岁，广交朋友，确定了你和什么人在一起，有了行动的阶梯。

由于这两个阶段是人生的起航点，所以在此时，就在不知不觉中，将人分为了两种人生轨迹。大部分人在无意中，错过了这段立志的阶段，就会按照世间普通人生存发展的一般规则去践行一生，初入职场，谈恋爱，结婚生子，做生意或上班打工，职称评定，工作加薪，带孩子，干家务，培养孩子成人，与爱人游寄天际，在平淡中了却一生。

在此阶段立了志的人，修缮是非，不仅按照正常的是非标准观察问题，还会创造一个是非标准，这就是伟人之路。他改变自己，改变世界，改变民族，改变环境。把人从生存阶段的自由发展到角色自由的阶段。

我作为一个没有立志的过来人，在平庸一世中，只是在追求着幸福。努力寻求幸福与欲望、幸福与自由、幸福与道德、幸福与信仰的平衡。在幸福与欲望中，我坚信，中国的传统文化——儒释道是解决人生欲望的好办法。在幸福与自由中，我践行物质自由、时间自由和内心自由。做到物质分清大钱和小钱，时间分清排挤相应（二律背反），内心分清原我、自我和他我。在幸福与道德中，我坚守伦理约束和法律约束。在重点要谈到的幸福与信仰中，我清楚，信仰分为社会信仰、宗教信仰和专业信仰。专业信仰可以认定为是一种癖好。有专业爱好的人比没有专业爱好的人快乐得多，越是专业精进的人，快乐源泉越多，也更能快乐地面对人生。

科学家得到的快乐远比一般人多，因为科学家不仅在专业上、在某一个爱好上痴迷，更重要的是他这种爱好与人类的道德评价高度对应。一个艺术家的作品，别人看不懂，艺术家可能会觉得孤独，但科学家却不一样，别人即使看不懂，也会对科学家很崇敬，认为不懂是自己的问题。所以科学家又比一般有爱好的人能得到更多的尊重。这就是为什么我们身边的很多科学家非常单纯，在专业上非常投入，以致他们对世俗生活的感觉变得简单，容易满足。当他们极具一种专业精神，甚至把专业变成信仰的时候，他们所得到的道德评价和自我快乐非常之多，这是一个人一生非常快乐的境界。

陕西历史博物馆在 1991 年 6 月 20 日开馆之前，我就在这里上班，30 多年来，从事博物馆信息化建设工作。博物馆的信息化建设经历了博物馆数字化、信息化、知识化和智慧化四个发展阶段。特别是近几年，博物馆的信息化又被托到了智慧化博物馆的建设高度，这也正是我近几年的专业主攻方向。今天把我在博物馆智慧化建设方面的所思、所想和所行总结成册，和大家分享，实属我幸。

人类社会每次经历的大飞跃，最为关键的并不是物质催化，甚至不是技术催化，其本质应是思维工具的迭代。

说到智慧化，就不得不提到模型思维。模型思维是智慧化的基础和台阶。模型是用数学公式和图表展现的形式化结构，它能够帮助我们理解世界。掌握各种模型，可以提高人们的推理、解释、设计、沟通、行动、预测和探索能力。我们提倡多模型思维方法，应用模型集合理解博物馆的复杂运营。多模型思维是在单模型基础上，通过一系列不同的逻辑框架“生成”智慧。不同的模型可以将不同的力量分别突显出来，它们提供的见解和含义相互重叠并交织在一起。利用多模型架构，我们就能够实现对博物馆丰富且细致入微的理解。

可以这样来理解模型。单一模型就是单一方案，多维模型就是多套方案的组合。多套方案的最优化选择就是智慧化的实现。所以说模型的奖励是极其重要的。不谈模型的数据、信息和知识都不是智慧。只有在知识架构下的模型才能生成智慧，也就是多重方案的最优化选择。

要建立一个模型，通常有三种方法：一是具身法，二是类比法，三是另类现实法。

神学家、哲学家奥卡姆的威廉提出了流传至今的“奥卡姆剃刀”原则：如无必要，勿增实体。阿尔伯特·爱因斯坦说：“不应否认，任何理论的终极目标都是尽可能让不可简化的基本元素变得更加简单且更少，但也不能放弃对任何单一经验数据的充分阐释。”不过到了今天，当遇到用解析方法难以处理的问题时，我们还可以求助计算方法，通过构建有许多不断变化的组件精细模型得以实现，而无须考虑解析上是否易于处理。科学家构建全球气候模型、大脑模型、森林火灾模型和交通模型时，就采用了这种方法。智慧博物馆的模型建设，当然可以把这些经验“统统拿来”。

博物馆的智慧化发展到今天，是时候在我们多年博物馆数字化经验的基础上向智慧化过渡了。这个过渡就不得不经历各种智慧化模型的建立。我们提出，博物馆与大学、研究所等研究机构的结合最为重要的事，就是模型的研究、建立和突破。

本书分为理论、方案、实践和所思四个部分。理论部分是数字化、信息化和智慧化在博物馆的引入和思想。方案部分是多年来对于博物馆发展的规划和策划。实践部分是指实施的项目和效果。所思部分则是在博物馆建设中的综合工作生活体会。

理论：关于博物馆数字化、信息化和智慧化的论文。

方案：针对博物馆、文博行业的方案制定。

实践：陕西历史博物馆开馆以来与信息化相关的实施项目。

所思：对于博物馆其他相关专业和人生事业的思考。

邵小龙

2023 年 6 月 11 日

目　　录

第一部分　理　　论

关于博物馆数字化、信息化和智慧化的论文

第二部分 方 案

针对博物馆、文博行业的方案制定

第三部分 实 践

陕西历史博物馆开馆以来与信息化相关的实施项目

第四部分　所　　思

对于博物馆其他相关专业和人生事业的思考

第一部分　理　　论

关于博物馆数字化、信息化和智慧化的论文

博物馆数字化、信息化、知识化和智慧化认知

一、博物馆信息化指导思想

人类社会每次经历的大飞跃，最为关键的并不是物质催化，甚至不是技术催化，其本质应是思维工具的迭代。

二、博物馆信息化思维体系（分四层）

第一层是数据，就是我们能观察到数据，观察到事实。

第二层是信息，信息是数据被分析后的结果，是经过简单归纳的数据，是能够把不同事实联系起来后得出的结论。

第三层是知识，知识这个问题看似非常简单，其实很容易掉进坑里。我们把知识层理解为一套方案。

第四层叫作智慧，比知识层更高。很多不同类型，不同挑战背后的知识集合到一起后就叫智慧。把智慧层理解为多套方案的设计，供系统进行方案优化选择。

三、智慧博物馆概念引入

智慧既然是一种多方案的选择，那么多方案从何而来？

如果用《模型思维》作者斯科特·佩奇的说法，智慧的背后就是多模型思维，一个人大脑里有多少套面对实际问题的模型，就有多大的智慧。

普通人只能看到一个模型，比如不管什么事情总是喜欢分好人和坏人，总是喜欢对错，因为他习惯了对立的模型。而有智慧的人，就会根据不同的场景采取不同的模型。

菲茨杰拉德的金句又来了，一流的智慧，就是大脑里有多个模型，随时调用，随时分析，随时分分钟看透本质，然后你就会变成《教父》里那个半分钟看透事物本质的柯里昂教父了。

四、智慧博物馆功能认识

智慧博物馆建设要坚持需求驱动和业务引领的原则，对博物馆各业务要素进行重

新梳理和构建，建立“物、人、数”三者之间的双向多元信息交互通道，使博物馆管理、服务与文物保护、展览、科研、宣教等业务工作真正达到智慧化融合，为社会提供精神良品。

五、智慧博物馆规划分类

可分为以下三类。

（1）数据建设。

（2）模型研究。

（3）平台实现。

六、智慧博物馆实施分工（三位一体）

亦可分为三类。

（1）博物馆做数据采集和整合。

（2）科研机构（比如大学等）做模型分析研究。

（3）社会公司实现系统研发。

七、智慧博物馆主要内容

（1）博物馆要做的是：业务数据、管理数据、观众数据、行业外数据和政府数据的采集和整合。

实际上，博物馆的信息化建设分为两个层面，一个是为传统的博物馆业务和管理工作提供服务（为传统工作提供更为便捷的工作渠道）；另一个是信息化本身业务工作的建设（数据分析、挖掘和决策）。以上两个层面的工作都应该围绕以上所述五个方面的数据内容来开展。

（2）大学和科研机构为博物馆做智慧博物馆模型研究，比如以具身法、类比法、另类现实法为方式的智慧博物馆模型构架。

（3）社会公司要做的是以上数据和模型的系统化实现。

博物馆数字化、信息化的发展与规范

（2005）

博物馆起源于17世纪末期，当时大多作为贵族或富人炫耀财富的工具，后来为回馈社会或教育大众，将这些丰富的收藏公开，这就是现今博物馆的发展背景。

现今，博物馆已成为一个国家或地区文明发展程度的重要标志。当代世界博物馆的发展趋势表明，现代博物馆已不再是简单的文物标本的收藏、展示、研究机构，而应成为面向社会、服务于大众的文化教育机构和数字化、信息化资料咨询机构。

作为人类文明发展的共同成果，计算机信息科技的日新月异，给博物馆的数字化、信息化建设创造出既令人诧异又令人欣喜的变化。“数字博物馆”已经成为博物馆生存发展的主流。

记者李让在《中国博物馆学会数字化专业委员会首届学术研讨会综述》一文中说，“我国的博物馆早在20年前就开始了博物馆的数字化建设的探索。经过20年的实验阶段，我国数字化博物馆的发展已经进入成熟阶段，现在正在向更广更深发展”。这段话摘自于《中国文物报》。实际上，在这次研讨会上，与会者就博物馆的“数字化”“信息化”及“数字博物馆”“信息化博物馆”等概念问题展开了深入的探讨，不同观点交锋激烈，这恰恰反映出我国博物馆数字化建设、信息化建设还处于初级发展阶段，更说明目前我们对博物馆数字化、信息化建设中的工作性质及内容认识的条理还不是很清楚，也就更谈不上“已经进入成熟阶段”的问题了。

既然我们处在博物馆数字化、信息化建设的初级阶段，就更需要我们文博工作者在今后博物馆的数字化、信息化建设中，不断地开展具有创造性和探索性的工作，将规范化和标准化逐步落实到我们的具体实践工作中，进一步提高文博事业的管理水平。换句话说，博物馆的数字化、信息化建设需要不断地、大量地开展具有创造性和探索性的实践，并将规范化和标准化贯穿于整个实践的全过程。这也是我们今后相当长一个时期博物馆数字化、信息化建设的中心内容。

既然我们处在数字化、信息化的初级阶段，就更有必要把博物馆数字化、信息化这个大概念搞清楚。文物是人类及其环境的实体见证物，本质上是一种特殊的、广义的历史信息载体。一件文物不但能体现出制造者的思想和世界观，同时也能反映出当时的民俗风貌、工艺水平，以及相应的生产消费能力、社会关系等艺术、实用价值和信息。因此，我们说文物本身就是一件信息化了的历史见证物。

我们今天所说的博物馆数字化、信息化，就是运用计算机、网络、通信等技术手段把文物及其相关事物的信息进行数字化处理，并形成能反映其更多信息和便于查询的数字存储信息，再把这些数字化了的文物信息以不同媒体介质传达给人类。

所以，我们一直认为，文物的数字化、信息化工作的概念可以看作一种工作流程，并用以下形式来加以表述：

① 文物及其相关事物 $\xrightarrow{\text{数字化}}$ 计算机、网络、通信等技术 计算机及其他存储设备

② 数字化存储信息 $\xrightarrow{\text{信息化}}$ 各种媒体介质 信息数据库

数字化技术就是把文物及其相关事物转变成计算机等设备能够处理的 ASCII 码或 0 和 1 的数字运算。即把概念等同转换成数字相等，也就是说，一切事物都以定量化的方式进行处理。

信息化是在高度工业化的基础上发展起来的，它的基本特征就是数理逻辑要求规范或严谨。只有当处理内容都能够转化成没有歧义的数值时，才会出现高效率的信息系统。在当今，数字化和信息化是唇齿相依的伙伴关系。数字化是信息化的基础，而信息化是数字化的最好表现形式。

我们知道，定量化、标准化是一切信息系统的基础。在目前的状态下，我们文博系统虽然有自己的文物编号、存放、定级、档案等标准，但我们很清楚各个博物馆还是在各自使用自己的“标准”。无论是现有的哪种标准，都不难看出其各自存在着“不能标准的问题”。在这种情况下，就需要我们文博工作者联合计算机等其他行业的人士共同为文博系统的数字化、信息化不断地、大量地、创造性地进行探索性的工作，在不断的探索中总结经验，建立起阶段性的标准，再用这些阶段性的标准规范今后的实践工作，使“标准”不断发展、不断进步，又不断在进步中得到完善，最终制定出我们的各项文物标准，以及文物的数字化、信息化技术标准。这也真正体现出标准化工作的“最大自由原则”和“可论证原则”来。

数字化、信息化建设已成为现今博物馆建设的重要基础工作，也成为世界博物馆发展的趋势。那么，当前博物馆的数字化、信息化建设又体现在哪些方面呢?

一是办公自动化系统，它涵盖了博物馆事务工作的全部，包括行政事务、网络管理、物业管理、设备管理等方面的“电子政务”。二是以安全保卫和空调等系统在内的楼宇控制系统。三是以藏品管理为核心的基础业务网络系统，主要涉及保管、陈列部门，还包括数字化博物馆的网站建设等。四是以文物研究、修复、考古等专业为核心的学术研究系统，而在这个部分中应体现出文物知识工程。文物知识工程是以模糊数学和思维科学为基础、采用人工智能技术、继承和模拟前辈专家的实践经验、研究文物工作标准规范和专家系统的总称。它主要包括博物馆工作标准化、规范化，研究文

物工作专家系统和博物馆领域基础系统软件开发等。

当然，一个地区或一个博物馆都应该从实际出发，结合本地区或博物馆的具体特点和资金投入情况，先由一个方面具体地、深入地开展数字化、信息化工作，并不断为完善标准做探索性实践。

我们认为，文物藏品管理系统的建设是一个博物馆进行数字化、信息化工作的基础，也是博物馆藏品管理和陈列展示工作的基础，更是一项“投入小、见效快”的基础工作。当然，建立单位的数字化信息网站，既是一项很有意义的时尚工作，又是一项对外扩大宣传的好方法。在此基础上，也可以利用电子展示新手段提高陈列水平，并开展其他方面的数字化工作，不断在探索中积累经验，为文博系统工作的规范化和标准化进行大量的实践。

被誉为“古都明珠、华夏宝库”的陕西历史博物馆，于1991年6月20日正式建成开放。从这天起，中国拥有了第一座现代化的大型国家级博物馆。在建馆初期，我馆就引进了瑞典西伯乐斯公司的安全、防火系统和TA公司的楼宇自动化控制系统。这两套大的系统都是引进国际大公司的成套标准化系统，它们本身就是一套标准化的COTS产品。这就能体现出，我们在建馆初期对标准化就有一定的认识。而作为博物馆建设和管理的一项最基础的工作——文物藏品管理系统，在建馆之初就是我们探索现代化博物馆管理工作的一项重要内容。

下面，结合我馆的文物藏品管理系统前后三个版本的开发过程，来谈一谈我馆数字化、信息化及其规范化的进程。在20世纪80年代中后期，我馆与西北工业大学联合开发“图文藏品管理系统”，这是我馆文物藏品管理系统的第一个版本，图像使用的是视频信号，而数据库使用的是dBASE。在当时的确发挥了很好的功用，但是，由于受到当时的思想观念及技术和时间所限，也没有考虑到规范化，更谈不上标准化问题。所以，这套“系统”对以后的第二版“藏品管理系统”没有起到数据再利用的作用。也就是说，无论是第一版中的图像格式，还是文物分类等的信息，在第二版中都是无法利用的。1991年，我们又开发出了第二版，从这次开发中，我们就对系统的向下兼容性有了更充分的认识，也可以说对系统的规范化和标准化有了较深刻的认识，为以后的开发工作积累了宝贵的经验。2001年，我们又开发了第三版的“藏品管理系统”，在这版系统中，系统的整体计算结构采用Client/Server结构，以大型关系数据库SQL server为核心，建立分布式计算环境。开发技术主要采用Power Builder，辅以C++、HTML等技术。网络结构采用现在先进成熟的标准化星星拓扑结构，由朗讯超五类双绞线通过交换机将服务器与各工作站进行物理连接，形成灵活、可靠、高效的标准化网络系统。综合布线依据下列标准：中国工程建设标准化协会标准《建筑与建筑群综合布线系统工程设计规范》（CECS 72：97），中国工程建设标准化协会标准《建筑与建筑群综合布线系统工程施工及验收规范》（CECS 89：97），《智能建筑设计标准》

(DBJO8-47-95),国际布线标准 IEC/ISO11801 等多项技术标准。软件主要由《藏品管理信息系统》《库房管理信息系统》《工作流程管理》三部分组成。在技术和功能上全面实现了藏品管理、工作流程管理的数字化和信息化。核心业务管理模块在功能上纵向贯穿藏品收集、鉴选、登账、入库、日常研究记录、复制及修复、等级变迁、库房变动等完整流程;横向涵盖查询、统计、报表输出、藏品档案、库房变动管理、多媒体支持等多方面内容。本系统从硬件平台、操作系统、数据库系统到开发工具的选择都充分考虑到移植和扩展的问题,建立起了易于扩展的架构。在藏品的规范化问题上,我们严格执行现有的文物编号、存放、定级、档案等标准。同时,我们对藏品的定名、藏品分类、藏品计量与计件等进行了大量的规范化工作。比如,对于藏品分类这个在文博界没有规范和标准的“老大难”问题上,我们参考各个博物馆现行的各种分类方法,做到大而全。这样做的目的就是为以后更加严谨的规范化和标准化工作留有空间,并易于进一步开展探索性的实践工作。

标准化和规范化是数字化所必需的。但是,我们的数字化、信息化工程可不能被动地等待标准,更不能不去进行实践探索。否则,我们的数字化、信息化工程永远都不可能向前发展。博物馆的数字化、信息化建设工程是一个不断规范化的过程,同时也是在标准化和规范化指导下不断实践探索的过程。

从我们的实践中不难发现,博物馆的数字化、信息化建设是一项具有长期性、复杂性、艰巨性的不断发展又不断要求规范的艰巨工程。

我们建议,文博界有必要阶段性地对各个博物馆前阶段的数字化、信息化工作进行专题研究,把各个博物馆各自开发的不同系统进行比较筛选和标准化评定,尽快制订出博物馆的阶段性藏品和技术标准。为博物馆的数字化、信息化建设工作的不断深入开展,起到引领正确轨道的指导作用。

博物馆数字化建设和信息化管理的思考与展望

（2006）

博物馆的数字化建设和信息化管理工作，是指利用计算机技术，将博物馆的资源与服务功能的各项工作加以充分整合的过程，是对博物馆的资源更加合理地利用，以及使服务更加深入的一种新的现代化手段。在博物馆的信息化管理工作中，数字化是指博物馆一些单项具体工作中利用计算机技术对数据处理的过程，信息化和数字化两个概念在这里是不可分离的，也不是对立的，若干有机联系的文物数字化手段的应用与整合，共同构成了博物馆的信息化。

一、博物馆数字化建设

博物馆收藏的文物是人类生活及其历史文化的见证物，本质上是一种特殊的、广义的历史信息载体。一件文物不但能体现出制作者的思想和世界观，同时也能反映出当时的民俗风貌、工艺水平、生产能力、艺术价值、社会关系等信息。因此，我们说文物本身就是一件信息化了的历史见证物。

我们今天所说的博物馆数字化、信息化，就是运用计算机、网络、通信等技术手段把文物及其相关事物的信息进行数字化处理，并形成能反映更多信息和便于查询的数字存储信息，再把这些数字化了的文物信息以不同媒体介质传达给观众。所以我们认为，博物馆馆藏文物的数字化、信息化工作的概念可以看作是一种工作流程，并可以用以下形式来加以表述：

① 文物及其相关事物 $\xrightarrow[\text{计算机、网络、通信等技术}]{\text{数字化}}$ 计算机及其他存储设备

② 博物馆及相关事物 $\xrightarrow[\text{数字化存储信息}]{\text{信息化}}$ 各种媒体介质及管理决策

数字化技术就是把文物及其相关事物转变成计算机等设备能够处理的 ASCII 码或 0 和 1 的数字运算。即把概念等同转换成数字相等，也就是说，一切事物都以定量化的方式进行处理。

信息化是在高度工业化的基础上发展起来的一种技术系统，它的基本特征就是数

理逻辑要求规范或严谨。只有当处理内容都能够转化成没有歧义的数值时，才会出现高效率的信息系统。在当今，数字化和信息化是唇齿相依的伙伴关系。数字化是信息化的基础，而信息化则是数字化的传播形式。

具体到数字化博物馆的建设上，我们认为它应该是一个系统工程，此工程始终围绕“数字典藏为中心，信息利用为宗旨”的思想进行建设。其中，数字典藏中心是指在博物馆数字化系统多层体系结构及元数据方案指导规划下，逐步完成“博物馆实物藏品资源”“博物馆文博多媒体信息资源”及“文博信息资源”的收集和集成。在数字化的其他建设方面，主要包括多媒体导览系统、大屏幕展示系统、多媒体活动中心、语音讲解导览系统、光盘出版物系统等；对外发布、交流服务（包括博物馆网站和文博信息网）、馆际之间的EDI传输系统；内部应用服务（包括多媒体采集管理系统、藏品信息管理系统、藏品保管总账管理系统）、文博多媒体资料系统、文博门户信息系统及图书资料管理系统的集成；对内管理包括文物信息整合及ERP系统、数据仓库及数据挖掘等。

二、博物馆信息化管理

博物馆文物的数字化是文物信息化的基础工作，文物信息化是文物信息传播的最好载体。信息是信息化的内容，信息的利用是信息化的最终目的。因此，博物馆的信息化不等于电脑化。在加强基础设施建设、发展信息化硬件的同时，不能忽视信息资源的开发和利用这一根本目标。博物馆的数字化基础工作是非常重要的，同时我们认为，博物馆信息化工作的战略性规划更为重要。为了做好文物信息的利用和传播工作，引进CIO概念便成为一种必然。

CIO（chief information officer，首席信息总监）是一种高级管理人员，负责信息技术、信息资源、信息服务、信息战略、知识管理、智力资本评估、信息技术战略与业务战略整合、归属CEO等领导。作为单位决策层中的一员，全面负责信息管理工作，为决策提供所需的切实可靠的信息，紧跟最新技术的发展，保证单位IT业务的流畅与发展，协助领导制订长期发展战略，是CIO最根本也最重要的责任。我们认为，一个博物馆的数字化基础工作的坚实度直接关系到信息化程度的好坏，这里CIO工作的重要性就显现出来了。

除了博物馆的CIO外，还有就是ERP的问题。那么，什么是ERP呢？ERP（enterprise resource planning，企业资源计划）是一个管理软件，它可以对博物馆的文物资源、财力资源、人力资源、信息资源进行合理分配和整合，将博物馆的“物流”（文物）、“资金流”（财力）、“人流”（人力）、“信息流”（信息）有效地加以组合利用，并为达到既定的目标进行博物馆资源的最优化配置，这就是博物馆资源计划。

为什么要在博物馆中引进ERP的概念呢？一是博物馆必须进行文物数字化建设，

并充分利用博物馆的数字化资源；二是提出博物馆的数字化和信息化不能只考虑文物数据库的建立问题，而是要在博物馆提出全方位的数据化和信息化的现代化管理理念，把博物馆管理水平提升到一个新的高度。这里，现代最新的数据仓库技术是实现决策科学化、文博信息管理高效化的利器。数据仓库技术可以通过以下途径在文博信息管理中发挥重要作用。

（1）通过数据仓库的 ETL（extract transform load，数据整合解决方案）概念，我们可以对杂乱无章的文物藏品原始数据及初级数据库数据进行规范化的处理与利用；对博物馆的陈列、保管宣教等业务、行政管理等数据进行整合，经过数据清洗，最终按照预定的数据仓库模型，将数据加载到数据仓库中去。

（2）利用数据仓库技术 BPR（business process reengineering，业务流程重整），可以发现并纠正博物馆业务流程中的一些缺陷。

（3）数据仓库技术可用于帮助我们建立文博决策支持系统（decision support system），它是基于数据仓库的典型应用。决策支持就是收集博物馆的所有数据和信息，经过加工整理后为文博决策管理层提供信息，为决策提供依据。

由此可以看出，在信息利用方面，以博物馆建立的各种数据库为依托，通过对现有各业务系统的数据库进行筛选、整理，并有效集成，按照主题进行组织，建立起一个博物馆自己的数据仓库，同时按照数据的覆盖范围把它分为博物馆馆级数据仓库和部门级数据仓库（通常把它们称为数据集市），为博物馆的数据挖掘建立起“资源”基础，进而利用数据挖掘技术对博物馆决策管理、文物陈列、文物保管、文物保护及文物宣传等方面进行全面的开发和整合，这样不但使文物收藏、保护和研究手段提高一个层次，更为重要的是能够提高博物馆的经济效益和社会效益，推动我国目前正蓬勃兴起的数字化文化产业的发展。

三、数字化、信息化的思考

数字化、信息化建设已成为博物馆建设的重要基础工作，也是当今世界博物馆发展的趋势。那么目前博物馆的数字化建设又体现在哪些方面呢?

一是办公自动化系统，它涵盖了博物馆事务工作的全部，包括行政事务、网络管理、物业管理、设备管理等方面的“电子政务”。二是以安全保卫和空调等系统在内的楼宇控制系统。三是以藏品管理为核心的基础业务网络系统，主要涉及保管、陈列部及数字化博物馆的网站建设等。四是以文物研究、修复、考古等专业为核心的学术研究系统。在第三、四部分中包括了文物知识工程的内容。文物知识工程是以模糊数学和思维科学为基础，采用人工智能技术，继承和模拟前辈专家的实践经验，研究文物工作标准规范和专家系统的总称。它主要包括博物馆工作标准化、规范化，研究文物工作专家系统和博物馆领域基础系统软件开发等。

以前，博物馆工作多局限于文物的陈列和讲解，形式比较单一。博物馆实现数字化后，其强劲的数字化展示功能需要有科学全面丰富的文物信息作为支撑，而文物藏品的搜集、保护和研究，始终是博物馆工作的基础，其中，藏品的研究又是博物馆科研工作的核心，藏品研究的基础在于对藏品信息的提取、分析和认知。随着文物藏品数据库的建成，以及文物数字化采集、处理和储存工作的不断进步，文物数字化信息已经成为文物资源中一个重要的组成部分，这个资源为博物馆文物的科学管理、保管陈列、学术研究、修复保护、文化交流和知识普及等工作构筑了一个全新的发展平台。

互联网和多媒体技术的引入，已经为博物馆宣传教育形式的创新和多样化提供了极好的环境。博物馆文物数字化后，对信息的利用当然不仅是借助互联网和多媒体技术进行的文物信息查询，更是多视角、大容量和全方位对博物馆文物信息的应用和交流，是对博物馆文物收藏、保护和研究水平的极大提高，是博物馆的综合信息管理能力和文物信息的社会化程度进入到一种新境界的体现。

在一个博物馆中，CIO 的确立、ERP 的引入、数据仓库的建设，以及数据挖掘技术的使用，可充分显示出博物馆先进的信息管理水平和对文物资源整合利用的能力。在信息交流方面，我们提出使用电子商务中最为核心的 EDI 技术（electronic data interchange，电子数据互换，是一种用计算机进行商务处理的新业务）。由于 EDI 是以事先商定的报文格式进行数据传输和信息交换，因此，统一的 EDI 标准至关重要。在博物馆之间使用统一的 EDI 标准，就可实现馆际之间的文物信息交流与传递。目前，EDI 的国际标准化十分健全，它分为基础标准、代码标准、报文标准、单证标准、管理标准、应用标准、通信标准和安全保密标准，从其标准化的严密程度和安全性上看，它极为适合文物信息的交流和传递。在文物信息的传播方面，通过互联网将我们数字化的文物信息和悠久的历史文化向全世界展示，是让世界了解中国，让中国走向世界的又一条信息高速通道。

博物馆数字化和信息化建设是一项综合性系统工程，在这里，我们谈谈多年来在博物馆数字化和信息化建设实践中的一些体会。

1. 数字博物馆的建设——一个不断投入的过程

数字博物馆的建设，是一个功在当代，利在千秋的工程。这个浩大的工程应由政府牵头、多方参与，进行资源整合和统筹规划。它不仅需要政府和其他方面资金的不断投入，更需要政府相关部门和社会各方面的支持。

2. 数字化建设——一项长期的艰苦工作

做几个文物数字标本是一件轻而易举的事，但要把一个博物馆中的几十万件文物全部数字化，这势必是一件艰苦的工作。另外，随着新的数字化技术和计算机网络技术的不断涌现，比如音视频压缩技术、WLAN 技术、传输更大数据流量的万兆技术及更加高密度的存储技术等，它都会将我们的工作变成长期行为。

3. 数字博物馆的理念——一个以数字化为基础，以信息化求发展的过程

传统的文物陈列在展线上只能展出馆藏文物的百分之几，甚至更少，这就是一种资源浪费。所以，要把文物数字化当成一项转变博物馆管理和运作模式传统理念的工作来做，充分利用文物信息资源，以数字化为基础，以信息化求发展应是当代博物馆改变现状首选的策略。

4. 数字博物馆的标准——以实践求发展，以标准求规范

数字博物馆的基础是建立全国统一的藏品数据库，实现资源共享。为此，必须建立全国统一的博物馆藏品定名标准、分类标准和数据采集标准。

藏品定名是数据库建设中遇到的第一个难题。文物藏品时代跨度大，同一种器物往往各个时代的称谓不同，因此，要制定一套能基本涵盖全国所有博物馆藏品的定名标准。

藏品的分类是数据库建设中遇到的另一个难题。从建立全国统一的藏品数据库的要求看，藏品分类必须科学、实用、简明、清晰、便于检索，这样才能发挥数据库应有的作用，实现信息共享。

藏品数据采集标准、操作规范、元数据描述标准及系统技术标准是博物馆数据库建设必须解决的又一难题。建立数据采集标准，可以实现不同博物馆藏品数据采集的标准化；按照操作规范采集藏品数据，可以避免因为数据采集而损害藏品的情况；有了元数据描述标准，可以实现不同数字博物馆之间、博物馆与社会其他数字资源之间的资源共享，方便用户进行检索和查询；技术标准的采用可以实现不同系统之间的互通互联，便于整合各种系统。

5. 数字博物馆的信息人员——以 CIO 为领导，以应用人才为主体

目前，博物馆信息化工作已经成为博物馆业务中不可或缺的一项基础业务。博物馆数字化信息化涉及多个专业领域，主要是文物、考古、计算机三个方面，其中，既懂文物又懂信息化专业的复合型人员的配备，是影响博物馆信息化事业发展的关键，以 CIO 为领导，以应用人才为主体应是博物馆在信息人员配备上的一个优化用人策略。

6. 数字博物馆的技术——以新技术为工具，以投入大小为标准，力求实用

以新技术为工具，以投入大小为标准，力求应用。如果刻意追求新技术，就会在资金、应用上得不偿失。

综上所述，可以毫不夸张地说，随着信息化及数字化技术的引入，文博事业，特别是博物馆及相关领域将发生巨大的变化，展望未来，其变化将主要表现在以下几个方面。

首先，文物信息化和数字化必将对文物知识的传播起到极大的推动作用。沉睡在文物库房中几十年不见天日的大量文物，即将随着文物信息化和数字化的大潮，走向社会、走向世界。

其次，文物信息化和数字化必将激发文博资源与旅游资源的高效整合，不仅带来文博界自身管理方式的重大变革，更会带来旅游业发展的新机遇，与文博事业相关的旅游网站也将变成网络经济中一支异军突起的力量。

再次，文物信息化和数字化同时也将为现代教育的发展提供新的机遇。由于数字化信息技术的发展可以在虚拟现实空间中再现真实的历史地理信息，并且能够与博物馆的文字资料、文物图像实现链接，辅以不同领域中专家学者的咨询与解说，传统的课堂教育与广义的历史文化信息资源便可以实现普遍链接，传统的应试教育与新兴素质教育之间的界限将被彻底打破。

最后，文物信息化和数字化必将激发娱乐业的发展新机遇。随着信息产业的迅速发展，丰富的历史文化遗产逐渐数字化并上载为网络资源，现代娱乐业将分化为“离线娱乐业”和“在线娱乐业”，“信息娱乐业”将成为重要的娱乐业形态。

目前，全国性的文物调查及数据库管理系统建设项目工作正在逐步开展，我们相信随着该项目的完成，将为博物馆数据仓库的建立打下坚实的基础。博物馆文物信息化与数字化建设将使传统历史文化资源转化为经济资源，具有重大的经济意义。以往被认为处于社会经济生活边缘的文博事业机构，特别是一向依赖于公共资助的博物馆，将很可能进入社会经济发展的中心地带。

就“文物调查及数据库管理系统建设”项目谈谈省级信息中心的职能和发展

（2006）

“文物调查及数据库管理系统建设”项目是中华人民共和国财政部（简称财政部）、国家文物局联合开展的一项重要的基础工作。该项目自2001年启动以来，已先后在山西、甘肃、辽宁、河南、湖北、湖南六省进行了试点工作，今年又将陕西省列为推广省份。在2006年3月28日，陕西省给国家文物局上报了“陕西省开展‘文物调查及数据库管理系统建设’工作方案”，在这方案起草的前前后后的几个月里，我们不仅对“方案”进行了认真的整理和编写，同时，我们对于省级文物中心的职能和发展有了初步的设想和认识。现就此话题谈一点我们的观点和看法，有不到之处敬请指正。

省级信息中心应加强与省信息化领导小组办公室等的交流与合作，在文物信息化推进工作方面起到对全省文博单位的领导、指导和协助工作。在目前情况下，可以把工作重点放在馆藏珍贵文物和国家重点文物保护单位为重点的国家文物基础数据库建设上，逐渐向电子政务领域推动，用信息化手段为文博行业和单位提供服务，也可以在保留收集、整理、发布文博行业运行状况信息职能的同时，在文博下属部门对职工开展信息化知识宣传、普及工作，多起到区域信息化的传播中心作用。

具体来讲，拟定各文物单位信息系统建设的具体规划和实施方案及系统标准、工作制度和技术规范，并组织实施；会同有关部门进行系统网络建设，组织上网信息资源并在网上发布信息；组织开发和推广文博各应用系统软件；负责省级文物数据库的建设及数据维护；负责系统运行管理及安全工作；开展文物信息调查和分析预测；承担文物局信息化领导小组办公室的工作；承担文博系统国家重大信息工程的组织工作；承担向文博系统推广计算机应用软件的审核和技术管理工作；承担省内办公自动化的技术服务及工作人员的计算机培训等。

需求主导、信息共享是指文物保护事业信息化建设必须以文物保护事业全面发展的需求为导向，服务于文物的保护、利用和管理。建立科学、高效的信息共享机制和体系，依据统一的标准规范，开展各项信息化建设，实现网络系统的互联、互通与数据资源共享。为全社会提供形式多样、内容丰富的文物信息服务。

省级文物信息中心的总体目标应是：以文物信息资源开发利用为核心，以文物信息基础设施和公用信息服务平台建设为基础，充分利用现代信息技术，全面实现文物保护、抢救、利用和管理工作信息化，满足文物保护事业跨越式发展的需要。

具体到主要任务上来，我们应从以下几个方面入手。

（1）遵照国家文物局的政策法规和标准规范体系，建立起较为完善的全省的信息化规划。

（2）完成全省馆藏珍贵文物和国家重点文物保护单位为重点的国家文物基础数据库建设的指导和协调。

（3）以国家文物数据中心为核心、组织省级单位以文物信息网络为基础、以信息安全体系为保障的文物信息网络基础设施建设。

（4）推进博物馆数字化工作，加紧开展中国数字博物馆技术框架研究，以基本信息资料数字化为基础，推进考古发掘、大遗址保护及文物保护工程的信息化工作。

启动各个博物馆藏品管理、鉴定、保护、修复、陈列、展览，以及博物馆人员、机构、经费管理的数字化工作。

开展全省各个博物馆的基本信息化建设，建立和完善博物馆综合管理信息系统，逐步实现各个博物馆日常业务工作信息化。开展省级数字博物馆基础研究，完善全省数字博物馆技术框架体系。应用网络通信、多媒体、三维动画、虚拟现实、人机交互等数字化技术和手段，实现文物信息的社会化服务。逐步利用信息监测和网络通信技术，提升文化遗产保护的监测预警与安全防范能力。

（5）全面开展文博系统政务管理信息化建设，提高文物管理部门日常事务工作的信息化水平。

开展与各级博物馆及文物保护单位业务相关的信息系统建设，重点建成网上行政许可申报审批平台。比如公文流转、政策法规、执法督察、人事、党建、财务、外事与科技为主要内容的综合事务管理信息系统建设。

建立文物保护事业发展信息综合统计系统，加强省内外文物保护信息分析与研究，逐步建立面向政府管理的文物保护事业战略研究与宏观决策支持信息系统。

建设和完善全省文物信息服务网站的整合，开发网上服务系统，建立统一、权威的省级对外信息服务窗口，形成全国文物信息服务网站体系。

省级文物信息中心应以信息资源建设、文物保护监测、数字博物馆和政务管理四大方面的信息化建设项目为中心，确保文物保护事业信息化建设目标和主要任务的实现。

省级文物信息中心今后要健康地发展，就要从四个方面进行考虑，一是机构的长期设立，没有一个固定的组织机构，就不可能有事业的再发展。二是资金的投入，这里牵扯到两个方面的资金问题，分为建设资金和今后的维护资金，最为重要的应是维护资金。三是人员配备，分为组织领导人员和专业技术人员。四是系统的运行情况，分为组织机构（电子政务）的运行，以及文物数据库及其他业务系统的正常运行情况。

通过这次文物调查及数据库管理系统建设建立起来的省级文物数据中心，它不应只是一个文物数据采集组织，也不应该是一个文物数据应用单位，而应该是一个集文物数据采集、文物数据应用及文物数字化工作于一身的组织领导机构。并在人员合理配置和资金不断支持的情况下健康而有序地发展。

谈我省文物数据库的系统集成与创新

（2007）

文物数据库建设是随着信息化时代的到来，国家文物局作出的加强文物管理的重要举措。其宗旨是以数字化手段调查、完善我国文物和博物馆领域的资料，建立并运行动态的数据库管理系统，为各级政府和有关部门及时、准确地掌握各类文物的保护与管理状况，加大文物保护管理力度提供决策依据和可靠保证。我省作为第二批推广省份，2006年3月便开始全面启动文物数据库建设工程。在两年多的工作实践中，我们按照国家文物局制定的设备配置标准对我省数据库设备进行购置，并对一些具体问题提出了创新意见。下面简单谈一谈这方面的体会，希望有助于文物数据库建设的顺利开展。

一、我省文物数据库的设备配置

国家文物局文物信息咨询中心在2002年文物数据库建设试点过程中，从文物管理的具体情况出发，为试点省份制定了比较完备的设备配置标准。在推广过程中，对此标准又进行了一定的修正。

（1）主服务器：为小型机。具体要求为两颗PA-8700+875MHz CPU；4GB内存；2块73GB硬盘；包含光通道卡、千兆光纤网卡，能实现双机热备，组成服务器集群。

（2）PC服务器：2个2.0GHz处理器，每个处理器带有8MB高速缓存；内存为2GB，要求2个10/100/1000 MB/s以太网端口、1个RJ45串口、2个USB端口、2个1440W电源及3块143G硬盘。

（3）存储系统：要求使用光纤交换机连接PC Server和磁盘阵列，提供SAN存储网络。

（4）磁盘阵列：要求使用2TB硬盘。

（5）数据备份采用DVD光盘备份系统。

（6）工作设备：图形工作站为INTEL Xeon3.0GHz、533MHzFSB，2GB的DDR内存，73GB的15000RPM硬盘，256MB双头显示卡，21英寸显示器。

（7）台式PC机：要求使用P4 2.0处理器，512M内存，80G硬盘，15英寸液晶显示器。

（8）打印机：为黑白激光打印机。最高分辨率为1200×1200dpi，黑白打印速度为

28ppm，最大打印幅面为 A4，最大打印能力为 75000 页 / 月。

（9）网络及网络安全设备，分为以下 6 个方面。

1）路由器：使用 7 槽以上模块化路由器，可提供对广域网链路的负载均衡，能支持多种接入方式，支持入侵检测等网络安全功能。

2）交换机：9 槽机箱式交换机，720G 总线带宽，400Mpps 吞吐转发能力，提供网络安全模块。

3）防火墙：要求最大 MTBF 为 60000 小时，最大并发连接数达到 120 万个，最大设计性能达到 100M 线速，最大可以扩展 7 个 10/100M 接口，模块化配置。

4）入侵检测：标准为 1U 19 寸机架式设备，网络接口为 1×10/100M RJ-45 管理口、1×10/100M RJ-45 监听口，要求能够在 100M 环境下处理 64 字节小包能够达到线速（14 万 pps）。

5）防病毒软件：150 个用户，中文界面，安全杀毒，升级便捷。

6）安全审计系统：日志分析，对网络、邮件和数据管理等可出具审计报告。

（10）机房环境：UPS 设备，在线互动式 UPS，输出电压范围 196—253V，满载后备时间 60 分钟，电池支持 8 小时恢复。

（11）机房专用空调：恒温恒湿，上回风、下送风，制冷量 20.1kW。

（12）机房网络摄像监控设备：可以通过网络浏览器监视控制，图像清晰，即插即用，不需直接与 PC 连接。

（13）系统软件：WINDOWS2003 标准版、5 用户、3 操作系统。

（14）SQL SERVER FOR windows2003。

（15）BEA WEBLOGIC FOR windows，支持双机热备。

（16）SYBASE FOR windows，支持双机热备。

根据我省赴山西、湖南的实地考察和对辽宁、湖北、河南等省份的咨询，结合我省的具体情况，在原省级文物数据中心软硬件设备配置清单的基础上，制定出了我省数据中心的设备配置方案。

二、网络设计原则

1. 高性能

网络作为企业信息运行的承载平台，涉及众多不同的应用及众多用户。众多的用户、不同类型的应用，包括一些实时性强的交互业务应用（如语音、图像等），势必对网络的性能提出更高的要求。因此，设计时首先要考虑有足够的骨干带宽、合理的网络拓扑结构、先进适用的技术，同时还要努力实现网络的无阻塞性，不能使网络成为业务应用的瓶颈。

2. 高可靠性

网络系统的稳定可靠是应用系统正常运行的关键保证。在网络设计时，选用高可靠性的网络产品、合理的网络架构，制订可靠的网络备份策略，保证网络具有较好的故障自愈能力，以减少网络中断时间。在网络投入运行后，我们对网络产生依赖性，一旦网络中断，将造成巨大的影响和损失，此时再考虑网络的可靠性问题，无疑是一种投资浪费。

3. 安全性

解决安全性问题需制定统一的网络安全策略和过滤机制，充分使用各种不同的网络技术，如虚拟局域网络（VLAN）、代理、防火墙等。从数据安全的角度来讲，还应将重要的数据服务器集中放置，构成服务器群，以方便采取措施集中保护，并对重要数据进行备份。

4. 可管理性

企业网络作为一种地理范围，分布于较大的园区网（甚至是一种多个园区网连接而成的广域网），日常管理及维护的工作量较大。为了尽可能提高工作效率，减少网络停顿时间，同时为未来网络的发展打下基础，必须使园区网具有良好的可管理性。选择方案时应考虑以下几个方面：第一，对网络实行集中监测，分权管理，并统一分配资源；第二，选用先进的网络管理平台，可以集中对全网设备（路由器、以太网交换机等）实施具体到端口的管理能力，并及时提供故障报警和日志；第三，选用的网络设备及其他连接在网络上的重要设备都应支持远程管理。

5. 技术先进性

先进合理的技术是投资保护的重要方面。网络核心设备应考虑使用国内外主流厂家生产的设备，同时要把先进的技术与国际公认的标准结合起来，使网络支持国际上通用的标准网络协议。

另外我们还注意了以下几点：注意多倾听第三方专家的意见，对由厂商自己介绍的先进技术必须加以确认；注意从使用的角度倾听集成公司或其他兄弟馆用户的意见；各主流厂商都有其优秀产品，关键看是否符合我们自己的实际需求、性价比是否合理等。

6. 系统完整性

本次方案设计，既完全满足国家文物局的技术文件要求，做到系统设计完整，又能满足陕西省文物信息中心数据库拓展发展的需要，并能和国家文物信息系统进行无缝连接。

三、拓扑结构

接入层：也称作“服务器层”，在此部署各种应用服务器，常采用基于WEB的三层结构部署，WEB层、应用层/中间件层、数据库层。

汇聚层：由连接所有数据中心服务设备的网络基础设施组件构成。例如防火墙、入侵检测、SSL加速、负载均衡等。

核心层：连接汇聚层，提供高速数据交换和路由快速收敛。

建议将来使用双核心节点以增加系统的高可靠性，当一个节点发生故障时，另一个节点可以提供足够的带宽和容量来为整个网络服务。这种模式需要汇聚层设备成对出现，以提供足够的汇聚带宽和容量。服务器可采用多网卡方式接入。

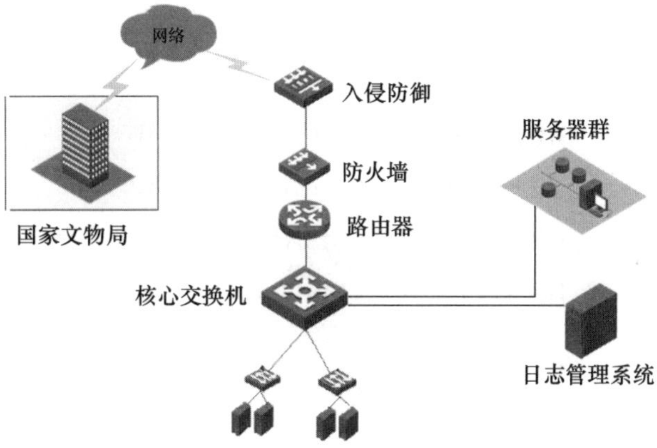

拓扑结构示意图

四、系统组成及主要设备选型

陕西省文物信息中心数据库项目解决方案，要满足业务优先、先进实用、平滑演进等原则。

网络档次高、层次分明：采用最高能力的交换机，按照网络层次依次选择合理产品，各层次产品之间系列化程度高，可靠性强。

负载分担的网络：以最大化网络资源负载分担为原则，通过设备间链路的分配调整，实现网络资源合理分布，增加可靠性。

安全的双平面的设计：本次为网络结构通过充分利用建设中的设备，充分保证网络安全备份及冗余性，整体提高网络的可靠性等级系数。

良好的网络兼容性能：选择华为设备，主要考虑到其表现出与其他设备厂商良好的互通性。

优化的网络性能：本方案能够保证网络在故障情况下快速实现业务流量疏导，提高整个网络质量，保证网络的承载量。

多业务的 IP 网络：优化后的网络具备极强的可扩展性能，除了具备大流量承载能力，还可提供 IPTV 等多种业务。

平滑的割接方案：网络割接，可以保证网络调整到合理的结构，在保证现网业务尽可能不受影响的前提下，为以后各地市的网络扩建保证平滑割接。

平滑地向 IPv6 过渡：我们本次采用的华为产品具备 IPv6 高性能转发，满足未来性能要求，并支持多种过渡解决方案，例如 IPv4/IPv6 双栈、多种过渡隧道等，是业界过渡方案中最好的产品，能够极大方便实际网络 IPv4 → IPv6 过渡的灵活性。

服务器和存储设备方面，我们选用惠普公司的系列服务器和磁盘柜来满足陕西省文物信息中心海量信息存储的要求。

网络硬件平台主要由以下设备组成：

名称	型号	生产厂家
服务器及存储设备：		
主服务器	HP ProLiant DL580 G4	HP
应用服务器	HP ProLiant DL360 G5 4	HP
磁盘阵列	HP StorageWorks MSA1500	HP
磁带库	HP StorageWorks MSL2024	HP
网络设备：		
防火墙	NS-SecPath 100A	H3C
核心交换机	S8508	H3C
路由器	NetEngine20-8	H3C
日志系统	Xlog	H3C
入侵防御系统	H3C-IPS 50	H3C

数据库中心操作系统平台：

Windows Svr 标准版 2003 R2 简体中文开放式许可 OLP NL（5CAL）。

Windows Svr 企业版 2003 R2 简体中文开放式许可 OLP NL（150CAL）。

SQL Svr 标准版 Edtn 2005 简体中文开放式许可 NL Promo 1 Proc。

SQL Svr 企业版 Edtn 2005 x64 简体中文开放式许可 OLP NL 1 Processor License。

Symantec 企业版 10.2 防病毒 1+150 带介质。

五、网络安全设计

陕西省文物信息中心数据库项目的网络安全设计方案，其中包括网络防火墙、入侵防御系统、日志管理系统，以及具有安全防御性能的核心交换机和路由器。遵循“安全渗透理念”，将安全部署渗透到整个数据中心的设计、部署、运维中，为数据中心搭建起一个立体的、无缝的安全平台，真正做到使安全贯穿数据链路层到网络应用层的目标，使安全保护无处不在。

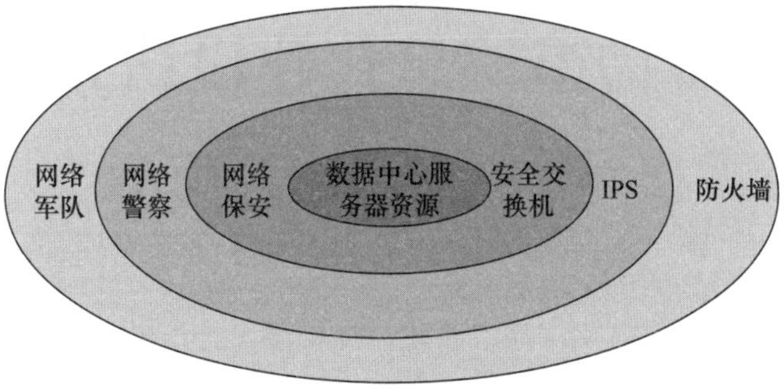

三重保护、多层防御模型

以数据中心服务器资源为核心向外延伸有三重保护功能。依托具有丰富安全特性的交换机，构成数据中心网络的第一重保护；以 ASIC、FPGA 和 NP 技术组成的具有高性能精确检测引擎的 IPS 提供对网络报文深度检测，构成对数据中心网络的第二重保护；第三重保护是凭借高性能硬件防火墙构成的数据中心网络边界。

安全系统组成如下：网络防火墙、入侵防御系统、日志管理系统、核心交换机、路由器。

在此系统的实施中，我们按照原系统提出的“六性”原则：高效性、高可靠性、安全性、可管理性、技术先进性和系统完整性的基础上，又对省信息中心的最新“设备配置”配备了单机版杀毒软件；无论是路由器、防火墙还是服务器，在实施中均使用 VPN 的广域网络连接方式，取代了国家局原先提出的 ISDN、DDN 连接方式，安全方面也由 IDS 改为 IPS。

博物馆信息化建设认知

（2008）

“发展信息产业，以信息化带动产业化，加快国民经济的发展”是党中央制定的国策。作为国家信息化发展的重要组成部分，文博信息化建设工作得到了有关部门的高度重视，从2001年起，在全国启动了“文物调查和数据库建设试点工作”，标志着文博信息化建设工作的全面开展。博物馆就应该以信息化为契机，改造传统的博物馆，全面提高综合管理水平、业务水平和学术水平，使我们国家的博物馆尽快跻身世界一流现代化博物馆之列。今天，我们来谈谈博物馆信息化建设中的一些问题。

一、什么是信息、什么是信息技术

信息又称资讯，是一种消息，通常以文字、声音或图像的形式来表现，是数据按有意义的关联排列的结果。信息（information）是客观事物状态和运动特征的一种普遍形式，客观世界中大量存在、产生和传递着以这些方式表示出来的各种各样的信息。

信息具有以下性质：客观性、广泛性、完整性、专一性。首先，信息是客观存在的，它不是由意志所决定的，但它与人类思想有着必然联系。同时，信息又是广泛存在的，四维空间被大量信息子所充斥。信息的一个重要性质是完整性，每个信息子不能单独决定任何事件，须有两个或两个以上的信息子规则排布为完整的信息，其释放的能量才足以使确定事件发生。其次，信息还有专一性，每个信息决定一个确定事件，但相似事件的信息也有相似之处，其需要信息子种类与排布密码理论的进一步发现来解释。

那么，什么又是信息技术呢？信息技术（IT，information technology）就是感测技术、通信技术、计算机技术和控制技术。也许您不满意这个定义，但这的确是一个又简洁、又具体、又系统、又实用的定义。感测技术就是获取信息的技术，通信技术就是传递信息的技术，计算机技术就是处理信息的技术，而控制技术就是利用信息的技术。因此，这个定义不但给出了信息技术的内容，也明确了信息技术的获取—传递—处理—利用的体系，还摆清了感测、通信、计算机、控制这些概念比较明确、领域比较清晰、大众比较有感性认识的技术在信息系统中的作用和相互关系。

感测、通信、计算机和控制这4大技术在信息系统中虽然各司其职，但是从技术要素层次上看，它们又是相互包含、相互交叉、相互融合的。感测、通信、计算机都离不开控制；感测、计算机、控制也都离不开通信；感测、通信、控制更是离不开计算机。

另外，按目前的情况，感测、通信、计算机和控制 4 大技术的作用并不在相同层次上，计算机技术相对其他 3 项技术而言处于较为基础和核心的位置。正是计算机技术的高速发展才带动了整个信息技术的高速发展。事实上，在计算机技术产生之前，感测技术、通信技术和控制技术就已经产生了。但那时这些技术的水平还是比较低的，很多操作还需要人工进行。计算机技术产生以来，感测技术、通信技术和控制技术的水平得到了极大地提高。不仅自动化水平不能与过去同日而语，而且通过程序控制实现了越来越强大、越来越复杂、越来越便利、越来越高效的功能和服务。可以说，当前信息技术的基本特征就是计算机程序控制化。

程序控制化的优点是：第一，能够可靠地长期运转。因为一个程序一旦正确地设计完成，就可以一劳永逸地反复执行，完成指定的功能或服务，可靠性远远超过人工。第二，技术进步快。任何复杂且功能强大的程序都是由多个简单且功能单一的程序组成的，程序的不断开发就自然地积累下来，而程序的积累就会直接带来技术的进步。并且，技术更新往往只是软件的更新，花费的成本和代价较小。第三，便于构造大系统。大系统可以被分解为众多的子系统，子系统内部靠内部程序控制，子系统之间靠数据或协议来联系和协调。依靠这种方式，一个覆盖全球的大信息系统也不难建立。

正是由于这些优点，计算机技术产生以来，信息技术便有了突飞猛进的发展。它的应用已经渗透到社会的各行各业和各个角落，极大地提高了社会生产力水平，为人们的工作、学习和生活带来了前所未有的便利和实惠。

40 年前，先进的“信息技术”是半导体模拟电子技术。

60 年前，先进的“信息技术”是电子管技术和电磁技术。

80 年前，先进的“信息技术”是机械技术。

130 年前，先进的“信息技术”是活字印刷术。

970 年前，先进的“信息技术”是雕版印刷术。

1200 年前，先进的“信息技术”是造纸术。

2000 年前，先进的“信息技术”是文字。

3500 年前，先进的“信息技术”是语言。

5000 年前，先进的“信息技术”是画。

也许在画之前就有结绳记事。

能发声的动物会用声音传递信息。

昆虫还可以用化学物质传递气味信息。

更低等的动物，乃至植物、原始生物也都能进行信息交流……

二、博物馆的信息化建设

从某种角度上说，了解一个地方的过去和现在是从博物馆开始的。一座博物馆就是一部物化的发展史，人们通过文物与历史对话，穿过时空的阻隔，俯瞰历史的风风雨雨。从小处说，这是源远流长的地方历史的重要见证；从大处说，这是维系中华民族团结统一的精神纽带。博物馆不单纯是一个市民文化学习的地方，更重要的，它应该成为市民休闲的主要场所之一，获得多少知识是次要的，享受一下难得的静谧、幽雅气氛，并在这个气氛中放松工作、学习中绷紧的心弦成为来博物馆的主要目的。博物馆的文物是靠陈列、展出、宣传、服务等，达到历史与现在人对话的目的，它已成为城市文化设施的重要组成部分。博物馆对人类文化遗存、自然遗存管理起到非常大的作用。博物馆的主要功能是文物（及标本）的保存、研究、展示和教育。信息化建设应围绕博物馆的功能实现而展开，并力争使这些功能得以扩展和延伸。我们权且不要搬出博物馆学上对博物馆的定义，“博物馆”概念的形成自有其历史沿革上的原因。仅从字面理解，在现代汉语语境里，“博物馆”一词中“博”作“多、丰富”解；“物”即“物品、事物”，也就是“东西”；“馆”是“场所、地方”；合起来就是“（有）许多物品（的）场所”或“（放了）好多东西（的）地方”，这一语义在很大程度上影响和局限了我们的认知。而中国传统文化中“古玩、古董”收藏的概念又在人们的潜意识中强化了这一认知上的局限。长久以来，大家已经渐渐淡忘了“museum”这个外来语的本意——（纪念、敬奉）文化、艺术、科学之众神的殿堂。

博物馆分为三类，为历史文化类、自然科技类、专题类。

博物馆的共性是处于自然和人类发展历史纵轴，以及同时期各自然地区、人类集团发展横轴上的各类有保存意义的信息集散地，是对这些信息加以收集、存储、研究、加工、扩散、利用的场所。

目前中国大陆各类博物馆有2200多家（统计数字不包括港澳台和小规模私人性质的博物馆），该数字以每年5%左右的速度增加，增幅主要是民营或私人博物馆。

也许现在需要突破局限，首先就要重新审视一下“博物馆”的定位。搜集、收藏、研究、展示、教育这些功能在工业时代已经被固化成了单向的行为，博物馆与公众间已经形成了一条无形的鸿沟。信息时代，社会行为以互动为特征；社会存在以需求为主导。博物馆的生存面临着挑战，如何在满足社会需求的前提下寻求自身的生存与发展，已经成了摆在我们面前的重大课题。信息化既是生存之道，也是发展之道，博物馆的信息化建设势在必行，但其也会面临重重困难。

文博领域信息化发展存在的不利于信息化长远持续发展的问题主要表现在4个方面：①信息化建设管理体制不畅，各自为政的现象依然普遍；②信息化建设水平不平衡，在应用层次上仍属于初级阶段；③信息化建设与专业工作联系不紧密，信息技术应用的针对性不强；④信息化建设较为封闭，开放式、市场化的组织运行机制尚未建立。

（一）我国博物馆信息化发展情况

众所周知，博物馆简介不等于博物馆本身，相应地，电子简介也就不等于电子博物馆。电子简介基于数量有限的静态网页制作，因而可以一蹴而就、立竿见影。但基于数据库的电子博物馆却需要花费一定时间和较大人财物力投入的建设过程，换言之，数字博物馆是建立在馆藏信息数字化基础上的。虽然我国直到20世纪末也没有出现一例真正意义上的数字博物馆，但博物馆的数字化工作（馆藏信息数据库建设）已经在许多单位蓬勃开展，有的已经实现了内部管理的数字化，距数字博物馆的境界仅一步之遥。在高校和科研系统则出于教学科研目的而投入巨资开展校园或院所数字化环境建设，这些都为进一步发展为网上共享的数字博物馆积累了必要条件。

1. 真正意义上的数字博物馆诞生：2001年三件具有转折意义的大事

随着新千年的到来，我国信息化建设已被列为国民经济和社会发展“十五”计划的主要任务，在《中共中央关于制订国民经济和社会发展第十个五年计划的建议》中明确指出：“信息化是当今世界经济和社会发展的大趋势。要把推进国民经济和社会信息化放在优先位置。要在全社会广泛应用信息技术，提高计算机和网络的普及应用程度，加强信息资源的开发和利用。政府行政管理、社会公共服务、企业生产经营要运用数字化、网络化技术，加快信息步伐。”可以说，“十五”期间是我国全面融入世界信息化大潮的时期。主管全国博物馆事业的国家文物局于2000年成立了信息化领导小组，领导全国文物保护事业信息化工作。

在文博领域，2001年发生了三件具有转折意义的大事情，一是北京故宫博物院网站正式开通，二是中华人民共和国教育部（简称教育部）立项开展大学数字博物馆建设工程，三是国家文物局下发了关于发布《博物馆藏品信息指标体系规范（试行）》和《博物馆藏品二维影像技术规范（试行）》的通知。

这年夏天，网民们惊奇地发现，新开通的北京故宫博物院网站内容并不限于宣传性的静态网页，还可以借助检索工具，从数千件馆藏信息数据库中任意选择观看个案藏品的文字描述和影像信息。尽管上网共享的数据库规模距离该馆约一百万件的实际收藏总量还很遥远，但那仅仅是一个量的问题，重要的是网上故宫利用了多媒体数据库，从而使这一新兴事物出现了质的变化，标志着我国第一个真正意义上的数字博物馆已经诞生，在理论和实践方面揭示了单体数字博物馆的基本建设目标和概念框架。而数据库记录规模从少量到大量，甚至达到与实际收藏总量相等的状态，这完全是时间的问题。

几乎在故宫博物院网站开通的同时，教育部利用《面向 21 世纪教育振兴行动计划》“现代远程教育工程” 2001 年度中央财政专项，在现代远程教育网上公共资源建设项目中，为大学数字博物馆建设工程正式立项。由教育部科技司牵头主管，成立了总体专家组提供业务指导并组织项目实施，投资包括国拨和实施单位同比配套资金，总计 4000 多万元，都用于十八所大学博物馆的数字化建设。这是国内首次较大规模和有组织地开展的群体数字博物馆建设，后来仅用 10 个月的时间就初步建成了地球科学、生命科学、人文学科与艺术、工程技术四类大学数字博物馆。如此大规模的馆藏资源通过互联网实现的广泛共享在国内尚属首例，在国际上也未见到免费的网站。相比而言，该工程建设目标明确指向社会共享，学科门类多样化，建设周期很短，投资量不算大，数据库规模较大，媒体种类丰富多彩，网页形式美观而又生动活泼。说明各参建单位充分借助大学现成的校园网络环境基础条件和雄厚的计算机科技力量，毫不保留地对珍藏文物标本进行了多媒体采集制作和共享发布，产生了很大的社会反响。

大学数字博物馆建设工程提出了构建知识网络、个性化参观、标准化藏品信息、网络共享等数字博物馆建设理念，针对一些关键技术进行了探索性的研究和开发，其成果对于促进我国数字博物馆的建设及相关技术进步具有很好的推动作用。工程的建设成果不仅能够直接为高等院校教学科研服务，而且充分注重了素质教育在网上的实现，力求体现科学与人文精神相结合，阐明基本理论的同时，还特别叙述了科学发展史上重要发现的创新历程以及科学思想的诞生经过，体现自然科学的演进方式和科学家的人文意识，为学生远程自主学习建立了不可多得的第二课堂。2003 年 7 月，工程通过了教育部组织的验收，其建设成果、组织形式、技术革新和社会效益得到了验收专家的高度评价，社会效益显著。工程的高质量完成为继续开展这类工作奠定了坚实的基础，在项目组织、技术体系、信息管理和知识融合等方面积累了宝贵的经验。

2001 年底，国家文物局发布了《博物馆藏品信息指标体系规范（试行）》和《博物馆藏品二维影像技术规范（试行）》。这是为了适应全国文物、博物馆事业信息化建设的需要，规范博物馆藏品信息处理和交换工作，根据《全国文物、博物馆事业信息化“十五”规划》组织编制的，也是文博行业期待已久的大事情，在很大程度上增强了我国博物馆信息化建设的规范化意识。然而如果用数字博物馆的角度衡量，规范建设内容至少在三个方面有待深化。首先，由于我国行政管理行业条块分割的实情，由国家文物事业管理局制定出台的规范文件仅对文化遗产领域具有权威性，对象范围主要还是针对文化遗产类型，而对自然遗产和近现代科技类博物馆藏品信息指标内容的规定略显粗放。所以就博物馆而言，与其说该文件解决了规范化问题，不如说仅提供了规范化的格式参考。其次，该文件所开列的馆藏信息指标内容比较偏重行业宏观管理或个体机构内部的管理目的，也能满足专业群体交流（窄播）的需要，但距数字博物馆以非专业群体为主要用户（广播）的信息描述要求还有些许差别，多媒体种类单一，毕竟管理不等于传播，科研也不等于科普。再者，由于我国人文类博物馆的藏品分类学基础比较薄弱，所以反映在规范中涉及分类的部分选择型指标项内容明显带有经验性而缺乏科学性，有可能导致应用层面的困惑。尽管上述《规范》存在这样或那样的问题与不足，但毕竟首次提出了博物馆信息规范的基本理念和思路框架，有些技术性问题会随着实践检验而被发现和解决，诸如文物分类学方面的问题则需要较长时间的实践和研讨积累过程才能逐步完善。

2. 中国数字博物馆建设与发达国家处在同一起跑线上

“文物调查及数据库管理系统建设”项目是中华人民共和国财政部（简称财政部）、国家文物局联合开展的一项重要的基础工作。该项目自 2001 年启动以来，已先后在山西、甘肃、辽宁、河南、湖北、湖南六省进行了试点工作。在 2006 年 3 月 28 日又将陕西省列为推广省份。2009 年，此项工作将向全国剩余省份全面推开。

国家文物局在 2001 年《博物馆藏品信息指标体系规范（试行）》（文物博发〔2001〕81 号）的基础上，又于 2004 年发布了《博物馆藏品信息指标著录规范》。我国文博系统在较长一段时间内仍然处于数字故宫一枝独秀的状态，直到此《规范》的颁布，我国博物馆信息化事业才真正得到发展，无论是理论层面还是实践层面都上了一个新台阶。近几年，国家博物馆、上海博物馆、南京博物院和陕西历史博物馆等大型博物馆的网站就自发性地增加了数据库点播成分。值得一提的是，陕西历史博物馆不仅有了基于数据库和动态网页的网站，还积极加大资金投入和不断申请国家文物局、中华人民共和国科学技术部（简称科技部）的数字博物馆的科研项目，推动陕西博物馆的信息化建设。如申请科技部的国家高技术研究发展计划（863 计划）的 2008 年度“射频识别（RFID）技术与应用”重大项目课题，完成博物馆门票智能化管理、观众参观行为追溯管理系统、人员密集度监控与引导、景点和展台信息的个性化服务等。这将为我国博物馆数字化辅助展示和参观人员的数据挖掘项目建设提供一个经典范例。此项目的实施可以说是与世界同步的。目前在美国、中国台湾等也在实践应用中。

为了进一步推进我国博物馆数字化建设，为我国博物馆数字化建设作出科学、全面、系统的规划，中国博物馆协会经过长期酝酿和认真筹备，于 2003 年 11 月 28 日成立了博物馆数字化专业委员会。这个国家一级学会下属的专业委员会经常组织活动，为同行交流提供了很多机会，还参与了多家文博单位的数字化建设立项评审工作。

2004 年夏天，教育部科学技术司组织大学数字博物馆建设工程专家组成员，向主管领导汇报了以往的工作经验和教训，并对今后的继续深化建设工作提出了设想。在教育部领导的大力支持下，当年就为“中国大学数字博物馆关键技术研究”正式立项，意在为进一步深化大学数字博物馆建设提供统一技术平台，由南京大学、北京航空航天大学、北京大学、中国地质大学、中山大学及复旦大学这六所重点高校的多个国家重点实验室联合承担该项目的研究与开发任务。此可谓国内最大规模的数字博物馆专题研发项目，此项目已于 2006 年顺利完成。

2005 年秋，为了集成现有数字化科普资源、发挥网络科普的更大效能，建设公众，特别是青少年体验科学的网上科技活动乐园，并为全国科普机构科普创作、产品开发提供强大的数字资源支撑，经国家科技基础条件平台领导机构确定，中国科学技术协会作为牵头部门，教育部和中国科学院作为参加部门，共同承担中国数字科技馆项目。此可谓我国自然科学和工程技术领域开展大规模群体数字博物馆建设的开端。

常见一些论著作者说，我国博物馆数字化建设起步较晚，实际上，更确切的说法应该是有关探索的起步稍晚，但也晚不了多少，在推动有关探索的进程中，技术环境发展因素往往大于探索者的个人灵感。而在应用层面的数字化建设，可以说我国几乎与发达国家处在同一起跑线上。从近年来我国数字博物馆事业的强劲发展势头可以看出，政府行为的介入将有可能使我国的数字博物馆建设走在世界前列。通常情况下，个体博物馆的数字化建设路线往往遵循局部小规模探索、内部自动化管理意义上的数据库建设、全民共享意义上的网络发布的三段式思路，其中前两段可谓数字博物馆的基础，需要一定的投入，而跨入最后一段所需的人力、财力、物力、技术条件及相应的知识产权等问题却相当复杂，形成一道最大的障碍。政府行为的介入就使得问题相对集中，目标明确，通过有组织的统一平台关键技术研究及其成果共享途径解决个体馆面临的技术问题，国拨资金的用途也能集中在资源数字化领域而无须重新打造数字化环境条件，加上充沛的人力资源条件，从而能够用相对有限的资金和较短的时间直奔主题——数字博物馆。

（二）信息化博物馆工作从何入手

1. 信息化博物馆的概念

1）几个概念问题

博物馆信息化：信息技术（感测、通信、计算机和控制这 4 大技术）。

博物馆数字化：存储方式（文物、管理数字化）。

数字博物馆：阶段性成果应用（博物馆陈列展示）。

网上博物馆：数字博物馆在互联网上向公众展示。

数字化博物馆：追求的目标（一个比较长时间内文博人的追求）。

实体博物馆：传统博物馆，以区别于数字博物馆。

2）博物馆的信息化与数字化

“数字化”（digitalization）一词是直接从英文意译过来的，揭示了计算机这一工具的本质，是指直接利用以计算机为代表的数字处理技术来完成的工作，如利用计算机键盘输入得到文字、利用扫描仪得到图像、利用数字照相机（摄像机）得到静态（动态）的图像，都可以认为是处理对象的数字化过程。在计算机技术中，“数字”对应的量只有 0 和 1，表现为方波图形，称之为“数字量”（digital quantity），而对应的“模拟量”（analog quantity）则表现为连续变化的波形。由于计算机是基于数字二进制的基础产生的，只能接受、处理数字量，因此必须将模拟量转换为数字量，这一过程称为模数（A/D）转换，即数字化的过程。可见，“数字化”的着眼点在于工具本身，在于利用计算机等数字工具对对象的具体处理手段。

“信息”（information）是指人类社会和自然界所产生的各类有用符号（资源），“信息化”（informatization）一词，是指对这些符号通过技术手段所进行的收集、整理、加工、保存、传播、利用，目前而言主要利用的技术为计算机及其相关技术，着眼点在于信息本身。信息化就是实现资源和服务的充分交互。

博物馆的信息化工作是围绕着藏品、展示、研究这三项基本工作展开的。在藏品这一项工作中，资源是馆藏文物（可移动文物）、不可移动文物和文物登记账簿，其服务对象是保管人员、研究人员、陈列人员、行政人员、参观人员等；展示工作中的资源是陈列设施、相关文物和文献，服务对象是普通参观者、专业研究者；研究工作中的资源是相关文物、文献和技术手段，服务对象是普通学习人员、专业人员、行政人员等。

博物馆信息化工作是指利用计算机技术，从博物馆的资源到服务，以及各项工作之间充分交互的处理过程，是对博物馆利用资源实现服务，以及使服务更加深入、资源的利用更加合理的总体方法的称谓；在博物馆中，数字化是指在博物馆一些单项具体工作中利用计算机技术对数据处理的过程，是对博物馆资源利用的具体手段的称谓。需要指出的是，信息化和数字化两个概念在这里是不可分离的，也不是对立的，而是总体规划的、有机关联的若干数字化手段的集合，共同构成了博物馆的信息化。

实体博物馆的信息化和虚拟博物馆是今后博物馆发展的两大方向，则是确定无疑的。实体博物馆的信息化建设最终将打破博物馆之间的壁垒，实现文物资源的全人类共享。

2. 机构建设（信息中心）和设想

广义上的“信息中心”：集数据存储中心，信息咨询中心，科技研发中心，技术保障中心，资源开发中心，网络运行中心，业务管理中心，信息化建设调研、规划、实施、监督、指导、推广和培训中心等若干职能于一体的综合中心。

1）萌生阶段

起初，大家还不大了解信息化具体是怎么回事，只是办公要用电脑了，联络要上网了，高科技设备得有人管了。渐渐的，办公电脑增加了，公文流转得用局域网了，博物馆也要作布线施工了，得有人做技术调研了，信息化建设开工了，技术维护工作一个人干不了了，IT 工作就建“组”了，只是暂时还得挂在其他部门下，人员还不太固定，没有编制，更没有预算。

在博物馆信息化建设的初始阶段，信息技术服务的需求已经明确，IT 业务人员像抢险队一样疲于奔命，他们一边学习，一边服务，在角色上相当于实习医生。

2）积累阶段

IT 工作组进入状态后，网站建起来了，设备增加了，运行得 24 小时 ×7 天全天候了，其他部门的业务人员该培训了，服务外包太贵了，自己来吧！人手不够，加人呗。拍数码照片、拍 DV、转带子、编片子，外加工？没必要，自己来吧！设备不足，添设备呀。修设备、编软件、搭建数据库，这事儿自己干不了了，招标太麻烦，找个外协单位就能对付，别的部门搞不明白，还得自己来。终于，信息中心有编制了，信息化建设有预算了，信息中心要成立了。

在现代博物馆信息化建设的发展阶段，技术人员的工作压力很大，而此时正是信息化建设的关键时期，如果这个阶段没发展好，整体信息化工作就会多走弯路。这时的 IT 服务人员在角色上是运动员兼教练员，而信息中心机构搭建之初，由于人员构成上的先天不足，只能定位为 IT 服务保障机构。

3）冲突阶段

社会在发展着，信息化成了趋势，国家有规划了，上级有政策了，经费有出处了，馆里也重视了，业务部门也跟进了，再有信息化项目都是各部门自主操作了，信息中心的存在似乎也变得不大重要了，也该靠边站了，真有点像作茧自缚。

在现代博物馆信息化建设的稳定阶段，信息中心将渐渐从信息化基本建设的第一线退出，尽管信息中心还要承担将信息化进程继续推进的重任，但往往由于信息化进程的深入，机构的调整，业务的重组，信息中心反而使不上劲了。虽然全员信息化应用能力已经得到了大幅提升，但正是信息中心这一最大的建树，否定了自身存在的价值，而信息中心机构搭建的最终目标似乎就是为了使自身的存在失去价值。

这个结果看起来有点有悖常理，其实不然，就像建好大厦的施工人员终须撤出工地一样，信息中心在基础环境建设阶段的定位就理应是“工程指挥部”。与此同时，业务人员已经完成了从学徒到熟手的角色转换，而信息中心的角色也要尽快从教练员转成裁判员，不要继续流连竞技场。信息资源平台后续应用的深入开发和信息资源管理的重任仍然需要信息中心这一机构承担，博物馆面向社会的又一窗口已经打开，如何打理数字环境中那个我们尚不熟悉的世界，已经成了对信息中心的又一轮新的挑战了。

4）进化阶段

博物馆信息化转型完成后，各个部门的人员全都信息化了，是否继续保留信息中心建制已经很成问题了，信息中心的部分职能被分解，网络运行保障职能和技术支撑职能可以划归后勤部门；信息化平台管理职能可以划归办公部门；信息资源管理职能可以划归档案资料部门；信息资源开发应用职能可以划归业务部门；似乎只有信息采集加工职能还有必要保留，但是被分散了的职能并不能最大化地发挥信息系统派生资源的整体优势，如果把博物馆整体机构视作“主体”，此时的信息资源体系可以被视为伴生的“附属”。在一定的时期内，集中强化信息资源体系有利于博物馆的顺利发展，如果将数字化应用的有关环节加以整合，一种崭新的博物馆分支体系运作形式——“数字博物馆”必将脱颖而出，羽化成蝶。

前面已经提到，信息中心是一个综合中心，基本建设任务完成后，数据存储中心、信息采集中心、科技研发中心、技术保障中心、资源开发中心、网络运行中心、业务管理中心等业务职能还在，更重要的是，在可预见的未来，博物馆信息化发展的必然结果是整个博物馆都将在数字环境下运作，作为数据资源采集、加工、保管机构的信息中心在整合了网络运行资源、信息资讯资源后可以派生出更多有价资源，这些资源必将在网络环境的数字世界中凝聚成为一个“虚拟实体”，其增值空间，在内容为王的信息时代将延伸博物馆的传统概念，渐渐形成“数字博物馆”分支。提到“数字博物馆”，有不少人将其与“传统博物馆”对举，当作两类博物馆来探讨。事实上，博物馆仍然是博物馆，不必冠以“传统博物馆”的称谓，而“数字博物馆”只不过是信息时代博物馆信息化进程的衍生物，是博物馆在新的历史时期的发展，是博物馆发展到数字时代后必然追加的一个新的组成部分。尽管有关“数字博物馆”的概念尚未统一，但引入数字技术后，博物馆的概念正在悄然发生着不可逆转的变化，在这里引用“羽化”的概念并不为过。在博物馆信息化建设的后期阶段，信息中心将重新扮演拓荒者的角色，迎接新一轮的挑战——打造“数字博物馆”。不久的将来，全社会信息化的进程将进入全面数字化的阶段，而在全面数字化的社会环境下，“数字博物馆”的提法也将渐渐被人们淡忘，到那时，博物馆还是博物馆，没有进行数字化转型的博物馆当被视为另类，也许会被称作“原生态博物馆”。

此后，在全社会信息化的“数字后时代”，信息化行为将以前所未有的形式存在，信息中心还将承担起新一轮的转型推进任务，到那时，信息中心的核心组成将进一步发生转变，以适应全新的技术环境的需要。也许，那时还会形成又一个全新的概念，用来替代“信息中心”的“传统提法”。

今天，“信息中心”这个阶段性的临时机构，有幸弄潮于信息时代的风口浪尖，有幸与数字时代共历风波，虽然，从它面世之日起便注定了要面对“随需应变”的坎坷命运，但是，只要在激流中处变不惊、辨明险滩、把稳方向，定能顺流直下、扬帆及远。

目前，全国文博系统已有 50 多家博物馆设立了专门的信息化工作机构（其余的多设在保管部、资料室或办公室内），其基本职能一般为：①在馆领导的带领下，研究、制订并组织实施本馆信息化建设规划；②组织建构本馆信息网络及建设其他信息基础设施；③协调本馆藏品信息数据库建设，并对其进行保管和维护；④组织开发（包括外包）用以在馆内外展示的数字文化产品（触摸屏内容、多媒体投影及播放信息、虚拟现实产品、全息影像、电子阅览信息等)；⑤建设和管理本馆互联网站；⑥建设和管理本馆办公自动化系统(OA)，应将可公开的藏品及相关信息放在OA数据库中供内部人员按照不同权限查阅；⑦开展与博物馆功能和发展需要有关的其他信息化建设。

从理论上讲，博物馆信息化是指博物馆各个部门和各项职能都能够利用计算机作为日常工具，运用信息技术构成一个以藏品信息数据库为基础、以信息网络为支撑、以业务应用和科学管理为核心的信息系统。

博物馆信息化的作用包含三个层次：一是建立"数字典藏"，摸清文物家底，促进保护和研究；二是扩展展示手段(包括馆内和馆外)，丰富展示内容，提升展示水平；三是整合博物馆各项业务资源，更新观念，提高素质，提高管理效率和服务水平。

3. CIO的确立

什么是CIO？CIO(chief information officer，首席信息总监)，是高级管理人员，主要负责信息技术、信息资源、信息服务、信息战略、知识管理、智力资本评估、信息技术战略与业务战略整合、归属CEO等领导。它的内涵是进入单位的决策层、全面负责组织信息管理的高级官员。

为决策提供所需的切实可靠的信息，有效地协助制订长期发展战略，这是CIO最根本也最重要的责任；紧跟最新技术的发展，联络科技与业务战略，保证单位IT业务的流畅与发展。我们认为，一个博物馆的数字化基础工作的坚实度直接关系到信息化的发展好坏，从这里就可显现出CIO的工作成效来。

博物馆CIO的误区：目前我们博物馆的CIO还只不过是一个与信息有关的职位，且绝大多数为部门级的，通常称为信息中心主任或电脑部门经理，未能够渗透到单位战略管理与决策层中，他们更多的是关注具体信息技术的规划与实施，而非全局的信息系统规划和企业战略规划，更谈不上二者规划的战略统一。真正进入决策层的副馆长级的信息主管凤毛麟角。

CIO职责：为决策提供所需的切实可靠的信息，有效地协助制订长期发展战略，这是CIO最根本也最重要的责任；有效地管理信息技术部门，将信息技术切实置于可以支持或引导业务需要的地位；紧跟所有的最新技术的发展，联络科技与商务战略，保证技术上的竞争优势，并将其迅速转化为业务发展的动力；正确地规划内部信息技术的发展战略，构思与促进技术远见，确保信息技术的内部资源源远流长；建立并保持积极的信息技术文化，与所有阶层培植良好的关系。

4. 博物馆信息化核心内容

博物馆信息化建设大体可以分为三个阶段。①基础建设阶段：主要是藏品数字化信息采集及初步信息基础设施建设；②集成、整合阶段：主要是数据库集成及藏品信息管理；③应用阶段：主要是以信息化建设成果服务公众展示、研究以及博物馆的业务工作。

根据国家文物局制订的文物事业 2015 年远景目标，我们认为博物馆信息化建设的重点领域是：博物馆信息化标准体系，藏品管理信息系统，多媒体陈列辅助系统，内部网络平台系统，展厅和库房智能化，Internet 网站。具体有以下工作内容。

1）博物馆信息化标准体系建设

信息化建设要标准先行，标准是规范博物馆信息化建设，促进信息资源共享和充分利用的基础条件，在博物馆信息化建设中处于十分重要的地位。

国家文物局颁布了《博物馆藏品信息指标体系规范（试行）》和《博物馆藏品二维影像技术规范（试行）》，为各博物馆藏品信息规范化和标准化建设提供了重要依据。两部《规范》中明确了部分强制标准，也有一部分为推荐标准，各馆可根据自己的情况作适当调整。

但我们也应看到，现行的博物馆信息指标及标准还不够系统和细致，如在考古所库房管理和博物馆藏品库房管理方面还有不兼容的地方，给工作带来了一定困难。应该在广泛调查、征求意见的基础上，进一步制定通行标准，并逐步加以完善。标准属于创新性成果，应该受到知识产权的保护。

在博物馆信息化标准建设中，加强行业应用软件评测十分重要。应用软件的质量高低，直接关系到博物馆信息化建设的成败。用户一定要参与软件设计和评测，以保证软件的适用性。行业应用软件要按照博物馆的业务来设计，不能只按照 IT 行业的思路去设计。

2）藏品管理信息系统建设

在藏品数字化的基础上建立博物馆藏品管理信息系统，是博物馆信息化建设的基础。藏品管理信息系统的首要作用是替代传统的藏品卡片式管理，大大提高藏品管理工作的质量与效率。建立藏品管理信息系统，通过藏品数据库，用户可以浏览、统计和利用各类馆藏文物的基本信息。

随着信息技术的发展，影像资料也成为藏品信息的重要内容之一。藏品管理系统仅仅有文字信息是不完善的，藏品影像信息的直观性是文字无法比拟的。无论多么详细的文字，都是一种抽象的描述，很难表达藏品的准确信息，并可能因理解不同而失真。现代计算机所支持的多媒体查询，可以大大减轻管理人员的工作强度，明显减少对实物的接触，提高文物的安全性。

随着三维数字化技术在博物馆界的推广与应用，藏品以真实的色彩、全方位的立体显示成为可能，人们可以通过显示器 360°观察藏品的原貌，欣赏或研究这些藏品。我们要重视文物藏品数字资源建设，一些重要藏品要进行立体信息的采集，实现三维查询和展示功能。

3）多媒体陈列辅助系统建设

随着计算机技术的发展，多媒体正在成为我们生活的一部分。计算机处理多媒体信息的能力在不断加强，大容量存储设备的应用使存储和备份超大容量的多媒体信息成为可能。多媒体把文字、声音、图像、动画、视频及三维图形等结合在一起，给我们带来了一个多姿多彩的缤纷世界。

在博物馆陈列中，长期沿用的实物加说明牌式的展示手段，难以充分地诠释展品。多媒体导览系统有很好的交互性，能使观众更主动、更深刻、更全面地了解博物馆的各种信息，满足观众的参与愿望。多媒体技术作为陈列的辅助手段，对于更好地表现和诠释展品、实现观众与展品的互动起着越来越重要的作用。例如，中国农业博物馆在中国现代农业科技陈列中，观众通过点击计算机的触摸屏，就可方便查询陈列导览系统，快速找到所需的资料。该导览系统应用了大量的图片、视频和文字，内容丰富，界面友好，交互性强，很受欢迎。

4）内部网络平台建设

内部网络平台是指博物馆局域网的软硬件环境。局域网是以交换机和服务器等为中心，并连接博物馆内部各信息点的网络系统。通过路由器和专线，将系统与互联网进行连接。局域网建设是博物馆信息化建设的物质基础，是博物馆内部信息发布和交流的平台。在局域网上运行办公自动化系统（OA），实行网上协同办公，以提高博物馆管理的科学化和规范化水平。

网络的建设要整体规划、分步实施，遵循先进性、经济性、实用性、安全性和开放性原则。建设网络尽可能采用成熟先进的技术，在满足需要的前提下尽可能选择性价比高的设备，讲求好用、实用、够用，不盲目追求技术的新、奇、高，所选用的网络设备应具有较高的可靠性，所使用的协议、媒介、接口等要符合国际标准。网络建设重在应用，一定要边建设边推广应用，认真做好培训工作，让大家能用、会用、好用，切实感受网络带来的便捷和效率。

5）展厅和库房智能化建设（楼宇控制系统）

博物馆智能化系统是现代管理和高新技术结合的产物，包括安全保卫监控子系统和设备环境监控子系统。智能化系统应用于文物库房，对文物藏品所在环境进行自动监测控制，可实现防盗报警和防火自动监测；应用于观众接待，可实现博物馆门票和观众出入的智能管理；应用于参观讲解，通过声控和红外线控制，观众可自主、交互了解陈列内容，等等。

安全保卫监控子系统。任何一座博物馆中，安全保卫都是重要的工作，博物馆安全保卫中可广泛运用先进的防护技术。当盗警和火警发生时，系统会自动关闭相应的门，开启周边的灯光，记录现场状况并通知保卫人员。此子系统包括闭路电视监控系统、门禁管理系统、防盗报警系统和巡更管理系统。

设备环境监控子系统。在博物馆环境中，自动控制技术的应用可以节约能源、节省人力、减少浪费。自动控制系统加强了环境控制能力，克服了能源设计的过度冗余，实现了人工管理无法达到的控制精度。

6）数据仓库和数据挖掘

现代最新的数据仓库技术则是实现文博信息管理高效化、决策科学化的利器，数据仓库技术通过以下各种途径在文博信息管理中起着决定性的作用。

通过数据仓库的 ETL（extract transform load，数据整合解决方案）概念，我们可以对杂乱无章的藏品原始数据及初级数据库数据进行规范化的处理与利用；对博物馆的陈列、保管宣教等业务、行政管理等数据进行整合，经过数据清洗，最终按照预先定义好的数据仓库模型，将数据加载到数据仓库中去。

利用数据仓库技术 BPR（business process reengineering），即业务流程重整，可以发现并纠正博物馆业务流程中弊端的一项重要工作。

数据仓库技术可用于帮助我们建立文博决策支持系统（decision support system），它是基于数据仓库的典型应用。决策支持就是收集所有馆藏数据和信息，经过加工整理来为文博决策管理层提供信息，为决策者的决策提供依据。

从以上情况可以看出，在信息利用方面，以博物馆建立起的各大数据库为依托，通过对现有各业务系统的数据库进行抽取、清理，并有效集成，按照主题进行组织，建立起博物馆自己的数据仓库，同时按照数据的覆盖范围把它分为博物馆级数据仓库和部门级数据仓库（通常把它们称为数据集市），为博物馆的数据挖掘建立起“资源”基础。

采用数据挖掘技术对博物馆决策管理、文物陈列、文物保管、文物保护及文物宣传等方面进行全面的开发和整合。这样不但使文物收藏、保护和研究手段提高到一个新层次，更为重要的是提高博物馆的社会效益，在我国现在蓬勃兴起的“数字文化”产业发展中发挥前驱推动作用。

7）Internet 网站建设

以丰富的博物馆数字化信息为支撑，在互联网上设立的博物馆网站，既没有时间的限制，也没有地域的界限，弥补实体博物馆的时空限制，强化和延伸了实体博物馆的表现形式，能开发博物馆的潜在观众，是博物馆发挥公益职能、服务社会大众的新途径。参观者透过互联网，借助三维、全景和虚拟现实等手段，从不同角度观察展品，快速得到需要的信息，实现对博物馆的深度浏览。

目前，全世界至少有 7 亿网民，中国有 1.3 亿；网站 1 亿多个，中国有 69 万个；30 亿个网页，并以每天 8000 万页增长。互联网已深入到社会生活的方方面面，成为影响力大、发展前景广阔的新型产业和新型媒体，在经济发展和社会生活中发挥着愈来愈重要的作用，有“第四媒体”之称。我们应进一步加大数字博物馆建设的力度，本着信息“公开是常态，保密是例外”的原则，向社会展示博物馆的风采，使之成为互联网上一道靓丽的风景。网上博物馆应该是博物馆发展的一个重点领域。可以预见，以后对于一般人员，主要是通过网上博物馆来学习文博知识，而到博物馆主要是亲身体验和休闲娱乐，学习和研究将成为次要行为。

（三）博物馆信息化的步骤

1）由里及表

以数据资源采集、加工、存贮和藏品管理信息系统为核心，建立起涉及保管、研究、展览陈列、交流、保护等各个方面的立体架构。

优点：系统规划统一，数据完整，后续发展力量强劲。

缺点：资金需求量庞大，体系结构复杂，部门间配合度低。

2）由表及里

从展览陈列、网络虚拟博物馆、网络建设切入，快速取得应用成效，打破博物馆人员对信息技术的陌生感，形成对信息技术的依赖，激发起深入应用需求，从而展开在藏品管理信息系统等其他方面的应用。

优点：需要资金量少、见效快，便于各个击破。

缺点：缺乏规范，体系结构纷乱，不易于后期整合，后续发展力弱。

3）内外兼修

综合以上两者的优点，由内及外、由外及内同时展开。

缺点：资金量需求庞大，人员技术修养要求高，协调、解释工作复杂。

（四）博物馆信息化建设中应注意的几个问题

（1）博物馆信息化不是简单的新设备添置。它同时牵动博物馆管理观念、管理模式的转变，以及工作体系、管理机制、规章制度的改革创新和人员素质的提高。

（2）博物馆信息化建设应“全馆一盘棋”，调动全体人员的积极性，共同建设，共同享用（特别是在数据库建设和网站展示上）。

（3）信息化建设必须“数据先行”，而后软件，最后才是硬件建设。在采购设备时做到适度超前即可。

（4）信息化建设关键在人才，应注意建立一支素质较高、相对稳定的工作队伍，包括文物博物馆、计算机、信息管理、艺术等各方面的人才。

（5）应当及时将信息化建设的成果运用到博物馆的文物保管、研究、陈列、教育和业务管理工作中，发挥效益，鼓舞士气，实现良性循环。

（6）应当不断关注新技术的进步和发展，及时借助和融合 IT 企业的力量，互利共赢。

（7）应十分重视信息化安全，做好数据备份，防范恶意破坏和攻击。

（五）博物馆信息化建设的个人感受

下面再来谈谈博物馆数字化和信息化建设中应该注意的一些问题，以及个人在多年的博物馆数字化和信息化建设实践中的一些体会。

1. 数字博物馆的建设——一个不断投入的过程

数字博物馆的建设，是一件功在当代，利在千秋的工程。这个浩大的工程一定是一个政府行为，它不仅需要政府的资金投入，更需要政府相关部门的协调管理、整合资源和统筹规划。

2. 数字化的建设——一个长期的、不断工作的艰苦过程

做几个文物数字标本是一件轻而易举的事情，但要把一个博物馆中的几十万件文物全部数字化，它势必成为一件"艰苦"的工作。另外，随着新的数字化技术和计算机网络技术的不断涌现，比如视音频压缩技术、WLAN 技术、传输更大数据流量的万兆技术，以及更加高密度的存储技术等，它都会将我们的工作"变成"长期行为。

3. 数字博物馆的理念——一个以数字化为基础，以信息化求发展的过程

传统的文物陈列在展线上只能展出馆藏文物的百分之几，甚至更少，这就是一种资源浪费。如果我们把文物数字化当成一项重要工作来做，而不把文物信息进行充分的利用和管理，那就是一种更大的资源浪费了。以数字化为基础，以信息化求发展应是文物数字化的应用策略。

4. 数字博物馆的标准——以实践求发展，以标准求规范

数字博物馆的基础是建立全国统一的藏品数据库，实现资源共享。为此必须解决一系列基础工作，其中最重要的是全国统一的博物馆藏品定名标准、分类标准和数据采集标准。

藏品定名是数据库建设中遇到的第一个难题。文物藏品时代跨度大，同一种器物，往往各个时代称谓不同，如汉称帛，后代称绫；又有不同地区的称谓不同，如南方称桌子，北方称台子。正因为如此，存在同一种器物在不同博物馆中称谓不统一的问题。要制定一套能涵盖所有博物馆藏品的定名标准，把各个博物馆藏品的定名统一起来非常困难。退一步讲，即便有一套这样的定名标准，要对我国数千万件藏品进行整理、规范定名，显然也是一件耗时耗资的巨大工程，非短期内所能实现。

藏品的分类是数据库建设遇到的另一个难题。从建立全国统一的藏品数据库的要求看，藏品分类必须科学、实用、简明和清晰，而且理想的分类应该能涵盖全国所有博物馆的藏品，否则就难以发挥检索的作用，难以发挥数据库应有的作用，难以实现信息共享。

藏品数据采集标准、操作规范、元数据描述标准，以及系统实现的技术标准是博物馆数据库建设必须解决的又一难题。建立数据采集标准，可以实现不同博物馆藏品数据采集的标准化；按照操作规范采集藏品数据，可以避免因为数据采集而损害藏品的情况；有了元数据描述标准，可以实现不同数字博物馆之间、博物馆与社会其他数字资源之间的资源共享，方便用户进行检索和查询；技术标准的采用可以实现不同系统之间的互通互联，便于整合各种系统。

《博物馆藏品信息指标体系规范（试行）》的出台，是我国博物馆信息化建设的里程碑式的举措。

5. 数字博物馆的信息人员——以 CIO 为领导，以应用人才为主体

博物馆信息化已经融入博物馆业务之中，成为不可或缺的一项基础业务。博物馆数字化信息化涉及多个专业领域，主要是文物、考古和计算机三个方面，缺一环而不成。信息化专业人员的配备结构，势必影响着博物馆信息化事业的发展，我以为以 CIO 为领导，以应用人才为主体是博物馆在信息人员配备上的一个用人策略。

6. 数字博物馆的技术——以新技术为工具，以投入大小为标准，力求应用

以新技术为工具，以投入大小为标准，力求应用。如果刻意追求新技术，就会在资金、应用上得不偿失。

可以毫不夸张地说，将当今信息化及数字化技术引入文博行业，文博及相关领域必将发生巨大的革命性变化。主要表现如下。

首先，文物信息化和数字化必将对文物知识的传播起到了巨大作用。沉睡在文物库房中几十年不见天日的大量文物，即将随着文物信息化和数字化的大潮，走向社会、走向世界，为人类传播其深邃的古老文化。

其次，文物信息化和数字化必将激发文博资源与旅游资源的高效整合，不仅带来文博界自身管理方式的重大变革，更会带来旅游业发展的新机遇，文博相关的旅游网站也将成为网络经济中“异军突起”的一支力量。

再次，文物信息化和数字化同时也将激发现代教育发展新机遇。由于数字化信息技术的发展可以在虚拟现实空间中再现真实的历史地理信息，并且能够与博物馆的文字资料、文物图像实现“链接”，甚至辅以不同领域中专家学者的咨询与解说，传统的课堂教育与广义的历史文化信息资源实现普遍链接的条件已经具备，传统的应试教育与素质教育的界限将被打破。

最后，文物信息化和数字化必将激发娱乐业的发展新机遇。随着信息产业的迅速发展，巨量的历史文化遗产数字化并上载为网络资源，现代娱乐业将分化为“离线娱乐业”和“在线娱乐业”，“信息娱乐业”将成为重要的娱乐业态。

三、结语

信息化是指培养、发展以计算机为主的智能化工具为代表的新生产力，并使之造福于社会的历史过程（智能化工具又称信息化的生产工具。它一般必须具备信息获取、信息传递、信息处理、信息再生、信息利用的功能）。与智能化工具相适应的生产力，称为信息化生产力。智能化生产工具与过去生产力中的生产工具不一样的是，它不是一件孤立分散的东西，而是一个具有庞大规模的、自上而下的、有组织的信息网络体系。这种网络性生产工具将改变人们的生产方式、工作方式、学习方式、交往方式、生活方式、思维方式等，将使人类社会发生极其深刻的变化。

根据最新公布的2006—2020年国家信息化发展战略，信息化是充分利用信息技术，开发利用信息资源，促进信息交流和知识共享，提高经济增长质量，推动经济社会发展转型的历史进程。

中国博物馆信息化建设

（2008）

“发展信息产业，以信息化带动产业化，加快国民经济的发展”是党中央制定的国策。作为国家信息化发展的重要组成部分，文博信息化建设工作得到了有关部门的高度重视，从2001年起，在中国启动了“文物调查和数据库建设试点工作”，标志着文博信息化建设工作的全面开展。博物馆就应该以信息化为契机，改造我们传统的博物馆，全面提高综合管理水平、业务水平和学术水平，使我们国家的博物馆尽快跻身世界一流现代化博物馆之列。今天，我们来谈谈博物馆信息化建设中的一些问题。

一、中国博物馆概况

从某种角度上说，了解一个地方的过去和现在是从博物馆开始的。一座博物馆就是一部物化的发展史，人们通过文物与历史对话，穿过时空的阻隔，俯瞰历史的风风雨雨。博物馆不单纯是一个市民文化补习的地方，更重要的，它应该成为市民休闲的主要场所之一，获得多少知识是次要的，享受一下难得的静谧、幽雅气氛，并在这个气氛中放松工作、学习中绷紧的心弦成为来博物馆的主要目的。博物馆的文物是靠陈列、展出、宣传、服务等，达到历史与现在的对话，它已成为城市文化设施的重要组成部分。

中国博物馆分为三类，为历史文化类、自然科技类、专题类。

目前中国大陆各类博物馆有2200多家（统计数字不包括港澳台和小规模私人性质的博物馆），该数字以每年5%左右的速度增加，增幅主要是民营或私人博物馆。

二、中国博物馆信息化发展情况

（一）20世纪80年代—2001年

20世纪80年代后期，在中国的个别博物馆，出现了博物馆信息化建设的探讨式实践工作。陕西历史博物馆是中国第一个现代化博物馆。在1991年就使用了财务管理系统、人事管理系统、图书管理系统，以及红外监测、声光报警和中央空调控制系统等。也就是办公自动化、安防系统和楼宇控制系统的前身。

1. 无概念阶段

什么是博物馆的信息化与数字化?

起初，大家还不大了解信息化具体是怎么回事，只是办公购置了电脑，联络要上网了，渐渐的，公文流转得用局域网，博物馆也要作布线施工，网站建起来了，其他部门的业务人员该培训了，拍数码照片、拍 DV、转带子、编片子、搭建数据库。终于，信息中心有编制了，信息化建设有预算了，信息中心成立了。社会在发展着，信息化成了趋势，国家有规划了，上级有政策了，经费有出处了，馆里也重视了，业务部门也跟进了，博物馆的信息化建设正式启动了。

在博物馆信息化建设的初始阶段，信息技术服务的需求已经明确，IT 业务人员像抢险队一样疲于奔命，他们一边学习一边服务，在角色上相当于实习医生。比如以下博物馆的探索与经历。

故宫博物院——图片，馆藏，办公自动化，网上虚拟数字故宫

上海博物馆——三维展示

首都博物馆——网站展示

南京博物院——楼宇自动化

河南博物院

陕西历史博物馆

湖北博物馆

湖南博物馆

山西博物院

在这个过程中，有的博物馆以数据资源采集、加工、存贮和藏品管理信息系统为核心，建立起涉及保管、研究、展览陈列、交流、保护等各个方面的立体架构。有的博物馆从展览陈列、网络虚拟博物馆、网络建设切入，快速取得应用成效，打破博物馆人员对信息技术的陌生感，形成对信息技术的依赖，激发起深入的应用需求，从而展开在藏品管理信息系统等其他方面的应用。还有一部分博物馆综合以上两者的优点，由内及外、由外及内同时展开，也取得了一定的实践成果。

2. 概念提升到理论阶段

在此阶段，各个博物馆之间不断加强联系和相互沟通，在实践中探讨，在探讨中再实践，统一了一些概念性的东西，使博物馆的信息化建设有了长足的发展。

“数字化”（digitalization）一词是直接从英文意译过来的，揭示了计算机这一工具的本质，是指直接利用以计算机为代表的数字处理技术来完成的工作，如利用计算机键盘输入得到文字、利用扫描仪得到图像、利用数字照相机（摄像机）得到静态（动态）的图像，都可以认为是处理对象的数字化过程。

“信息”（information）是指人类社会和自然界所产生的各类有用符号（资源），“信息化”（informatization）一词是指对这些符号通过技术手段所进行的收集、整理、加工、保存、传播、利用，目前而言，主要利用的技术为计算机及其相关技术，着眼点在于信息本身。信息化就是实现资源和服务的充分交互。

3. 当时存在的问题

文博领域信息化发展存在的不利于信息化长远持续发展的问题主要表现在4个方面：①信息化建设管理体制不畅，各自为政的现象依然普遍；②信息化建设水平不平衡，东西部区域发展不均衡；③信息化建设与专业工作联系不紧密，在应用层次上仍属于初级阶段；④信息化建设较为封闭，全盘化工作还未真正建立起来。

虽然我国直到20世纪末也没有出现一例真正意义上的数字博物馆，但博物馆的数字化工作（馆藏信息数据库建设）已经在许多单位蓬勃开展，有的已经实现了内部管理的数字化，距数字博物馆的境界仅一步之遥，在高校和科研系统则出于教学科研目的而投入巨资开展校园或院所数字化环境建设，这些都为进一步发展为网上共享的数字博物馆积累了必要条件。

（二）真正意义上的数字博物馆诞生：2001年三件具有转折意义的大事

随着新千年的到来，中国信息化建设已被列为国民经济和社会发展“十五”计划的主要任务，在《中共中央关于制订国民经济和社会发展第十个五年计划的建议》中明确指出：“信息化是当今世界经济和社会发展的大趋势。要把推进国民经济和社会信息化放在优先位置。要在全社会广泛应用信息技术，提高计算机和网络的普及应用程度，加强信息资源的开发和利用。政府行政管理、社会公共服务、企业生产经营要运用数字化、网络化技术，加快信息步伐。”可以说，“十五”期间是我国全面融入世界信息化大潮的时期。国家文物局于2000年成立了信息化领导小组，领导全国文物保护事业的信息化工作。

在文博领域，2001年发生了三件具有转折意义的大事情，一是以“摸清文物家底”为目标的国家文物局重点基础工作“文物调查及数据库管理系统建设”项目，自2001年启动以来，至今已完成近83万件（套）馆藏珍贵文物的数据采集。二是教育部立项开展大学数字博物馆建设工程。三是国家文物局下发了关于发布《博物馆藏品信息指标体系规范（试行）》和《博物馆藏品二维影像技术规范（试行）》的通知。

“文物调查及数据库管理系统建设”项目是以数字化手段调查、完善我国文物、博物馆领域的资料，建立并运行动态的文物数据库管理系统，为各级政府及有关部门及时、准确地掌握文物保护与管理情况提供科学依据和可靠保证。7年来，通过文物调查项目的开展，各试点省份和项目推广省份初步摸清了馆藏珍贵文物家底。馆藏文物数字化建设的成果直接服务于保管研究、陈列展示、宣传教育、对外交流等业务工作，有效地提升了管理工作的效率和水平。力争在2010年完成全国国有馆藏珍贵文物的数据采集工作，基本摸清全国国有馆藏珍贵文物的“家底”。

几乎与“文物调查及数据库管理系统建设”同期开展的教育部利用《面向21世纪教育振兴行动计划》“现代远程教育工程”2001年度中央财政专项，在现代远程教育网上公共资源建设项目中，为大学数字博物馆建设工程正式立项。由教育部科技司牵头主管，成立了总体专家组，提供业务指导并组织项目实施，投资包括国拨和实施单位同比配套资金，总计4000多万元，都用于十八所大学博物馆的数字化建设。这是国内首次较大规模和有组织地开展群体数字博物馆建设，后来仅用10个月的时间就初步建成了地球科学、生命科学、人文学科与艺术、工程技术四类大学数字博物馆。如此大规模的馆藏资源通过互联网实现的广泛共享，在国内尚属首例，在国际上也未见到免费的网站。相比而言，该工程建设目标明确指向社会共享，学科门类多样化，建设周期很短，投资量不算大，数据库规模较大，媒体种类丰富多彩，网页形式美观而又生动活泼。说明各参建单位充分借助大学现成的校园网络环境基础条件和雄厚的计算机科技力量，毫不保留地对珍藏文物标本进行了多媒体采集制作和共享发布，引起了很大的社会反响。

大学数字博物馆建设工程提出了构建知识网络、个性化参观、标准化藏品信息、网络共享等数字博物馆建设理念，针对一些关键技术进行了探索性的研究和开发，其成果对促进我国数字博物馆的建设及相关技术进步具有很好的推动作用。2003年7月，工程通过了教育部组织的验收，其建设成果、组织形式、技术革新和社会效益得到了验收专家的高度评价，社会效益显著。工程的高质量完成为继续开展这类工作奠定了坚实的基础，在项目组织、技术体系、信息管理和知识融合等方面积累了宝贵的经验。

2001年底，国家文物局发布了《博物馆藏品信息指标体系规范（试行）》和《博物馆藏品二维影像技术规范（试行）》。这是为了适应全国文物、博物馆事业信息化建设的需要，规范博物馆藏品信息处理和交换工作，根据《全国文物、博物馆事业信息化“十五”规划》组织编制的，也是文博行业期待已久的大事情，在很大程度上增强了我国博物馆信息化建设的规范化意识。

然而，如果用数字博物馆的角度衡量，规范建设内容至少在三个方面有待深化。首先，由于我国行政管理行业条块分割的实情，由国家文物事业管理局制定出台的规范文件仅对文化遗产领域具有权威性，对象范围主要还是针对文化遗产类型，而对自然遗产和近现代科技类博物馆藏品信息指标内容的规定略显粗放。所以就博物馆而言，与其说该文件解决了规范化问题，不如说仅提供了规范化的格式参考。其次，该文件所列的馆藏信息指标内容，比较偏重行业宏观管理或个体机构内部管理，也能满足专业群体交流（窄播）的需要，但距数字博物馆以非专业群体为主要用户（广播）的信息描述要求还有些许差别，多媒体种类单一，毕竟管理不等于传播，科研也不等于科普。再者，由于我国人文类博物馆的藏品分类学基础比较薄弱，所以反映在《规范》中涉及分类的部分选择型指标项内容明显带有经验性而缺乏科学性，有可能导致应用层面的困惑。

尽管《规范》存在这样或那样的问题与不足，但毕竟首次提出了博物馆信息规范的基本理念和思路框架，有些技术性问题会随着实践检验而被发现和解决，诸如文物分类学方面的问题则需要较长时间的实践和研讨积累过程才能逐步完善。

（三）中国博物馆信息化建设的里程碑

“文物调查及数据库管理系统建设”是进入21世纪以来国家文物局着力推动的重点基础工作项目。该项目于2001年9月由财政部和国家文物局在山西联合启动，经过试点一期、试点二期和推广一期阶段的建设，实施范围已扩展至山西、河南、辽宁、甘肃、湖北、湖南、河北、浙江、陕西、四川和广西这11个省份（自治区）。目前，项目建设推广一期工作已取得阶段性成果，并将在其余20个省全面推广。截至2008年6月底，已开展项目试点工作的11个省（自治区）共完成829338件（套）馆藏珍贵文物的数据采集，其中一级文物37673件套，拍摄照片250余万张，数据总量已达6TB。山西、河南、辽宁、甘肃、湖北、陕西6省已向国家文物局数据中心报送106002件（套）珍贵文物数据，其中一级文物19489件（套）。

“文物调查及数据库管理系统建设”项目是以数字化手段调查、完善我国文物、博物馆领域的资料，建立并运行动态的文物数据库管理系统，为各级政府及有关部门及时、准确地掌握文物保护与管理情况提供科学依据和可靠保证。7年来，通过文物调查项目的开展，各试点省份和项目推广省份初步摸清了馆藏珍贵文物家底。馆藏文物数字化建设的成果直接服务于保管研究、陈列展示、宣传教育、对外交流等业务工作，有效地提升了管理工作的效率和水平。力争在2010年完成全国国有馆藏珍贵文物的数据采集工作，基本摸清全国国有馆藏珍贵文物的“家底”。

从近年来我国数字博物馆事业的强劲发展势头可以看出，政府行为的介入将有可能使我国的数字博物馆建设走在世界前列。通常情况下，个体博物馆的数字化建设路线往往遵循局部小规模探索、内部自动化管理意义上的数据库建设、全民共享意义上的网络发布的三段式思路开展，其中前两段可谓数字博物馆的基础，需要一定的投入，而跨入最后一段所需的人力、财力、物力、技术条件及相应的知识产权等问题却相当复杂，形成一道最大的障碍。政府行为的介入就使得问题相对集中，目标明确，通过有组织的统一平台关键技术研究及其成果共享途径解决个体博物馆面临的技术问题，国拨资金的用途也能集中在资源数字化领域，无须重新打造数字化环境条件，加上充沛的人力资源条件，便能够用相对有限的资金和较短的时间直奔主题——数字博物馆。

三、博物馆信息化工作机构的职责和核心内容

（一）博物馆信息化工作机构的职责

目前，全国文物系统已有上百家博物馆设立了专门的信息化工作机构（其余的多设在保管部、资料室或办公室内），其基本职能一般为：①在馆领导的带领下，研究、制订并组织实施本馆信息化建设规划；② 组织建构本馆信息网络及建设其他信息基础设施；③ 协调本馆藏品信息数据库建设，并对其进行保管和维护；④组织开发（包括外包）用以在馆内外展示的数字文化产品（触摸屏内容、多媒体投影及播放信息、虚拟现实产品、全息影像、电子阅览信息等）；⑤建设和管理本馆互联网站；⑥建设和管理本馆办公自动化系统（OA），应将可公开的藏品及相关信息放在 OA 数据库中供内部人员按照不同权限查阅；⑦开展与博物馆功能和发展需要有关的其他信息化建设。

从理论上讲，博物馆信息化是指博物馆各个部门和各项职能都能够利用计算机作为日常工具，运用信息技术构成一个以藏品信息数据库为基础、以信息网络为支撑、以业务应用和科学管理为核心的信息系统。

（二）博物馆信息化核心内容

博物馆信息化建设包含三个层次：一是建立“数字典藏”，摸清文物家底，促进保护和研究；二是扩展展示手段（包括馆内和馆外），丰富展示内容，提升展示水平；三是整合博物馆各项业务资源，更新观念，提高素质，提高管理效率和服务水平。

具体有以下工作内容：根据国家文物局制订的文物事业 2015 年远景目标，我们认为中国博物馆信息化建设的重点领域是：博物馆信息化标准体系、藏品管理信息系统、多媒体陈列辅助系统、内部网络平台、展厅和库房智能化、数据仓库和数据挖掘、Internet 网站。

1. 博物馆信息化标准体系建设

信息化建设要标准先行，标准是规范博物馆信息化建设、促进信息资源共享和充分利用的基础条件，在博物馆信息化建设中处于十分重要的地位。

国家文物局颁布了《博物馆藏品信息指标体系规范（试行）》和《博物馆藏品二维影像技术规范（试行）》，为各博物馆藏品信息规范化和标准化建设提供了重要依据。《规范》中明确了部分强制标准，也有一部分为推荐标准，各馆可根据自己的情况作适当调整。

但我们也应看到，现行的博物馆信息指标及标准还不够系统和细致，如在考古所

库房管理和博物馆藏品库房管理方面还有不兼容的地方，给工作带来了一定的困难。应该在广泛调查、征求意见的基础上，进一步制定通行标准，并逐步加以完善。标准属于创新性成果，应该受到知识产权的保护。

在博物馆信息化标准建设中，加强行业应用软件评测十分重要。应用软件的质量高低，直接关系到博物馆信息化建设的成败。用户一定要参与软件设计和评测，以保证软件的适用性。行业应用软件要按照博物馆的业务来设计，不能只按照 IT 行业的思路去设计。

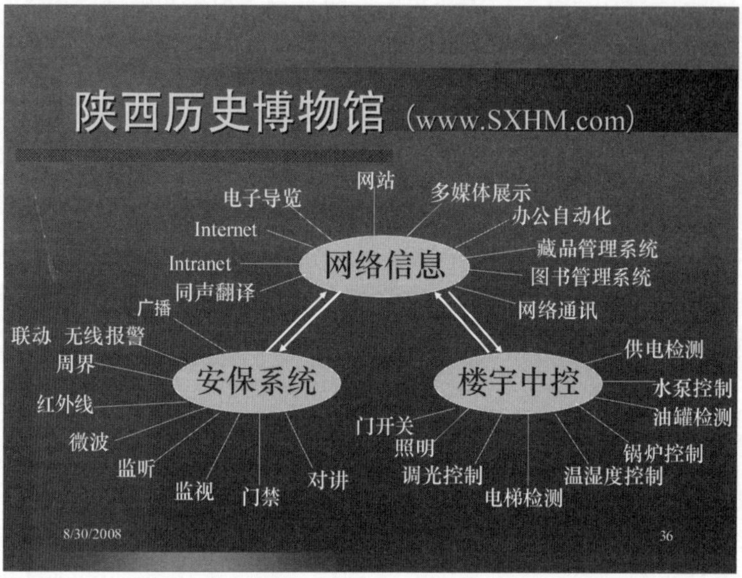

陕西历史博物馆信息化框架

2. 藏品管理信息系统建设

在藏品数字化的基础上建立博物馆藏品管理信息系统，是博物馆信息化建设的基础。藏品管理信息系统的首要作用是替代传统的藏品卡片式管理，大大提高藏品管理工作的质量与效率。建立藏品管理信息系统，通过藏品数据库，用户可以浏览、统计和利用各类馆藏文物的基本信息。

随着信息技术的发展，影像资料也成为藏品信息的重要内容之一。藏品管理系统仅有文字信息是不完善的，其影像信息的直观性是文字无法比拟的。无论多么详细的文字，都是一种抽象的描述，很难表达藏品的准确信息，并可能因理解不同而失真。现代计算机所支持的多媒体查询，可以大大减轻管理人员的工作强度，明显减少对实物的接触，提高文物的安全性。

随着三维数字化技术在博物馆界的推广与应用，藏品以真实的色彩和全方位的立体方式展示成为可能，人们可以通过显示器360°观察藏品的原貌，欣赏或研究这些藏品。我们要重视文物藏品数字资源建设，一些重要藏品要进行立体信息的采集，实现三维查询和展示功能。

3. 多媒体陈列辅助系统建设

随着计算机技术的发展，多媒体正在成为我们生活的一部分。计算机处理多媒体信息的能力在不断加强，大容量存储设备的应用，使存储和备份超大容量的多媒体信息成为可能。多媒体把文字、声音、图像、动画、视频及三维图形等结合在一起，给我们带来了一个多姿多彩的缤纷世界。

在博物馆陈列中，长期沿用的实物加说明牌式的展示手段，难以充分地诠释展品。多媒体导览系统有很好的交互性，能使观众更主动、更深刻、更全面地了解博物馆的各种信息，满足观众的参与愿望。多媒体技术作为陈列的辅助手段，对于更好地表现和诠释展品，实现观众与展品的互动，正起着越来越重要的作用。例如，中国农业博物馆在中国现代农业科技陈列中，观众通过点击计算机的触摸屏，就可方便查询陈列导览系统，快速找到所需要的资料。该导览系统应用了大量的图片、电影和文字，内容丰富，界面友好，交互性强，很受欢迎。

4. 内部网络平台建设

内部网络平台是指博物馆局域网的软硬件环境。局域网是以交换机和服务器等为中心，连接博物馆内部各信息点的网络系统。通过路由器和专线，实现系统与互联网的连接。局域网建设是博物馆信息化建设的物质基础，是博物馆内部信息发布和交流的平台。在局域网上运行办公自动化系统（OA），实行网上协同办公，以提高博物馆管理的科学化和规范化水平。

5. 展厅和库房智能化建设（楼宇控制系统）

博物馆智能化系统是现代管理和高新技术结合的产物，包括安全保卫监控子系统和设备环境监控子系统。智能化系统应用于文物库房，可对文物藏品所在环境进行自动监测控制，并实现防盗报警和防火自动监测；应用于观众接待，可实现博物馆门票和观众出入的智能管理；应用于参观讲解，通过声控和红外线控制，观众可自主、交互了解陈列内容，等等。

安全保卫监控子系统。任何一座博物馆中，安全保卫都是重要的工作，博物馆安全保卫中可广泛运用先进的防护技术。当盗警和火警发生时，系统会自动关闭相应的门，并开启周边的灯光，记录现场状况并通知保卫人员。此子系统包括闭路电视监控系统、门禁管理系统、防盗报警系统和巡更管理系统。

设备环境监控子系统。在博物馆环境中，自动控制技术的应用可以节约能源、节省人力、减少浪费。自动控制系统加强了环境控制能力，克服了能源设计的过度冗余，实现了人工管理无法达到的控制精度。

6. 数据仓库和数据挖掘

现代最新的数据仓库技术则是实现文博信息管理高效化、决策科学化的利器，数据仓库技术通过以下各种途径在文博信息管理中起到决定性的作用。

通过数据仓库的 ETL（extract transform load，数据整合解决方案）概念，我们可以对杂乱无章的藏品原始数据及初级数据库数据进行规范化的处理与利用；对博物馆的陈列、保管宣教等业务、行政管理等数据进行整合，经过数据清洗，最终按照预先定义好的数据仓库模型，将数据加载到数据仓库中去。

利用数据仓库技术 BPR（business process reengineering），即业务流程重整，可以发现并纠正博物馆业务流程中弊端的一项重要工作。

数据仓库技术可用于帮助我们建立文博决策支持系统（decision support system），它是基于数据仓库的典型应用。决策支持就是收集所有馆藏数据和信息，经过加工整理来为文博决策管理层提供信息，为决策者的决策提供依据。

从以上可以看出，在信息利用方面，以博物馆建立起的各大数据库为依托，通过对现有各业务系统的数据库进行抽取、清理，并有效集成，按照主题进行组织，建立起博物馆自己的数据仓库来，同时按照数据的覆盖范围把它分为博物馆级数据仓库和部门级数据仓库（通常把它们称为数据集市），为博物馆的数据挖掘建立起“资源”基础。

采用数据挖掘技术对博物馆决策管理、文物陈列、文物保管、文物保护及文物宣传等方面进行全面的开发和整合。这样不但使文物收藏、保护和研究手段提高到一个新层次，更为重要的是提高博物馆的社会效益，在我国正在蓬勃兴起的“数字文化”产业发展中发挥前驱推动作用。

7. Internet 网站建设

以丰富的博物馆数字化信息为支撑，在互联网上设立的博物馆网站，既没有时间的限制，也没有地域的界限，弥补实体博物馆的时空限制，强化和延伸了实体博物馆的表现形式，能开发博物馆的潜在观众，是博物馆发挥公益职能、服务社会大众的新途径。参观者通过互联网，借助三维、全景和虚拟现实等手段，从不同角度观察展品，快速得到需要的信息，实现对博物馆的深度浏览。

目前，全世界至少有 7 亿网民，中国有 1.3 亿；网站 1 亿多个，中国有 69 万个；30 亿个网页，并以每天 8000 万页增长。互联网已深入到社会生活的方方面面，成为影响力大、发展前景广阔的新型产业和新型媒体，在经济发展和社会生活中发挥着愈来愈重要的作用，有“第四媒体”之称。我们应进一步加大数字博物馆建设的力度，本着信息“公开是常态，保密是例外”的原则，向社会展示博物馆的风采，使之成为互联网上的一道靓丽风景。网上博物馆应该是博物馆发展的一个重点领域。可以预见，以后对于一般人员，主要是通过网上博物馆来学习文博知识，而到博物馆主要是亲身体验和休闲娱乐，学习和研究将成为次要行为。

目前，国家文物局已经开始推动、筹备建设中国数字博物馆的工作。经过最近两年的不断加紧工作，特别是在中国数字图书馆工程启动之后，中国数字博物馆工程建设显得愈发重要。鉴于它很可能成为中国文化建设的又一项重大工程，国家文物局对这项工作给予了高度重视。

中国数字博物馆实质上是中国文化遗产全部内容在网络时代虚拟空间的一个展示平台，它的建设不同于博物馆的数字化，一定是国家行为。

四、结语

信息化建设一般必须具备信息获取、信息传递、信息处理、信息再生、信息利用的功能。

实体博物馆的信息化和虚拟博物馆在今后必将长期并存。虚拟博物馆是今后博物馆发展的大方向。实体博物馆的信息化建设最终将打破博物馆之间的壁垒，实现文物资源的全人类共享。可以断定，实体博物馆将成为市民休闲的主要场所之一，而网上虚拟博物馆将成为人们获取历史知识的主要场所。

博物馆信息化建设

（2009）

“发展信息产业，以信息化带动产业化，加快国民经济的发展”是党中央制定的国策。作为国家信息化发展的重要组成部分，文博信息化建设工作得到了有关部门的高度重视，从2001年起，在全国启动了“文物调查和数据库建设试点工作”，标志着文博信息化建设工作的全面开展。博物馆就应该以信息化为契机，改造我们传统的博物馆，全面提高综合管理水平、业务水平和学术水平，使我们国家的博物馆尽快跻身世界一流现代化博物馆之列。今天，我们来谈谈博物馆信息化建设中的一些问题。

一、什么是信息、什么是信息技术

信息又称资讯，是一种消息，通常以文字或声音、图像的形式来表现，是数据按有意义的关联排列的结果。信息（information）是客观事物状态和运动特征的一种普遍形式，客观世界中大量存在、产生和传递着以这些方式表示出来的各种各样的信息。

信息具有以下性质：客观性、广泛性、完整性、专一性。首先，信息是客观存在的，它不是由意志所决定的，但它与人类思想有着必然联系。同时，信息又是广泛存在的，四维空间被大量信息子所充斥。信息的一个重要性质是完整性，每个信息子不能单独决定任何事件，须有两个或两个以上的信息子规则排布为完整的信息，其释放的能量才足以使确定事件发生。信息还有专一性，每个信息决定一个确定事件，但相似事件的信息也有相似之处，其原因的解释需要信息子种类与排布密码理论的进一步发现。

那么，什么又是信息技术呢？信息技术（IT，Information Technology）就是感测技术、通信技术、计算机技术和控制技术。也许您不满意这个定义，但这的确是一个又简洁、又具体、又系统、又实用的定义。感测技术就是获取信息的技术，通信技术就是传递信息的技术，计算机技术就是处理信息的技术，而控制技术就是利用信息的技术。因此，这个定义不但给出了信息技术的内容，也明确了信息技术的获取—传递—处理—利用的体系，还摆清了感测、通信、计算机、控制这些概念比较明确、领域比较清晰、大众比较有感性认识的技术在信息系统中的作用和相互关系。

感测、通信、计算机和控制这4大技术在信息系统中虽然各司其职，但是从技术要素层次上看，它们又是相互包含、相互交叉、相互融合的。感测、通信、计算机都离不开控制；感测、计算机、控制也都离不开通信；感测、通信、控制更是离不开计算机。

另外，按目前的情况，感测、通信、计算机和控制 4 大技术的作用并不在相同层次上，计算机技术相对其他 3 项而言处于较为基础和核心的位置，正是计算机技术的高速发展才带动了整个信息技术的高速发展。事实上，在计算机技术产生之前，感测技术、通信技术和控制技术就已经产生了。但那时这些技术的水平还是比较低的，很多操作还需要人工进行。计算机技术产生以来，感测技术、通信技术和控制技术的水平得到了极大地提高。不仅自动化水平不能与过去同日而语，而且通过程序控制实现了越来越强大、越来越复杂、越来越便利、越来越高效的功能和服务。可以说，当前信息技术的基本特征就是计算机程序控制化。

程序控制化的优点是：第一，能够可靠地长期运转。因为一个程序一旦正确地设计完成，就可以一劳永逸地反复执行，完成指定的功能或服务，可靠性远远超过人工。第二，技术进步快。任何复杂且功能强大的程序都是由多个简单的功能单一的程序组成的，程序的不断开发就自然地积累下来，而程序的积累就会直接带来技术的进步。并且，技术更新往往只是软件的更新，花费的成本和代价较小。第三，便于构造大系统。大系统可以被分解为众多的子系统，子系统内部靠内部程序控制，子系统之间靠数据或协议来联系和协调。依靠这种方式，一个覆盖全球的大信息系统也不难建立。

正是由于这些优点，计算机技术产生以来，信息技术便有了突飞猛进的进步。它的应用已经渗透到社会的各行各业、各个角落，极大地提高了社会生产力水平，为人们的工作、学习和生活带来了前所未有的便利和实惠。

40 年前，先进的“信息技术”是半导体模拟电子技术。

60 年前，先进的“信息技术”是电子管技术和电磁技术。

80 年前，先进的“信息技术”是机械技术。

130 年前，先进的“信息技术”是活字印刷术。

970 年前，先进的“信息技术”是雕版印刷术。

1200 年前，先进的“信息技术”是造纸术。

2000 年前，先进的“信息技术”是文字。

3500 年前，先进的“信息技术”是语言。

5000 年前，先进的“信息技术”是画。

也许在画之前就有结绳记事。

能发声的动物会用声音传递信息。

昆虫还可以用化学物质传递气味信息。

更低等的动物，乃至植物、原始生物也都能进行信息交流……

二、博物馆的信息化建设

从某种角度上说，了解一个地方的过去和现在是从博物馆开始的。一座博物馆就是一部物化的发展史，人们通过文物与历史对话，穿过时空的阻隔，俯瞰历史的风风雨雨。从小处说，这是源远流长的地方历史的重要见证；从大处说，这是维系中华民族团结统一的精神纽带。博物馆不仅仅是一个市民文化学习的地方，更重要的，它应该成为市民休闲的主要场所之一，获得多少知识是次要的，享受一下难得的静谧、幽雅气氛，并在这个气氛中放松在工作、学习中绷紧的心弦成为来博物馆的主要目的。博物馆的文物是靠陈列、展出、宣传、服务等，达到历史与现在对话的目的，它已成为城市文化设施的重要组成部分。博物馆对人类文化遗存、自然遗存管理起到非常大的作用。博物馆的主要功能是文物（及标本）的保存、研究、展示和教育。信息化建设应围绕博物馆的功能实现而展开，并力争使这些功能得以扩展和延伸。我们权且不要搬出博物馆学上对博物馆的定义，"博物馆"概念的形成自有其历史沿革上的原因。仅从字面理解，在现代汉语语境里，"博物馆"一词中，"博"作"多、丰富"解；"物"即"物品、事物"，也就是"东西"；"馆"是"场所、地方"；合起来就是"（有）许多物品（的）场所"或"（放了）好多东西（的）地方"，这一语义在很大程度上影响和局限了我们的认知。而中国传统文化中，"古玩、古董"收藏的概念又在人们的潜意识中强化了这一认知上的局限。长久以来，大家已经渐渐淡忘了"museum"这个外来语的本意——（纪念、敬奉）文化、艺术、科学之众神的殿堂。

博物馆分为三类，为历史文化类、自然科技类、专题类。

博物馆的共性是处于自然和人类发展历史纵轴，以及同时期各自然地区、人类集团发展横轴上的各类有保存意义的信息集散地，是对这些信息加以收集、存储、研究、加工、扩散、利用的场所。

目前中国大陆各类博物馆有2200多家（统计数字不包括港澳台和小规模私人性质的博物馆），该数字以每年5%左右的速度增加，增幅主要是民营或私人博物馆。

也许现在需要突破局限，首先就要重新审视一下"博物馆"的定位。搜集、收藏、研究、展示、教育这些功能在工业时代已经被固化成了单向的行为，博物馆与公众间已经形成了一条无形的鸿沟。信息时代，社会行为以互动为特征；社会存在以需求为主导。博物馆的生存面临着挑战，如何在满足社会需求的前提下寻求自身的生存与发展，已经成了摆在我们面前的重大课题。信息化既是生存之道，也是发展之道，博物馆的信息化建设势在必行，但其也会面临重重困难。

文博领域信息化发展存在的不利于信息化长远持续发展的问题主要表现在4个方面：①信息化建设管理体制不畅，各自为政的现象依然普遍；②信息化建设水平不平衡，在应用层次上仍属于初级阶段；③信息化建设与专业工作联系不紧密，信息技术应用的针对性不强；④信息化建设较为封闭，开放式、市场化的组织运行机制尚未建立。

2003年11月，中国博物馆学会数字化专业委员会成立，至今已经5年多。这5年多的时间里，我国博物馆事业蓬勃发展，一大批新的博物馆应运而生，不少博物馆进行了改建和扩建，博物馆信息化工作也在近2年取得了长足的进步，无论是理论层面还是实践层面，都上了一个新台阶。但从总体上看，博物馆信息化起步较晚，与国内许多行业比较相对滞后，如何抓住后发优势，制定既切实可行，又具有一定前瞻性的规划，争取实现跨越式发展，是摆在博物馆信息工作者面前的重大任务。

扩展信息功能的信息技术有：感测与识别技术（信息获取）、通信与存储技术（信息传递）、计算与智能技术（信息认知与再生）、控制与显示技术（信息执行）。

那么，博物馆信息化工作要从何入手呢？

（一）机构建设（信息中心）

广义上的“信息中心”实际上是指：集数据存储中心，信息咨询中心，科技研发中心，技术保障中心，资源开发中心，网络运行中心，业务管理中心，信息化建设调研、规划、实施、监督、指导、推广和培训中心等若干职能于一体的综合中心。

1. 酝酿阶段（孕育）

起初，大家还不大了解信息化具体是怎么回事，只是办公要用电脑了，联络要上网了，高科技设备得有人管了。这时候信息中心还没影儿呢，先找个管设备的人在别的部门挂着吧。在现代博物馆信息化建设的萌芽阶段，认识尚未统一，一切都要从头做起，摸索是不可避免的，但这个过程不能太长，否则会掉队的。这时，尽管信息中心还没有成型，但拓荒者、播种者的角色已经存在，虽然还不能谈信息中心的定位，但在博物馆搭建信息中心机构的需求已经存在。

2. 萌生阶段（孵化）

渐渐的，办公电脑增加了，公文流转得用局域网了，博物馆也要作布线施工了，得有人做技术调研了，信息化建设开工了，技术维护工作一个人干不了了，IT工作就建“组”了，只是暂时还得挂在别的部门下，人员还不太固定，没有编制，更没有预算。

在博物馆信息化建设的初始阶段，信息技术服务的需求已经明确，IT业务人员像抢险队一样疲于奔命，他们一边学习一边服务，在角色上相当于实习医生。

3. 积累阶段（生长）

IT工作组进入状态后，网站建起来了，设备增加了，运行得24小时 ×7天全天候了，其他部门的业务人员该培训了，服务外包太贵了，自己来吧！人手不够，加人呗；拍数码照片、拍DV、转带子、编片子、外加工？没必要，自己来吧！设备不足，添设备呀；修设备、编软件、搭建数据库，这事儿自己干不了，招标太麻烦，找个外协单位就能对付，别的部门搞不明白，还得自己来；终于，信息中心有编制了，信息化建设有预算了，信息中心要创收了。

在现代博物馆信息化建设的发展阶段，技术人员的工作压力很大，而此时正是信息化建设的关键时期，如果这个阶段没发展好，整体信息化工作就会多走弯路。这时的IT服务人员在角色上是运动员兼教练员，而信息中心机构搭建之初，由于人员构成上的先天不足，只能定位为IT服务保障机构。

4. 冲突阶段（作茧）

社会在发展着，信息化成了趋势，国家有规划了，上级有政策了，经费有出处了，馆里也重视了，业务部门也跟进了，再有信息化项目都是各部门自主操作了，信息中心的存在似乎也变得不大重要了，也该靠边站了，真有点像作茧自缚。

在现代博物馆信息化建设的稳定阶段，信息中心将渐渐从信息化基本建设的第一线退出，尽管信息中心还要承担将信息化进程继续推进的重任，但往往由于信息化进程的深入，机构调整了，业务重组了，信息中心反而使不上劲了。虽然全员信息化应用能力已经得到了大幅提升，但正是信息中心这一最大的建树，否定了自身存在的价值，而信息中心机构搭建的最终目标似乎就是为了使自身的存在失去价值。

这个结果看起来有点有悖常理，其实不然，就像建好大厦的施工人员终须撤出工地一样，信息中心在基础环境建设阶段的定位就理应是“工程指挥部”。与此同时，业务人员已完成了从学徒到熟手的角色转换，而信息中心的角色也要尽快从教练员转成裁判员，不要继续流连竞技场。信息资源平台后续应用的深入开发和信息资源管理的重任仍然需要信息中心这一机构承担，博物馆面向社会的又一窗口已经打开，如何打理数字环境中那个我们尚不熟悉的世界，已经成了对信息中心的又一轮新的挑战了。

5. 进化阶段（蜕变）

后来，博物馆信息化转型完成了，各个部门的人员全都信息化了，是否继续保留信息中心建制已经很成问题了，信息中心的部分职能被分解了，网络运行保障职能和技术支撑职能可以划归后勤部门；信息化平台管理职能可以划归办公部门；信息资源管理职能可以划归档案资料部门；信息资源开发应用职能可以划归业务部门；似乎只有信息采集加工职能还有必要保留，但是被分散了的职能并不能最大化地发挥信息系统派生资源的整体优势，如果把博物馆整体机构视作“主体”，此时的信息资源体系可以被视为伴生的“附属”。在一定的时期内，集中强化信息资源体系有利于博物馆的顺利发展，如果将数字化应用的有关环节加以整合，一种崭新的博物馆分支体系运作形式——“数字博物馆”必将脱颖而出，羽化成蝶。

前面已经提到，信息中心是一个综合中心，基本建设任务完成后，数据存储中心、信息采集中心、科技研发中心、技术保障中心、资源开发中心、网络运行中心、业务管理中心等业务职能还在，更重要的是，在可预见的未来，博物馆信息化发展的必然结果是整个博物馆都将在数字环境下运作，作为数据资源采集、加工、保管机构的信息中心在整合了网络运行资源、信息资讯资源后可以派生出更多有价资源，这些资源必将在网络环境的数字世界中凝聚成为一个“虚拟实体”，其增值空间在内容为王的信息时代将延伸博物馆的传统概念，渐渐形成“数字博物馆”分支。提到“数字博物馆”，有不少人将其与“传统博物馆”对举，当作两类博物馆来探讨。事实上，博物馆仍然是博物馆，不必冠以“传统博物馆”的称谓，而“数字博物馆”只不过是信息时代博物馆信息化进程的衍生物，是博物馆在新的历史时期的发展，是博物馆发展到数字时代后必然追加的一个新的组成部分。尽管有关“数字博物馆”的概念尚未统一，但引入数字技术后，博物馆的概念正在悄然发生着不可逆转的变化，在这里引用“羽化”的概念也许并不为过。在博物馆信息化建设的后期阶段，信息中心将重新扮演拓荒者的角色，迎接新一轮的挑战——打造“数字博物馆”。不久的将来，全社会信息化的进程将进入全面数字化的阶段，而在全面数字化的社会环境下，“数字博物馆”的提法也将渐渐被人们淡忘，到那时，博物馆还是博物馆，没有进行数字化转型的博物馆当被视为另类，也许会被称作“原生态博物馆”。

此后，在全社会信息化进程的“数字后时代”，信息化行为将以前所未有的形式存在，信息中心还将承担起新一轮的转型推进任务，到那时，信息中心的核心组成将进一步发生转变，以适应全新的技术环境的需要。也许，那时还会形成又一个全新的概念，用来替代“信息中心”的“传统提法”。

今天，“信息中心”这个阶段性的临时机构，有幸弄潮于信息时代的风口浪尖，有幸与数字时代共历风波，虽然，从它面世之日起便注定了要面对“随需应变”的坎坷命运，但是，只要在激流中处变不惊、辨明险滩、把稳方向，定能顺流直下、扬帆及远。

（二）CIO 的确立

什么是 CIO（chief information officer，首席信息总监）？ CIO 是高级管理人员，负责信息技术、信息资源、信息服务、信息战略、知识管理、智力资本评估、信息技术战略与业务战略的整合、归属 CEO 等领导。它的内涵是进入单位的决策层、全面负责组织信息管理的高级官员。

为决策提供所需的切实可靠的信息，有效地协助制订长期发展战略，这是 CIO 最根本也最重要的责任；紧跟最新技术的发展，联络科技与业务战略，保证单位 IT 业务的流畅与发展。我们认为，一个博物馆的数字化基础工作的坚实度直接关系到信息化的发展好坏，从这里就可显现出 CIO 的工作成效来。

博物馆 CIO 的误区：目前我们博物馆的 CIO 还只不过是一个与信息有关的职位，且绝大多数为部门级的，通常称为信息中心主任或电脑部门经理，未能够渗透到单位战略管理与决策层中，他们更多的是关注具体信息技术的规划与实施，而非全局的信息系统规划和企业战略规划，更谈不上二者规划的战略统一。真正进入决策层的副总管级的信息主管凤毛麟角。

CIO 要明确的理念：技术服务于形式、形式服务于内容、内容服务于社会。

CIO 的任务：为决策提供所需的切实可靠的信息，有效地协助制订长期发展战略，这是 CIO 最根本也最重要的责任；有效地管理信息技术部门，将信息技术切实置于可以支持或引导业务需要的地位；紧跟所有的最新技术的发展，联络科技与商务战略，保证技术上的竞争优势，并将其迅速转化为业务发展的动力；正确地规划内部信息技术的发展战略，构思与促进技术远见，确保信息技术的内部资源源远流长；建立并保持积极的信息技术文化，与所有阶层培植良好的关系。

1. 几个概念问题

博物馆信息化：信息技术（感测、通信、计算机和控制 4 大技术）。

博物馆数字化：存储方式（文物、管理数字化）。

数字化博物馆：追求的目标（一个比较长时间内文博人的追求）。

数字博物馆：阶段性成果应用（博物馆陈列展示）。

网上博物馆：数字博物馆在互联网上向公众展示。

实体博物馆：传统博物馆，以区别数字博物馆。

虚拟博物馆：不依赖实体博物馆的网上博物馆。

1）博物馆的信息化与数字化

“数字化”（digitalization）一词是直接从英文意译过来的，揭示了计算机这一工具的本质，是指直接利用以计算机为代表的数字处理技术来完成的工作，如利用计算机键盘输入得到文字、利用扫描仪得到图像、利用数字照相机（摄像机）得到静态（动态）的图像，都可以认为是处理对象的数字化过程。在计算机技术中，“数字”对应的量只有 0 和 1，表现为方波图形，称之为“数字量”（digital quantity），而对应的“模拟量”（analog quantity）则表现为连续变化的波形。由于计算机是基于数字二进制的基础产生的，只能接受、处理数字量，因此，必须将模拟量转换为数字量，这一过程称为模数（A/D）转换，即数字化的过程。可见，“数字化”的着眼点在于工具本身，在于利用计算机等数字工具对对象的具体处理手段。

“信息”（information）是指人类社会和自然界产生的各类有用符号（资源），“信息化”（informatization）一词是指对这些符号通过技术手段进行的收集、整理、加工、保存、传播、利用，目前而言主要利用的技术为计算机及其相关技术，着眼点在于信息本身。信息化就是实现资源和服务的充分交互。

博物馆的信息化工作是围绕着藏品、展示、研究这三项基本工作展开的。在藏品这一项工作中，资源是馆藏文物（可移动文物）、不可移动文物和文物登记账簿，其服务对象是保管人员、研究人员、陈列人员、行政人员、参观人员等；展示工作中的资源是陈列设施、相关文物和文献，服务对象是普通参观者、专业研究者；研究工作中的资源是相关文物、文献和技术手段，服务对象是普通学习人员、专业人员、行政人员等。不可忽视的是，在博物馆信息化建设中还有一项未列入博物馆传统工作，但又与实体博物馆密切相关的馆舍（楼宇）信息化处理，这项工作的资源是舒适性控制设备（如中央空调系统、电梯系统、照明系统、给排水系统等）、安全性控制设备（如安全监控系统、消防控制系统等）和通信控制系统，其服务对象是参观人员和工作人员。

博物馆信息化工作是指利用计算机技术，从博物馆的资源到服务及各项工作之间充分交互的处理过程，是对博物馆利用资源实现服务，以及使服务更加深入、资源的利用更加合理的总体方法的称谓；在博物馆中，数字化是指在博物馆一些单项具体工作中利用计算机技术对数据处理的过程，是对博物馆资源利用的具体手段的称谓。需要指出的是，信息化和数字化两个概念在这里是不可分离的，也不是对立的，总体规划的、有机关联的若干数字化手段的集合，共同构成了博物馆的信息化。

数字博物馆在更多意义上是指以数字技术为存在载体的虚拟博物馆，而不能指称一个完整的实体博物馆。数字博物馆的重点在于展示数字化了的文物、保存数字化了的文物，而实体博物馆的重点则在于实体文物的展示、保存与研究。

2）实体博物馆与虚拟博物馆

实体博物馆是指有固定场所（建筑）、固定人员，有一定数量的、按规则保管的实体藏品，有对藏品的展示、研究行为的博物馆，传统意义上的博物馆都属于实体博物馆，是博物馆信息化工作的主体。

博物馆实际上是作为承载人类历史和自然发展过程信息的载体而存在的，它主要着力的是时间过程上的信息承载，亦即历史发展信息。因此，博物馆根本意义上是以时间过程（历史过程）为主、以空间方位（地域差异）为辅的信息集散地。其所收集、保管、研究的信息是大量的、复杂的，几乎涵盖了人类既往社会和自然发展过程的各个方面。对实体博物馆的信息工作，主要着重点在信息化的“化”字上，即利用计算机、通信等技术，收集、整理、保存、加工、展示、研究各类文物信息。既然博物馆是围绕着藏品而存在的，那么，实体博物馆信息化建设的基础工作就在于藏品管理信息系统（CMIS）的建设。

藏品管理信息系统（CMIS）是指建立包含可移动文物（含馆藏文物）和不可移动文物数据库的管理信息系统，并由此衍生的研究、文物保护、展览辅助系统。对于博物馆保存的藏品而言，一般情况下均认为是文物，那么，要建立CMIS系统，首先要辨明处理对象——文物的基本特征，才能合理地运用计算机技术，使得博物馆信息化的工作沿着正确的方向可持续地进行下去。

文物信息的特征有二。一是可分离性。文物分为实体和信息两个部分，实体多半采用一定的手段保存起来，如保存在文物库房中的文物、保存在室外的不可移动文物等，而信息这一部分是记载了包含影像在内的文物本身的各项特质，它是可以脱离实体而存在的，文物信息的传播一般不会影响文物实体的安全。文物信息的可分离性保证了虚拟博物馆能够以博物馆的形式存在于以计算机技术为核心的数字媒介之中。另一个特征是沉淀性。文物数量的积累主要是通过考古田野发掘、收集社会流散文物而产生的。文物信息具有不易变性，即所记录下来的数据是不会轻易发生改变的，对其数据库的建设而言就是沉淀性的，几乎可以说是一劳永逸。但由于文物数量众多，按南京博物院藏品管理信息系统计算，每一件文物的著录条目又多达上百项，并且包含高清晰度的图片、影像等多媒体信息，因此，文物资源数据库的建设是异常繁重的工作。文物信息的沉淀性决定了CMIS系统中应用软件平台的长期稳定性，即应用软件一旦适应了藏品管理的需求，就很难再予以彻底地更换。

实体博物馆的信息化建设还应该包括博物馆建筑本身的各个方面，如安全监控系统、楼宇自控系统和计算机网络系统。通过这些硬件的信息化建设，配合CMIS系统等一系列的博物馆专业软件的建设，共同构成了实体博物馆的信息化建设工作。

实体博物馆毕竟受地域桎梏，一个博物馆的受益人群在社会总体中总是非常有限的，因此在当今这个信息社会，便催生了虚拟博物馆。

虚拟博物馆建设是博物馆信息化建设的另一个方面，它完全是利用以计算机技术为核心的数字媒介技术，如多媒体光盘、网络技术而存在的博物馆。虚拟博物馆可以没有固定的建筑和人员，也可以没有文物专业的研究行为，但一定要有系统的文物展示行为。在虚拟博物馆中，也要有文物保存的行为，但不一定是实体的文物，在很多情况下更可能是实体文物的影像和数据，可称为数字文物。对于数字文物在虚拟博物馆中的保存，其可分为两种方式，一种是基于CMIS系统而存在的，另一种是依附于虚拟博物馆的系统的数字文物展示而存在的，即这种展示本身就是一种有序的保存方式。

我国实体博物馆的信息化建设工作目前还处在“点”的状态。

在实体博物馆信息化工作形成“面”的情况，即整合共享文物信息资源后，虚拟博物馆将出现飞速的发展，它可借助各个实体博物馆共享社会的文物信息，并建立起层出不穷的虚拟博物馆，如建立专题类型的中国古代兵器博物馆、钱币博物馆、汉民俗博物馆、战争博物馆等。

两类博物馆能够方便地联系起来，实现资源和服务的流动。虚拟博物馆还可以充分发挥多媒体技术和虚拟现实技术的优势，打破实体文物不可触摸的限制，推出大量的交互式展览。

信息化手段引入博物馆，是适应博物馆发展方向而出现的。

藏品管理信息系统（CMIS）的建设，首先可以完整、准确地统计藏品数量、种类等。高清晰度图片等多媒体技术的使用，减少了文物暴露于不适合环境中的次数，有利于延长文物实体的寿命；便利、灵活的检索手段，有利于展览主题的形成。

大范围内的文物信息共享，又有利于展览内容的充实。

在CMIS系统的基础之上将衍生大量的应用，如多媒体辅助展示系统、文物图录出版系统、藏品对比研究鉴定系统等，结合考古、历史资料系统，将在更大的范围内产生影响，甚至可以深入到文化、娱乐的各个层面，如结合历史、文物资料，开发各类历史游戏，用正确的历史知识和认识来影响人群；结合多媒体手段，在文物、历史、考古资源数据库的支持下，以交互的方式阐述人类历史和自然界的演变，甚至可以通过数字服装，用虚拟现实技术实现时空转换，将现代人引入浩渺的历史空间之中。

虚拟博物馆突破了空间和时间的限制，在更大的范围内服务于社会，但并不能代替实体博物馆的存在。毕竟文物在数字化的过程中，由于存在取样、色彩还原等误差，其在感观上和实体文物存在一定的差异；目前的数字文物多数还只能是视觉上的印象，以目前的硬件、软件价格和使用复杂程度，还很难普及数字服装，使参观者能通过数字服装来感知数字文物的重量、表面质感等。

对虚拟博物馆的参观多数是个体的行为，缺乏参观者之间直接的交流，也就损失了很多群体参观的乐趣。因此，虚拟博物馆和实体博物馆是相辅相成的，是不能完全相互取代的。

实体博物馆的信息化和虚拟博物馆是今后博物馆发展的两大方向，则是确定无疑的。实体博物馆的信息化建设最终将打破博物馆之间的壁垒，实现文物资源的全人类共享。

3）标准与内容管理

博物馆的一切工作都是围绕着藏品进行的，所以，信息化的基础建设也必然围绕着CMIS来展开。对文物资源进行数字化处理的目的在于能便捷地利用和利于保护实体文物，在利用中最基本、常用的手段就是检索和统计，统计也是在检索的基础上完成的。一般而言，要快速、准确、彻底地进行检索，就需要对数据按一定的标准予以组织。但藏品信息化著录的标准问题却是博物馆一件棘手的难题。

博物馆面对的收藏对象千差万别，它面对的是既往人类社会和自然界所产生的各类物质、非物质（如昆剧等）的总和，而现存的标准都是面对一个有限元素所构成的集合所制订的，从来没有一个面对这些各类物质和非物质总和所制订的标准。

各博物馆在实际工作中摸索、制订了各自适用的标准。然而馆际之间信息的共享要依赖于一定量的相互遵循的标准，因此，博物馆信息化的工作就必须要解决一定量的藏品信息化数据库著录标准问题，同时允许存在馆际间的差异，在信息共享时，充分发挥计算机软件技术的优势，采取数据集合、挖掘的技术来处理这些非结构化的数据（或称内容），以达到在最大范围内的藏品资源共享，这就是内容管理系统（CMS，content manage system）所要实现的目的。

文本挖掘：将文档归入一个有序的结构，再按结构规则提取文档（检索）。

全文检索：不建立结构，在检索时，用户自由地输入检索词或短语，由系统进行匹配，并将匹配到的文档按检索词出现频率的统计规则提供给用户。

目前我国博物馆的CMIS系统建设几乎都是相互割裂的，在实现大范围内资源共享之时，这种独立的CMIS系统就构成了一个拥有海量数据（包括图片和视频）、内部结构复杂、外部关联稀少的非结构化数据仓库。

要检索进而利用这种数据仓库中的资源，首先必须进行有效的数据集成，然后进行数据挖掘。

在博物馆CMIS系统建设过程中，不必刻意强调藏品信息化著录的统一标准，但要有一定量的相互遵循的基本标准，在形成数据仓库时，根据这些固定的标准制订统一的元数据集，在此基础之上采用自动分类、聚类、摘要生成、主题侦测与追踪、查重与文章相似检索等技术，实现对非结构化数据的统一检索，并在最大限度上保证检索的快速、精准与彻底。

4）博物馆信息化的步骤

由里及表：以数据资源采集、加工、存贮和藏品管理信息系统为核心，建立起涉及保管、研究、展览陈列、交流、保护等各个方面的立体架构。

优点：系统规划统一，数据完整，后续发展力量强劲。

缺点：资金需求量庞大，体系结构复杂，部门间配合度低。

由表及里：从展览陈列、网络虚拟博物馆、网络建设切入，快速取得应用成效，打破博物馆人员对信息技术的陌生感，形成对信息技术的依赖，激发起深入应用的需求，从而展开在藏品管理信息系统等其他方面的应用。

优点：需要资金量少、见效快，便于各个击破。

缺点：缺乏规范，体系结构纷乱，不易于后期整合，后续发展力弱。

内外兼修：综合以上两者的优点，由内及外、由外及内同时展开。

缺点：资金量需求庞大，人员技术修养要求高，协调、解释工作复杂。

2. 博物馆信息化核心内容

（1）博物馆数字化：工作量最大、最为复杂。

（2）数字化博物馆：长远目标（工业化国家、现代化国家）。

（3）数字博物馆：尽快建立，成果转化，逐步充实。

3. 博物馆信息化重点领域

内部网络平台系统	基础设施
展厅和库房智能化系统	以人为本、和谐环境、人、物安全
信息化标准体系	重点信息采集、行业软件
藏品管理信息系统	文字、图片、三维
多媒体陈列辅助系统	导览、交互、参与、刺激弥补文物少

Internet 网站建设：全世界至少有 7 亿网民，中国有 1.3 亿；网站 1 亿多个，中国有 69 万个；30 亿个网页，并以每天 8000 万页增长。互联网已深入到社会生活的方方面面，成为影响力大、发展前景广阔的新型产业和新型媒体，在经济发展和社会生活中发挥着愈来愈重要的作用，有“第四媒体”之称。我们应进一步加大数字博物馆建设的力度，本着信息“公开是常态，保密是例外”的原则，向社会展示博物馆的风采，使之成为互联网上的一道靓丽风景。

博物馆信息化工作机构的职责。目前，全国文物系统已有 50 多家博物馆设立了专门的信息化工作机构（其余的多设在保管部、资料室或办公室内），其基本职能一般为：①在馆领导带领下，研究、制订并组织实施本馆信息化建设规划；②组织建构本馆信息网络及建设其他信息基础设施；③协调本馆藏品信息数据库建设，并对其进行保管和维护；④组织开发（包括外包）用以在馆内外展示的数字文化产品（触摸屏内容、多媒体投影及播放信息、虚拟现实产品、全息影像、电子阅览信息等）；⑤建设和管理本馆互联网站；⑥建设和管理本馆办公自动化（OA）系统，应将可公开的藏品及相关信息放在 OA 数据库中供内部人员按照不同权限查阅；⑦开展与博物馆功能和发展需要有关的其他信息化建设。

从理论上讲，博物馆信息化是指博物馆各个部门和各项职能都能够利用计算机作为日常工具，运用信息技术构成一个以藏品信息数据库为基础、以信息网络为支撑、以业务应用和科学管理为核心的信息系统。

博物馆信息化的作用包含三个层次：一是建立“数字典藏”，摸清文物家底，促进保护和研究；二是扩展展示手段（包括馆内和馆外），丰富展示内容，提升展示水平；三是整合博物馆各项业务资源，更新观念，提高素质，提高管理效率和服务水平。

三、博物馆信息化建设的主要任务

博物馆信息化建设大体可以分为三个阶段：①基础建设阶段，主要是藏品数字化信息采集及初步信息基础设施建设；②集成、整合阶段，主要是数据库集成及藏品信息管理；③应用阶段，主要是以信息化建设成果服务公众展示、研究及博物馆的业务工作。

具体有以下工作内容。

博物馆信息网络建设。包括局域网建设和互联网接入两大部分。局域网建设是要建立博物馆内部互相连接的信息交流网络，主要有网络综合布线，计算机、服务器、交换机等网络设备的配置，以及相关软件的安装使用。互联网是博物馆与外界进行信息交流的桥梁，博物馆可以申请宽带网服务，并配置防火墙和杀毒软件，作好必要的数据，以保障系统不受黑客和病毒的危害及非授权用户访问。

博物馆藏品数据库建设及藏品信息管理。这是博物馆信息化建设的核心，首先要制订统一的数据采集和记录标准，通过自行开发或使用统一配发的数据采集软件，尽可能建立全面、真实、完整、规范的藏品数字档案（必须包括二维影像，有条件的可以采集三维数据）；还要以人对藏品不断发生的保护、管理和利用行为，丰富数据库内容，实行动态更新，形成藏品的“生命档案”；在藏品信息管理中，要充分调动各个部门、各个业务环节的积极性，通过对藏品和业务资料的积累、整合、重组、再生，规范和创新业务流程，提高工作效率，真正实现信息共建共享。

博物馆办公自动化（OA）系统。以网络化协同办公满足博物馆不同层次的管理者和工作人员高效率处理日常事务的需要，提供日程安排、公文发送、个人办公、邮件服务、议题讨论、决策支持、管理监督等功能，有效地协助博物馆完成各项任务。

博物馆展示信息系统。可以开发多媒体导览系统，采用移动导览设备、数字投影、多媒体触摸屏等简捷、方便的方式，向现场观众展示信息。也可以将局域网与用户使用端口连接起来，从数据库中提取信息进行视频点播服务。还可建立多媒体电子阅览室（展示室、放映厅），通过内部网络展示数据量较大、不易在互联网络上传播的信息。日本一些博物馆将博物馆展示信息系统与电子门票相结合，参观者的参观路线和感兴趣的内容可以以编码形式被记录在电子门票上，参观结束后通过博物馆的网站继续研究和欣赏。

博物馆网站建设。博物馆的网站是面向社会公众介绍藏品、传播知识、进行交流的窗口。网站要以内容建设为主，做到形式与内容的和谐统一，充分利用各种技术手段展示藏品的历史、科学和艺术价值，并通过与用户的“交互”接受反馈，改进服务。网站建设应内容丰富、检索方便、展示新颖、突出特色。

其他应用信息系统建设。博物馆信息化建设还包括建筑智能化信息系统、安全监控信息系统、辅助科研信息系统、图书资料管理信息系统等。

四、博物馆信息化建设中应注意的几个问题

（1）博物馆信息化不是简单的新设备添置。它同时牵动博物馆管理观念、管理模

式的转变，以及工作体系、管理机制、规章制度的改革创新和人员素质的提高。

（2）博物馆信息化建设应“全馆一盘棋”，调动全体人员的积极性，共同建设，共同享用（特别是在数据库建设和网站展示上）。

（3）信息化建设必须“数据先行”，而后软件，最后才是硬件建设。在采购设备时做到适度超前即可。

（4）信息化建设关键在人才，应注意建立一支素质较高、相对稳定的工作队伍，包括文物博物馆、计算机、信息管理、艺术等方面的人才。

（5）应当及时将信息化建设的成果运用到博物馆的文物保管、研究、陈列、教育和业务管理工作中，发挥效益，鼓舞士气，实现良性循环。

（6）应当不断关注新技术的进步和发展，及时借助和融合 IT 企业的力量，互利共赢。

（7）应十分重视信息化安全，做好数据备份，防范恶意破坏和攻击。

作为博物馆收藏、研究和展示、教育中心的文物、标本等藏品和展品，其重要意义和存在价值，不是它们作为分子、原子意义上的“物”，而在于它们作为信息载体的“物”。如果离开了它们所携载的信息，那么任何一件用同样材料制造的“物”就和藏品、展品等价齐观了，博物馆又何必煞费苦心去收藏、研究和展示呢？博物馆研究、展示的是藏品和展品所包含的表明某一时代、环境或文化、科学现象、过程及原理的信息，并把它传递给观众。博物馆不单是一个收藏文物和标本的场所，它还是重要的教育和休闲娱乐设施。观众走进博物馆的学习、欣赏过程，实质是一个获取所需信息的过程。这就要求博物馆通过各种手段、途径将藏品、展品中的信息有效地传递给观众。这是社会和公众需要，也是博物馆的基本任务。

下面我再来谈谈博物馆数字化和信息化建设中应该注意的一些问题，以及个人在多年的博物馆数字化和信息化建设实践中的一些体会。

1. 数字博物馆的投入——一个不断投入的过程

数字博物馆的建设，是一个功在当代，利在千秋的工程。这个浩大的工程一定是一个政府行为，它不仅需要政府的资金投入，更需要政府相关部门的协调管理、整合资源和统筹规划。

2. 数字化的建设——一个长期的、不断工作的艰苦过程

做几个文物数字标本是一件轻而易举的事情，但要把一个博物馆中的几十万件文物全部数字化，它势必成为一件“艰苦”的工作。另外，随着新的数字化技术和计算机网络技术的不断涌现，比如视音频压缩技术、WLAN 技术、传输更大数据流量的万兆技术以及更高密度的存储技术等，它都会将我们的工作“变成”长期行为。

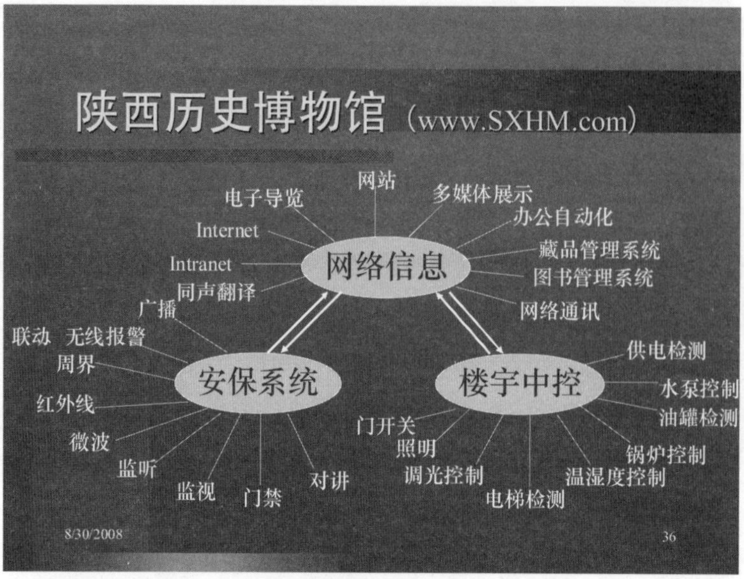

陕西历史博物馆信息化框架

3. 数字博物馆的理念——一个以数字化为基础，以信息化求发展的过程

传统的文物陈列在展线上只能展出馆藏文物的百分之几，甚至更少，这就是一种资源浪费。如果我们把文物数字化当成一项重要工作来做，而不把文物信息进行充分的利用和管理，那就是一种更大的资源浪费了。以数字化为基础，以信息化求发展应是文物数字化的应用策略。

4. 数字博物馆的标准——以实践求发展，以标准求规范

数字博物馆的基础是建立全国统一的藏品数据库，实现资源共享。为此必须解决一系列基础工作，其中最重要的便是全国统一的博物馆藏品定名标准、分类标准和数据采集标准。

藏品定名是数据库建设中遇到的第一个难题。文物藏品时代跨度大，同一种器物，往往各个时代称谓不同，如汉称帛，后代称绫；又，不同地区的称谓不同，如南方称桌子，北方称台子。正因为如此，存在同一种器物在不同博物馆中称谓不统一的问题。要制定一套能涵盖所有博物馆藏品的定名标准，把各个博物馆藏品的定名统一起来非常困难。退一步讲，即便有一套这样的定名标准，要对我国数千万件藏品进行整理、规范定名，显然也是一件耗时耗资的巨大工程，非短期内所能实现。

藏品的分类是数据库建设遇到的另一个难题。从建立全国统一的藏品数据库的要求看，藏品分类必须科学、实用、简明和清晰，而且理想的分类应该能涵盖全国所有博物馆的藏品，否则就难以发挥检索的作用，难以发挥数据库应有的作用，难以实现信息共享。

藏品数据采集标准、操作规范、元数据描述标准，以及系统实现的技术标准是博物馆数据库建设必须解决的又一难题。建立数据采集标准，可以实现不同博物馆藏品数据采集的标准化；按照操作规范采集藏品数据，可以避免因为数据采集而损害藏品的情况；有了元数据描述标准，可以实现不同数字博物馆之间、博物馆与社会其他数字资源之间的资源共享，方便用户进行检索和查询；技术标准的采用可以实现不同系统之间的互通互联，便于整合各种系统。

5. 数字博物馆的信息人员——以 CIO 为领导，以应用人才为主体

博物馆信息化已经融入博物馆业务之中，成为不可或缺的一项基础业务。博物馆数字化信息化涉及多个专业领域，主要是文物、考古和计算机三个方面，缺一环而不成。信息化专业人员的配备结构，势必影响着博物馆信息化事业的发展，我以为以 CIO 为领导，以应用人才为主体是博物馆在信息人员配备上的一个用人策略。

6. 数字博物馆的技术——以新技术为工具，以投入大小为标准，力求应用

以新技术为工具，以投入大小为标准，力求应用。如果刻意追求新技术，就会在资金、应用上得不偿失。

可以毫不夸张地说，将当今信息化及数字化技术引入文博行业，文博及相关领域必将发生巨大的革命性变化。主要表现如下。

首先，文物信息化和数字化必将对文物知识的传播起到巨大作用。沉睡在文物库房中几十年不见天日的大量文物，即将随着文物信息化和数字化的大潮，走向社会、走向世界，为人类传播其深邃的古老文化。

其次，文物信息化和数字化必将激发文博资源与旅游资源的高效整合，不仅带来文博界自身管理方式的重大变革，更会带来旅游业发展的新机遇，文博相关的旅游网站也将成为网络经济中“异军突起”的一支力量。

再次，文物信息化和数字化同时也将激发现代教育发展的新机遇。由于数字化信息技术的发展可以在虚拟现实空间中再现真实的历史地理信息，并且能够与博物馆的文字资料、文物图像实现“链接”，甚至辅以不同领域中专家学者的咨询与解说，传统的课堂教育与广义的历史文化信息资源实现普遍链接的条件已经具备，传统的应试教育与素质教育的界限将被打破。

最后，文物信息化和数字化必将激发娱乐业发展新机遇。随着信息产业的迅速发展，巨量的历史文化遗产数字化并上载为网络资源，现代娱乐业将分化为“离线娱乐业”和“在线娱乐业”，“信息娱乐业”将成为重要的娱乐业态。

与此同时，文物信息化与数字化将使传统历史文化资源转化为经济资源，具有巨大的经济意义。以往被认为处于经济生活“边缘”的文博事业机构，特别是一向依赖于公共资助的博物馆，也将可能被接入经济开发的中心地带。

由于博物馆具有以上所描述的社会功能，国家文化传承功能，国民爱国主义精神体现功能，所以更应在信息化时代，把博物馆与信息化进行无缝结合。以下是对博物馆的几种定义。

博物馆是一个不追求营利的、为社会和社会发展服务的、向公众开放的永久性机构，为研究、教育和欣赏的目的，对人类和人类环境的见证物进行搜集、保存、研究、传播和展览。

——国际博物馆协会第十一届大会

博物馆是文物和标本的主要收藏机构、宣传教育机构和科学研究机构，是我国社会主义科学文化事业的重要组成部分。博物馆通过征集收藏文物、标本，进行科学研究，举办陈列展览，传播历史和科学文化知识，对人民群众进行爱国主义教育和社会主义教育，为提高全民族的科学文化水平，为我国社会主义现代化建设做出贡献。

——《省、市、自治区博物馆工作条例》

博物馆学是研究博物馆的性质、特征、社会功能、实现方法、组织管理和博物馆发展规律的科学。

——维基大百科全书

信息化是指培养、发展以计算机为主的智能化工具为代表的新生产力，并使之造福于社会的历史过程（智能化工具又称信息化的生产工具，它一般必须具备信息获取、信息传递、信息处理、信息再生、信息利用的功能）。与智能化工具相适应的生产力，称为信息化生产力。智能化生产工具与过去生产力中的生产工具不一样的是，它不是一件孤立分散的东西，而是一个具有庞大规模的、自上而下的、有组织的信息网络体系。这种网络性生产工具将改变人们的生产方式、工作方式、学习方式、交往方式、生活方式、思维方式等，将使人类社会发生极其深刻的变化。

根据最新公布的《2006—2020年国家信息化发展战略》，信息化是充分利用信息技术，开发利用信息资源，促进信息交流和知识共享，提高经济增长质量，推动经济社会发展转型的历史进程。

互联网思维下的博物馆管理

（2014）

一、中国博物馆现行运行体制和管理模式

中国不同性质和类型的博物馆分别由不同的行政部门分系统管理。综合类博物馆、历史类博物馆、文化艺术类博物馆、纪念类博物馆及部分自然历史类博物馆属文化部门领导管理；科技类博物馆和部分自然历史类博物馆由科学研究部门领导管理；学校博物馆属教育部门领导管理；地质、农业、纺织、煤炭、邮电、军事等专门类博物馆，分别属有关专业部门领导管理。

中国对博物馆采取分系统和分级相结合的管理体制。根据博物馆规模大小、藏品多少、社会地位和社会影响的不同，分别由中央、省（直辖市、自治区）、地（市）、县（区）四级有关行政部门对之实行分级管理。国务院有关部门通过各省（直辖市、自治区）有关厅（局）对地方的博物馆进行业务指导。文化部和国家文物事业管理局通过各省文化厅或文物局对文化系统的博物馆进行业务指导。

各级行政部门对直属博物馆的领导管理主要是：检查、督促执行国家颁发的有关管理博物馆事业的方针、政策和法令；审批事业发展规划和基本建设计划；审查预算，核拨经费，批准决算；核定人员编制，任命馆长；审定陈列展览方案；审批藏品调拨、交换、注销。

文化部和国家文物事业管理局对全国文化系统博物馆进行业务指导，主要是：制订管理博物馆事业的方针、政策、条例、规定、办法；组织交流业务工作的经验；审核博物馆所依托的重要古建筑、纪念遗址和纪念建筑物的维修保护方案，并作经济、技术上的帮助；审批“一级藏品”的调拨和复制，并在技术上指导重点藏品的保护和修复；培训业务和技术骨干。

博物馆的基本建设，凡属中央的项目，由中央投资；部门的项目，由部门投资；地方的项目，由地方投资。业务经费，国家馆由中央有关部门拨给，地方馆由各级地方财政拨给。

国家文物事业管理局对全国文化系统博物馆作有重点的经费补助。补助项目主要有 3 个方面：①重点维修，依托于重点文物保护单位的博物馆的有关古建筑、纪念遗址、纪念建筑物的维修费用；②重点征集，特别珍贵的历史文物、革命文物、民族文

物、自然标本的征集费用；③重点发掘，承担考古发掘任务的博物馆进行经国家批准的重点工程的考古发掘费用。这 3 项经济补助，都通过各省（直辖市、自治区）文化行政部门统一申请，专项拨给。

博物馆管理。由宏观管理与微观管理两部分组成。宏观管理是指国家对博物馆事业进行全局性、综合性的管理，主要是决策和实施国家博物馆事业建设和发展的方针政策、制定法规和管理体制、规划并领导博物馆事业的各项工作。微观管理是指博物馆内部的科学管理，对博物馆全部工作和各项活动有目标地进行计划、组织、实施、检查，使博物馆工作科学化、制度化、规范化、现代化，最大限度地提高和发挥博物馆的最佳社会效益。

管理内容包括博物馆的管理思想、管理体制、管理制度和管理手段等。

管理思想指办馆宗旨和工作指导思想。国际博物馆协会认为，博物馆是一个不追求营利、为社会和社会发展服务的、公开的永久性机构，对人类和人类环境见证物进行研究、采集、保存、传播，是为了研究、教育和游览的目的提供展览。中国国家文物局 1979 年颁布的《省、市、自治区博物馆工作条例》中规定，中国的博物馆是文物和标本的主要收藏机构、宣传教育机构和科学研究机构，是中国特色社会主义科学文化事业的重要组成部分。博物馆通过收集收藏文物、标本，进行科学研究，举办陈列展览，传播历史和科学文化知识，对人民群众进行爱国主义教育和社会主义教育，以提高全民族的科学文化水平。

管理体制包括馆长、组织机构、人员配备和培养等。馆长是博物馆的业务和行政负责人，负责全面贯彻执行国家有关博物馆的方针、政策和法令，制定长期和近期的规划、计划，组织和领导全馆的业务工作和行政管理工作，并对全馆的安全负法律责任。组织机构是保证各项工作协调进行的组织形式，根据实际需要、合理分工、职责明确和精简的原则，设置必要的业务和行政管理部门，保证各项工作和活动的正常进行，有条件的博物馆还应设立学术委员会，对全馆的学术研究活动和陈列发挥咨询、评议和组织、指导作用。人员的配备和培养是博物馆科学管理中一项根本的战略性任务，直接影响博物馆各项工作的效率和质量，应本着择优选用的原则，有计划地选择、配备和培养必要的专业和管理干部。

管理制度是指以责任制为核心的各项规章制度，是博物馆工作人员遵守的工作规范和准则，是博物馆科学管理的保证。一个博物馆建立有馆长责任制度、岗位责任制度、民主管理制度、文物标本征集制度、文物标本保管制度，以及陈列展览、宣传教育、科学研究、建筑和设备管理、财务管理、行政办公等方面的规章制度。

管理手段主要是指现代化的科技管理设施（如防盗、防火、防震、防霉、防虫等报警、监测、救护、保护设备），以确保文物标本、建筑设备的安全，提高工作效率和质量，采用幻灯、电影、电视录像、录音收听等手段为观众服务，在业务和行政管理中运用电子计算机等。

管理原则和标准如下。

国际博物馆协会确定的原则和国际博物馆协会博物馆职业道德准则确定的博物馆管理基本原则有 10 条：①博物馆确保馆藏全部文物处于良好的贮藏、保管和记录状态；②每个博物馆均应依据本国有关法律制定自己的法规，阐明自己的地位和永久、非营利的特性；③决策实体对博物馆和各种资产承担主要经济责任；④博物馆的建筑要为博物馆安全及藏品保管提供良好适宜的环境，要尽量满足文物征集、科学研究、教育、陈列及工作人员的办公条件，并要照顾到残疾人的需要；⑤要确保博物馆有足够数量的专业人员，并对他们进行合理安排，重视专业人员的理论与技术培训，以使博物馆专业队伍充满活力和生气，博物馆馆长及主要专业人员有权与决策实体磋商问题；⑥博物馆要利用一切机会发挥自己的教育职能作用，服务于广大观众和专业组织；⑦允许公众在正常开放或时间允许的情况下参观陈列，与博物馆人员接触和有限度地查阅有关藏品、资料；⑧通过陈列、展览和其他专业活动，开拓、传播新知识，但要确保所提供的信息真实可靠；⑨接受资助要通过协议的方式，明确规定博物馆与资方的关系，不得因此而损害博物馆的道德标准和奋斗目标；⑩博物馆的服务部和其他商业活动必须与博物馆藏品和博物馆的教育宗旨紧密相连，制作和经销复制品，既要保证不破坏文物本身的价值，又要保证复制品的精确性和高质量。

中国博物馆科学管理的标准和中国博物馆科学管理的客观检验标准，主要有 5 条：①藏品征集、保管的成效，包括藏品积累的数量和质量，藏品保护和管理水平，库房和环境的安全措施，藏品提供利用的效率等；②宣传教育的成效，包括举办陈列展览及其他教育形式的数量、质量和效果等，亦包括吸引观众和观众数量的多少；③组织科学研究的成效，包括博物馆学的研究和专业学科的研究及为社会其他部门科学研究服务等的各种成果；④培养造就博物馆专业人才的成效，包括培养和选拔管理人才、业务人才、技术人才等；⑤调动和提高工作人员的积极性，包括提高工作人员的职业道德水平，改善他们的工作条件和生活条件等。

二、互联网思维是什么

在信息相对封闭和资源相对稀缺的工业时代，机器思维（工业思维）下的“成功学”与“科学管理”大行其道。然而一夜之间，底特律宣告破产，诺基亚被收购……一批批巨头轰然倒下，三维世界对二维世界正式下了战书。

从蒸汽机到互联网绝不仅仅是一次技术的进步，更是一次行为的进化，是一场思维的革命。2014 年恰恰就是互联网思维的元年。

互联网思维是相对于工业化思维而言的，它创造了一个新的生态系统，开启了一个新的时代。这个时代是去中心、异质、多元和感性的。在互联网思维的指导下，扁平化的企业组织、强烈的情感诉求，以及自传播的媒体属性，让物品本身成为一个有机生命体。

互联网并不是我们习惯上认为的工业时代的延伸，它彻底解构了工业思维，颠覆了我们所熟悉的物品世界。

那么，到底什么是互联网思维呢？我们常说，要定义一个词是什么，最好先定义它不是什么。要弄清楚互联网思维是什么，首先要界定互联网思维不是什么。

首先，互联网思维不是社会化营销。很多人一想到互联网思维，就想到社会化营销，想到网站、视频、微博、微信、APP 和论坛，好像企业只要用了这些社会化传播工具，就自然拥有了互联网思维。但社会化营销只是互联网思维的一种呈现方式，绝对不是互联网思维的全部，它让生产者和消费者之间的距离大大减少，让消费者也参与到品牌传播中来。

其次，互联网思维不是电子商务。很多人以为互联网思维就是做电子商务，从传统的 B2C 电子商务，到后来的团购模式，甚至到最近流行的消费者定制（C2B）模式。应该说，电子商务已经比社会化营销往前迈进了一大步，但 B2C 和团购业务只是涉及到企业的销售或者业务层面，而消费者定制生产和 C2B 模式已经进入产品层面了，但从整个公司的运作层面来看，它还不够涵盖互联网思维的本质。

再次，互联网思维不只适用于互联网企业。很多企业以为互联网思维只和互联网企业相关，和自己的企业没什么关系。这种观点是错误的，互联网思维适用于所有企业，包括一些传统行业的企业，无论是海尔还是海底捞，都可以用互联网思维去改造自己的企业。吊诡的是，很多企业看似属于互联网企业，但思维还处在农耕时代或者工业时代，也未必就有互联网思维。

通过以上界定，我们对互联网思维的定义是：在互联网对生活和生意影响力不断增加的大背景下，企业对用户、产品、营销和创新，乃至整个价值链和生态系统重新审视的思维方式。互联网思维不是技术思维，不是营销思维，也不是电商思维，而是一种系统性的商业思维，其不只适用于互联网企业，而是适用于所有企业。

为什么互联网对企业带来了如此深远的影响？因为在互联网时代，信息的丰富度比以前大大增加，信息的流动也比以前大大加快，导致信息越来越对称。

传统行业如何拥有互联网思维呢？也就是说，博物馆行业如何践行互联网思维的大势所趋呢？大约可以分为四个阶段：第一阶段是传播层面，也就是我们常说的社会化营销，利用网站、微博、微信和 APP 来展示公司的产品和品牌；第二阶段是渠道层面，也就是我们常说的 B2C 电子商务，把渠道从线下搬到线上，通过互联网销售产品；第三阶段是供应链层面，包括消费者定制（C2B），消费者参与到产品设计和研发环节，这也是广义层面的电子商务；第四阶段则是价值链层面，用互联网思维重新架构企业，从传播、营销、供应链到运营管理方面全面由互联网来驱动，组织构架和管理方式也会面临相应的调整。

现在大多数企业对互联网思维的理解还停留在第一阶段和第二阶段，也就是上面说到的社会化营销和电子商务层面。但要让整个企业充满互联网思维，光有这些是不够的，要用互联网思维去改造自己的供应链和价值链，甚至包括企业的组织构架和企业文化，这才是互联网时代企业转型的根本要义。

博物馆是一个承载人类文物的物品，她所身处的行业，也应该随着时代的发展而推新自我。

三、互联网思维的由来

2009 年 1 月 28 日，在美国总统奥巴马召集的美国工商业领袖圆桌会议上，IBM 首席执行官彭明盛首次提出“智慧地球”概念：通过低成本的传感技术和网络服务，将传感器嵌入和装备到电网、铁路、建筑、大坝、油气管道等各种物体中，形成“物—物相联”，然后通过超级计算机和云计算将其整合，实现人类社会与物理世界的高度融合。智慧地球理念得到了世界各国的普遍认可。数字化、网络化和智能化，被公认为是未来社会发展的大趋势，而与“智慧地球”密切相关的物联网、云计算等，更成为科技发达国家制定本国发展战略的重点。自 2009 年以来，美国、欧盟、日本和韩国等纷纷推出自己的物联网、云计算相关的发展战略。智慧地球的概念，同样被快速应用到智慧城市、智慧校园、智慧社区等。一个智慧的系统应该具备以下三方面的特征。

（1）更透彻的感知，即能够更加充分地利用任何可以随时随地感知、测量、捕获和传递信息的设备、系统或流程。与数字系统具有明显区别的是：智慧系统的信息获取不再是以通过规模化的批量信息采集建立数字资源库为根本目的，而是以更加强调对信息的实时采集、自动采集、按需采集，以及对某些专项数据的深入采集为主要出发点。

（2）更全面的互联，即指智慧的系统可按新的网络连接方式协同工作。“全面的互联互通”一词中的“全面”有两层含义：一是指网络联通对象的广泛性，不仅包括藏品、设备设施、展厅库房建筑等，也包括观众、博物馆工作者和相关机构等；二是网络联通方式的多样性，不仅包括互联网、广播电视网、移动网、卫星网络，也包括 Wi-Fi、蓝牙等各类无线局域网等。

（3）更深入的智能化，即能够利用先进技术更智能地洞察世界，提供决策管理依据，进而创造新的价值。通过前文提及的感知和互联互通搜集来的海量数据，构成了大数据（big data），要真正使这些大数据发挥作用，需要云计算提供大数据分析能力，进而实现各类基于大数据和云计算的智能化应用。简而言之，智慧系统不再是以数字资源建设与展示利用为核心内容，而是强调“物”与“物”的信息交互，“人”与“物”的信息交互，以及如何通过云计算和大数据分析技术，实现智能化的信息处理与分析。

（一）博物馆、数字博物馆与智慧博物馆及其信息交互国际博物馆协会

2007 年 8 月维也纳大会修订的《国际博物馆协会章程》给出的博物馆定义："博物馆是一个为社会及其发展服务的、非营利的永久性机构，并向大众开放。它为教育、研究、欣赏之目的征集、保护、研究、传播并展出人类及人类环境的物证。"博物馆发展的根本任务就是要充分发挥博物馆的社会作用，创新展示教育传播的内容、形式、手段，强化藏品保护研究和博物馆学术研究，进而提高博物馆公共文化服务水平，更好地满足人民群众的精神文化需求。因此，博物馆的数字化和网络化只是手段，为社会及其发展服务才是其根本目的。或者说，数字博物馆只是数字化技术应用于博物馆的前期过渡，智慧博物馆才是数字化、网络化、智能化时代下的博物馆发展目标。

在实体博物馆中，观众只有在藏品展出时才能到展厅一睹其真颜，信息交互方式大部分以"物→人"为主，"人→物"的交互手段极为有限。将藏品信息数字化转为"数字"存储并通过网络传播展示的数字博物馆，有效突破了藏品本体展出的时间和空间限制。数字博物馆创造性地采用了"物—数字—人"的信息传递模式，即首先考虑如何将博物馆藏品及其他相关信息转化为"数字"，再考虑利用网络传输和数字显示技术，将这些"数字"以直观的可视化形式提供给世界各地的人们。

数字博物馆实现了"数字—人"的双向信息交互，但"物→数字"的信息传递是单向的，数字博物馆仍然还是一种单向的线性信息交互方式。这种信息交互方式不仅割裂了"物—人"之间的直接联系，也缺少对"物—物"之间，"人—人"之间协同关系的处理，前者直接导致数字博物馆所提供信息的时效性、真实性、交互性和临场体验感都远不如实体博物馆，后者则使得数字博物馆对博物馆藏品保护、保管和研究管理工作的支持作用大打折扣，作用极为有限。随着以各类传感器为基础的物联网应用的兴起，博物馆人（包括线上和线下观众、博物馆工作者，以及相关机构和管理部门)、物（包括藏品、各类设备设施、库房、展厅等）的信息可以通过电子标签（RFID）或其他传感器获取，并通过网络汇集，使得建立"人—物""物—物""人—人"之间的双向信息交互成为可能，同时结合云计算和大数据分析技术应用，将进一步实现对"物"的智能化控制。

物联网、云计算与数字博物馆的结合，促进了智慧博物馆的发展，使博物馆数字化进入了智能化为主的阶段。在人机交互方面，随着移动终端和多点触摸、体感控制、语音识别等自然界面友好交互技术的发展，实现了"人—数""数—物"之间的信息双向交互。可以说，智慧博物馆不仅完全打通了数字博物馆"物—数字—人"三者之间的双向信息交互通道，同时也实现了对"人—人""物—物"之间协同关系的有效管理。"数字"不再是智慧博物馆的核心，而演化成为一种必备工具，"人"重新回归为博物馆的核心。

（二）智慧博物馆的概念与特征

智慧博物馆是以数字博物馆为基础，充分利用物联网、云计算等新技术，构建的以全面透彻的感知、宽带泛在的互联、智能融合的应用为特征的新型博物馆形态。从技术角度看，智慧博物馆可以表示如下：智慧博物馆＝数字博物馆＋物联网＋云计算，智慧博物馆将是实体博物馆不可或缺的有机组成部分，如同神经系统是人体的有机组成部分一样。数字博物馆负责博物馆各组成要素的数据的处理、存贮、分析和表达；而物联网负责博物馆各组成要素的信息采集和控制指令的传输和执行，云计算则负责根据已有的海量数据资源和当前物联网实时采集的数据，进行分析决策，并向博物馆各组成部分或要素下达控制指令。

由数字博物馆与物联网、云计算组成的智慧博物馆构成了一个动态信息采集（信号正向通路）、智能处理与分析，以及反馈与智能控制（反馈通路）的闭环控制系统，将极大地促进博物馆教育服务能力和保护研究能力的提升。将博物馆与数字博物馆分别作为一个整体来看，数字博物馆是实体博物馆通过数字化而构建的数字模型，此模型由海量数据和系列软件系统构成。但这一模型基本上是静态的，很少考虑到软件对象及其关系对数据模型的影响。智慧博物馆建设则是通过数字化和对博物馆系统运行状态的动态监测（也是一种数字化手段）驱动动态数字模型，并通过建立博物馆领域知识模型，对博物馆系统进行模拟、预测和控制，实现博物馆系统的智能调控，这种调控可以通过对博物馆主体的行为的调控，或博物馆组成要素的控制实现，通常会涉及博物馆征集、保护、研究、传播、展出管理和服务过程的调控。与数字博物馆比较，智慧博物馆的区别主要表现如下。

（1）利用传感技术、智能技术实现对博物馆藏品、库房、展厅等对象及其运行状态的自动、实时、全面透彻的感知。

（2）将相对封闭的博物馆信息化架构升级为复杂的开放、整合、协同的博物馆信息化架构，发挥数字化技术的整体效能。

（3）通过泛在网络、移动技术实现无所不在的网络互联服务和随时随地随身的数据智能融合服务。

（4）强调人的主体地位，重视关注用户视角的服务设计和提供强调开放服务主题的塑造及其间的观众参与、用户体验等。

（5）强调通过政府、市场、社会各方力量的参与和协同，实现博物馆文化传承服务能力的提升，塑造独特的价值。

（三）智慧博物馆的技术挑战

什么是智慧？通俗一点说，智慧就是“耳目通达，融会贯通；算度精准，能文善辩；行动迅捷，随机应变；谋虑深远，决胜千里”。物联网、云计算、移动互联和大数据技术是实现博物馆智慧化的四大关键技术。

1. 耳目通达，融会贯通——物联网

从数字博物馆向智慧博物馆发展的最明显的特征是物联网的引入。物联网技术是智慧博物馆实现“耳目通达”和“融会贯通”的基础条件，其中，“耳目通达”强调的是利用各类传感器采集博物馆相关数据，“融会贯通”则是利用网络手段实现所有物品与互联网的信息交换与通信。物联网（the Internet of things）是利用传感技术，按约定的协议，把所有物品与互联网相连接，进行信息交换和通信，以实现对物品的智能化识别、定位、跟踪、监控和管理的一种网络。在博物馆中，除了应用照相、音视频等传统的数据采集手段，传感技术更多的是指利用射频识别（RFID）、红外感应器、全球定位系统、激光扫描器，以及传统的热、光、气、力、磁、湿、声、色、味敏等传感器件，获取博物馆藏品、设备设施、库房展厅建筑、周边环境与人员位置信息等的技术。物联网技术应用彻底改变了数字博物馆以人机信息交互为主的信息互动模式，进入到传感器和智能芯片无处不在、信息多源实时获取和智能控制的泛在计算阶段，使智能博物馆环境和周边计算得到迅速发展。

博物馆物联网中的“物”，就是各种与博物馆收藏保管、研究修复、展示教育活动相关的事物，如藏品、展柜、设备、设施、展厅、库房，以及观众、博物馆工作者等。博物馆物联网中的“联”，即信息交互连接，把上述“事物”产生的相关信息交互、传输和共享。博物馆物联网中的“网”是通过把“物”有机地连成一张“网”，就可感知博物馆服务对象、各种数据的交换和无缝连接，达到对博物馆服务与管理的实时动态监控、连续跟踪管理和精准的博物馆业务决策。物联网的发展从根本上提高了从宏观到微观的博物馆信息采集和整合管理能力，也将促进博物馆宏观与微观的调控能力，促进以人为中心的博物馆藏品及其周边环境的智能化。

2. 算度精准，能文善辩——云计算

云计算是构成智慧博物馆智慧特性的必要条件。算度精准要求深入分析采集到的博物馆海量数据，使用各类先进的数据挖掘和分析工具、科学模型和功能强大的运算系统进行复杂的数据分析、汇总和计算，以便及时获取准确信息；能文善辩要求智慧博物馆具有直观生动的图形化、可视化和三维虚拟化等表达方式，并根据用户交互要求进行动态调整。智慧博物馆上述要求提出了多源海量数据存贮、管理，以及分析处理、共享、整合和应用等诸多问题，对计算资源和计算能力提出了巨大的挑战，云计算将为这一挑战提供解决方案。云计算是一种通过互联网，按用户要求动态提供虚拟化的、可伸缩的计算资源的服务模式。

云计算首先是一种创新的计算资源使用和交付服务模式，其基本思路是将计算资源作为一种像水和电一样的公用事业提供给用户，用户只需根据实际使用的水电量付费。水厂和电厂由专门机构承建，用户无须自建。实现云计算技术的核心是计算资源的虚拟化，虚拟化技术是解决计算资源集中条件下的应用逻辑分隔问题的关键。云计算利用服务器虚拟化技术可实现对虚拟机的部署和配置，通过对虚拟机的快速部署和实时迁移能大大提高系统的效能，还可通过对虚拟机资源的调整来实现软件系统的可伸缩性，确保系统能迅速从故障中恢复并继续提供服务，提高了系统的可靠性与稳定性。

举例来说，可以将 10 台 4 核 CPU 的物理服务器虚拟化为 40 台双核服务器，供 40 个用户独立使用，每个用户在自己的虚拟机都具有独立空间，甚至可以各自安装不同的操作系统而互不影响。云计算为博物馆用户提供了计算资源物理集中、应用逻辑分隔的集约化模式。一般来说，博物馆用户不再需要自己去建设云计算中心，由专业的云计算服务提供方通过建立以云计算中心为载体的计算资源池，实现计算资源的集约化和规模化经营，为博物馆用户提供基础设施即服务（IaaS）、平台即服务（PaaS）和软件即服务（SaaS）等不同层次的计算资源应用服务，从而实现智慧博物馆技术应用的低成本、高可靠性、可扩展性的目标。

3. 行动迅捷，随机应变——移动互联

以移动网络和手持终端为主要内容的移动互联技术的兴起，为实现智慧博物馆随时、随地、随需访问提供了基础支撑。网络通信技术从有线网络向无线网络和移动无线网络发展，特别是移动无线网络从 2.5G 的 GPRS 到 3G 的 WCDMA、CDMA 和 TDSCDMA 的普及，以及 4G 的发展，使无时和无处不在的信息通信能力大大增强，一方面为智慧博物馆必需的物联网和泛在计算提供了网络基础设施，另一方面为将智慧博物馆从数字博物馆以桌面交互为中心，转移到可以随身携带、随时随地使用的“博物馆”。

移动网络的发展促进了智能移动终端（智能手机、平板电脑等）的普及，而智能移动终端的广泛使用又极大地推动了移动网络的发展。智能移动终端一般集成了 GPS、摄像头及其他传感器，使其成为一种常用的信息采集终端，大大增强了移动信息采集能力，进一步推动了社交网络服务 SNS 的发展，改变了智慧博物馆系统内社会公众、专业人士和相关机构的信息互动方式。

移动通信网、广播电视网和互联网三网融合，为智慧博物馆提供了巨大的发展机遇。三大网络在向宽带通信网、数字电视网、下一代互联网演进过程中，技术功能趋于一致，业务范围趋于相同，网络互联互通、资源共享，能为智慧博物馆发展提供语音、数据和广播电视等多种服务。这里的三网合一并不意味着其物理合一，而主要是指类似于智慧博物馆等高层业务应用的融合。以后的手机、电视和计算机都可以连接至智慧博物馆。

4. 谋虑深远，决胜千里——大数据

大数据（big data）是指数据体量巨大（达到PB级），冗余数据多，数据价值密度低，要求处理速度快（做到秒级）的数据。以数字资源建设为特色的数字博物馆中存在大量图片、音视频等非结构化数据，尤其是在物联网系统中，各类传感器件周而复始地产生大量监测数据，视频监控摄像头实时摄取的大量视频数据等。只有利用数据仓库及时保存智慧博物馆发展过程中产生的大数据，并应用数据挖掘和智能数据分析手段进行加工处理，才能真正实现智慧博物馆决胜于千里之外的策略谋划。物联网发展和互联网应用为智慧博物馆带来了多源海量数据（大数据）的存贮、管理、处理、融合、整合和挖掘分析等问题，博物馆中的大数据普遍具有数据粒度偏大（如藏品的高精度图片文件、视频文件等），访问频次偏低等特点。大数据分析常和云计算联系到一起，因为实时的大型数据集分析需要向进入云计算平台之中的数十、数百甚至数千的电脑分配工作。通过挖掘智慧博物馆用户的行为习惯和喜好，从凌乱纷繁的数据背后找到更符合智慧博物馆用户兴趣和习惯的产品和服务，并对产品和服务进行针对性地调整和优化，这就是大数据分析在智慧博物馆的价值之所在。

智慧博物馆中大数据特征是由其数据丰富程度来决定的。社交网络兴起，大量的UGC（user generated content，用户生成内容）内容、音频、文本信息、视频、图片等非结构化数据开始出现。另外，物联网的数据量更大，加上移动互联网能更准确、更快地收集智慧博物馆用户信息，比如位置、展览信息等数据。从数据量来说，智慧博物馆系统已开始进入大数据时代，但设计使用的硬件明显已跟不上大数据发展的脚步。

智慧博物馆系统里提及的“大数据”，通常是指通过采集、整理博物馆及其方方面面的相关数据，并对其进行分析挖掘，进而从中获得有价值的信息，最终衍化出一种新的商业模式。虽然大数据分析应用在国内博物馆领域还处于萌芽阶段，但是其商业价值已经显现出来了。

首先，手中握有数据的博物馆站在金矿上，基于数据交流交易即可产生很好的效益。其次，基于数据挖掘会有很多智慧博物馆运营模式诞生，定位角度不同，或侧重数据分析。比如帮企业做内部数据挖掘，或侧重优化，帮企业更精准地找到用户，降低营销成本，提高企业销售率，增加利润。与大数据分析相关的社会计算是社会行为与计算系统相结合的产物，它是以人或群体（组织）为中心的信息互动模式，其应用主要体现为博客、电子邮件（email）、即时通信、社交网络服务、维基百科、社会书签等应用，如Facebook、Twitter，以及国内的新浪博客、微博和腾讯QQ等。社会计算为智慧博物馆带来了协同过滤、在线拍卖、预测市场、信誉系统、计算社会选择、分类标签和验证游戏等多种应用，影响智慧博物馆未来在经济与社会系统的行为。

四、互联网思维下的博物馆管理

（一）人才管理，公平竞争

互联网世界搭建了一个平等的沟通平台，强调开放、合作、分享、共有等价值观，打破过去组织层层管控、权威至上的环境。组织内部会形成Line、微信的沟通平台，强化沟通速度，简化官僚层级，是一个透明的管理体系。

1. 人员选用要更为科学

互联网时代的人员选用要更为科学。员工的上进与否，不再是与领导沟通的多寡和熟识，要让员工有一种积极向上、公平竞争的环境和体制，互联网思维下，博物馆能以人为核心、循序渐进地鼓励人关心博物馆的发展，提供建言，并由高阶主响应，成为极为简单的方式。例如：荣誉奖励人才的方法，也是由其自己决定。在公开环境下，务必是激励指数最高、具有引爆点和新奇特色为一身的人才可以得到公认。互联网平台本就是一个打造多方共赢的生态圈。如何让博物馆成为员工彼此沟通的平台？当员工做好一件工作，值得奖励，那就像互联网游戏一样，给予500积分，作为奖励金，可以折换礼品、优惠福利品等。并授予“状元、榜眼、探花、进士及第”等有趣的互联网地位升级。组织依据互联网串接思路，一方面抓住员工的个人期待，另一方面也知道员工能力，可以促进博物馆内部工作创新，给予最佳支持，创造劳资和谐环境。

2. 激励人才，实现知识管理

如何能将职工个体的经验、智慧与能力转变成整个博物馆的共享性知识呢？这是长期以来令人力资源管理头痛的议题。案例：如果在博物馆内部管理教育训练之前，要求参加上课的学员必须提交一份关于本身业务的案例，写出实际工作中一个成功或失败的故事，并提出心得或教训，这样就形成上课教材。训练期间，将学员分成小组，进行组内竞赛，选出优秀案例，予以奖励，然后把优胜者组成小组，进行二次竞赛。通过这样的方式，员工的经验、知识得以在组织中分享，同时也得到同侪的认可与尊重。这也是目前提法比较火爆的知识地图的具体应用。

知识地图是一种知识（既包括显性的、可编码的知识，也包括隐性知识）导航系统，并显示不同的知识存储之间重要的动态联系。它是知识管理系统的输出模块，输出的内容包括知识的来源、整合后的知识内容、知识流和知识的汇聚。它的作用是协助组织机构发掘其智力资产的价值、所有权，位置和使用方法；使组织机构内各种专家技能转化为显性知识并进而内化为组织的知识资源；鉴定并排除对知识流的限制因素；发挥机构现有的知识资产的杠杆作用。

（二）观众服务，激活互联网思维

互联网无非就是web和端两种形态，前者阿里、百度，后者腾讯、360，当然做大了，既有web也有端，也就分不太清楚了。以前以web为主，现在以移动互联网端为主。

互联网思维的第一点是互联网领域是用户驱动企业，而在博物馆领域是观众驱动博物馆。历来博物馆的展览都是为了满足观众需求，少有创造观众需求的。而博物馆往往是把专家创意出来的展览“推销”给观众。而随着互联网越来越发达，观众获得信息的渠道越来越碎片，随着自主意识的增强，博物馆的传统展览效果开始慢慢变弱。所以这个时候，互联网思维就是把推崇的C2B模式，进行用户定制。这种模式虽然从现在来看，不一定能马上成为潮流，但这种思想是正确的，就是根据观众的需求去做展览。所以，互联网思维的第一点，就是观众驱动展览。

第二点是快速迭代。我们博物馆的实体临时展览可以举办网上展览，看看观众的反应和兴趣所在。因为互联网展览更新快，采用的方法往往是迅速上线，根据观众反馈进行调整，如果好，就在实体博物馆进行临时展览的实体展示，如果不好就改了再推。当然，这样的思想就成了典型的互联网思维。不管怎么样，先推出来再说，不断通过观众的反馈来调整自己的展览。而不是先搞实体临时展览，费工、费时、费资金。这是让观众驱动展览的好方法。

第三点是免费和增值服务。博物馆的免费开放让更多的人走进博物馆，体验中华文明，传承中国优秀文化。结合展览，开拓文化创意产品的开发和社会需求，靠增值服务收费。以免费的博物馆展览吸引观众。以文创产品、信息消费寻找盈利模式，也是典型的互联网思维。

（三）内部管理，体现互联网思维

主要体现博物馆互联网形势下的管理。

五、互联网思维带给我们什么

互联网思维是一种思维模式，是我们在云计算、大数据、移动互联网等背景下思考博物馆发展、展览创新、展示推广，这将构建一个全新的生态圈。

互联网思维的变迁随着时间、技术、环境的发展已经远不是5年、10年前的景象，其定义也随着技术的革新在不断重构。如果我们硬是要把互联网思维分类，剖析一下它到底是什么，我想可能会有五个重要方向。

1. 互动思维

"粉丝"这个词恐怕是现今互联网上提及率最高的词语之一，它也是互联网思维的核心，从有互联网开始，就没有离开用户，用户的注册数、活跃率等都伴随着各个互联网产品，到了SNS、微博、微信产品出现时，粉丝成为衡量一个平台影响力的重要指标之一。粉丝是互动的另一端。博物馆的人气，也要看微博有多少粉丝、贴吧有多少观众，实体博物馆的参观人数及博物馆之友等，粉丝的参与、体验，也成为博物馆展览最好的创新源泉。

2. 迭代思维

互联网的产品很多都具备迅速迭代的特性，快速试错、快速更新，传统博物馆做一个展览从调研到展出，是漫长的周期，且流程复杂。互联网时代需要的是快，具备迭代思维才能跟得上速度，网上展览起到市场试探的作用，得到粉丝的反应，这一切源于上一个思维，粉丝会帮助我们的展览实现快速迭代。

3. 大数据思维

博物馆不论大小都可以利用大数据思维，我们都在大数据中，且有不同的标签，当我们浏览一个网上展览、看到一个实体展览，这些行为都可以进行分析判断，以往我们很少分析展览的目标观众，更多基于经验判断，或者抽样调查等，而现在互联网思维下的展览，可以通过标签观众属性，统计出观众的男女、地域、年龄、文化程度等基础信息，还可以更多维度地让数据更个性化、更有针对性，大数据思维会让线上和线下的展览更加有的放矢，文化传播触及更加精准，呈现的结果也更为显著。

4. 物联网、云计算与数字博物馆的结合

促进智慧博物馆的发展，使博物馆数字化进入了智能化为主的阶段。在人机交互方面，随着移动终端和多点触摸、体感控制、语音识别等自然界面友好交互技术的发展，实现了"人—数""数—物"之间的信息双向交互。可以说，智慧博物馆不仅完全打通了数字博物馆"物—数字—人"三者之间的双向信息交互通道，同时也实现了对"人—人""物—物"之间协同关系的有效管理。"数字"不再是智慧博物馆的核心，而演化成为一种必备工具，"人"重新回归为博物馆的核心。

5. 平台思维

平台思维的特点首先是开放，就如同众多平台提出的开放一样，这也是互联网的精神，还有就是共享、共赢。平台可以是从传统领域向互联网转变，建立共赢的生态圈，上下游加入进来，这个举例需要建立在博物馆顶层设计的基础之上，假如没有这

个设想和基础，一切设想都是枉然。

以上的互动思维、迭代思维、大数据思维、云计算思维、平台思维，从这五个方面理解互联网思维，或许未能全部涵盖博物馆管理和运营的各阶段，从前有人提过类似的观点，还包括了流量思维、简约思维、社会化思维、跨界思维，总之，互联网思维需要从互联网的本质思考，传统的博物馆行业结合互联网不应是简单的内部人才管理、业务管理，而需要的是观念从头到尾的输入，这样，互联网思维才会接地气，才会走得更扎实！

陕西博物馆数字化和数字化博物馆建设

（2014）

一、数字博物馆和博物馆数字化概念

数字化博物馆至少包含两层含义，即博物馆数字化和数字化博物馆。所谓博物馆数字化，主要是指文博单位将现代信息技术引入博物馆的收藏、保管和研究、展示等工作中，信息技术引入博物馆，不仅有力地推动了博物馆的工作，同时，博物馆既有的工作模式也因之而有所改变、有所发展；而数字化的博物馆，即通常所说的“虚拟博物馆”等，是指以文物所负载和蕴含的历史、文化、科技等方方面面的信息为收藏、展示的主体，借助网络或其他信息传播途径对受众进行传播、发布和推广、宣传的一个不具实体意义的博物馆。数字化博物馆概念的这两层含义，又都是直接或间接地为博物馆的基本职能——公众教育服务的。

二、陕西博物馆概况

截至2013年底，陕西省博物馆、纪念馆总数达到221家，其中文博系统博物馆135家，行业博物馆43家，民办博物馆43家。其中，一级博物馆7家，二级博物馆11家，三级博物馆18家。

三、陕西博物馆数字化建设（陕西省文物数据库二级节点安装情况说明）

1. 省级单位安装情况

陕西省文物数据库二级节点省级单位安装情况如下。

陕西省文物局共计安装6个点（信息管理系统、3位局长，2位处长）；陕西历史博物馆9个点；秦始皇帝陵博物院1个点；西安碑林博物馆1个点；西安半坡博物馆1个点；西安事变纪念馆1个点；陕西省考古研究院1个点，共计安装20个点。

2. 全省数据库二级节点上报及实际安装情况说明表

全省数据库二级节点上报及安装情况如下表。

全省数据库二级节点上报及实际安装情况说明表

地区单位	上报安装点数（个）	实际安装点数（个）	备注
省级单位		19	其中省文物局 5 个
西安市	6	11	
咸阳市	26	17	9 个未安装
铜川市	6	6	
宝鸡市	29	32	增加了 3 个点
汉中市	20	22	增加了 2 个点
安康市	6	13	增加了 7 个点
商洛市	1	16	
渭南市	5	23	均安装
延安市	16	16	
榆林市	17	20	

四、陕西数字博物馆

1. 陕西数字博物馆网络版

陕西数字博物馆网络版是 2012 年陕西省政府推出的一项重要的文化惠民工程。于 2012 年 8 月 28 日正式上线开馆，一年多来，相继有人民网、新华网、凤凰网、中国日报、中国文物报、三秦都市报、西安晚报、陕西广播电视台、西安广播电视台等多种形式的媒体进行报道，得到了全社会的广泛关注。当年参观人数突破 40 万。它是一个没有围墙的博物馆。

2. 陕西数字博物馆移动网络版

2013 年 12 月 12 日，陕西数字博物馆移动网络版正式向公众推出。数字博物馆移动网络版的上线，让越来越多关注互联网、移动互联网的博物馆爱好者的目光汇聚陕西，一年来，点击人数突破 30 万。它是一个随身携带的博物馆。

3. 陕西数字博物馆口袋版

2014 年 6 月 14 日，是我国第九个“文化遗产日”，陕西省文物局在这里隆重推出陕西数字博物馆口袋版。有幸的是，陕西历史博物馆作为该口袋博物馆的第一分册，呈现在大家面前。

陕西数字博物馆口袋版，在表面上看，是一本带有我国传统文化色彩的布面折页，实际上它是集当今互联网技术、移动互联技术和图文识别等先进技术为一身，把传统的纸质媒介与现代的网络媒介创新结合的一个综合体，实现了把历史装进口袋，把博物馆带回家，让文物活起来的愿望。它是一个可以带回家细细体验的博物馆。

陕西数字博物馆网络版、陕西数字博物馆移动网络版和今天发行的陕西数字博物馆口袋版，是响应陕西省文物局提出实现智慧博物馆的探索和实践，我们衷心希望，通过我们的不断努力，第一个从陕西实现智慧博物馆的博物馆梦。

4. 陕西数字博物馆数字摩卡

陕西数字博物馆数字摩卡，是陕西省博物馆集群研发的课题。在于完成一个基于二维码的移动交互导览系统的应用。为了提高陕西省内博物馆的社会服务水平和教育能力，更好地让博物馆通过现代化的技术手段服务于参观者，通过二维码自助导览的应用，让参观者可以便捷地对文物及景区的详细介绍及相关历史文化知识实现多种感官的获取。同时通过游客大量扫码数据的积累，为博物馆提供全面的游客数据分析服务，包括游客数量、文物访问次数、地域来源等信息，为博物馆的日常管理决策提供数据支持和参考。为信息消费进行尝试性探索。

文物摩卡

五、陕西智慧博物馆建设情况

（一）陕西省文物综合信息系统管理平台

随着数字化、信息化技术的迅速发展，陕西省不少文博单位在数字化、信息化方面都开展了大量的工作，像陕西历史博物馆的数字博物馆、馆藏珍贵文物数据库，陕西省考古研究院的三普数据库、考古工地视频监测系统，秦始皇帝陵博物院的物联网—智慧博物馆系统，以及陕西省文物保护研究院的陕西省文物保存环境检测系统等，在技术、功能上都处于全国同行先进行列，为文博工作的科学发展发挥了很大的作用。

为了进一步提升我省文物保护和管理工作的水平，2013 年，省文物局决定基于已有的体系，建成“陕西省文物综合信息管理平台”，集成已有的陕西数字博物馆网站、陕西省馆藏文物数据库、陕西省考古工地视频监测系统等，构建一个智能的、实时的陕西省文物综合信息大屏幕展示系统（省文物局会议室大屏幕显示终端）。

我们已经初步建成了这个管理平台，初步实现了对上述系统、数据库的访问、接入和调用，实现了图像、文字和数据库的同步和在线网络化监测，实现了跨区域的信息共享，可以为省局查看、分析、判读与定位研究我省文物保护管理提供及时、动态的信息，为文物局的科学管理、决策提供依据。

本管理平台系统的构成由以下三个部分构成、实现：①大屏幕显示单元——高清LED拼成大屏幕；②数据访问和接入；③软件平台集成。

（二）文物综合信息系统管理平台的主要应用模块——模块vs功能

已经建成了5个应用模块，包括：

（1）可以链接陕西数字博物馆网站，得以直观、便捷地浏览陕西数字博物馆网站的全部内容。

（2）通过VPN设备实现馆藏文物数据库数据的共享，并在平台上实现陕西省各地馆藏文物的查询、统计和分类研究。

（3）系统可以访问省考古研究院、秦始皇帝陵博物院等单位的视频监控信息，实时查看有关考古工地、博物馆及客流高峰视频监测画面。

（4）在省文物局即可实时掌握秦始皇帝陵博物院文物保存环境、文物安全、文物库房人员出入等情况。

（5）实时了解、分析陕西省文物保存环境监测系统的数据（紫阳北五省会馆、唐顺陵、汉景帝阳陵博物院、历史博物馆等）。

本着可持续发展的理念，该管理平台预留了通信接口，今后还可以扩展其他的应用模块：如视频会议、应急指挥功能等。

该平台的信息展示、管理的功能特点：陕西省文物综合信息系统作为文物管理部门，对下属文博单位现有信息系统的集成展示贯彻了“集中管理、分散控制”的原则，系统架构在兼容性、可靠性、开放性、扩展性、先进性等方面基本满足设计需求。

下面结合实际演示，简单介绍一下信息展示、管理的功能。

1. 陕西数字博物馆网站

平台可以链接陕西数字博物馆网站，得以直观、便捷地浏览陕西数字博物馆网站的全部内容。

省内博物馆的虚拟漫游，可以在网上参观博物馆，三维漫游，可以按导览图自选参观不同展厅；进入展厅后选择感兴趣的文物，查看文物信息资料、文物背后的故事等。可以查看数字博物馆的文物，包括三维图像、资料信息（三尊佛）。数字博物馆可将临展变成长期展览，如国博宝鸡文物站，实景！这个网站设计得非常好，内容丰富、数据量大、速度还很快，有一定的声誉，受到了计算机软件专业人员的好评。

2. 馆藏文物数据库

这个数据库从2005年开始，共录入50万件文物的信息，可以方便地查询、研究各地馆藏珍贵文物的信息，有两种展示的模式：按行政区划查询，可以按图索骥，查到在册的文物，获得详细的信息资料，包括出土地、定级人员，甚至相关研究资料；文物查询功能，可以按年代、类型查询全省的文物。

3. 视频监控

视频监控模块，主要是通过实时在线技术，查看一些重点考古工地、重点博物馆的安全、客流情况，便于及时了解这些重点区域、重点部位的情况，便于文物局领导把握相关情况，及时、远程指导工作。

目前可以展示的视频信息有：省考古研究院系统：壁画修复室、宝鸡工作站、泾渭基地；秦始皇帝陵博物院：售票口人流、1号坑展厅外广场、1号坑展厅内等。

4. 三普数据库

在我省第三次文物普查的数据基础上，建立了全省不可移动文物数据库（三普数据库约40000处文物点），可以方便地查询、研究相关的不可移动文物信息。

有如下模式：按行政区划，可以查找登记在册的文物点信息，如延安市宝塔区水沟石窟，可以查到详细的四有档案、相关照片；通过文物查询功能，可以按照时代、保护等级或文物类别查看全省范围内同一时代的文物分布状况和规律，可以按照需求查看一个地区不同时代的全部不可移动文物，或一个地区某一时代不可移动文物的分布状况和规律，包括总体数量、不同时代数量；还可以按照级别、类别查询，例如国保、省保、县保单位，土遗址、古建筑等，1274处国保单位的不同类型、数量，一目了然。

5. 秦始皇帝陵博物院物联网系统

秦始皇帝陵博物院的物联网系统是国家文物局的示范项目，该系统包括环境监测、本体监测、资产管理和人员管理四个子系统。

环境监测：首先是概览，可以了解布点情况、监测数据，还有预警阈值设定（人工设定、实时报警）、报警功能。本体监测：包括宏观到微观的监测，前者如南门阙点，微观监测可以看到三号坑的裂缝监测——高清裂隙图像监测。资产管理：可以对重点文物的位置和情况进行监控。人员管理：可以对重点部位的人员进行监控、统计。

6. 陕西省文物保存环境监测系统

全省已经有5处，分别针对户外文物环境、馆藏文物环境、遗址文物环境和古代建筑文物环境，开展保存环境特点监测工作。

环境监测概况，布点情况，以表面温度为例查看数据：除了实时数据，主要看基础曲线图，可以进行统计、判断平均温度、最高和最低温度，为文物保护、管理提供信息。

本体监测：高清照相定时定点查看本体、侵入抓拍、人为破坏等状态。

分析功能：包括自动统计生成，给出文物保存环境综合报告、健康报告，给出探头自身稳定性评估，便于及时检修。

以上就是目前建成的“陕西省文物综合信息系统管理平台”的基本情况，这个系统是在陕西历史博物馆、秦始皇帝陵博物院、陕西省考古研究院和陕西省文物保护研究院已有工作基础上的一个集成系统，内容丰富，也非常复杂。

本系统作为一个跨区域、多系统、实时在线的文物综合信息系统管理平台，在国内尚属初次尝试，针对文物领域的特点和需求，可能还不是很到位，目前系统集成、功能使用可能已经成功实现。

7. 陕西智慧博物馆的整体思路

如何用最生动的形式为公众打开历史记忆的大门？如何让现代科技在博物馆的展示中带来意想不到的效果？如何让博物馆的交流对话通过现代的手段更好地得到满足？这些问题对于文物局局长来说无疑是一个不断思考的过程。教授出身的省文物局局长赵荣喜欢用“民生情怀”来表达博物馆需要具备的时代精神，而现代技术在博物馆的应用无疑是这种精神可以采取的最好表现形式。见如下一段采访。

记者：您认为智慧博物馆的最大意义是什么？

赵荣：博物馆一直是人类最宝贵记忆的载体，人们来到这里就是要全面地理解个人与周围世界的联系，了解人的创造能力，从而增强自身的生存能力和发展能力，提高自己的生存质量。这就要求博物馆不断更新自己与观众之间对话交流的形式，不断用最新的科技理念为这种交流提供服务，这也是智慧博物馆最大意义的所在，更是科技和信息化建设在文物领域的体现。文物信息化是新时期文物事业发展的重要战略选择。陕西的智慧博物馆是在数字博物馆整体框架内，以文物信息网络化建设为基础，以文物专业数据库建设为核心，以深化文物信息资源应用为目标，以国家文物局关于文物资源数字化、信息采集标准化、信息存储安全化、信息服务网络化的标准为依据，全面提高我省文物信息化管理水平。它既满足全省、社会和公众日益增长的文化信息需求，也全面提升了博物馆的科技管理水平，进一步促进陕西文物信息化建设持续、快速、健康地发展，在信息化建设方面也充分体现出文物大省的建设风范。

记者：建立智慧博物馆的背景和思路是什么？

赵荣：博物馆是彰显人类历史积淀与深厚文化底蕴的主要场所，承担着征集、保护、研究、传播和展现人文与环境发展物证的重要任务。尽管各级博物馆在公共关系与服务领域做了大量工作，获得了社会的积极响应，但整体上看，博物馆行业尚未形成完善的公共文化服务体系，难以真正实现与社会的有效互动，这与开放、共享的时代潮流不相适应。

目前，大多数博物馆在运营服务方面仍然承袭着传统的方式方法，主要是为前来博物馆参观的观众提供文化遗产的信息服务和少量的其他相关信息服务，文化传播尚处在被动服务的阶段。由于信息传播和利用效率不高，效果欠佳，已经远远滞后于博物馆发展的速度，特别是无法满足博物馆管理者对博物馆运营服务的精细化和时效性要求，以及观众（包括潜在观众）对于博物馆文化传播服务的个性化、泛在化和持续性的需求。当前人们正处于快节奏、个性化的时代，网络、各种新兴设备、新媒体正在逐步改变人们获取信息的习惯和方式，人们需要更加有效地利用“碎片时间”进行随时随地的信息传播。这样的背景下，智慧博物馆的思路就顺势而生。在推动全省智慧博物馆建设之前，我们也做了大量包括科技惠民计划等在内的一系列课题研究。智慧博物馆的建设，能发挥各类信息网络设施的文化传播作用，提高博物馆作为优秀传统文化宝库的辐射力和影响力，全面提升博物馆文化信息传播的水平。

记者：智慧博物馆会为博物馆的发展带来怎样的改变？未来陕西智慧博物馆将向哪个方向发展？

赵荣：智慧博物馆是博物馆与受众交流形式的革命性变化，同时它也最大限度地体现着博物馆所应具有的“民生情怀”，我们说文化惠民，在实际操作中就是要寻找更适合时代发展的惠民方式。让更多的百姓用更便捷的方式共享文化成果，这是智慧博物馆的最终目的。智慧博物馆有利于发挥博物馆教育基地的作用，陕西大小博物馆的藏品不可胜数，仅陕西历史博物馆就有几十万藏品，只有通过开放式的信息服务才能突破服务的时空限制，真正地服务公众；智慧博物馆还有利于推动中国的文化发展，让更多的人既可享受博物馆现场的文化氛围，也可以把“文物资源”带回家，足不出户即可感受中华五千年的优秀传统文化；智慧博物馆还有利于探索文博行业新的发展模式，从藏品保护环境的管理到展览展示管理，乃至藏品的研究利用等方面都是全新的课题。同时，智能博物馆对管理者提出了更高的要求，博物馆的管理者必须全面提升业务水平，熟悉现代科技才能让智慧博物馆更好地运转。

因为涉及面广，同时受地理和当地经济条件的限制。陕西博物馆智能化过程将是一个漫长的道路，我们将首先以陕西历史博物馆、秦始皇帝陵博物院、汉景帝阳陵博物院等重点博物馆为龙头，全面推进博物馆智能化工作，然后以50个免费开放的博物馆为目标，尽可能地推进智慧化。未来，我们还将拓展到其他对外开放的博物馆。让更多的百姓真正享受文化遗产给予我们的精神馈赠。

数字博物馆建设及其发展趋势

（2014）

近年来，陕西省委、省政府将文化惠民纳入到了民生工程，这对如何更好地保护好、利用好、管理好、传承好文物资源提出了新的更高的要求。陕西数字博物馆就是一项实实在在的文化与科技融合、文化与旅游融合的文物惠民项目，也是我省文物系统贯彻落实十七届六中全会和陕西省第十二次党代会精神、促进我省文化大发展大繁荣、朝着建设文化遗产强省目标迈进的一项具体举措。

一、数字博物馆的概念

数字博物馆是运用数字、网络技术，将现实存在的实体博物馆的职能以数字化方式完整呈现于网络上的博物馆。具体来说，就是采用国际互联网与机构内部信息网信息构架，将传统博物馆的业务工作与计算机网络上的活动紧密结合起来，构筑博物馆大环境所需要的信息传播交换的桥梁，使实体博物馆的职能得以充分实现。

1. 数字博物馆的特点

与实体博物馆相比较，“数字博物馆具有信息实体虚拟化、信息资源数字化、信息传递网络化、信息利用共享化、信息提供智能化、信息展示多样化等特点”。在这里，最为关键的是信息实体虚拟化，即数字博物馆的一切活动都是对实体博物馆工作职能的虚拟体现，都以实体博物馆为依托，又反过来作用于实体博物馆，是对实体博物馆职能的拓展和延伸。数字博物馆的五大特点如下。

（1）它突破了空间和时间的藩篱，能在更广袤的范围、任何时间、任何地点上网参观，使用方便。

（2）它能对实体博物馆数字资源（包括文字、图像、声音等）进行整合、加工、提升和频繁更换，并运用多媒体手段营造逼真、形象、生动的展示效果，使提供的知识、信息更加丰富多彩。

（3）它能在教育区域建立专家定期讲座和专题教育节目，以及配合学校课程设计多媒体教学资料，进行网络远程教学，使知识的学习更为方便深入和系统。

（4）由于没有物理空间的限制，它能在不同栏目和页面之间穿梭连接，无论是参观展览、欣赏藏品，还是浏览新闻、活动资讯，抑或是参与学习讨论，都非常方便，有绝对的自主权。

（5）它能利用论坛、留言板、公众信箱等发表意见和建议，相比实体博物馆展厅的“观众留言”和观众调查，更为客观、真实，并体现对个人意愿的尊重。

2. 与实体博物馆的关系

尽管数字博物馆在中国只有一二十年的探索发展历程，但在强大的网络技术支持下，它却对传统博物馆产生了较大影响和冲击。数字博物馆是要替代或是削弱传统博物馆职能，还是促进其发展，传统博物馆如何面对数字博物馆带来的变化，数字博物馆与传统博物馆之间到底是一种什么样的关系，这是在弄清楚数字博物馆概念后接下来要面对的另一重要问题。否则，数字博物馆建设就将失去动力和方向。

数字博物馆对实体博物馆功能的拓展与辅助主要体现在以下几方面。

（1）数字博物馆是实体博物馆向外打开的另一扇窗口，实体博物馆的丰富资讯得以从这个窗口传递出去，社会公众的需求和意见也可以从这扇窗口传递进来，大大促进了博物馆与社会公众的沟通，密切了与社会公众的联系，也加强了公众对博物馆的了解。

（2）数字博物馆是促使潜在观众变为实体博物馆观众的桥梁。数字博物馆丰富的收藏，高品质的展览和虚拟呈现的迷人或震撼的场景，以及生动有趣的节目、活动等，激发了人们参观、体验真实博物馆的兴趣和愿望，进而成为实体博物馆的真实观众。

（3）数字博物馆是广泛传播博物馆文化的重要渠道。路途遥远，时空阻隔，难以亲临实体博物馆的人们则可以在众多数字博物馆里遨游，或了解某个博物馆的历史，或欣赏某个博物馆的珍藏，或参加一次虚拟探险，或参与某个有趣的游戏和活动。虽不如亲临实体博物馆的真实体验，但数字博物馆提供的广阔视野和对博物馆文化生动、深度的阐释，加深了人们对博物馆的了解和热爱，促进了博物馆文化的影响和传播，从而也赢得了社会对博物馆的关注和支持。

（4）数字博物馆是进行远程教学的课堂。数字博物馆可借助互联网和数字技术的各种优势进行交互式远程教学和单项式远程教学，使实体博物馆的教育职能得以更大地发挥。交互式远程教学就是在固定和约定的时段内，由博物馆专家主持进行某一领域、某一专题知识的传授，并与学习者进行相关问题的探讨或答疑解惑。单向远程教学则是配合学校课程设计和进度，或针对不同学习需求的大众，将博物馆丰富的典藏、研究成果和展示资源制作成各类多媒体教学资源，在网上提供教学节目下载，进行远程教学。

（5）数字博物馆是促进实体博物馆管理水平提高的有效手段。在数字技术进入实体博物馆之前，实体博物馆均不同程度上存在着藏品家底不清、业务档案保存不善、资料流失严重、查找使用不便等诸多问题。而数字博物馆的引入，促进了各种资料的整理和数字化保存。特别是实现了自动化办公的博物馆，资料的存储、调用非常方便，大大加强了对藏品账务、业务资料的管理，也提高了办公效率。

二、数字博物馆的模式

综观国内外数字博物馆的发展，大体呈现出三种形式（或曰经历了三个阶段）：单馆模式、群馆模式和整合模式。但无论何种模式（阶段），独立博物馆的数字化建设均是一切工作的基础。

无论哪种模式，数字博物馆都是集藏品数字信息资源的采集、管理和展示于一体，服务于文物保护、管理和利用工作，主要提供了以下应用需求（包括相关的培训和服务）。

1. 数据采集

包括对藏品基本信息、管理信息和研究信息的文本及二维影像数据采集，以及有条件地进行特殊功能和复杂信息的采集（如三维数据等）。

需求：采集设备工具、采集标准规范、数据交换和存储设备、特殊数据采集和加工技术等。

2. 藏品信息管理

既有对进入藏品数据库的信息进行统计、查询和知识整合，又有将人作用于藏品的保护、研究和管理信息不断积累，形成藏品的“生命档案”。

需求：以藏品信息管理为核心的博物馆综合业务管理软件、数据库管理软件、知识库管理和信息服务平台等。

3. 网络

包括博物馆内部局域网连接和互联网接入。

需求：网络和计算机设备、综合布线、网络管理技术、安全设施等。

4. 虚拟信息展示

涵盖博物馆内部辅助实物藏品的展示（如集管理、传播和收藏功能于一体的电子门票、导引观众和检索信息的电子触摸屏、配合展览说明的数字播放和投影、可供点播讲解的手持掌上电脑 PDA、可以自助查询服务的电子阅览终端、可以人机交互包括非接触式交互的展示平台、数字特效影院等）、互联网上的展示和数字文化产品等。

需求：图像辅助搜索、多媒体互动、虚拟现实、幻影成像、场景仿真、感应控制等技术和相关设备，网站策划设计制作，数字文化产品策划开发等。

三、我国数字博物馆的建设现状

我国数字博物馆建设于20世纪90年代起步，并进入快速发展阶段。近年来，中国在数字博物馆建设方面取得了可喜的成绩：从“博物馆数字化”“博物馆上网”到“数字化博物馆”“数字博物馆”，从启动“大学数字博物馆建设工程”“中国数字博物馆工程”到“北京中医药数字博物馆”“北京数字博物馆平台”“中国数字科技馆”开通运行，一批数字博物馆、数字科技馆突破时间和空间的限制，方便快捷地为社会公众提供公益性信息资源服务，成为展示中华优秀历史文化的舞台。

目前，随着以“文物调查及数据库管理系统建设项目”“数字故宫”等为代表的一批文博信息化项目的开展，数字博物馆的应用得到了很大发展：国家文物局颁布了《博物馆藏品信息指标体系规范》；山西、辽宁、河南、甘肃四省300多家文博单位完成了38万多件珍贵藏品的数据采集，故宫博物院、上海博物馆等单位也完成了10万件以上的文物数据采集；全国有近200家博物馆建立了互联网站；几十家博物馆建立了内部局域网并使用了各种版本的藏品信息管理软件、图书资料管理软件和办公自动化系统；故宫博物院、首都博物馆、上海博物馆、南京博物院、金沙遗址博物馆、敦煌研究院等单位充分利用信息技术在馆内进行辅助展示，并开展了三维数据采集和利用；一批深入解读遗产价值的数字文化产品（如《故宫》《圆明园》）被广泛传播，并取得良好效益。

但实际上，除了少数几个可称为“开花结果”外，不少数字化博物馆建设依然处于“播种”阶段，与国外完善的数字化模式相比，中国数字博物馆的建设进程显然让人“等到花儿也谢了”。

瓶颈

数字博物馆的应用已经起步，但相比于全国2300多座博物馆（其中文物系统1500多座）、1600多万件馆藏文物（其中珍贵文物320多万件、一级文物近5万件）、数十万处文物保护单位（其中2351处全国重点文物保护单位），以及其他大量的物质文化遗产和非物质文化遗产，仍具有非常广阔而且日趋增长的需求。

目前的发展也还很不平衡，五大瓶颈主要表现和归因于以下方面。

（1）文博系统长期以来在社会生活中居于弱势，政府强职部门忽略文博单位信息化建设对于社会发展的重要作用，数字博物馆建设缺乏必要的政策和财力支持。

（2）对数字博物馆的认知水平不平衡。文博系统内部看不到数字博物馆建设对于提高博物馆管理水平和促进发展的重要性，以及忽略基础的文物数据库建设，而只在意新鲜的虚拟展示的大有人在，观念成为制约数字博物馆发展的“瓶颈”。

（3）与数字博物馆相关的（信息资源、设备、技术、知识产权保护等）标准规范研究和制订严重滞后，已建立的数字博物馆系统各成体系、互不相容，为将来资源共享和整合传播带来隐患。

（4）当前数字博物馆需要使用的技术（特别是虚拟现实等展示技术）成本过高，与博物馆的强烈需求形成巨大反差，众多博物馆普遍只能“望洋兴叹”而于心不甘。

（5）数字博物馆建设发展急需的复合型人才极度缺乏。有系统的机构指导和人才引进、培养均停留于口头，迟迟未能取得实际进展。

四、从几个技术的应用结合国外数字博物馆的发展趋势谈数字博物馆的建设和发展方向

（一）几个技术的应用

1. 三维影像技术（多媒体技术）

集声音、图像、文字、三维、视频为一体，建立虚拟博物馆，实现多媒体藏品管理发布平台。

2. 虚拟现实（VR）技术

虚拟现实系统的主要功能是把整个博物馆、遗迹、文物三维成像，360°观看虚拟文物实景。

3. 照片缝合系统

可以按顺序拍摄一系列照片，系统无缝地缝合巨幅画面。如敦煌研究院已采用数码成像技术，再现洞窟中的壁画。

4. 超高精度扫描系统

应用在实体数字博物馆中较为合适。

5. CGI 技术（数字博物馆发展的重要技术）

实现 Web 动态内容的技术有很多，最早使用的是 CGI 技术（common gateway interface，通用网关接口），它根据用户输入的请求动态地传送 HTML 数据。CGI 并不是开发语言，而只是能够利用为它编写的程序来实现 Web 服务器的一种协议。

使用 CGI 技术可实现电子商务网站、搜索引擎处理和在线登记等功能。当用户在 Web 页面中提交输入的数据时，Web 浏览器就会将用户输入的数据发送到 Web 服务器上。在服务器上，CGI 程序对输入的数据进行格式化，并将这个信息发送给数据库或服务器上运行的其他程序，然后将结果返回给 Web 服务器。最后，Web 服务器将结果发送给 Web 浏览器，这些结果有时使用新的 Web 页面显示，有时在当前 Web 页面中

显示。

编写自定义 CGI 脚本需要相当多的编程技巧，多数 CGI 脚本是由 Perl，Java，C 和 C++ 等语言编写的，服务器上通常很少运行用 JavaScript 编写的服务器脚本，不管使用何种语言，Web 页面设计者都需要控制服务器，包括所需要的后台程序（如数据库），这些后台程序提供结果或来自用户的消息。即使拥有基于服务器的网站设计工具，编写 CGI 程序也要求程序设计者有一定的经验。

（二）国外博物馆的数字化发展趋势

1. 数据共享是数字博物馆的发展方向之一

在国外的博物馆领域有许多比较成功的例子，如 V&A（成立于 1852 年的英国维多利亚与艾尔伯特博物馆，即通常所说的 V&A，是世界领先的艺术和设计博物馆）。其宗旨是使艺术作品能让世人观赏，并为英国设计师和制造商带来启发和灵感。1899 年，维多利亚女王为 V&A 博物馆的侧厅举行奠基礼的时候，将博物馆正式更名为 V&A，以纪念她的丈夫艾尔伯特亲王。博物馆的藏品来自世界各地，丰富多样，并涵盖每一个艺术门类。这些藏品跨越了 4000 年的人类创造史，完美地陈列在一幢壮丽的 19 世纪建筑中供人们欣赏。在他们的数字博物馆上开放他们高精度影像的免费下载，通过这种手段，V&A 的影像版权销售从 50 万镑 / 年增加到 80 万镑 / 年。从数字资产的角度看，这一政策不但没有使 V&A 损失他们的即时利益，更使他们的数字影像资产值增加了 60% 以上，又进一步大幅增加了他们纪念品的销售。其对 V&A 的资产贡献之大是难以评估的。

由网民们通过 CGI 技术自己生成影像或视频上传数字博物馆，使其“看法”得到传播。这是数字博物馆以后发展方向的又一趋势。

比如 MoMa（美国在世界上最有名的现代艺术博物馆，Museum of Modern Art，位于纽约市曼哈顿城中，也是世界上最杰出的现代艺术收藏之一）的网页设置，其活动的图像直接引用参观者拍摄的图片，其结果使其网页访问量以前所未有的数量增加。这些例子也进一步让我们看清了新的“数字原居民”行为方式的变化对我们政策的影响。

2. 数字原居民和数字移民是数字博物馆的生存土壤

更极端的案例是西方的选举，如奥巴马的选举，不但网页、微博、电邮、播客等“移民”们所能理解的数字方式被广泛应用，而且宣传图片、视频也是网民自发制作及发报的，更进一步，甚至竞选经费也是通过网上筹集的。奥巴马的胜利其实是“数字原居民”的胜利、网络的胜利！

同样，在这种新的以“数字原居民”为主体和“数字移民”不断成长的今天，对数字博物馆的建设工作，无论是管理、技术手段，还是评估方式，都带来巨大挑战，如何通过新技术平台向“群”投放原数据，并提供“群”产生基于此而组成的专有信息结构，并使内容指向博物馆及其藏品是数字博物馆发展的全新的工作。如 MoMa 通过他们的网页吸引游客们，并拍下他们的角度放到 MoMa 的封面，这一过程不但吸引拍的观众，更吸引一个专有的“群”。对这个“群”，MoMa 是一个他们共同的地方，并不仅是一个冷酷的公共场地。今天的博物馆作为知识殿堂的角色，正在网络及“数字原居民”新行为模式的双重作用下快速边缘化，而其物证功能也在展示空间及条件的限制之下较多媒体技术应用软弱。数字博物馆中与物证相关的原数据对市场的投放，成为博物馆与人民产生情感联系的重要手段，也就是博物馆得以存在的民意基础和生存基础。

从国外博物馆的发展趋势可以看出，博物馆在今后的生存，更多的是原数据的竞争，可见未来文化竞争的核心就是原数据的竞争，而博物馆信息中心在这场事关族群文化兴亡的竞争中无疑担当了急先锋的角色。这也使信息中心更为明了自己的责任和前所未有的挑战。其成功的关键是让我们怀揣原数据、拥抱“数字原居民”和不断成长中的“数字移民”吧。

（三）数字博物馆建设基础和最终方向

博物馆的主要工作是：建立数据源；进行数据挖掘，产生信息，得到知识；共建智慧博物馆。

我们要从博物馆历史使命、公共文化服务能力建设、工作职能、信息化发展现状与趋势四个方面看博物馆信息化的重要意义。

随着国际化信息产业的发展，国内博物馆信息化也已起步。新媒体、物联网、虚拟现实和三网融合给博物馆信息化的快速发展带来了新的契机。博物馆信息化既提升了博物馆藏品保护、科学研究等业务工作水平，也促进了博物馆陈列展示、社会教育等职能的发挥。

博物馆信息化的基本概念和内容首先是数据、信息、知识、智慧这四个不同信息层次之间的区别与联系，构建智能博物馆的理念。信息化融入博物馆先进科技的发展，解释博物馆如何利用现代信息技术对藏品信息进行采集、传输、处理的过程，从而提高博物馆信息资源的利用效率、提升博物馆的工作水平。

发展数字博物馆，要对数字博物馆与博物馆数字化概念进行区分，一个完整的数字博物馆应拥有信息资源、信息存储、加工平台和虚拟展示平台。数字博物馆与实体博物馆的差异在于数据采集、存储、展示、研究、开放性等方面的表现。

目前，博物馆在信息化技术具体如何在藏品管理系统、陈列展示管理系统、博物馆网站建设等方面发挥有效作用呢？博物馆信息化工作的核心应该遵循相关标准规范，持续建设数据资源库，以博物馆业务需求为导向，构建各类博物馆不同的信息化系统。实现博物馆信息化的关键在于信息化人才队伍的建设。因此，当前博物馆的发展急需一批既熟悉博物馆业务，又精通信息化发展规律的综合性人才。

（四）数字博物馆发展方向小结

数字博物馆建设方兴未艾，在逐步克服其发展障碍的同时，将展开广阔的应用发展前景，未来的数字博物馆必将更加开放，更具活力。

（1）数字博物馆的建设必将超越博物馆的围墙，融入到社会文化生活和社会全面发展的潮流之中，来自各方面有识的力量都能参加到其中，发挥作用。

（2）数字博物馆将更具知识化的形象，智能地提供为社会和社会发展所需的文化信息，充当社会教育的主要力量。

（3）数字博物馆必将采用更丰富、性价比更高的展示手段，寓传承文明于轻松娱乐之中，满足民众日益增长的文化生活的需要。

（4）数字博物馆创建、发展的主体将由博物馆转移至用户，其单向传播的模式必为双向、多向传播所取代，个性化的“人”的博物馆将会不断涌现。

（5）数字博物馆将突出体现共建、共享的特性，整合资源成宏大的平台，为中华优秀文化的弘扬和文化认同的培养承担中间力量。

五、陕西数字博物馆示例

见网址 www.0110m.com。

六、主要数字博物馆演示（当年网站的名称及域名）

（1）北京中医药数字博物馆（http://www.tcm-china.info/）。

（2）中国大学数字博物馆（http://digitalmuseum.zju.edu.cn/）。

（3）北京数字博物馆（http://www.beijingmuseum.gov.cn/）。

（4）北京 08 数字博物馆（http://www.ibeijing.gov.cn/）。

（5）宁波数字博物馆（http://www.nbmuseum.cn/3601/）。

（6）陕西数字博物馆（www.0110m.com）。

基于三维实景技术建设陕西数字博物馆的实现方法

（2015）

陕西是文物大省，文物资源十分丰富。如何保护好、利用好和传承好这些丰厚的文化遗产，让全社会都能领略陕西文化遗产的风采，长期以来成为困惑文物工作者的问题。

2006年，陕西启动了“文物调查及数据库管理系统建设项目”，经过数年的不懈努力，完成了全省百万件馆藏文物数字化建设工作，实体文物变成了虚拟数据，为全省百万件馆藏文物在社会公众面前展示创造了条件。

为了将深藏在库房中的文物展现给更多的观众，2012年，陕西重点文化惠民工程——陕西数字博物馆应运而生。

陕西数字博物馆依托先进的网络科技手段，通过全面整合全省文物信息资源，采用动态模拟、三维演示等先进文物数字化展示手段，将全省实体博物馆和丰富的馆藏文物呈现在观众面前。

陕西数字博物馆是陕西省实施文物惠民工程的一项重要举措，是全国首座以省文物数据库为依托的数字博物馆，也是陕西文物事业在利用文物数据库方面为全国文物事业做出的示范项目。

陕西数字博物馆由5大功能模块组成。虚拟现实馆——以虚拟三维技术全角度全方位游览全省实体博物馆；数字专题展——利用陕西馆藏文物数据库资源举办的陕西文物数字专题展览；临展与交流展——展示正在举办和已经结束的省内临时展览及国际省际交流展览；精品文物鉴赏——通过二维与三维方式鉴赏陕西精品文物；讲坛与讲解——聆听文博专家的专题视频讲座和陕西实体博物馆的语音讲解等。还设立博物馆新闻、交流与论坛、数字文库、博物馆大全等信息服务，为公众提供集观赏性、知识性和互动性为一体的交流平台。

一、陕西数字博物馆的建设目的

网络已经成为我们生活不可分割的一部分，并且越来越深入地影响我们的生活与行为。

文物，对于很多人来说，既充满好奇，但又感觉缺乏足够的吸引力。因为文物的价值不仅仅是视觉感受，而且蕴含了深刻的内涵。很多人看了文物后会有一定的失落感，但如果我们能够把文物后面包含的文化内涵、知识、典故与趣味通过虚拟现实技术让游客体验，文物就会对于普通人有更大的乐趣与吸引力。

网络虚拟展馆，不仅仅是让受众看到逼真的三维全景，也可以解读视觉以外的信息，让受众从更深层次去理解所看到的景观和文物本体。其实很多信息都不是视觉，而是深藏于可视的景物之外，必须通过系统的分析才能让受众了解的。比如碑林博物馆的碑刻，很多属于国宝级的文物，但对于普通人来说，却无从了解其深刻的历史、人文与学术的内涵。

在文物研究和保护上，“数字化”的优越性很明显：它使文物信息保存无失真，相对永久，且方便使用、复制。“数字化”不仅保存文物原本信息，也反映文物当前状态，更便于通过数字化文物图像，直观地在网上欣赏文物和博物馆场景。

传统的数字化漫游系统基于海量数据的管理与发布，完成一个漫游系统需要专门的浏览器并且需要运行大量的数据。通常，这种系统很难基于 Internet 进行发布与共享。就像许多图像、影像数据库一样，由于对于带宽、运行环境、硬件要求高，只能在机房中供特定的人群浏览。

数据如果不能实现大范围的共享并且在游览中应用，无论实现了多么好的漫游效果，也没有太大的价值，因为信息的价值在于有效的应用。

基于三维实景技术的虚拟展馆具有高清晰、高度逼真、高效互动、运行速度快、数据关联技术先进、基于 Internet 开发、适应目前绝大多数硬件条件与带宽条件的巨大优势。当点击文物或场景热点时，就可以身临其境地游览 360° 全景影像，真实体验三秦大地厚重的实地景观和文物细节效果，这些都是在文物的实地观赏中做不到的。但通过虚拟现实系统，却可以让游客通过声音、图像、视频与背景音乐，来欣赏、感受与体验历史的厚度、神秘与美感。

二、陕西数字博物馆的技术创新优势

本文主要介绍基于三维实景技术建设陕西数字博物馆的实现方法，它是运用虚拟现实技术、三维图形图像技术、计算机网络技术、立体显示系统、互动娱乐技术、特种视效技术，将现实存在的实体博物馆的三维立体模型完整呈现于网络上的博物馆。具体来说，就是采用国际互联网与机构内部信息数据库构架，将传统博物馆的展览业务工作与计算机网络技术紧密结合起来，构筑博物馆大环境所需要的信息传播交换的桥梁，把枯燥的数据变成鲜活的模型，使实体博物馆的职能得以充分实现。从而引领博物馆进入公众可参与交互式的新时代，引发观众浓厚的兴趣，从而达到科普的目的。

技术创新优势体现在以下几个方面。

（1）无须下载专门的控件，解决了全景技术的技术瓶颈。

（2）清晰度高，不变形，体现了虚拟现实的真谛。

（3）显示速度快，功能强大，具有自动巡航、局部放大、鼠标灵活控制的特点。

（4）和二维地图结合的实景展示，实景层面上可以叠加文字、图片、音视频等多媒体信息热点。三维实景与二维地图之间有精确关联，浏览时，地图上会出现视角扫描的“雷达”，这样，就能迅速查看到任意区域、任一主要景物的实景，并能进行360°实景观察。

（5）提高图像拼合速度和拼缝质量，利用图像快速配准算法的改进。

（6）数据垂直搜索引擎改进。

本项目留有API接口，可以很方便地接入其他的系统，软件具有宽容的通用性和相容性。

陕西数字博物馆虚拟展馆的建设利用三维实景技术，在全面整合全省丰厚文物资源的前提下，将全省实体博物馆和丰富藏品呈现给网友。截至2014年底，陕西数字博物馆已实现全省免费开放的50家博物馆全部“上线”的同时，非免费开放博物馆也有59家同时上线，3—5年后，全省221家博物馆中有展厅的博物馆都将在网上一览无余。

三、三维实景技术制作虚拟展馆的实现方法

从广义上讲，全景就是视角超过人的正常视角的图像，而我们这里说的全景特指水平视角360°，垂直视角180°的图像。全景实际上只是一种对周围景象以某种几何关系进行映射生成的平面图片，只有通过全景播放器的矫正处理才能成为三维全景。360°全景，顾名思义，就是给人以三维立体感觉的实景360°全方位图像，此图像最大的三个特点如下。

全：全方位，全面展示360°球形范围内的所有景致；可在例子中用鼠标左键按住拖动，观看场景各个方向的现实景观。

景：实景，真实的场景，360°全景大多是在照片基础之上拼合得到的图像，最大限度地保留了场景的真实性。

360：360°环视的效果，虽然照片都是平面的，但是通过软件处理之后得到的360°全景，却能给人以三维立体的空间感觉，使观者身在其中。

通过对博物馆外部环境、展厅布局、内部文物进行360°的实景还原，把周围的环境细节毫无遗漏地用数码相机拍摄下来，在系统内通过专业的拼合步骤，制作成真实环境的全景图，还原博物馆全面、逼真的环境布局。

具体实现过程如下。

1. 全景实景图的制作

360°全景不是凭空生成的，要制作一个360°全景，我们需要有原始的图像素材，

原始图像素材的来源可以是在现实的场景中拍摄得到的鱼眼图像，也可以是建模渲染得到的虚拟图像。

原始图像素材拍摄要求统计表

原始图像素材类型	采用的相机设备	采用的机位	采用的拼合模式
鼓形，两边被切的鱼眼图像：上下弧线处 180° 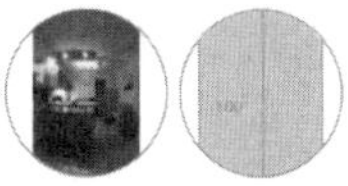	Nikon 或 Canon 单反相机 Sigma 8mm 镜头	竖向拍摄 	拍摄水平一圈四张鱼眼图像，用 Drum 模式拼合 
全帧，四边被切的鱼眼图像：对角线 180° 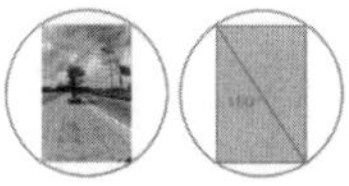	Nikon 单反相机 Nikon 10.5mm 镜头	竖向拍摄 	拍摄水平一圈六张或者加天地两张鱼眼图像，用 Fullframe6+X 模式拼合 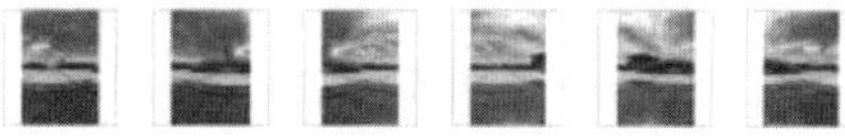
全帧，四边被切的鱼眼图像：对角线 180° 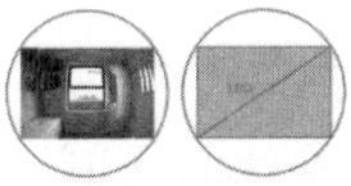	Nikon 单反相机 Nikon 10.5mm 镜头	横向拍摄 	拍摄水平一圈四张或者加天地两张鱼眼图像，用 Fullframe4+X 模式拼合 
整圆，所有角度都能够达到 180°及以上 	Nikon 或 Canon 全面幅单反相机 适马 8mm 鱼眼镜头	横向拍摄或者竖向拍摄 	拍摄水平两张或者三张鱼眼图像，用 Circular 模式拼合 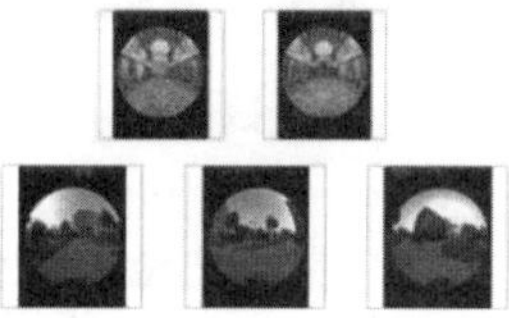
虚拟图像，由三维建模的场景渲染获得 90° × 90° 	3Dmax Maya Auto CAD 或其他软件建模	无	渲染正方体形式六个面的图像，用 Cube Face 模式拼合 

（1）拍摄鱼眼照片，如下所示。

鱼眼照片

（2）通过专业人员进行编辑制作生成局部变形的全景图，示例效果如下。

制作全景图

2. 制作一个虚拟漫游

虚拟漫游专指三维全景的虚拟漫游。所谓的虚拟漫游，也就是虚拟现实中的漫游，而三维全景虚拟漫游，就是用三维全景来实现的虚拟现实漫游。具体的实现方式就是以三维全景为主体，加入图片、视频、音频、文字等多种媒体，对各种场景博物馆环境、展馆布局、文物陈列进行整体全面的展示，使观者不仅可以获得整体的认识，亦可深入其中一个场景和一个细节进行浏览、观看。

前期素材准备：准备好制作虚拟漫游需要用到的素材。

载入条：现实数据载入进度指示条。

所需素材

三维全景：由专业人员拼合得到的全景图或者建模渲染的全景图。

三维全景图

其他全景：如柱形全景、立方体全景等。

平面地图：jpg 等平面图像。

场景导航

其他图片：jpg、bmp、gif 格式的图像皆可适用。

音频文件：MP3 格式的声音文件。

视频文件：flv 格式的视频文件。

FLASH：FLASH 动画。

文字材料等。

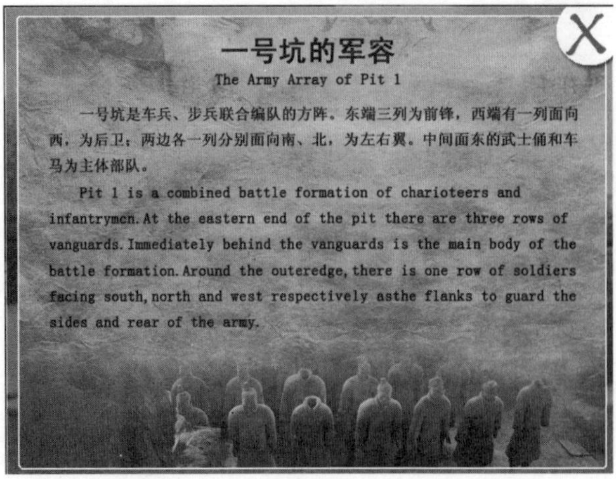

文字材料

最终显示效果如下。

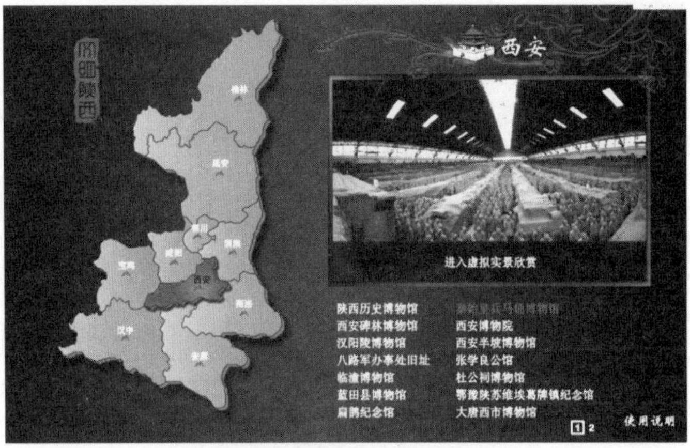

最终效果

最终效果

最终效果

最终效果

最终效果

四、陕西数字博物馆的建设体会及社会反响

过去，人们在参观博物馆的时候，只能通过展板上的文字、图片介绍来认识文物。陕西数字博物馆的建成，只需要通过互联网，移动手指和鼠标就可以速读众文物的历史典故了，让原本冷冰冰的文物展变得灵活、生动起来；让原本没有仔细被“阅读”的全陕西省的博物馆，在家中就可以进行“实地”畅游了。

国内见诸报刊媒体的三维实景技术在博物馆的应用，还仅限于个别展馆或者个别文物的使用。利用三维实景技术建设博物馆虚拟展馆，大面积地在一个省（区）几十家博物馆集中使用的，陕西尚属首家，该项目所采用的技术属国内领先。

陕西数字博物馆是陕西省实施文物惠民工程的一项重要举措，是全国首座以省文物数据库为依托的数字博物馆，也是陕西文物事业在利用文物数据库方面为全国文物事业做出的示范项目。陕西数字博物馆于2012年8月28日开馆以来，目前已经把陕西省文物局所属的73家博物馆成功制作完成，浏览人数突破50万人次。来自全国31个省份的网民在不同时段登录了陕西数字博物馆，还有来自美国、法国、英国、日本、新加坡、加拿大、澳大利亚、韩国等50多个国家和地区的网民参观浏览了陕西数字博物馆，在世界范围内有了很大的影响。

陕西数字博物馆的建设，是一项长期而艰巨的任务。持之以恒地强化教育功能，只有不断解放思想，求实创新，以自身的作为来提高博物馆的地位，才能使博物馆这一爱国主义教育基地在社会主义精神文明建设中发挥更大的作用。

在当今的新形势下，为广大人民群众服务已经成为陕西数字博物馆的一项重要使命，而数字博物馆要想赢得网民的青睐，必须尊重网民们的感受心理、审美趣味和认知特点。数字博物馆拥有网络“原居民”和网络“移民”，就会拥有希望和明天，陕西数字博物馆将努力呈现给网民更多的惊喜和期待。

陕西省智慧博物馆建设探究

（2018）

从理论上讲，博物馆信息化是指博物馆各个部门和各项职能都能够利用计算机作为日常工具，构成一个以藏品信息数据库为基础、以信息网络为支撑、以业务应用为核心的信息系统。随着互联网技术的不断发展，运用其强大的传播和互动能力，把博物馆的研究成果与观众进行沟通、互动，已成为博物馆信息化建设重要的发展趋势。

一、博物馆信息化建设的思路及目标

博物馆信息化的建设：实体博物馆—数字博物馆—智慧博物馆。

在实体博物馆中，以“物→人”为主。

数字博物馆实现了“数字—人”的双向信息交互，但“物→数字”的信息传递是单向的。

智慧博物馆使“人—物”“物—物”“人—人”之间的双向信息交互成为可能，同时结合云计算和大数据分析技术应用，将进一步实现对“物”的智能化控制。智慧博物馆实现后，“数字”不再是核心，而演化成为一种必备工具，“人”重新回归为博物馆的核心。

智慧博物馆＝数字博物馆＋物联网＋大数据（云计算）。智慧博物馆将是实体博物馆不可或缺的有机组成部分，如同神经系统是人体的有机组成部分一样。数字博物馆负责博物馆各组成要素的数据处理、存贮、分析和表达；而物联网负责博物馆各组成要素的信息采集和控制指令的传输和执行，云计算则负责根据已有的海量数据资源和当前物联网实时采集的数据，进行分析决策，并向博物馆各组成部分或要素下达控制指令。

由此来看，智慧博物馆是以数字博物馆为基础，充分利用物联网、云计算等新技术，构建的以全面透彻的感知、宽带泛在的互联、智能融合的应用为特征的新型博物馆形态。

二、智慧博物馆的实现步骤及方法

博物馆行业如何进行智慧化建设呢？我们认为大约可以分为四个阶段。

第一阶段是传播层面（实体博物馆数字化层面），也就是我们常说的社会化认可，利用网站、微博、微信和APP来展示博物馆的虚拟展览和品牌。

第二阶段是渠道层面（数字博物馆展示层面），也就是我们常说的B2C电子商务，把渠道从线下搬到线上，通过数字博物馆对博物馆的最新展览进行展示和推介。

第三阶段则是数据层面（数字博物馆的数据为王层面），用互联网思维重新架构博物馆的数据体系，收集内部行政管理和业务流程数据，做到数据为王。

第四阶段是决策依据层面（智慧博物馆层面），让第三层面形成的大数据，通过云计算等手段，进行数据挖掘，为决策层提供决策的数据支撑。真正做到让观众、员工、业务、行政的数据来驱动管理，实现互联网思维下的博物馆管理。

现在大多数博物馆对智慧博物馆的理解还停留在第一阶段和第二阶段，也就是上面说到的传播与渠道。要让整个博物馆实现智慧化，光有这些是不够的，要用互联网思维去改造自己的数据链和决策链，甚至包括博物馆的组织构架和博物馆文化，这才是互联网时代博物馆转型为智慧博物馆的根本要义。

对于现行博物馆实现智慧博物馆的实践，我们有几点思考：① 加快数字博物馆的平台建设；② 大数据概念的意识；③ 物联网技术的实践；④ 数据挖掘的尝试；⑤ 博物馆管理必须全面转型价值链。

人类社会每次经历的大飞跃，最为关键的并不是物质催化，甚至不是技术催化，其本质是思维工具的迭代。传统的博物馆行业互联网化的最高境界，就是用互联网思维去重构博物馆的价值链。

博物馆的互联网思维转变，应该从决策层的互联网思维切换、博物馆企业文化的互联网思维变革和博物馆业务的互联网思维重构做起，重塑博物馆的价值链，全面启动互联网思维。

三、陕西省智慧博物馆建设现状

截至2013年底，陕西省博物馆、纪念馆总数达到221家，其中文博系统博物馆135家，行业博物馆43家，民办博物馆43家。其中，一级博物馆7家，二级博物馆11家，三级博物馆18家。

关于陕西省博物馆智慧化基础建设，第一是全省文物相关数据查询管理系统；第二是文物资料库汇总；第三是向社会进行展示的部分。

（一）陕西省文物数据库二级节点安装情况（数字化建设）

省级单位安装情况

陕西省文物数据库二级节点省级单位安装情况如下：陕西省文物局共计安装6个

点（信息管理系统、3 位局长，2 位处长）；陕西历史博物馆 9 个点；秦始皇帝陵博物院 1 个点；西安碑林博物馆 1 个点；西安半坡博物馆 1 个点；西安事变纪念馆 1 个点；陕西省考古研究院 1 个点，共计安装 20 个点。

全省数据库二级节点上报及实际安装情况说明表

地区单位	上报安装点数（个）	实际安装点数（个）	备注
省级单位		19	其中省文物局 5 个
西安市	6	11	
咸阳市	26	17	9 个未安装
铜川市	6	6	
宝鸡市	29	32	增加了 3 个点
汉中市	20	22	增加了 2 个点
安康市	6	13	增加了 7 个点
商洛市	1	16	
渭南市	5	23	均安装
延安市	16	16	
榆林市	17	20	

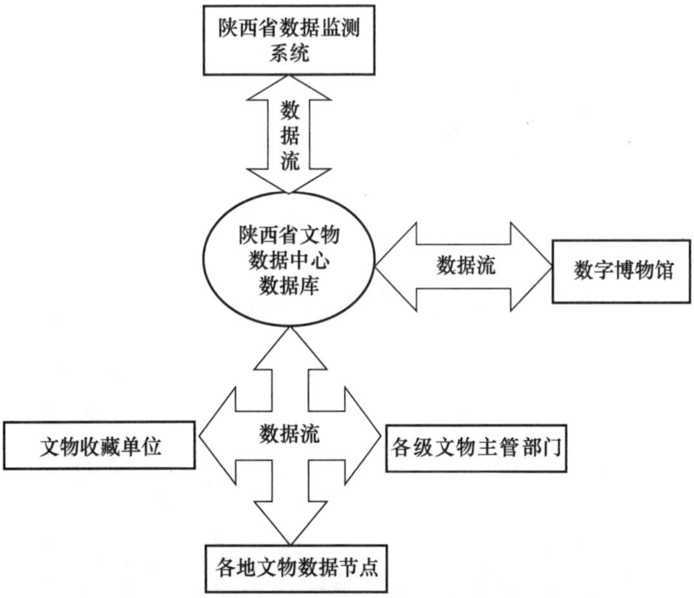

陕西省文物数据中心数据库

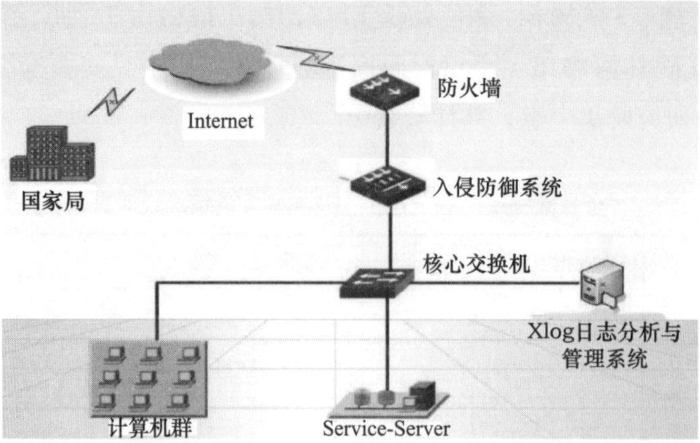

陕西省文物局数据中心网络结构示意图

陕西历史博物馆文物查询

（二）陕西数字博物馆（数字化平台建设）

1. 陕西数字博物馆网络版

陕西数字博物馆网络版

陕西数字博物馆网络版最终效果

陕西数字博物馆网络版是2012年陕西省政府推出的一项重要的文化惠民工程。该馆于2012年8月28日正式上线开馆，一年多来，相继有人民网、新华网、凤凰网、中国日报、中国文物报、三秦都市报、西安晚报、陕西广播电视台、西安广播电视台等多种形式媒体进行报道，得到了全社会的广泛关注。参观人数突破40万。它是一个没有围墙的博物馆。

数字博物馆移动网络版最终效果

2. 陕西数字博物馆移动网络版

2013年12月12日，陕西数字博物馆移动网络版正式向公众推出。数字博物馆移动网络版的上线，让越来越多关注互联网、移动互联网的博物馆爱好者的目光汇聚陕西，一年来，点击人数突破30万。它是一个随身携带的博物馆。

3. 陕西数字博物馆移动馆

陕西数字博物馆移动馆是通过数字化的方式挖掘博物馆背后所蕴藏的文化积淀，延伸传统文物展示方式，通过新方法、新手段，实现博物馆的超级链接，为观众提供了解陕西历史文化及中华文明的可移动互动媒介。陕西数字博物馆移动馆的成立标志着陕西智慧博物馆建设工作迈出了新步伐。

该移动馆于2018年5月18日在陕西历史博物馆正式启动。由于该馆展览形式在全国尚属首创，近一月来得到媒体的高度关注和参观者的积极参与。

陕西数字博物馆移动馆展示区有：大屏投影互动区、VR体验区、陕西文物数据查询区、陕西文物之声网络电台录音区四部分。

目前走进韩城的陕西数字博物馆移动馆通过“陕西文物数据联播板块”展示以下内容。

陕西文物之声网络电台、陕西出国展览最受欢迎文物与国家、陕西数字博物馆口袋版、陕西古塔展示、2017 陕西文物数据发布、陕西一级博物馆三维视频讲解和头盔穿戴三维展示、陕西数字博物馆和渭南地区精品文物三维展示等。

展示内容

4. 陕西数字博物馆口袋版

2014 年 6 月 14 日，是我国第九个“文化遗产日”，陕西省文物局在这里隆重推出陕西数字博物馆口袋版。有幸的是，陕西历史博物馆作为该口袋博物馆的第一分册，呈现在大家面前。

陕西数字博物馆口袋版，在表面上看，是一本带有我国传统文化色彩的布面折页，实际上它是集当今互联网技术、移动互联技术和图文识别等先进技术为一身，把传统的纸质媒介与现代的网络媒介创新结合的一个综合体，实现了把历史装进口袋，把博物馆带回家，让文物活起来的愿望。它是一个可以带回家细细体验的博物馆。

陕西数字博物馆网络版、陕西数字博物馆移动网络版和今天发行的陕西数字博物馆口袋版，是响应陕西省文物局提出实现智慧博物馆的探索和实践，我们衷心希望，通过我们的不断努力，陕西省成为全国第一个实现智慧博物馆的省份。

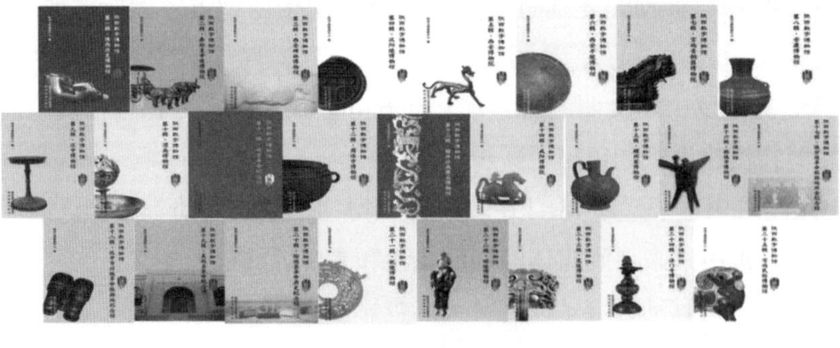

陕西数字博物馆口袋版

5. 陕西文物之声网络电台

近年来，陕西省文物局在系统内外梳理文物资源，摸清了全省文物家底；在发挥文物资源的社会教育功能、扩大文物资源向公众开放、推动中华文化“走出去”、开发文博创意产品等方面取得了社会的不断认可。“十三五”期间，陕西省文物局将重点实施“互联网＋中华文明”行动计划、国家记忆工程，鼓励扶持文博单位和各类市场主体，开发更多弘扬优秀传统文化的产品和服务，满足群众多元化需求，增强民族文化自信心，促进文化消费。

陕西文物数据中心在省文物局的统一部署下，盘活馆藏文物资源，用主题展览弘扬优秀传统文化和社会主义核心价值观，开展文物和展览精品数字产品试点和智慧博物馆方面，在不断探索，特别是在数字化引领行业发展方面起到了有目共睹的积极作用。于 2017 年 5 月 18 日上线发布的陕西文物之声网络电台就是让公众足不出户地聆听来自陕西省各家博物馆的“最新展览”“文物故事”“基层动态”和“文博新闻”，让文物蕴含的价值划破时空的介质，融入人们的生活。

陕西文物之声网络电台

6. 陕西数字博物馆数字摩卡

陕西数字博物馆数字摩卡，是陕西省博物馆集群研发的课题。在于完成一个基于二维码的移动交互导览系统的应用。为了提高陕西省内博物馆的社会服务水平和教育能力，更好地让博物馆通过现代化的技术手段服务于参观者，通过二维码自助导览的应用，让参观者可以便捷地对文物及景区的详细介绍及相关历史文化知识实现多种感官的获取。同时通过游客大量扫码数据的积累，为博物馆提供全面的游客数据分析服务，包括游客数量、文物访问次数、地域来源等信息，为博物馆的日常管理决策提供数据支持和参考。为信息消费进行尝试性探索。

（三）陕西省文物综合信息系统管理平台（数据整合及分析）

随着数字化、信息化技术的迅速发展，陕西省不少文博单位在数字化、信息化方面都开展了大量的工作，像陕西历史博物馆的数字博物馆、馆藏珍贵文物数据库，陕西省考古研究院的三普数据库、考古工地视频监测系统，秦始皇帝陵博物院的物联网—智慧博物馆系统，以及陕西省文物保护研究院的陕西省文物保存环境检测系统等，在技术、功能上都处于全国同行先进行列，为文博工作的科学发展发挥了很大的作用。

省文物局会议室大屏幕显示终端

为了进一步提升我省文物保护和管理工作的水平，2013 年，省文物局决定基于已有的体系，建成“陕西省文物综合信息系统管理平台”，集成已有的陕西数字博物馆网站、陕西省馆藏文物数据库、陕西省考古工地视频监测系统等系统，构建一个智能的、实时的陕西省文物综合信息大屏幕展示系统（省文物局会议室大屏幕显示终端）。

本管理平台系统的构成有三个部分：① 大屏幕显示单元——高清 LED 拼屏成大屏幕；② 数据访问和接入；③ 软件平台集成。

已经建成了 5 个应用模块，包括：

（1）可以链接陕西数字博物馆网站，得以直观、便捷地浏览陕西数字博物馆网站的全部内容。

（2）通过 VPN 设备实现馆藏文物数据库数据的共享，并在平台上实现陕西省各地馆藏文物的查询、统计和分类研究。

（3）系统可以访问省考古研究院、秦始皇帝陵博物院等单位的视频监控信息，实时查看有关考古工地、博物馆及客流高峰的视频监测画面。

（4）在省文物局即可实时掌握秦始皇帝陵博物院文物保存环境、文物安全、文物库房人员出入等情况。

（5）实时了解、分析陕西省文物保存环境监测系统的数据（紫阳北五省会馆、唐顺陵、汉景帝阳陵博物院、历史博物馆等）。

1. 陕西数字博物馆网站

平台可以链接陕西数字博物馆网站，得以直观、便捷地浏览陕西数字博物馆网站的全部内容。

省内博物馆的虚拟漫游，可以在网上参观博物馆，三维漫游，可以按导览图自选参观不同展厅；进入展厅后选择感兴趣的文物，可以查看文物信息资料、文物背后的故事等。可以查看数字博物馆的文物，包括三维图像、资料信息（三尊佛）。数字博物馆可将临展变成长期展览，如国博宝鸡文物站，实景！这个网站设计得非常好，内容丰富、数据量大、速度还很快，有一定的声誉，受到了计算机软件专业人员的好评。

2. 馆藏文物数据库

这个数据库从 2005 年开始，共录入 50 万件文物的信息，可以方便地查询、研究各地馆藏珍贵文物的信息，有两种展示模式：按行政区划查询，可以按图索骥，查到在册的文物，获得详细的信息资料，包括出土地、定级人员，甚至相关研究资料；文物查询功能，可以按年代、类型查询全省的文物。

3. 视频监控

视频监控模块，主要是通过实时在线技术，查看一些重点考古工地、重点博物馆的安全、客流情况，便于及时了解这些重点区域、重点部位的情况，便于文物局领导把握相关情况，及时、远程指导工作。

目前可以展示的视频信息有：省考古研究院系统：壁画修复室、宝鸡工作站、泾渭基地；秦始皇帝陵博物院：售票口人流、1 号坑展厅外广场、1 号坑展厅内等。

4. 三普数据库

在我省第三次文物普查的数据基础上，建立了全省不可移动文物数据库（三普数据库约 40000 处文物点），可以方便地查询、研究相关的不可移动文物信息。

有如下模式：按行政区划，可以查找登记在册的文物点信息，如延安市宝塔区水沟石窟，可以查到详细的四有档案、相关照片；通过文物查询功能，可以按照时代、保护等级或文物类别查看全省范围内同一时代的文物分布状况和规律，可以按照需求查看一个地区不同时代的全部不可移动文物，或一个地区某一时代不可移动文物的分布状况和规律，包括总体数量、不同时代数量；还可以按照级别、类别查询，例如国保、省保、县保单位，土遗址、古建筑等，1274 处国保单位的不同类型、数量，一目了然。

5. 秦始皇帝陵博物院物联网系统

秦始皇帝陵博物院的物联网系统是国家文物局的示范项目，该系统包括环境监测、本体监测、资产管理和人员管理四个子系统。

环境监测：首先是概览，可以了解布点情况、监测数据，还有预警阈值设定（人工设定、实时报警）、报警功能。

本体监测：包括宏观到微观的监测，前者如南门阙点，微观监测可以看到三号坑的裂缝监测——高清裂隙图像监测。

资产管理：可以对重点文物的位置和情况进行监控。

人员管理：可以对重点部位的人员进行监控、统计。

6. 陕西省文物保存环境监测系统

全省已经有 5 处，分别针对户外文物环境、馆藏文物环境、遗址文物环境和古代建筑文物环境，开展保存环境特点监测工作。

环境监测概况，布点情况，以表面温度为例查看数据：除了实时数据，主要看基础曲线图，可以进行统计和判断平均、最高、最低温度，为文物保护和管理提供信息。

本体监测：高清照相定时定点查看本体、侵入抓拍、人为破坏等状态。

分析功能：包括自动统计生成，给出文物保存环境综合报告、健康报告，给出探头自身稳定性评估报告，便于及时检修。

以上就是目前建成的“陕西省文物综合信息系统管理平台”的基本情况，这个系统是在陕西历史博物馆、秦始皇帝陵博物院、陕西省考古研究院和陕西省文物保护研究院已有工作基础上的一个集成系统，内容丰富，也非常复杂。

本系统作为一个跨区域、多系统、实时在线的文物综合信息系统管理平台，在国内尚属初次尝试，针对文物领域的特点和需求，我们会把更多的信息查询、环境监测、视频监控、数字展示和数据挖掘等系统加入进来，做好向智慧博物馆运行体系发展的实践工作。

四、智慧博物馆建设意识

人类社会每次经历的大飞跃，最为关键的并不是物质催化，甚至不是技术催化，其本质是思维工具的迭代。当下这场互联网革命和其背后的互联网思维，由“产品经理”这类人的思辨引发，最典型的产品经理就是苹果公司的创始人乔布斯，他并没有真正伟大的物质发明，他的伟大之处就在于他把互联网思维运用到了极致。如今，这个思维已经不再局限于互联网企业，与当初的“文艺复兴”一样，这种思维将不断扩散，开始对整个大时代带来深远的影响。

思维决定行动，行动决定未来。处于思维变革的大时代，博物馆应尽早引入互联网思维这个民主思维模式，在云计算、大数据、互联网和物联网等技术的支撑下，由博物馆引导观众，向观众驱动博物馆管理模式的思维模式转变，经历 B2C、C2C 和 B2B 后，迎来真正的 O2O 的模式。也就是说，在改变传统思维，树立互联网思维模式，努力建设好数字博物馆的前提下，向最终实现智慧博物馆迈进。

陕西智慧博物馆的探与思

（2018）

信息网络的快速发展将人们带入了数字化时代，也为博物馆发展带来新的机遇。如何利用现代信息技术，把实体博物馆的职能以数字化方式表现出来，正成为当今文博工作者探索实践的主题。

一、知趋势

社会发展到今天，博物馆信息化发展趋势是在更高的层次、更广的范围、更深的程度上拓展了博物馆的内涵和外延，重新定义了博物馆的功能。

博物馆在如下八个方面有了新的发展趋势。

1. 可及性

可及性对绝大多数博物馆而言，都是一大挑战。2017 年“博物馆与网络”会议推出一项新举措——包容性设计孵化器，通过把项目发布在这个平台上，就可以获得关于可及性的建议。

2. 细分客户需求

把客户置于博物馆工作的中心，这意味着博物馆视角的巨大转变，从机构或博物馆的知识与内容转向客户需求和期待。

未来博物馆更加注重客户体验，将根据客户需求而量身定制体验内容。因此，博物馆需要开展更细致的客户研究，更多地了解客户，不仅包括客观的直观统计数据，还有他们的兴趣、动机和行为。

例如，青少年是数字化原居民，他们是一个重要的客户群体，要为他们提供一个数字化与亲身实践相结合的良好体验。青少年观众已经成为可以在互联电子设备上参观感受博物馆的重要观众，并上线按照自己的设计路线参观博物馆的展厅与虚拟展馆。

3. 个人定制

博物馆的应用范围还有巨大的发展空间。尽管现在的各种服务涉及现阶段的方方面面，但是很多观众不愿意仅仅为了一次博物馆观众调研，以及“室内定位”技术的观众行为数据来源，跑一趟博物馆，那便可以通过网络要求博物馆进行个性服务。

4. 内容策略

内容策略在数字化变革和帮助博物馆创建有意义的联系方面变得日益重要。内容是关键，它能够让藏品具有更广泛的可及性，吸引新的客户，提升参观的体验和质量。为了吸引客户，博物馆将创建各种各样的平台和渠道。博物馆在为这些渠道和平台提供大量内容时，可以通过完善的内容规划、创建和管理过程为客户提供有意义的、前后一致的、以客户为导向的内容。

5. 浸入式体验

采用互动式讲故事的体验，同时配以数字化技术。

比如，虚拟现实、互联、AI 和物联等技术正在蓬勃发展，越来越多的心里愉悦不断涌现，让客户称奇或感到惊讶。但是，对于绝大多数项目来说，下一步是要实现更有深度的内容和更令人难忘的体验。浸入式体验的关键还是在于内容和情境。

6. 开放性

开放是发展的方向。“把开放作为默认设置”是许多人渴望的目标，人们希望博物馆为研究和信息获取提供开放的途径，激发客户发现新的知识，并鼓励公众参与。至少对于公共资助的博物馆来说，开放性的内容是博物馆的一项职责，也是公众的一项权利。要实现开放性，通常意味着机构的一场深刻变革。

7. 数字化战略需求

不断发展的状态是把数字化融入博物馆之中，并非现在的普遍共识——只在宣传的最初阶段需要接触项目的数字化部分，还牵扯到展览、交流、业务、行政、政策和观众、行业外等多方面的数字化来源，博物馆需要数字化来铺设一条清晰的发展道路，从而铺设机构的数字化变革和决策的基石。

8. 全方位大数据分析

大数据和数据分析正影响着博物馆的一些重要成果。它既是一个文化上的变革，也是一个技术上的变革，这一战略需求正在给文化行业带来翻天覆地的变化，无论是人们内心的感受，还是靠数据驱动的决策都将受到影响。全方位地收集并分析数据，能为博物馆提供一些真知灼见，让博物馆改进服务效果。除了清晰的可视化效果之外，在讲故事的同时，还可以提供足够的数据做支撑。

二、行数化

2012 年 8 月，陕西数字博物馆正式开馆，这标志着陕西博物馆事业正式进入全民数字时代，亦标志着陕西文博事业驶入浩瀚的网络新时代。

陕西数字博物馆作为陕西省政府推出的一项重要文化惠民工程，依托先进的网络科技手段，通过全面整合陕西文物信息资源，采用文物数字化展示、保护和交流、三维演示等形式，先后开发出网络版、移动版、口袋版，全省巡游移动馆、实体体验馆、陕西文物之声网络电台等多种形式，为博物馆公众提供网络时代分享新平台。

2012 年，陕西数字博物馆对外上线。主要栏目有虚拟现实馆、数字专题展、临展与交流展、精品文物鉴赏、讲坛与讲解等。同时还设立博物馆新闻、交流与论坛、数字文库、博物馆大全等信息服务。网民通过键盘和鼠标操作即可感受网上展馆带来的多维互动的创新接触体验。目前，累计参观人数已达百万人次。

2013 年 12 月 12 日，陕西数字博物馆移动网络版正式向公众推出，它是一个随身携带的博物馆。陕西文博在移动互联网领域有了新的探索，给传统的博物馆添加了无限的生机与活力，让世界更加了解陕西的历史文明和灿烂辉煌。

2014 年，陕西数字博物馆口袋版发布，作为一个集多种先进技术于一身，将传统纸质媒介与现代网络媒介创新结合的综合体，实现了把历史装进口袋，把博物馆带回家，让文物活起来的愿望。目前口袋版图书已出版涵盖陕西历史博物馆、秦始皇帝陵博物院、西安碑林博物馆等 25 家博物馆的内容。

2015 年，陕西数字博物馆数字摩卡发布，这是一个通过二维码实现自助导览的应用，参观者可以借此便捷地获取文物及景区的详细介绍及相关历史文化知识。

2016 年 2 月，陕西数字博物馆实体馆建成并向公众开放。五大展示区使观众通过手机和系统进行互动，体验触屏、查询、留言等多种操作，还可以阅读来自全省博物馆出版的纸质图书。

2017 年，陕西文物之声网络电台的上线发布，使公众足不出户便可聆听来自陕西省各家博物馆的“最新展览”“文物故事”“基层动态”和“文博新闻”，让文物蕴含的价值划破时空的介质，融入人们的生活。

2018 年 5 月，自陕西数字博物馆移动馆启动以来，已在省内多个博物馆展出，大屏投影互动展示、文博 VR 体验、文物之声网络电台录音区等多个展示区极大地丰富了公众的参观体验。

2018 年将推出全省电子讲解系统。

数字将成为博物馆智慧发展的基石，全省 OA 和数字资产管理移动即将推出。

三、合智慧

人类社会每次经历的大飞跃，最为关键的并不是物质催化，甚至不是技术催化，本质是思维工具的迭代。当下这场互联网革命和其背后的互联网思维，由“产品经理”这类人的思辨引发，最典型的产品经理就是苹果公司的创始人乔布斯，他并没有真正伟大的物质发明，他的伟大之处就在于他把互联网思维运用到了极致。如今，这个思维已经不再局限于互联网企业，与当初的“文艺复兴”一样，这种思维将不断扩散，并开始对整个大时代带来深远的影响。

思维决定行动，行动决定未来。处于思维变革的大时代，博物馆应尽早引入互联网思维这个民主思维模式，在云计算、大数据、互联网和物联网等技术支撑下，由博物馆引导观众，向观众驱动博物馆管理模式的思维模式转变，经历 B2C、C2C 和 B2B 后，迎来真正的 O2O 的模式。也就是说，在改变传统思维，树立互联网思维模式，努力建设好数字博物馆的前提下，向最终实现智慧博物馆迈进。

智慧博物馆重点体现：实体馆和虚拟展示馆同时建设；线下和线上互动区域共建；文物库房建设成为既有收藏管理功能，也具备向指定人群开放展示的场所。

展区、互动区，线下与线上人员数据采集同时建设。博物馆内部流程、外围系统、社会其他团体人员数据齐聚数据库。

形成大数据中心，展开模型探究，进行数据分析，为博物馆展览、服务、管理、科研和社会责任等做决策参考。

例如：一个智慧博物馆可分以下几方面：

A. 实体区（同现在的文物展厅区、库房展示区、观众数据采集区）。

B. 虚拟展示体验区（国外、国内及省内最新展览电子化展示、主题电子展览、全省各个实体博物馆虚拟展示区、最新科研成果电子展示区、互动交流展示区）。

C. 线上线下交流互动区［人员及活动数据采集和大数据汇聚处理区，包括：专家互动交流区、一般观众研究展示讲述区、智慧汇聚中心（人—数交流中心）］。

D. 宣传服务区。

E. 观众参观接待中心。

F. 文物库房区（既可以收藏管理文物藏品，同时也向制定人群开放展示，用于观众对文物的知情和研究）。

G. 业务区。

H. 行政区。

未来，博物馆将继续求实创新，以技术引领，助力业务提升，推进观众心绪新感受，为公众呈现更多的冥想和现实期待，体验更好的文博资源共享平台。

博物馆全域性信息化建设对策研究

（2018）

为了更好地学习贯彻党的十九大精神，推动社会主义文化大发展大繁荣，根据《2006—2020年国家信息化发展战略》《中华人民共和国政府信息公开条例》《陕西文物信息建设发展规划（2004—2015）》及陕西省电子政务总体框架的要求，进一步推动陕西文物事业的政务公开，为我省经济建设和社会发展服务，结合我省文博事业的发展情况，我们来谈谈“博物馆全域性信息化建设对策研究”的一些思路和建设规划。

一、陕西省信息化建设的指导思想和基本原则

指导思想：文物信息化是新时期文物事业发展的重要战略选择。陕西省的文物信息化建设必须以党的十九大重要思想为指导，牢固树立科学发展观，紧紧围绕陕西“十三五”国民经济和社会发展需求，在陕西数字博物馆整体框架内，以文物信息网络化建设为基础，以文物专业数据库建设为核心，以深化信息资源应用为目标，以国家文物局关于文物资源数字化、信息采集标准化、信息存储安全化、信息服务网络化的标准为依托，全面提高我省文物信息化管理水平，满足全省、社会和公众日益增长的文化信息需求，进一步促进陕西文物信息化建设持续、快速、健康地发展，在信息化建设方面也充分体现出文物大省的建设风范。

基本原则：统筹规划，分步实施；以需求为导向，以应用促发展；制度保障，确保安全；以资源整合为重点，以项目带动战略。

以资源整合为重点，以项目带动战略——文物信息化建设要以体制创新、资源整合为动力，确保分散的文物信息资源的整合利用。在馆藏文物数据库、不可移动文物数据库和文物地图多媒体数据库，以及社会文物数据库、文物库房安全监控、文物遗址保护及文物修复动态监管、文物外展等各类文物数据库项目的建设带动下，实现陕西文物展示、文物保护和业务工作专业平台战略的顺利实施。

二、陕西省信息化建设的主要目标和主要任务

总体目标：以启动陕西数字博物馆建设为契机，其总体目标是以省文物局为龙头，以全省各地市的博物馆、文物收藏单位和遗址遗存为建设对象，以集中式陕西数字博物馆建设为平台，重点建设涵盖馆藏文物的全省性、超大型、分布式、规范化、可共

享的馆藏文物数据库和不可移动文物数据库；各级文物管理部门完成区域性电子管理系统建设，建立起全文物局统一规划、同步建设的业务管理监控共享体系，实现业务管理和业务监控管理系统；所有市区（县）文化（文物体育）局、博物馆在陕西数字博物馆上建立数字化联网展示，完善以陕西数字博物馆为主体的开放文物信息展示和文物系统内的文物管理监控平台，使其肩负起在5年内达到陕西省文物局政府网与历史文化门户的双重目标；加快推进数字博物馆的建设，基本建成以省文物数据中心为核心，以各市区（县）大型博物馆藏为骨干，以各小型博物馆为补充，连接全省各博物馆电子信息的市、区（县）二级文物信息资源共享体系。

主要任务：根据全省文物信息化建设的总格局，重点建设陕西数字博物馆，集文物展示、文物保护修复、文物安全监控和不可移动文物有交互功能的电子政务监控系统、具有核心地位的专业文物数据库和具有保存保管作用的数据备份基地，努力在陕西信息化建设中发挥出文物部门应有的积极作用。

（1）逐步建成以馆藏文物数据库、不可移动文物数据库和文物地图多媒体数据库，以及社会文物数据库为龙头的全省数字文物网络。加强以文物展示、服务民生为主要内容的数字文物资源建设，全面推动馆藏文物、不可移动文物数字化和文物地图多媒体数据库建设持续稳步地发展，推进文物信息的应用与服务。

（2）将电子办公监控作为重要政务信息资源库来建设。陕西省文物数据中心为各级文物管理部门和各下属单位（博物馆、遗址、研究院等）建立电子办公监控系统，依托电子政务数据交换平台、集成办公平台，在线采集和接收工作监控，根据《中华人民共和国政府信息公开条例》，依法接收、采集各级政府机构包括已公开现行文件在内的办公监控体系。

（3）在建成的数字博物馆的基础上，进一步推动全省文物数字化工作。在网络上，建设展示文物数据资源的数字展览和实体博物馆的数字化建设的陕西数字博物馆，建设文物网站大全，向全国展示陕西数字博物馆的新成果。

（4）以文物研究和文物保护为基础，建立面向社会、服务公众的网上文物展示、文物保护研究、文物安全监控和办公进展监视的工作新平台。以陕西数字博物馆为依托，重点建设陕西文博数字化工程，提升文博行业社会公益的新形象，为社会主义文化大发展大繁荣的阳光工程开辟一片新天地。

三、陕西省信息化建设的重点和实施步骤

（一）加快文物信息化基础设施建设

（1）全面实施全省各级各类博物馆、文物行政管理部门的计算机和网络技术应用程度，实施电子文档一体化和馆院一体化的管理模式。2017年，全省大型博物馆和行

政管理部门应用计算机的普及率达到 100%，2020 年，全省各级博物馆信息化覆盖率达到 95% 以上。

（2）进一步提高文物管理软件的技术和应用水平。全省要认真贯彻落实《电子文件归档与管理规范》（GB/T18894—2002）、《文物数据中心数据交换管理办法》和《文物管理软件功能使用规定》等标准规范，陕西省文物局统一推广应用符合文物工作业务规范的办公监控平台，为文物信息交换、实现文物信息资源共享创造条件。

（3）加强和完善文物局域网建设，并与陕西省政务网联通。到 2017 年，大型博物馆和各级文物管理部门全部建立局域网，2018 年，各级博物馆普及率达到 90%；到 2020 年，全省各市区（县）博物馆全部完成局域网建设。

（4）各级各类博物馆注重实体展览资料整理，为数字化展示的保护利用做好基础工作。

（二）加强基础文物数字化建设及应用工作

1. 完善馆藏文物数据库建设

陕西省第一次全国文物普查的文物数据库是国家普查数据库建设系统的重要组成部分，2012 年 3 月全面启动建设，现已初具规模，目前已完成了全省 700 余万件馆藏等级文物的数据录入、数据整合。

在 2017 年已建成全省普查文物数据库的建设工作。

2. 不可移动文物数据库建设

依据第三次文物普查数据，完善现有的不可移动文物数据库，做到集中完善，统一规划，建设陕西省不可移动文物数据库。在建设中，要充分结合我省文物遗迹较多的实际情况，建立起具有我省特色的专业不可移动文物数据库，并在合适的时间上线陕西数字博物馆，实现陕西不可移动文物的社会推广和应用。

3. 积极推进文物地图多媒体数据库建设

文物地图多媒体数据库的建立应以现实需要为前提，分阶段、分步骤稳妥实施，重点加强对珍贵、重要的历史遗迹信息进行数字化转换的工作。从 2011 年开始，全省各市区（县）遗址初步实现数据采集和电子档案建设。到 2015 年，全省遗址档案数字化率达到 95%，基本建立起了我省的文物地图多媒体数据库。

4. 加快电子办公监控系统的建设

各级博物馆应依托陕西数字博物馆建立的电子办公监控平台，发挥文物管理部门的交流优势，建立电子办公自动化，实现专业监控网络化管理。在大型博物馆和市级文物管理部门进行试点，2016—2018 年，大型博物馆建立电子办公监控管理系统，2019 年，各级博物馆及其他文物管理部门全面建立网上电子专业办公监控系统。

5. 积极促进我省数据库的整合工作，大力推进文物信息资源的应用

围绕党和政府的中心工作及人民群众关注的热点，着眼经济社会发展的关键环节和重要领域，充分利用规范化、可共享的文物数字资源，建立一批直接服务大局和人民群众的重要专题数据库。利用信息技术加大对文物信息内容的研究和开发力度，注重文物信息的利用与研究，进一步整合文物资源和管理平台，丰富科研成果，提高资政和为民服务的效率。

（三）加强数字博物馆建设

1. 实现目标和任务

（1）2011 年，建成陕西数字博物馆。设立陕西博物馆展览 150 个。完成全国 3000 家博物馆的网上建设任务。开发 10 套展览模板的研发任务。

（2）2012 年，在数字博物馆上逐步实现实体博物馆的网上虚拟馆 12 个，图文展 12 个，电子书展览方式 12 个。完成全国累计 2000 家博物馆的网上建设任务。完成 20 套展览模板的研发任务。

（3）2013 年，在数字博物馆上实现实体博物馆的网上虚拟馆 12 个，图文展 20 个，电子书展览方式 20 个。结合实际工作需求，研发完成一定数量的展示模板数量。

（4）2014—2016 年，建成不可移动文物数据库上线规划准备工作。

（5）初步建成陕西不可移动文物地图多媒体数据库的上网展示方案。

（6）2017—2018 年，全省馆藏文物、不可移动文物数据库和文物地图多媒体数据库及社会文物数据库四库合一，并与外展文物系统和电子办公监控进行网络整合，初步完成陕西数字博物馆和专业办公检测系统的信息化建设雏形。

2. 人员和机构建设

为了更好地做好全省区域博物馆信息化建设，陕西省文物局设立的“陕西省文物数据中心”，机构设置在我馆，仍是原有的副处级建制。该中心为陕西省文物局和我馆双重领导，在开展博物馆信息化建设工作时仍为陕西历史博物馆信息中心，开展全省馆藏文物数据库、陕西数字博物馆、国有可移动文物普查试点等工作时由陕西省文物局领导，为陕西省文物数据中心。

（1）机构设置：① 陕西数据中心内部不再设立其他机构；② 该单位为挂靠在陕西历史博物馆下的事业单位。

（2）人员编制：① 领导编制（副处级）2 人；② 其他工作人员编制由陕西历史博

物馆统一调配。

下设文案科（2人）、设计科（2人）、数据科（5人）、技术科（6人）、联络宣传科（2人）、数据采集科（4人）、维护科（4人）。共计25人。

3. 组织领导、方法步骤及时间要求

该中心由陕西省文物局和陕西历史博物馆统一领导。陕西省文物局的数字化建设由该中心统一计划。

为了更好地开展陕西省全域信息化建设工作，办公地点设在陕西历史博物馆业务楼六楼东侧，需要办公室10间。

引入互联网思维　推进智慧博物馆建设

（2019）

当一个话题被人们反复提起的时候，这个话题迟早会成为一个时代的命题。当下，互联网思维这个话题就被人们再三提及。因为互联网思维让新兴互联网技术产业化，让所有传统行业互联网化正在成为趋势。

如今，我们已悄然走进以信息技术为核心的知识经济时代，信息资源已成为与材料和能源同等重要的战略资源；信息技术正以其广泛的渗透性、无形价值和无与伦比的先进性与传统产业相结合；信息化已成为推进各行业发展的助力器；信息化水平则成为一个组织综合实力的重要标志。

随着信息化进程的不断推进，互联网思维也孕育而生。什么是互联网思维？它对我们传统博物馆的管理又会有哪些改变和触及？它和智慧博物馆又会有哪些关联？

一、我国博物馆现行运行体制和管理模式

在我国，不同性质和类型的博物馆分别由不同的行政部门分系统管理。根据博物馆规模大小、藏品多少、社会地位和社会影响的不同，分别由中央、省（直辖市、自治区）、地（市）、县（区）四级有关行政部门对之实行分级管理。

博物馆的管理由宏观管理与微观管理两部分组成。宏观管理是指国家对博物馆事业进行全局性、综合性的管理，主要是决策和实施国家博物馆事业建设和发展的方针政策、制定法规和管理体制、规划并领导博物馆事业的各项工作。微观管理是指博物馆内部的管理，管理体制包括馆长、组织机构、人员配备和培养等。馆长是博物馆的业务和行政负责人。

由于博物馆是一个非营利社会组织，强调的是社会效益，而恰恰社会效益很难确定一个定量、定性指标；再者，文博行业又是一个相对“较小”的行业，新兴的互联网企业对其“关注度”不高；在文博行业内部，文物安全第一的思想占据主导管理思维，没有较为系统的、完整的、科学的管理思维和体制。长此以往，博物馆的安全指导思想倒没有任何问题和值得修正之处，但管理理念较为陈旧和老套，没有创新思维和新技术手段，由此看来，在当下，引入信息化科学管理，特别是互联网思维尤为必要。

二、互联网思维是什么

在信息相对封闭和资源相对稀缺的工业时代，机器思维（工业思维）下的“成功学”与“科学管理”大行其道。然而一夜之间，底特律宣告破产，诺基亚被收购……一批批巨头轰然倒下，三维世界对二维世界正式下了战书。

从蒸汽机到互联网绝不仅仅是一次技术的进步，而是一次行为的进化，更是一场思维的革命。2014 年恰恰就是互联网思维的元年。

互联网思维是相对于工业化思维而言的，它创造了一个新的生态系统，开启了一个新的时代。这个时代是去中心、异质、多元和感性的。在互联网思维的指导下，扁平化的企业组织、强烈的客户互动，以及自传播的媒体属性，让物品本身成为一个有机生命体。

那么，到底什么是互联网思维呢？我们常说，要定义一个词是什么，最好先定义它不是什么。要弄清楚互联网思维是什么，首先要界定互联网思维不是什么。

首先，互联网思维不是社会化营销。很多人一想到互联网思维，就想到社会化营销，想到网站、视频、微博、微信、APP 和论坛，好像企业只要用了这些社会化传播工具，就自然拥有了互联网思维。其次，互联网思维不是电子商务。很多人以为互联网思维就是做电子商务，从传统的 B2C 电子商务，到后来的团购模式，甚至到最近流行的消费者定制（C2B）模式。再次，互联网思维不是只适用于互联网企业。很多企业以为互联网思维只和互联网企业相关，和自己的企业没什么关系。这种观点是错误的，互联网思维适用于所有行业，无论是海尔、海底捞，还是博物馆这些传统行业，都可以用互联网思维进行基因改造。

通过以上的界定，我们可以对互联网思维进行定义：互联网思维，是指在互联网（移动互联网）、大数据、云计算等科技不断发展的背景下，对用户、员工、产品、市场和组织，乃至整个价值链和生态系统重新审视的思维方式。互联网思维不是技术思维，不是营销思维，也不是电商思维，而是一种系统性的管理思维，是对传统行业“基因”的重新改制。

从战略层面看，确定组织定位和战略，应包括用户思维、平台思维和跨界思维。从业务层面看，后端是产品研发、品牌定位，前端是产品推介、品牌推广，应包括用户思维、简约思维、极致思维、迭代思维、社会化思维、流量思维和大数据思维等。从组织层面看，设计组织结构，建立组织文化，设计考核机制，包括用户思维、社会化思维、平台思维和跨界思维。

三、智慧博物馆又是什么

在实体博物馆中，观众只有在藏品展出时才能到展厅一睹其真颜，信息交互方式大部分以"物→人"为主，"人→物"的交互手段极为有限。将藏品信息数字化转为"数字"存储并通过网络传播展示的数字博物馆，有效突破了藏品本体展出时的时间和空间限制。数字博物馆创造性地采用了"物—数字—人"的信息传递模式。

数字博物馆实现了"数字—人"的双向信息交互，但"物—数字"的信息传递是单向的，数字博物馆仍然还是一种单向的线性信息交互方式。这种信息交互方式不仅割裂了"物—人"之间的直接联系，也缺少对"物—物"之间，"人—人"之间协同关系的处理，前者直接导致了数字博物馆所提供信息的时效性、真实性、交互性和临场体验感都远不如实体博物馆，后者则使得数字博物馆对博物馆藏品保护、保管和研究管理工作的支持作用大打折扣，作用极为有限。

随着以各类传感器为基础的物联网应用的兴起，博物馆中人（包括线上和线下观众、博物馆工作者，以及相关机构和管理部门）、物（包括藏品、各类设备设施、库房、展厅等）的信息可以通过电子标签（RFID）或其他传感器获取，并通过网络汇集，使得建立"人—物""物—物""人—人"之间的双向信息交互成为可能，同时结合云计算和大数据分析技术应用，将进一步实现对"物"的智能化控制。

物联网、大数据、云计算与博物馆的结合促使了数字博物馆的诞生，使得数字博物馆最终进化为智慧博物馆。在人机交互方面，随着移动终端和多点触摸、体感控制、语音识别等自然界面友好交互技术的发展，实现了"人—数""数—物"之间的信息双向交互。可以说，智慧博物馆不仅完全打通了数字博物馆"物—数字—人"三者之间的双向信息交互通道，同时也实现了对"人—人""物—物"之间协同关系的有效管理。

智慧博物馆实现后，"数字"不再是核心，而演化成为一种必备工具，"人"重新回归为博物馆的核心。

由此来看，智慧博物馆是以数字博物馆为基础，充分利用物联网、云计算等新技术，用互联网思维做指导所构建的以全面透彻的感知、宽带泛在的互联、智能融合的应用为特征的新型博物馆形态。

通过以上简单论述，我们用数学方式表达智慧博物馆的构成，这样会使我们的感念更为清晰。数字博物馆 = 实体博物馆 + 数字化技术。就是说数字博物馆是把原有实体博物馆的业务、管理和观众进行数字化的结果而形成的。智能博物馆 = 数字博物馆 + 物联网 + 云计算。我们往往把智能博物馆和智慧博物馆混为一谈。智慧博物馆 = 实体博物馆 + 数字博物馆 + 智能博物馆 + 互联网思维。智慧博物馆将是博物馆的发展方向，实体博物馆负责文物本体的研究、展示和观众体验，数字博物馆负责博物馆各组成要素的数据的处理、存贮、分析和表达；而物联网负责博物馆各组成要素的信息采集和控制指令的传输和执行，云计算则负责对已有的海量数据资源和当前物联网实时采集的数据进行分析决策，并向博物馆各组成部分或要素下达控制指令；而互联网思维负责的是大众智慧的收集和共享。

四、互联网思维是智慧博物馆的神经脉络

博物馆行业如何引入互联网思维呢？我们认为大约可以分为四个阶段：第一阶段是传播层面，也就是我们常说的社会化认可，利用网站、微博、微信和APP来展示博物馆的虚拟展览和品牌；第二阶段是渠道层面，也就是我们常说的B2C电子商务，把渠道从线下搬到线上，通过数字博物馆对博物馆的最新展览进行展示和推介；第三阶段则是数据层面，用互联网思维重新架构博物馆的数据体系，把内部行政管理和业务流程数据进行收集，做到数据为王；第四阶段是决策依据层面，将第三层面形成的大数据，通过云计算等手段，进行数据挖掘，为决策层提供决策的数据支撑。真正做到让观众、员工、业务、行政的数据来驱动管理，实现互联网思维下的博物馆管理。

现在大多数博物馆对互联网思维的理解还停留在第一阶段和第二阶段，也就是上面说到的传播与渠道。但要让整个博物馆充满互联网思维，光有这些是不够的，要用互联网思维去改造自己的数据链和决策链，甚至包括博物馆的组织构架和博物馆文化，这才是互联网时代博物馆转型的根本要义。

对于现行博物馆引入互联网思维，我有几点思考。

1. 加快数字博物馆的平台建设

互联网的技术发展一直走在应用的前列，在互联网思维指导下实现数字博物馆时，应该从以下方面进行考量，首先在技术上，降低用户浏览器门槛；其次在应用上，有很好的可扩展性；最后在影响力上，努力提高数字博物馆的知名度。

数字博物馆是在互联网思维下，以最终实现智慧博物馆为目的的前提下建设的，其建设的阶段性目的是扩大知名度、提高展览宣传传播能力，它是一个博物馆与观众、员工等群体进行沟通和交流的共享、共赢大平台，这种平台建设是强调观众驱动管理的互联网思维意识。

2. 大数据概念的意识

无论是观众还是员工，是行政还是专业，数据成为必不可少的基础建设环节。

大数据（big data）是指数据体量巨大（达到PB级），冗余数据多，数据价值密度低，要求处理速度快（做到秒级）的数据。以数字资源建设为特色的数字博物馆中存在大量图片、音视频等非结构化数据，尤其是在物联网系统中，各类传感器件周而复始地产生大量监测数据，视频监控摄像头实时摄取的大量视频数据等。都需要利用数据仓库及时保存数字博物馆发展过程中产生的大数据，为应用数据挖掘和智能数据分析手段进行加工处理，真正实现智慧博物馆决胜于千里之外的策略谋划建立基础。

3. 物联网技术的实践

引入物联网技术，是从数字博物馆向智慧博物馆发展最明显的特征之一。物联网技术是智慧博物馆实现“耳目通达”和“融会贯通”的基础条件。在博物馆中，除了应用照相、音视频等传统的数据采集手段，传感技术更多的是指利用射频识别（RFID）、红外感应器、全球定位系统、激光扫描器，以及传统的热、光、气、力、磁、湿、声、色、味敏等传感器件，获取博物馆藏品、设备设施、库房展厅建筑、周边环境与人员位置信息等的技术。物联网技术应用彻底改变了数字博物馆以人机信息交互为主的信息互动模式，进入传感器和智能芯片无处不在、信息多源实时获取和智能控制的泛在计算阶段，使智能博物馆环境和周边计算得到迅速发展。

博物馆物联网中的“物”，就是各种与博物馆收藏保管、研究修复、展示教育活动相关的事物，如藏品、展柜、设备、设施、展厅、库房，以及观众、博物馆工作者等。博物馆物联网中的“联”，即信息交互连接，把上述“事物”产生的相关信息交互、传输和共享。博物馆物联网中的“网”是通过把“物”有机地连成一张“网”，就可感知博物馆服务对象、各种数据的交换和无缝连接，达到对博物馆服务与管理的实时动态监控、连续跟踪管理和精准的博物馆业务决策。

物联网的发展从根本上提高了从宏观到微观的博物馆信息采集和整合管理能力，也将促进博物馆宏观与微观的调控能力，这需要我们在引入互联网思维，实现智慧博物馆的道路上不断进行实践和探索。

4. 数据挖掘的尝试

“大数据”通常是指通过采集、整理博物馆及其方方面面的相关数据，并对其进行分析挖掘，进而从中获得有价值的信息，最终得到有价值的知识，为决策层做出决策的数据支撑。虽然大数据分析应用在国内博物馆领域还处于萌芽阶段，但是在其他行业的应用价值已经显现出来。

首先，手中握有数据的博物馆，已经站在了博物馆发展的金矿之上了，基于数据交流、共享即可产生很好的社会和管理效益；其次，基于数据挖掘就会有很多智慧博物馆运营模式的诞生。数据挖掘的应用，是数字博物馆向智慧博物馆过渡的必然阶段。

比如，用RFID技术，得到观众对博物馆展览的认可度、对展览的喜好、对博物馆环境的感知度、对服务的满意度等数据，然后对观众的参观行为进行数据分析和知识挖掘，为博物馆的展览、发展和管理决策提供数据支撑，就是一个极好的应用。

5. 博物馆管理必须全面转型价值链

传统的博物馆行业互联网化的最高境界，就是用互联网思维去重构博物馆的价值链。

索尼 CEO 平井一夫曾说道，索尼不缺互联网思维，很多产品都有互联网功能，游戏能用网络下载，下载平台有很多用户。看来索尼这样的巨头，对互联网思维也颇为偏颇。

传统行业的互联网转型在经历了传播互联网化、渠道互联网化和供应链互联网化之后，必然要经历整个管理逻辑的互联网化。只有完成了整个管理逻辑的互联网化，才可能做到转型成功。苏宁张近东在一次演讲中说道："苏宁是一家互联网公司，如果苏宁不融入互联网时代，一定会被淘汰。向互联网转型就是要做到骨子里的改变。开放并不是一个简单的课题，必须从企业根本、企业文化上突破。比如组织体系的变革、股权激励、技术研发投入、互联网人才引进、打造开放平台、在硅谷大笔投入研发中心等。我们在改变传统，以开放的心态拥抱最先进的互联网技术和人才，这才是互联网文化的核心。"

博物馆的互联网思维转变，也应该从决策层的互联网思维切换，博物馆企业文化的互联网思维变革和博物馆业务的互联网思维重构做起，重塑博物馆的价值链，全面启动互联网思维。

人类社会每次经历的大飞跃，最为关键的并不是物质催化，甚至不是技术催化，其本质是思维工具的迭代。当下这场互联网革命和其背后的互联网思维，由"产品经理"这类人的思辨引发，最典型的产品经理就是苹果公司的创始人乔布斯，他并没有真正伟大的物质发明，他的伟大之处就在于他把互联网思维运用到了极致。如今，这个思维已经不再局限于互联网企业，与当初的"文艺复兴"一样，这种思维将不断扩散，并开始对整个大时代带来深远的影响。

思维决定行动，行动决定未来。处于思维变革的大时代，博物馆应尽早引入互联网思维这个民主思维模式，在云计算、大数据、互联网和物联网等技术的支撑下，由博物馆引导观众，向观众驱动博物馆管理模式的思维模式转变，经历 B2C、C2C 和 B2B 后，迎来真正的 O2O 的模式。也就是说，在改变传统思维，树立互联网思维模式，努力建设好数字博物馆的前提下，向最终实现智慧博物馆迈进。

博物馆的大数据思考

（2019）

最早提出“大数据”时代到来的是全球知名咨询公司麦肯锡，麦肯锡称：“数据，已经渗透到当今每一个行业和业务职能领域，成为重要的生产因素。人们对于海量数据的挖掘和运用，预示着新一波生产率增长和消费者盈余浪潮的到来。”“大数据”在物理学、生物学、环境生态学等领域，以及军事、金融、通信等行业存在已有时日，却因为近年来互联网和信息行业的发展而引起人们关注。

一、大数据对社会的影响

现在的社会是一个高速发展的社会，科技发达，信息流通，人们之间的交流越来越密切，生活也越来越方便，大数据就是这个高科技时代的产物。

“大数据”在互联网行业指的是这样一种现象：互联网公司在日常运营中生成、累积的用户网络行为数据。这些数据的规模是如此庞大，以至于不能用 G 或 T 来衡量。

二、大数据的精髓

大数据带给我们的三个颠覆性的观念转变：是全部数据，而不是随机采样；是大体方向，而不是精确制导；是相关关系，而不是因果关系。

大数据的本质是什么？

大数据的核心关键是组织结构，而不是构成大数据的数据本身，这个特征类似人工生命之父克里斯·兰顿（Chris Langton）对生命的描述，“生命的本质在于物质的组织形式，而不在于物质的本身”，事实上，宇宙模型里的全部事物似乎都遵循这样的构成规则，结构和节点上的物质。

三、从哲学角度看问题：数据、大数据及其本质是什么

最近几年，数据问题进入哲学视野。对于哲学家们探索的数据本质特征，我们可以从以下几个方面来把握。

1. 数据与大数据

大数据既是一个技术概念，又是一个商业概念，它的出现有其特定背景，即 IT 领

域的商业和渲染新技术的考量。大数据包揽了人类获取数据的所有途径，是一个全新时代的到来，而这个时代的先声，在很久远之前就已经响起，那时，它仅仅被称作数据。在我们的讨论中，主要考虑数据与哲学的关联。

2. 数据与认识

这里的认识，指的是人的认识，是人对外部世界的认识。

如果说此前，哲学还试图在技术系统生成的数据之外寻找世界的直观映像，到了大数据时代，这种人类的直接感知即使没有被完全取代，也失去了其传统意义上的优势。在影响人类认识的议题上，大数据带来的变化，只是数量和范围上的，并非根本意义上的改变。事实上，回顾历史，我们发现，我们的对外部世界的感知，从来都是依赖于某些技术装置的，也就是说，人的认识其实是通过数据获得的。

最早的技术装置，可能是直尺，它用于测量长度，例如田亩；更早的述说技术装备，也许是绳结，它用来述说一件重要的事。

近代以来，西方的技术和科学异军突起，望远镜、显微镜、六分仪、光谱仪、质谱仪，乃至加速器、射电望远镜相继出现，成为人类认识外部世界的有力工具。这些技术装备产生的数据成为近现代思想的新的依托。到了当代，随着电子计算机的强大数据处理能力的出现，各种延伸和扩展人类感官感知能力的器皿设备层出不穷，终于完全或接近于完全取代人类对外部世界的直接感知，通过把数据呈现给人类，成为人类认识的来源。这就是大数据的时代。

关键点在于，我们所知的世界，全部是数据表达的，其中一部分获得理解和解释，更多的只是数据，没有得到解释，甚至没有得到关注，它只是像自在自然那样，在那里等待人们去搜索发现它，解释它，运用它。

3. 数据与本体

根据上述认识，似乎可以通过观察数据的形成和生产，来理解哲学与科学在解释客观自然议题上的彼此消长。

在近代科学初兴时期，它并没有从传统哲学中分离出来，它被冠之以自然哲学。与之相并行不悖的，有哲学本体论和形而上学。后两者都是试图以某些观念描述和解释外部自然，寻求事物的本质，并在哲学领域合法存在。伽利略、牛顿等人推崇使用先进观测和实验手段观察与调控自然，用数学述说自然过程。当这一切成为风气之后，哲学本体论逐渐衰退，哲学似乎放弃了对客观世界的描摹和解释，让位于自然科学。

最后一位试图运用科学数据来解释自然的哲学家是康德，他研习了牛顿的运动力学和天体力学，提出宇宙演化学说。然而，拉普拉斯在康德基础上，用物理理论和数学表述了星云说，在无限时空中的恒星和星系演化学说。拉普拉斯之后，科学之描摹自然优越于传统哲学得到公认。

一般认为，在经典科学时代，哲学与科学在描摹自然方面的差异，在于是否运用数据和使用数学方法。今天我们发现，这并非全部问题所在。经典时代，直至大数据崛起的今天，自然科学的确在使用各种技术装备获得的数据方面占据优势地位，哲学则固守传统的概念分析和一般推理方法，这还是指的好的哲学。这与其说是哲学落后于科学，毋宁说人类获得数据的能力尚有不逮，给传统哲学留有施展余地。

4. 数据的物理学气质

所谓物理学气质，指的是思考事物的本质，从原理层面上对事物的本质进行探究，揭示出事物的基本规律。当前备受热议的数据和大数据是否具有揭示事物基本规律的功能，可能还有待于观察，但是数据，就其现象而言，似乎已经展示出某种物理学气质，考察这一特性，既有利于认识数据的本质，也有利于深化对物理学的认识。

这里所说的物理学，主要指的是量子力学。

众所周知，量子力学无论在理论上还是应用上都获得巨大成功，在场论、粒子物理和天体物理学研究上都扮演着基础角色，在固体物理、半导体物理及超导物理等应用学科上都有极出色的表现。量子力学与哲学的联系，比其他任何自然科学领域都要来得紧密，其中最重要的就是认识论问题。

量子力学的发现是建立在测不准关系基础上的认识，受到基本物理原理的限制，客观世界原则上不可能真正被观察到，我们只能根据物理测量结果认识世界。而测量本身形成对客观世界的干扰，导致无法真正认清它的本来面目。所以，我们对于世界的认识，唯一来源就是测量的结果，即所谓经验。

量子力学的这一认识原则引发将近一百年的讨论，至今未能平息。

尼尔斯·玻尔认为我们必须接受量子力学给出的认识原则，承认和接受自然作出的安排，量子力学已经很好地描绘了自然；爱因斯坦则不愿接受玻尔的“绥靖哲学”，他觉得一定是量子力学本身的不完备造成的，人对自然的认识应该是能够穷尽的，不可能也不应该像量子力学所描绘的那样。

当我们回顾前述数据与大数据的认识论与本体论含义时，就应该明白，一直以来有关量子力学问题的争论，本质上就是对于数据的意义的争论。显然，爱因斯坦不愿意接受数据给出的结果，以及对于数据的解释，而玻尔则认为数据揭示的自然正是自然本体，无论我们是不是喜欢它。

有趣的是，人们一直在争论量子力学的测量问题，此前却几乎从来没有人意识到测量的结果本身就是数据，而数据已经成为事实上的认识来源。离开数据，我们对于世界一无所知。

在这个大数据时代，当我们认识到数据正是我们认识世界的源泉，所谓世界其实就是数据构成的，我们也会看到数据本身所具有的物理学气质，正像量子力学所强调的那样，世界隐藏在经验表象背后，而我们所能谈论的只是经验本身。

四、那么，什么是大数据思维？

维克托·迈尔－舍恩伯格（奥地利，他是十余年潜心研究数据科学的技术权威，也是最早洞见大数据时代发展趋势的数据科学家之一，亦是最受人尊敬的权威发言人之一）认为：①需要全部数据样本而不是抽样；②关注效率而不是精确度；③关注相关性而不是因果关系。

阿里巴巴的王坚对于大数据也有一些独特的见解，比如，“今天的数据不是大，真正有意思的是数据变得在线了，这个恰恰是互联网的特点”“非互联网时期的产品，功能一定是它的价值，今天互联网的产品，数据一定是它的价值”“你千万不要想着拿数据去改进一个业务，这不是大数据。你一定是去做了一件以前做不了的事情”。

不管大数据的核心价值是不是预测，但是基于大数据形成决策的模式已经为不少企业带来了盈利和声誉。

与其说是大数据创造了价值，不如说是大数据思维触发了新的价值增长。

和大数据相关的技术如下：云技术、分布式处理技术、存储技术、感知技术。

大数据分类如下。

1. 互联网的大数据

互联网上的数据每年增长 50%，每两年便将翻一番，而目前世界上 90% 以上的数据都是最近几年才产生的。据 IDC 预测，到 2020 年，全球将总共拥有 35ZB 的数据量。互联网是大数据发展的前哨阵地，随着 WEB2.0 时代的发展，人们似乎都习惯了将自己的生活通过网络进行数据化，方便分享、记录并回忆。

2. 政府的大数据

在国内，政府各个部门都握有构成社会基础的原始数据，比如，气象数据、金融数据、信用数据、电力数据、煤气数据、自来水数据、道路交通数据、客运数据、安全刑事案件数据、住房数据、海关数据、出入境数据、旅游数据、医疗数据、教育数据、环保数据等。这些数据在每个政府部门里面看起来是单一的、静态的。但是，如果政府可以将这些数据关联起来，并对这些数据进行有效的关联分析和统一管理，这些数据必定将获得新生，其价值是无法估量的。

3. 企业的大数据

企业的 CXO 们最关注的还是报表曲线的背后能有怎样的信息，他该做怎样的决策，其实这一切都需要通过数据来传递和支撑。在理想的世界中，大数据是巨大的杠杆，可以改变公司的影响力，带来竞争差异、节省金钱、增加利润、愉悦买家、奖赏忠诚用户、将潜在客户转化为客户、增加吸引力、打败竞争对手、开拓用户群并创造市场。

IBM 执行总裁罗睿兰认为，“数据将成为一切行业当中决定胜负的根本因素，最终数据将成为人类至关重要的自然资源”。

4. 个人的大数据

个人的大数据这个概念很少有人提及，简单来说，就是与个人相关联的各种有价值的数据信息被有效采集后，可由本人授权提供第三方进行处理和使用，并获得第三方提供的数据服务。

五、博物馆的大数据思维

大数据思维是客观存在的，大数据思维是新的思维观。用大数据思维方式思考问题，解决问题是当下博物馆的潮流。大数据思维开启了一次重大的时代转型。

而各种数据来源包含博物馆内部数据来源，以及政府、行业和社会其他行业数据来源。

第一，博物馆大数据管理系统对各个子系统沉积的数据进行抽取、筛选、分析、展现，以数据报表呈现分析结论。

系统分析以下方面的大数据：观众行为大数据分析（观众行为分析需借助人流统计摄像头、网络视频录像等硬件）、志愿者服务大数据分析、数字资源利用大数据分析、保护环境监控大数据分析、文创产品大数据分析、教育服务大数据分析、虚拟博物馆大数据分析、票务大数据分析、文物修复大数据分析。

第二，政府、行业和社会其他行业数据来源。

博物馆要与本行业、旅游业、交通业、服务业、教育业及政府等共同形成大数据采集来源，这才是大数据在博物馆应用的主要形式，而不是大数据只来源于博物馆本身。

1）博物馆内部的大数据来源

（1）博物馆的基础数据储备。

（2）观众行为形成的数据。

（3）社交网络为博物馆带来的数据。

2）大数据对博物馆的启示

大数据时代的到来改变了传统的数据收集、存储、分析和利用方式，由此而引发的一系列变革将改变人类生活的各个领域。作为为公众提供知识、教育和欣赏的社会公共文化教育机构，博物馆不可避免地会受到数据应用技术革新的影响。如何从各种类型、各种渠道的数据中快速获得有价值的信息并加以利用，从而为公众提供更优质的服务，是博物馆面临的新课题和新的发展机遇。

目的如下。

（1）为学术研究提供数据支持。

（2）为展览策划提供新素材。

（3）为观众提供个性化的服务。

（4）为博物馆管理决策提供数据支撑。

3）大数据在博物馆中的应用期望

（1）确立博物馆与政府、社会其他团体共同建立的大数据中心，互联网数据要求博物馆行业形成大数据中心。

（2）确立博物馆互联网体验中心。

（3）对客户进行分类，电子化展出文物和展览形式。

（4）个性需求建立。① 互联网式：家庭体验和参与；② 实地开辟客户大数据体验区。及时的数据文物体验也是数据收集区。目的是为更多的大数据观众分类提供依据。

博物馆大数据实体体验馆是网站、虚拟博物馆、微信、微博等多媒体数据汇集的有益补充方式，形成每个博物馆的个体数据采集中心十分必要。而两种大数据融合最终形成大数据应用平台。

“未来以来”——陕西智慧博物馆发展之路

（2019）

习近平总书记在2017年10月18日十九大报告中指出：“中国共产党人的初心和使命，就是为中国人民谋幸福，为中华民族谋复兴。”

2019年5月13日召开的中共中央政治局会议指出：根据党的十九大部署，以县处级以上领导干部为重点，在全党开展“不忘初心、牢记使命”主题教育。

智慧博物馆是博物馆的发展方向，而我们陕西博物馆人是如何在智慧博物馆的建设中谋求发展的呢？

一、博物馆的供给侧

我们首先看看博物馆文化服务的供给侧发展趋势。

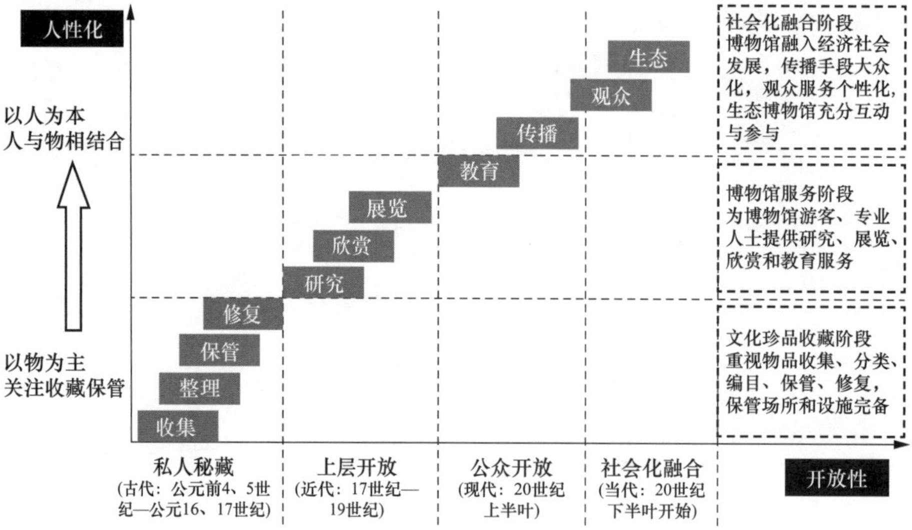

博物馆文化服务供给侧发展趋势

由恩格尔系数和中等收入国家的发展来看，中国社会发展到今天，博物馆信息化发展趋势是在更高的层次、更广的范围、更深的程度上拓展了博物馆的内涵和外延，在此基础之上，将不断重新定义博物馆的功能。

二、新技术改变博物馆需求

我们从 ABC 技术（A 表示人工智能，B 表示大数据，C 表示云计算）来观察社会的信息化应用状况。

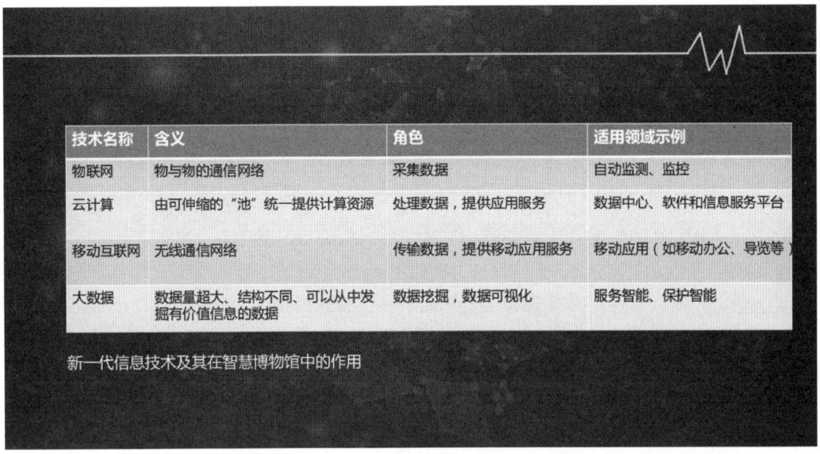

技术名称	含义	角色	适用领域示例
物联网	物与物的通信网络	采集数据	自动监测、监控
云计算	由可伸缩的“池”统一提供计算资源	处理数据，提供应用服务	数据中心、软件和信息服务平台
移动互联网	无线通信网络	传输数据，提供移动应用服务	移动应用（如移动办公、导览等）
大数据	数据量超大、结构不同、可以从中发掘有价值信息的数据	数据挖掘，数据可视化	服务智能、保护智能

新一代信息技术及其在智慧博物馆中的作用

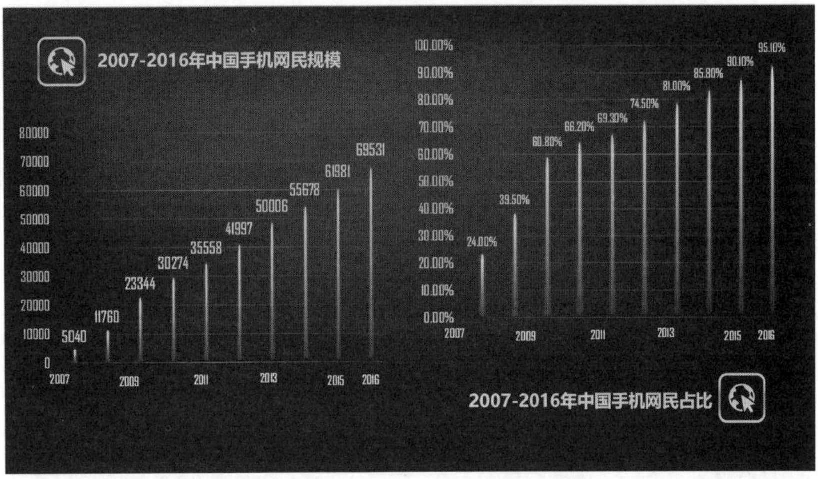

2007—2016 年中国手机用户规模统计图

三、博物馆的智慧化对策

博物馆在社会的不断发展中，已经向着以下八个方面的趋势逐渐体现：可及性、细分观众需求、个人定制、内容策略、浸入式体验、开放性、数字化战略需求、全方位大数据分析。

从博物馆的发展趋势和身边的生活体验来看，随着时代的不断进步，信息化逐渐

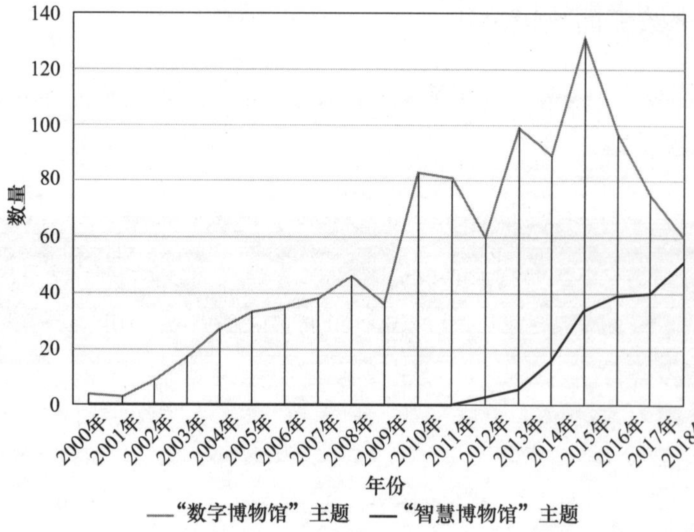

知网文章统计

渗透到我们的生活中。人民大众生活质量的不断提高，要求博物馆人在实体博物馆建设基础上，通过数字化过渡，向智慧化迈进成为必然。

在实体博物馆中，以“物→人”为主。而数字博物馆实现了“数字—人”的双向信息交互。智能博物馆促使数字博物馆的再发展，体现“数→物”的关系。智慧博物馆是在智能博物馆的基础上引用互联网思维，以全面透彻的感知、宽带泛在的互联、智能融合的应用为特征的新型博物馆形态，是“物—数—人”。数字博物馆＝实体博物馆＋数字化技术，智能博物馆＝数字博物馆＋物联网＋云计算（A、B、C 技术），智慧博物馆＝实体博物馆＋数字博物馆＋智能博物馆＋互联网思维。

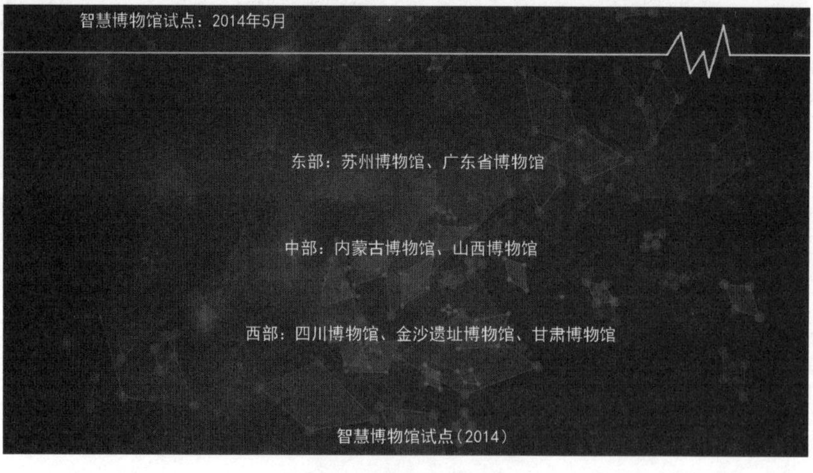

全国智慧博物馆试点情况

从以上智慧博物馆试点发展，可以体现出如图中所示的以下特点。

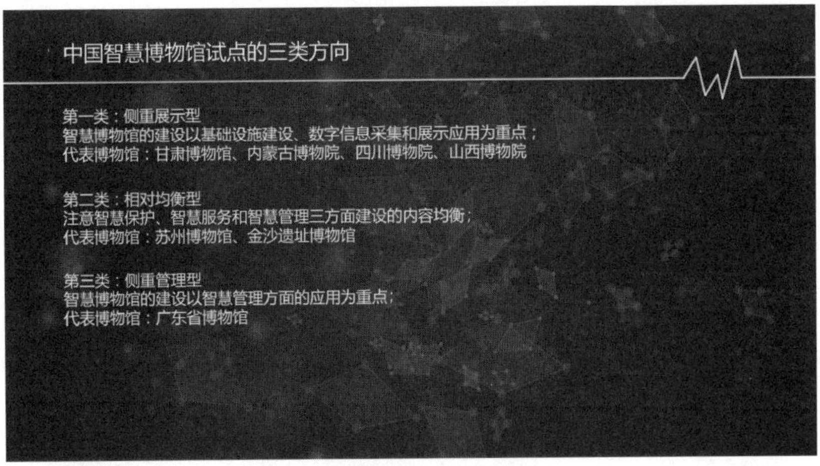

中国智慧博物馆试点的三类方向

四、智慧博物馆的发展阶段组成

1）第一阶段：数据系统建设

在现有博物馆业务信息系统的基础上，向管理信息化、观众数据化（个人信息、行为信息、意愿信息）进行数据和系统整合。

2）第二阶段：数据模型研究

由于智慧博物馆的模型研究到如今还没有呈现出一个系统、完备的体系，其成为目前阻碍智慧博物馆发展的主要因素。

3）第三阶段：数据决策应用

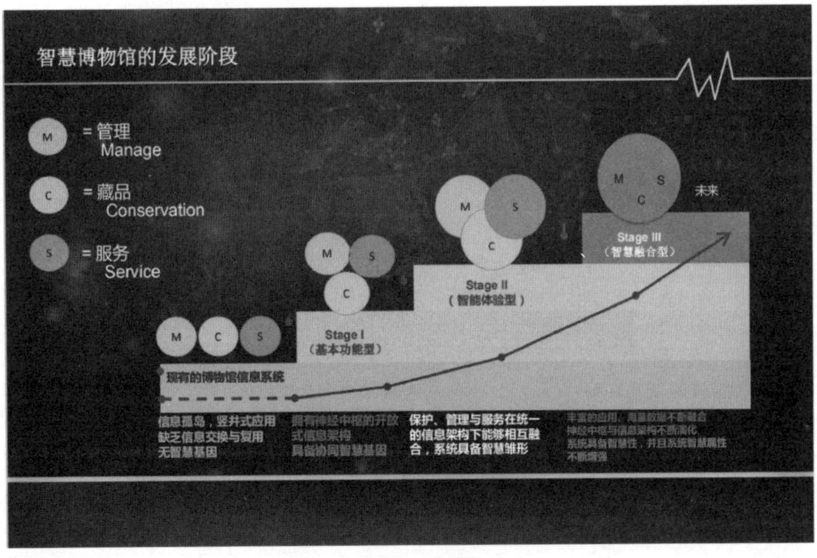

智慧博物馆的发展阶段

我们从以上三个发展阶段，再结合博物馆的具体业务与管理内容，从其之间的相互关联性观察，目前这个阶段什么是博物馆智慧化建设的主要内容。

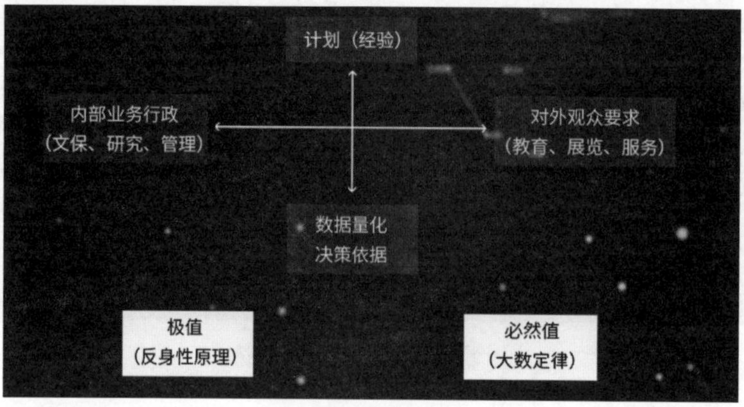

我以为，现阶段的智慧博物馆建设，要以博物馆数字化建设为主要内容，为将来实现智慧博物馆，做好目前博物馆的数据建设工作。数据建设为第一要务。数据模型需要我们的不断探索和研究机构的克坚攻难。而互联网思维的引入，是在变革时期对博物馆进行重新审视的必然思考方式。

五、现阶段博物馆数据建设内容和模型建设探索

1. 博物馆数据建设内容

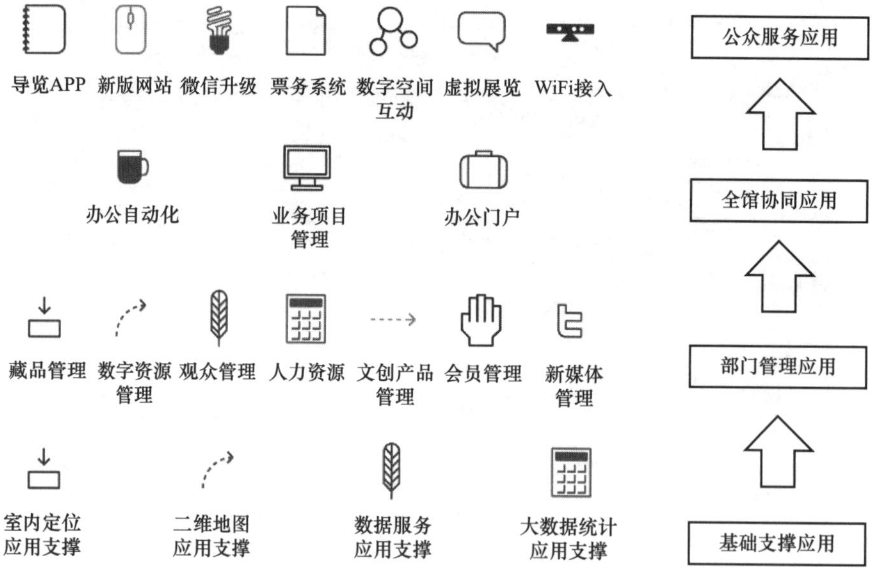

博物馆数据建设内容

2. 智慧博物馆模型探索的体现

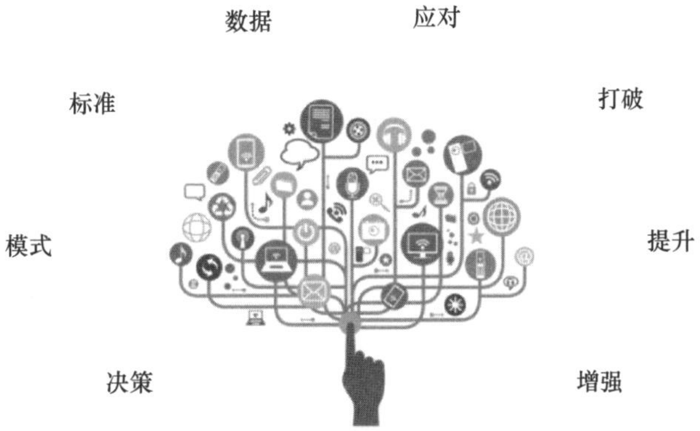

智慧博物馆模型探索的体现

3. 互联网思维引进

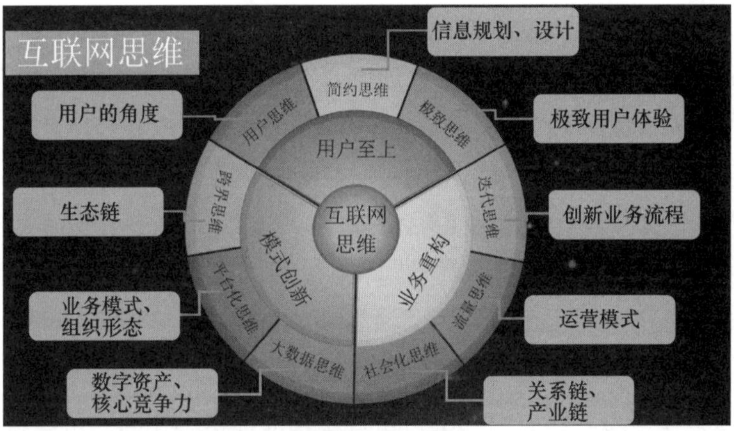

互联网思维引进

数字博物馆、智能博物馆是基础，也是过渡。智慧博物馆是博物馆发展之必然。智慧博物馆是群体，是大局，是行业与跨行业的建设，需要智慧模型来实现。我们目前要做的是基础工作，是实体博物馆智能化和数字化，是互联网思维在博物馆的引入。

4. 我们的建设历程

陕西历史博物馆建馆初期，计算机中心实施了人事管理、工资管理、藏品管理和图书管理 4 个系统的建设。图书数据库仍在使用，说明数据建设的重要性。

2009 年编写《信息化建设的制度化管理》，完成"数据库"文物数据 10 余万件，以及文物重要数据库的建设。

2010—2011 年完成全省 50 余万件（组）一般文物数据的录入。这是我馆藏品第一次全规模的数据化建设。

2012 年推出了陕西数字博物馆建设（www.0110m.com），成为业内人员与观众进行交流和电子化展示观众喜爱度数据来源的主要通道。

2013 年推出“陕西历史博物馆 OA 系统”，实现管理数据的共享应用，为管理数据进行初探。

2014 年 7 月 8 日，由中国商业联合会、商务部外贸发展局和陕西省商务厅共同举办了“2014 年陕西电子商务（跨境）交流合作促进大会”，陕西历史博物馆（陕西数字博物馆商务平台）获得陕西省电子商务示范企业的称号，创建了文创产品与观众的互动数据来源。

2014 年推出陕西数字博物馆口袋版，是实现观众与博物馆展览衍生品数据——书进行互动的新尝试。

2016 年推出陕西数字博物馆实体体验馆，是线下观众数据来源的再探索。

2017 年推出全国文物行业首创——陕西文物之声网络电台，通过声音传播博物馆文化和听众数据来源的新途径。

2018 年研发推出陕西数字博物馆移动馆，是走出博物馆，向更广阔天地展示博物馆文化和新群体人员数据来源的又一新途径。

2019 年推出全省博物馆讲解新平台——讲读博物馆，它的上线标志着参观人对展览和文物的精准数据来源及观众的行为数据。

2019 年推出我馆办公自动化流程管理和数字资产管理系统，这是管理数据来源的再探索。

2019 年推出了机器人观众电子调查系统的应用，进一步拓宽观众数据的采集方式。

以上这些工作都是为以后实现博物馆智慧化的探索工作。数据建设、模型初探、互联网思维引入，一直以来是我们信息化建设工作的总方针。

5. 智慧博物馆建设的再思考

最好的智慧博物馆参考实例是猫眼电影。猫眼电影是美团旗下的一家集媒体内容、在线购票、用户互动社交、电影衍生品销售等服务于一体的一站式电影互联网平台。其特点如下，① 参与投资：带千万级宣传资源，参投优质电影项目。② 影片发行：互联网 O2O 全新发行模式，线上精准运营，锁定票房。③ 精准投放：根据影片想看人数、地域偏好定向投放至相关用户。④ 票务活动：超前点映、限时抢票、明星见面会、社区活动等。

智慧博物馆平台是一个跨行业的大平台，不是某一个博物馆智慧化项目的建设问题。数据覆盖国家政策、行业规范、跨行业相关数据、博物馆数据化、观众数据等方面。比如：国家重大展览、行业内共同联展、旅游和安保数据、观众意愿和个性化需求、博物馆文物数据化、科研服务数据化、讲解数据化、服务者队伍数据化、展览推出决策化、博物馆群管理数据化等。

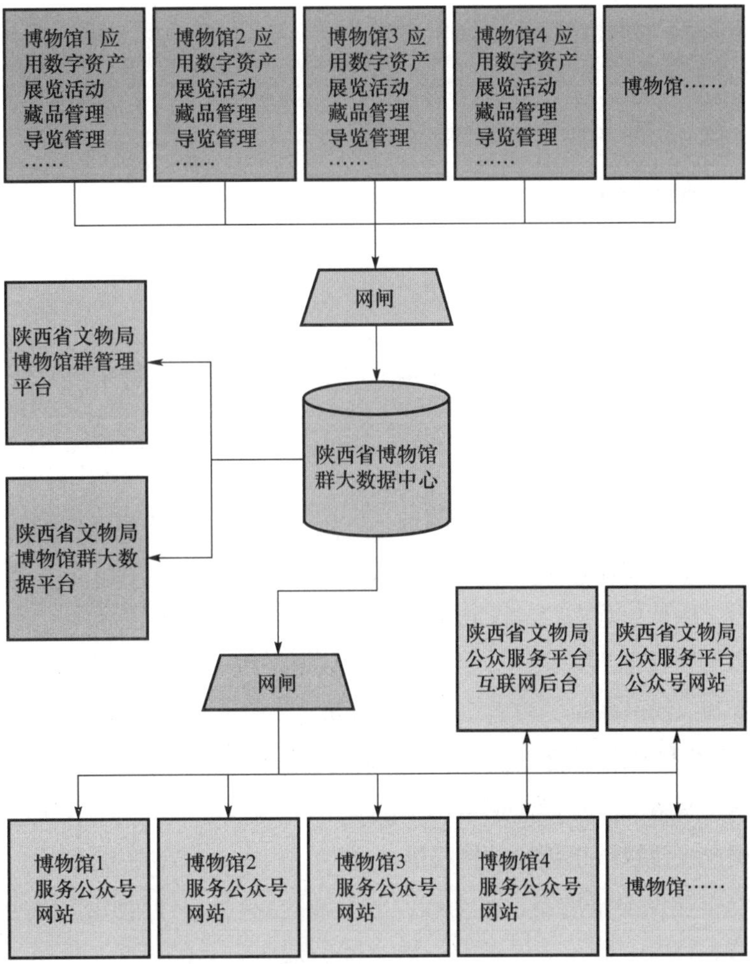

陕西省博物馆群大数据中心

现在看看我们的大数据中心，其主要体现在以下栏目和内容中：新闻动态，网络展示，音频讲解，视频讲读，数据展示，数据分析，数据决策，知识付费。

具体展示如下。

1）数据展示

各个博物馆人流行为、展览、研究、讲解等数据展示，每天全省最受欢迎的 10 件文物展示，参观量最多的 10 家博物馆等。

2）数据分析

博物馆数据分析，全省博物馆观众行为和意愿数据分析，全省文物关注度数据分析。展览数据分析、科研服务数据分析、讲解数据分析等。讲读博物馆 APP 下载、文物电台收听、数字博物馆浏览量分析、汉唐网浏览量分析、微信、微博、新媒体矩阵数据等。

3）决策系统

全省行业决策、博物馆决策、协作决策等。

4）知识付费

照片、三维、数据化社会提供服务的收费。

六、今后的工作内容

博物馆智慧化建设遵循的原则是数据建设、模型初探、平台实现。具体建设内容体现在以下方面。

（1）革命文物数据库、文物数据库网上展示。重点阐述文物来自何处、展在哪里、文物信息、文物数据统计和分布展示。

（2）全省临展 VR 拍摄。

（3）对全省 130 余家博物馆进行航拍。应用方式：① 陕西数字博物馆展示；② 全省博物馆航拍数据库建设；③ 对外宣称和行业研究。

（4）全省文保员信息系统、文物销售拍卖系统。

（5）全省文物数据上报平台（全省文物大数据平台）。用于全省博物馆、展览、研究、观众、管理、讲解数据的整合、查询和分析。

（6）OA 系统移动端建设。

（7）网站、网络安全建设（信息化安全）。

（8）知识产权授权、正版软件授权等。

智慧博物馆建设要坚持需求驱动和业务引领的原则，对博物馆各业务要素进行重新梳理和构建，建立“物、人、数”三者之间的双向多元信息交互通道，使博物馆管理、服务与文物保护、展览、科研、宣教等工作真正达到智慧化融合，为社会提供精神良品。

智慧博物馆的认知及实践

（2020）

陕西历史博物馆于 1991 年 6 月 20 日对外开放，是中国第一个现代化博物馆。当时信息化建设方面的现代化主要体现在设立了计算机中心，主要负责藏品管理、图书资料管理、人事管理和工资管理这四个方面的信息化建设和维护工作。

随着社会和博物馆业务的不断发展，博物馆信息化建设工作也在全国遍地开花。到了 21 世纪初，人们对博物馆的信息化和数字化有了很多思考。特别是近年来，对博物馆智慧化建设的规划，已经到了每谈博物馆信息化建设就成为避不开的话题，成了博物馆建设的主要内容之一。

智慧博物馆建设已经谈了很多年。什么叫智慧博物馆？怎样实施博物馆智慧化建设？

今天我来谈谈个人的观点。

人类社会每次经历的大飞跃，最为关键的并不是物质催化，甚至不是技术催化，其本质是思维工具的迭代。比如说，当下这场互联网革命和其背后的互联网思维，就是由“产品经理”这类人的思辨引发，最典型的产品经理就是苹果公司的创始人乔布斯，他并没有真正伟大的物质发明，他的伟大之处就在于他把互联网思维运用到了极致。

如今，这种改变社会的思维，已经不再局限于互联网企业，与当初的“文艺复兴”一样，这种推动社会进步的思维将不断扩散，并开始对整个大时代带来深远的影响。

博物馆的思维也应该随着社会思维的进步而切换。

比如说，在当下博物馆的发展中，已经不再是实体博物馆的单一发展模式。随着互联网技术在不同行业的应用，互联网思维的提出，特别是智能博物馆、数字博物馆、物联网、云计算的不断渗透，博物馆的发展有了更大的拓展空间，在互联网思维下的智慧博物馆已经成为我们博物馆建设的方向。

既然一种思维对社会发展有着不可估量的影响，那么我先来谈谈思考能力的分级。根据看问题的深度不同，可以把思考能力分为四层。

第一层是数据，就是我们能观察到数据，观察到事实。这一层的思维是简单、直白的，是不会转弯的，说一就是一。

第二层是信息，信息是数据被分析后的结果，是经过简单归纳的数据，能够把不同事实联系起来后得出的结论。

第二层比起第一层，开始启动了思考，开始考虑不同人的区别，开始第一次跳出是非黑白、说一不二，知道有了例外，会观察吞剑失败的，吞剑成功的，会分析吞的剑和普通的剑有什么区别？

而第三层，就升级到了知识。知识是什么？这个问题看似非常简单，其实很容易掉进坑里。把知识层面理解为一套方案。

地球体积有多大，中国海岸线有多长，李白的静夜思有几个字？这些算是知识么？前者是事实，后者最多算是信息。而我们回顾历史可以发现，知识的产生总是发生在解决一个问题之后。所以，知识其实是能够解决问题的信息和技能。比如一场大火发生了，面对大火，应该用什么技术扑救，知道怎么组织人员最高效就是一种知识，通俗理解就是一种事实方案。

比知识高的第四层，叫作智慧。

如果细看第一到第三层，我们可以发现，信息是很多事实数据归纳以后产生的，而知识是很多信息集合以后再次归纳产生的，所以很多不同类型、不同挑战背后的知识集合到一起后，就是智慧。把智慧层理解为多套方案的设计，供系统进行方案优化选择。

智慧既然是一种多方案的选择，那么多方案从何而来？

如果用《模型思维》作者斯科特·佩奇的说法，那么智慧的背后，就是多模型思维，一个人大脑里有多少套面对实际问题的模型，就有多大的智慧。

普通人只能看到一个模型，比如不管什么事情总是喜欢分好人和坏人，总是喜欢对错，因为他习惯了对立的模型。而有智慧的人，就会根据不同的场景采取不同的模型。

宏观层面的牛顿力学，到了量子层面就不起作用了，三个臭皮匠赛过诸葛亮，背后又是厨子多了煮坏汤，这些看似相互矛盾的模型，其实背后是应用场景的转换。

用一个模型观察世界的人，注定是适应不了这个复杂的世界的，我们需要的是根据环境的变化，随时抛弃大脑中的那个模型，去尝试用新的模型重新开启探索之路。当然，前提是大脑中掌握很多事物发展的演化逻辑，特别是不同场景之间完全相反的那种逻辑。

菲茨杰拉德的金句又来了，一流的智慧，就是大脑里有多个模型，随时调用，随时分析，随时分分钟看透本质，然后你就会变成《教父》里那个半分钟看透事物本质的柯里昂教父了。

从以上讲述来看，模型将成为博物馆智慧发展的主要内容。对此，我把智慧博物馆的规划和建设从三个方面进行分工：① 博物馆做数据采集和整合；② 科研机构（比如大学等）做模型分析研究；③ 社会公司实现系统研发。

三位一体做好智慧博物馆的研发和建设工作。具体内容如下。

（1）博物馆要做的是：业务数据、管理数据、观众数据、行业外数据、政府数据的采集和整合。实际上，博物馆的信息化建设分为两个层面，一个是为传统的博物馆业务和管理工作提供服务（为传统工作，提供更为便捷的工作渠道）；另一个是信息化本身业务工作的建设（数据分析、挖掘和决策）。以上两个层面的工作都应该围绕以上所述五个方面的数据内容来开展。

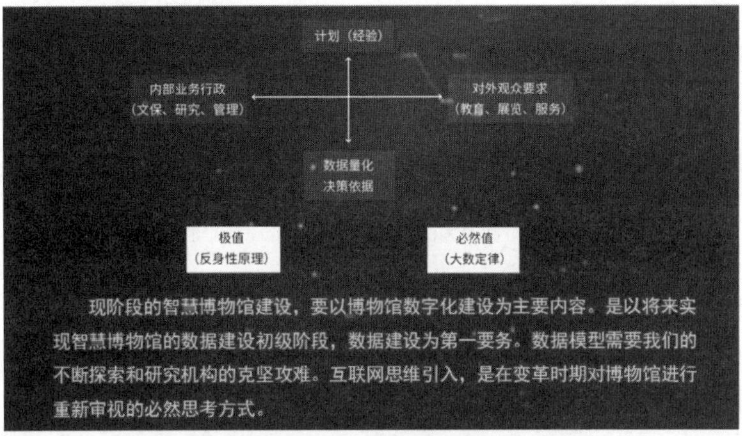

现阶段博物馆数字化建设内容关联图

（2）大学和科研机构为博物馆做智慧博物馆模型研究。

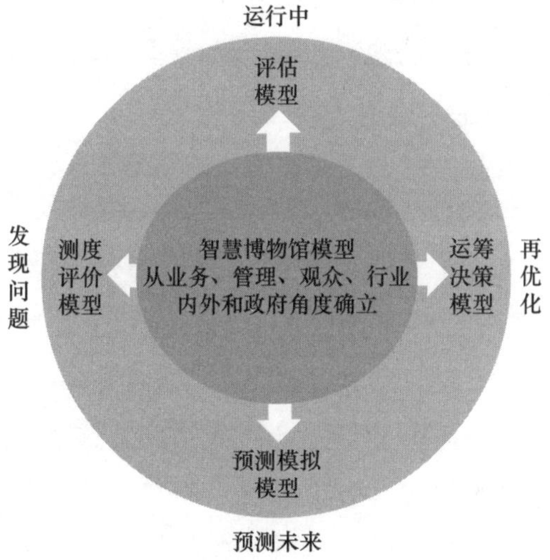

智慧博物馆模型

（3）公司要做的是以上数据和模型的系统化实现。

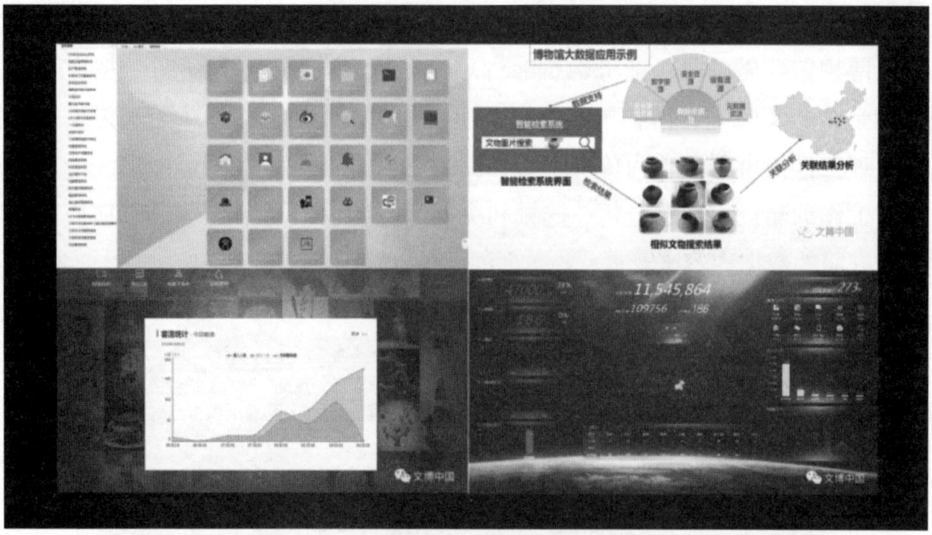

数据和模型的系统化实现

所以说智慧博物馆的规划思路就出来了。

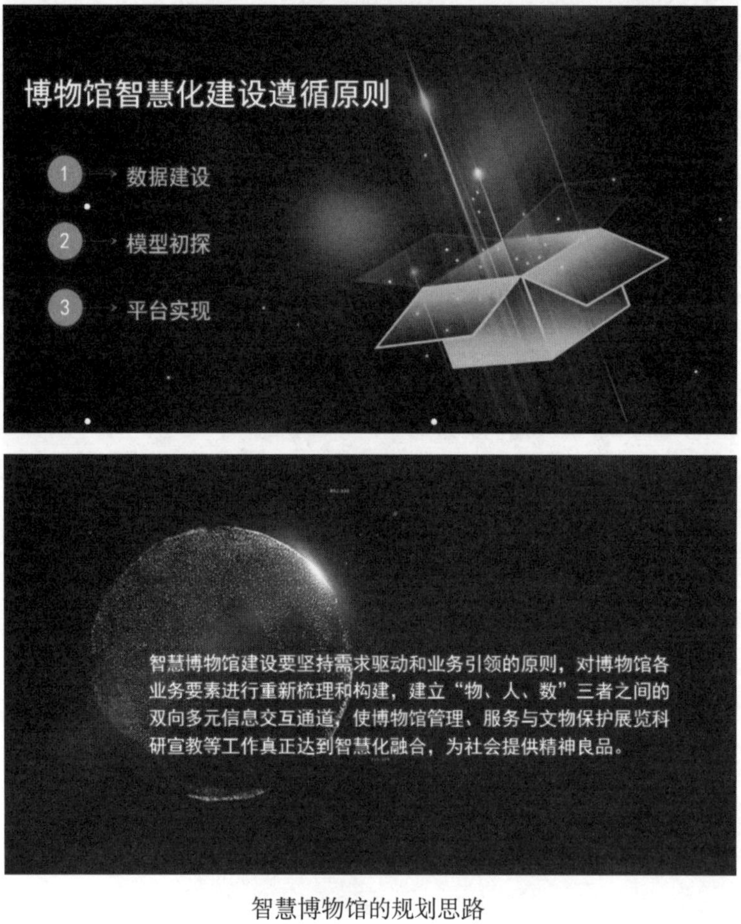

智慧博物馆的规划思路

以下是对智慧博物馆的再思考和猫眼电影的举例分析。

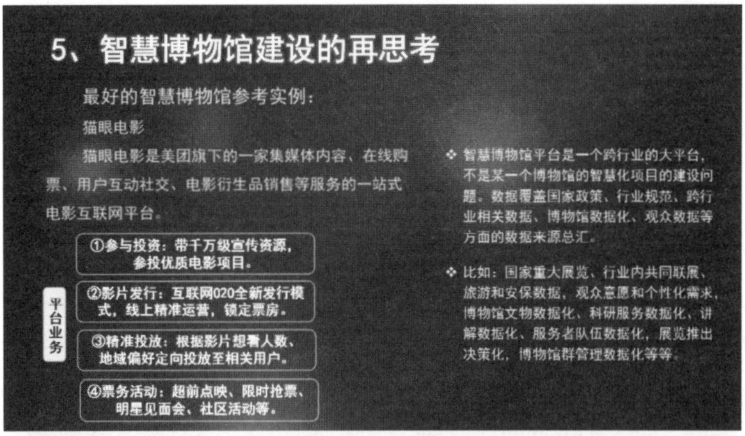
5、智慧博物馆建设的再思考
最好的智慧博物馆参考实例：
猫眼电影
猫眼电影是美团旗下的一家集媒体内容、在线购票、用户互动社交、电影衍生品销售等服务的一站式电影互联网平台。
平台业务
①参与投资：带千万级宣传资源，参投优质电影项目。
②影片发行：互联网O2O全新发行模式，线上精准运营，锁定票房。
③精准投放：根据影片想看人数、地域偏好定向投放至相关用户。
④票务活动：超前点映、限时抢票、明星见面会、社区活动等。
❖ 智慧博物馆平台是一个跨行业的大平台，不是某一个博物馆的智慧化项目的建设问题。数据覆盖国家政策、行业规范、跨行业相关数据、博物馆数据化、观众数据等方面的数据来源总汇。
❖ 比如：国家重大展览、行业内共同联展、旅游和安保数据，观众意愿和个性化需求，博物馆文物数据化、科研服务数据化、讲解数据化、服务者队伍数据化，展览推出决策化，博物馆群管理数据化等等。

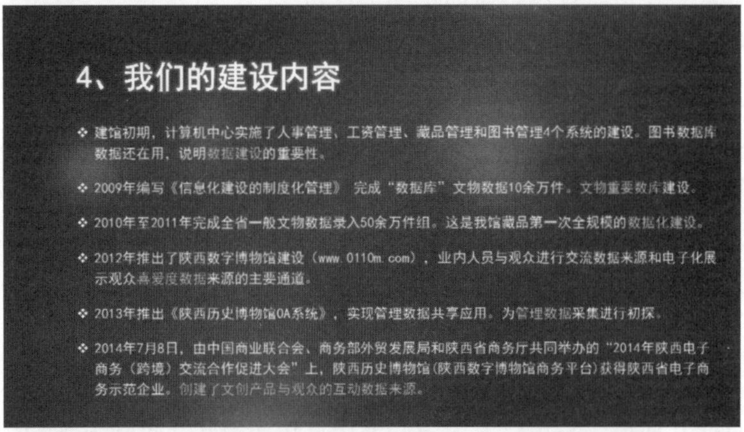
4、我们的建设内容
❖ 建馆初期，计算机中心实施了人事管理、工资管理、藏品管理和图书管理4个系统的建设。图书数据库数据还在用，说明数据建设的重要性。
❖ 2009年编写《信息化建设的制度化管理》 完成“数据库”文物数据10余万件。文物重要数库建设。
❖ 2010年至2011年完成全省一般文物数据录入50余万件组。这是我馆藏品第一次全规模的数据化建设。
❖ 2012年推出了陕西数字博物馆建设（www. 0110m. com），业内人员与观众进行交流数据来源和电子化展示观众喜爱度数据来源的主要通道。
❖ 2013年推出《陕西历史博物馆OA系统》，实现管理数据共享应用。为管理数据采集进行初探。
❖ 2014年7月8日，由中国商业联合会、商务部外贸发展局和陕西省商务厅共同举办的“2014年陕西电子商务（跨境）交流合作促进大会”上，陕西历史博物馆(陕西数字博物馆商务平台)获得陕西省电子商务示范企业。创建了文创产品与观众的互动数据来源。

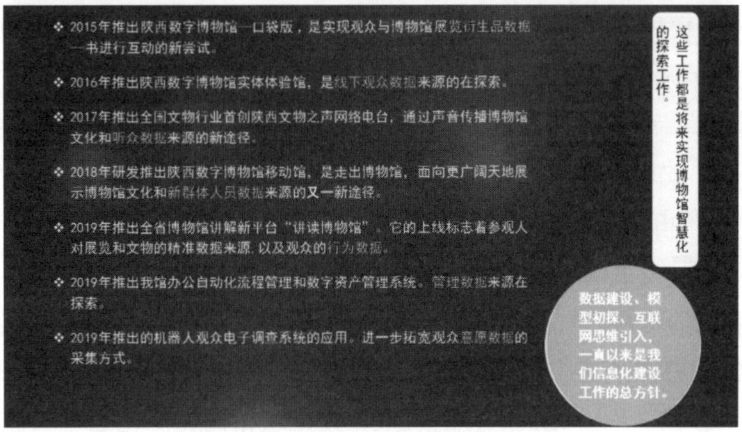
❖ 2015年推出陕西数字博物馆一口袋版，是实现观众与博物馆展览衍生品数据一书进行互动的新尝试。
❖ 2016年推出陕西数字博物馆实体体验馆，是线下观众数据来源的在探索。
❖ 2017年推出全国文物行业首创陕西文物之声网络电台，通过声音传播博物馆文化和听众数据来源的新途径。
❖ 2018年研发推出陕西数字博物馆移动馆，是走出博物馆，面向更广阔天地展示博物馆文化和新群体人员数据来源的又一新途径。
❖ 2019年推出全省博物馆讲解新平台“讲读博物馆”。它的上线标志着参观人对展览和文物的精准数据来源. 以及观众的行为数据。
❖ 2019年推出我馆办公自动化流程管理和数字资产管理系统。管理数据来源在探索。
❖ 2019年推出的机器人观众电子调查系统的应用。进一步拓宽观众意愿数据的采集方式。
这些工作都是将来实现博物馆智慧化的探索工作。
数据建设、模型初探、互联网思维引入，一直以来是我们信息化建设工作的总方针。

智慧博物馆的再思考和猫眼电影的举例

智慧博物馆“案例”例

——以博物馆业务知识体系传播指导系统为例

（2020）

作为社会历史文化的重要载体，博物馆是沟通过去、当下和未来的重要公共文化场所。数字技术、信息技术给博物馆带来了全新发展的机会，也潜移默化地改变着博物馆的传播方式。在信息技术革命的带动下，物联网、云计算、大数据和移动通信技术兴起与发展，一种以物、人、数据动态双向多元传播为核心的智慧博物馆正在逐渐兴起。

大家可以通过百度搜索智慧博物馆的主题文章和案例，都能体现出目前智慧博物馆在应用、研究方面有着各种需求，这种需求充分体现出中国文博行业的需求侧模式，与经济发展的供给侧模式相互相向。

我们知道，新时代博物馆的需求演进是智慧博物馆已成为时代要求的重要体现。目前智慧博物馆的建设还处于探索阶段，也没有一个确切的定义。比较普遍的一种说法是“借助物联网、云计算、大数据等途径，通过提供‘物、人、数据’三者之间的双向多元信息交互通道，实现以人为中心的信息传递模式，重新梳理和构建博物馆各要素，从而实现博物馆服务、保护和管理的智能化自适应控制与优化”。从这种定义可以看出，智慧博物馆最重要的核心并不是以技术为主导，而是注重以“人的需求”为核心，用多维展示互动形式，实现公众与博物馆藏品的高度交互，为公众提供细致周到的服务。为了说明这种以“人的需求”为核心的建设理念，可以借鉴发达国家和我国的发展经验，归纳出目前智慧博物馆的几种服务模式。

随着人类科技发展的不断推进，实体博物馆的发展也经历了20世纪90年代为起步的数字博物馆的不断补充和协同，进入21世纪初期，通信、网络、大数据、云计算等技术的不断成熟和广泛应用，也促使博物馆不断推进，特别是近年来，人工智能、无人驾驶、语音识别和云算大平台的发展，为博物馆向智慧化迈进又添加了重重的砝码。

智慧博物馆是在实体博物馆、数字博物馆概念的基础之上，由于科学技术的进步而演变发展起来的新生事物。智慧博物馆以多模态感知“数据”替代数字博物馆的集中式静态采集“数字”，并以此为基础，建立更加全面、深入和泛在的互联互通，消除信息孤立，使人与人、人与物、物与物之间形成系统化的协同工作方式，从而形成数据模型基础上的更为深入的智能化博物馆运作体系。智慧博物馆淡化了实体博物馆相互之间、实体博物馆与数字博物馆之间的界限，形成了以博物馆业务需求为核心，以不断创新的技术手段为支撑，线上线下相结合的博物馆发展新型模式。

一、多年来博物馆信息化建设的步骤

1. 第一阶段——信息化

特征：传统 IT 系统建设，无纸化办公，旨在提高工作效率。

2. 第二阶段——数字化

特征：资源数字化，旨在永续保存现有文化资源。

3. 第三阶段——智能化

特征：技术显性化，云计算、大数据、物联网、移动通信技术、人工智能等技术看得见摸得着，数据通过采集、存储、计算、管理、使用产生智能，让系统替代人做重复性劳动。

4. 第四阶段——智慧化

特征：技术隐性化，看不见摸不着，但能感觉到，人工智能与人的交互界面更友好，更融合，系统比人更聪明，给出的决策建议更合理、更可靠。

具体来说，就是将云计算、大数据、物联网、移动互联网、人工智能等技术与博物馆业务场景深度融合，“神经系统”不仅包含博物馆大脑，还需要从大脑到末梢的神经网络，从端点感知、信息传送、大脑分析决策，再到反馈指令、完成行动，需要一个完整的神经网络来实现闭环，这一点有别于通常概念上的智慧大脑，我们例子的优势不仅在于大脑，在于物联网以及终端的连接，更在于中心后台的数据模型和运算，以及分析和指导。既是神经系统，也是大脑分析系统，更是人生知识和经历补充系统。

二、2014—2018 年，国家文物局在东部、中部、西部地区，对七家博物馆进行了智慧博物馆建设试点工作

1. 智慧博物馆试点的三类方向

第一类：侧重展示型，以基础设施建设、数字信息采集和展示应用为重点。代表博物馆：甘肃省博物馆、内蒙古博物院、四川博物院、山西博物院。

第二类：相对均衡型，注意智慧保护、智慧服务和智慧管理三方面建设的内容均

衡。代表博物馆：苏州博物馆、金沙遗址博物馆。

第三类：侧重管理型，代表博物馆：广东省博物馆。

2. 对国内知名博物馆开展的智慧博物馆项目进行调查研究并形成成果分析

三、宋新潮关于智慧博物馆的观点

《中国博物馆》2015 年第 2 期《关于智慧博物馆体系建设的思考》一文，从“智慧”一词解释了智慧博物馆的概念与内涵，引出博物馆“人、物、数”的观点。主要强调博物馆数字化的重要性，阐释博物馆以人为中心的观点。又从智慧博物馆的特征分析，给出了角色（role）、对象（object）、活动（activity）、数据（data）四个维度的智慧博物馆特征模型（ROAD 模型）。在此模型下，结合互联网、大数据、云计算、通信技术等，概括出智慧服务、智慧保护、智慧管理三大博物馆功能服务体系。

该文章提出的智慧化概念新颖、独特，对 2015 年以来的博物馆智慧化发展、思路和研究指导，具有一定的积极作用，是推动智慧化博物馆概念、理论和实践的基石性研究。

2015 年 12 月，国家文物局副局长宋新潮在文物保护领域物联网建设技术创新联盟学术研讨会上的讲话中，首次提出了一个问题：我们的博物馆在数字化什么？宋局长提出，博物馆文物数字化不只是单纯地保存图形图像，文物具有历史、艺术、科学价值及相关社会价值，文物是国家记忆、民族记忆的物化载体。文物是有生命的，在文物背后有着丰富的内涵和精彩的故事，这都需要我们加以系统地挖掘、整理与记录。这才是真正的数字化。

四、陈刚关于智慧博物馆的观点

陈刚（北京歌华文化集团）在《中国博物馆》2013 年第 4 期发表的《智慧博物馆：数字博物馆发展新趋势》一文中，认为从数字博物馆到智慧博物馆的发展是以人为本理念在博物馆领域深入实践和物联网等新技术在博物馆应用普及的必然结果。该文回顾了数字博物馆的发展历程，分析了从数字博物馆到智慧博物馆的发展趋势，提出了“智慧博物馆 = 数字博物馆 + 物联网 + 云计算”的智慧博物馆发展模式，最后讨论了物联网、云计算、移动互联、大数据技术集成应用对智慧博物馆建设和发展带来的挑战。

主要对当时博物馆、数字博物馆、智慧博物馆的概念予以明确，并对物联网、云计算的技术加以引入，是一篇概念明确的好文。

五、我们对智慧博物馆的认识与实践

宋新潮、陈刚二人对智慧博物馆概念的明确，及其在博物馆的引入起了很大的推动作用，但在智慧博物馆的体系研究和实践中还需要做进一步的探索。今天我把自己对智慧博物馆的认识、实践和体系分享给大家，起到抛砖引玉的作用。

（一）认识

当下博物馆的发展，已经不再是实体博物馆的单一发展模式。随着互联网技术在不同行业的应用，互联网思维的提出，特别是智能博物馆、数字博物馆、物联网、云计算的不断渗透，博物馆的发展有了更大的展示空间，互联网思维下的智慧博物馆已经成为我们博物馆建设的方向。

智慧博物馆将是实体博物馆不可或缺的有机组成部分，如同神经系统是人体的有机组成部分一样。数字博物馆负责博物馆各组成要素的数据的处理、存贮、分析和表达；而物联网负责博物馆各组成要素的信息采集和控制指令的传输和执行，云计算则负责根据已有的海量数据资源和当前物联网实时采集的数据，进行分析决策，并向博物馆各组成部分或要素下达控制指令。

实际上，智慧博物馆是博物馆未来发展的一种历史形态，是一种主观意识，是一种目标信仰。

对于现行博物馆实现智慧博物馆的实践，我有几点思考：①加快数字博物馆的平台建设；②大数据概念的意识；③物联网技术的实践；④数据挖掘的尝试；⑤博物馆管理必须全面转型数据链。

在现阶段，传统的博物馆行业引入互联网思维，成为其最高境界。核心是用互联网思维去重构博物馆的价值链。

博物馆的互联网思维转变，应该从决策层的互联网思维切换，博物馆文化的互联网思维变革和博物馆业务的互联网思维重构，必将重塑博物馆的价值链。

说了这么多，还没有点出我们的“案例”例来。为什么叫“案例”例，是因为我们提出的案例是文博行业没有出现过的，是我们自主研发的特例案例。

（二）实践

博物馆业务知识体系传播指导系统由以下几个部分组成：博物馆展览讲解系统，博物馆参观人员行为分析系统，博物馆展览体系系统，博物馆藏品知识系统，博物馆历史故事背景系统，学生历史知识体系结构，博物馆知识运算体系，智慧模型体系架构，历史图书出版系统，中华历史体系系统等。

系统功能：参观人员用手机登录或微信关注“博物馆业务知识体系传播指导系

统”。一是进入博物馆进行展览讲解，二是对参观人员进行参观后的历史知识、中华文明体系评估，推送知识结构欠缺指引，中小学课本知识推送和介绍，正式出版物对于参观者知识体系补漏推荐，并对特殊群体进行博物馆相关知识体系回馈系统建设（如艺术鉴赏推介、科技知识推介、经济体系建议等）。以上所为的推介、建议、引导、评估、推荐等都是对于参观者的博物馆行为和互动交流进行的知识模型运算后的算法建议，是基于科学性、逻辑性和规律性的研判。

“博物馆业务知识体系传播指导系统”给参观者的建议如下：

（1）展览讲解：语音和 VR 视频三维讲解。

（2）参观者对展览大纲体系的缺失和评估。

（3）国人对于中华文明的认知级别。

（4）参观者对于中小学课本知识的缺失补漏。

（5）博物馆相关知识出版物体系的推介。

（6）相关特殊要求者的知识体系建设。

以陕西历史博物馆基本陈列大纲体系与参观者路径、简答互动为依据，出具智慧化博物馆业务知识体系传播指导意见书。

1. 参观者路径

我们知道，大数据时代，人们已经不满足于依靠调查问卷等采样模式开展的数据采集，大数据时代关注的是全部数据，依靠全部数据建立的数据分析，挖掘出数据间的关联性以及数据深层次的意义。

为了更好地开展观众的定位和知识体系的链接，物联网及新媒体技术的广泛应用，为建立以观众需求为导向的观众服务系统提供了可能。根据国际电信联盟（ITU）的定义：物联网是通过二维码识读设备、射频识别（RFID）装置、红外感应器、全球定位系统和激光扫描器等信息传感设备，按约定的协议，解决物与物、人与物、人与人之间的互联。具体来说，就是将无处不在的末端设备和设施，通过各种无线或有线的通信网络，实现个性化且安全可控的在线监测、定位追溯的数据采集模式。在这里，我们陕西历史博物馆采用的是蓝牙定位技术。

在每一个展览单元、文物组别、文物展柜、重点文物都设置了蓝牙模块。选择蓝牙定位技术主要出于以下考虑：一是与专用的导览设备相连，二是利于与手机相连，三是技术稳定，四是建设投入低，五是维护方便。

2. 简答互动

讲读博物馆 APP 是我们于 2019 年开发的陕西省全域博物馆的讲解指导系统，是我们观众与后台体系相结合的主要平台。其登录方法有手机登录和专用讲解系统登录两种模式。

讲读博物馆 APP 可以通过以下方式下载安装和浏览。

1）手机可以通过扫描二维码安装 APP 进行浏览

安卓版　　苹果版

二维码获取途径有：①通过关注陕西数字博物馆微信公众号下载；②陕西数字博物馆官方网站获取；③陕西历史博物馆官方网站获取；④汉唐网官方网站获取。

2）第二种浏览途径

通过微信小程序搜索讲读博物馆，即可以直接浏览，或者用微信扫描小程序的二维码。

微信扫一扫，使用小程序

后期，我们在此平台上开发简答互动功能，主要问答有以下三个因子。

陕西历史博物馆基本陈列分为 7 个单元：第一单元文明摇篮、第二单元赫赫宗周、第三单元东方帝国、第四单元大汉雄风、第五单元冲突融合、第六单元盛唐气象、第七单元文脉绵长。

你参观了哪几个单元？

未参观的单元，是随意漏过？还是本身就有比较多的了解而漏过？

自己评价自己在哪部分知识欠缺？

这样我们就可以以两种方式分析参观者对于展览体系、历史结构、中国文化、中华文明等领域的了解程度，并给出评估报告。

一是在自由参观完，给出一个有蓝牙定位的感兴趣和理性知识结构及知识欠缺的评估报告。二是根据参观完又参与讲读博物馆平台三个互动因子给出的评估报告。

展览大纲为依据的评估报告包括以下几个内容。

一　人猿揖别

1 蓝田人　2 洛南盆地遗址群　3 大荔人　4 黄龙人　5 龙王辿遗址

二　华夏源脉

1 氏族生活——老官台文化时期　2 文化一统——仰韶时代

3 古国肇始——龙山时代　4 史前艺术

三　凤鸣岐山

1 周人起源　2 周原立国　3 周国四邻

四　礼乐之邦

1 建都丰镐　2 采邑封国　3 礼制刑罚　4 战争交往

五　经济文化

1 百工技艺　2 货殖交通　3 青铜艺术

六　秦国崛起

1 西岐建国　2 建都雍城　3 变法图强　4 葬仪恢宏

七　天下一统

1 皇皇帝都　2 横扫六合　3 皇权一统　4 骊山夕照

八　汉都长安

1 龙墀凤阁　2 离宫别苑　3 皇家陵阙

九　经济繁荣

1 农桑牧渔　2 冶炼织造　3 商贾市肆

十　社会图景

1 汉人生活　2 科技文化

十一　开拓交流

1 汉与匈奴　2 凿空西域

十二　魏蜀相争

十三　群雄逐鹿

十四　融合互通

1 民族融合　2 丝路来客　3 多彩生活

十五　长安佛光

十六　东方名都

十七　巍巍帝陵

十八　巅峰盛世

1 公私仓廪俱丰实——农牧业　2 方寸巧心通万造——手工业

3 万邦商旅会长安——商业赋税

十九　灿烂文化

1 云髻明珠映罗裙——服饰艺术　2 挟弹飞鹰霓裳曲——文化娱乐

3 莲花影里数楼台——宗教文化

二十　丝路繁华

1 流沙昆仑涉越勤——异域使者　2 泱茫瀚海闪遗珍——丝路遗存

二十一　西北重镇

1 屏藩要冲　2 经略西北　3 名门望族

二十二　世俗百态

1 雅俗衣冠　2 耀州青瓷　3 精雅生活　4 宗教世界

得出以上二十二个分类的知识指导和参观者对于知识体系需要，以及自身欠缺的评估报告。

以上是以博物馆参观者对展览大纲体系的缺失和评估的列举。同时在评估报告中加入国人对于中华文明的图书推介、参观者对于中小学课本知识的缺失补漏、博物馆相关知识出版物体系的推介，以及相关特殊要求者的知识体系建设等评估内容。

评估报告内容及形式：

参观者中国文化知识体系评估参考报告

一、个人基本信息

姓名　年龄　学历　省份

二、参观体系报告

对于文明摇篮、赫赫宗周、东方帝国、大汉雄风的了解为优秀。对盛唐气象文脉绵长学习良好。对冲突融合有待提高。

建议：比如，加强魏晋南北朝时期战乱频仍、政权更迭的知识补缺，以及北方各少数民族在陕西角逐、内徙、冲突、融合，农业文明与草原文明在交流和互补中共同进步，丝绸之路依然繁荣，佛教东渐的知识体系建设。特别是三国时期（220 年—280 年），陕西一直处于魏蜀的军事争夺之地，曹操占有关中，刘备占有汉中，岐山、汉中等地留有许多当年的遗物和遗迹的学习和研究。

中学课本复习建议：

文章推荐：

图书推荐：

文博知识推荐：

结合参观行为和观众简答互动两种行为，给出参观者对于展览体系、历史结构、中国文化、中华文明等领域的等级评估。

报告结论等级分为：优秀、良好、及格、待提高。

说到智慧化，就不得不提模型思维。模型思维是智慧化的基础和台阶。模型是用数学公式和图表展现的形式化结构，它能够帮助我们理解世界。掌握各种模型，可以提高人们的推理、解释、设计、沟通、行动、预测和探索能力。我们提倡多模型思维方法，应用模型集合理解博物馆的复杂运营。多模型思维是在单模型基础上，通过一系列不同的逻辑框架“生成”智慧。不同的模型可以将不同的力量分别突显出来，它们提供的见解和含义相互重叠并交织在一起。利用多模型架构，我们就能够实现对博物馆丰富且细致入微的理解。

可以这么简单地来理解模型。单一模型就是单一方案，多维模型就是多套方案的组合。多套方案的最优化选择就是智慧化的实现。所以说模型的奖励是极其重要的。不谈模型的数据、信息和知识都不是智慧，只有在知识架构下的模型才能生成智慧。也就是多重方案的最优化选择。

要建立一个模型，通常有这么三种方法，一是具身法，二是类比法，三是另类现实法。

神学家、哲学家奥卡姆的威廉提出了流传至今的“奥卡姆剃刀”原则：如无必要，勿增实体。阿尔伯特·爱因斯坦说：不应否认，任何理论的终极目标都是尽可能让不可简化的基本元素变得更加简单且更少，但也不能放弃对任何单一经验数据的充分阐释。不过到了今天，当遇到用解析方法难以处理的问题时，我们还可以求助计算方法，可以构建有许多不断变化的组件的精细模型，而无须考虑解析上是否易于处理。科学家构建全球气候模型、大脑模型、森林火灾模型和交通模型时，就采用了这种方法。智慧博物馆的模型建设，当然可以把这些经验“统统拿来”。

博物馆的智慧化发展到今天，是在我们多年博物馆数字化经验的基础上，开始向智慧化过渡的时候了。这个过渡就不得不经历各种智慧化模型的建立。我们提出博物馆与大学、研究所等研究机构的结合，最为重要的就是模型的研究、建立和突破。

查理·忙格说：“要想成为一个有智慧的人，你必须拥有多个模型。而且，你必须将你自己的经验，无论是间接的，还是直接的，都放到这些模型的网格上。”

今天我谈到的博物馆业务知识体系传播指导系统，就是我们在智慧博物馆建设中一个鲜活的案例，它是我们多年来对智慧博物馆认识和建设的探索结晶。

陕西省信息化建设指导意见

（2020）

为了更好地学习贯彻党的十九大精神，推动社会主义文化大发展大繁荣，结合陕西省文物系统的工作特点及信息化建设的社会化建设要求，进一步推动陕西文物事业的政务公开，为我省经济建设和社会发展服务，结合我省文博事业的发展情况，我们来制定陕西省信息化建设和指导意见初稿。

一、陕西省信息化建设指导思想和基本原则

指导思想：文物信息化是新时期文物事业发展的重要战略选择。陕西省文物信息化建设必须以党的十九大重要思想为指导，牢固树立科学发展观，紧紧围绕陕西“十四五”国民经济和社会发展需求，在陕西数字博物馆整体框架内，以文物信息网络化建设为基础，以文物专业数据库建设为核心，以深化信息资源应用为目标，以国家文物局关于文物资源数字化、信息采集标准化、信息存储安全化、信息服务网络化的标准为依托，全面提高我省文物信息化管理水平，满足全省、社会和公众日益增长的文化信息需求，进一步促进陕西省文物信息化建设持续、快速、健康地发展，在信息化建设方面也充分体现出文物大省的建设风范。

基本原则：统筹规划，分步实施；以需求为导向，以应用促发展；制度保障，确保安全；以资源整合为重点，以项目带动战略。

以资源整合为重点，以项目带动战略——文物信息化建设要以体制创资源整合为动力，确保分散的文物信息资源的整合利用。在馆藏文物数据库、不可移动文物数据库和文物地图多媒体数据库，以及社会文物数据库、文物库房安全监控、文物遗址保护及文物修复动态监管、文物外展等各类文物数据库项目的建设带动下，实现陕西文物展示、文物保护和业务工作专业平台战略的顺利实施。

二、陕西省信息化的总体目标和主要任务

总体目标：以启动陕西数字博物馆建设为契机，其总体目标是：以省文物局为龙头，以全省各地市博物馆、文物收藏单位和遗址遗存为建设对象，以集中式陕西数字博物馆建设为平台，重点建设涵盖馆藏文物的全省性、超大型、分布式、规范化、可

共享的馆藏文物数据库和不可移动文物数据库；各级文物管理部门完成区域性电子管理系统建设，建立起全文物局统一规划、同步建设的业务管理监控共享体系，实现业务管理和业务监控管理系统；所有市区（县）文化（文物体育）局、博物馆在陕西数字博物馆上建立数字化联网展示，完善以陕西数字博物馆为主体的开放文物信息展示和文物系统内的文物管理监控平台，使其肩负起在5年内达到陕西省文物局政府网与历史文化门户的双重目标的任务；加快推进数字博物馆的建设，基本建成以省文物数据中心为核心，以各市区（县）大型博物馆藏为骨干，以各小型博物馆为补充，连接全省各博物馆的电子信息的市、区（县）二级文物信息资源共享体系。

主要任务：根据全省文物信息化建设的总格局，集文物展示、文物保护修复、文物安全监控和不可移动文物有交互功能的电子政务监控系统、具有核心地位的专业文物数据库和具有保存保管作用于一体的数据备份基地，努力在陕西省信息化建设中发挥出文物部门应有的积极作用。

（1）逐步建成以馆藏文物数据库、不可移动文物数据库和文物地图多媒体数据库，以及社会文物数据库为龙头的全省数字文物网络。加强以文物展示、服务民生为主要内容的数字文物资源建设，全面推动馆藏文物、不可移动文物数字化和文物地图多媒体数据库建设持续稳步地发展，推进文物信息的应用与服务。

（2）将电子办公监控作为重要政务信息资源库来建设。陕西省文物数据中心为各级文物管理部门和各下属单位（博物馆、遗址、研究院等）建立电子办公监控系统，依托电子政务数据交换平台、集成办公平台，在线采集和接收工作监控，根据《中华人民共和国政府信息公开条例》，依法接收、采集各级政府机构包括已公开现行文件在内的办公监控体系。

（3）在建成的数字博物馆的基础上，进一步推动全省文物数字化工作。在网络上，建设展示数据库文物数据资源的数字展览和实体博物馆的数字化建设的陕西数字博物馆，建设文物网站大全，向全国展示陕西数字博物馆的新成果。

（4）以文物研究和文物保护为基础，建立面向社会、服务公众的公众网上文物展示、文物保护研究、文物安全监控和办公进展监视工作新平台。以陕西数字博物馆为依托，重点建设实现陕西文博数字化建设工程，提升文博行业社会公益新形象，为社会主义文化大发展大繁荣的阳光工程开辟一片新天地。

三、建设重点和实施步骤

（一）加快文物信息化基础设施建设

（1）全面提升全省各级各类博物馆、文物行政管理部门的计算机和网络技术应用程度，实施电子文档一体化和馆院一体化管理模式。在2017年，全省大型博物馆和行政管理部门应用计算机的普及率达到100%，2022年，全省各级博物馆信息化覆盖率达95%以上。

（2）进一步提高文物管理软件的技术和应用水平。全省要认真贯彻落实《电子文件归档与管理规范》（GB/T18894—2002）、《文物数据中心数据交换管理办法》和《文物管理软件功能使用规定》等标准规范，陕西省文物局统一推广应用符合文物工作业务规范的办公监控和数字资产管理平台，为文物信息交换、实现文物信息资源共享创造条件。

（3）加强和完善文物局域网建设，并与陕西省政务网联通。到2020年，大型博物馆和各级文物管理部门全部建立局域网，2022年，各级博物馆网络建成率达到90%；到2025年，全省各市区（县）博物馆全部完成局域网5G建设。

（4）各级各类博物馆注重实体展览资料整理，为数字化展示的保护利用做好基础工作。

（二）加强基础文物数字化标准建设及应用工作

建立统一数据标准，整合所有数据，可以对博物馆所有信息化系统进行数据整合，通过大数据方式进行存储、管理、查询、统计、分析、挖掘等，并以可视化的展现形式，达到让数据说话、以数据依据为决策的目标，满足智慧博物馆中的智慧管理、智慧展示、智慧服务和智慧运营的各种需要。

1. 数字化建设内容

1）综合业务平台

综合业务平台是立足于文物数字化保护和利用，着眼于资源的全方位、多专业、深层次信息的管理与传承，为资源的保管、陈列、研究等各类业务工作服务。

综合业务平台信息表

藏品管理系统	基于自定义编目建立藏品目录体系，与馆内的业务相互结合，业务包括征集入馆、鉴定入藏、编目入库、库房管理、统计分析、修复保护、陈展教育、学术研究等，构建藏品的“生命档案”。通过提供系统化运营，优化原有业务模式，实现流程再造，同时通过各种技术手段保护藏品数字化资源，提高资源的信息安全性
数字资产管理系统	数字资产管理系统提供一个开放平台，支持对多媒体数据的采集、创建、管理、存储、归档、检索、传输和显示，其中包括图像、视频、声音、文本、3D模型和视频剪辑等，可复合管理描述藏品各类数字资源信息、学术研究资料、考古资料、修复过程等影像。数字资产不仅自身极具典藏价值，同时也为其他信息化应用提供主动、丰富的数据内容，包括内部查询、网站发布、研究报告、资料出版、产品制作、观众服务等。同时将数字资产管理与工作流相结合，让数据采集与日常工作无缝融合，让数据整理从采集开始，实现数据质量管理的关口前移
库房管理系统	库房管理系统包括藏品入库（征集、借入藏品等）、出库（借入文物退还、外借、展览、提用、修复等）、归库的登记管理

续表

文物修复管理系统	包括修复文物分类、修复材料管理、修复方法管理、修复过程管理、修复结果查询比对、修复文物统计、环境监测分析、专家库管理、经验库等功能
展览管理系统	根据展览项目管理的生命周期，展览管理系统主要包括展览策划管理、展览申请管理、展览遴选管理、展览方案管理、展览筹办管理、展览运行管理、展览收尾管理、综合统计分析等功能模块
文献管理系统	文献管理系统包括书目管理、内容管理、图像管理、元数据管理等功能，并在此基础上提供文献资料阅读、智能检索及研究等
专家研究系统	专家研究系统是为专业人员记录管理资料、资源、研究成果提供的编研平台

2）现场体验服务平台

现场体验服务平台针对公众服务需求，以现场多维展现互动形式，实现公众与博物馆藏品交互的完美融合，为公众提供细致周到的服务，主要包括现场观众服务、展示与体验、活动策划实施、活动数字资料采集和归档等。

现场体验服务平台信息表

导览管理系统	导览管理系统使用室内定位技术、实现场馆内精确定位。分为导览服务和导览管理两部分，包括展览讲解、馆内导航、游客定位、智能推送、服务中心等功能，拥有语音导览、微信导览等多种模式，可以推送文字、图片、语音、视频等多种形式的导览信息，用户可以根据实际情况和业务模式进行不同的选择和组合，满足用户对展馆展览导览和后台管理的需求
票务管理系统	票务管理系统融合机电一体化技术、信息识别技术等，集预售票、检票、统计于一体，支持微信、网站、小程序购票，支持第三方支付。高效准确地为博物馆统计游客数量，为实现博物馆科学规范管理提供全面的技术支持
多媒体互动系统	多媒体互动系统是整合互动投影、全息影像、虚拟现实 VR、三维动画、魔墙、增强现实 AR、体感互动等。多媒体互动系统包括多媒体资源管理发布、展厅灯光管理控制、互动体验终端等
观众数字化系统	观众数字化系统为每个观众建立档案记录，收集观众位置、预约、消息订阅、停留时间、文物偏好、点评、转发等个人行为，结合观众行为分析算法，使博物馆能够准确掌握观众基本信息和行为偏好。主要对观众服务、信息发布进行统一管理的系统，其集成智能导览系统、票务管理系统、客流监测系统的接口和数据，实现对观众服务的业务管理
客流量管理系统	观众流量是重要的衡量工具，通过这一准确的量化数据，不但可以获得博物馆正在运行的情况，还可以利用这些高精度的数据，进行有效的组织运营工作
志愿者管理系统	志愿者管理系统是通过志愿者申请的方式将志愿者信息添加至系统中，包括志愿团队、志愿活动等，能够更便捷地完成出勤登记，了解服务调度安排，与其他志愿者进行沟通交流，同时也有利于志愿社进行勤务统计、服务数据分析
社教活动管理系统	社教活动管理系统提供专业、学术、教育活动的基本信息维护、日常管理、活动管理、成员管理、档案管理、活动信息发布等功能

3）互联网服务平台

互联网服务平台是依据“互联网 + 中华文明”的政策指引，通过“互联网 +”模式，保证公众参观不受时间、空间、地域的限制。

互联网服务平台信息表

门户网站系统	满足博物馆日常运行的网络宣传需要，网站覆盖博物馆的各项业务，对内包括博物馆各项日常业务的网上办理。包括藏品征集、藏品保护、精品鉴赏、学术研究、展览预约、虚拟展览、志愿者、学术活动、社会教育、文创产品等，可以结合博物馆的需求，定制外网门户网站，同时适配移动端
网上预约系统	网上预约系统提供展览和活动的网上预约功能，包含网站预约、微信预约、预约查询、预约取消等。并通过统一平台实现不同消费手段的统一管理，为今后各项增值服务提供信息管理基础
在线商店系统	在线商店系统包括文创基本资料管理、设计文档管理、多媒体资料管理、文创产品信息管理、文创产品查询检索、文创产品数据分析、产品销售统计分析及热门产品推送等
微信公众系统	微信公众系统包括自定义微信菜单、消息回复、推送管理、用户管理、业务管理、活动管理等，构建完整的微信服务平台，通过资源整合，优化微信原有的资源，同时通过H5等前端技术手段，结合360° 全景、三维建模等数据技术，提高微信观众服务的多样性和趣味性，使之成为带有博物馆自身特色的服务窗口
虚拟博物馆系统	在三维建模展厅中，将场景、图文、音频、视频介绍及高清大图整合进行展示，用户可以自由、便捷地行走，也可通过点击兴趣点或展品框体的方式浏览。三维展厅同时支持三维展品的嵌入，能够实现简单的游戏交互功能
历史专题管理系统	历史专题管理系统立足于整个行业，根据博物馆的历史及特色制定、管理专题类综合信息。面向全国各行业名人和大众，提供多途径、多层次的信息查询、展示交流、信息共享的平台
青少年教育系统	互联网更新了博物馆青少年教育理念，汇聚和整合了博物馆青少年教育资源，推进了博物馆青少年教育活动机制的形成，并建立独具特色的运作模式，从而发挥博物馆在青少年素质教育方面的优势。博物馆在教育课程、体验活动等项目的设计策划上，包括活动目标、活动准备、活动过程、活动教具、教材开发等方面

4）智能馆务平台

智能馆务平台是实现博物馆内部工作如博物馆运营、人财物管理、保护、研究、安保的智能化，构成博物馆智慧化运行新的形态。

智能馆务平台信息表

统一门户系统	通过门户形式的整合，使博物馆内部应用形成一个有机整体，保证全系统应用操作的一致性和关联性，内部管理的全局性，保证系统多层次实现便捷操作、高效管理，实现工作流、管理流、数据流统一。 统一门户系统包括单点登录、待办任务、公共信息、应用集成、个性化设置等功能。系统建立在各业务系统之上，负责应用调度与管理、信息共享与通信的整合平台，通过与信息整合交换平台的配合，建立起特定可视化的逻辑关联联系，充分发挥平台的整体应用效果
协同办公系统	利用工作流技术和电子签章技术，结合馆内日常办公和业务处理流程，满足日常办公文书收发、人事管理、党政事务等办公需求，为办公室业务实现全馆人事、外事、信息资讯等工作的自动化流转
多媒体控制系统	为博物馆构建以多媒体资源控制发布为核心的管理平台，结合多媒体资源管理和多媒体终端设备管理，对常设展区区域内所有电子图文类、独立播放的音视频类、集成媒体类、装饰类投影和一些特殊类的播放内容及终端设备进行统一管理，集中控制博物馆展陈区的多媒体展示和互动系统
后勤保障系统	后勤保障系统采用流程化的处理模式，实现各后勤保障业务的流程化管理，为博物馆工作人员提供良好的工作环境，做好高效的后勤保障
资产管理系统	资产管理系统对固定资产实物从登记、转移、调拨、处置，资产的运行、借用、盘点、清理到报废等方面进行全方位准确监管，结合资产分类统计等详细报表，真正实现“账、卡、物”相符

续表

环境监测系统	环境监测系统包括实时监测、数据分析、异常警告、功能展示、灵活变更等功能
安防数字化管理系统（集成）	可根据博物馆实际情况及客户要求，提供安防数字化集成接口，以BA系统（楼宇设备自控系统）为基础，完成馆内设备集成控制数据接口，实现报警联动

2. 标准化建设

在加强陕西省博物馆的数字化建设力度的同时，在“十四五”期间，还要规划全省博物馆信息化和智慧化博物馆建设的规范化和标准化建设力度，需制定以下规范和标准：①藏品二维数字采集与加工标准；②藏品三维数字化采集与加工标准；③博物馆信息基础数据元标准；④数字资源核心元数据标准；⑤数字资源分类与代码标准；⑥ 博物馆数据库建设规范标准；⑦博物馆数据存储标准；⑧业务系统数据安全处理技术标准；⑨界面设计标准；⑩统一身份认证标准；⑪集成平台技术标准；⑫信息共享标准。

四、未来智慧化规划

（一）引入智慧博物馆思路

“十四五”时期，是我国全面建成小康社会、实现第一个百年奋斗目标之后，乘势而上开启全面建设社会主义现代化国家新征程、向第二个百年奋斗目标进军的第一个五年，也是文物事业改革发展的关键时期。十九大报告中明确指出，要加强文物保护利用和文化遗产保护传承。在“互联网＋”上升为重要国家战略的背景下，国家文物局启动了“互联网＋中华文明”行动计划，坚持保护为主、保用结合，坚持创造性转化和创新性发展，传承中华优秀传统文化，让历史说话，让文物活起来，讲好中国故事，提升中华文化的国际影响力，让宝贵遗产世代传承、焕发新的光彩，用文明力量助推发展进步。

陕西省博物馆数字化建设要通过观念创新、技术创新和模式创新，向智慧博物馆建设迈进。从管理、保护、研究、服务、展示、传播等多层面统一构建博物馆文化资源数字化保护、展示与管理体系，推进文物信息资源、展览内容、传播渠道、研究成果、观众互动全链条设计，不断丰富展览和服务，进一步发挥文物在培育弘扬社会主义核心价值观、构建中华优秀传统文化传承体系和公共文化服务体系中的独特作用。以充满生机和活力的崭新面貌，为人类的物质文明和精神文明建设做出更大的贡献。

1）交互智慧化

陕西省博物馆数字化的任务首先是为社会及其发展服务、为公众服务。智慧博物馆开展公众教育是基于公众对于和自身相关的事物更为关注、更易产生共鸣的理念而搭建的智慧化平台。

2）传播智慧化

拉近实体博物馆与公众的距离，整合从博物馆认知、信息获取、展览增强到评论分享的流程。传统实体博物馆的陈展空间，通过“互联网+”模式，保证公众不受时间、空间、地域的限制。满足公众对博物馆的需求，实现参观的时间延伸、空间拓展。

3）管理智慧化

利用现代化技术和信息化手段，实现博物馆内部工作如博物馆运营、人财物管理、保护、研究、安保的智能化，构成博物馆智慧化运行的新形态和新模式。

4）分析智慧化

利用专业的文物数据库、观众数据库、管理数据库、行业内外数据库和政府数据库，对博物馆的未来进行分析和数据趋势研判，为博物馆管理者提供数据决策依据。

（二）清晰智慧化建设内容

1. 专业数据库建设

有以下几点：①完善全省博物馆藏品管理系统和相关数据库统一研究、利用平台；②建立全省科研专业数据库；③建立全省观众和志愿者需求专业数据库；④建立全省管理大数据数据库；⑤完善全省文物保护数据库等专项专业数据库；⑥统筹全省票务系统和信息资料统一平台；⑦安全技防数据库的统一数据建设；⑧专家数据库建设。

2. 管理数据库建设

有以下几点：①省文物局OA系统规范；②各市级管理部门管理数据库建设；③博物馆管理系统整合。

3. 决策模型研究

决策模型是用于经营决策的数学模型。由于博物馆数据来源多样，既有纯关系结构的数据，还有离散数据结构的数据，博物馆的管理运行系统错综复杂，决策因素纵横交错，任何决策者仅凭直观和经验，都难以做出最优的决策。因此，做好模型结构研究，建立各决策变量之间的关系公式与模型，用以反映决策问题的实质，把复杂的决策问题简化，是博物馆决策或智慧博物馆运行的必要研究课题。

4. 展示宣传教育

网上展示已成为博物馆展示的重要手段之一，如H5、VR、AR、3D、沉浸式等。

5. 数据分析探索

陈列展览、教育活动、参观人数、文物及修复、科研质量、文物征集、博物馆管理等。

明确和规范博物馆内部信息共享交换流程、交换范围、交换方式、交换接口、数据结构、数据加密、安全认证和授权访问机制等，用于指导采购人新建应用系统的设计开发以及已有应用系统集成，保障馆内各类信息交换共享规范、有序、高效地开展。

今后，为了统一规范，现有博物馆信息化凡向陕西省文物局申报博物馆信息化建设项目必须参考该指南，以便全省的信息化建设工作能够统一标准和统一规范，为今后全省博物馆信息化统一应用和建设做准备。凡未按照本指南规定要求申报的项目，一律按非规范申报处理。

陕西智慧化博物馆与文物数字化展示利用评估、发展研究与对策

（2021）

2018年12月28日，在陕西历史博物馆召开了“陕西智慧化博物馆与文物数字化展示利用评估、发展研究与对策”开题讨论会，与会专家听取了陕西历史博物馆课题组长邵小龙的开题汇报后一致认为：课题以陕西数字博物馆系列平台等文物数字化成果为研究对象，在既有成果基础上，结合信息化技术发展趋势，综合既有项目成果，对智慧博物馆和文物数字化这两个方面开展进一步的研究和评估。课题前期调研充分，对关键问题能准确把握，研究方案可行，技术路线基本合理，同意开题。

在听取了专家建议后，课题组对项目研究方向进行了调整。

第一，对陕西已有的博物馆信息化项目进行调查，明确智慧化博物馆的相关概念，细化研究方法。

第二，开展智慧博物馆指标体系研究，利用现状从评估角度对信息化建设进行破题，对国内典型数字博物馆项目进行调查评估。深入研究前沿技术，归纳已有成果，构建模型，提出我省智慧化博物馆的建设对策。

第三，建立陕西省智慧博物馆框架和规划，对未来智慧化博物馆建设做出前瞻性规划建议。

在此研究方向的指导下，主要做了以下几方面工作。

第一部分　明确课题概念研究内容及目标

（一）概念

（1）智慧博物馆。

（2）数字化采集与展示。

（二）研究内容及目标

（1）评估方法。

（2）研究对策。

（三）研究方式方法

（1）调研。
（2）函访。
（3）交流。
（4）主要智慧博物馆研究者的资料整理和分析。
（5）研讨会（了解智慧博物馆全国开展情况、陕西智慧博物馆开展情况）。
（6）归纳法和演绎法。

（四）结果

（1）智慧博物馆内容。
（2）数字化展示方式。
（3）评估方法。
（4）对策。

（五）评估体系

（1）智慧博物馆。
（2）数字化展示。

（六）研究对策

针对陕西智慧化博物馆建设情况编写出对策。
（1）业务。
（2）观众。
（3）管理。
（4）行业内外。
（5）政府。

第二部分　智慧博物馆概念及其研究过程

智慧博物馆是在实体博物馆、数字博物馆的概念基础之上，由于科学技术的进步而演变发展起来的新生事物。智慧博物馆以多模态感知“数据”替代数字博物馆的集中式静态采集“数字”，并以此为基础，建立更加全面、深入和泛在的互联互通，消除信息孤岛，使人与人、人与物、物与物之间形成系统化的协同工作方式，从而形成更为深入的智能化博物馆运作体系。智慧博物馆淡化了实体博物馆相互之间，以及实体博物馆与数字博物馆之间的界限，形成了以博物馆业务需求为核心，以不断创新的技术手段为支撑，线上线下相结合的新型博物馆发展模式。

一、2014—2018 年，国家文物局在东部、中部、西部地区，对七家博物馆进行了智慧博物馆建设试点工作

1. 智慧博物馆试点的三类方向

第一类：侧重展示型，以基础设施建设、数字信息采集和展示应用为重点。代表博物馆：甘肃省博物馆、内蒙古博物院、四川博物院、山西博物院。

第二类：相对均衡型，注意智慧保护、智慧服务和智慧管理三方面建设的内容均衡。代表博物馆：苏州博物馆、金沙遗址博物馆。

第三类：侧重管理型，代表博物馆：广东省博物馆。

2. 对国内知名博物馆开展的智慧博物馆项目进行调查研究并形成成果分析

二、宋新潮关于智慧博物馆的观点

《中国博物馆》2015 年第 2 期《关于智慧博物馆体系建设的思考》一文，从“智慧”一词解释了智慧博物馆的概念与内涵。引出博物馆“人、物、数”的观点。主要强调博物馆数字化的重要性，阐释博物馆以人为中心的观点。又从智慧博物馆的特征分析，给出了角色（role）、对象（object）、活动（activity）、数据（data）四个维度的智慧博物馆特征模型（ROAD 模型）。在此模型下，结合互联网、大数据、云计算、通信技术等，概括出智慧服务、智慧保护、智慧管理三大博物馆功能服务体系。

该文章提出的智慧化概念新颖、独特，对 2015 年以来的博物馆智慧化发展、思路和研究指导，具有一定的积极作用，是推动智慧化博物馆概念、理论和实践的基石性研究。

2015 年 12 月，国家文物局副局长宋新潮在文物保护领域物联网建设技术创新联盟学术研讨会上的讲话中，首次提出了一个问题：我们的博物馆在数字化什么？宋局长提出，博物馆文物数字化不只是单纯地保存图形图像，文物具有历史、艺术、科学价值及相关社会价值，文物是国家记忆、民族记忆的物化载体。文物是有生命的，在文物背后有着丰富的内涵和精彩的故事，这都需要我们加以系统地挖掘、整理与记录。这才是真正的数字化。

三、陈刚关于智慧博物馆的观点

陈刚（北京歌华文化集团）在《中国博物馆》2013 年第 4 期发表的《智慧博物

馆：数字博物馆发展新趋势》一文中，认为从数字博物馆到智慧博物馆的发展是以人为本理念在博物馆领域深入实践和物联网等新技术在博物馆应用普及的必然结果。该文回顾了数字博物馆的发展历程，分析了从数字博物馆到智慧博物馆的发展趋势，提出了“智慧博物馆＝数字博物馆＋物联网＋云计算”的智慧博物馆发展模式，最后讨论了物联网、云计算、移动互联、大数据技术集成应用为智慧博物馆建设和发展带来的挑战。

主要对当时博物馆、数字博物馆、智慧博物馆的概念予以明确，并对物联网、云计算的技术加以引入，是一篇概念明确的好文。

四、我们对智慧博物馆的观点

宋新潮、陈刚二人对智慧博物馆概念的明确及其在博物馆的引入起了很大的推动作用，2014—2018 年，国家文物局在东部、中部、西部地区，对七家博物馆进行了智慧博物馆建设试点工作，对于推动博物馆智慧化建设的实践工作起到了进一步的实践作用。

但在智慧博物馆的体系研究和实践中还需要进一步的探索。今天把我们对智慧博物馆的认识、实践和体系分享给大家，起到抛砖引玉的作用。

（一）认识

当下博物馆的发展，已经不再是实体博物馆的单一发展模式。随着互联网技术在不同行业的应用，互联网思维的提出，特别是智能博物馆、数字博物馆、物联网、云计算的不断渗透，博物馆的发展有了更大的展示空间，互联网思维下的智慧博物馆已经成为我们博物馆建设的方向。

智慧博物馆将是实体博物馆不可或缺的有机组成部分，如同神经系统是人体的有机组成部分一样。数字博物馆负责博物馆各组成要素的数据的处理、存贮、分析和表达；而物联网负责博物馆各组成要素的信息采集和控制指令的传输和执行，云计算则负责对已有的海量数据资源和当前物联网实时采集的数据进行分析决策，并向博物馆各组成部分或要素下达控制指令。

实际上，智慧博物馆是博物馆未来发展的一种历史形态，是一种主观意识，是一种目标信仰。

对于现行博物馆实现智慧博物馆的实践，我有几点思考：①加快数字博物馆的平台建设；②大数据概念的意识；③物联网技术的实践；④数据挖掘的尝试；⑤博物馆管理必须全面转型数据链。

人类社会每次经历的大飞跃，最为关键的并不是物质催化，甚至不是技术催化，其本质是思维工具的迭代。

在现阶段，把传统的博物馆行业引入互联网思维，成为其最高境界。核心是用互联网思维去重构博物馆的价值链。

博物馆的互联网思维转变，应该从决策层的互联网思维切换，博物馆文化的互联网思维变革和博物馆业务的互联网思维重构，必将重塑博物馆的价值链。

（二）实践

陕西省的文物信息化建设已统筹规划，分步实施；以需求为导向，以应用促发展；制度保障，确保安全；以资源整合为重点，以项目带动战略为主要指导思想。

文物信息化建设以体制创资源整合为动力，确保分散的文物信息资源的整合利用。在馆藏文物数据库、不可移动文物数据库和文物地图多媒体数据库，以及社会文物数据库等各类文物数据库项目的建设带动下，实现文物信息化战略的顺利实施。

2013 年，全面建成全省文物信息网，100% 的馆藏等级文物和 50% 以上的一般文物建成专业数据库；建成了不可移动文物数据库；初步建成陕西不可移动文物地图多媒体数据库。2013—2014 年，全省 100% 的馆藏文物、不可移动文物数据库和文物地图多媒体数据库及社会文物数据库四库合一，并在与海关文物稽查和电子政务相配套的办公网络进行网络合并，初步完成陕西文物数据和办公平台的信息化建设雏形。

主要任务：根据全省电子政务建设总格局，与电子政务同步建设相配套的文物信息化建设也要进行，重点建设具有交互功能的电子政务系统、具有核心地位的专业文物数据库和具有保存保管作用的数据备份基地，努力在陕西信息化建设中发挥出文物部门应有的积极作用。

（1）逐步建成以馆藏文物数据库、不可移动文物数据库和文物地图多媒体数据库，以及社会文物数据库为龙头的全省数字文物网络。加强以围绕政务公开、服务民生为主要内容的数字文物资源建设，全面推动馆藏文物、不可移动文物数字化和文物地图多媒体数据库建设持续稳步地发展，推进文物信息的应用与服务。

（2）将电子政务作为重要政务信息资源库来建设。各级文物管理部门建立为各级党政机关服务的电子政务和为社会公众服务的政府信息公开网站，依托电子政务数据交换平台、集成办公平台，在线采集、接收和利用电子文件，根据《中华人民共和国政府信息公开条例》，依法接收、采集各级政府机构包括已公开现行文件在内的政府公开信息。

（3）在建成的文物数据的基础上，进一步推动全省文物数字化工作。在网络上，推出了在全国具有靓丽品牌效应的陕西数字博物馆，向全国展示陕西文物数字化的新成果。

（4）以“陕西汉唐网”为平台，建立面向社会、服务公众的网上办事新平台，重点建设“网上政府信息公开系统”，为打造阳光政府提供服务。

五、提速文物信息化基础设施建设

（1）全面提高和普及全省各级各类博物馆、文物行政管理部门的计算机和网络技术应用程度，实施电子文档一体化和馆院一体化管理模式。到 2017 年，全省大型博物馆和行政管理部门应用计算机的普及率达到 100%。

（2）进一步提高文物管理软件的技术和应用水平。全省要认真贯彻落实《电子文件归档与管理规范》（GB/T18894—2002）、《文物数据中心数据交换管理办法》和《文物管理软件功能使用规定》等标准规范，陕西省文物局统一推广应用符合文物工作业务规范的文物管理软件，为文物信息交换、实现文物信息资源共享创造条件。

（3）加强和完善文物局域网建设，并与陕西省政务网联通。到 2017 年，大型博物馆和各级文物管理部门全部建立局域网，2018 年，各级博物馆普及率达到 90%。

（4）新建、改建各级各类博物馆，同步设计文物信息化建设软硬平台、相关的自动化控制系统及安防系统方案，分步实施；有条件的整体设计、同步建设，使其“四位一体”功能得以充分发挥。

六、加强基础文物数据库建设及应用工作

1. 完善馆藏文物数据库建设

陕西文物数据库是国家数据库建设系统的重要组成部分，自 2006 年 3 月全面启动建设，现已初具规模，目前已完成了全省 11 万余件馆藏等级文物的数据录入、上报，并通过了国家局组织的专家组验收。

在今年将实现全省 100 余万件一般文物的数据建设。

2. 建立不可移动文物数据库建设

依据第三次文物普查数据，完善现有的不可移动文物数据库，做到集中完善，统一规划，建设了陕西省不可移动文物数据库。在建设中，充分结合我省文物遗迹较多的实际情况，建立起了具有我省特色的专业不可移动文物数据库。

3. 积极推进文物地图多媒体数据库建设

文物地图多媒体数据库的建立应以现实需要为前提，分阶段、分步骤稳妥实施，重点加强对珍贵、重要历史遗迹的信息的数字化转换工作。从 2011 年开始，全省各市区（县）遗址初步实现数据采集和电子档案建设。到 2015 年，全省遗址档案数字化率达到 95%，基本建立起我省的文物地图多媒体数据库。

4. 加快电子政务建设

各级博物馆依托各地建立的电子政务内（外）网平台，发挥文物管理部门交流优势，建立电子政务系统（办公自动化），及时接收电子文件，为党委和政府当前工作提供服务。在大型博物馆和市级文物管理部门进行试点，2011—2013 年，大型博物馆建立电子政务系统，2015 年各级博物馆及其他文物管理部门全面建立网上电子政务系统。电子政务与政府信息公开工作紧密结合，既有电子政务实体，又有网上政府信息公开窗口。

5. 积极促进我省数据库的整合工作，大力推进文物信息资源的应用

为了进一步提升我省文物保护和管理工作的水平，2013 年，省文物局决定基于已有的体系，建成“陕西省文物综合信息系统管理平台”，集成已有的陕西数字博物馆网站、陕西省馆藏文物数据库、陕西省考古工地视频监测系统等，构建一个智能的、实时的陕西省文物综合信息大屏幕展示系统（局会议室大屏幕显示终端）。

我们已经初步建成了这个管理平台，初步实现了对上述系统、数据库的访问、接入和调用，实现了图像、文字和数据库的同步和在线网络化监测，实现了跨区域的信息共享，可以为省文物局查看、分析、判读与定位研究我省文物保护管理提供及时、动态的信息，为文物局的科学管理、决策提供依据。

七、加快博物馆文物资源信息化建设

（1）加强各个博物馆的信息化建设。主要体现在文物数据的采集和多媒体的信息化方面。

（2）加强各博物馆的办公自动化建设。在各博物馆进行办公自动化建设方面，省文物局进行了统一的部署。

（3）博物馆和各级文物管理部门要将信息化工作体现在专业数据库建设和行政网络建设两部分。本单位办公自动化建设和文物数据库建设同步发展，适应办公自动化和电子政务建设的要求，博物馆和各级行政管理部门文档通用。

八、全面建成全省文物信息网

实现文物信息资源的共享是全省文物信息化建设的最终目的。建设全省文物信息网是实现文物信息资源共享的有效途径。各地应根据全省文物局信息化建设的统一部署，分阶段、分区域、有步骤地实施全省文物信息网建设。

（1）完成虚拟专网建设。在 2013 年前，全省各级博物馆全部完成馆藏所有文物数据的建库工作，使用 VPN 技术，利用电子政务统一平台，将现有文物数据库与各市博

物馆实现馆际互联共享，建成虚拟专网，供连通电子政务业务网和全省博物馆馆际查询应用。

（2）优化“陕西省汉唐网”网站建设，以领导、机关、公众和广大文物工作者为主要服务对象，以公布政府公开信息内容和开放文物信息为主要目的，使上载文物信息有限度地开放，向社会提供网上查询和利用服务。2013 年，全省各大型博物馆建成区域性文物信息网，2015 年，省内其他博物馆和文物行政部门全部建立自己的网站，全面构成“陕西省文物网”网站大全。

（3）2013 年，初步构建全省范围内的政府公开信息、电子文件及文物信息等网上报送及应用平台。全省各博物馆应当利用基于政务业务网的网上报送平台，定期向省市或者区（县）文物管理部门报送行政文件和文物信息资料。省文物局要应用国家文物局配置的文物管理软件和按统一标准开发的政务平台软件与各相关单位和部门传输各种信息，建立基于因特网和政务业务网的政府公开信息报送平台，并构建基于因特网的政府公开信息一门式查询系统，方便省内各级文物管理部门及时提供公开信息目录，市民查询相关文件，为市民提供更为规范、及时、准确的政府公开信息及相关文件。

九、建成陕西数字博物馆

陕西数字博物馆是陕西省 2012 年的文化惠民工程，以虚拟现实的手段展示陕西省的实体博物馆，目前收录全省博物馆 80 余家，在全国尚属首例。该数字博物馆由陕西历史博物馆和陕西文物数据中心开发和维护。

陕西数字博物馆是文物全民共享走出的重要一步，是我国第一座省级集观赏性、知识性、互动性为一体的数字博物馆。陕西数字博物馆的开馆，得到了人民网、新华网、华商网、中国日报、中国文物报、西安晚报、陕西广播电视台、西安广播电视台等多种形式的媒体报道，得到了全社会的广泛关注。陕西数字博物馆经过不断丰富展览形式和内容，不断进行技术创新，已经成为体现陕西“文化强”的靓丽品牌。

省内博物馆的虚拟漫游，可以在网上参观博物馆，三维漫游，可以按导览图自选参观不同展厅；进入每个展厅后选择感兴趣的文物，可以查看文物信息资料、文物背后的故事等；可以查看数字博物馆的文物，包括三维图像、资料信息（三尊佛）；数字博物馆还可将国内外的临展变成长期展览！

今年我们又进一步加强了陕西数字博物馆的建设步伐，通过以下项目的实施，使陕西数字博物馆迈向深入。

1. 陕西数字博物馆网络版

陕西数字博物馆网络版是 2012 年陕西省政府推出的一项重要的文化惠民工程。该馆于 2012 年 8 月 28 日正式上线开馆，一年多来，相继有人民网、新华网、凤凰网、中国日报、中国文物报、三秦都市报、西安晚报、陕西广播电视台、西安广播电视台等多种形式的媒体报道，得到了全社会的广泛关注。参观人数突破 40 万。它是一个没有围墙的博物馆。

2. 陕西数字博物馆移动网络版

2013 年 12 月 12 日，陕西数字博物馆移动网络版正式向公众推出。数字博物馆移动网络版的上线，让越来越多关注互联网、移动互联网的博物馆爱好者的目光汇聚陕西，一年来，点击人数突破 30 万。它是一个随身携带的博物馆。

3. 陕西数字博物馆口袋版

2014 年 6 月 14 日，是我国第九个“文化遗产日”，陕西省文物局在这里隆重推出陕西数字博物馆口袋版。有幸的是，陕西历史博物馆作为该口袋博物馆的第一分册，呈现在大家面前。

陕西数字博物馆口袋版，从表面上看，是一本带有我国传统文化色彩的布面折页，实际上它是集当今互联网技术、移动互联技术和图文识别等先进技术为一身，把传统的纸质媒介与现代的网络媒介创新结合的一个综合体，实现了把历史装进口袋，把博物馆带回家，让文物活起来的愿望。它是一个可以带回家细细体验的博物馆。

陕西数字博物馆网络版、陕西数字博物馆移动网络版和今天发行的陕西数字博物馆口袋版，是响应陕西省文物局提出实现智慧博物馆的探索和实践，我们衷心希望，通过我们的不断努力，成为第一个从陕西实现智慧博物馆的博物馆梦。

4. 陕西数字博物馆文物数字摩卡

“智慧博物馆移动互联信息服务平台及三维卡片在博物馆信息展示中的应用”是陕西省博物馆集群研发的课题，其在于完成一个基于二维码的移动交互导览系统的应用。为了提高陕西省内博物馆的社会服务水平和教育能力，更好地让博物馆通过现代化的技术手段服务于参观者，通过二维码自助导览的应用，让参观者可以便捷地对文物及景区的详细介绍及相关历史文化知识实现多感官的获取。同时通过游客大量扫码数据的积累，为博物馆提供全面的游客数据分析服务，包括游客数量、文物访问次数、地域来源等信息，为博物馆的日常管理决策提供数据支持和参考，为信息消费进行尝试性探索。

十、重视文博行业人员培养体系建设

信息化人才队伍建设是文物信息化可持续性发展的前提和保障。全省文物部门一方面要想方设法引进信息化技术人才，另一方面也要想方设法留住人才。电子政务建设与信息资源整合是一项全新的事业，需要一大批既懂信息化、电子政务知识，又懂文物管理、信息组织与计算机操作知识的专门人才。各级各部门要结合实际，制定详细的培训计划，2013—2014年，全省文物系统的业务干部都能上网工作，关键技术部门和保障岗位都有过硬的技术骨干和后备人选。各市区和部分县博物馆在2013年保证配备1—2名计算机专业人才，负责网络、数据库的管理及相关工作的业务指导。各区（县）博物馆要重视对馆内人才的发掘，通过送出培训的方式，使得具有一定计算机基础的人才能够较快地承担馆内文物信息化工作。

十一、文博行业信息化建设思路和建议

博物馆信息化建设应“全省一盘棋”，调动全行业人员的积极性，共同建设，共同享用。但在执行时往往可以分步实施，各个博物馆在前5年中建设自己的信息化应用系统，形成信息化建设的陕西各馆群雄并起，比如陕西历史博物馆、秦始皇帝陵博物院、陕西省考古研究院等，都在开发自己的信息化应用系统。近几年，陕西省文物局总结各馆信息化建设的相关性，发展集群效应，比如陕西数字博物馆的建设、“陕西省文物综合信息系统管理平台”的建成等。同时以大项目带动，实施全省信息化建设方案，比如，陕西文物数据库二级节点建设、陕西省各大博物馆的库房温湿度监测系统和陕西省田野视频监测系统的应用等，都是在大项目带动下信息化建设的具体体现。

信息化建设必须“数据先行”。随着大数据时代的到来，信息化建设应以各种数据建设为中心，不论是陕西省可移动文物数据库，陕西省不可移动文物数据库，陕西司法文物数据库（陕西打击文物犯罪文物数据库），陕西省“三普”文物数据库，陕西省长城资源数据库，陕西省社会流散文物数据库等文物资料数据库，还是陕西省文物行政数据管理系统，陕西省文物安全监测数据管理系统，陕西省文物抢救保护数据管理系统，陕西省文博单位、项目评审数据管理系统，陕西省对外文物、人员交流数据管理系统等管理数据库，都是信息化建设的基础工作。全省信息化建设围绕以实现智慧博物馆为目标，把全省信息化建设推向为社会服务的高度。

信息化建设关键在人才，应注意建立一支素质较高、相对稳定的工作队伍，包括文物博物馆、计算机、信息管理、艺术等各方面的人才。及时将信息化建设的成果运用到博物馆的文物保管、研究、陈列、教育和业务管理工作中，发挥效益，鼓舞士气，实现良性循环。不断关注新技术的进步和发展，及时借助和融合IT企业的力量，互利共赢。

同时建设文物信息化质量评估体系。建立信息系统功能和质量评估机制，建立文物信息化建设绩效评比机制，建立文物信息化建设先进评比和典型示范机制。在文物信息化规划执行过程中强调层层分解、细化，并与评比、考核相结合，以加强对文物信息资源的控制力，避免分散建设和低水平重复建设。充分发挥文物专家和信息化专家的作用，建立专项考评制度和办法，开展相关评比活动，树立先进典型，推广先进

经验，带动全省文物信息化健康、全面发展。

陕西数字博物馆的数据分析

陕西数字博物馆网站以数字博物馆标志为基础，通过三个英文字母 Q（代表陕西三秦大地）和变形的英文字母 M（Museum 首字母）组合幻化引导出主界面，上方镶嵌六个仿古青铜门钉，代表六个一级栏目，触碰门钉弹出相应栏目，叩开栏目进入下一级界面。网站整体简洁，便于浏览，查找方便。

陕西数字博物馆首页

陕西数字博物馆网站结合互联网、手机微信公众平台等手段，内容汇聚数据管理与服务共享及融合媒体互动应用于一体，可为网络用户提供多终端支持及其他服务内容，并支持通过微信、客户端等浏览网站。实现多媒体互联互通，融合文物电台、微信平台、APP 应用和社会服务于一体的全媒体综合应用服务平台。

陕西数字博物馆改版后一级栏目：数字藏品，网上展览，网络教育，业务研究，政府数据，关于我们。

首页中间滚动栏目：陕西省抗击新冠疫情展览，最新展览展示，传统中华展览，文博要闻。

陕西数字博物馆首页

1. 数字藏品栏目包含内容

1）全省各市文物数据

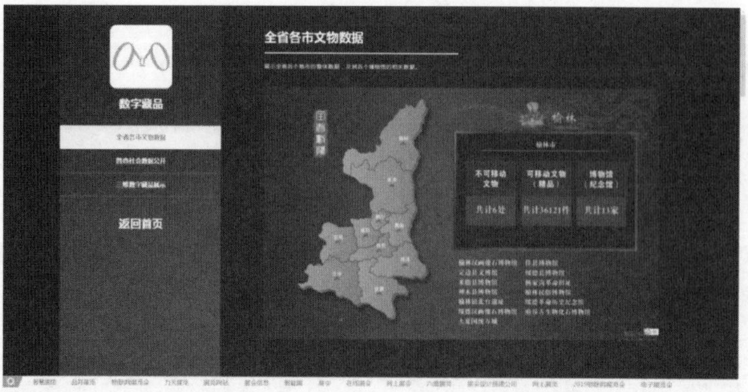

全省各市文物数据

2）普查社会数据公开

普查社会数据公开

3）三维数字藏品展示

主要是通过图文展示及其三维形式来多个角度展示文物。

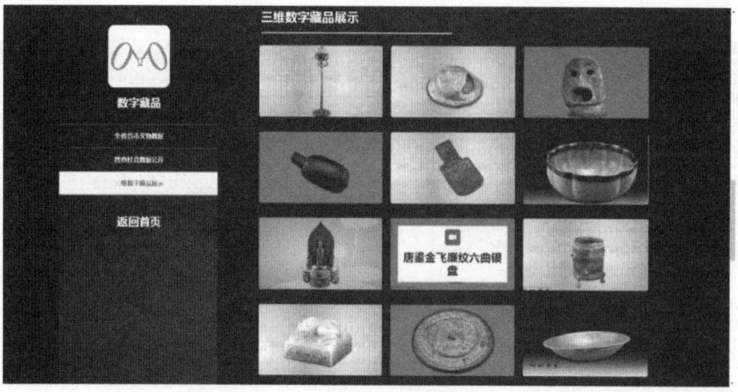

三维数字藏品展示

2. 网上展览栏目包含内容

1）基本陈列展示

主要展示全省博物馆，通过虚拟现实的方式将全省博物馆数字化。

基本陈列展示

2）临时展览展示

主要是通过虚拟现实的形式展示各个博物馆的临时展览并留存资料。

临时展览展示

3）数字专题展

主要是定期展示专题类型的文物文化。

数字专题展

4）VR 全景视频展示

主要是通过 VR 全景视频形式来展示博物馆。

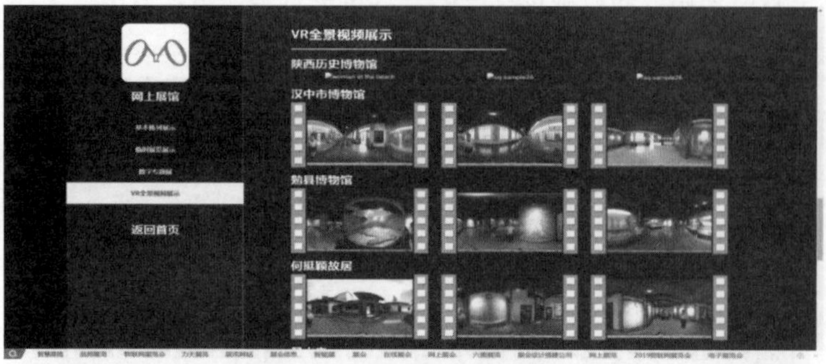

VR 全景视频展示

3. 网络教育栏目内容

1）讲座短视频

讲座短视频

2）讲解员讲解

讲解员讲解

3）讲读博物馆

讲读博物馆

4. 业务研究栏目内容

业务研究栏目对全省博物馆数据进行分析，包含以下子栏目。

1）全省基本数据

展示全省不可移动文物、可移动文物及行业资质信息。

全省基本数据

2）全省平台数据

展示陕西数字博物馆官网、讲读博物馆 APP、陕西文物电台、汉唐网、微信平台、微博平台数据，分别对各平台用户数量、用户来源、访问量、访问渠道、栏目受欢迎程度、微信和微博粉丝变化等进行量化统计分析，结果用折线图、直方图、饼图等直观表达。

3）全省博物馆数据

对全省博物馆陈列展览、教育活动、参观人数、文物修复、科研数量、文物征集等数据进行展示。

全省平台数据分析

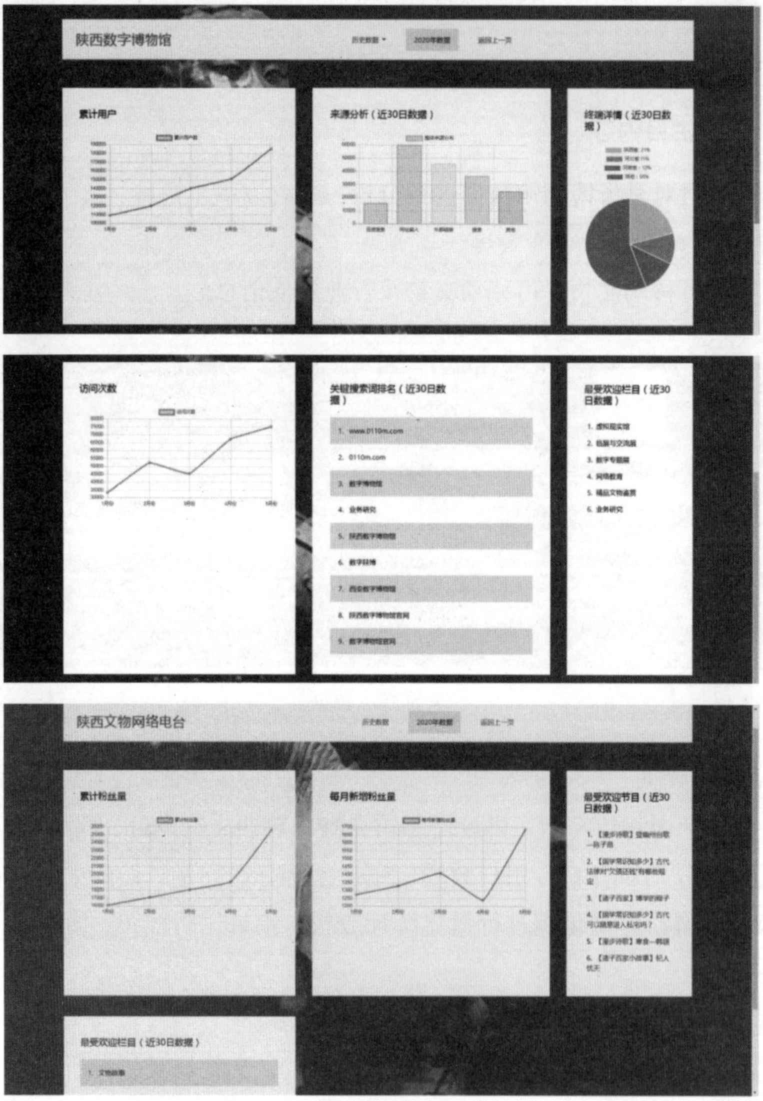

各平台统计分析结果（一）

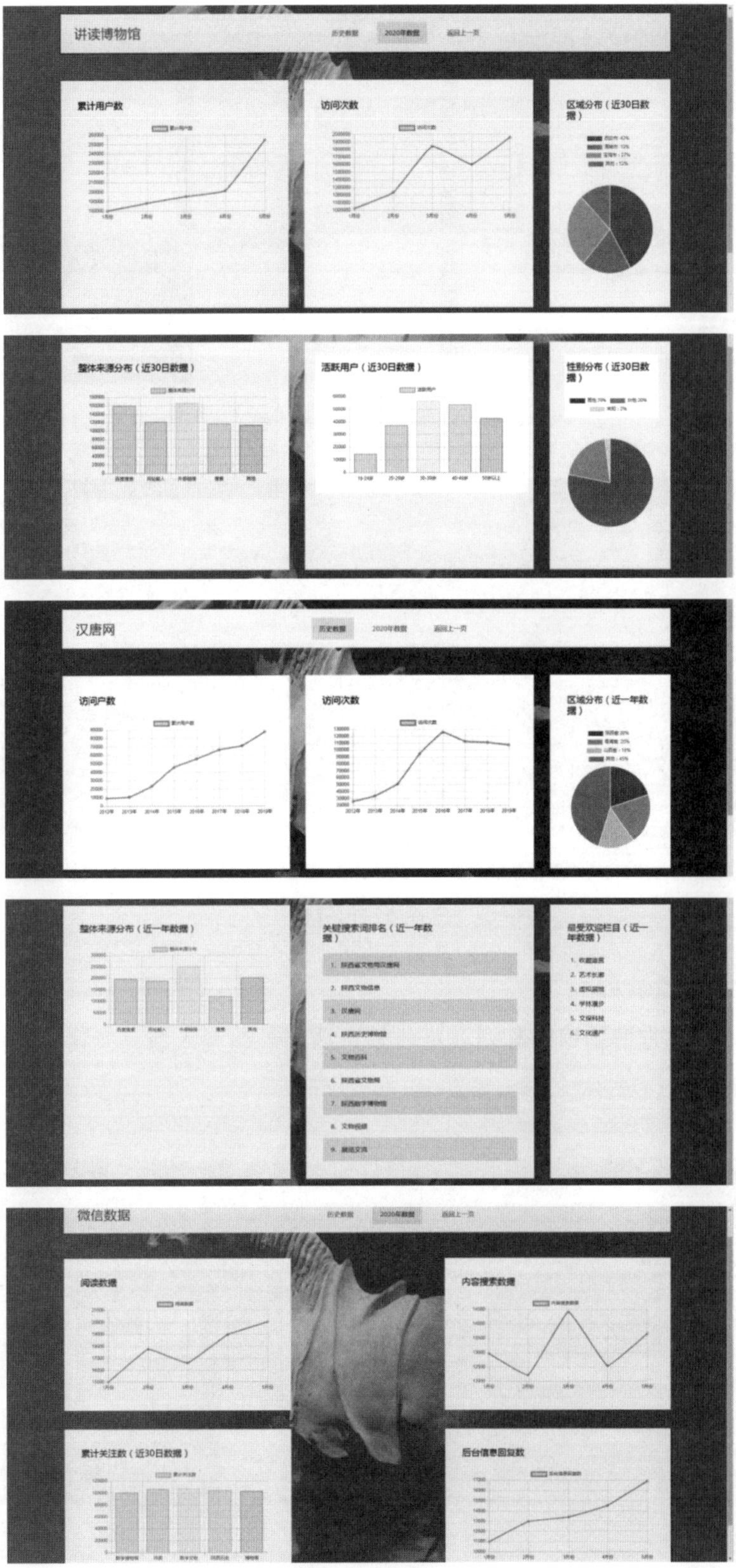
讲读博物馆
历史数据
2020年数据
返回上一页
累计用户数
访问次数
区域分布（近30日数据）
整体来源分布（近30日数据）
活跃用户（近30日数据）
性别分布（近30日数据）
汉唐网
历史数据
2020年数据
返回上一页
访问户数
访问次数
区域分布（近一年数据）
整体来源分布（近一年数据）
关键搜索词排名（近一年数据）
最受欢迎栏目（近一年数据）
微信数据
历史数据
2020年数据
返回上一页
阅读数据
内容搜索数据
累计关注数（近30日数据）
后台信息回复数

各平台统计分析结果（二）

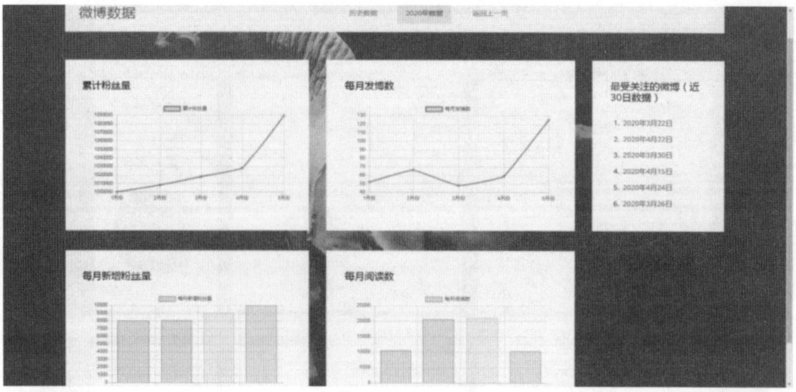

各平台统计分析结果（三）

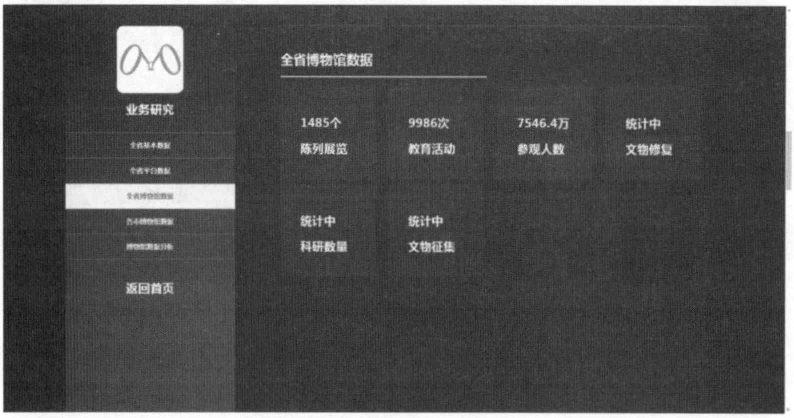

全省博物馆数据

4）各市博物馆数据

将全省十个地方博物馆的陈列展览、教育活动、参观人数、文物修复、科研数量、文物征集等数据进行展示。

各市博物馆数据

各市博物馆数据

5）博物馆数据分析

对全省每一个博物馆的陈列展览、教育活动、参观人数、文物修复数量、科研数量、文物征集数量进行展示，全方位表现具体博物馆的工作面貌。

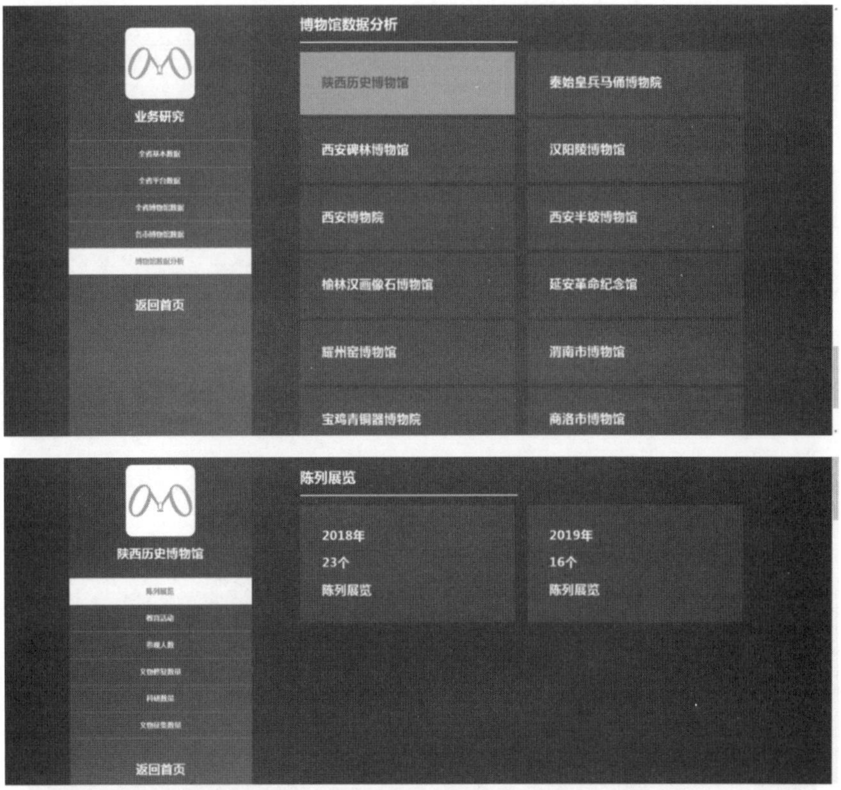

博物馆数据分析

5. 政府数据栏目内容

1）政策法规

政策法规

2）政策解读

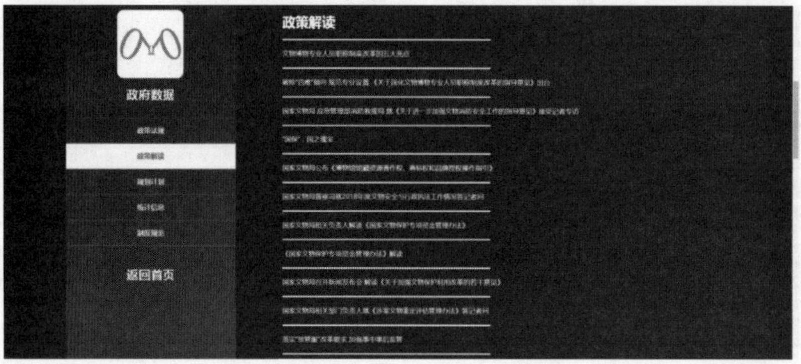

政策解读

3）规划计划

规划计划

4）统计信息

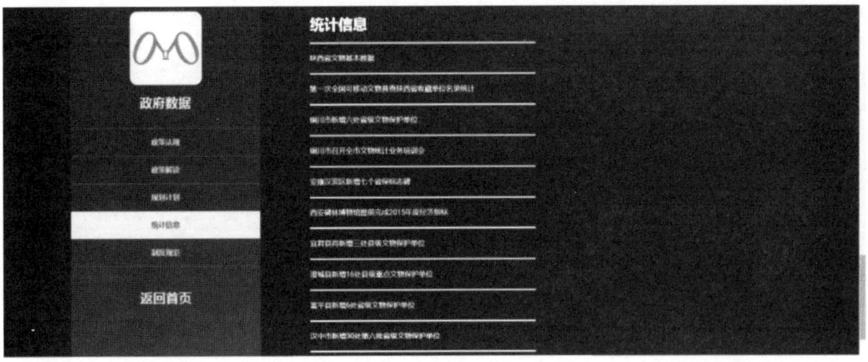

统计信息

5）制度规范

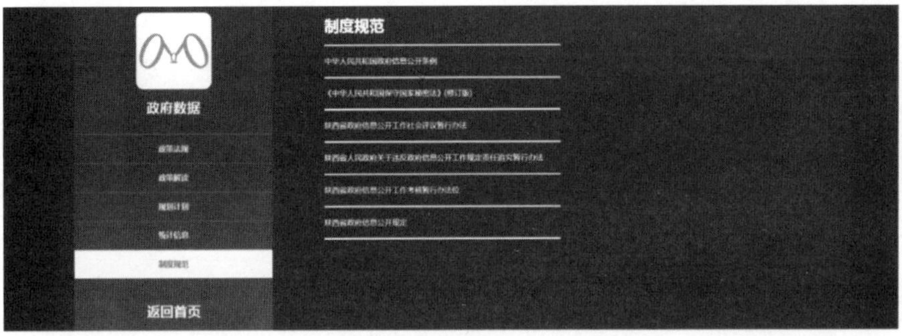

制度规范

6. 关于我们栏目内容

1）关于我们

关于我们

2）视频介绍

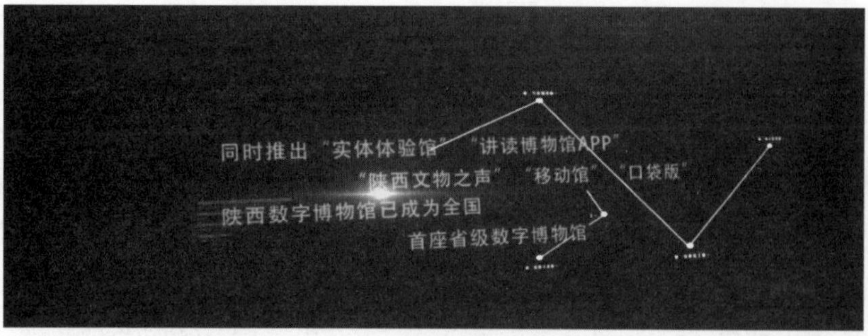

视频介绍

7. 陕西数字博物馆网站使用方法

（1）网络版：计算机网络或移动端用户通过陕西数字博物馆网址（www.0110m.com）登录。

（2）关注微信公众服务平台，可以浏览官网、文物电台、讲读博物馆 APP 和小程序。

（3）支持触摸屏等应用。

十二、全省博物馆数据上报分析智慧系统

开发陕西省文物管理信息上报分析系统，是通过网上注册全省各地市文物管理部门和博物馆（预计 316 个操作点），上报馆藏藏品、科研产出、陈列展览、宣传教育、文物修复、政务管理、对外交流、社会反馈等数据，对业务数据（全省文物普查藏品、展览、科研、保护、宣教、信息）、管理数据（开发全省各博物馆 OA 系统的数据进行自动读取）、观众数据（全省票务预约系统和全省电子讲解系统的下载数据、陕西数字博物馆观众数据、陕西文物网络电台数据等）、政府数据（陕西省文物局网站、行业外政府数据）进行分类分析，并对数据进行可视化展示。再对以上几方面的数据进行模型处理，形成数据决策挖掘，初步形成全国第一个智慧博物馆雏形。

总体内容：① 全省博物馆数据上报系统（全国第一个省级业务数据上报平台）；② 数据分类分析（省域全数据分析）；③ 数据可视化展示（数据转图）；④ 博物馆智慧化模型研究和决策系统应用（全国第一个省级全域智慧博物馆系统）。

通过本项目建设，提高文物管理部门和全省各地博物馆信息集约化共享、整合各类资源、提升整体工作水平；通过对文物信息采集分析展示流程的梳理，为文物管理提供信息支持、提高业务协作和数据整合的效率。最终希望建立一个具有高度效能、前瞻性、先进性、可扩展性和易于集成的综合性文物信息管理平台。

陕西省文物管理信息上报分析系统采用分层和解耦方式开发，完全组件化，高内聚低耦合，实现高度的灵活性和扩展性，各模块根据实际工作需求定制增删组合。系统包含内容：组织模型及权限管理、数据人工上报和自动获取管理、内容表单管理、数据分析管理和结果展示管理等。

（一）数据来源

1. 用户注册 / 登录

用户管理对文物管理部门或博物馆用户、用户组进行管理，包括以下功能。

1）用户管理

组织用户管理包括数据存储、组织管理、用户管理等功能。

使用主流 MySQL 或 Oracle 数据库存储组织用户数据，并支持实时同步数据到 AD、OpenLDAP 目录，方便 WindowsAD 域认证、遵循 LDAP 协议的设备应用对接。

组织管理支持多维组织架构，组织增删、改查、迁移、合并等功能。

用户管理支持用户属性自定义扩展、用户主账号定义、用户增删、改查、禁用、启用、过期、临时授权等操作。用户类型支持管理员、普通用户等类型，不同用户类型可以赋予不同的有效期，以及和对应用户组关联赋予不同的认证策略和应用访问权限。

2）用户组管理

可以把用户分配到不同的用户组（例如按地市分组），用户组可以用在上报业务数据中，包括用户属性自动分组、用户授权、认证策略等。

权限管理支持用户应用权限、用户应用功能权限。

用户应用授权：决定用户拥有哪些应用的访问权限，无论是通过统一门户访问还是单独访问应用系统，都需要进行权限判断。支持用户组授权、用户授权、应用授权三种方式，有效应对批量用户授权、用户同步授权、新增用户授权、新增应用授权等业务场景。

用户授权：可以单独对用户进行应用授权，如果该用户拥有相关的用户组权限，那么便可取得用户最终所能拥有的应用权限。

用户应用功能授权：集中对各应用系统角色权限进行管理，集中对用户应用角色进行授权。总体方案是上报平台集中进行权限管理、用户登录时下发角色权限信息、应用系统内部进行权限控制。具体方案如下：管理员在平台导入或创建各应用角色权限信息，并对应用角色权限进行管理；管理员按照用户组、用户维度对新增用户进行应用角色授权；用户登录时下发角色权限信息，应用在会话中保存用户角色权限信息，并根据需要写入本地数据库、具体权限控制。

2. 数据人工填报和自动获取

实现对数据的远程录入，可按照地市文物管理部门、具体博物馆用户相应录入信息。

数据源管理的主要目的是把文物管理部门或博物馆用户数据实时同步 / 上报到系统平台，平台支持主流的数据源同步方案，并形成模板化配置，可以快速完成数据源同步工作，如下。

（1）LDAP 同步：支持从 AD、LDAP 源同步组织用户数据到平台。

（2）数据库同步：支持从上游系统数据库同步组织用户数据到平台。

（3）API 拉取同步：支持通过 API 方式从上游系统定时同步组织用户数据到平台。

（4）API 推送同步：提供组织用户推送 API，供上游系统实时推送数据到平台。

从陕西数字博物馆、汉唐网及各个博物馆网站自动获取（读取）后台数据；自动获取微博、微信公众平台等媒体数据。

（1）多级细分流量来源，记录网站流量来源，并按照来源的形式（如引擎、媒体）进行来源数据细分。

（2）辅助流量排序，利用来源、受访升降榜，高级筛选、搜索等功能，快速定位流量升降原因。

（3）实时统计，获取统计代码添加嵌入到指定网站，查看网站实时更新的流量报表。

（4）直击网站内容热点，统计网站各页面被浏览的情况，热点图、用户视点，记录访客在页面上的鼠标点击行为、后续浏览行为。

（5）从门票预约获取参观人员信息。将全省有门票预约功能的博物馆整合，通过陕西数字博物馆官网集成门票预约板块，方便游客参观，从后台获取相应信息。

3. 数据生成

对文物管理基本信息进行分类汇总，方便后续对数据进行分析。

生成文物信息数据包括：馆藏藏品、陈列展览、文物修复、科研产出、宣传教育、政务数据、对外交流、社会反馈等。

（二）数据分析

1. 分析方式

（1）站在全省角度，采用数据库、统计图表、交互展示等方式对文物管理部门、博物馆馆藏藏品、陈列展览、文物修复、科研产出、宣传教育、政务数据、对外交流、社会反馈等进行全方位分析。

（2）站在文物管理部门或者博物馆角度对各类数据进行统计分析。

（3）分析参观者人流量。

（4）分析游客趋势。

（5）分析游客来源分布。

（6）游客年龄区间。

（7）游客性别比例。

（8）分析游客对博物馆或者文物的兴趣度。

（9）分析游客使用终端设备型号。

（10）分析用户活跃度。

（11）分析网站访问留存时间。

（12）通过微信、微博等自媒体的分享情况等。

（13）其他方式。

2. 分析目的

（1）提升文物部门在藏品管理、科研成果、陈列展览、宣传教育、政务管理、对外交流、社会反馈等方面的数据信息管理水平。

（2）全方位洞察用户，深入透析博物馆参观者的需求。

（3）人群画像、用户分群，剖析用户特征，助力提升文物管理部门的管理水平。

（4）全域数据挖掘能力，洞察用户分群特征，让陕西数字博物馆网站及信息化管理更聚焦，提升游客留存度。

（5）全方位透析用户价值及分群管理，从价值、行为、偏好、习惯、忠诚度等进行用户分群，实现用户管理和价值提升。

（6）行为洞察，行为路径深度解构，提升关键环节转化。

（7）自定义事件分析、自定义留存等高级分析功能，例如：最受欢迎的博物馆、最受关注的文物等，灵活匹配业务需求，实现对指定用户群、行为、路径等深度挖掘，定位关键问题、放大优势环节。

（8）潜在用户智能推荐，通过全域画像洞察高潜用户特征，智能输出人群策略、媒体策略，大幅度提升游客数量。

（9）用户管理，用户全生命周期管理，精准预测用户价值，全面提升用户价值。

3. 分析结果表现形式

（1）陕西数字博物馆官网数据分析板块。

（2）陕西数字博物馆体验馆展示。

（3）陕西数字博物馆移动馆远程展示。

（4）提供 API 接口，满足其他需要展示的场合。

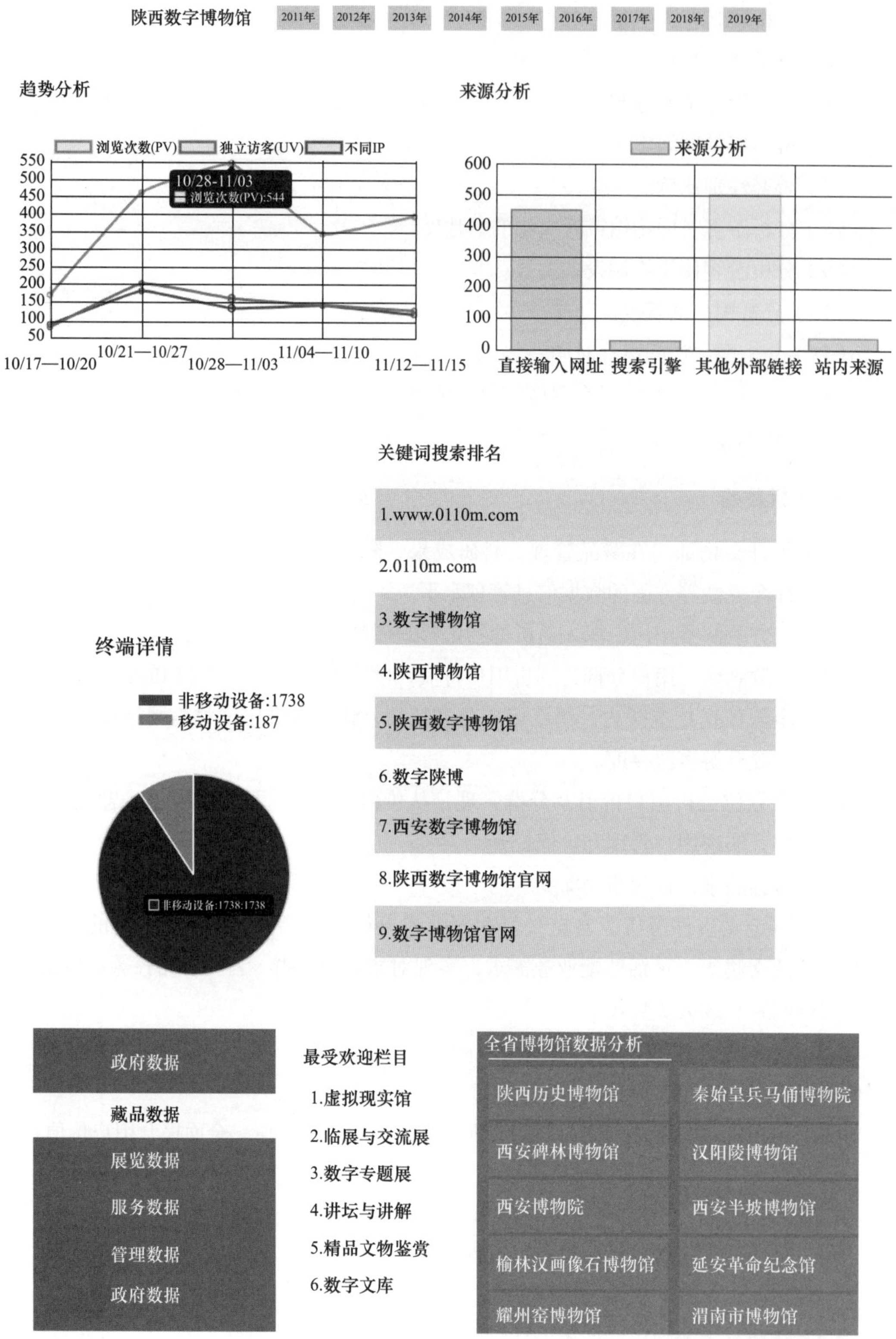

陕西数字博物馆
2011年
2012年
2013年
2014年
2015年
2016年
2017年
2018年
2019年
趋势分析
浏览次数(PV)
独立访客(UV)
不同IP
10/28-11/03
浏览次数(PV):544
550
500
450
400
350
300
250
200
150
100
50
10/17—10/20
10/21—10/27
10/28—11/03
11/04—11/10
11/12—11/15
来源分析
来源分析
600
500
400
300
200
100
0
直接输入网址
搜索引擎
其他外部链接
站内来源
关键词搜索排名
1.www.0110m.com
2.0110m.com
3.数字博物馆
4.陕西博物馆
5.陕西数字博物馆
6.数字陕博
7.西安数字博物馆
8.陕西数字博物馆官网
9.数字博物馆官网
终端详情
非移动设备:1738
移动设备:187
非移动设备:1738:1738
政府数据
藏品数据
展览数据
服务数据
管理数据
政府数据
最受欢迎栏目
1.虚拟现实馆
2.临展与交流展
3.数字专题展
4.讲坛与讲解
5.精品文物鉴赏
6.数字文库
全省博物馆数据分析
陕西历史博物馆
秦始皇兵马俑博物院
西安碑林博物馆
汉阳陵博物馆
西安博物院
西安半坡博物馆
榆林汉画像石博物馆
延安革命纪念馆
耀州窑博物馆
渭南市博物馆

分析结果统计

（三）分析系统设计要求

陕西省文物管理信息上报分析系统设计应具有前瞻性，要求进行模块化设计，能够独立使用；预留 API 接口，能够方便嵌入其他管理部门的软件或者网站；系统可支持大并发用户同时在线，平均每个用户访问重点页面的系统响应时间不低于 0.5 秒，用户峰值状况下，登录完成平均耗时不低于 0.5 秒。

陕西省文物管理信息上报分析系统基于 Spring 开发框架，遵循 J2EE 的标准规范，采用 JAVA 高级语言，同时引入 Html5、Css3、Object-c 等多种高级语言开发。系统采用 MVC 编程模式，分层式设计，达到分散关注、松散耦合、逻辑复用、标准定义的目的。系统配置通过 XML 完成，数据层采用 Hibernate 的对象关系映射，对 JDBC 进行轻量级对象封装，可以应用在任何使用 JDBC 的场合，满足实现集成多种数据库应用如 Oracle、SQLServer、Access 等。

陕西省文物管理信息上报分析系统要求简单易用，快速构建业务流程。面向管理人员或业务人员，完全图形化界面，快速构建适合自己的业务流程，并且采用基于 B/S 结构的 web 流程设计器，支持 IE、FireFox、Chrome、Safari 等主流浏览页面系统。

数据来源模块设计要求：支持 XML、CSV、JDBC、webService 等多种来源的数据交换引擎，能够快速、灵活、便捷地将第三方系统的数据交换到陕西省文物管理信息上报平台系统中，实现数据集成。

分析、展示系统要求：基于以人为本的思想和 XML 技术，提供可视化的基础数据、操作设置、流程设置、控件设置等，支持基础表单应用。提供易用且高效率的报表设计方案，采用主流的数据双向扩展，真正无编码形式设计报表；拥有完善的报表展示功能，具备图形化、透明化、可视化等特点，经过业务梳理和流程设计之后，可以搭建完整的展示界面，支持大屏幕、触摸屏、移动终端设备、各类主流手机用户等。

智慧博物馆体系

智慧博物馆是在全省数字化博物馆的基础上开展的数据分析和数据决策系统，它是今后博物馆建设的重要组成部分。其含有以下三个方面的内容。

（1）智慧博物馆的模型建立。

（2）智慧博物馆评估参数。

（3）智慧博物馆的评估内容。

以上三方面的内容分别包括博物馆智慧化的定性分析和博物馆智慧化的定量分析。

第三部分　智慧博物馆评估指标参数

一、评估体系建立原理

评估体系要想一针见血地理解到博物馆运营问题的本质，就要在思维方式上有正确的方向。根据博物馆运营问题的深度来考虑，我们可以把博物馆的智慧化评估分为四层。

第一层是数据，就是博物馆的管理、业务、服务、行业内外和政府的信息化所要求的具体数据和观察到的事实。这一层的思维是简单、直白的，不用转弯，说一就是一，看到变戏法的吞下一口剑，就以为真的吞下去了一把剑。

第二层是信息，信息是数据被分析后的结果，是经过简单归纳的数据，是把不同事实联系起来后得出的分析结论。第二层开始启动了思考，开始考虑数据之间的区别和联系，跳出是非黑白、说一不二，知道有了例外，会观察吞剑失败的，吞剑成功的，会分析吞的剑和普通的剑有什么区别。

第三层升级到了知识。知识是什么？地球体积有多大，中国海岸线有多长，李白的静夜思有几个字？这些算知识么？前者是事实，而后者最多算是信息。我们回顾历史可以发现，知识总是发生在解决一个问题之后的，所以，知识其实是能够解决问题的信息和技能，简单理解为一个事物的一套方案。

比知识高的第四层叫作智慧。

如果细看第一到第三层，我们可以发现，信息是很多事实归纳以后产生的。知识是很多信息集合以后再次归纳产生的一套方案。而智慧，就是很多不同类型，不同挑战背后的知识集合到一起，是多套方案的案中选优，这就叫智慧。体系集合到一起就是智慧，集合的越多，对于事物机制的认识就越多，智慧就会越深。

那么，怎么来形成博物馆智慧化的评估方式呢？因为博物馆的运营是一个复杂性、多样性的过程。多样性在复杂性科学中是一个非常重要的概念。约翰·霍兰就曾认为，任何的复杂适应系统都必须拥有多样性。斯科特·佩奇既是密歇根大学复杂性研究中心掌门人，又是圣塔菲研究所外聘研究员，他以对社会科学的多样性和复杂性的研究和建模闻名。在佩奇的模型中，多样性指的是问题解决者对问题进行编码和寻找解决方案之间的差异，他将这种解决问题的方法称为“工具”。佩奇在挖掘数据模型的意义时，得到了一个反直觉的发现：多样性优于能力。这就是说，在解决问题时，多样性是一个非常强大的东西。虽然多样性并不总能优于能力，但是它胜出的次数比总预期的要多得多。进步需要取决于群体内部的多样性，就像取决于个人的智商高低一样。

多样性具有三个优点。第一个优点是运用逻辑推理，就是它能给出明确的条件，如果以下条件成立，那么这个结果也将成立。第二个优点是它能够使头脑中被概念化的思想击中的机会最大化。使用模型和逻辑也有成本，它们会限制可以给出的结论，我们将被束缚在自己提出的假设上。第三个优点是它使涌现出专家的可能性大为增加。

按照斯科特·佩奇的说法，智慧的背后就是多模型思维，一个人大脑里有多少套面对实际问题的模型，就有多大的智慧。普通人只能看到一个模型，比如不管什么事情总是喜欢分好人和坏人，总是喜欢对错，因为他习惯了对立的模型。而有智慧的人，就会根据不同的场景，采取不同的模型。而且，对于同一件事情，他们也会用不同的模型去观察和思考，并且尝试用不同的模型去解决问题。用一个模型观察世界的人，注定是适应不了这个复杂的世界的，我们需要的是根据环境的变化，随时抛弃大脑中的那个模型，去尝试用新的模型重新开启探索之路。

博物馆的智慧化评估体系，就是要掌握很多事物发展的演化逻辑，特别是不同运营场景之间完全相反的那种逻辑。这种逻辑，我们以博物馆智慧化模型来解决。也就是我们要在博物馆数据化、信息化、智能化的基础上，演化出博物馆的智慧化评估模型体系来。

数据、信息、知识和智慧，四个层次的思维模式带出了博物馆智慧化的四个建设阶段，以这四个阶段的建设深度及数据分析和方案决策为基础，形成智慧博物馆的评估体系。

二、评估体系指标由五类数据组成

（1）管理数据。

（2）业务数据。

（3）服务数据。

（4）行业内外数据。

（5）政府数据。

三、信息化到智慧化过程

（1）原有业务数字化。

（2）数据资料的信息化。

（3）信息化业务分析化。

（4）知识方案的多重优化。

四、评估依据

（1）相关投入。

（2）业务产出。

（3）社会反响。

五、分析与评估

（1）数字化后的分析（单业务分析、协助业务分析、整体业务分析）。

（2）智慧化模型。

六、智慧博物馆评估参数

评估指标如下。

（一）一级指标

相关投入（运营和项目经费）
业务产出（产出）
社会反馈（到馆观众、新媒体观众）

（二）二级指标

政府政策　组织管理　人力、物力和财力、行业内外数据
藏品管理　科学研究　陈列展览　社会教育　文化传播
观众数量　公众评价

（三）三级指标

政府要求　法人治理结构　制度规范　人员　文物　资金
藏品收集　藏品档案　藏品安全　科研产出　科研服务　基本陈列
临时展览　教育活动　学校教育　对外文化交流　文物资源开放
参观人数　未成年观众　观众满意度　社会关注度

在以上参数的基础上形成智慧博物馆的模型研究内容。

智慧化模型要求：智慧博物馆模型要求包括以下五个部分。

（1）博物馆测度评价模型。

（2）博物馆预测和模拟模型。

（3）运筹和决策模型。

（4）博物馆改变影响评估模型。

（5）博物馆运作模型。

上述五类智慧模型不是孤立地发挥作用，而是协调配合着共同解决博物馆中的问

题或提供更智能的博物馆服务。例如，智慧博物馆在观众数据过程中，利用测度评价模型发现了某个异常现象或博物馆问题，马上从运作模型库中寻找、匹配可以合理解释该现象或问题的运作模型，并进行标定，作为后续分析的基础；然后运用预测模型模拟问题的演化趋势；通过运筹决策模型生成多个方案，并通过改变影响评估模型对这些方案进行综合评估，从中挑选出最优方案进行实施；在方案实施过程中，智慧博物馆还会通过测评模型、监测博物馆运行状况、评估问题的解决情况，继续“发现问题—解决问题”的过程。如此形成一个智慧的循环，保证博物馆的健康运行。

第四部分　智慧博物馆模型

智慧博物馆用智慧的“大脑”来分析利用数据、发现问题、提供解决方案。

智慧模型就是智慧博物馆的大脑，可以满足智慧博物馆分析的需要，对智慧模型的概念、类型和作用进行剖析。

智慧模型包含五大类型：博物馆测度评价模型、博物馆预测模拟模型、博物馆运筹决策模型、博物馆改变影响评估模型和博物馆运作模型。

举例说明它们在智慧管理、智慧文创产品、智慧文化旅游、智慧展览、智慧投入产出等领域的具体应用。

一、数字模型概述

从业务、管理、观众、行业内外、政府五个角度来确立。

1. 模型分类

测度评价模型、运行评估模型、运筹决策模型、预测模拟模型。

2. 模型意识

（1）管理、业务、观众、行业内外、政府数字化分类意识。

（2）原有业务、管理等工作的数字化意识（数字资产）。

（3）信息化业务工作的数字化分析。

（4）投入产出数字化意识（管理与投入、业务与投入）。

（5）展览与科研互促数字化分析意识。

（6）展览与观众数字化分析意识。

（7）展览与文物保护数字化分析意识。

（8）管理流程化数据分析意识。

（9）社会化服务数据分析意识。

（10）整体决策意识模型。

二、智慧博物馆的智慧现状

1. 智慧博物馆的智慧所在

智慧博物馆必须具备感知、分析和应对三个要素才能实现“智慧”。

感知的实现，相当于给博物馆装上眼、耳、鼻，使博物馆能够通过各种传感器设备来感知、采集各种数据。

分析的实现，相当于给博物馆装上大脑，通过数据分析，了解博物馆现状、发现博物馆问题、探寻博物馆运营机制、预测博物馆未来、生成问题解决方案。

应对的实现，相当于给博物馆装上手脚，使博物馆能够自主解决问题，迅速、灵活、准确地进行调控。

这三者缺一不可：感知是先导，分析是核心，应对是理想目标。

2. 当前智慧博物馆的实现情况

感知层面，我省很多博物馆已经建起了大量设备，并收集到了大量数据，能够初步实现感知功能。然而，智慧博物馆建设中还是广泛存在“数据孤岛”“信息孤岛”等问题。当前感知层面的难点和未来的重点在于数据整合共享。

分析层面，现状智慧博物馆中已使用的分析工具数量较少，不能很好地满足智慧博物馆的分析需要，智慧博物馆建设在智慧分析层面，还处于起步阶段。

应对层面，我省的实践尚处于萌芽阶段。应对的实现需要博物馆达到更高的智慧程度，依赖分析的支撑。而当前博物馆中还没有建立起成熟的分析技术体系，应对也就难以实现。

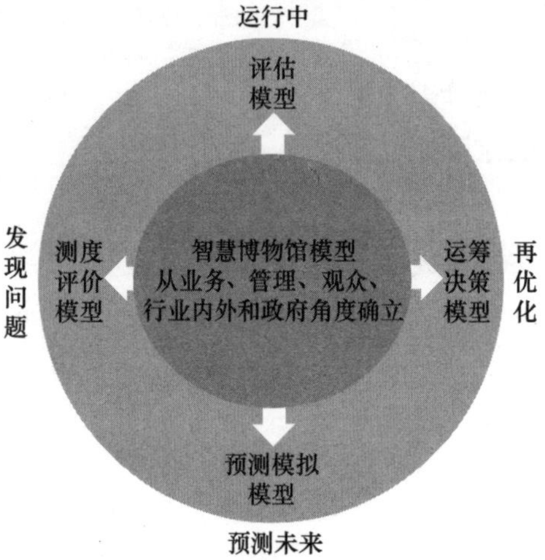

五类博物馆智慧模型图

三、智慧博物馆的大脑——智慧模型

1. 智慧模型的类型

智慧模型种类数量众多，从智慧博物馆的需求出发，按照不同的作用，将其分为五类。五类模型共同作用，可以应用于智慧博物馆中从问题发掘到问题解决的全过程。

1）博物馆测度评价模型

通过一系列精练的指标、图示或特征类别来反映博物馆当前的各种状态。该类模型具体包括协调度分析、多准则评价等多种量化评估方法。运用该类模型可以监测、评估博物馆运行状态，从而及时发现博物馆问题。

运用测度评价模型对陕西省博物馆数据进行分析，测量因子的权重反映了测量指标在模型中的精度。

第一步：用层次分析法（AHP）建立递阶层次结构。

第二步：构造矩阵并赋值。

第三步：计算权向量，进行一致性测验。

测度模型中测量因素权值

测量准则层 B	权值 t	测量准则层 C	权值 a	因子权重 a*t
内部管理（20）	8	藏品数量	1	8
	6	文物征集	1	6
	6	文物修复	1	6
服务产出（60）	14	科学研究	1	14
	18	陈列展览	1	18
	16	社会教育	1	16
	6	文化传播	1	6
	6	对外交流	1	6
社会反馈（20）	6	观众数量	1	6
	4	未成年观众	1	4
	5	社会关注度	1	5
	5	观众满意度	1	5

对博物馆建立测度评估评价模型，运用层次分析法（AHP）的群决策方法，确定模型中各因子权重，依次建立计量模型，从定量较好地厘清博物馆形象，重点挖掘价值贡献中的单项价值，努力提高市场影响中的知名度，突出吸引度中的地域性，在其他方面重点完善服务设施。

2）博物馆预测和模拟模型

基于现有发展条件或者特定政策情景来预测或模拟博物馆未来的改变。可采用时间序列分析、回归分析等统计分析方法、系统动力学方法和元胞自动机、多主体系统等现代计算方法。运用该类模型在一定程度上可以对博物馆未来的人口分布、交通分布、公共服务需求量等情况进行预测，辅助发现博物馆问题，合理制定策略以应对未来变化。

基于参观人数及时间轴的预测和模拟，推演未来游客数量及类型、年龄结构、来源分布、对文物及博物馆的兴趣度等信息，使用数据训练和优化，输出相应的预测和模拟推演的可视化成果。其预测和推演的精度由模拟数据的质量、精细度和覆盖度决定。

比如，2020 年以红色革命遗址及红色文物为主题，我们就有侧重地展示红色遗迹、红色文物和革命人物故事等，通过对红色主题的征集宣传，增强团结奋进的意识，提高文化自信和道路自信，凝聚实现中华民族伟大复兴的精神。

3）运筹和决策模型

主要用于问题解决方案的生成，包括运筹学、单目标决策、博弈论等多种方法。运用该类模型，一方面更加科学，可以更准确地找到相对最优的解决方案；另一方面更加迅速，可以大大加快问题的解决速度和响应速度。

4）博物馆改变影响评估模型

主要用于评估不同博物馆的问题解决方案对社会、文化、交通等的影响。所采用的方法主要有数理统计法、应用模型法、仿真法等。其评价结果为人们选择最优问题解决方案提供了科学依据。

5）博物馆运作模型

解析博物馆构成要素之间的相互联系和相互作用关系以及博物馆现象的成因，成果表现为反映博物馆运作机制的数学模型或者规则。该类模型内涵广泛，包括元胞自动机、重力模型等多种模型。博物馆运作模型是上述四类模型的基础，是发现博物馆问题、合理运筹决策的科学保障。

例如：博物馆经费投入产出运作模型主要针对博物馆经费（运营经费和项目经费）投入与产出效益评价分析，结合多个冗余分散指标，研究指标的相互制约关系，运用主成分、改进的熵权赋值等分析方法，对多项指标融合，应用数据包络分析（DEA）对经费的投入产出进行效益分析，得出经费效率值排名。从模型本身指标着手，构造实际指标与理想前沿面的有效距离，分析投入与产出指标有效距离的差异性，对博物馆经费投入产出效率评估，并给出最优的调整改进方法。

本模型以相对效益为基础，对博物馆的绩效进行比较和评价，其评价依据是根据决策单元的投入和产出数据，组成可能形成的有效前沿面，通过衡量每个决策单元离此决策前沿面的远近，来判断该指标投入产出的合理性，体现的是效率的概念，对于加权之后的投入产出，把最佳状态定为 1，以投入最小，产出最大为目标最优。

我们设有八项决策指标。

博物馆经费投入指标：经费（运营经费、项目经费）。

博物馆产出指标：陈列展览，文物修复，文物征集，科研产出，对外交流，教研活动，参观人数等。

计算公式：投入产出比 =（运营经费 + 项目经费）/（陈列展览 + 文物修复 + 文物征集 + 科研产出 + 对外交流 + 教研活动 + 参观人数）。

其中经费（万元），权重：1。

陈列展览（个），权重：1。

文物修复（件 / 套），权重：1。

文物征集（件 / 套），权重：1。

科研产出，权重：1。

对外交流，权重：1。

教研活动（次），权重：1。

参观人数（万人次），权重：1。

利用编程，将各项指标进行数据包络分析，考核经费投入产出效益。通过对各博物馆指标成果实际值与数据包络理想前沿面的比较，得出有效距离值，生成需要的比较图表，按效率排出名次，选出先进总结经验，对后进者提出效益的改进措施。

适应性分析：本模型所选取的经费，陈列展览，文物修复，文物征集，科研产出，对外交流，教研活动，参观人数这八项指标，基本涵盖了博物馆从投入到产出的所有重要指标，只要数据充足，就可以通过本模型分析得出博物馆投入产出效益评价值，可以参与排名，并且可以求出理想前沿面，根据前沿面适当调整投入产出值，让博物馆经费投入更加合理，防止资源浪费，以及投入不足影响工作效率提高的情况。

2. 智慧模型的作用

上述五类智慧模型不是孤立地发挥作用，而是协调配合着共同解决博物馆中的问题或提供更智能的博物馆服务。

例如，智慧博物馆在实时监控过程中，利用测度评价模型发现了某个异常现象或博物馆问题，马上从运作模型库中寻找、匹配可以合理解释该现象或问题的运作模型，并进行标定，作为后续分析的基础；然后运用预测模型模拟问题的演化趋势；通过运筹决策模型生成多个方案，并通过改变影响评估模型对这些方案进行综合评估，从中挑选出最优方案进行实施；在方案实施过程中，智慧博物馆还会通过测评模型，监测博物馆运行状况，评估问题的解决情况，继续“发现问题—解决问题”的过程。如此形成一个智慧的循环，保证博物馆的健康运行。

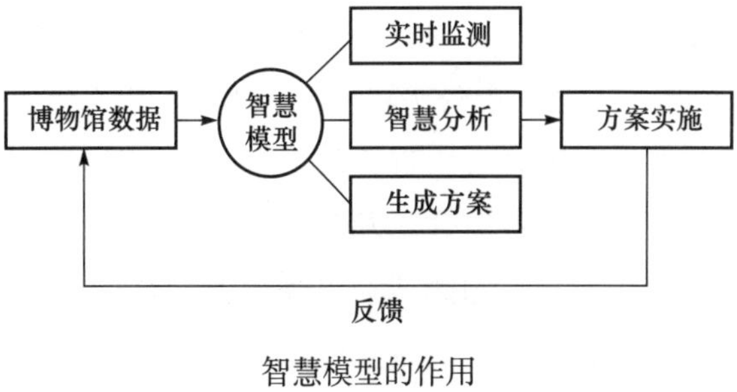

智慧模型的作用

四、智慧模型在智慧博物馆中的应用

1. 智慧模型与智慧管理

智慧管理是应用移动互联网、云计算、大数据等现代技术手段构建的统一的博物馆综合管理与服务平台，强调文物管理部门、博物馆和公众三位一体。

以博物馆管理为例，应用智慧模型可以分析现在博物馆的数量、分布和使用情况等数据，测评博物馆可达性、游客满意度等指标，发现当前博物馆存在的问题；通过相关性分析判定博物馆布局与游客满意度之间的关系；根据分析结果，可以构建起博物馆选址模型、博物馆分配模型，进而构建出确保游客满意的博物馆布局方案。最后，文物管理部门和游客还可以运用改变影响评估模型来评估这些方案的综合效益，以此为标准来选择最优方案。

2. 智慧模型与智慧文创产品

智慧文创产品指新一代信息技术催生的高新技术产业，也指传统产业的智慧化。智慧模型在智慧文创产品中，一方面可以帮助文物管理部门制定博物馆产业规划，另一方面可以帮助文创企业自身制定企业发展规划。

以产业规划为例，运用智慧模型，文物管理部门可以对博物馆的产业体系、产业规模、产业空间布局等数据进行分析，测评博物馆产业发展现状，挖掘产业发展问题；对博物馆产业发展的影响因素等进行分析，并总结其影响机制；根据解析的机制，可以预测博物馆未来的产业发展状况；综合预测结果，可以运用模型生成多种产业规划方案；最后还可以建立指标体系，评估不同方案的综合效益，挑选出最优的产业规划方案。产业规划实施后，文物管理部门可以继续应用模型，对反馈的产业数据进行分析，实现对博物馆产业的动态监控，实时调整产业规划。

3. 智慧模型与智慧文化旅游

智慧文化旅游是指以应用互联网、大数据分析为代表的多种技术，实现文化旅游智慧化的过程。智慧模型应用在智慧文化旅游中，一方面可以协助文物管理部门科学规划展览宣传；另一方面还可以为游客提供出行服务，提高其出行品质。智慧文化旅游强调通过收集分析生活相关数据，为游客提供智能的生活服务。智慧模型可以在游客行动之前发现问题并解决问题，最终实现“思人所思，想人所想，做人所做”。

以暑期学生旅游为例，决策者运用智慧模型可以分析各地学生的时空分布、出行地的历史数据等，通过出行概率等指标来判断各个博物馆的服务设施数量是否合理；了解学生游览博物馆的行为习惯；预测博物馆接待地点及数量；综合预测结果，可以生成多种服务设施增减方案；最后，决策者可以构建指标体系，对这些方案的综合效益做出评估，选择最优的接待学生及游客的方案。

以智慧旅游为例，智慧模型可以分析旅游相关数据，整理不同博物馆的旅游人数变化情况；分析游客旅游习惯和博物馆游客数的时空变化规律；据此预测未来博物馆游客数目变化情况，为游客推荐旅游路线，保证游客避开旅游高峰；甚至可以综合博物馆附近的交通、住宿数据，为游客提供涵盖交通方式选择、旅馆选择的旅游规划。

4. 智慧模型与智慧展览

智慧展览包括新一代信息网络展览及经过智能化转型的博物馆基础设施。智慧模型应用在智慧展览中，不仅能够通过实时的数据分析发现博物馆基础设施运行中的问题，并迅速生成解决方案，还可以帮助人们科学规划设施布局，全面提升基础设施的服务质量和运营效率。

以智慧“云看展”为例，2020年突发的新冠疫情，博物馆管理者应用智慧模型可以分析游客参观数据，迅速发现问题，实时调整参观展览方式。具体来说，分析疫情实际情况，为保障公众身体健康，先采取闭馆、限流等措施，测评疫情对正常展览的影响；然后分析博物馆展览影响因素和影响机制，预测博物馆未来展览开展情况；根据预测结果，利用网络和移动办公等技术，开展云看展，让用户足不出户便可以看到最新临时展览和全省各地网上展馆，从而精准匹配游客文化需求，科学合理调配资源。最后还可以评估网络展览的经济成本和可行性，作为管理者挑选方案的依据。

5. 智慧模型与智慧投入产出

智慧投入产出，博物馆经费投入产出数学模型主要针对博物馆经费（运营经费和项目经费）投入与产出效益评价分析，结合多个冗余分散指标，研究指标的相互制约关系，运用主成分、改进的熵权赋值等分析方法，对多项指标融合，应用数据包络分析（DEA）对经费的投入产出进行效益分析，得出经费效率值排名。从模型本身指标着手，构造实际指标与理想前沿面的有效距离，分析投入与产出指标有效距离的差异性，对博物馆经费投入产出效率评估，并给出最优的调整改进方法。

本模型以相对效益为基础对博物馆的绩效进行比较和评价，其评价依据是根据决策单元的投入和产出数据，组成可能形成的有效前沿面，通过衡量每个决策单元离此决策前沿面的远近，来判断该指标投入产出的合理性，体现的是效率的概念，对于加权之后的投入产出，把最佳状态定为1，以投入最小，产出最大为目标最优。

智慧模型可以协助管理者分析投入产出情况，制定优化投入产出方案。对于收集到的投入产出相关数据，管理者可以运用智慧模型梳理数据，提取出能测评博物馆投入产出的指标；然后进行相关性分析，判断不同博物馆投入产出的主要因素；根据分析，可以构建模型，生成多套投入产出优化方案；构建指标体系，评价各方案的综合社会效益，便于管理者挑选最优方案。

五、智慧博物馆目标

智慧博物馆的目标，经过未来建设与探索，智慧博物馆将建立起多种数据采集渠道，其工作重心从数据管理转向数据分析。智慧的分析形成智慧的模型，充实智慧博物馆的大脑，这是智慧博物馆建设的关键所在。

智慧模型研究要做的工作：一方面，扩充完善博物馆运作模型，针对智慧博物馆建设的需求进行研究开发；另一方面，智慧模型要集成到智慧博物馆系统中真正发挥作用。

第五部分　智慧博物馆数据分析及案例

数据分析是指为了形成值得假设的检验而对数据进行分析的一种方法，是对传统统计学假设检验手段的补充。

对于博物馆的智慧化分析，主要分两个层面：定性数据分析和定量数据分析。

定性分析是指对多博物馆非量化的指标进行分析和评估，主要从业务的本质、行业地位、发展战略、博物馆治理这四个方面对博物馆整体业务和管理水平进行掌握，进而评估博物馆未来的社会效应和发展潜力。定量分析是指对博物馆的陈列展览（个），文物修复（件/套），文物征集（件/套），科研产出，对外交流，教研活动（次），参观人数（万人次）等数据进行分析，进而判断博物馆的社会价值。

案例分享

博物馆投入产出数学模型释义。

博物馆经费投入产出数学模型主要针对博物馆经费（运营经费和项目经费）投入与产出效益评价分析，结合多个冗余分散指标，研究指标的相互制约关系，运用主成分、改进的熵权赋值等分析方法，对多项指标融合，应用数据包络分析（DEA）对经费的投入产出进行效益分析，得出经费效率值排名。从模型本身指标着手，构造实际指标与理想前沿面的有效距离，分析投入与产出指标有效距离的差异性，对博物馆经费投入产出效率评估，并给出最优的调整改进方法。

本模型以相对效益为基础，对博物馆的绩效进行比较和评价，其评价依据是根据决策单元的投入和产出数据，组成可能形成的有效前沿面，通过衡量每个决策单元离此决策前沿面的远近，来判断该指标投入产出的合理性，体现的是效率的概念，对于加权之后的投入产出，把最佳状态定为 1，以投入最小，产出最大为目标最优。

我们设有八项决策指标。博物馆经费投入的指标：经费（运营经费、项目经费）；产出指标：陈列展览，文物修复，文物征集，科研产出，对外交流，教研活动，参观人数等。

计算公式：投入产出比 =（运营经费 + 项目经费）/（陈列展览 + 文物修复 + 文物征集 + 科研产出 + 对外交流 + 教研活动 + 参观人数）。

其中经费（万元），权重：1。

陈列展览（个），权重：1。

文物修复（件 / 套），权重：1。

文物征集（件 / 套），权重：1。

科研产出，权重：1。

对外交流，权重：1。

教研活动（次），权重：1。

参观人数（万人次），权重：1。

利用编程，将各项指标进行数据包络分析，考核经费投入产出效益。通过对各博物馆指标成果实际值与数据包络理想前沿面比较得出有效距离值，生成需要的比较图表，按效率排出名次，选出先进总结经验，对后进者提出效益的改进措施。

适应性分析：本模型所选取的经费，陈列展览，文物修复，文物征集，科研产出，对外交流，教研活动，参观人数这八项指标，基本涵盖了博物馆从投入到产出的所有重要指标，只要数据充足，就可以通过本模型分析得出博物馆投入产出效益评价值，可以参与排名，并且可以求出理想前沿面，根据前沿面适当调整投入产出值，让博物馆经费投入更加合理，防止资源浪费，以及投入不足影响工作效率提高的情况。

第六部分　智慧博物馆系统体系组成

一、综合业务平台

综合业务平台是立足于文物数字化保护和利用，着眼于资源的全方位、多专业、深层次信息的管理与传承，为资源的保管、陈列、研究等各类业务工作服务。

二、现场体验服务平台

现场体验服务平台针对公众服务需求，以现场多维展现互动形式，实现公众与博物馆藏品交互的高度完美融合，为公众提供细致周到的服务，主要包括现场观众服务、展示与体验、活动策划实施、活动数字资料采集和归档等。

三、互联网服务平台

互联网服务平台是依据“互联网 + 中华文明”的政策指引，通过“互联网 +”模式，保证公众参观不受时间、空间、地域的限制。

四、智能馆务平台

智能馆务平台是实现博物馆内部工作，如博物馆运营、人财物管理、保护、研究、安保的智能化，构成博物馆智慧化运行新的形态。

五、数据资源中心

建立统一数据标准，整合所有数据，可以对博物馆所有信息化系统进行数据整合，通过大数据方式进行存储、管理、查询、统计、分析、挖掘等，并以可视化的展现形式达到让数据说话、以数据依据为决策的目标，满足智慧博物馆中的智慧管理、智慧展示、智慧服务和智慧运营的各种需要。

具体平台如下。

1. 综合业务平台

综合业务平台是立足于文物数字化保护和利用，着眼于资源的全方位、多专业、深层次信息的管理与传承，为资源的保管、陈列、研究等各类业务工作服务。

综合业务平台信息表

藏品管理系统	基于自定义编目建立藏品目录体系，与馆内的业务相互结合，业务包括征集入馆、鉴定入藏、编目入库、库房管理、统计分析、修复保护、陈展教育、学术研究等，构建藏品的“生命档案”。通过提供系统化运营，优化原有业务模式，实现流程再造，同时通过各种技术手段保护藏品数字化资源，提高资源的信息安全性
数字资产管理系统	数字资产管理系统提供一个开放平台，支持对多媒体数据的采集、创建、管理、存储、归档、检索、传输和显示，其中包括图像、视频、声音、文本、3D 模型和视频剪辑等，可复合管理描述藏品各类数字资源信息、学术研究资料、考古资料、修复过程等影像。数字资产不仅自身极具典藏价值，同时也为其他信息化应用提供主动、丰富的数据内容，包括内部查询、网站发布、研究报告、资料出版、产品制作、观众服务等。同时将数字资产管理与工作流相结合，让数据采集与日常工作无缝融合，让数据整理从采集开始，实现数据质量管理的关口前移
库房管理系统	库房管理系统包括藏品入库（征集、借入藏品等）、出库（借入文物退还、外借、展览、提用、修复等）、归库的登记管理
文物修复管理系统	包括修复文物分类、修复材料管理、修复方法管理、修复过程管理、修复结果查询比对、修复文物统计、环境监测分析、专家库管理、经验库等功能
展览管理系统	根据展览项目管理的生命周期，展览管理系统主要包括展览策划管理、展览申请管理、展览遴选管理、展览方案管理、展览筹办管理、展览运行管理、展览收尾管理、综合统计分析等功能模块
文献管理系统	文献管理系统包括书目管理、内容管理、图像管理、元数据管理等功能，并在此基础上提供文献资料阅读、智能检索及研究等

续表

专家研究系统	专家研究系统是为专业人员记录管理资料、资源、研究成果提供的编研平台

2. 现场体验服务平台

现场体验服务平台针对公众服务需求，以现场多维展现互动形式，实现公众与博物馆藏品交互的高度完美融合，为公众提供细致周到的服务，主要包括现场观众服务、展示与体验、活动策划实施、活动数字资料采集和归档等。

现场体验服务平台信息表

导览管理系统	导览管理系统使用室内定位技术、实现场馆内精确定位。分为导览服务和导览管理两部分，包括展览讲解、馆内导航、游客定位、智能推送、服务中心等功能，拥有语音导览、微信导览等多种模式，可以推送文字、图片、语音、视频等多种形式的导览信息，用户可以根据实际情况和业务模式进行不同的选择和组合，满足用户对展馆展览导览和后台管理的需求
票务管理系统	票务管理系统融合机电一体化技术、信息识别技术等于一体，集预售票、检票、统计于一体，支持微信、网站、小程序购票，支持第三方支付。高效准确地为博物馆统计游客数量，为实现博物馆科学规范管理提供全面的技术支持
多媒体互动系统	多媒体互动系统是整合互动投影、全息影像、虚拟现实 VR、三维动画、魔墙、增强现实 AR、体感互动等。多媒体互动系统包括多媒体资源管理发布、展厅灯光管理控制、互动体验终端等
观众数字化系统	观众数字化系统为每个观众建立档案记录，收集观众位置、预约、消息订阅、停留时间、文物偏好、点评、转发等个人行为，结合观众行为分析算法，使博物馆能够准确掌握观众基本信息和行为偏好。主要对观众服务、信息发布进行统一管理的系统，其集成智能导览系统、票务管理系统、客流监测系统的接口和数据，实现对观众服务的业务管理
客流量管理系统	观众流量是重要的衡量工具，通过这一准确的量化数据，不但可以获得博物馆正在运行的情况，还可以利用这些高精度的数据，进行有效的组织运营工作
志愿者管理系统	志愿者管理系统是通过志愿者申请的方式将志愿者信息添加至系统中，包括志愿团队、志愿活动等，能够更便捷地完成出勤登记，了解服务调度安排，与其他志愿者进行沟通交流，同时也有利于志愿社进行勤务统计、服务数据分析
社教活动管理系统	社教活动管理系统提供专业、学术、教育活动的基本信息维护、日常管理、活动管理、成员管理、档案管理、活动信息发布等功能

3. 互联网服务平台

互联网服务平台是依据“互联网＋中华文明”的政策指引，通过“互联网＋”模式，保证公众参观不受时间、空间、地域的限制。

互联网服务平台信息表

门户网站系统	满足博物馆日常运行的网络宣传需要，网站覆盖博物馆的各项业务，对内包括博物馆各项日常业务的网上办理。包括藏品征集、藏品保护、精品鉴赏、学术研究、展览预约、虚拟展览、志愿者、学术活动、社会教育、文创产品等，可以结合博物馆的需求，定制外网门户网站，同时适配移动端

续表

网上预约系统	网上预约系统提供展览和活动的网上预约功能，包含网站预约、微信预约、预约查询、预约取消等。并通过统一平台实现不同消费手段的统一管理，为今后各项增值服务提供信息管理基础
在线商店系统	在线商店系统包括文创基本资料管理、设计文档管理、多媒体资料管理、文创产品信息管理、文创产品查询检索、文创产品数据分析、产品销售统计分析及热门产品推送等
微信公众系统	微信公众系统包括自定义微信菜单、消息回复、推送管理、用户管理、业务管理、活动管理等，构建完整的微信服务平台，通过资源整合，优化微信原有的资源，同时通过 H5 等前端技术手段，结合 360°全景、三维建模等数据技术，提高微信观众服务的多样性和趣味性，使之成为带有博物馆自身特色的服务窗口
虚拟博物馆系统	在三维建模展厅中，将场景、图文、音频、视频介绍及高清大图整合进行展示，用户可以自由、便捷地行走，也可通过点击兴趣点或展品框体的方式浏览。三维展厅同时支持三维展品的嵌入，能够实现简单的游戏交互功能
历史专题管理系统	历史专题管理系统立足于整个行业，根据博物馆的历史及特色制定、管理专题类综合信息。面向全国各行业名人和大众，提供多途径、多层次的信息查询、展示交流、信息共享的平台
青少年教育系统	互联网更新了博物馆青少年教育理念，汇聚和整合了博物馆青少年教育资源，推进了博物馆青少年教育活动机制的形成并建立独具特色的运作模式，从而发挥博物馆在青少年素质教育方面的优势。博物馆在教育课程、体验活动等项目的设计策划上，包括活动目标、活动准备、活动过程、活动教具教材开发等方面

4. 智能馆务平台

智能馆务平台是实现博物馆内部工作，如博物馆运营、人财物管理、保护、研究、安保的智能化，构成博物馆智慧化运行新的形态。

智能馆务平台信息表

统一门户系统	通过门户形式的整合，使博物馆内部应用形成一个有机整体，保证全系统应用操作的一致性和关联性，内部管理的全局性，保证系统多层次实现便捷操作、高效管理，实现工作流、管理流、数据流统一。 统一门户系统包括单点登录、待办任务、公共信息、应用集成、个性化设置等功能。系统建立在各业务系统之上，负责应用调度与管理、信息共享与通信的整合平台，通过与信息整合交换平台的配合，建立起特定可视化的逻辑关联联系，充分发挥平台的整体应用效果
协同办公系统	利用工作流技术和电子签章技术，结合馆内日常办公和业务处理流程，满足日常办公文书收发、人事管理、党政事务等办公需求，为办公室业务实现全馆人事、外事、信息资讯等工作的自动化流转
多媒体控制系统	为博物馆构建以多媒体资源控制发布为核心的管理平台，结合多媒体资源管理和多媒体终端设备管理，对常设展区区域内所有电子图文类、独立播放的音视频类、集成媒体类、装饰类投影和一些特殊类的播放内容及终端设备进行统一管理，集中控制博物馆展陈区的多媒体展示和互动系统
后勤保障系统	后勤保障系统采用流程化的处理模式，实现各后勤保障业务的流程化管理，为博物馆工作人员提供良好的工作环境，做好高效的后勤保障
资产管理系统	资产管理系统对固定资产实物从登记、转移、调拨、处置，资产的运行、借用、盘点、清理到报废等方面进行全方位准确监管，结合资产分类统计等详细报表，真正实现“账、卡、物”相符

续表

环境监测系统	环境监测系统包括实时监测、数据分析、异常警告、功能展示、灵活变更等功能
安防数字化管理系统（集成）	可根据博物馆实际情况及客户要求，提供安防数字化集成接口，以 BA 系统（楼宇设备自控系统）为基础完成馆内设备集成控制数据接口，实现报警联动

说明：我们虽然在这个课题中提出了智慧博物馆的全系组成部分，但智慧博物馆的组成体系因子，也就是确认智慧博物馆的全系模型因子是我们这次研究所欠缺的，它将成为我们今后探索的主要内容之一。

第七部分　研究成果展示

成果展示包含两方面，第一，本研究课题结果（见本文）；第二，博物馆数字化体系标准。

一、数字化体系标准说明

1. 藏品二维数字采集与加工标准

规定藏品二维影像的采集方法、设备、环境、技术要求及操作规范，明确格式、精度、大小、命名与更新要求，以指导各业务工作中有关藏品的二维影像采集、加工、审核与更新等工作。

2. 藏品三维数字化采集与加工标准

规定藏品三维模型的采集方法、设备、环境、技术要求及操作规范，明确格式、精度、大小与命名等要求，提高三维数字化成果的规范性与可重复性利用。

3. 博物馆信息基础数据元标准

规定核心业务（藏品、文保、展览、活动、票务）信息基础数据元编制原则和分类、基础数据元及数据元值域代码集，用于指导采购人核心业务专题数据库的建立、数据交换、相关系统的设计与开发。

4. 数字资源核心元数据标准

规定描述数字资源特征所需的核心元数据及其表达方式，给出核心元数据的定义、扩展原则和方法，适用于采购人对数字资源的编目、建库、发布、共享、交换和查询。

5. 数字资源分类与代码标准

规定数字资源的分类原则、分类、编码方法及代码表，适用于采购人对数字资源的分类、处理、交换与统计分析。

6. 博物馆数据库建设规范标准

规定数据库建设的内容与方法，准确、全面地将成果数据入库，适用于采购人各专题数据库的建立及更新。

7. 博物馆数据存储标准

明确采购人的数据类别与等级划分，规定存储方式、时间、技术及备份与恢复等，保证数据安全。

8. 业务系统数据安全处理技术标准

规范业务系统承载的数据安全要求，包括数据采集、传输、存储、使用过程中的安全要求，保障数据全生命周期的机密性和完整性。

9. 界面设计标准

汲取已建系统界面的设计精华，提供以人为中心的、彰显博物馆特色的界面设计指南，对采购人智慧博物馆各应用系统的用户界面要素、设计要求及设计评价进行规定，以保持各应用系统界面的一致性，增强系统的直观性和易用性。

10. 统一身份认证标准

规定博物馆各应用系统的用户统一身份认证的基本要求、流程、功能等，提供统一身份认证实现技术，用于指导采购人应用系统集成，实现馆内全部应用系统的单点登录、用户身份及其权限的统一管理。

11. 集成平台技术标准

规定智慧博物馆集成平台基础架构、数据集成模式、应用集成方法、流程协同、管理监控等方式，适用于采购人统一业务平台的设计与实施。

12. 信息共享标准

明确和规范博物馆内部信息共享交换流程、交换范围、交换方式、交换接口、数据结构、数据加密、安全认证和授权访问机制等，用于指导采购人新建应用系统的设计开发及已有应用系统集成，保障馆内各类信息交换共享规范、有序、高效地开展。

二、具体标准（略）

三、智慧博物馆方案评估软件功能

智慧博物馆方案评估软件，按照方案中的字段录入，智能判断方案功能、分析方案中的参数，以及大量数据进行分析后，将它们加以汇总和理解并消化，以求最大化地体现智能功能，发挥软件的判断作用。得出方案智慧化程度评估，并智能化给出结论，以文稿形式呈现最终结论。

1）B/S 结构及界面设计

2）参数设计和功能录入

3）智能判断功能

4）结果输出（纸质文档和电子文件，封面见下图）

陕西省博物馆
信息化智慧化设计方案评估报告
（XXXX 方案）
年　月　日

陕西文物数据中心

5）重要声明

（1）本报告生成时间为 XXX 年 X 月 XX 日 X 时 XX 分 XX 秒，您所看到的内容为该时间点的数据快照。

（2）本报告由陕西文物数据中心在线系统实时生成，相关知识产权归本中心所有。方案编制方在未获得本中心授权情况下，不得擅自进行修改、复制、出版、发表、转卖、公开传播、创造派生作品等，违者将依法追究法律责任。本中心保留所有权利。

（3）本报告主要结论基于方案提供的资料和数据，与官方数据相比，本中心对该等信息的准确性、完整性或可靠性不作任何保证。本报告仅反映本中心基于陕西省文物数据库及相关专业系统的资料和陕西省智慧博物馆建设标准为依据所产生的资料、意见及预测。

（4）在任何情况下，本报告中的信息或所表述的意见不提供法律性、经济性的意见或建议。该等信息、意见并未考虑到获取本报告人员的具体方案目的、财务状况以及特定需求，在任何时候均不构成对任何人的个人推荐。方案编制方应当对本报告中的信息和结论进行独立评估，必要时就法律、商业、财务、税收等方面咨询专家的意见。对依据或者使用本报告所造成的一切后果，本中心及其关联人员均不承担任何法律责任。

本报告列示的数据及所做的分析，均是基于报告出具之日前获取的信息。报告的内容以正式书面报告形式为准，报告文本仅供参考。

互联网时代，博物馆信息化的建设是一个事关全局化的工作。近年来，陕西省文物局在博物馆智慧化建设工作的顶层设计和实施，对推动全省博物馆信息化管理产生量变到质变的飞跃。同时，由于博物馆信息化建设存在着各自的个性化建设问题，省文物局开源聚思，鼓励各级行政管理部门和博物馆进行个性化智慧博物馆建设方案的规划和实施，但要求把个性化和具有相似性的信息化建设项目，以“共建模式”形成全省各种专业数据库系统，既避免重复建设，同时也利于数据共享。

为了落实好省文物局关于博物馆智慧化建设的相关要求，陕西文物数据中心通过“陕西省博物馆信息化智慧化设计方案评估系统”，对申报的各级博物馆信息化智慧化方案进行前期评估。

第一部分内容：方案简介（略）

第二部分内容：方案数字化和智慧化评估

博物馆的智慧化建设，分为原有业务工作和管理工作的信息化，以及博物馆智慧化时代的数据分析应用两部分。

1. 原有业务信息化

包括管理数据库、业务数据库等。

管理数据库	OA 系统□	财务系统□	人事系统□	后勤系统□	安全系统□
业务数据库	文物保管保护□	展览□	科研□	资料□	教育□

续表

观众数据库	网站□	票务系统□	网上预约□	讲解□	其他服务□
行业内外数据库	文博行业□	相关行业□			
政府资料数字化	政策□	法规□	规划□		制度□
其他相关数据库					

2. 已有数据智慧化

包括原有管理、业务、观众、行业内外、政府等智慧化。

投入产出数字化分析	管理投入与产出□	业务投入与产出□	社会服务投入与产出□	
内部管理数字化分析	组织管理□	法人治理结构□	制度规范□	
展览数字化分析	实体展览□		虚拟展览□	
保管保护数字化分析	文物保管分析□		文物保护分析□	
科研数字化分析	科研管理分析系统□			
教育数据分析	社会化教育分析□		服务分析□	
社会化服务数据分析	线下服务分析□		线上服务分析□	
整体决策意识模型	管理□	业务□	服务□	行业内外和政府政策智慧化模型探索□
其他数据分析				

第三部分内容：方案可行性评估

完整性和规范性	方案结构是否规范		主要内容是否完整	
	是□	否□	是□	否□
业务理解程度	是否准确理解博物馆需求			
	是□		否□	
技术先进性及稳定性	技术先进性		稳定性	
	是□	否□	是□	否□
技术与业务的结合度	技术引入是否和博物馆业务工作相匹配			
	是□		否□	
关键业务需求把握程度	原有博物馆业务的数字化□		博物馆信息的智慧化体现□	
重复建设	是否重复现有全省数据库和分析系统判断			
	是□		否□	
共享建设	是否有共享数据库建设性质			
	是□		否□	

续表

推广性	方案是否具有推广引领作用	
	是□	否□
预算大小	是否预算投入资金与项目相比偏大	
	是□	否□

第四部分内容：方案评估结论

评估内容如下。

评估内容	方案是（否）符合博物馆原有业务和管理的信息化建设内容	
	□是	□否
	方案是（否）符合博物馆智慧化建设内容	
	□是	□否
	方案是否具备（不具有）可行性	
	□是	□否

评估结论如下。

参考结论	方案可行□	方案禁行□	方案修改□
备注			

四、软件使用方法（略）

五、一个实际智慧博物馆应用方案（见前文“智慧博物馆‘案例’例”一文）

我们知道，新时代博物馆的需求演进：智慧博物馆已成为时代要求的重要体现。随着人类科技发展的不断推进，实体博物馆的发展也经历了 20 世纪 90 年代为起步的数字博物馆的不断补充和协同，进入 21 世纪初期，通信、网络、大数据、云计算等技术的不断成熟和广为应用，也促使博物馆的不断推进，特别是近年来，人工智能、无人驾驶、语音识别和云计算大平台的发展，敦促博物馆向智慧化迈进又添加了重重的砝码。

智慧博物馆是在实体博物馆、数字博物馆概念基础之上，由于科学技术的进步而演变发展起来的新生事物。智慧博物馆以多模态感知“数据”替代数字博物馆的集中式静态采集“数字”，并以此为基础，建立更加全面、深入和泛在的互联互通，消除信息孤立，使人与人、人与物、物与物之间形成系统化的协同工作方式，从而形成数据模型基础上的更为深入的智能化博物馆运作体系。智慧博物馆淡化了实体博物馆相互之间、实体博物馆与数字博物馆之间的界限，形成了以博物馆业务需求为核心，以不断创新的技术手段为支撑，线上线下相结合的博物馆发展新型模式。

博物馆业务知识体系传播指导系统由以下几个部分组成：博物馆展览讲解系统，博物馆参观人员行为分析系统，博物馆展览体系系统，博物馆藏品知识系统，博物馆历史故事背景系统，学生历史知识体系结构，博物馆知识运算体系，智慧模型体系架构，历史图书出版系统，中华历史体系系统等。

系统功能：参观人员用手机登录或微信关注“博物馆业务知识体系传播指导系统”。一是进入博物馆进行展览讲解，二是对参观人员进行参观后的历史知识、中华文明体系评估，推送知识结构欠缺指引，中小学课本知识推送和介绍，正式出版物对于参观者知识体系补漏推荐，并对特殊群体进行博物馆相关知识体系回馈系统建设（如艺术鉴赏推介、科技知识推介、经济体系建议等）。以上所谓的推介、建议、引导、评估、推荐等都是对于参观者的博物馆行为和互动交流进行的知识模型运算后的算法建议，是基于科学性、逻辑性和规律性的研判。

“博物馆业务知识体系传播指导系统”给参观者的建议如下：

（1）展览讲解：语音和 VR 视频三维讲解。

（2）参观者对展览大纲体系的缺失和评估。

（3）国人对于中华文明的认知级别。

（4）参观者对于中小学课本知识的缺失补漏。

（5）博物馆相关知识出版物体系的推介。

（6）相关特殊要求者的知识体系建设。

以陕西历史博物馆基本陈列大纲体系与参观者路径、简答互动为依据，出具智慧化博物馆业务知识体系传播指导意见书。

1. 参观者路径

我们知道，大数据时代，人们已经不满足于依靠调查问卷等采样模式开展的数据采集，大数据时代关注的是全部数据，依靠全部数据建立的数据分析，挖掘出数据间的关联性及数据深层次的意义。

为了更好地开展观众的定位和知识体系的链接，物联网及新媒体技术的广泛应用，为建立以观众需求为导向的观众服务系统提供了可能。根据国际电信联盟（ITU）的定义：物联网是通过二维码识读设备、射频识别（RFID）装置、红外感应器、全球定位系统和激光扫描器等信息传感设备，按约定的协议，解决物与物、人与物、人与人之间的互联。具体来说，就是将无处不在的末端设备和设施，通过各种无线或有线的通信网络，实现个性化且安全可控的在线监测、定位追溯的数据采集模式。在这里，我们陕西历史博物馆采用的是蓝牙定位技术。

在每一个展览单元、文物组别、文物展柜、重点文物都设置了蓝牙模块。选择蓝牙定位技术主要出于以下考虑：一是与专用的导览设备相连，二是利于与手机相连，三是技术稳定，四是建设投入低，五是维护方便。

2. 简答互动

讲读博物馆 APP 是我们于 2019 年开发的陕西省全域博物馆的讲解指导系统，是我们观众与后台体系相结合的主要平台。其登录方法有手机登录法和专用讲解系统登录法两种模式。手机使用方法如下。

讲读博物馆 APP，可以通过扫描二维码下载 APP 安装到手机，也可以在微信公众平台登录并关注陕西数字博物馆公众号下载安装。

讲读博物馆 APP 可以通过以下方式下载安装和浏览。

1）手机可以通过扫描二维码安装 APP 进行浏览

安卓版　　苹果版

二维码获取途径有：①通过关注陕西数字博物馆微信公众号下载；②陕西数字博物馆官方网站获取；③陕西历史博物馆官方网站获取；④汉唐网官方网站获取。

2）第二种浏览途径

通过微信小程序搜索讲读博物馆即可直接浏览，或者用微信扫描微信小程序的二维码亦可浏览。

微信扫一扫，使用小程序

后期，我们在此平台上开发简答互动功能，主要问答有以下三个因子。

陕西历史博物馆基本陈列分为以下 7 个单元：第一单元文明摇篮、第二单元赫赫宗周、第三单元东方帝国、第四单元大汉雄风、第五单元冲突融合、第六单元盛唐气象、第七单元文脉绵长。

你参观了哪几个单元?

未参观的单元，是随意漏过？还是本身就有比较多的了解而漏过?

自己评价自己在哪部分知识欠缺?

这样我们就可以以两种方式分析参观者对于展览体系、历史结构、中国文化、中华文明等领域的评估。

一是在自由参观完，给出一个有蓝牙定位的感兴趣的和理性知识结构欠缺的评估报告。

二是根据参观完又参与讲读博物馆平台三个互动因子给出的评估报告。

以展览大纲为依据的评估报告包括以下几个内容：

一　人猿揖别

1 蓝田人　2 洛南盆地遗址群　3 大荔人　4 黄龙人　5 龙王辿遗址

二　华夏源脉

1 氏族生活——老官台文化时期　2 文化一统——仰韶时代

3 古国肇始——龙山时代　4 史前艺术

三　凤鸣岐山

1 周人起源　2 周原立国　3 周国四邻

四　礼乐之邦

1 建都丰镐　2 采邑封国　3 礼制刑罚　4 战争交往

五　经济文化

1 百工技艺　2 货殖交通　3 青铜艺术

六　秦国崛起

1 西岐建国　2 建都雍城　3 变法图强　4 葬仪恢宏

七　天下一统

1 皇皇帝都　2 横扫六合　3 皇权一统　4 骊山夕照

八　汉都长安

1 龙墀凤阁　2 离宫别苑　3 皇家陵阙

九　经济繁荣

1 农桑牧渔　2 冶炼织造　3 商贾市肆

十　社会图景

1 汉人生活　2 科技文化

十一　开拓交流

1 汉与匈奴　2 凿空西域

十二　魏蜀相争

十三　群雄逐鹿

十四　融合互通

1 民族融合　2 丝路来客　3 多彩生活

十五　长安佛光

十六　东方名都

十七　巍巍帝陵

十八　巅峰盛世

1 公私仓廪俱丰实——农牧业　2 方寸巧心通万造——手工业

3 万邦商旅会长安——商业赋税

十九　灿烂文化

1 云髻明珠映罗裙——服饰艺术　2 挟弹飞鹰霓裳曲——文化娱乐

3 莲花影里数楼台——宗教文化

二十　丝路繁华

1 流沙昆仑涉越勤——异域使者　2 泱茫瀚海闪遗珍——丝路遗存

二十一　西北重镇

1 屏藩要冲　2 经略西北　3 名门望族

二十二　世俗百态

1 雅俗衣冠　2 耀州青瓷　3 精雅生活　4 宗教世界

得出以上二十二个分类的知识指导和参观者对于知识体系需要增强和自身欠缺的评估报告。

以上是博物馆参观者对展览大纲体系的缺失和评估的列举。同时在评估报告中加入国人对于中华文明的图书推介、参观者对于中小学课本知识的缺失补漏、博物馆相关知识出版物体系的推介，以及相关特殊要求者的知识体系建设等评估内容。

评估报告内容及形式：

参观者中国文化知识体系评估参考报告

一、个人基本信息

姓名　年龄　学历　省份

二、参观体系报告

对于文明摇篮、赫赫宗周、东方帝国、大汉雄风的了解为优秀。对盛唐气象文脉绵长学习良好。对冲突融合有待提高。

建议：比如，加强魏晋南北朝时期战乱频仍、政权更迭的知识补缺，以及北方各少数民族在陕西角逐、内徙、冲突、融合，农业文明与草原文明在交流和互补中共同进步，丝绸之路依然繁荣，佛教东渐的知识体系建设。特别是三国时期（220年—280年），陕西一直处于魏蜀的军事争夺之地，曹操占有关中，刘备占有汉中。岐山、汉中等地留有许多当年的遗物和遗迹的学习和研究。

中学课本复习建议：

文章推荐：

图书推荐：

文博知识推荐：

结合参观行为和观众简答互动两种行为，给出参观者对于展览体系、历史结构、中国文化、中华文明等领域的等级评估。

报告结论等级分为：优秀、良好、及格、待提高。

第八部分 智慧博物馆研究极易存在的问题

在20余年的博物馆数字化、信息化建设的基础上，陕西省各博物馆的信息化建设各具特色，但同时也存在着重复建设、数据建设和系统建设标准的不统一，造成整个行业系统化的智慧化建设不能顺利推进。为了改变这种不利于信息化统一发展的局面，我们近期正在编写《陕西省博物馆智慧化建设规范指南》，旨在从互联网思维、智能博物馆概念，以及二者的结合与相互作用方面规范行业智慧化建设工作。

智慧博物馆研究是博物馆的学术前沿问题。近年来，随着以人为本理念的深入和新技术的普及应用，博物馆智慧化建设在不断探索中也出现了很多只是添加概念、只是注重技术、只是单一形态、只是强调主观、只是进行资源整合、只是在意数据分析等偏颇现象。

1. 只是添加概念

只是在原有的博物馆数字化的基础上添加智慧两个字。比如，把语音讲解系统改成智慧讲解，把库房数据库管理系统改成智慧藏品管理系统，把文物保护改成智慧化保护体系，等等。没有一点智慧化功能，只是简单、生硬的“智慧”化添加。

2. 只是注重技术

以为把通信5G技术、移动网络技术、大数据、云计算、人工智能等技术加入系统或引入博物馆的单一系统中，就是智慧博物馆系统的建立和应用。

3. 只是单一形态

只是在博物馆的单一业务或管理工作中进行数字化、信息化、数据定量分析，就是智慧博物馆的体现，根本没有模型意识和多形态指标体系的建设，更没有模型驱动的智慧化系统建立。

4. 只是强调主观

博物馆的发展是时代的要求，而不是原有博物馆管理者、博物馆业务专家或政府主管进行经验管理、经验决策就能满足社会需求和人民所需。博物馆需要在技术驱动、社会需求侧形态下不断引入智慧化形态进行管理和推动。

5. 只是进行资源整合

以为把原有的数据孤岛进行整合就是智慧博物馆建设的主要内容，就体现了博物馆的智慧化建设之路。

6. 只是在意数据分析

博物馆进行数据分析，是通过一定的方法进行比对、比较、计算后形成的结果。数据分析不能建立数学模型，没有数据模型，就不能形成多模型思维，当然就无法形成智慧。

博物馆要逐渐摆脱传统实体的单一形态而向数字博物馆、虚拟博物馆、智慧博物馆的多元方向发展。尤其是信息技术的迅速发展，具有人本性、资源整合性和数据再生产性等特征的智慧博物馆建设成为世界博物馆发展的一种趋势。智慧博物馆建设是对博物馆自身发展瓶颈的突破，具有强烈的时代发展印记，同时也面临着巨大的机遇和挑战。

智慧博物馆建设要理清思维，真正弄懂智慧的概念，力行智慧博物馆的践行，把智慧博物馆的建设工作从思维源头上进行清源。

第九部分　今后智慧化意识和行动需改善之处

根据省文物局智慧博物馆科研课题，拟推出智慧博物馆评估系统，站在全省角度，采用数据库、统计图表、交互展示等方式对文物管理部门和博物馆的馆藏藏品、陈列展览、文物修复、科研产出、宣传教育、政务数据、对外交流、社会反馈等进行全方位分析。

1. 我们在课题研究的基础上，在 2020 年推出了陕西省全省博物馆数据上报分析智慧系统，是全省博物馆智慧化建设的初探

计划通过 2021 年的陕西省大数据模型展示平台，进一步推进陕西省智慧化建设的探索。努力通过可视化的数据，为博物馆各项业务的发展决策提供有力的数据支持。积极与社会化公司合作，实践智慧化建设项目，并向社会应用。

2. 加快推进全省博物馆管理、业务体系的规范化和行业标准制定研究

这些都是进一步开展智慧化博物馆建设的基础工作。

3. 与大学开展行业合作

与大学联合开展“博物馆智慧模型研究”，为智慧博物馆的建设提供有力的理论和数据支撑。尤为重要的是，和以上研究机构开展博物馆模型体系研究合作。

4. 多开展组织召开国内外，特别是全省博物馆智慧化座谈会、交流会及项目品鉴会，了解国内外各级管理机构和博物馆的智慧化建设情况

说到智慧化，就不得不提到模型思维。模型思维是智慧化的基础和台阶。模型是用数学公式和图表展现的形式化结构，它能够帮助我们理解世界。掌握各种模型，可以提高人们的推理、解释、设计、沟通、行动、预测和探索能力。我们提倡多模型思维方法，应用模型集合理解博物馆的复杂运营。多模型思维是在单模型基础上，通过一系列不同的逻辑框架“生成”智慧，不同的模型可以将不同的力量分别突显出来，它们提供的见解和含义相互重叠并交织在一起。利用多模型架构，我们就能够实现对博物馆丰富且细致入微的理解。

可以这么简单地来理解模型。单一模型就是单一方案，多维模型就是多套方案的组合。多套方案的最优化选择就是智慧化的实现。所以说模型的多重性是极其重要的。不谈模型的数据、信息和知识都不是智慧。只有在知识架构下的模型才能生成智慧。也就是多重方案的最优选择。

要建立一个模型，通常有三种方法，一是具身法，二是类比法，三是另类现实法。

神学家、哲学家奥卡姆的威廉提出了流传至今的“奥卡姆剃刀”原则：如无必要，勿增实体。阿尔伯特·爱因斯坦说：不应否认，任何理论的终极目标都是尽可能让不可简化的基本元素变得更加简单且更少，但也不能放弃对任何单一经验数据的充分阐释。不过到了今天，当遇到用解析方法难以处理的问题时，我们还可以求助计算方法，可以构建许多不断变化的组件的精细模型，而无须考虑解析上是否易于处理。科学家构建全球气候模型、大脑模型、森林火灾模型和交通模型时，就采用了这种方法。智慧博物馆的模型建设，当然可以把这些经验“统统拿来”。

博物馆的智慧化发展到今天，是时候在我们多年博物馆数字化经验的基础上向智慧化过渡了，这个过渡就不得不经历各种智慧化模型的建立。我们博物馆与大学、研究所等研究机构的结合最为重要的事，就是模型的研究、建立和突破。

查理·忙格说："要想成为一个有智慧的人，你必须拥有多个模型。而且，你必须将你自己的经验，无论是间接的，还是直接的，都放到这些模型的网格上。"

我们课题得出博物馆智慧化研究的核心问题就是：模型研究是一切博物馆智慧化建设的基础，模型因子是重中之重。智慧博物馆的起步，从模型建立开始吧！

第二部分　方　　案

针对博物馆、文博行业的方案制定

陕西文物数据库二级节点系统建设方案书

（2009）

一、现状及需求分析

陕西文物数据库二级节点系统建设是陕西数据库系统建设的重要组成之一，经过两年不断的建设，通过网络来做文物数据动态管理系统的承载平台，也显得势在必行。随着网络应用的不断发展，网络面临的安全问题也日益突出，总的来看，网络安全主要面临以下两个问题。

首先，需要解决面临的日益严重的网络攻击问题。网络的发展给广大的网络用户带来了方便，但也带来了安全方面的问题。目前，大量的网络安全问题使得 IT 系统面临严峻的考验，对攻击的防范将成为陕西历史博物馆网络安全设计要解决的第一个问题，对攻击的防范包括网络层攻击防御和应用层入侵防御两个主要部分。

其次，在全省范围内，通过租赁运营商的专用数字链路，实现基于全省的专用网络；或者也可以通过防火墙设备提供基于互联网的 IPSec VPN，通过互联网搭建 VPN 进行业务数据传输，作为专网业务传输的备份。

本方案书将主要针对以上两点安全建设需求提出建议。

二、安全建设目标

通过本期的全省宽带网络系统安全建设，在各市博物馆出口部署防火墙系统，实现各省专网的安全防护，减少网络接入带来的安全负面影响，降低网络面临的潜在威胁，保证全省网络系统安全性和可用性的同时，进一步提高主干网的安全管理和控制能力，有效地提高信息网络的安全防护水平。

另外通过 Internet 边界部署的防火墙设备，实现全省的 IPSec VPN 互联，形成目前广域网的业务备份网。

陕西文物数据库二级节点网络安全建设的基本目标如下。

（1）在中心出口部署防火墙系统，提供防火墙与入侵防御功能，阻止来自网络的攻击和非法访问企图。

（2）陕西文物数据的内部交换和业务运行采用基于互联网的 IPSec VPN 互联。

（3）通过 IPSec VPN 实现业务备份网，业务通信可在广域网与 VPN 之间自动备份。

（4）在保证安全性的同时，更好地支持图片、视频和语音等多媒体传输。

（5）在保证安全性的同时，提供网络高性能和安全功能扩展性，并充分考虑未来业务容量及网络带宽的发展，方案应具有良好的扩展和升级能力。

（6）实现集中的安全管理，包括集中监测、集中配置、安全策略的统一分发等。

三、陕西文物数据库网络安全设计原则

本期陕西文物数据库二级节点网络系统的安全建设需要遵循并体现如下设计原则。

1. 体系化设计原则

必须分析信息网络的层次关系，遵循先进的安全理念，提出科学的安全体系和安全框架，并根据安全体系分析存在的各种安全风险，从而最大限度地解决可能存在的安全问题。

2. 系统性、均衡性、综合性设计原则

从全系统出发，综合考虑各种安全风险（网络层 / 应用层），采取相应的安全措施，并根据风险的大小，采取不同强度的安全措施，提供具有最优性能价格比的安全解决方案。

3. 可行性、可靠性原则

必须保证在采用安全系统之后，不会对现有网络和应用系统有大的影响。在保证网络和应用系统正常运转并具有高性能的前提下，提供最优安全保障。

4. 可扩展性原则

安全保障系统必须具有良好的可扩展性，扩展性包括了安全设备的物理结构的可扩展性（如可扩展光纤接口等）性能（防火墙性能、入侵防御性能和 VPN 性能），以及安全功能的可扩展性。

5. 投资保护原则

必须充分考虑未来陕西历史博物馆业务容量的发展，充分考虑网络接入速度的发展。

四、陕西文物数据库网络安全建设概要设计

（一）网络边界保护及控制概述以及专网建设

防火墙是实现网络边界逻辑隔离的首选技术，防火墙系统在网络边界设置进出口控制，可以防御网络攻击、监控往来通信流量，是企业网络安全的第一道关卡，其重

要性不言而喻。网络防火墙系统从其设置的物理位置来说，最恰当的位置就是不同安全级别的网络物理边界的出入口。在陕西历史博物馆安全建设中，最需要考虑保护及控制的边界就是网络边界。

在本期的安全建设中，考虑在全省各节点分别部署一台防火墙，实现安全防护控制，方案基本设计要点概括如下。

（1）Juniper 防火墙配置 10/100/1000M 接口，实现各个分支节点和核心节点防火墙设备通过运营商的数字链路实现全省的专网。

（2）Juniper 防火墙可实现真实网络环境 64 字节小包的千兆位性能，充分满足目前及未来 3～5 年内的业务容量、性能保证及带宽发展需求。

（3）对防火墙的各个端口划分合适的安全区域，实现各区域之间的授权访问以及对各个区域的安全防护。

（4）提供网络层到应用层的全面防护，实施全面的入侵保护（IPS）功能，提供防间谍软件 Anti-Spyware、防广告软件 Anti-adware 与防恶意软件 Anti-Malare 功能，在网络边界实现对病毒蠕虫的检测与拦截，实现对后门木马的检测与拦截。

另外，随着网络技术的发展，网络结构日趋复杂，传统的单一防火墙技术在使用的过程中暴露出不足和弱点，即传统的防火墙无法进行全面的应用层攻击的检测和拦截，入侵者可以利用开放的服务端口，在应用层面上构造攻击包，穿过防火墙，对内部网络造成严重威胁，如缓冲区溢出攻击、针对操作系统或应用服务漏洞的攻击、蠕虫、木马、间谍软件等。

入侵检测与防御技术可以弥补传统防火墙的不足，检测并拦截应用层攻击。因此，IDP 技术就显得尤为重要，在发现攻击之时就可以将攻击数据包屏蔽，考虑部署简化、管理简化的优势，入侵防御应采用与防火墙集成化的方案，Juniper 防火墙支持全面的入侵防御功能，对网络系统边界提供从网络层到应用层的入侵防御需求，基本设计要点概括如下。

（1）考虑部署简化、管理简化的需求，Juniper 防火墙采用入侵保护（IPS）与防火墙集成化的方式。

（2）Juniper 防火墙的入侵保护功能提供在线式的部署能力，可以在检测到攻击的同时进行自动阻拦，这样可以减少安全管理员对安全事件的响应次数和响应时间，最大限度地保证受保护网络的安全。

（3）提供网络层到应用层的全面防护，实施全面的入侵保护（IPS）功能，提供防间谍软件 Anti-Spyware、防广告软件 Anti-adware 与防恶意软件 Anti-Malare 功能，在网络边界实现对病毒蠕虫的检测与拦截，实现对后门木马的检测与拦截。

（4）根据需要在工作中灵活地基于访问控制规则配置入侵保护的策略，选择入侵保护所检测的协议类型与加载的特征库，提高检测效率，减少误报率。

（5）通过应用层入侵防御技术阻止来自网络的应用层攻击，如缓冲区溢出攻击、针对操作系统或应用服务漏洞的攻击、蠕虫、木马、间谍软件等。

（二）IPSec VPN 组网建设概述

利用 IPSec VPN 经济安全、部署灵活的优势，基于互联网在各个分支节点和核心节点之间建立全网状或者部分网状的 IPSec VPN 隧道连接。

Juniper 防火墙 /VPN 设备通过 IPSec VPN 与核心防火墙系统建立站点到站点类型的连接，同时 Juniper 防火墙设备之间通过 IPSec VPN 建立站点到站点类型的连接。所有 IPSec VPN 通过 Internet 建立。通过全省各个节点 Internet 边界部署的 VPN 网关，实现各省间 VPN 互联，建设全省的基于 IPSec VPN 的业务网。

IPSec VPN 网络建设的基本设计要点如下。

（1）建设星形与网状并存的 VPN 拓扑结构。

（2）提供灵活的基于路由的 VPN 功能，实现当某节点的内部网络地址段变化时，或当需要加入某网段进行 VPN 通信时，不需要修改 VPN 策略，减少 VPN 维护工作量。

（3）真正实现业务备份网功能，可实现某些业务在正常情况下走博物馆的 WAN 链路，如果 WAN 链路发生故障不可到达远端目的地时，Juniper 防火墙能够自动检测到 WAN 通路故障，并将这些业务自动切换到 VPN 链路上通行，实现智能的自动实时网络备份。

（4）本期建设虽然是单机防火墙 /VPN 部署，但 Juniper 防火墙 /VPN 设备有良好的双机冗余功能，当设备以 Active-Passive 或 Active-Active 模式工作时，VPN 状态会实施同步，保证当设备故障切换后，VPN 隧道不会断开。

（5）Juniper 的 IPSec VPN 组网实施简单，配置简单，全省的 VPN 网络可以统一通过 Juniper 的管理控制平台，以拖动图标的方式基于拓扑图配置 VPN 隧道。

（6）Juniper 防火墙支持 X.509 体系结构，能够通过 SCEP（Simple Certificate Enrollment Protocol）协议获得数字证书，支持的数字证书长度能够达到 2048 位。

（三）统一安全管理概述

陕西文物数据中心可建立安全网管中心，通过 Juniper 防火墙的集中管理平台实现对全省的 Internet 防火墙 /VPN 的统一状态监控、故障处理和配置管理；各单位还可建设自己的网络安全管理中心，对各自局域网的安全进行有效监控和管理；信息中心可进行全网的技术支持和咨询。

五、陕西文物数据库网络安全建设详细设计

网络边界保护及控制以及专网建设

在本期的网络安全建设中，考虑在全省各节点的网络出口均部署一台防火墙，通过在每台防火墙上配置 VPN，租用运营商的链路，实现全省的专网互联。方案的详细设计要点如下图。

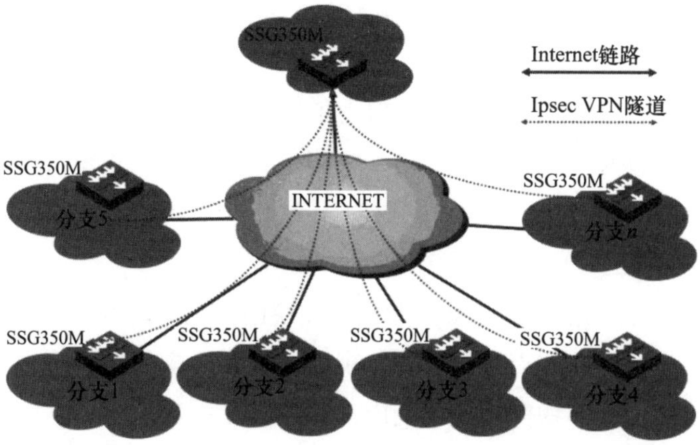

陕西省文物数据中心二级节点 VPN 系统

“十二五”陕西历史博物馆信息化建设规划

（2010）

2009 年 11 月，李长春同志在考察河南省的博物馆时指出，公共博物馆实行免费开放后，要坚持贴近实际、贴近生活、贴近群众，进一步创新体制机制、创新内容形式、创新展陈手段，提高服务质量和水平，努力把博物馆建设成为爱国主义教育的重要阵地，人民群众文化鉴赏、愉悦身心的精神家园，青少年增长知识、陶冶情操的第二课堂，中外游客踊跃参观的重要景点，对外文化交流、推动中华文化走出去的重要窗口，学术研究和科普教育的重要平台。

“发展信息产业，以信息化带动产业化，加快国民经济的发展”是党中央制定的国策。以信息化作为杠杆和支点，改造传统观念，全面提高信息管理水平、业务水平和学术水平，使陕西历史博物馆实现“国内顶尖、国际一流博物馆”的目标是我馆领导提出的治馆方针。我们信息中心在原有信息化建设的基础上，提出“十二五”期间我馆的信息化建设方案，努力推动我馆信息化建设步伐，为实现治馆方针添砖加瓦。

一、信息化建设现状

我馆于 1991 年正式对外开放，建设初期就定位为我国第一个现代化博物馆。在建设初期的几年中，投入了大量资金和人力，用于信息化建设。单机版的文物数字图像系统，基于 DOS 版的图书管理系统、藏品检索管理系统、人事管理系统、财务管理系统等。由于当时的技术和设备均为单机版系统，没有网络化，这些系统的信息资源未能互通共享，没有给以后的信息化建设留下可以再利用的信息“资源”。但这些系统的建成与应用为以后的信息化建设在技术上和人们的认识上起着极为重要的作用。

1996 年后，在原有信息化建设的基础上，对图书系统进行了改进，由原来的 dBase 数据库环境升级为 SQL server 数据库系统，同时实现了网络互联。1997 年独立开发出陕西历史博物馆多媒体导览系统，同时也对原有大屏幕电子导览系统进行了改造。

1998 年建立起陕西历史博物馆网站。12 年来经过 5 次改版，发挥着与观众和其他兄弟博物馆的沟通和交流作用。

2000 年开通了我馆互联网，让我馆在网上与外界有了交流的途径。

我们在 2001 年开馆 10 周年的时候，对人事管理、财务管理系统逐渐实现了独立体系的网络化管理。同时建立起了藏品的网络版管理系统，但由于种种原因，该系统没有正式投入使用，直到 2007 年配合国家文物局开展文物数据库调查项目后，建立起了与全省互联的我馆的藏品管理系统。

从这个发展过程可以看出，我馆的信息化建设起步早，涉及面广，是真正意义上的全国第一个信息化建设博物馆。同时，也可以看出我馆的信息化建设在 2001 年就有了雏形，发挥着积极的作用，但也从另一个方面反映出，由于我馆一直实行自收自支的财务政策，资金在信息化建设方面的投入较少，每次的项目建设都是孤立的，未能实现能够相互共享的信息，这一直是我馆信息化建设的瓶颈。从 2008 年我们免费对外开放后，项目资金有了保障，2009 年我们又成立了真正意义上的信息中心，同时又遇到“十二五”规划的大好时机，我们有理由，也有信心，通过 3 年打基础、5 年上台阶，使我馆的信息化建设再次走向全国博物馆的前列。

二、信息化指导方针

通过近 20 年的实践和应用，以及与其他兄弟博物馆的交流合作，我们逐步摸索出了一套博物馆信息化建设的路子来。同时结合我馆已经建立起的各个孤立的信息化系统实际，确立以下五年建设方针。

（1）在原有项目建设的基础上，进一步巩固“数据源”的建设和内容扩充（基于我们现在应用的系统数据都具有数据的可迁移性）。

（2）前 3 年打基础（包括硬件建设和数据建设两部分），后 2 年上台阶（系统整合和数据挖掘应用）。

（3）以文物信息资源建设为核心，以管理信息基础设施和公用信息服务平台建设为基础，充分利用现代信息技术，实现文物数据信息化和行政管理工作的信息化集成应用，以及文物信息的传播与教育。

三、信息化主要任务

在实践中执行文物信息化标准规范；初步完成我馆文物数据库为核心、以办公网络为基础、以信息安全体系为保障的文物信息和办公设施建设；在完成馆藏珍贵文物数据库建设的基础上，努力完成一般文物数据库建设；以基本信息资料数字化为基础，推进我馆办公自动化工作，积极探索信息化决策管理方法；继续推进博物馆内容数字化工作，加紧开展陕西历史博物馆数字博物馆技术框架研究；继续建立和完善网络条件平台，实现文物信息充分开放与共享；加快人才队伍建设，加强人才培养力度，建设一支规模和结构合理，适应我馆事业发展需要的信息化工作队伍。

四、信息化重点项目

前 1—3 年的基础建设项目如下。

（1）逐年为业务人员和行政管理人员配备电脑，在1—2年内努力实现每人一台电脑。

（2）重新铺设我馆网络系统，实现100M光纤带宽接入。

（3）改造现有图书、邮件、办公自动化服务器、存储系统和网络安全系统。

（4）建立我馆独立的藏品管理系统的服务器、存储系统和网络安全系统。

（5）建立RFID观众行为分析系统。

（6）全面整合导览系统（PDA、语音、蓝牙手机、网站讲解词下载和多媒体展现、二维条码）。

（7）LED大屏幕显示系统。

（8）博物馆网站三维展示和宣传交流（概况、展览、文物、服务、资料、交流等）。

（9）网上票务管理系统。

（10）大厅触摸屏导览系统（包括历史沿革、陈列大观、典藏精选、服务指南、典型虚拟场景、虚拟三维展品等实现触摸、VR、影院、悬浮成像在展陈中的应用）。

（11）办公自动化系统的建设。

（12）多媒体数据库内容建设系统（图片、录像、文件制度查阅、办公信息、科研成果、接待服务）。

后两年的建设，主要是在前3年硬件建设和内容建设的基础上，进行系统整合、数据应用及管理决策系统的建设和体现。具体体现在以下几个项目中。

（1）综合管理系统整合（包括服务器、网络和存储的更新和实现互联网网络办公）。

（2）展览系统和讲解系统整合（具有统一的后台管理）。

（3）藏品开放系统建设。

（4）RFID的决策数据分析应用。

（5）管理数据仓库的建立和规划探讨项目。

五、信息化实现效果

以上项目实施后，在整体上会达到“国内领先、国际一流”的目标与水准。信息化建设与利用必将在我馆的以下几项工作中发挥积极作用：比如加强了对我馆藏品的科学管理，有利于对我馆文物的科学研究与鉴定、图像的出版利用、多媒体和电子出版物的制作，有助于对我馆社会宣传教育工作的展开，提高办公管理水平，初步实现信息决策在我馆管理工作中的体现，等等。以发展眼光来看，它将对文博事业的可持续发展，对文博信息交流的加强，对数字博物馆的发展产生十分积极的作用。

陕西省文物信息化建设“十二五”规划

（2011）

根据《2006—2020年国家信息化发展战略》《中华人民共和国政府信息公开条例》《陕西文物信息建设发展规划（2004—2015）》及陕西省电子政务总体框架的要求，为了进一步推动陕西文物事业的政务公开，为我省经济建设和社会发展服务，结合我省文博事业的发展情况，制定此规划。

一、全省文物信息化建设的指导思想和基本原则

指导思想：文物信息化是新时期文物事业发展的重要战略选择。陕西省文物信息化建设必须以邓小平理论和“三个代表”重要思想为指导，牢固树立科学发展观，紧紧围绕陕西“十二五”国民经济和社会发展需求，在陕西省电子政务建设的整体框架内，以文物信息网络化建设为基础，以文物专业数据库建设为核心，以深化信息资源应用为目标，以国家文物局关于文物资源数字化、信息采集标准化、信息存储安全化、信息服务网络化的标准为依托，全面提高我省文物信息化管理水平，满足全省、社会和公众日益增长的文化信息需求，进一步促进陕西文物信息化建设持续、快速、健康地发展，在信息化建设方面也充分体现出文物大省的建设风范。

基本原则：统筹规划，分步实施；以需求为导向，以应用促发展；制度保障，确保安全；以资源整合为重点，以项目带动战略。

统筹规划，突出重点——要用科学发展观统领文物信息化工作，立足全局和长远，总体规划、分步实施。要明确工作重点，把握轻重缓急，对于那些事关文物信息化建设基础性、全局性的工作要先行建设，对于那些涉及民生的文物资源要集中人力、物力、财力，优先进行信息化建设。

以需求为导向，以应用促发展——文物信息化建设的目的和生命力在于应用。文物信息化建设必须着眼于服务中心、服务大局，结合人民群众日益增长的文化需求，以利用促开发。要把推进政务信息公开、文物信息资源的应用与信息资源整合等内容作为文物信息化建设的落脚点，让社会各界和广大群众感受到电子政务、文物数据信息化建设的便捷与实惠。

制度保障，确保安全——必须高度重视文物信息的安全保障工作，正确处理加快文物资源应用与安全保密的关系；正确处理政务信息公开与保密、开发应用与规范管

理的关系；要在重视应用现代信息技术手段开发文物资源的同时，抓好文物安全保密制度的完善；要按照政务公开的要求，建立和完善文物数据采集、政务信息公开审批制度。

以资源整合为重点，以项目带动战略——文物信息化建设要以体制创资源整合为动力，以确保分散的文物信息资源的整合利用。在馆藏文物数据库、不可移动文物数据库和文物地图多媒体数据库，以及社会文物数据库等各类文物数据库项目的建设带动下，实现文物信息化战略的顺利实施。

二、全省文物信息化建设的主要目标和主要任务

总体目标：以省文物局为龙头，以全省各地市的博物馆为建设对象，以集中式文物信息数据库建设为核心，重点建设涵盖馆藏文物的全省性、超大型、分布式、规范化、可共享的馆藏文物数据库和不可移动文物数据库；各级文物管理部门完成区域性电子政务建设，建立起与陕西省电子政务统一规划、同步建设的电子文件接收共享管理系统，实现电子文件与纸质文件同步运行的“双轨制”政务管理系统；建立文物信息资源库容灾异地异质备份基地；所有市区县文化（文物体育）局、博物馆建立文物信息网站，完善以“陕西汉唐网”为主体的开放文物信息、政府公开信息的公共服务平台，使其肩负起在“十二五”期间达到陕西省文物局政府与历史文化门户的双重目标；加快推进数字博物馆的建设，基本建成以省文物数据中心为核心，以各市区（县）大型博物馆藏为骨干，以各小型博物馆为补充，连接全省各博物馆的电子信息的市、区（县）二级文物信息资源共享体系。

实现目标的要求：2011—2013 年，全面建成全省文物信息网，100% 馆藏等级文物和 90% 以上的一般文物建成专业数据库；建成不可移动文物数据库；初步建成陕西不可移动文物地图多媒体数据库。2013—2015 年，全省 100% 的馆藏文物、不可移动文物数据库和文物地图多媒体数据库以及社会文物数据库四库合一，并与海关文物稽查和电子政务相配套的办公网络进行网络合并，初步完成陕西文物数据和办公平台的信息化建设雏形。

主要任务：根据全省电子政务建设总格局，与电子政务同步建设相配套的文物信息化建设，重点建设具有交互功能的电子政务系统、具有核心地位的专业文物数据库和具有保存保管作用的数据备份基地，努力在陕西信息化建设中发挥出文物部门应有的积极作用。

（1）逐步建成以馆藏文物数据库、不可移动文物数据库和文物地图多媒体数据库以及社会文物数据库为龙头的全省数字文物网络。加强以围绕政务公开、服务民生为主要内容的数字文物资源建设，全面推动馆藏文物、不可移动文物数字化和文物地图多媒体数据库建设持续稳步地发展，推进文物信息的应用与服务。

（2）将电子政务作为重要政务信息资源库来建设。各级文物管理部门建立为各级党政机关服务的电子政务和为社会公众服务的政府信息公开网站，依托电子政务数据交换平台、集成办公平台，在线采集、接收和利用电子文件，根据《中华人民共和国政府信息公开条例》，依法接收、采集各级政府机构，包括已公开现行文件在内的政府公开信息。

（3）在建成的文物数据基础上，进一步推动全省文物数字化工作。在网络上，建设展示数据库文物数据资源的数字展览和实体博物馆的数字化建设的陕西数字博物馆，建设文物网站大全，向全国展示陕西数字博物馆的新成果。

（4）以“陕西汉唐网”为平台，建立面向社会、服务公众的公众网上办事新平台，重点建设“网上政府信息公开系统”，为打造阳光政府提供服务。

三、全省文物信息化建设的重点和实施步骤

（一）加快文物信息化基础设施建设

（1）全面提高和普及全省各级各类博物馆、文物行政管理部门的计算机和网络技术应用程度，实施电子文档一体化和馆院一体化管理模式。到 2013 年，全省大型博物馆和行政管理部门应用计算机的普及率达到 100%，2015 年，全省各级博物馆信息化覆盖率达到 95% 以上。

（2）进一步提高文物管理软件的技术和应用水平。全省要认真贯彻落实《电子文件归档与管理规范》（GB/T18894—2002）、《文物数据中心数据交换管理办法》和《文物管理软件功能使用规定》等标准规范，陕西省文物局统一推广应用符合文物工作业务规范的文物管理软件，为文物信息交换、实现文物信息资源共享创造条件。

（3）加强和完善文物局域网建设，并与陕西省政务网联通。到 2017 年，大型博物馆和各级文物管理部门全部建立局域网，2018 年，各级博物馆局域网建设达到 90%；到 2020 年，全省各区县（市）博物馆全部完成局域网建设。

（4）新建、改建各级各类博物馆，要同步设计文物信息化建设软硬平台、相关的自动化控制系统及安防系统方案，分步实施；有条件的应整体设计、同步建设，使其“四位一体”功能得以充分发挥。

（二）加强基础文物数据库建设及应用工作

1. 完善馆藏文物数据库建设

陕西文物数据库是国家数据库建设系统的重要组成部分，自 2006 年 3 月全面启动建设，现已初具规模，目前已完成了全省 11 万余件馆藏等级文物的数据录入、上报，并通过了国家局组织的专家组验收。

在今年，将实现全省 100 余万件一般文物的数据库建设。随着“十二五”规划的实施，馆藏文物数据库的建设需要不断进行完善和提高。

2. 不可移动文物数据库建设

依据第三次文物普查数据，完善现有的不可移动文物数据库，做到集中完善，统一规划，建设陕西省不可移动文物数据库。在建设中，要充分结合我省文物遗迹较多的实际情况，建立起具有我省特色的专业不可移动文物数据库。

3. 积极推进文物地图多媒体数据库建设

文物地图多媒体数据库的建设应以现实需要为前提，分阶段、分步骤稳妥实施，重点加强对珍贵、重要的历史遗迹的信息进行数字化转换工作。从 2011 年开始，全省各市区（县）遗址初步实现数据采集和电子档案建设。到 2015 年，全省遗址档案数字化率达到 95%，基本建立起我省的文物地图多媒体数据库。

4. 加快电子政务建设

各级博物馆应依托各地建立的电子政务内（外）网平台，发挥文物管理部门交流优势，建立电子政务系统（办公自动化），及时接收电子文件，为党委和政府当前工作提供服务。在大型博物馆和市级文物管理部门进行试点，2011—2013 年，大型博物馆建立电子政务系统，2015 年各级博物馆及其他文物管理部门全面建立网上电子政务系统。电子政务与政府信息公开工作紧密结合，既有电子政务实体，又有网上政府信息公开窗口。“十二五”末期，全省各区（县）在局域网、电子政府内外网平台的基础上，全面实现电子政务建设。

5. 积极促进我省数据库的整合工作，大力推进文物信息资源的应用

围绕党和政府的中心工作及人民群众关注的热点，着眼经济社会发展的关键环节和重要领域，充分利用规范化、可共享的文物数字资源，建立一批直接服务大局和人民群众的重要专题数据库。利用信息技术加大对文物信息内容的研究和开发力度，注重文物信息的利用与研究相结合，进一步整合文物资源和管理平台，丰富科研成果，提高资政和为民服务效率。

（三）加快博物馆文物资源信息化建设

（1）加强各博物馆的信息化建设。主要体现在文物数据的采集和多媒体的信息化方面。

（2）加强各博物馆的办公自动化建设。在各博物馆进行办公自动化建设方面，省局将进行统一的部署。

（3）博物馆和各级文物管理部门要将信息化工作体现在专业数据库建设和行政网络建设两部分。本单位办公自动化建设和文物数据库建设同步发展，适应办公自动化和电子政务建设的要求，博物馆和各级行政管理部门文档通用。

（四）全面建成全省文物信息网

实现文物信息资源的共享是全省文物信息化建设的最终目的。建设全省文物信息网是实现文物信息资源共享的有效途径。各地应根据全省文物局信息化建设的统一部署，分阶段、分区域、有步骤地实施全省文物信息网建设。

（1）完成虚拟专网建设。在2013年前，全省各级博物馆全部完成馆藏所有文物数据建库工作，使用VPN技术，利用电子政务统一平台，将现有文物数据库与各市博物馆实现馆际互联共享，建成虚拟专网，供连通电子政务业务网和全省博物馆馆际查询应用。

（2）优化“陕西省汉唐网”网站建设，以领导、机关、公众和广大文物工作者为主要服务对象，以公布政府公开信息内容和开放文物信息为主要目的，有计划地、确保安全地使上载文物信息有限度地开放，向社会提供网上查询和利用服务。2013年，全省各大型博物馆建成区域性文物信息网，2015年，省内其他博物馆和文物行政部门全部建立自己的网站，全面构成“陕西省文物网”网站大全。

（3）2013年，初步构建全省范围内的政府公开信息、电子文件及文物信息等网上报送及应用平台。全省各博物馆应当利用基于政务业务网的网上报送平台，定期向省市或者区（县）文物管理部门报送行政文件和文物信息资料。省文物局要应用国家文物局配置的文物管理软件和按统一标准开发的政务平台软件，与各相关单位和部门传输各种信息，建立基于因特网和政务业务网的政府公开信息报送平台，并构建基于因特网的政府公开信息一门式查询系统，方便省内各级文物管理部门和市民及时提供公开信息目录及相关文件查询，为市民提供更为规范、及时、准确的政府公开信息及相关文件。

（五）加强数字博物馆建设

（1）各地市应加快与电子政务建设工程配套的数字博物馆建设，保证在电子政务内（外）网各应用系统中运行的电子数据在传输、运转、处理完毕后，完整、安全地得到集中存储和与永久保存，并为政务公开提供长效服务。数字博物馆的主要功能包括采集、保存、利用、管理和宣传。

建设内容为：①通过建立互连互通的电子文件和数据备份基地，实现永久保存电子政府历史的任务；②通过内（外）网门户网站提供政府信息公开和文物数据信息的利用服务；③通过馆藏数字化等手段，建立电子政务信息和各类综合文物信息资源专业数据库，成为宣传全省政治、经济、历史、文化的窗口，成为政务公开的资源基地；④实现各类新型媒介的数字化管理。

（2）加快推进数字博物馆建设。在总结各地博物馆建设经验的基础上，加紧全省数字博物馆建设的进程，以陕西历史博物馆、兵马俑博物馆等为试点，充分发挥其建设的示范带头作用，在全省加快推进数字博物馆的建设。

（3）"十二五"期间，各地市政府要结合陕西省文化大发展大繁荣的需要，将具有历史地位和核心基础地位的文物文化遗存建设纳入我省的信息化总体发展规划，统筹考虑，协调推进，有条件的各级博物馆均应建成数字博物馆，充分发挥其与本地区文化大发展大繁荣相适应的功能和作用。

（4）所有新建馆，必须将数字博物馆建设纳入新馆总体规划，并由相关资质专业公司设计编制包括网络布线、软硬件平台和智能化库房控制及安防设施建设在内的信息化整体解决方案。

（六）加快推进博物馆信息化法制建设

（1）加快研究和制定电子文件与管理、文物信息公开与上网安全、数字博物馆建设指南等方面的业务规范，出台《陕西省电子文件与文物信息管理办法》，形成有效的文物信息化建设激励机制，推动文物信息化建设有序开展，促进相关配套行政规章的制订和完善。

（2）完善文物信息化标准规范体系建设。在全省结合国家文物局的有关规定，集中力量研究制定电子、文物信息采集和应用的信息安全管理、数字博物馆建设规范等一批急需的文物信息化标准规范，《陕西省数字博物馆建设规范》等技术性地方标准，加快建立健全文物信息化建设标准规范和应用实施机制。

（3）进一步研究和普及推广电子文件接收、管理、利用的技术方法。电子文件的接收、管理和利用是文物政务工作的新领域，贯彻实施电子文件相应的管理办法是今后一段时期文物信息化建设的重要工作内容。全省各级博物馆和文物管理部门应及时开展电子政务环境下接收与利用电子文件工作，为实现电子文件、文物数字化信息的长效管理奠定基础。

（4）切实加强对各类标准规范的贯彻落实，尤其是一些用于信息化建设的各类技术标准和规范，以确保全省文物信息化在一个统一的平台上发展。

（七）加快推动文物信息化成果产业化

（1）积极开展文物信息化科学研究工作，大力提倡科研与业务的协调发展。根据我省文物工作的根本任务和实际需要，紧紧围绕文物信息化、现代化建设，努力开展科技研究工作，提炼科研成果，为解决文物信息化发展过程中遇到的各种问题提供技术和方法支持。

（2）按照陕西省有关数字化工程项目验收管理的有关规定，各级文物行政管理部门加强组织开展文物数字化工程项目验收工作，积极推进文物信息化科技研究成果的应用，推动文物信息化成果的规划性进程。到2015年，全省数字博物馆能达到10个以上。

（八）加强文物信息安全保障体系建设

（1）加大对文物信息安全工作的资金投入，用于文物信息安全方面的资金，应不少于信息资源整合利用项目建设总投资的15%。组织建立文物信息安全保障体系框架，逐步完善文物信息安全管理体制。各级文物管理部门和博物馆要按照安全保密规定，加强对计算机档案管理系统的管理，确保档案数据库的安全；加强对电子文件存档工作的监督和指导，保证归档电子文件的真实、完整和有效；文物部门的内部局域网必须切实与一切外网实行物理隔离，加强身份认证和密钥等管理，使用网络行为控制系统，确保文物信息网络传输的安全。

（2）各级文物部门在利用文物信息资源和网络建设工作中，要提高信息安全意识，加强上网信息的审查与管理，防止失密、泄密事件的发生。参加各级政府电子政务的文物部门，要严格遵守相关的安全保密制度，非公开的文物信息一律不得上外网，上网的文物信息要经过严格的划控和鉴定；在因特网上提供已公开文物信息查询服务的，要认真采用身份认证、防火墙、数据备份等安全防护措施，确保文物信息和系统安全。

（3）强化风险防范意识，提高灾害应对能力，采用新的手段，实施重要文物信息异地备份制度，在不同地方存放重要文物的数据备份。全省各博物馆的文物数据应在文物数据中心进行异地备份，全省各博物馆的电子文件应在文物咨询中心进行异地备份。特别是安全系数较低的电子文件，一定要普遍实行异地备份。有条件的地方实行异质备份，以防止若干年后电子文件和文物信息因阅读设备不配套而无法读取的情况。要把重要文物异地备份作为确保档案安全的一项制度来实施。全省各级文物部门要高度重视，采取有效措施共同推动这项制度的实施。

四、全省文物信息化建设的保障措施

1. 加强领导

各地文物管理部门作为成员单位参加当地信息化建设领导机构，以便文物工作更好地为当地工作服务，充分发挥电子政务建设的成效。

成立陕西省文物信息化建设领导小组，负责研究本省文物信息化发展方向，组织制订和修改文物信息化方面的法规、规章与标准；负责监督和检查全省文物信息化建设的进程，实施政策引导；对数字文物信息资源的整合利用和安全管理做出规划。

2. 落实资金

按照《中华人民共和国文物保护法》和《中华人民共和国政府信息公开条例》，切实将数字博物馆建设列入国民经济和社会发展计划及财政预算，保证开展电子文件接收和政府信息公开的必须资金。

3. 培训人员

信息化人才队伍建设是文物信息化可持续发展的前提和保障。全省文物部门一方面要想方设法引进信息化技术人才，另一方面也要想方设法留住人才。电子政务建设与信息资源整合是一项全新的事业，需要一大批既懂信息化、电子政务知识，又懂文物管理、信息组织与计算机操作知识的专门人才。各级各部门要结合实际，制定详细的培训计划，“十二五”中期，全省文物系统的业务干部都能上网工作，关键技术部门和保障岗位都有过硬的技术骨干和后备人选。各市区和可能的县博物馆必须在2013年保证配备1—2名计算机专业人才，负责网络、数据库的管理及相关工作的业务指导。各区（县）博物馆要重视对馆内人才的发掘，通过送出培训的方式，使得具有一定计算机基础的人才能够较快地承担馆内文物信息化工作。

4. 建设文物信息化质量评估体系

建立信息系统功能和质量评估机制，建立文物信息化建设绩效评比机制，建立文物信息化建设先进评比和典型示范机制。在文物信息化规划执行过程中强调层层分解、细化，并与评比、考核相结合，以加强对文物信息资源的控制力，避免分散建设和低水平重复建设。充分发挥文物专家和信息化专家的作用，建立专项考评制度和办法，开展相关评比活动，树立先进典型，推广先进经验，带动全省文物信息化健康、全面发展。

陕西数字博物馆推广方案

（2012）

陕西数字博物馆建设，是在陕西文物数据库建设的第二年提出的，当时只是体现陕西数据库应用的一个方面，随着陕西文博事业的不断发展，社会主义文化大发展和大繁荣的强烈要求，在2011年有了比较明确的建设思路。基于陕西数字博物馆在2011年11月的上线试运行和2012年5月18日正式上线的迫切要求，以及陕西博物馆数字化建设的展示需求，我们建议在2012年度对陕西数字博物馆进行全方位的推广。

陕西数字博物馆网站的数据来源，主要以已经建成的陕西文物数据库的文本数据和二维数据，以及进一步开展的文物数字化建设中的文本、二维和三维数字资源为支撑，是一个陕西文物数字化建设、展示、保护和交流的专业平台，突出文物数字化、文物展示和文物保护功能，是真正的陕西省文物数字化专业门户网站。

目前，陕西数字博物馆包括以下几大模块：①新闻专栏（文物藏品展览）；②数字专题展；③虚拟现实馆；④文物数字化展示专栏；⑤博物馆数字化建设专栏（文物数字化、文保保护、博物馆数字化建设）、文博人物专栏（领导规划、馆长大全、专家介绍和访谈）；⑥交流平台专栏（交流平台、QQ交流群集）；⑦国有可移动文物普查专栏；⑧陕西数据库建设专栏；⑨博物馆大全专栏（“8+3”博物馆、免费开放博物馆和其他国内外博物馆的介绍和网站进入口）。

目前该网站已上线试运行，其中制作了以下数字展览和数字化建设内容。

数字专题展如下。

（1）全国省级博物馆LOGO展。

（2）陕西文物精华三维展。

（3）陕西数据库建设成就展。

（4）陕西历史博物馆文物精华二维展。

虚拟现实馆如下。

（1）陕西历史博物馆基本陈列虚拟三维展。

（2）何家村金银器虚拟三维展。

（3）商洛市博物馆二维展。

博物馆数字化建设、文物保护和文物数字化栏目中可以查询大量的专业文章。

虚拟现实馆和博物馆大全中有各个博物馆比较齐全的文字和图片资料介绍，并有各个博物馆的官方网站入口。

自 2011 年 12 月试运行以来，陕西数字博物馆得到了领导和社会的普遍认可，并有了一定的社会影响。为了更好地贯彻党的十七届六中全会精神，推动社会主义文化大发展和大繁荣的要求，我们编写本方案，是对陕西数字博物馆向社会进行的进一步推广。

推广目的：在陕西有一定的知名度，打造文博界和旅游界的品牌效应。

推广时间：2012 年 3—12 月。

推广方法：一是线上，二是线下，三是媒体推广。

1. 线上推广

（1）在陕西的各大博物馆网站上进行第一步推广：汉唐网，陕西历史博物馆，秦始皇帝陵博物院，汉景帝阳陵博物院等网站上设置通栏链接条，推广陕西数字博物馆。

通栏链接条

（2）通过网上和全国各大博物馆的网站进行友情链接。

2. 线下推广

（1）在西安、宝鸡、咸阳、渭南、铜川、延安、榆林、汉中、安康和商洛的中心博物馆举办陕西数字博物馆研讨及推广会。

（2）在各大博物馆售票处，在售票时发放陕西数字博物馆宣传广告页。

3. 媒体推广

（1）平面广告 4—5 次（华商报、西安晚报等）。

（2）广播广告 3—4 次（西安交通广播、陕西广播电视台等）。

（3）户外广告 5 块。

推广预算：费用主要用在线下，费用分为两项，会议费：每次研讨会控制在 2 万元；宣传页 100 万张，8 万元。广告费：17 万。预计合计 45 万元。

人员安排：在陕西省文物局的领导下，以陕西省文物数据中心的人员为核心，具体实施本次网站推广，各市级文物单位负责该市的会议和人员组织。切实按照方案实施，使推广方案效果达到最大化。

其他推广形式如下。

（1）利用陕西历史博物馆的门票进行宣传，在门票背面印刷“陕西数字博物馆”简介及登录网址。

（2）在陕西历史博物馆正门广场搭建宣传桁架，夜晚加装灯光，增强宣传效果。

（3）给部分机关单位赠送陕西历史博物馆的参观门票，邀请参观时现场演示“陕西数字博物馆”，扩大受众人群。

（4）与大专院校、中小学建立良好合作，向青少年介绍“陕西数字博物馆”的内容，进入学校现场宣讲，配合宣传进行有奖问答，赠送印有“陕西数字博物馆”网址的宣传纪念品。

（5）与社区附近人流量大、有空旷场地的大型超市，如麦德龙等单位进行合作，搭设宣传展台，进行问卷调查，赠送印有“陕西数字博物馆”相关信息的购物袋，扩大宣传。

（6）在户外路牌、出租车顶电子屏刊登宣传广告，吸引广大文物爱好者及外来旅游者。

（7）组织一批历史文物爱好者，成为“陕西数字博物馆”VIP 会员，借由他们的个人博客、微博等转发上传最新展览动态等信息，并定期举办 VIP 活动，如参观陕西历史博物馆特展、聆听文博讲坛等。

（8）邀请各地文博单位的专家、大学知名学者、历史文化研究名人，举办有关“数字博物馆”与“博物馆信息化”的论坛研讨会，扩大知名度。

陕西数字博物馆规划实施

（2012）

陕西是中国文物最为丰富的省份之一。20 世纪 60 年代中期，在西安西南的蓝田县就曾发现过距今 115 万至 75 万年前的“蓝田人”化石，省内的新石器时代遗址星罗棋布，许多重要遗址都是探索中华古代文明起源的重要物证。公元前 1000 年初建立的西周王朝，就是在陕西境内发展兴盛起来的。在其后的大约 2000 年间，先后有十三个王朝建都在这里。欲了解中华古代文化必到西安，已为世人所熟知。历史造就了陕西地上地下丰厚的文物。如何保护好、传承好、利用好、发展好这些珍贵的文物，是陕西省政府长期以来一直十分重视的问题。

按照我省文物数字化建设规划，未来我们将开展省内所有文物的数字化建设，将建设馆藏文物数据库、田野文物数据库、司法鉴定文物数据库、流通文物数据库这四个文物数据库。

陕西目前共有省文物局所属博物馆和纪念馆 136 家，还有 86 家其他形式的文物收藏单位，有近 10 家博物馆建立了自己的网站，大多数博物馆没有建立自己的网站系统，使得博物馆的宣传有着比较大的缺憾，如果让每家博物馆都建起自己的网站，一是耗时太久，二是大多博物馆没有这方面的人员，三是各自建起自己的博物馆网站也是另行分布，并不能形成一个博物馆网站的文化氛围。因此，我们有了把全省博物馆在网上“串起来”的构想。陕西文物数据库是国家数据库建设系统的重要组成部分，于 2006 年 3 月全面启动建设，现已初具规模，目前已完成了全省 11 万余件馆藏等级文物的数据录入、上报，并通过了国家文物局组织的专家组验收。

在今年已实现全省 32 万余件一般文物的数据建设。这些数据的应用也是摆在我们面前的一个亟待解决的问题。

国有一般文物普查试点工作，我省是全国 3 个试点单位之一，其文物数据的保存、管理和利用也是一个大问题，在这三种情形下，我们有了一个办好陕西数字博物馆的“数据”基础和工作需求。经过近些年的研究和探讨，到目前有了比较成熟的构想和具体的实施效果。

一开始，我们的指导思想只是想把陕西的文物数据和信息展示给广大的观众，于是在文物信息传播、新闻上下了很大的功夫，是按一个陕西文物门户网站的构思进行建设的，网站名为陕西文物信息网（www.sxwwxxw.com）。

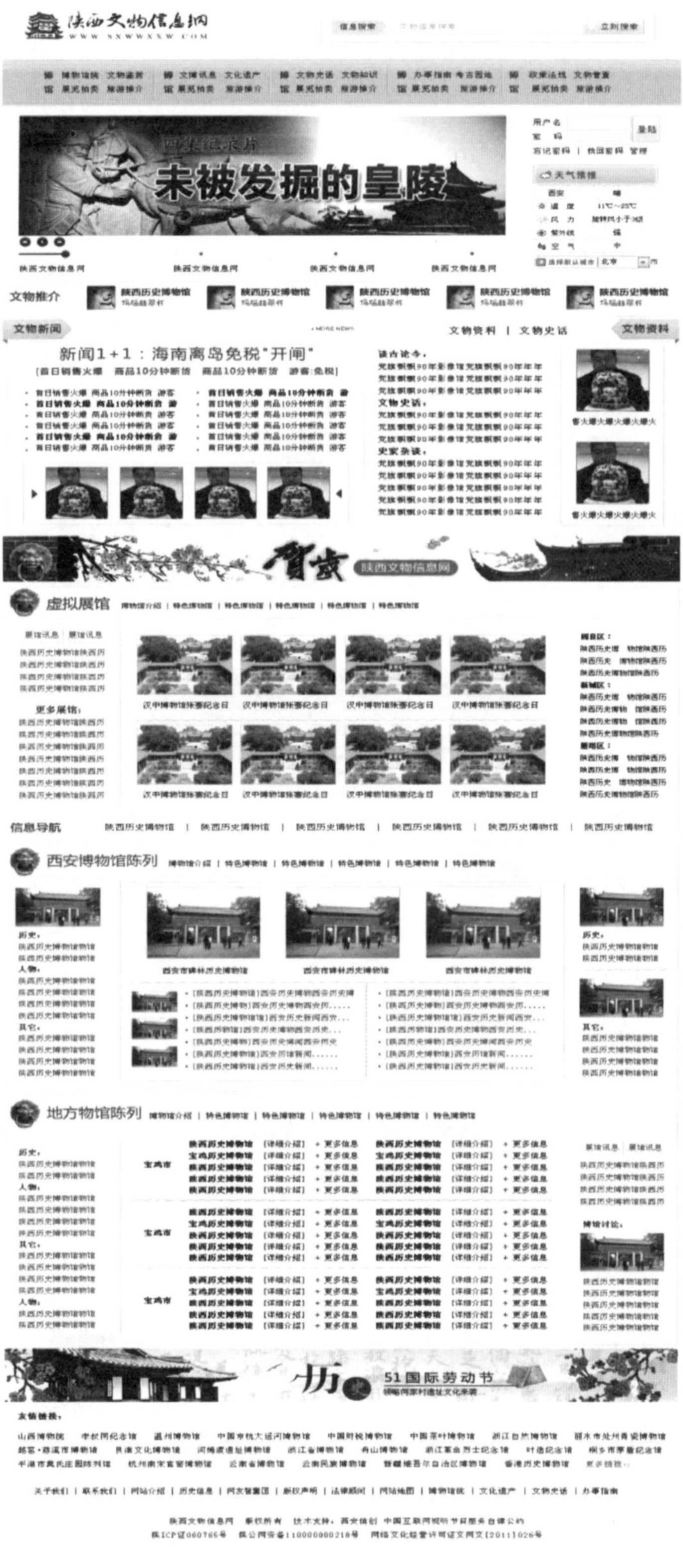

陕西文物信息网网站展示

设置了文物新闻、虚拟展馆、博物馆院、文物鉴赏、文化遗产、文物实话、文物知识、办事指南、考古园地、政策法规、文物普查等众多栏目，版面如上图。后来，经过研究，我们觉得这不是一个门户网站，倒像一个单体的博物馆网站，经过思索和探讨，推出以下偏向门户的网站格局。

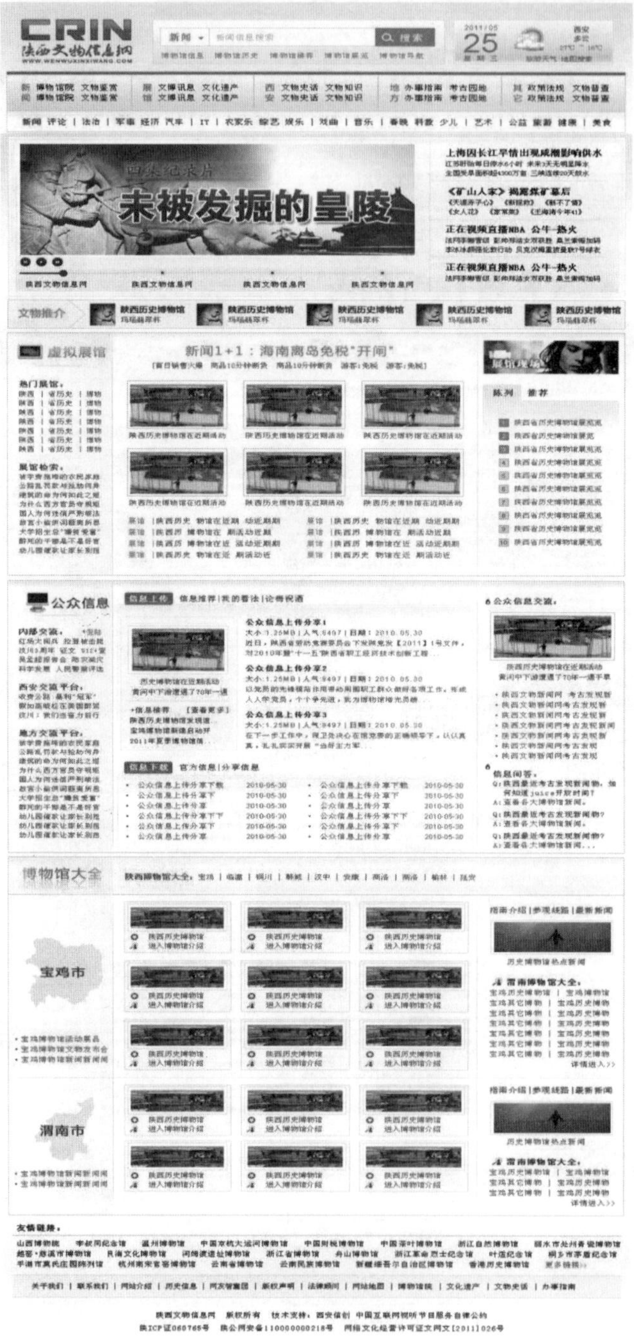

陕西文物信息网网站展示

这个版本弱化了新闻功能，增加了公众交流和博物馆大全栏目，但还是没有体现出展览和数字化的重点来，再改。

陕西馆藏文物信息网网站展示

这次修改，设置了新闻资讯、虚拟博物馆、公众信息和博物馆大全四个栏目。这样就很像一个门户和信息网站了。但后来觉得信息咨询应该是陕西文物局汉唐网的主要功能。我们是要打造一个陕西博物馆数字化门户专业网站，在这种思路下，又对较长的网页进行了重新规划，网址确定为 www.0110m.com，见下图。

陕西数字博物馆网站展示

这次数字博物馆网站的开发和建设，我们走了一些弯路，也耗费了一定的时间。但后来看，它是多么宝贵的经验和教训。

首先，一个网站的开发要有一个明确的指导思想。实际上，要想办成任何一件事，就必须先有一个想法，而且这个想法要明确，也要具体，更需要简洁和可执行。其次，一个网站的成型要不怕辛劳地实施。这就是要办成功一件事，必须不断地改进和完善。

再次，要不断总结和学习，不断提高认识和实践能力。最后，需要群策群力，取长补短。

经过不断地摸索和实践，不断地实践和认识。我们认为陕西数字博物馆网站的数据来源，主要以已经建成的陕西文物数据库的文本数据和二维数据，以及进一步开展的文物数字化建设中的文本、二维和三维数字资源为支撑，是一个陕西文物数字化建设、展示、保护和交流的专业平台，突出文物数字化、文物展示和文物保护功能，是真正的陕西省文物数字化专业门户网站。

最终包括以下几大模块：①新闻专栏（文物藏品展览）；②数字专题展；③虚拟现实馆；④文物数字化展示专栏；⑤博物馆数字化建设专栏（文物数字化、文保保护、博物馆数字化建设）；⑥文博人物专栏（领导规划、馆长大全、专家介绍和访谈）；⑦交流平台专栏（交流平台、QQ 交流群集）；⑧国有可移动文物普查专栏；⑨陕西数据库建设专栏；⑩博物馆大全专栏（“8+3”博物馆、免费开放博物馆和其他国内外博物馆的介绍和网站进入口）。

目前该网站已上线试运行，其中制作了以下数字展览和数字化建设内容。

数字专题展如下。

（1）全国省级博物馆 LOGO 展。

（2）陕西文物精华三维展。

（3）陕西数据库建设成就展。

（4）陕西历史博物馆文物精华二维展。

虚拟现实馆如下。

（1）陕西历史博物馆基本陈列虚拟三维展。

（2）何家村金银器虚拟三维展。

（3）商洛市博物馆二维展。

博物馆数字化建设、文物保护和文物数字化栏目中可以查询大量的专业文章。

虚拟现实馆和博物馆大全中有各个博物馆比较齐全的文字和图片资料介绍，并有各个博物馆的官方网站入口。

欢迎各位领导和专家多提宝贵意见，以便我们及时改正和不断进步！

陕西历史博物馆手机应用解决方案

（2013）

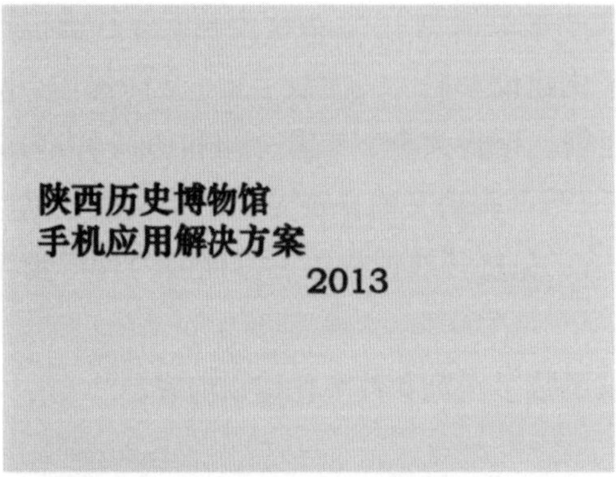
陕西历史博物馆
手机应用解决方案
2013

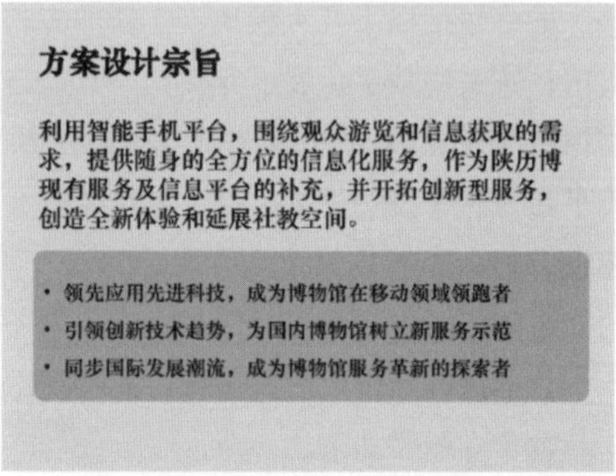
方案设计宗旨
利用智能手机平台，围绕观众游览和信息获取的需求，提供随身的全方位的信息化服务，作为陕历博现有服务及信息平台的补充，并开拓创新型服务，创造全新体验和延展社教空间。
• 领先应用先进科技，成为博物馆在移动领域领跑者
• 引领创新技术趋势，为国内博物馆树立新服务示范
• 同步国际发展潮流，成为博物馆服务革新的探索者

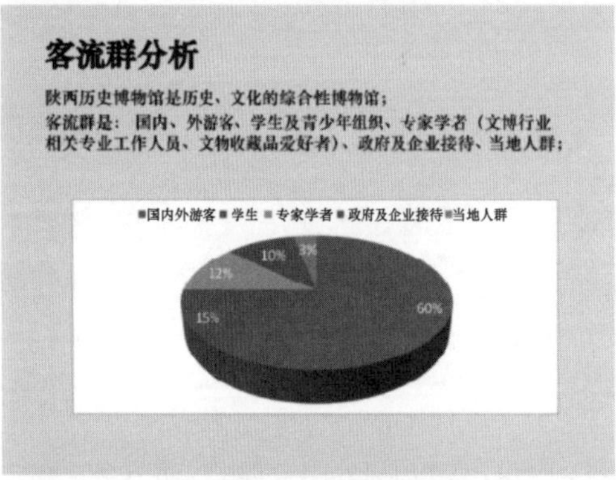
客流群分析
陕西历史博物馆是历史、文化的综合性博物馆；
客流群是：国内、外游客、学生及青少年组织、专家学者（文博行业相关专业工作人员、文物收藏品爱好者）、政府及企业接待、当地人群；
国内外游客 学生 专家学者 政府及企业接待 当地人群
60%
15%
12%
10%
3%

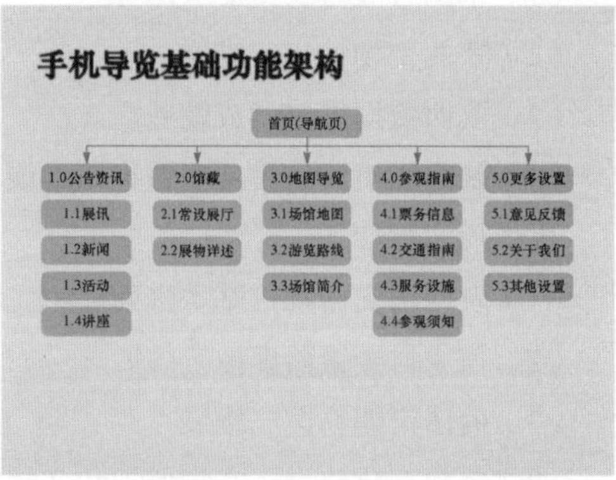
手机导览基础功能架构
首页(导航页)
1.0公告资讯
1.1展讯
1.2新闻
1.3活动
1.4讲座
2.0馆藏
2.1常设展厅
2.2展物详述
3.0地图导览
3.1场馆地图
3.2游览路线
3.3场馆简介
4.0参观指南
4.1票务信息
4.2交通指南
4.3服务设施
4.4参观须知
5.0更多设置
5.1意见反馈
5.2关于我们
5.3其他设置

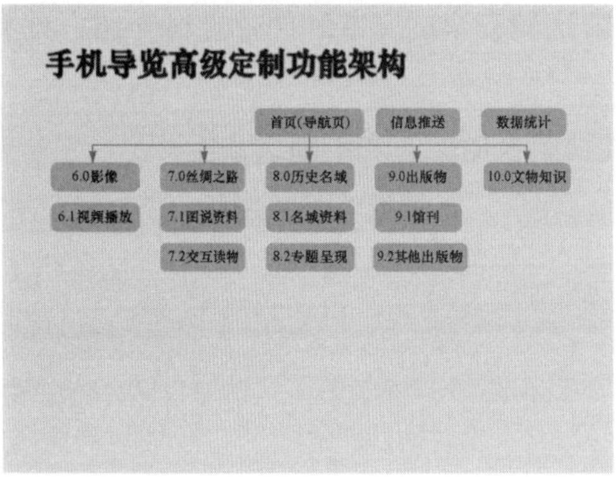
手机导览高级定制功能架构
首页(导航页)
信息推送
数据统计
6.0影像
6.1视频播放
7.0丝绸之路
7.1图说资料
7.2交互读物
8.0历史名城
8.1名城资料
8.2专题呈现
9.0出版物
9.1馆刊
9.2其他出版物
10.0文物知识

界面体验
• 具有陕西地方历史文化特色，气势恢宏；
• 布局符合交互习惯，易懂易用；

首页（导航页）

- 首页是所有内容的入口，同时也供观众快速了解重要资讯；
- 下方为导航按钮；常用功能突出摆放，方便使用；
- 显示日期，节气，天气，博物馆状态等便民提示；

1.0 公告资讯

- 展示最新简讯，图文列表形式，实时更新。如公告、新闻、展讯、特别提示、教育活动、讲座等；
- 点击进入详情；
- 可刷新，以获取最新资讯；
- 可以将感兴趣的资讯收藏，方便以后浏览；
- 可以将感兴趣的展览或活动直接加入手机日程提醒；
- 可以将信息转发到微博等社交网络进行分享；

2.0 馆藏资料

- 以图文为主，语音为辅的形式，集中展示陕西历史博物馆的馆藏资料；
- 二级列表页的形式清晰明了。点击进入分级馆藏列表，再次点击某个项目进入详情，查看具体资料信息；
- 按展厅、类型进行筛选；
- 搜索：快速查找展物，搜索结果以列表页的形式呈现，保存搜索关键词历史记录；

2.2 展物详述

- 提供翔实信息，图文为主，语音为辅的形式；
- 页面可上下滑动浏览，左右滑动则翻到前一个、后一个馆藏的详情；
- 支持多图，可在图片显示区域左右滑动进行查阅；
- 收藏：个性化书签功能，建立我喜爱的馆藏，方便查阅；
- 位置：若该馆藏为参展物品，则提供查看展物位置信息的功能；
- 分享：用户兴奋性需求，增强交互性，通过微博短信等分享给朋友，起到宣传、愉悦用户的作用；

3.0 地图导览

- 以地图的形式进行导览；
- 与虚拟展厅结合，进行切换展示；
- 地图可拖动放大、缩小；
- 搜索：快速查找展厅、厕所、服务区等地点，搜索结果在地图中显示，保存搜索关键词历史记录；
- 可直接拍照进行微博分享；
- 地图与指南针结合，明确方向，优化体验；
- 陕西历史博物馆场馆介绍页面入口；
- 展厅、展物的文字介绍，语音讲解；
- 点击某个展物可进入到馆藏查看详细信息；
- 服务设施位置展示；
- 图例：个性化筛选显示的项目，如厕所、展区、服务区等的位置；

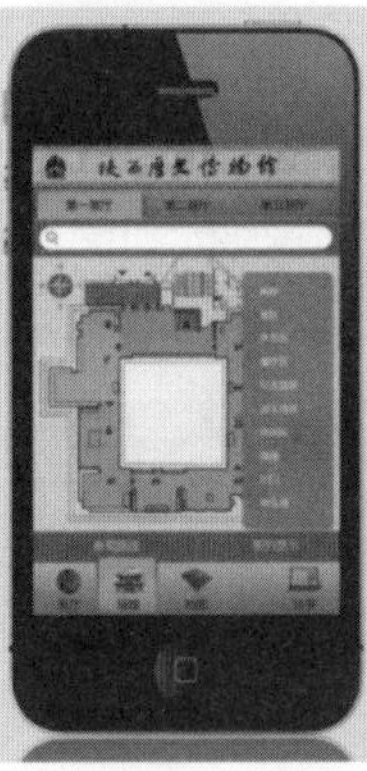

4.0 参观指南

- 供游客用户出行参观的实用信息；
- 交通信息：场馆地址，公交、驾车路线，停车场的位置；
- 票务信息：免费参观券发放的相关信息，团体参观预约等；
- 在线订票：建立会员系统，与web端互通，可在线预订门票，预约等；
- 游览须知：开馆闭馆时间，参观须知，注意事项，场馆服务等；
- 博物馆商店：复制仿品，图书，旅游纪念品；
- 紧急情况拨打电话：提供广播室、派出所等电话号码，供游客游览时遇到紧急情况使用，可直接点击号码呼出；
- FAQ：常见疑问解答；

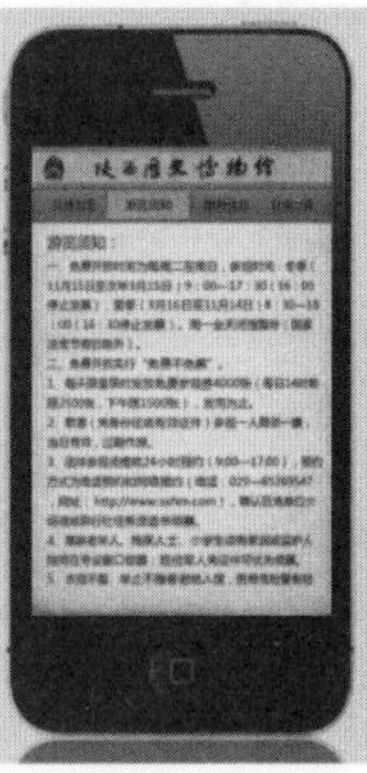

5.0 更多设置

- 应用功能性模块；
- 微博绑定设置：新浪微博，腾讯微博；
- 会员中心：会员系统入口，可注册，登录，订票，与web互通；
- 关于我们：陕西历史博物馆官方说明，版本号，版权，用户协议；
- 意见反馈：留言本功能，记录用户留言，邮箱地址；
- 退出时清除缓存：部分数据会从服务端获取，需要清理缓存以便更好地体验；
- 更多精品推荐；

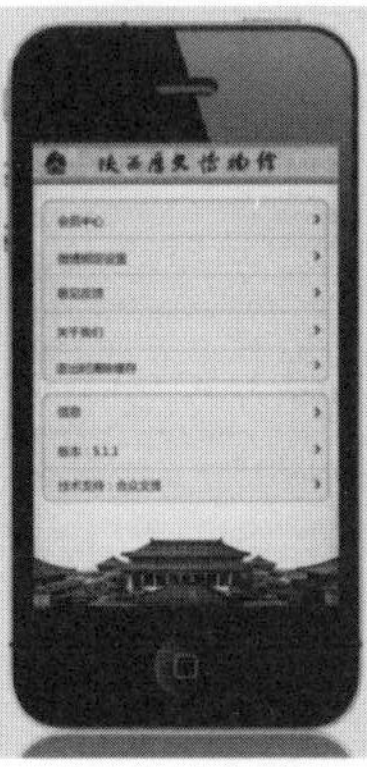

6.0 影像

- 视频模块；
- 集中呈现大唐记忆等陕西历史博物馆的视频资料；
- 以视频列表的形式展示，点击缩略图直接播放；

7.0 丝绸之路

- 专题形式：一场以丝绸之路为路线的旅行，讲述丝绸之路的意义，历史时期的故事，著名人物，风俗等；
- 图说形式，有声可交互的书籍，逼真的翻页效果，生动的动画效果，配合资料展示；
- 社交分享；
- 路线图，可点击路线上的某个地点，快速进入该页，标注当前浏览页面的位置；
- 信息资料页浮层展示；
- 自动播放动画；
- 查看所有页面，即列表页，缩略图形式；
- 显示路径：路线中某地点名称（古时，当代）；

8.0 历史名城

- 陕西历史名城众多，特别设置古都遗迹的专题模块；
- 省内历史名城介绍；
- 陕西历史博物馆内与陕西相关、与历史古都相关藏品的集中呈现；
- 展示为主，包括地理位置，自动播放，以及藏品相关的必备功能等；

9.0 出版物

- 馆刊；
- 其他出版物；
- 下载，浏览功能；

10.0 文物知识

- 常识性文物知识模块；
- 图文形式，介绍什么是文物，文物和古董，文物定级等文物知识；
- 二级列表结构，点击标题，进入详情信息，查看具体资料；

信息推送

- 信息直接推送至观众手中，实现陕西历史博物馆和观众的一对一沟通；
- 可用于活动和展览的推送，应用版本更新等；

数据统计

- 达到更好地了解用户行为逻辑和期望需求的目的，应用内加入统计代码，记录数据。
- 数据统计需求：装机量，PV，UV，下载量，点击量，转化率，地域统计；

陕西数字博物馆手机移植版功能介绍

（2013）

陕西数字博物馆——手机移植版是将网页版的陕西数字博物馆移植到手机上。通过手机随时随地方便、快捷地浏览陕西数字博物馆。让更多的人群通过手机了解陕西历史、文物。陕西数字博物馆——手机移植版符合现代科技的发展潮流，是目前一个刻不容缓的开发项目，其和陕西历史博物馆手机导览同时推出，让陕西文化在移动互联网上再飘云端。

板块内容如下。

（1）陕西数字博物馆——手机移植版——首页。首页采取和网页版相同的色调和布局，让人没有生疏感。这样可以快速让公众了解手机版的数字博物馆操作。

（2）陕西数字博物馆——手机移植版——虚拟现实馆。虚拟现实馆采用新的排版方式，简洁大方，操作方便。

（3）陕西数字博物馆——手机移植版——数字专题展。数字专题展采用和网页版类似的排版。

（4）陕西数字博物馆——手机移植版——临展与交流展。临展与交流展采用国旗排列的方式，展示各个国家的展室，方便辨认。

（5）陕西数字博物馆——手机移植版——精品文物鉴赏。精品文物鉴赏采取网页版的布局，没有过多的变化，采用视频的播放形式。播放更加清晰的文物鉴赏视频，确保不会因为手机而失去文物的真实性。

（6）陕西数字博物馆——手机移植版——讲坛与讲解。

（7）陕西数字博物馆——手机移植版——新闻。

（8）陕西数字博物馆——手机移植版——交流与论坛。

（9）陕西数字博物馆——手机移植版——数字文库。

（10）陕西数字博物馆——手机移植版——博物馆大全。

（11）陕西数字博物馆——手机移植版——其他。

（12）陕西数字博物馆——手机移植版——关于我们。

（13）人数统计、地图查询、电子书下载。各馆语音讲解下载（片段）、全省文化产品展示等功能。讲坛与讲解、新闻、交流与论坛、数字文库、博物馆大全、其他、关于我们，通过普通的文字排版来编辑。使得整体简洁大方，易于浏览，便于点击。

以下为陕西数字博物馆——手机移植版各个界面的展示图。

首页展示

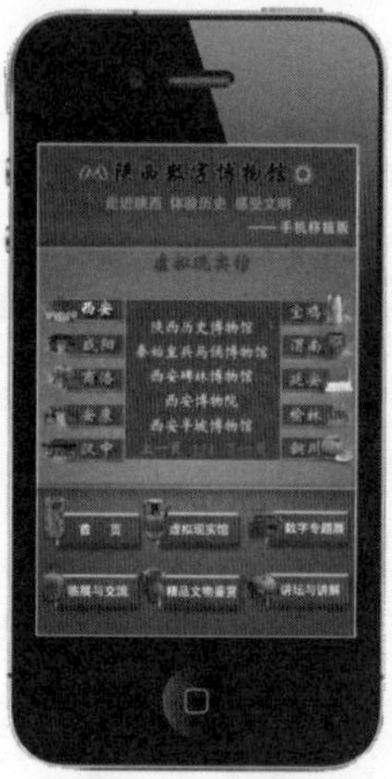

虚拟现实馆展示

数字专题展展示

临展与交流展展示

精品文物鉴赏展示

讲坛与讲解展示

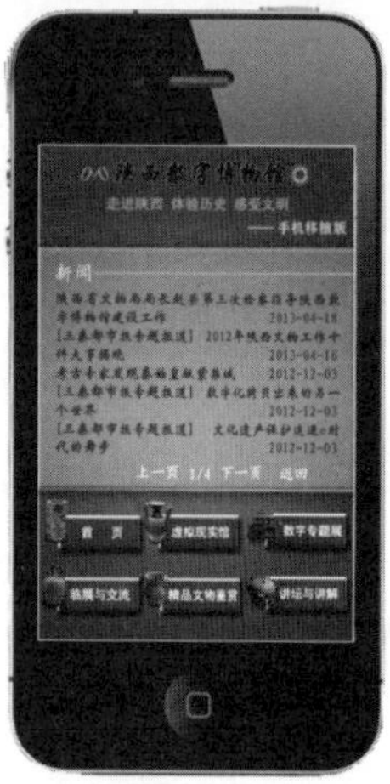

新闻展示

交流与论坛展示

数字文库展示

博物馆大全展示

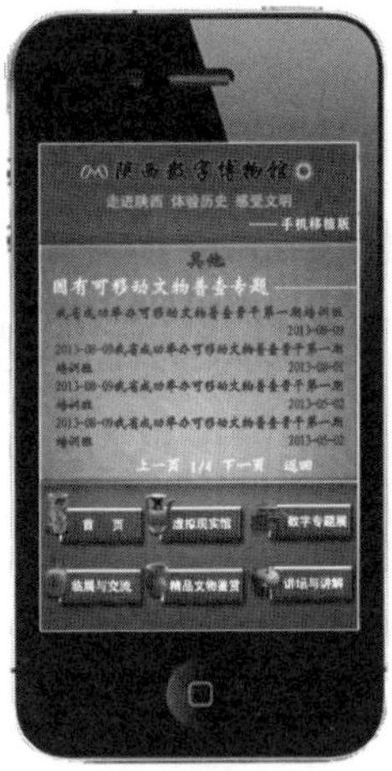

其他展示

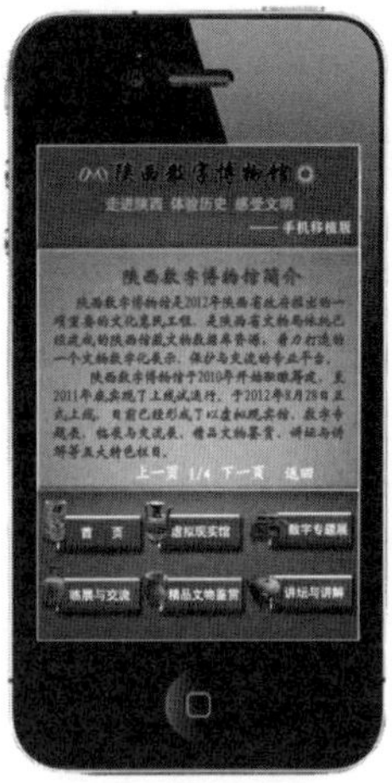

关于我们展示

2013年陕西数字博物馆进社区、学校系列活动方案

（2013）

2012年，根据陕西省文博事业发展的需要，在陕西省文物局的领导与协调下，我们筹建了陕西数字博物馆，自2012年8月28日正式开馆以来的4个月时间内，累计参观人数突破20万人次，陕西数字博物馆得到了社会的高度认可，为了推动陕西文博事业的进一步社会化和陕西数字博物馆文化的宣传工作，我们在2013年筹备“陕西数字博物馆进社区、学校”活动。这一新型的公共文化事业平台是以陕西数字博物馆为依托，整合全省的博物馆陈列展示资源（包括藏品、展出场地、展览设备、专业人员等），相互协助，协商调配，组织、策划和制作一些具有较高水平的电子展览，在全省社区、学校进行巡回展出。形成平台推广，群众互动，辐射社会各个角落的动态博物馆陈列展览协作交流渠道。

一、建立陕西省流动博物馆的必要性与可行性

陕西省现有博物馆达到198座，随着文博事业的发展，人们对精神文化的要求不断提高，特别是新文物法的颁布和实施，广大人民群众对社会主义文化事业的需求，尤其是对有一定档次和较高水平的展览的需求非常迫切。由于陕西省面积大、文物数量众多、博物馆分布不均，造成很多博物馆的精美展览不能很好地推向社会，得到更多群众的参观浏览，使文博人员的辛勤劳动得不到社会的认可，妨碍了文博事业发展的进程。根据各博物馆的地理位置以及不同的展示条件，建立一个以陕西数字博物馆为中心的广泛辐射的流动博物馆网络系统，整合全省的展览资源，利用各馆的资源优势，充分发挥各馆专业人才的积极性和创造性，提高展览水平，节约展览成本，降低运营费用，增强流动展览的安全保险系数，同时培养高素质的文博专业人才，都显得非常必要。

全省博物馆现有登记藏品逾100万件，可供展览的实体展场面积尤为有限。由于分布不均衡和条件差异大，大多各行其道，各显神通，造成有些博物馆藏品数量多而无足够的场地展示，另一些博物馆则有场地而无展品可供展出的状况，造成有限的文博资源的闲置和浪费。以陕西数字博物馆为平台，整合全省的展示资源，协调各馆职

能和行动，形成一种合力，有利于全省博物馆资源的优化配置。筹备一批不同类型和规模的电子展览，根据各博物馆不同的场地和安全设施，在社区和学校巡回展出，形成一个动态的展览网络系统。同时根据展览的不同内容，定期举办博物馆陈列和讲解培训班，也有利于各级博物馆专业人才的培养和专业水平的提高。

二、陕西省流动博物馆的运作方式

以陕西数字博物馆建立的全省各个博物馆的虚拟展厅为平台，以陕西数据库为依托的各种专题展览，以电子展览的形式，通过互联网向广大群众进行实地现场展示。

三、展览的筹备与来源

（1）陕西数字博物馆的电子藏品，涵盖全省文物志之大全，在全国范围内，藏品的等级都较高，类型较全面。并且有着较强的电子展览设计和制作班子，有较为丰富的研究和实践经验。首先由陕西数字博物馆现有的电子展览为基础，筹备第一批方便进行巡回展出的展览。

（2）根据各地博物馆藏品的不同特点，以及各地不同的风土人情，指导（或馆际合作）制作出有地方特色的专题展览，纳入省流动博物馆的巡回展览进行社会展出。

（3）联合具有较好的基础设施和经济条件的外省博物馆，引进兄弟省市博物馆的较高等级和水平的展览，以提高展览水平，适应展览市场。

（4）经过对资源的整合，制作出较高层次的展览，与境外的博物馆进行交流，纳入国际网络，促进全省博物馆事业尽快与国际接轨，扩大我省博物馆的影响。

四、预期社会效益和经济效益

（1）有效盘活各地文博资源，提高对省内各馆历史、民族民俗、艺术品、自然标本等文物资源的使用效率，提高各种文化遗产的知识普及与研究水平。

（2）有效解决各市区（县）级博物馆人财物资源短缺等困难，扩大各馆在当地的社会影响。

（3）为我省博物馆系统不断培养和输送高层次专业、组织人才。

（4）为各级博物馆的宣传提供服务。

（5）组织有关专家和研究人员，向社会提供翔实多样的展览技术咨询服务。

（6）促进各地博物馆展览之间的交流协作。

（7）为宣传和保持文化的多样性做出实质性工作。

陕西省博物馆游客定位分析系统方案

（2013）

一、方案背景

随着物联网技术的不断完善和成熟，其应用领域也不断扩展，同时，文物保护对其技术要求也越来越高，在这样一种客观实际情况下，物联网技术与文物保护的有机结合，就有了广泛的市场空间和前景。

我国有数量众多的文物保护单位和馆藏文物，加强对这些具有极大价值的文物的保护，是摆在各级文物部门面前的重要而迫切的任务，如何提高文物的技术含量，提高文物保护的质量，更是目前刻不容缓的需要解决的问题。

在众多博物馆所面临的问题之中，针对游客的个性化服务、游客所处位置的精确定位和分析、游客流量实时统计分析、预警管理系统等都对提升博物馆的服务质量和管理水平意义重大，值得我们积极探索和尝试。

下面我们就博物馆游客定位分析系统做一个简单的说明和建议。

二、系统概述

游客精确定位系统是通过手机基站信号传感器收集的信息，实现游客在移动状态下的自动识别，从而实现目标的自动化信息收集管理。该系统产品是集计算机软硬件、信息采集处理、数据传输、网络数据通信等技术综合应用为一体的高性能识别技术，是实现信息化和自动化管理的基础产品之一，是一种能有效对博物馆游客进行自动识别、行为分析和联网监管的重要科技手段。

三、系统目标

（1）游客博物馆内位置的自动记录。

（2）游客人数统计分析，游览轨迹和行为分析。

（3）关键区域人员定位查询，了解游客所处区域状况和统计分析。

关键区域可设定为：展示区域A，展示区域B，纪念品商店，出入口等。定义报警阈值：当区域内人员的数量达到报警值，系统提出警示，便于安全管理和及时疏散人群。

（4）保安巡检点追踪，关键路线的全部覆盖。

四、设计原则

1. 实用性

系统具备完备的功能和实用水准，系统设置强调实用化；符合国内外有关规范的要求，使用简捷，操作方便。

2. 先进性

系统在满足可靠性和实用性的前提下保持了技术的先进性，特别符合计算机技术和网络通信技术的最新发展潮流。

3. 安全可靠性

系统具有极高的安全性、可靠性，具有长期和稳定工作的能力。

4. 开放性和可扩展性

系统可提供符合国际标准的软件、硬件、通信、网络、操作系统和数据库管理系统等诸多方面的接口和工具，使系统具备良好的灵活性、兼容性和可移植性。可以继承不同厂商不同类型的先进产品，使整个系统可以随着技术的发展和进步不断得到充实和提高。

5. 标准化和结构化

系统的配置设计依照国家有关标准，达到结构化、标准化和模块化，综合体现当今的先进技术。

6. 经济性

在实现先进性、可靠性的前提下，达到功能和经济的优化设计。

五、系统及产品特点

（1）定位精确，最小定位半径可达 5 米（室内）。
（2）自动记录人员进出系统的时间、地点信息。
（3）同时允许多人同行，防冲撞性能优秀。
（4）IP65 工业等级防护组件，可以满足室外恶劣环境的应用需求。
（5）系统软件操作简单、方便，稳定可靠，易于维护。
（6）3D 图形展示界面，全景真实展示。

六、系统组成及组件功能

游客精确定位系统主要由三个基本部分组成，即数据采集部分、数据传输部分、监控管理部分。

1. 数据采集部分

数据采集部分主要分为关键点和区域覆盖两类。关键点覆盖主要包括检票口、大门、楼口、房门口等出入口。区域覆盖主要包括展示间、走廊等大范围开放区域。

数据采集部分的硬件组成分别有手机信息传感器、基础通信设备。

2. 数据传输部分

数据传输主要是完成数据采集点与监控室之间的网络连接。

3. 监控管理部分

监控管理部分主要是对上传的数据进行处理，提供完整的通行记录报告，生成各种统计报表，并实时监控游客的位置状态；当游客非法进入或不按规定通道进出时，系统进行报警。监控管理配置下列设备：

- 数据通信接口
- 控制器
- 监控主机，含监控管理软件
- 报警器设备（1 套）
- HUB/MODEM
- 网络终端

七、系统网格构成示意图

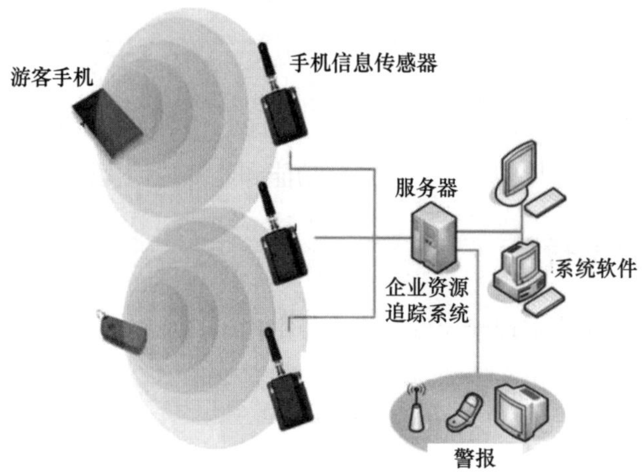

系统网格构成示意图

八、系统功能

（一）系统基本功能

设备管理：输入设备资料，安装区域资料，设备控制参数、时间参数。

设备授权：输入设备的授权人员 / 有效期和有效时间段资料。

发送和接收：包括读取设备时间、设置设备时间、清除设备历史记录、设定安保控制参数、设定人员等。

数据采集：将设备的历史记录保存到数据库中，以便进行处理。

查询报表：游客人数报表、游客行为报表、区域统计情况、设备资料表、设备授权人员报表、考勤记录表、设备事件报表查询。

日志记录：报警、故障、网络连接、网络断开、远程控制及变更等。

（二）人员定位功能

系统在数据采集部分信号全覆盖的基础上，提供实时定位功能。可获得人员所处区域位置。

（三）游客行为分析功能

1. 游客流量分析

系统可统计出博物馆在任意时间段中，游客在馆内不同区域中的人数以及变化趋势。通过对数据报表的预先设定和自动分析，并结合其他数据参数，可对游客流量进行多种角度的统计和分析，从而为博物馆更合理地调配资源提供决策依据。

2. 游客游览习惯分析

系统可统计出游客在博物馆内的位置停留信息，在不同区域（甚至不同展品前）的逗留时间等行为习惯，从而让博物馆能对游客的喜好、浏览习惯等重要的信息进行统计和分析，帮助博物馆能够及时发现问题，调整展馆布局和服务内容，提高游客的满意度。

3. 游客类型分析

系统可分析不同手机类型的游客信息，从而为更进一步精确了解和分析不同类型游客各自的特点、提供个性化的服务内容提供参考依据。

（四）敏感区域或人流密集区域监控功能

系统提供敏感区域或人流密集区域设定。例如设定某区域为人流密集区域，设定人员上限为 300 人，当该区域的数据采集设备采集到 300 人的数据时，提示报警信息给系统，以便博物馆工作人员应急处理。

（五）保安人员巡逻监督功能

本功能提供管理者制定巡视计划，计划可包括巡逻时间、巡逻地点、巡逻路线等。保安人员需按照巡视计划进行，一旦出现巡逻地点未到达、巡逻路线轨迹有误等，系统都会提示报警，管理人员可及时通知并提醒保安人员完成既定巡视计划。

（六）系统的电子地图功能

系统软件自带电子地图功能，例如当发生人群流量超标的报警事件时，平面图会直观地显示报警区域，可以用电子地图与表格方式双重显示报警点位置及人员数量和人员信息；表格方式实时记录每次报警的时间、日期、人员情况，并可有选择地查看人员的分布情况。

九、项目实施

（一）实施计划

信息中心负责项目的实施，并根据客户具体情况建议将整个项目分成四个阶段实施，具体如下。

（1）第一阶段：完成软件定制开发。

（2）第二阶段：完成模拟运行。

（3）第三阶段：现场安装调试。

（4）第四阶段：项目试运行阶段。

（二）实施时间

第一阶段时间为 1 个月，第二阶段时间为 1.5 个月，第三阶段时间为 0.5 个月，第四阶段时间为 1 个月。

项目实施时间及内容表

	阶段	目标内容	时间（月）
阶段目标	第一阶段	项目前期准备阶段： 1. 完成项目可行性分析； 2. 选定示范项目点，实地考察需求； 3. 确定技术合作方，确定解决方案； 4. 确定设备安装方案及检测指标，完成设备选型	1

续表

	阶段	目标内容	时间（月）
阶段目标	第二阶段	1. 完成各指标的检测方法与各项数据标准； 2. 建立数据库系统； 3. 完成信息管理中心的平台建设； 4. 完成系统的原型； 5. 完成设备的演示调试	1.5
	第三阶段	1. 完成设备购置、现场安装与调试； 2. 进行系统的修改，完成系统的试运行	0.5
	第四阶段	项目试运行阶段： 1. 完善标准； 2. 通过数据库的信息积累，为项目技术推广做好前期准备	1

陕西文物数据信息互动平台

（2014）

为了推进陕西文博事业信息化建设的步伐，整合全省各博物馆现有文物数据资源，落实好陕西省文物局关于建设陕西智慧博物馆的总体要求，我们经过充分的调研、长期参与我省信息化建设的现有基础，以及对全省各博物馆信息化建设的相互了解，我们提出建设陕西文物数据信息互动平台的设想。

一、总体目标

启动该项目的总体目标是：以陕西省文物局为龙头，以全省各地市的博物馆为建设对象，以集中式文物信息数据库建设为核心，重点建设涵盖馆藏文物的全省性、超大型、分布式、规范化、可共享的馆藏文物数据库和不可移动文物数据库，加快推进数字博物馆的建设，基本建成以省文物数据中心为核心，以各市区（县）大型博物馆藏为骨干，以各小型博物馆为补充，连接全省各博物馆的网络信息资源，便于进行共享。

它是一个行业内的数据查询中心，也是与省外和外行业进行信息化建设的交流中心，更成为陕西智慧博物馆的互动中心，是一个集内部信息查询和博物馆智慧互动于一体的平台体系。

二、建设场地

建设地点设在陕西历史博物馆资料楼的 3 楼。

三、项目平台包括的内容

1. 包括内容

（1）陕西省可移动文物数据库资料查询系统。

（2）陕西省文物普查数据查询系统。

（3）陕西省“三普”文物数据库（不可移动文物数据库）。

（4）陕西省长城资源数据库。

（5）陕西社会流散文物数据库。

（6）陕西司法文物数据库（陕西打击文物犯罪文物数据库）。

（7）陕西省文物安全监测数据管理系统。

（8）陕西省文物环境监测系统。

（9）陕西省博物馆观众行为管理系统。

（10）陕西省信息化建设数据库、建设平台和管理系统（新技术应用和开发，包括展览新技术、观众服务新技术等）。

（11）陕西省培训资料库。

（12）陕西省视频音频数据管理系统（数字资产管理系统）。

（13）陕西历史文化名城数据库。

（14）陕西省石窟艺术数据库。

（15）陕西省文物行政资料管理系统。

（16）陕西省文物抢救保护数据管理系统（陕西省数字保护系统）。

（17）陕西省文博单位、项目评审数据管理系统。

（18）陕西省考古勘探发掘数据系统。

（19）陕西省大遗址保护数据系统。

（20）陕西省对外文物、人员交流数据管理系统。

（21）陕西省文博科研成果数据管理系统。

（22）博物馆评级（一、二、三级博物馆）评估数据库。

（23）陕西汉唐网。

（24）陕西数字博物馆。

（25）陕西电子图书查询系统。

（26）陕西省电子商务平台。

（27）陕西省数字博物馆观众智慧互动系统。

该平台是一个集全省及电话呼叫观众互动、网站信息沟通、微信和微博等新媒体为一体的互动交流中心，亦是全省博物馆展览、票务信息、考古发现和相关文物知识的帮助和交流中心。

2. 陕西历史博物馆信息化建设系统展示

（1）OA 系统。

（2）陕西历史博物馆网站。

（3）陕西历史博物馆文物管理系统。

（4）数字音像查询系统（数字资产管理系统）。

（5）图书查询系统。

（6）电子图书查询系统。

（7）行政资料数据库（包括博物馆评级数据库）。

（8）业务资料数据库（陈列展览、保管修复、科学研究、讲解接待、文物征集、信息化建设、壁画研究等）。

（9）观众行为管理系统。

（10）新媒体系统（手机导览、微信、微博等）。

四、功能介绍

（1）全省 27 个系统的建设和整合。

（2）27 个系统分为 4 个部分，第一是全省文物相关数据查询管理系统，第二是文物资料库汇总，第三是向社会进行展示的部分，第四是与观众进行智慧互动的部分。

（3）陕西历史博物馆的信息展示和查询系统。

该平台是一个行业内的数据查询中心，与外省和外行业进行信息化建设的交流中心，陕西省智慧博物馆的互动中心。

五、建设经费

硬件设备以原有文物数据和文物普查设备为基础，只做相应技术调整。费用略。

软件平台在原有数据库平台的基础上进行功能改制。费用 10 万。

各个子系统数据库，以 B/S 结构进行开发，链接到管理平台中。做过的系统不再重复建设。需要新开发的系统和呼叫互动中心以每个系统 10 万计算，整体需 190 万。

陕西数字化、智能化博物馆建设内容

（2015）

为了更好地学习贯彻党的十七届六中全会精神，推动社会主义文化大发展大繁荣，根据《2006—2020年国家信息化发展战略》《中华人民共和国政府信息公开条例》《陕西文物信息建设发展规划（2004—2015）》及陕西省电子政务总体框架的要求，进一步推动陕西文物事业的政务公开，为我省经济建设和社会发展服务，结合我省文博事业的发展情况，我们在2012年成功推出了陕西数字博物馆建设工程。现就陕西博物馆数字化和智能化建设制定出以下实施方案和统筹规划。

一、陕西文物数字化建设指导思想和基本原则

指导思想：文物信息化是新时期文物事业发展的重要战略选择。陕西省的文物信息化建设必须以邓小平理论和“三个代表”重要思想为指导，牢固树立科学发展观，紧紧围绕陕西“十二五”国民经济和社会发展需求，在陕西数字博物馆整体框架内，以文物信息网络化建设为基础，以文物专业数据库建设为核心，以深化信息资源应用为目标，以国家文物局关于文物资源数字化、信息采集标准化、信息存储安全化、信息服务网络化的标准为依托，全面提高我省文物信息化管理水平，满足全省、社会和公众日益增长的文化信息需求，进一步促进陕西文物信息化建设持续、快速、健康地发展，在信息化建设方面也充分体现出文物大省的建设风范。

基本原则：统筹规划，分步实施；以需求为导向，以应用促发展；制度保障，确保安全；以资源整合为重点，以项目带动战略。

以资源整合为重点，以项目带动战略——文物信息化建设要以体制创资源整合为动力，确保分散的文物信息资源的整合利用。在馆藏文物数据库、不可移动文物数据库和文物地图多媒体数据库，以及社会文物数据库、文物库房安全监控、文物遗址保护及文物修复动态监管、文物外展等各类文物数据库项目的建设带动下，实现陕西文物展示、文物保护和业务工作专业平台战略的顺利实施。

二、陕西数字博物馆的主要目标和主要任务

总体目标：以省文物局为龙头，以全省各地市的博物馆、文物收藏单位和遗址遗存为建设对象，以集中式陕西数字博物馆建设为平台，重点建设涵盖馆藏文物的全省

性、超大型、分布式、规范化、可共享的馆藏文物数据库和不可移动文物数据库；各级文物管理部门完成区域性电子管理系统建设，建立起全文物局统一规划、同步建设的业务管理监控共享体系，实现业务管理和业务监控管理系统；所有市区（县）文化（文物体育）局、博物馆在陕西数字博物馆上建立数字化联网展示，完善以陕西数字博物馆为主体的开放文物信息展示和文物系统内的文物管理监控平台，使其肩负起在5年内达到陕西省文物局政府与历史文化门户的双重目标；加快推进数字博物馆的建设，基本建成以省文物数据中心为核心，以各市区（县）大型博物馆藏为骨干，以各小型博物馆为补充，连接全省博物馆的电子信息的市、区（县）二级文物信息资源共享体系。

主要任务：根据全省文物数字化建设的总格局，重点建设陕西数字博物馆，集文物展示、文物保护修复、文物安全监控和不可移动文物有交互功能的电子政务监控系统、具有核心地位的专业文物数据库和具有保存保管作用的数据备份基地于一体，努力在陕西信息化建设中发挥出文物部门应有的积极作用。

（1）逐步建成以馆藏文物数据库、不可移动文物数据库和文物地图多媒体数据库以及社会文物数据库为龙头的全省数字文物网络。加强以文物展示、服务民生为主要内容的数字文物资源建设，全面推动馆藏文物、不可移动文物数字化和文物地图多媒体数据库建设持续稳步地发展，推进文物信息的应用与服务。

（2）将电子办公监控作为重要政务信息资源库来建设。陕西省文物数据中心为各级文物管理部门和各下属单位（博物馆、遗址、研究院等）建立电子办公监控系统，依托电子政务数据交换平台、集成办公平台，在线采集、接收和工作监控，根据《中华人民共和国政府信息公开条例》，依法接收、采集各级政府机构包括已公开现行文件在内的办公监控体系。

（3）在建成的数字博物馆的基础上，进一步推动全省文物数字化工作。在网络上，建设展示数据库文物数据资源的数字展览和实体博物馆的数字化建设的陕西数字博物馆，建设文物网站大全，向全国展示陕西数字博物馆的新成果。

（4）以文物研究和文物保护为基础，建立面向社会、服务公众的公众网上文物展示、文物保护研究、文物安全监控和办公进展监视工作新平台，以陕西数字博物馆为依托，重点建设实现陕西文博数字化建设工程，提升文博行业社会公益新形象，为社会主义文化大发展大繁荣阳光工程开辟一片新天地。

三、建设重点和实施步骤

（一）加快文物信息化基础设施建设

（1）全面实施全省各级各类博物馆、文物行政管理部门的计算机和网络技术应用程度，实施电子文档一体化和馆院一体化管理模式。到2017年，全省大型博物馆和行政管理部门应用计算机的普及率达到100%，2018年，全省各级博物馆信息化覆盖率达到95%以上。

（2）进一步提高文物管理软件的技术和应用水平。全省要认真贯彻落实《电子文件归档与管理规范》（GB/T18894-2002）、《文物数据中心数据交换管理办法》和《文物管理软件功能使用规定》等标准规范，陕西省文物局统一推广应用符合文物工作业务规范的办公监控平台，为文物信息交换、实现文物信息资源共享创造条件。

（3）加强和完善文物局域网建设，并与陕西省政务网联通。到2017年，大型博物馆和各级文物管理部门全部建立局域网，2018年，各级博物馆的局域网建设达到90%；到2020年，全省各市区（县）博物馆全部完成局域网建设。

（4）各级各类博物馆注重实体展览资料整理，为数字化展示和保护利用做好基础工作。

（二）加强基础文物数字化建设及应用工作

1. 完善馆藏文物数据库建设

陕西文物数据库是国家数据库建设系统的重要组成部分，自2006年3月全面启动建设，现已初具规模，目前已完成了全省11万余件馆藏等级文物和36万余件一般文物的数据录入、数据整合。

在今后3年内将逐步完善全省一般文物的数据建设。

2. 建立不可移动文物数据库建设

依据第三次文物普查数据，完善现有的不可移动文物数据库，做到集中完善，统一规划，建设陕西省不可移动文物数据库。在建设中，要充分结合我省文物遗迹较多的实际情况，建立起具有我省特色的专业不可移动文物数据库，并在合适的时间，上线陕西数字博物馆，实现陕西不可移动文物的社会推广和应用。

3. 积极推进文物地图多媒体数据库建设

文物地图多媒体数据库的建立应以现实需要为前提，分阶段、分步骤稳妥实施，重点加强对珍贵、重要的历史遗迹的信息进行数字化转换工作。从2011年开始，全省各市区（县）遗址初步实现数据采集和电子档案建设。到2015年，全省遗址档案数字化率达到95%，基本建立起我省的文物地图多媒体数据库，并上线陕西数字博物馆。

4. 加快电子办公监控系统的建设

各级博物馆应依托陕西数字博物馆建立的电子办公监控平台，发挥文物管理部门交流优势，建立电子办公自动化，实现专业监控网络化管理。在大型博物馆和市级文物管理部门进行试点，2011—2013 年，大型博物馆建立电子办公监控管理系统，2015 年，各级博物馆及其他文物管理部门全面建立网上电子专业办公监控系统。

5. 积极促进我省数据库的整合工作，大力推进文物信息资源的应用

围绕党和政府的中心工作以及人民群众关注的热点，着眼经济社会发展的关键环节和重要领域，充分利用规范化、可共享的文物数字资源，建立一批直接服务大局和人民群众的重要专题数据库。利用信息技术加大对文物信息内容的研究和开发力度，注重文物信息利用与研究相结合，进一步整合文物资源和管理平台，丰富科研成果，提高资政和为民服务效率。

（三）加强数字博物馆建设

实现目标和任务如下。

（1）2011 年，建成陕西数字博物馆；设立陕西博物馆展览 15 个；完成全国博物馆大全 1200 家的网上建设任务；开发 10 套展览模板的研发任务。

（2）2012 年，在数字博物馆上逐步实现所有实体博物馆的网上虚拟馆 12 个，图文展 12 个，电子书展览方式 12 个；完成全国博物馆大全累计 2000 家的网上建设任务；完成 20 套展览模板的研发任务。

（3）2013 年，数字博物馆上实现所有实体博物馆的网上虚拟馆 12 个，图文展 20 个，电子书展览方式 20 个；结合实际工作需求，研发完成一定数量的展示模板数量。

（4）2012—2013 年，建成不可移动文物数据库上线规划准备工作。

（5）初步建成陕西不可移动文物地图多媒体数据库的上网展示方案。

今日　昨日　最近7天　最近30天　本月　前30天　后30天　选择日期：2013-04-15至2013-05-14　查询

地区分布详情（从 2013-04-15 到 2013-05-14）　首页 上一页 下一页 末页 第1/2页 30条/页 共49条记录 跳到 1 页

按城市显示	浏览次数	百分比	独立访客	IP	人均浏览次数	平均停留时间(秒)	接入商	历史
总计	7376	100%	2189	2008	3.37	52.60	-	-
陕西省	3106	42.11%	765	647	5.50	39.91	查看	历史
北京市	479	6.49%	184	178	2.60	54.35	查看	历史
中国其它	423	5.73%	134	132	3.16	62.34	查看	历史
山东省	406	5.50%	87	84	4.30	37.59	查看	历史
江苏省	327	4.43%	105	84	3.89	34.74	查看	历史
广东省	214	2.90%	83	74	2.30	20.09	查看	历史
河北省	183	2.48%	48	42	4.39	19.61	查看	历史

陕西数字博物馆访客地区分布

（6）2013—2015 年，全省馆藏文物、不可移动文物数据库和文物地图多媒体数据库以及社会文物数据库四库合一，并与外展文物系统和电子办公监控进行网络整合，初步完成陕西数字博物馆和专业办公检测系统的信息化建设雏形。

陕西文物事业“十三五”重点项目需求（数字化）总汇

（2015）

一、陕西省石窟数字化保护、研究和展示

陕西是我国石窟艺术比较发达的地区之一，尤其以晚期石窟的大量遗存而著称于世。目前共发现北魏至明清各代石窟350余处，据不完全统计，北朝比较重要的石窟有9处，隋唐五代有32处，宋金元有73处。陕西省的石窟特点是：大型窟少，小型窟多；群体窟少，单体窟多；大体量造像少，小体量造像多；北朝、隋唐石窟少，宋代较多；长期连续开凿的窟少，时代单一的窟多；关中及关中以南的窟少，陕北的窟多；组合复杂的少，题材简单的多。由于这些石窟分布在陕西全省各处，长期以来没有完整的保护方案，又由于地形、岩石和环境的迥异，使实体石窟的保护成为难题，为了把陕西这些石窟抢救性地保护起来，我们提出对陕西分布在陕北和关中各处的石窟进行数字化保护。

1. 实现方式

（1）文物数据尺寸测量。

（2）二维影像采集。

（3）三维数据采集。

（4）虚拟实景数据采集。

（5）以陕西地图的形式展示陕西省石窟数字化保护、研究和展示的成果。既可以为研究人员提供石窟素材，同时为观众进行全省石窟数字化展示。既是一个数字化保护的研究资料总汇，同时也兼顾了展示功能。

2. 项目期限及分年度计划

（1）2015—2016年，数据整理和二维数据采集。

（2）2016—2017年，三维数据采集。

（3）2017—2018年，平台建设。

3. 经费预算

（1）文物数据测量和采集。
（2）影像二维、三维采集。
（3）平台建设：软件开发。
（4）硬件建设。

二、陕西文物全民知识地图（智慧博物馆）系统

在知识经济时代，各组织、单位开始对知识进行管理。但是知识管理是一个很复杂的过程，涉及到组织、单位的方方面面，是将组织、单位的智力资本转化为价值的一系列过程，包括知识的创造、获得、组织、应用、共享和更新等。要进行知识管理，需要有技术和工具的支持，而知识地图被认为是一种有效的知识管理工具。

陕西数字博物馆作为陕西文物展示的重要窗口，发挥了其积极的社会宣传作用。但一直以来，其知识管理，或者说智慧功能甚为欠缺。为了更好地发挥陕西数字博物馆在智慧化博物馆中的作用，我们提出建设“陕西文物全民知识地图”项目。

“陕西文物全民知识地图”系统是陕西数字博物馆的应用延伸，更是落实陕西建设智慧博物馆的重要举措。

陕西文物全民知识地图可以这样理解：它是一个向导，它本身并不是一个知识的集合，这是陕西文物全民知识地图不同于以往信息工具的最突出的一点。对用户来说，大部分的信息是在知识地图所指向的知识源（也就是我们提到的文物数据库系统的文物数据和陕西省第一次全国可移动文物普查的数据）中，而不是被包含在知识地图本身中。这是知识地图和其他一些工具如 CASE、数据库、群件和 BPR 等软件的一个最大的不同之处。

1. 主要体现

（1）文物数据的提供（知识提供）和展示。
（2）老百姓进行共享。
（3）大众知识创新。
（4）知识互动交流，实现陕西提出的智慧博物馆功能建设。

2. 年度计划

2015—2016 年，以原有文物数据库数据和普查数据为基础，进行数据整理和分析、知识库建立。

2016—2017 年，文物三维数据采集。

2017 年，平台建设并向社会开放。

3. 经费预算

（1）180万条二维数据采集、分析和知识库建设。

（2）三维数据采集。

（3）VR文物数据采集：100条。

（4）真三维数据采集：100条。

（5）平台建设：软件开发。

（6）硬件建设。

三、唐墓实景数字复原保护

陕西历史博物馆收藏的唐墓壁画数量为554幅，面积约1200平方米（一级品108幅，二级品74幅，三级品170幅，一般壁画202幅）。其中473幅揭取自21座相对信息明确的墓葬。这些唐墓壁画不仅数量多、级别高，而且形成完整的序列，是研究唐代历史、艺术及社会生活等极其珍贵的资料。

由于常年的管理只是停留在账单管理、文物展示和壁画实体修复上，对于壁画的色彩管理、墓室壁画位置研究、数字化保护和墓室还原等研究则是一大研究和展示空白。为了加强唐墓壁画的本体保护、数字化保护和数字化展示，我们提出用于21座唐墓中的数字化复原保护项目的建设。

1. 预定目标

（1）利用现存文物遗址现场的图片、文字、视频等资料，通过合理推想，进行虚拟建模，使用VTK（visualization tool kit）软件系统，通过对二维图片采集参考点，参考已有相类似的遗址现场，重构再现虚拟场景。

（2）对需要回填或者部分被破坏的文物遗址，使用三维激光扫描仪或者数字摄影，结合3D建模工具，再现场景。

2. 方法

（1）建立空间数据库，实现文物遗址模拟还原工作的信息化，对采集数据进行处理、存储和管理。

（2）三维激光扫描能高速度、高精度、非接触式、安全地获取文物遗址复杂的三维数据信息。三维激光扫描技术获取三维点云数据，经过后期数据处理后得到三维激光建模的数据，通过标准接口格式转换给软件直接使用。

（3）运用VR技术进行实景还原、壁画贴图，场景再现。

（4）分3年完成：第一年进行数据整理和技术调试；第二年进行墓道建模和图片采集；第三年进行数据合成。

3. 经费预算

（1）方案设计费。

（2）测试空间加工费。

（3）数据采集。

（4）数据合成。

（5）软件平台开发。

（6）硬件设备。

四、陕西省智慧博物馆移动互联之观众互动及行为管理

陕西数字博物馆建成后，智慧博物馆建设成为必然。

智慧博物馆的建设中，互联技术成为成熟的典范技术。互联网、移动互联网、Wi-Fi和蓝牙技术的结合，成为该项目的特色。在全省20个博物馆实施，观众移动终端的免费和收费讲解，全省统一平台、统一管理、统一互动。把观众信息进行后台统计、互动和分析，既是信息交流，又是观众行为分析。解决了观众信息采用传统方式采集困难的问题，是多种技术结合的应用。

我们做过“智慧博物馆移动互联信息服务平台及三维卡在博物馆信息展示中的应用研究与示范”项目，这是2014年度国家“指南针计划”专项科研课题，它是我们项目推广的基础。

该项目围绕“智慧博物馆”的概念，突出成熟技术与博物馆业务相结合的特点，整合移动互联、网络技术、定位技术、虚拟三维技术、蓝牙技术、移动社交等。在实践中，解决博物馆、文物与观众之间信息交流的新问题，进一步发挥博物馆“教育、研究、欣赏”和智慧碰撞的新功能，是智慧博物馆建设的重要组成部分。

1. 主要体现

（1）实现自动终端的智慧导览、讲解（收费和免费）和互动。

（2）虚拟博物馆展示。

（3）博物馆展馆人群的行为统计及分析。

2. 年度计划

2015—2016年，以原有文物数据库数据和普查数据为基础，在全省20家博物馆布置蓝牙定位装置，设计后台统计和分析平台，建立全省参观人群数据分析，为博物馆展览、环境监测、科研等诸多方面进行数据决策。

3. 经费预算

（1）80 万条文物数据采集整理、分析和知识库建设。

（2）三维数据采集：VR 文物数据采集共 200 条。

（3）蓝牙定位装置。

（4）平台建设：软件开发。

（5）硬件建设。

五、智慧博物馆建设之全省 20 家博物馆口袋版制作

2014 年 6 月 14 日，是我国第九个“文化遗产日”，陕西省文物局在这里隆重推出陕西数字博物馆口袋版。有幸的是，陕西历史博物馆作为该口袋博物馆的第一分册，呈现在大家面前。

陕西数字博物馆口袋版，在表面上看，是一本带有我国传统文化色彩的布面折页，实际上它是集当今互联网技术、移动互联技术和图文识别等先进技术为一身，把传统的纸质媒介与现代的网络媒介创新结合的一个综合体，实现了把历史装进口袋，把博物馆带回家，让文物活起来的愿望。它是一个可以带回家细细体验的博物馆。

陕西数字博物馆网络版，陕西数字博物馆移动网络版和陕西数字博物馆口袋版（陕西历史博物馆版），是响应陕西省文物局提出实现智慧博物馆的探索和实践，我们衷心希望，通过我们的不断努力，陕西省成为在全国第一个实现智慧博物馆的省份。

实现把全省 20 家博物馆制作成口袋版的目标，就要把全省 20 家博物馆以虚拟现实的技术，通过正式出版物的方式，将其与博物馆网络后台相结合。以手机为介质，把每家博物馆的展厅场景、文物图像、语音讲解，用图文识别技术呈现在手机屏幕中，实现把博物馆带回家的夙愿。

1. 实现内容

（1）绘制 20 家博物馆的展厅示意图，编制陕西数字博物馆二维码，以正式出版物的方式发行。

（2）图纹识别技术，实现手机与出版物的“互联”。

2. 年度计划

2016 年，拍摄全省 20 家博物馆的展厅，并进行虚拟制作。建设全省口袋博物馆展示后台。

3. 经费预算

涉及 20 家博物馆拍摄及虚拟制作的经费。

4. 出版发行

平台建设：软件开发。

硬件租赁。

六、陕西流动博物馆项目建设

陕西省现有博物馆达221座，随着文博事业的发展，人们对精神文化的要求不断提高，特别是新文物法的颁布和实施，广大人民群众对社会主义文化事业的需求，尤其是偏远山区、学校的社会需求非常迫切。由于陕西地域广阔、文物数量众多、博物馆分布不均，造成很多博物馆的精美展览不能很好地推向社会，得不到更多群众的参观浏览，使文博人员的辛勤劳动得不到社会的共享，妨碍了文博事业发展的进程。

根据各博物馆的地理位置以及不同的展示条件，建立一个以陕西流动博物馆（陕西数字博物馆流动版）为中心的广泛辐射的流动博物馆官网系统，整合已有全省的展览资源，充分利用文物数据库资源优势，更大地发挥各馆专业人才的积极性和创造性，提高展览水平，节约展览成本，降低运营费用，增强流动展览的安全保险系数，同时培养高素质的文博专业人才，这些都显得非常必要。

基于以上情况，拟筹备一批不同类型和规模的二维电子专题展览；依据各博物馆实体展览，制作三维虚拟展览，以交互式的互动方式，用流动车的形式在山区和学校巡回展出，形成一个动态的展览网络系统。

陕西流动博物馆这一新型的公共文化事业平台是以陕西数字博物馆为平台，整合全省的数据库和各个博物馆陈列展示资源（包括藏品、展出场地、展览设备、专业人员等），组织、策划和制作一些具有较高水平的电子展览，在全省偏远地区、学校进行巡回展出。形成平台推广，群众互动，辐射社会各个角落的动态博物馆陈列展览协作交流渠道。社会效益表现在以下几个方面。

（1）有效盘活各地文博资源，提高对省内各馆历史、民族民俗、艺术品、自然标本等文物资源的使用效率，提高各种文化遗产的知识普及与研究水平。

（2）有效解决各市区（县）级博物馆人财物资源短缺等困难，扩大各馆在当地的社会影响力。

（3）为我省博物馆系统不断培养和锻炼高层次专业、组织人才。

（4）为各级博物馆的宣传提供平台建设。

（5）组织有关专家和研究人员，向社会提供翔实多样的展览技术咨询服务。

（6）促进各地博物馆之间的交流协作。

（7）为宣传和保持文化的多样性做出实质性的探索工作。

（8）把文化惠民落到实处。

“一带一路”沿线数字博物馆建设设想

（2018）

随着“一带一路”倡议的实施，文化建设对其的推动作用正日益突显。博物馆作为文化传播主阵地之一，其拥有的文物资源承载着“一带一路”沿线地区人民的共同记忆，促进了沿线地区民心相通和文明交融，同时也在世界范围内彰显沿线国家文明的灿烂辉煌。我们提出在沿线区域建立区域数字博物馆，其实际体现两方面的内容，一是原有实体博物馆的线下服务提升，二是互联网数字化下的线上新功能体现。主要内容及设想如下。

一、建设背景

（一）基于文化视角下的“一带一路”倡议

2013 年 9 月和 10 月，中国国家主席习近平分别访问哈萨克斯坦和印度尼西亚，提出了“丝绸之路经济带”和“21 世纪海上丝绸之路”（简称“一带一路”），得到了国内各界以及世界舆论的高度关注。“一带一路”倡议在文化上的最终目标是要在沿线各国间建立一个文化包容的利益共同体、命运共同体和责任共同体。

2017 年 5 月 14 日，国家主席习近平出席“一带一路”国际合作高峰论坛并发表主旨演讲，提出了关于推动“一带一路”建设的五点意见，其中第五条指出：“我们要将‘一带一路’建成文明之路。‘一带一路’建设要以文明交流超越文明隔阂、文明互鉴超越文明冲突、文明共存超越文明优越，推动各国相互理解、相互尊重、相互信任。”由此可见，各国在文化上的交流和互鉴对于推动“一带一路”倡议的实施具有十分重要的促进作用。同时，“一带一路”倡议更有利于促进我国传统文化的传承与提升，促进文化发展的“互联互通”，有助于提升我国的文化软实力。

（二）推动“一带一路”倡议，坚持文化先行

2100 多年前，雄才大略的汉武帝遣臣子相继开辟了陆上丝绸之路和海上丝绸之路，促进了中国与亚、欧、非三大洲众多国家间的经济贸易、思想交流和文化交融。今天，世界和中国又站在一个崭新的战略关口。“一带一路”倡议的提出为传统文化的传承与现代文化的创新提供了新的契机，充分发挥“一带一路”连接不同文明的纽带作用，

必将对地区间的经济、社会、文化交流产生深远的影响。

“当今世界，文化的影响力超越时空，跨越国界。文化交流是民心工程、未来工程。不同文明之间的交流互鉴，是当今世界文化发展繁荣的主要渠道，也是世界文明日益多元、相互包容的时代标签。”“一带一路”倡议构想涉及几十个国家、数十亿人口，各国文明形态风格各异，只有通过文化交流与合作，才能够促进各国人民间的相互了解和信任。

推动“一带一路”倡议，我们应当坚持文化先行，深入开展与沿线国家在文化艺术方面的友好交往，推动传统文化的传承与现代文化的创新。据文化部的资料，这些年来，我国与沿线沿途国家的文化交流日益频繁和深入。比如，“我们与沿线大部分国家都签署政府间文化交流合作协定及执行计划，民间交流频繁，合作内容丰富，与不少沿线国家都互办过文化年、艺术节、电影周和旅游推介活动等，近几年在不同国家还多次举办了以‘丝绸之路为主题的文化交流与合作项目’”。通过进一步深化与沿线国家的文化交流与合作，促进区域合作，实现共同发展。

（三）博物馆参与“一带一路”文化建设的形式

博物馆作为文化传播的主阵地之一，其拥有的文物资源承载着“一带一路”沿线地区人民的共同记忆，促进了沿线地区思想文化交流，对社会发展和民族意识形态产生了积极深远的影响。开展“一带一路”沿线博物馆馆藏资源研究，可加深人类对公有遗产的共识共知，助力树立命运共同体意识；让沿线地区博物馆丰富的馆藏文物活起来，可促进文化遗产价值最大限度地传播与共享，助力文明互鉴取代文明对抗与冲突。“博物馆文物已成为‘一带一路’沿线地区经贸文化与历史人文风貌的物化表达，成为连接不同文明对话与信任的情感纽带，成为人类文明连接过去、现在、未来的桥梁。”

在“一带一路”倡议的推进中，特别是随着信息化、大数据和互联思维的提出，以及智慧博物馆的潮流引领，我们要充分利用好博物馆拥有的文化资源，以及其产生的数字资源，发挥博物馆对于促进“一带一路”沿线地区民心相通和文明交融，以及奠定沿线地区双多边合作的积极作用。

二、数字博物馆的建设形式

（一）沿线博物馆组成

首先是东亚的中国（陕西历史博物馆、秦始皇帝陵博物院、西安碑林博物馆、汉景帝阳陵博物院）和蒙古国（蒙古国家博物馆）。

东盟 10 国：新加坡（新加坡国立博物馆）、马来西亚（马来西亚国家博物馆）、印度尼西亚（印尼国家博物馆）、缅甸（缅甸国家博物馆）、泰国（泰国国家博物馆）、老挝（老挝国家博物馆）、柬埔寨（柬埔寨国家博物馆）、越南（越南国家历史博物馆）、文莱（文莱博物馆）、菲律宾（菲律宾国家博物馆）。

西亚 16 国：伊朗（伊朗国家博物馆）、伊拉克（伊拉克国家博物馆）、土耳其（土耳其和伊斯兰艺术博物馆）、叙利亚（大马士革博物馆）、约旦（约旦考古博物馆）、黎巴嫩（贝鲁特国家博物馆）、以色列（以色列国家博物馆）、巴勒斯坦（巴勒斯坦博物馆）、沙特阿拉伯（沙特阿拉伯国家博物馆）、也门（塔伊兹国家博物馆、塔伊兹博物馆战毁前、塔伊兹博物馆战毁后）、阿曼（马斯喀特法国博物馆）、阿联酋（阿莱茵国家博物馆）、卡塔尔（卡塔尔国家博物馆）、科威特（科威特国家博物馆）、希腊（希腊国家历史博物馆）、塞浦路斯（塞浦路斯考古博物馆）。

南亚 8 国：印度（印度国家博物馆）、巴基斯坦（巴基斯坦国家博物馆）、孟加拉（孟加拉国家博物馆）、阿富汗（阿富汗国家博物馆）、斯里兰卡（斯里兰卡国家博物馆）、马尔代夫（马尔代夫国家博物馆）、尼泊尔（尼泊尔国家博物馆）、不丹（不丹国家博物馆）。

中亚 5 国：哈萨克斯坦（中央国家博物馆）、土库曼斯坦（土库曼斯坦国家博物馆）、乌兹别克斯坦（乌兹别克斯坦国家历史博物馆）、塔吉克斯坦（塔吉克斯坦国家博物馆）、吉尔吉斯斯坦（吉尔吉斯斯坦国家博物馆）。

独联体 7 国：俄罗斯（俄罗斯国家博物馆）、乌克兰（乌克兰国家艺术博物馆）、白俄罗斯（卫国战争国家历史博物馆）、格鲁吉亚（格鲁吉亚国家博物馆）、阿塞拜疆（阿塞拜疆国家历史博物馆）、摩尔多瓦（摩尔多瓦国家博物馆）、亚美尼亚（亚美尼亚历史博物馆）。

中东欧 13 国：波兰（沙华国家博物馆）、立陶宛（立陶宛国家博物馆）、爱沙尼亚（爱沙尼亚国家博物馆）、拉脱维亚（里加艺术国家博物馆）、捷克（布拉格国家博物馆）、斯洛伐克（斯洛伐克国家博物馆）、匈牙利（匈牙利国家博物馆）、斯洛文尼亚（斯洛文尼亚国家博物馆）、波黑（波黑国家博物馆）、塞尔维亚（塞尔维亚国家博物馆）、罗马尼亚（罗马尼亚国家历史博物馆）、保加利亚（保加利亚国家历史博物馆）、马其顿（马其顿博物馆）。

（二）实体博物馆业务联盟

1. 独具特色的常设展览

“一带一路”倡议的实施促进了中外文明的交流互鉴，而博物馆正是沿线不同国家和地区人民了解彼此文化的窗口。国内博物馆，不论是综合性博物馆还是专题博物馆，都有代表各自地域文化和历史文化的展览陈列。我们要深挖藏品内涵，努力提升展览水平和质量，打造独具特色的常设展览，避免展览的同质化。

2. 沿线国家博物馆的展览交流

“一带一路”倡议的提出，为促进我国与沿线国家在博物馆方面的交流与合作提供了新的契机。我们不仅要推出一批独具特色的、体现中外文明相互交融的国内展，同时我们也要引进一批具有异域文明特色的国外展来华进行展出，以及国内的展览出境展览。

通过这种互通有无、相互交流的方式，不仅增进了我国观众对沿线不同国家和地区文化的认识和了解，而且也促进了我国与沿线各国人民在文化上的交流与互鉴。此外，通过这种与不同国家博物馆间的线下业务交流与合作，也提高了馆藏文物资源的利用率，让馆藏文物“活起来”，进而提高了区域博物馆馆藏资源的知名度和影响力，增加各国的文化交流。

3. 促进博物馆文创产业的发展

2014 年国务院先后出台《关于推进文化创意和设计服务与相关产业融合发展的若干意见》和《关于加快发展对外文化贸易实施的意见》两份文件，2015 年，文化部、财政部着手共同研究编制《丝绸之路文化产业战略规划》，目的就是要促进和深化我国与其他国家在文化产业发展方面的交流与合作，提高各国的文化贸易发展质量，积极推动文化走出及引入。同时，我们要推动互联网创新成果与“一带一路”文化遗产的传承、创新与发展深度融合，充分发挥市场作用，鼓励文创产品“走出去”，做好审美取向、价值偏好及技艺创新的调试，避免重复开发和恶性竞争，促进文化消费。

4. 文博人才队伍的建设和交流

实施“一带一路”倡议，对于推进博物馆文博人才队伍的建设和交流将会大有裨益。“培养一批国际青年文物修复和博物馆管理人才，加大青年文博人才的培养，引导文化艺术专业技术人才和复合型经营管理人才投身于‘一带一路’文博领域相关工作；积极与沿线国家和地区在文博人才培训方面开展国际合作，加大与‘一带一路’沿线地区开展同源共享的博物馆文化遗产的人员培训工作；从文博人才队伍中与‘一带一路’沿线地区共同遴选‘丝绸之路文化使者’，促进与沿线地区在考古研究、文物修复、文物展览、博物馆交流、世界遗产申报与管理等方面开展国际合作；积极开展文博领域的青少年交流活动，鼓励代表国家水准和民族特色的文博艺术家及大师间的互访交流工作”等。我们应充分抓住这一机遇，加强对馆内文博人才的培养力度，努力培养一支专业素质过硬、具有国际合作精神的高水平文博队伍，更好地为博物馆事业服务，全面提升博物馆的服务质量和服务水平，提高博物馆的整体竞争力。

5. 建立联盟

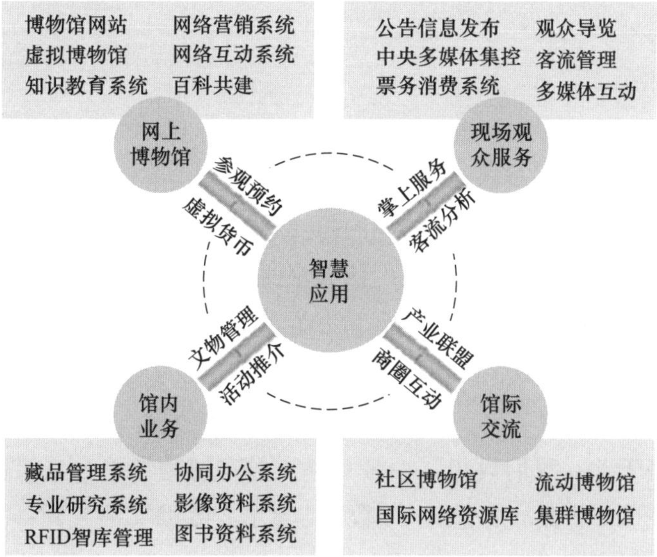

数字博物馆体系架构

1）文物数字化

加强与博物馆、文物数字化企业及数据库专业机构的交流与合作，通过文物数字化要素的分析和数字化应用的前瞻性研究，建立文物数据管理机制，实现数据管理的标准化、流程化，并争取将其建设成为行业标准和国家标准。

一是建立文物分类名录。为文物数字资源的组织与利用，提供一部规范化、科学化、实用化并具有一定自动化功能的分类标准，建立一套全球通用的归类编码识别方法体系，为之后其他历史文化机构的数据库建设和数据应用奠定基础。

二是建立文物数字化采集标准。借助三维（3D）、虚拟现实（VR）、增强现实（AR）等技术，以其虚实结合、实时交互与三维沉浸的特点，实现文物的图像、视频及相关背景信息数据采集过程的标准化，为后续文物资源的多样化展示与利用、相关衍生服务的开展奠定基础，为文化遗产提供新的生命力，构建情境化、可视化的数字文化形态，同时紧跟国家战略需求，形成中国文物行业内信息交换和发布的全国标准。

2）观众数字化

博物馆观众研究在欧美国家已进入蓬勃发展的阶段，跨学科的理论体系、科学的研究方法使观众研究成为了解博物馆观众构成、衡量博物馆展览及教育活动成效的重要方式，也是博物馆与社会公众沟通的重要途径。

20 世纪 80 年代以前，博物馆的研究者以藏品和博物馆机构本身为对象展开研究，观众研究尚未纳入视野。随着信息化在社会生活中的不断渗透，博物馆界有关观众调查的方法和成果逐渐被重视，以定量调查为主的观众研究开始兴起。随着博物馆以“藏品利用者”为中心的转向和教育事业的发展，观众研究日益受到重视，并成为信息化社会的发展强需求。“一带一路”沿线博物馆观众研究成为数字博物馆的重要组成部分。

3）研究数字化

4）展览数字化

5）数字存储一个云中心、若干分中心

6）展览、研究、文创和观众信息统一线上平台

一个平台的开发首先要有一个明确的指导思想。经过多年陕西数字博物馆不断地摸索和实践，不断地实践和认识，我们认为陕西数字博物馆网站的数据来源，主要为已经建成的陕西文物数据库的文本数据和二维数据，以及进一步开展的文物数字化建设中的文本、二维和三维数字资源，是一个陕西文物数字化建设、展示、保护和交流的专业平台。突出文物数字化、文物展示和文物保护功能，是真正的陕西省文物数字化专业门户。基于此，我们设想“一带一路”数字博物馆平台应该包括以下几大模块：① 新闻专栏（文物藏品展览）；② 数字专题展；③ 虚拟现实馆；④ 文物数字化展示专栏；⑤ 博物馆数字化建设专栏（文物数字化、文保保护、博物馆数字化建设）；⑥ 文博人物专栏（博物馆规划、馆长大全、专家介绍和访谈）；⑦ 专家定期讲座和专题教育节目；⑧ 交流平台专栏（交流平台、QQ 交流群集）；⑨ 文物数据查询台；⑩ 观众交流平台。

该平台为网客浏览统一平台。后台各个沿线博物馆各有一个登录密码，随时更新展览。由后台管理者审查后开放前台显示，做到既各自发布，又统一管理。

6. 实体数字体验展台，各馆分屏安装

触屏示意图

1）系统组成

由视频数据获取、数字视频流解码、数据缓存、动作识别、图像叠加、控制信号传输和图像显示等部分组成。

2）系统特点

① 识别 6 人、25 个骨骼点（每个人有 25 个骨骼关节）；②拇指追踪、手指末端追踪；③ 活跃红外线；④ 语音识别。

7. 数据分析平台各馆分屏安装

1）大数据分析平台

将文物基础数据、视频数据、管理数据等，进行统一的数据采集、整理、入库，实现对各类数据文件的集中管理，并在此基础上通过专业分析模型建立分析结果，为

文物保护和管理提供切实有效的技术支撑。

2）系统功能

① 数据采集；② 数据存取；③ 数据处理；④ 统计分析；⑤ 数据挖掘；⑥ 模型预测；⑦ 分析呈现。

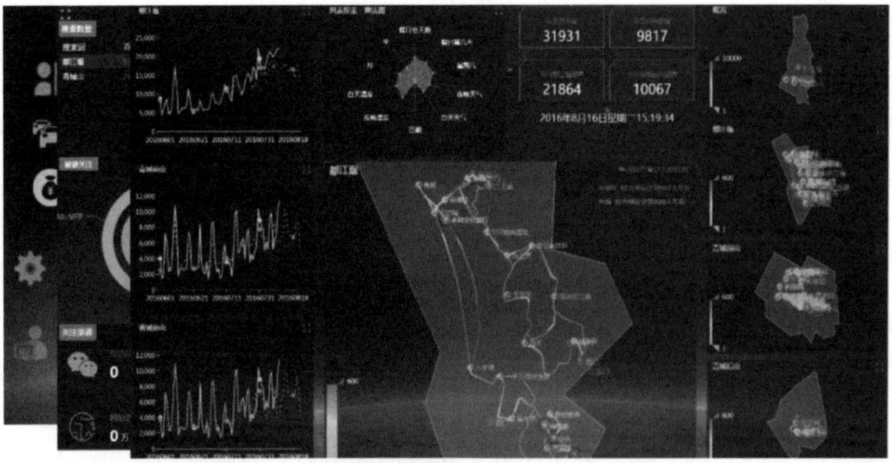

数据分析平台示意图

8. 博物馆展区热力图与实时客流

1）景区热力图

按照位置聚类，计算各博物馆聚类的人群密度和人流速度，综合计算出聚类地点的热度，从而将结果体现在“热力指数”中，反映出该博物馆展区的人气热度及排名情况。由于数据是每 10 分钟更新的实时性结果，对于游客出行和选择路线场馆等方面具有非常实用的参考价值。

2）实时客流

沿线各博物馆馆内实时人数报告，可通过与闸机系统的数据连接，获取馆内实时游览人数，可进行馆内拥挤度查询，实现观众人流密度与人流走向实时动态监测，及时预警拥挤危机。

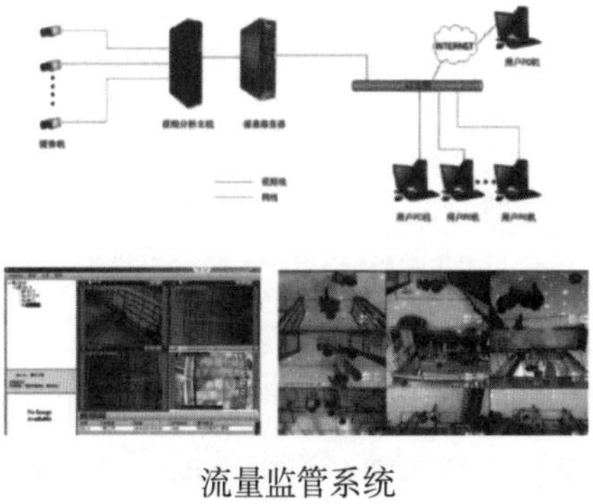

流量监管系统

采用计算机图像识别和多目标跟踪技术，在线提取视频场景指定范围内人体的特征参数，动态跟踪移动对象，分析对象特征并识别，准确获取各区域、进出口的人数。

系统特点有三：① 准确率高（室内、室外识别精度达到 95%）；② 高稳定性（断电、断网自动报警，恢复时自动启动）；③ 双向统计（对检测区域的观众行动轨迹进行跟踪）。

三、数字博物馆实施效果

现在人们实际见到的博物馆称为实体博物馆，作为实际存在的形式供观众参观学习或从事其他活动，是以物为基础的，博物馆的发展离不开物的真实存在和发展，博物馆的历史是越来越走向公众的历史，并以物的各种形式弘扬历史文化。

而数字博物馆是运用互联网思维，通过虚拟现实技术、三维图形图像技术、计算机网络技术、立体显示系统、互动娱乐技术、特种视效技术、大数据和云平台将现实存在的实体博物馆的三维立体方式完整呈现于网络上的博物馆。通俗来说，就是将整个博物馆环境制成3D模型，参观者能在虚拟的博物馆中随意游览；研究者能在网上博物馆中尽意探索；管理者能在线上博物馆统一协作。突破原有实体博物馆的藩篱，共享数字化带来的博物馆文化新感受。

数字博物馆是以数字形式对可移动文物或不可移动文物的各方面信息进行收藏、管理、展示和处理，并可以通过互联网、物联网为用户提供数字化展示、教育和研究等各种服务，是“一带一路”沿线博物馆建设的新尝试，是计算机科学、传播学以及博物馆学相结合的信息服务统一平台。主要以虚拟化、数字化的形式承担博物馆的传播、教育等职能。以互联和物联为依托的沟通新平台，可以代替传统博物馆的部分功能和传播功能，同时也是传统博物馆对历史文化的收藏、保护和研究的新途径和发展新趋势。

“一带一路”沿线数字博物馆的主要特点如下。

第一，它突破“一带一路”沿线博物馆之间的空间和时间的藩篱，能在更广袤的范围、任何时间、任何地点上网参观，利用方便。一家博物馆在平台上的虚拟展题制作，可以在不同的实体博物馆设置专题数字展厅进行展示和线下交流互动。促进线上线下展览、交流双互动。

第二，它能对实体博物馆数字资源（包括文字、图像、声音等）进行整合、加工、提升和频繁更换，并运用多媒体手段营造逼真、形象、生动的展示效果，使提供的知识、信息丰富多彩。“一带一路”沿路博物馆统一VR参数拍摄，或交由一家中心博物馆进行统一拍摄制作，所有博物馆统一时间发布。实现一个虚拟展览的“三统一”。

第三，它能在教育区域建立专家定期讲座和专题教育节目，以及配合学校课程设计多媒体教学资料，进行网络远程教学，使知识的学习更为方便深入和系统。发挥教育联盟和文物交流中心的作用，做到线上线下统一活动，更好地扩大展览教育的宣传作用，增加文物交流频次。

第四，由于没有物理空间的限制，它能在“一带一路”沿线博物馆的数字博物馆平台上的不同栏目和页面之间穿梭连接，无论是参观展览、欣赏藏品，还是浏览新闻、活动资讯，或是参与学习讨论，都非常方便，有绝对的自主权。

第五，通过实体博物馆与数字博物馆之间的相互补充和依托，把原有线下博物馆的参观、教育、交流、研究和管理，发展到线上更为广域的交流与合作。

四、结语

"一带一路"倡议的实施为我国博物馆的发展提供了新的契机。我们要充分借助该倡议带来的资源优势和政策支持，以数字化、互联网技术为依托，深化区域各博物馆间各领域的交流与合作。在提升博物馆自身展陈水平的同时，积极鼓励展览"走出去"和"引进来"，提高馆藏资源的利用率，促进博物馆文创产业的发展。同时，我们要借助国家对文博人才的培养计划，努力提高博物馆专业技术人员的业务素质，提高博物馆的整体竞争力，充分发挥博物馆在推动"一带一路"倡议中的积极作用，通过区域数字博物馆对国家文化进行新探索。

博物馆数据中心整体框架

（2019）

项目的基础是以数据为中心，围绕陕西历史博物馆整体信息化应用建设进行相关数据的采集、分析处理，构建大数据中心是项目基础，是博物馆智慧管理和智慧服务的信息处理“大脑”。它以博物馆各应用节点、存储设备为主体，并结合数据库系统及中间件等内容，将整个博物馆日常的内部藏品数据、数字资源、展览陈列、学术研究、公众服务、运营管理、办公业务等数据，以及外部的博物馆网站、社交媒体、行业动态、专业研究机构数据等各类数据，利用大数据采集将符合博物馆管理、服务、运营的各种数据“抓取”到大数据中心，通过数据融合及存储，并应用数据挖掘和智能数据分析手段进行加工处理，为博物馆提供所需要的博物馆管理决策和服务优化、运营预测数据。

一、数据中心特色

（1）集中存储、高效调用。

（2）跨平台数据利用与发布。

（3）人员客流分析，预防人员密集，人群分流。

（4）博物馆运行情况统计分析。

（5）用户统一登录，统一权限分配。

（6）实时提供博物馆运营过程中的管理、保护、服务信息，为博物馆运营提供辅助决策。

二、数据中心管理与分析系统（业务资源指标模型）

在博物馆信息化建设和运营过程中，将会产生大量的数字资源，这些资源涵盖了陕西历史博物馆的各相关业务，类型多样，关系复杂，包括多媒体信息、文档信息、数值信息及其他类型，也包括结构化与非结构化数据的收集、访问、管理、交换和集成，有必要为各相对独立的业务应用提供统一的入口和资源协同。

陕西历史博物馆数据中心管理系统是以博物馆观众服务、信息传播和专业研究等为导向，建立的跨平台统一数据库，以互联网入口、移动互联入口、现场服务入口为通道，打造的博物馆核心数字资源支撑平台。

可实现以下目标。

（1）集中存储：将博物馆的各类数字资源进行汇集，实现全局的管理和利用，加强文件的关联、提升资源的质量，还能动态地分配软硬件资源，提升存储空间的利用率。

（2）高效调度：实现跨系统的资源调度，避免各系统之间的信息壁垒，实现资源的高效利用。

（3）统一发布：实现跨平台、多通道的内容发布，还可适应不同的对象和载体进行差异化、定制化发布，并为进一步的策划、编辑等工作提供基础。

（4）安全管理：有利于数字资源的安全与备份，基于数字版权管理，还可进行有效的资源调度和监控。

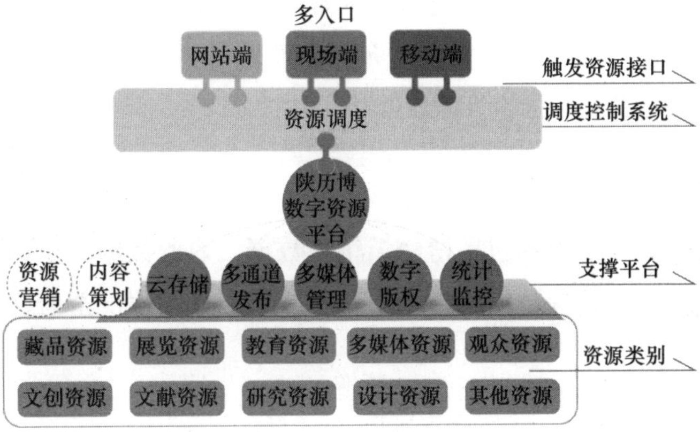

数据中心资源结构

（一）数字资源库

陕西历史博物馆数据中心管理系统的数字资源库由核心数据库、数据仓库和数据交换体系、资源目录体系、数据管理体系构成。

按照数据类型和用途，平台数据可分为基础数据、业务数据、交换数据和专题数据。四者的关系如下图所示。

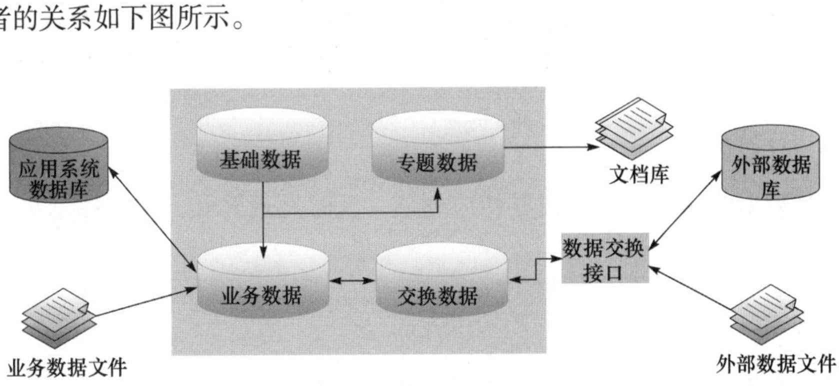

平台数据组成

（二）跨平台发布管理中心

使用跨平台技术，融合移动互联、物联网等多种前沿信息技术，建设具有特色的跨平台发布管理中心，形成一个具有高度信息聚合能力、弹性扩展能力、提升管理能力的管理系统。跨平台发布管理包括内容管理、电子地图管理、二维码管理、知识服务管理、互动体验管理、活动管理、商圈消费管理等，将后台内容推送到前台对应的栏目。

（三）综合数据展示管理

通过与各应用系统的数据对接和智能采集，形成陕西历史博物馆业务的全景式信息图，为馆领导、部门负责人、普通工作人员等不同级别的用户提供个性化、可视化的业务一体化监管控平台。平台将通过多屏的载体，尤其是利用移动终端的便捷性，让用户能及时获得博物馆运营的关键数据和实时状态。

1. 数据管理模块

陕西历史博物馆数据资源包括博物馆馆藏数据、业务数据、馆内观众行为数据以及互联网访问数据等，各种数据的记录形式、样式、详细程度都有所不同，存在着异构问题。

本模块将通过数据集中存储构建信息资源的保存体系，使可利用的数字资源得到保存且可以随时提取，按照一定的方式和规则对数据进行归并、存储、处理，将数字资源汇集后便于管理利用。

2. 数据分析模块

数据分析模块通过统计分析工具，用适当的统计方法对不同来源的数字资源进行分析，以求最大化地开发数字资源的功能，发挥数据的作用；把海量数据中的信息集中、萃取和提炼出来，以找出所研究对象的内在规律。本期项目主要包括客流量分析、藏品数据分析、物联网运行分析、网站访问分析、设备运行分析及应用运行分析功能。

3. 数据应用模块

通过对数据的综合分析，设置相应阈值，及时发现异常，进行提示报警、预警监控。

4. 数据接口模块

利用各种接口实现系统内部应用之间、系统内部应用与外部应用之间的数据传输，接口实现上采用目前业内广泛使用的 XML、Excel、Web Service 方式向其他系统提供数据交互的服务。

（四）综合数据展示发布

采用新颖的多媒体交互展示方式进行观众流量可视化展示、网站访问情况可视化展示、藏品数据可视化展示、物联监测可视化展示、设备运行可视化展示等。同时利用信息可视化等手段，提供个性化的观众参观行程档案等新形式的服务，分析了解观众喜好，反映观众参观倾向，加强博物馆推广，形成创新公共文化服务的有效尝试。

1. 展现内容说明

采用新颖的多媒体交互展示方式进行观众流量可视化展示、网站访问情况可视化展示、藏品数据可视化展示、物联监测可视化展示、设备运行可视化展示等。

2. 可视化模块

采用交互式响应式设计，配合矢量图形，自适应大中小屏显示。

根据不同的展现内容设计展现形式；同时，总体展现形式风格统一且美观。

综合展示分析示例如下。

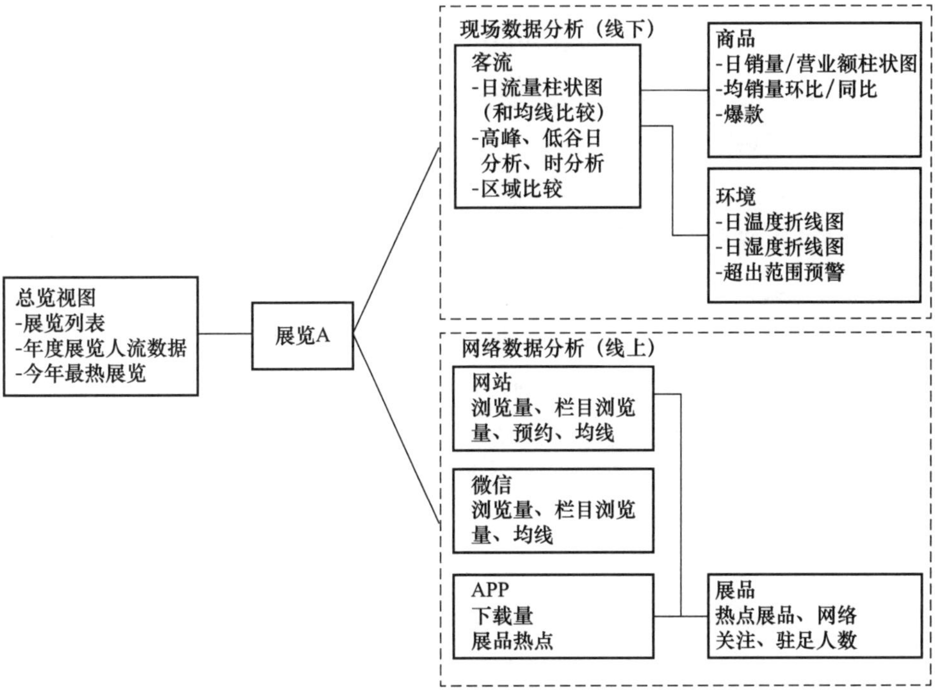

综合展示分析示例

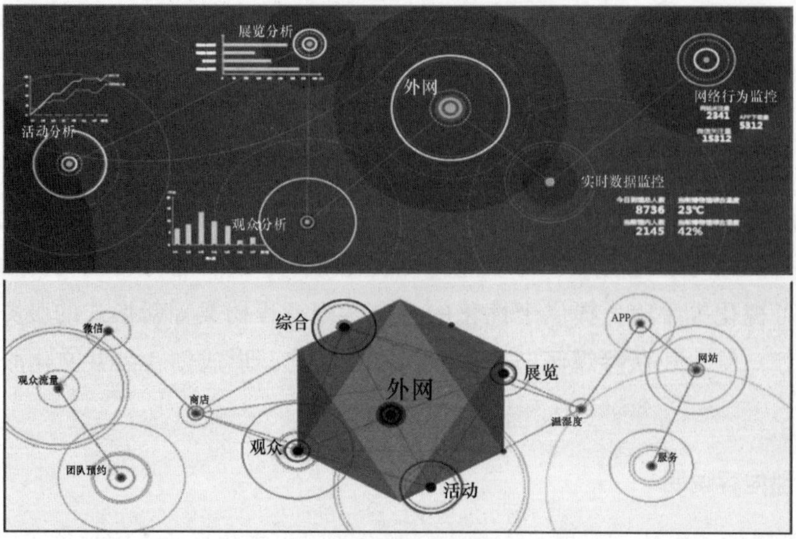

综合分析示例效果图

3. 多媒体控制模块

建设一套可以实现各种组合方式的形式，统一调度与灵活分组，可以显示网页、视频、图片、文字等信息的展现平台。操作灵活简便，并将日常的管理和维护降到最低。

4. 配套设备

数据中心拼接屏 1 套，6 块 46 寸拼接屏。

通过将拼接技术、多屏图像处理技术等的应用综合为一体，形成一个拥有高亮度、高清晰度、高智能化控制、操作方法先进的大屏幕显示系统。

决策分析系统将 IT 对业务的价值可视化，构建多种业务分析模型，将 IT 基础架构及相关应用有效量化，并映射到它们支持的业务上，直观反映 IT 基础设施的动态变化对业务造成的影响和威胁，帮助管理者实现 IT 的精细化管理，掌控全局，准确衡量 IT 对业务的价值贡献，有力保障业务的健康、稳定运行。

所有系统数据将以图表、饼状图、数据表等多样式内容进行保存，所有对数据库及系统所作修改记录在相对应的周期内得以保留，确保数据的安全性；根据备份数据的体量及增长频率确定后续信息系统及存储的发展需要。定期对整个系统和数据进行完整备份，在有条件的情况下进行增量备份。同时记录系统故障、恶意入侵、升级维护等运营基础数据。

（五）业务服务

为 IT 管理人员提供一套简单、直观、有效的方法，掌握全局业务的运行状态和健康水平，了解动态变化趋势，快速查明问题源，降低运营风险。同时，构建资源、应用系统、业务、用户的关联视图，直观反映 IT 资源的运行状况对应用系统、核心业务以及用户的影响，通过影响传递，准确反映 IT 异常可能对业务及用户造成的威胁，快速查明导致业务中断的故障源，帮助 IT 人员做出及时响应。

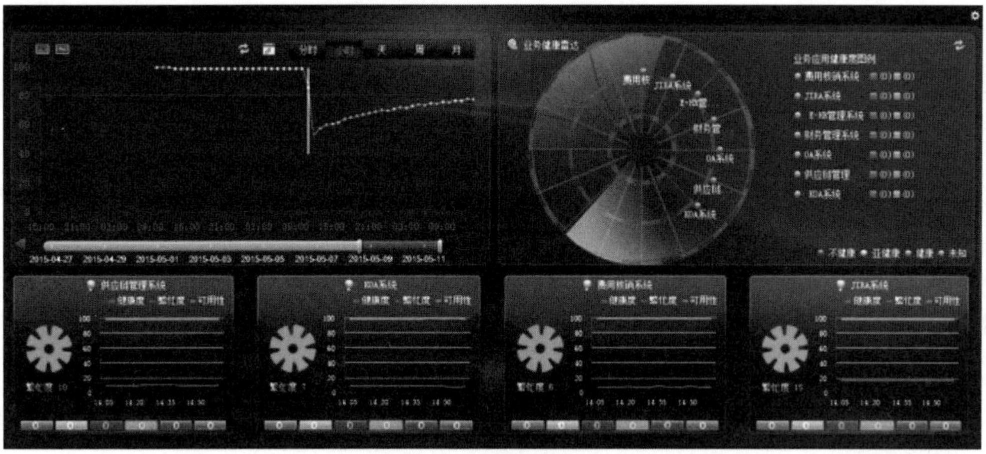

业务服务示例图

1）IT 健康指数

创新设计 IT 健康指数分析模型，通过指数曲线呈现 IT 业务的健康水平和变化趋势，便于 IT 管理者宏观掌握 IT 业务的运行状况。

2）业务健康雷达

呈现业务系统的健康水平分布，与 IT 健康指数功能联动，快速定位导致 IT 健康指数波动的原因。

3）业务卡片

呈现关键业务系统的可用性、健康度、繁忙度的实时状态和周期变化，帮助 IT 管理者掌握每个业务系统的综合状况。

4）业务服务一览

图形化呈现用户、业务和应用系统的相互关联关系，一方面掌握应用系统的异常对业务、用户的影响和威胁，另一方面实现 IT 与业务交互，将 IT 对业务的支撑价值完整体现。

5）业务应用分析

构建业务应用分析模型，对各业务系统进行横向对比分析，包括健康度、繁忙度、可用性、宕机次数、宕机时长等，准确衡量业务系统的健康水平差异。

6）业务拓扑

呈现业务系统与部门、IT 资源及关键指标的关联关系，支持业务拓扑编辑、关键指标标注。通过影响传递，准确反映 IT 异常对业务、用户造成的影响和威胁，支持业务告警诊断。

（六）资源管理

提供多维资源管理视图，对不同品牌、类型、版本的网络设备、安全设备、无线设备、存储、主机、中间件、数据库、虚拟化、应用服务等IT资源进行统一、全方位、多层次的综合管理，实时分析资源当前的性能和运行状态，直观反映资源的动态变化对支撑业务的影响，完整掌握资源的管理属性。通过对资源的历史事件分析，了解其稳定性及衰减趋势，为领导决策提供依据。

1）资源管理

通过协议方式自动发现多品牌、型号的网络设备、安全设备、主机、数据库、中间件、应用系统等IT资源，实时监控资源的性能指标，实现精细化管理。

2）CMDB（配置管理数据库）管理

与资源管理双向关联，维护IT资源的管理属性，图形化展示配置项间关系，可定义配置项审计任务，生成审计报告，便于掌握资源配置的历史变化。

3）网络拓扑管理

自动生成网络拓扑，实时掌握网络设备的运行状态和链路的连通情况，提供丰富的图形化视图，包括位置分布拓扑视图、分级管理拓扑视图、逻辑管理域拓扑视图等。可通过拓扑自动布局，一键调整拓扑图的展现形态，如树形、星形、单圆形等。

4）IP地址管理

实现IP-MAC绑定，基准表按照IP地址范围、子网掩码设定网段信息，通过计算子网容量和规划率，展示IP地址的登记情况；接入监控可实时了解网络接入IP的状态，掌握网段中在线IP的情况及上联设备、上联接口、VLAN等信息。

5）脚本监控

支持Action脚本，自动化执行脚本动作，可自定义指标，配置脚本策略，支持定时脚本监控和返回值告警，简化资源管理的复杂度。

6）日志监控

支持Syslog.Windows日志分析及事件告警，主动获得日志信息，实现问题关联分析，提高问题诊断效率。

（七）告警中心

通过TOPN、趋势分析报表帮助IT管理人员及早发现IT基础架构的缺陷和隐患；通过自动巡检功能做到主动预防，采用自动化手段针对核心业务系统及关键指标进行例行检查，定时产生巡检报告推送给管理者加以分析；事件台能够智能感知异常，快速定位发生源，识别异常的严重程度并加以过滤，及时、准确地发出告警；服务请求管理中心，实现整个事件处理过程的可视化，保持良好的服务水平；同时提供知识管理功能，形成事件维护记录的自然积累，IT 人员可利用知识快速解决当前事件，极大提高事件的解决效率。

1）事件告警中心

实现事件与告警分离管理，采用事件 6 级分类，精细化设定事件识别和告警规则，支持不监控时段设置，提供升级、过滤、根源分析等功能，确保准确性，避免告警洪灾；支持动态基线功能，系统自学习产生的推荐阈值为手工设定提供参考；通过桌面客户端、邮件、短信、IPAD 等多种方式使相关技术人员及时获知异常，快速、及时做出响应。

2）自动巡检

可预先设定巡检任务的时间、范围、指标、频度，系统将自动执行，通过邮件方式推送巡检报告，从而降低人工成本，提高 IT 管理效率。

3）知识库

实现知识在事件处理过程中的积累，在遇到同类事件时，可利用知识辅助参考，提高解决效率。知识库可有效提升 IT 人员的技术能力，成为 IT 组织的核心资产之一。

（八）统计报表

为 IT 管理人员提供丰富的图文报表，从 TOPN、资源、故障、趋势等多种维度进行分析，清晰呈现 IT 基础设施的性能水平及缺陷，并与业务相关联，反映资源瓶颈对业务造成的影响和威胁，帮助 IT 管理人员做好投资决策和工作计划安排，合理优化资源使用，大幅度提升资源利用率。

（九）客流分析

提供博物馆客流统计分析，通过票务系统采集到观众身份证数据及预约信息数据，可以对参观观众的浏览进行大数据分析。按不同的时间频段统计观众的年龄、地域、学历、文物偏好等数据，而最终的统计数据将为博物馆策划展览、平稳运营提供重要参数。

（十）观众流量监控

观众流量是博物馆、展览馆等公共场所在管理和决策方面不可缺少的数据，也是一项重要的商业市场研究手段，能够为大型公共场所系统的运营决策和综合管理提供准确及时的数据参考。研究客流量规律，对于依赖于观众流量的博物馆来说意义重大。观众流量是重要的衡量工具，通过这一准确的量化数据，不但可以获得博物馆正在运行的状况，而且还可以利用这些高精度的数据，进行有效的组织运营工作。

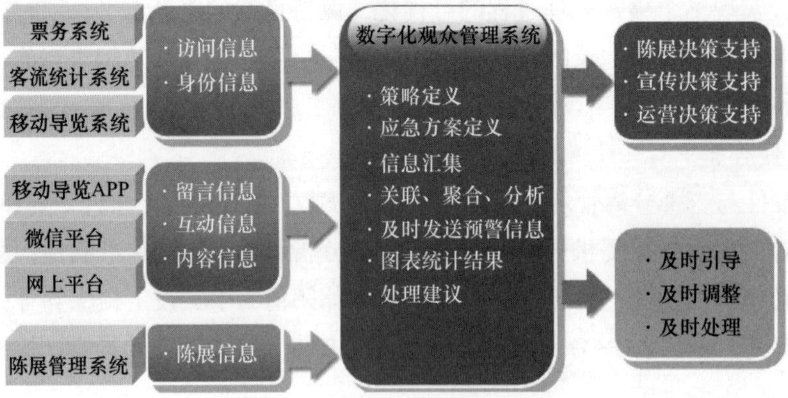

数字化观众管理流程图

（十一）数据集成

观众流量及客流情况数据由安防系统获取。

1. 用户统一登录

考虑到陕西历史博物馆内部已有多个应用系统，在本次项目中将根据用户的需求，实现系统的统一登录。从深层次技术上来看，将采用 Web Service 技术实现所有系统的单点登录。

实现原理如下图所示。

说明如下。

（1）单点登录将基于我司的系统管理平台实现，利用我司的系统管理平台可以实现异构系统的单点登录。

（2）应用支撑平台采用 Web Service 技术对其认证接口进行封装，对外提供 Web Service 认证接口。

（3）各系统需要进行用户身份认证时，只需要调用该接口就可以了，从而就避免了二次认证，实现了单点登录。

（4）通过 Web Service 技术可以实现异构系统的整合，主要针对各业务系统的业务交互，来适应未来的业务更新需要，平台提供了灵活的扩展功能。

（5）Web Service 采用国际标准的 SOAP 通信方式，整个数据传输和交换过程符合 Web Service 的定义中的 WSDL、UDDI、HTTP/SSL 等国际标准协议，保证数据传输的一致性和安全性。

（6）同样，如果系统管理平台需要获取各业务系统中的用户、权限信息（比如要实现用户数据同步），也可以采用 Web Service 技术对该系统的系统管理和维护模块进行封装，供系统管理平台调用。

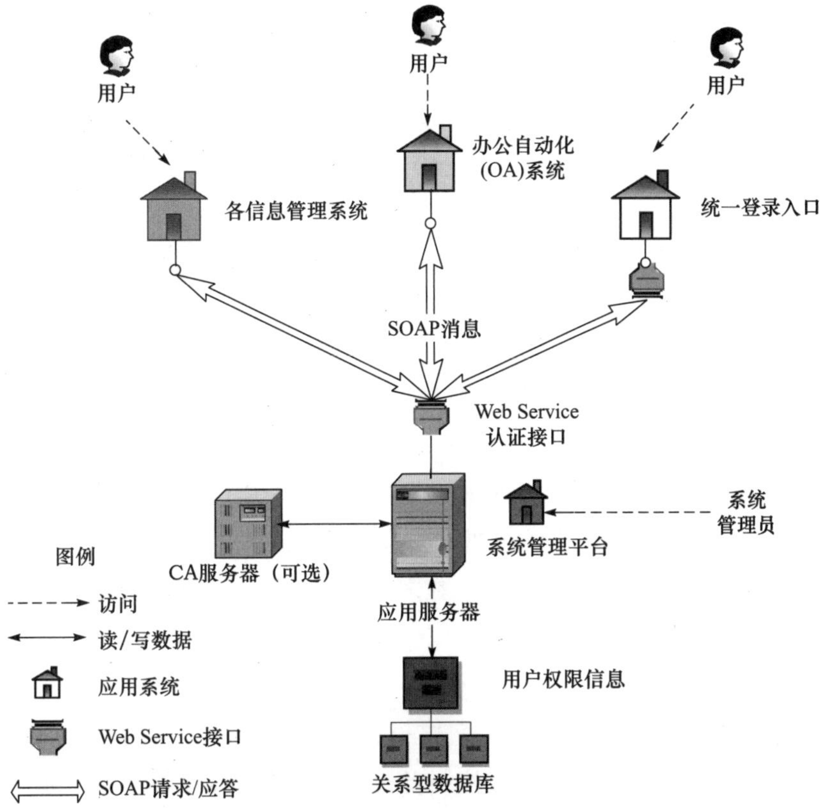

用户统一登录实现原理展示图

2. 权限角色管理

除了配置用户统一登录外，为了充分保证网站的安全，系统拥有一套科学完整的权限用户模型，提供多级、灵活的安全操作控制。其中，权限的主体分为用户、组织、角色三种。用户是指系统注册登录的使用者，组织一般是对应着内部多级的部门结构，角色是具有某一类共同职责的人。

一般来讲，一个用户可以同时从属于多个组织和角色。系统在进行授权时，可以直接为某用户指定权限，也可以为某个组织或角色授权，实现批量授权与个性化授权的统一。

权限控制的范围也是多级的且灵活的，主要包括了站点、栏目、模板、文档等主要管理对象的访问和操作权限，控制的粒度可以精确到对象的某个操作上。比如在内容发布时可以对阅读对象进行选择，设置阅读权限（如全部浏览、局部浏览、登录后浏览、指定部门浏览等），并在列表中进行选择，没有经过阅读允许的单位或用户打开信息则不显示内容并提示登录。

同时，系统通过设计合理直观的权限设置与查看方式，来满足准确授权与查权的要求。权限设置与查看的入口明显，表现方式直观，符合用户的使用习惯，非常方便。

3. 安全访问控制

安全访问控制包括身份认证、访问权限控制和审计跟踪三种方式。

1）身份认证

一般来说，涉密信息不能让任何无权访问的人查看，否则造成的后果将非常严重，如果仅仅在应用层上控制，很难保证应用软件中的错误操作不会造成秘密泄露。所以，要真正保护涉密信息不被泄露，就要对每一用户的身份进行认证，但传统的“用户名 + 密码”的认证方式很不安全，密码很容易被破译，如果不进行防范，任何用户在任何地方都可以输入别人的用户名和口令进入系统，如果领导口令被破译，后果可想而知。因此，本项目可采用 CA 认证中心提供的证书系统，采用证书（Certificate）认证方式登录系统，用户必须持有效证书才能进入安全系统。证书利用 USB-Key 存储，安全而且使用方便，即使 USB-Key 不慎丢失，在多次输入密码不正确的情况下，证书也会自动销毁。

2）访问权限控制

首先，系统在权限的设置上采用了“三权分立”的模式，即用户管理权、权限审核权和审计权三权的分离，三个权限控制者相互独立，所授权限互不干涉。授权的过程是根据角色和应用程度逐级下放的，上级节点管理下一级节点的权限，无须越级管理。“三权分立”的这种权限控制方式充分体现了权限授予的公平性与灵活性，为组建一套完备的权限控制机制提供了强有力的支持。

另外，通过授权访问机制对电子文件的访问权限进行严格控制，确保不越权访问。比如，当用户在浏览电子文件时，系统可以控制用户只有浏览的权限，而无法保存、下载、打印；当用户下载电子文件后，可继续控制权限（如编辑、保存、打印、散发、截屏等），并可对电子文件的使用期限进行管理，使用期限到期后，电子文件将自动销毁。

3）审计跟踪

对于缺乏有效管理的用户群，对内部用户访问应用服务的行为，进行事先预防、事中监督、事后记录，确保重要数据的安全。系统对所有登录用户的操作都有详尽的操作日志记录，以保证日后的操作检查和应用审计，并且对于用户的不合法行为进行实时报警。

比如通过实施监控界面可以适时跟踪查看当前人员的处理情况，对非法情况以醒目的颜色提示管理员，同时对用户的所有重要操作进行日志保留，以便查询。

4. 审计监控技术

为了保证安全和预防破坏行为，也便于系统运行历史的监视审查，政协业务管理中，我司提供一种跟踪所有动作的手段。日志管理主要记录政协业务管理系统的各种运行日志，实现针对各种日志进行分析、统计等的功能；对各类用户登录日志和对资源的操作、访问等日志进行管理，同时对用户的操作进行监控。

系统将提供对系统中用户业务操作和登录、注销操作的日志记录。

为了保证安全和预防破坏行为，也便于系统运行历史的监视审查，各应用系统将必要的操作记录在案，并且提供日志审计，去浏览和分析系统的行为。安全日志可以进行查询和统计，用于系统分析。本项目在建设时需要严格的权限控制和日志审计功能，对关键操作进行记录，方便查询。系统以图形化方式提供对日志的查询检索、备份、删除功能。

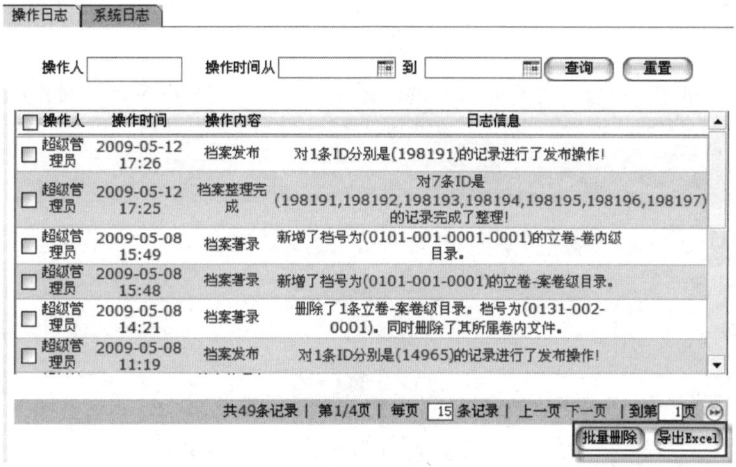

操作日志展示

为保证日志管理的灵活性和安全性，可以由系统管理员自定义日志的分类和日志需要记录的内容。对于重要级别的日志文件，只有特定权限的人员才能查看，查看后将形成查看记录；文件不能被随意拷贝、删除，且必须对该文件的访问或试图访问进行严密监控并形成日志，日志中清楚地记录来自哪台设备的哪个用户已经或试图读取这些文件，以便事后取证。

博物馆数据中心平台截图如下。

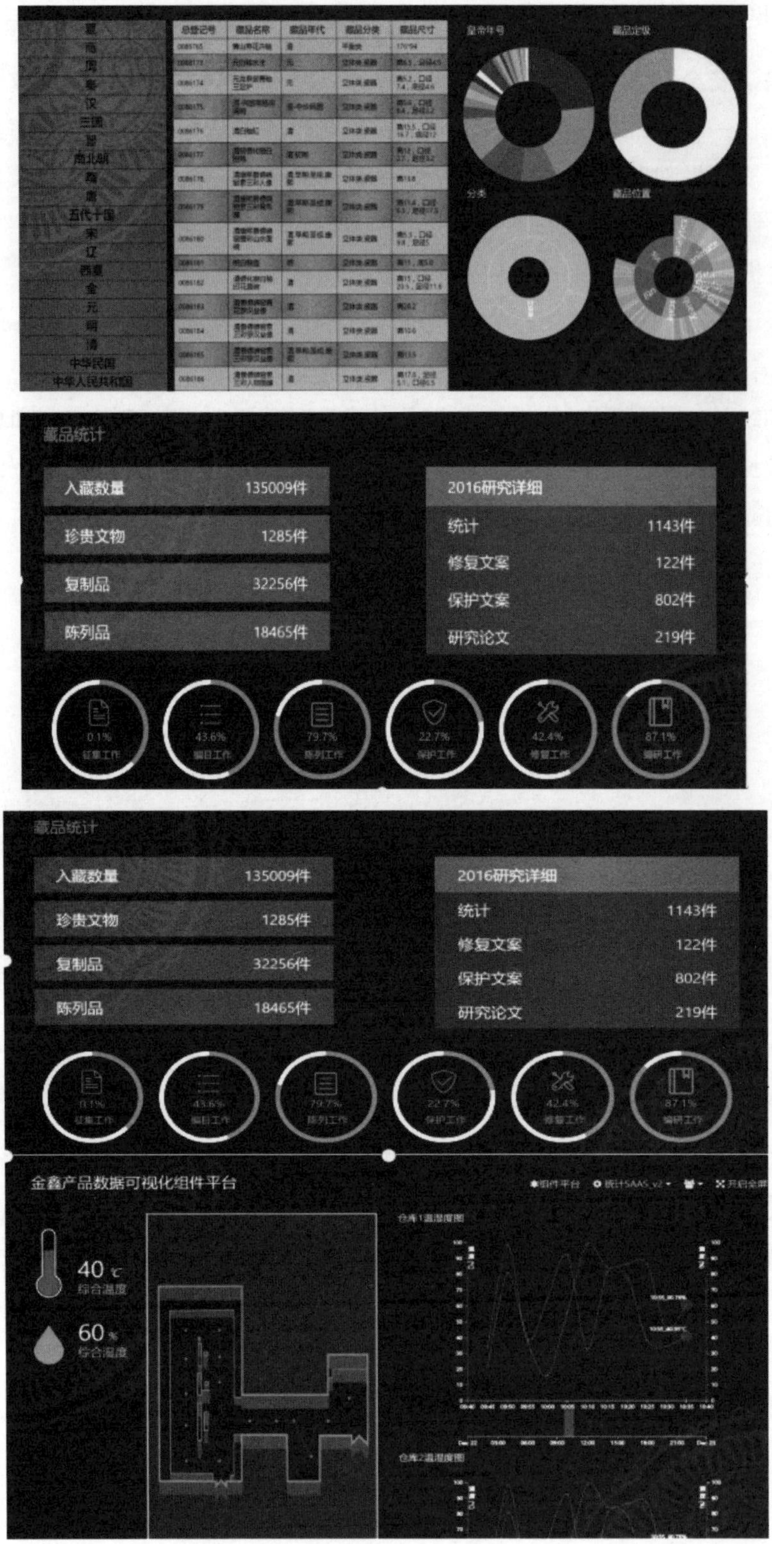

博物馆数据中心平台展示

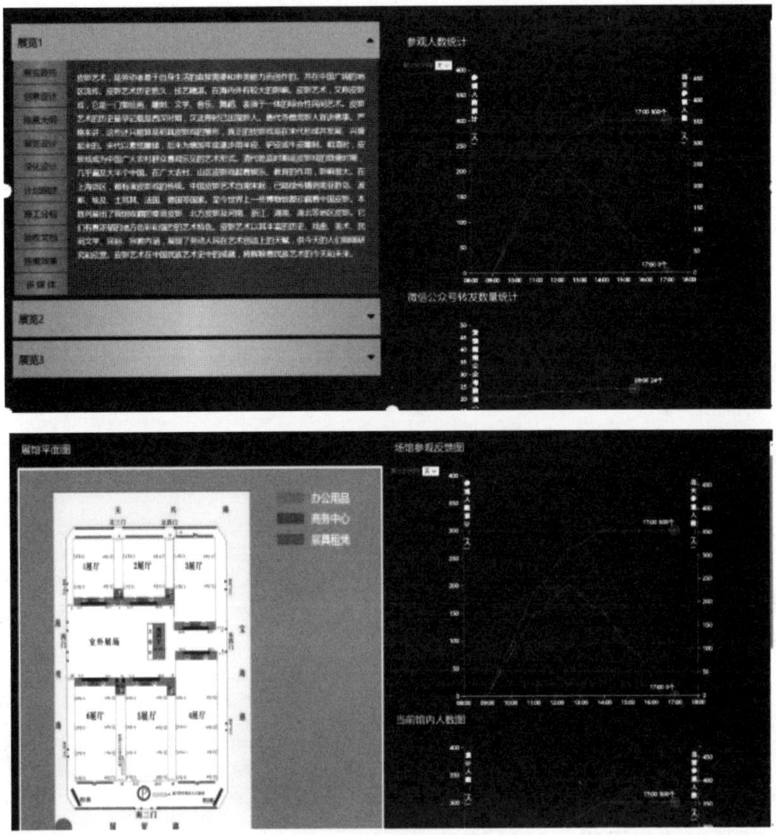

博物馆数据中心平台展示

陕西文物数据分析展示中心设想

（2019）

该系统建设如下栏目：新闻动态、网络展示、音频讲解、视频讲解、数据展示、数据分析、交流互动。

后台操作栏目分为：网站形式设计后台管理、功能开发。

一、新闻动态

新展预告，系列动态包括以下几个方面。

（1）移动馆动态。

（2）电台动态。

（3）口袋版动态。

（4）讲读博物馆 APP 动态。

新展预告主要是每天提示移动馆动态、电台动态、口袋版动态、讲读博物馆 APP 动态及博物馆新闻事件等动态。

二、网络展览

网络展览包括五个栏目，分别如下。

（1）基本陈列展示，主要是全省博物馆的基本展览通过虚拟现实的方式展示并留存资料。

（2）临时展览展示，主要是各个博物馆的临时展览通过虚拟现实的形式展示并留存资料。

（3）数字专题展，主要是定期展示一些专题类型的文物文化展示。

（4）VR 全景视频展示，主要是通过 VR 全景视频形式来展示全省各个博物馆的场景。

（5）藏品展示，主要是通过图文展示及三维形式来多个角度展示文物。

三、音频讲解

胖娃讲故事（文物电台主持人）、讲解员讲故事、观众讲故事、小朋友讲故事。

四、视频讲解

专家视频录播、讲座短视频。

五、数据展示

各个博物馆人流行为、展览、研究、讲解等数据展示，每天全省最受欢迎的 10 件文物展示，参观量最多的 10 家博物馆等。

六、数据分析

博物馆数据分析，全省博物馆观众行为和意愿数据分析，全省文物关注度数据分析。展览数据分析、科研服务数据分析、讲解数据分析等。讲读博物馆 APP 下载、文物电台收听、数字博物馆浏览量分析、汉唐网浏览量分析等。

决策系统：全省行业决策、博物馆决策、协作决策等。

七、知识付费

照片、三维、数据社会提供联络收费频道。

八、网站后台控制

网站形式设计后台管理是控制网站版面及其内容修改。

功能开发主要是对网站后台数据的管理。

该平台整个界面以数字博物馆标志为基础，设计出一个拟人化的眼睛，眼睛每次眨眼，里面都显示各个栏目，点击栏目则弹出相应的栏目内容和界面。整体简洁，便于浏览，且展示方便。

陕西省文物管理信息上报分析系统设想

（2019）

开发陕西省文物管理信息上报分析系统，是将全省各地市文物管理部门和博物馆（预计316个操作点）通过网上注册用户，上报馆藏藏品、科研产出、陈列展览、宣传教育、文物修复、政务管理、对外交流、社会反馈等数据，对业务数据（全省文物普查藏品、展览、科研、保护、宣教、信息）、管理数据（开发全省各博物馆OA系统的数据进行自动读取）、观众数据（全省票务预约系统和全省电子讲解系统的下载数据、陕西数字博物馆观众数据、陕西文物网络电台数据等）、政府数据（陕西省文物局网站、行业外政府数据）进行分类分析，并对数据进行可视化展示。再对以上几方面的数据进行模型处理，形成数据决策挖掘，初步形成全国第一个智慧博物馆雏形。

总体内容如下：① 全省博物馆数据上报系统（全国第一个省级业务数据上报平台）；② 数据分类分析（省域全数据分析）；③ 数据可视化展示（数据转图）；④ 博物馆智慧化模型研究和决策系统应用（全国第一个省级全域智慧博物馆系统）。

通过本项目建设，提高文物管理部门和全省各地博物馆信息集约化共享、整合各类资源、提升整体工作水平；通过对文物信息采集分析展示流程的梳理，为文物管理提供信息支持、提高业务协作和数据整合的效率。最终希望建立一个具有高度效能、前瞻性、先进性、可扩展性和易于集成的综合性文物信息管理平台。

陕西省文物管理信息上报分析系统采用分层和解耦方式开发，完全组件化，高内聚低耦合，实现高度的灵活性和扩展性，各模块根据实际工作需求定制增删组合。系统包含内容：组织模型及权限管理、数据人工上报和自动获取管理、内容表单管理、数据分析管理和结果展示管理等。

一、数据来源

（一）用户注册/登录

用户管理对文物管理部门或博物馆用户、用户组进行管理，包括以下功能。

1. 用户管理

组织用户管理包括数据存储、组织管理、用户管理等功能。

使用主流 MySQL 或 Oracle 数据库存储组织用户数据，并支持实时同步数据到 AD、OpenLDAP 目录，方便 Windows AD 域认证、遵循 LDAP 协议的设备应用对接。

组织管理支持多维组织架构，组织增删改查、迁移、合并等功能。

用户管理支持用户属性自定义扩展、用户主账号定义、用户增删改查、禁用、启用、过期、临时授权等操作。用户类型支持管理员、普通用户等类型，不同用户类型可以赋予不同的有效期，以及对对应用户组关联赋予不同的认证策略和应用访问权限。

2. 用户组管理

可以把用户分配到不同的用户组（例如，按地市分组），用户组可以用在上报业务数据中，包括用户属性自动分组、用户授权、认证策略等。

权限管理支持用户应用权限、用户应用功能权限。

用户应用授权：决定用户拥有哪些应用的访问权限，无论是通过统一门户访问还是单独访问应用系统，都需要进行权限判断。支持用户组授权、用户授权、应用授权三种方式，有效应对批量用户授权、用户同步授权、新增用户授权、新增应用授权等业务场景。

用户授权：可以单独对用户进行应用授权，如果该用户拥有相关的用户组权限，那么便可取得用户最终所能拥有的应用权限。

用户应用功能授权：集中对各应用系统角色权限进行管理，集中对用户应用角色进行授权。总体方案是上报平台集中进行权限管理、用户登录时下发角色权限信息、应用系统内部进行权限控制，具体方案如下：①管理员在平台导入或创建各应用角色权限信息，并对应用角色权限进行管理；②管理员按照用户组、用户维度对新增用户进行应用角色授权；③用户登录时下发角色权限信息、应用在会话中保存用户角色权限信息、根据需要写入本地数据库、具体权限控制。

（二）数据人工填报和自动获取

实现对数据远程录入，可按照地市文物管理部门、具体博物馆用户录入相应信息。

数据源管理的主要目的是把文物管理部门或博物馆用户数据实时同步 / 上报到系统平台，平台支持主流的数据源同步方案，并形成模板化配置，可以快速完成数据源同步工作。

LDAP 同步：支持从 AD、LDAP 源同步组织用户数据到平台。

数据库同步：支持从上游系统数据库同步组织用户数据到平台。

API 拉取同步：支持通过 API 方式从上游系统定时同步组织用户数据。

API 推送同步：提供组织用户推送 API，供上游系统实时推送数据到平台。

从陕西数字博物馆、汉唐网及各个博物馆网站自动获取（读取）后台数据；自动获取微博、微信公众平台等媒体数据。

（1）多级细分流量来源，记录网站流量来源，并按照来源的形式（如引擎、媒体）进行来源数据细分。

（2）辅助流量排序，利用来源、受访升降榜，高级筛选、搜索等功能，快速定位流量升降原因。

（3）实时统计，获取统计代码添加嵌入到指定网站，查看网站实时更新的流量报表。

（4）直击网站内容热点，统计网站各页面被浏览情况，热点图、用户视点，记录访客在页面上的鼠标点击行为、后续浏览行为。

（5）从门票预约获取参观人员信息。对全省有门票预约功能的博物馆进行整合，通过陕西数字博物馆官网集成门票预约板块，方便游客参观，从后台获取相应信息。

（三）数据生成

对文物管理基本信息进行分类汇总，方便后续对数据进行分析。

生成文物信息数据包括：馆藏藏品、陈列展览、文物修复、科研产出、宣传教育、政务数据、对外交流、社会反馈等。

二、数据分析

（一）分析方式

（1）站在全省角度，采用数据库、统计图表、交互展示等方式对文物管理部门和博物馆馆藏藏品、陈列展览、文物修复、科研产出、宣传教育、政务数据、对外交流、社会反馈等数据进行全方位分析。

（2）站在文物管理部门或者博物馆角度对各类数据进行统计分析。

（3）分析参观者人流量。

（4）游客趋势。

（5）游客来源分布。

（6）年龄区间。

（7）性别比例。

（8）对博物馆或者文物的兴趣度。

（9）使用终端设备型号。

（10）用户活跃度。

（11）网站访问留存时间。

（12）通过微信、微博等自媒体分享情况等。

（13）其他方式。

（二）分析目的

（1）提升文物部门在藏品管理、科研成果、陈列展览、宣传教育、政务管理、对外交流、社会反馈等方面的数据信息管理水平。

（2）全方位洞察用户，深入透析博物馆参观者需求。

（3）人群画像，用户分群，剖析用户特征，助力提升文管部门管理水平。

（4）全域数据挖掘能力，洞察用户分群特征，让陕西数字博物馆网站及信息化管理更聚焦，提升游客留存度。

（5）全方位透析用户价值及分群管理，从价值、行为、偏好、习惯、忠诚度等进行用户分群，实现用户管理和价值提升。

（6）行为洞察，行为路径深度解构，提升关键环节转化。

（7）自定义事件分析、自定义留存等高级分析功能，例如：最受欢迎的博物馆、最受关注的文物等，灵活匹配业务需求，实现对指定用户群、行为、路径等的深度挖掘，定位关键问题、放大优势环节。

（8）潜在用户智能推荐，通过全域画像洞察高潜用户特征，智能输出人群策略、媒体策略，大幅度提升游客量。

（9）用户管理，用户全生命周期管理，精准预测用户价值，全面提升用户价值。

（三）分析结果表现形式

（1）陕西数字博物馆官网数据分析板块。

（2）陕西数字博物馆体验馆展示。

（3）陕西数字博物馆移动馆远程展示。

（4）提供 API 接口，满足其他需要展示的场合。

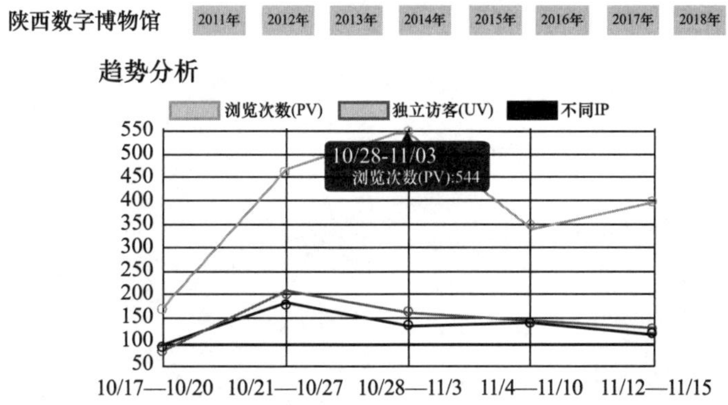

趋势分析

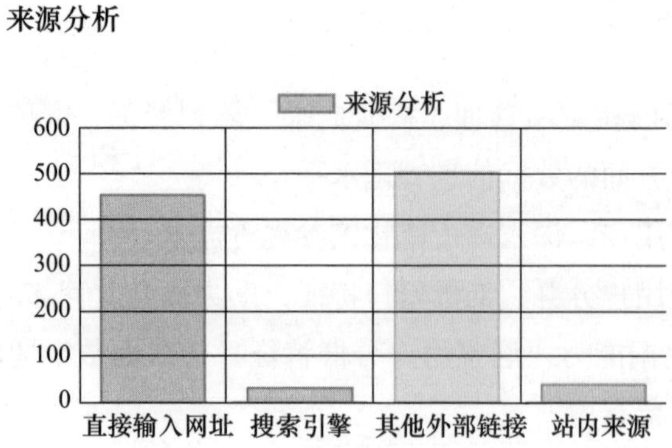
来源分析
来源分析
600
500
400
300
200
100
0
直接输入网址
搜索引擎
其他外部链接
站内来源

来源分析

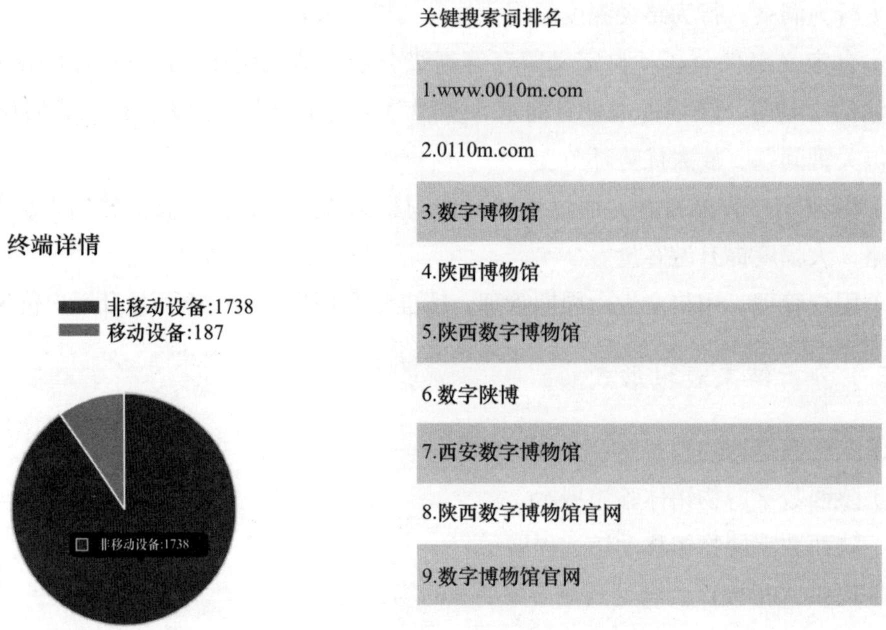
终端详情
非移动设备:1738
移动设备:187
非移动设备:1738
关键搜索词排名
1.www.0010m.com
2.0110m.com
3.数字博物馆
4.陕西博物馆
5.陕西数字博物馆
6.数字陕博
7.西安数字博物馆
8.陕西数字博物馆官网
9.数字博物馆官网

关键搜索词排名

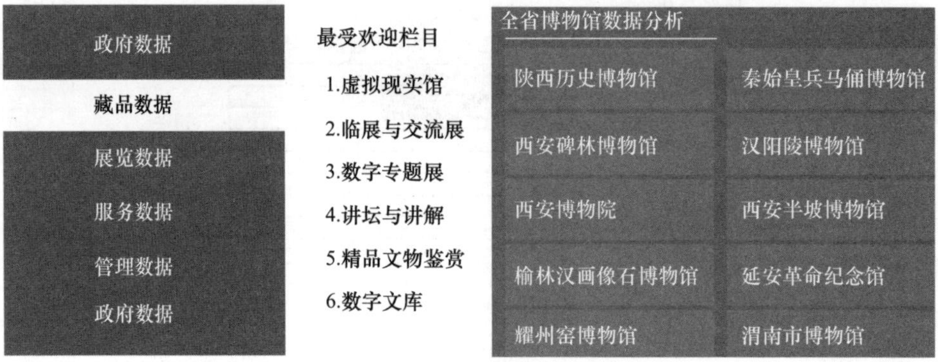
政府数据
藏品数据
展览数据
服务数据
管理数据
政府数据
最受欢迎栏目
1.虚拟现实馆
2.临展与交流展
3.数字专题展
4.讲坛与讲解
5.精品文物鉴赏
6.数字文库
全省博物馆数据分析
陕西历史博物馆
秦始皇兵马俑博物馆
西安碑林博物馆
汉阳陵博物馆
西安博物院
西安半坡博物馆
榆林汉画像石博物馆
延安革命纪念馆
耀州窑博物馆
渭南市博物馆

藏品数据展示

三、分析系统设计要求

陕西省文物管理信息上报分析系统设计应具有前瞻性，要求进行模块化设计，能够独立使用；预留API接口，能够方便嵌入其他管理部门软件或者网站；系统可支持大并发用户同时在线，平均每个用户访问重点页面的系统响应时间不低于0.5秒，用户峰值状况下，登录完成平均耗时不低于0.5秒。

陕西省文物管理信息上报分析系统基于Spring开发框架，遵循J2EE的标准规范，采用JAVA高级语言，同时引入Html5、Css3、Object-c等多种高级语言开发。系统采用MVC编程模式，分层式设计，达到分散关注、松散耦合、逻辑复用、标准定义的目的。系统配置通过XML完成，数据层采用Hibernate的对象关系映射，对JDBC进行轻量级对象封装，可以应用在任何使用JDBC的场合，满足实现集成多种数据库应用：Oracle、SQLServer、Access等。

陕西省文物管理信息上报分析系统要求简单易用，快速构建业务流程。面向管理或业务人员，完全图形化界面，快速构建适合自己的业务流程，并且采用基于B/S结构的web流程设计器，支持IE、FireFox、Chrome、Safari等主流浏览页面系统。

数据来源模块设计要求：支持XML、CSV、JDBC、Web Service等多种来源的数据交换引擎，能够快速、灵活、便捷地将第三方系统的数据交换到陕西省文物管理信息上报平台系统中，实现数据集成。

分析、展示系统要求：基于以人为本的思想和XML技术，提供可视化的基础数据、操作设置、流程设置、控件设置等，支持基础表单应用。提供易用且高效率的报表设计方案，采用主流的数据双向扩展，真正无编码形式设计报表；拥有完善的报表展示功能，具备图形化、透明化、可视化等特点，经过业务梳理和流程设计之后，可以搭建完整的展示界面，支持大屏幕、触摸屏、移动终端设备、各类主流手机用户等。

智慧化模型要求：智慧博物馆模型要求包括以下5个部分。

（1）博物馆测度评价模型。

（2）博物馆预测和模拟模型。

（3）运筹和决策模型。

（4）博物馆改变影响评估模型。

（5）博物馆运作模型。

上述5类智慧模型不是孤立地发挥作用，而是协调配合着共同解决博物馆中的问题或提供更智能的博物馆服务。例如，智慧博物馆在观测观众数据过程中，利用测度评价模型发现了某个异常现象或博物馆问题，便立即从运作模型库中寻找、匹配可以合理解释该现象或问题的运作模型，并进行标定，作为后续分析的基础；然后运用预测模型模拟问题的演化趋势；通过运筹决策模型生成多个方案，并通过改变影响评估模型对这些方案进行综合评估，从中挑选出最优方案进行实施；在方案实施过程中，智慧博物馆还会通过测评模型，监测博物馆运行状况，评估问题的解决情况，继续“发现问题—解决问题”的过程。如此形成一个智慧的循环，保证博物馆的健康运行。

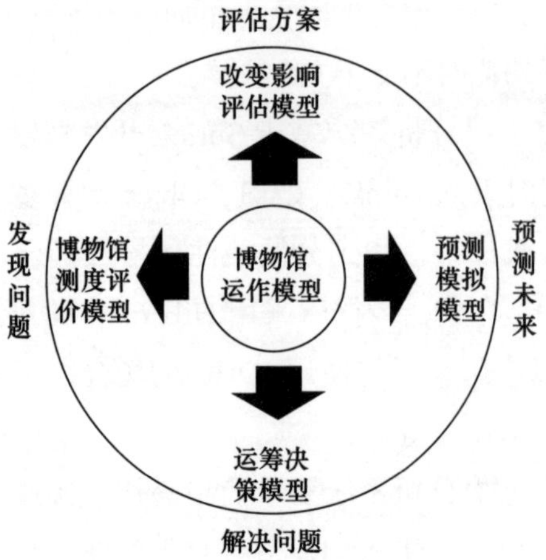

博物馆智慧化模型

陕西省文物执法与巡查解决方案

（2019）

一、智慧文物

智慧文物是指利用物联网、互联网、GIS、移动、无人机、虚拟现实等信息技术，对文物保护管理实现“物联化感知、互联化协作和智能化分析”。智慧文物解决方案包括以下内容：文物监测、文物安防、文物安全执法、文物档案、文物 OA、公众服务、考古管理、智慧博物馆等。智慧文物解决方案的目标是为文物保护管理提供客观的数量化依据，辅助文物保护和文物修复决策，实现对文物的可预防性保护。

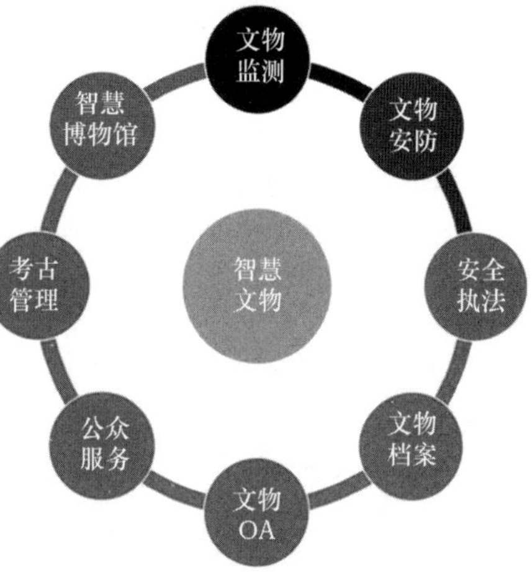

智慧文物解决方案

二、安全执法

文物安全执法是智慧文物解决方案的重要内容之一，它是文物法治建设的重要内容。

随着经济社会快速发展，文物违法问题时有发生，文物行政执法工作形势严峻。为加强文物安全监管，推进文物行政执法，国家文物局先后颁发《文物保护单位执法巡查办法》《文物安全与行政执法信息上报及公告办法》等法律法规，明确要求各文物管理部门及时上报、汇总和公告全国文物安全与行政执法工作以及文物案件情况。安全执法巡查系统可以实现辅助办公，有效减少并惩治恶意破坏文物的行为，提高文物执法水平，确保执法成效。

三、方案特点

本方案实现了省、市、文保单位三级管理信息共享、移动巡查与执法、实时定位与文物地图的功能，达到了稳固文物安全工作基础、解决文物安全突出问题、提高防范能力、完善安全责任的目的，着重解决文保工作行政统筹难、工作管理难、公众参与难的问题。方案包含了移动终端与管理平台两部分，实现了从基层人员的执法巡查到管理中心的业务管理的流程闭环。示意图如下。

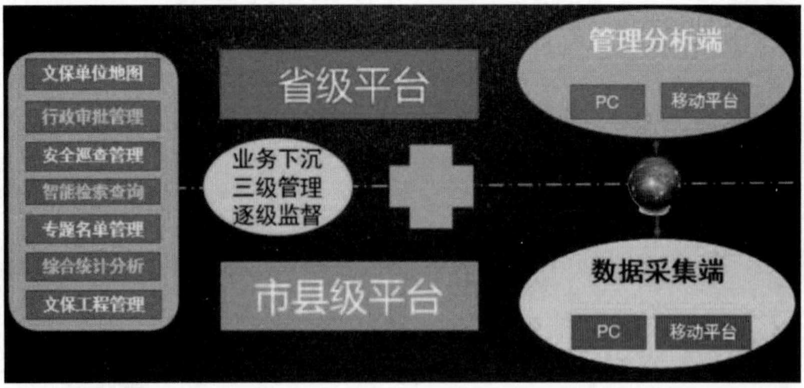

方案示意图

本方案具体有以下特点。

（1）巡查记录和文物违法案件实时上报，逐级监督，统筹决策，快速反应。

（2）方便省、市、县各级文物保护单位开展执法巡查工作。

（3）手机终端可以发送带有空间位置信息的现场音视频和图像，提供可靠的执法依据。

（4）执法巡查工作人员远程动态实时签到汇报，便于管理。

（5）信息汇总，共享及时，实现文保工作的信息化监督管理。

（6）贴合实际，按部门管理需要分配数据采集与管理功能，操作简单。

（7）便于扩展，有利于发动群众参与文物保护工作。

四、软件开发

针对文物保护外业人员提供安卓平台的移动终端应用，用于辅助日常巡查和行政执法。可将现场采集到的文物巡查和违法行为信息，尤其是带有 GPS 定位信息的照片、视频等多媒体数据，通过无线网络实时上传到文物管理部门信息中心，实现高效执法。主要包括在线巡查、移动执法、督察通知、查询统计、个人中心等功能。

在线巡查：记录巡查信息，自动记录巡查轨迹。

移动执法：实时上报违法案件信息，及时在线处理案件。

督察通知：查看上级下发的督察通知，上情下达。

查询统计：综合查询筛选信息，图表分类统计信息。

个人中心：管理个人信息，定制关注信息（文物、博物馆、工地等）。

管理平台主要利用浏览器在线对前端采集上报的信息进行统一数据管理和业务流程审批，支持图上可视化浏览，可在省、市、县各级文保单位间实现信息的实时共享。功能与移动端保持一致，主要包括文物地图、巡查中心、案件中心、督察通知、查询统计、基础信息管理几个部分。

巡查录入

在线巡查

案件上报

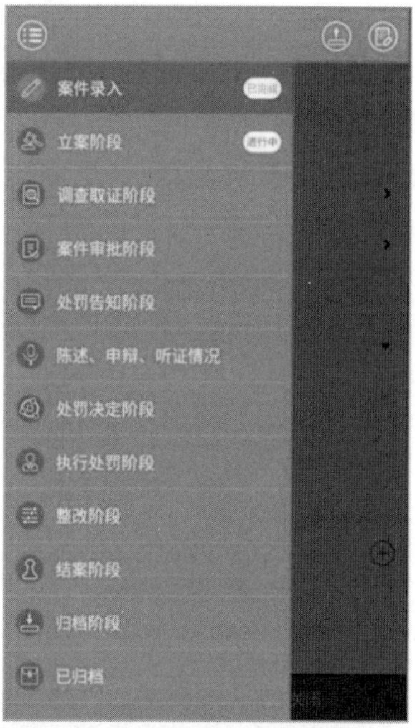

流程查看

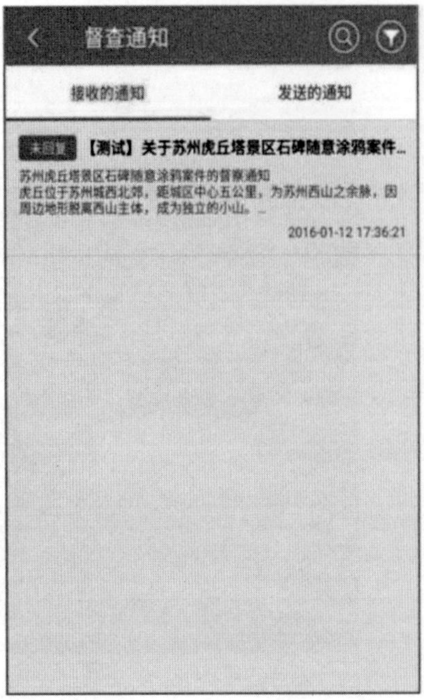

督察通知

条件查询

分类统计

个人中心

关注点管理

文物地图：地图符号化、图层化展现各类文物信息。

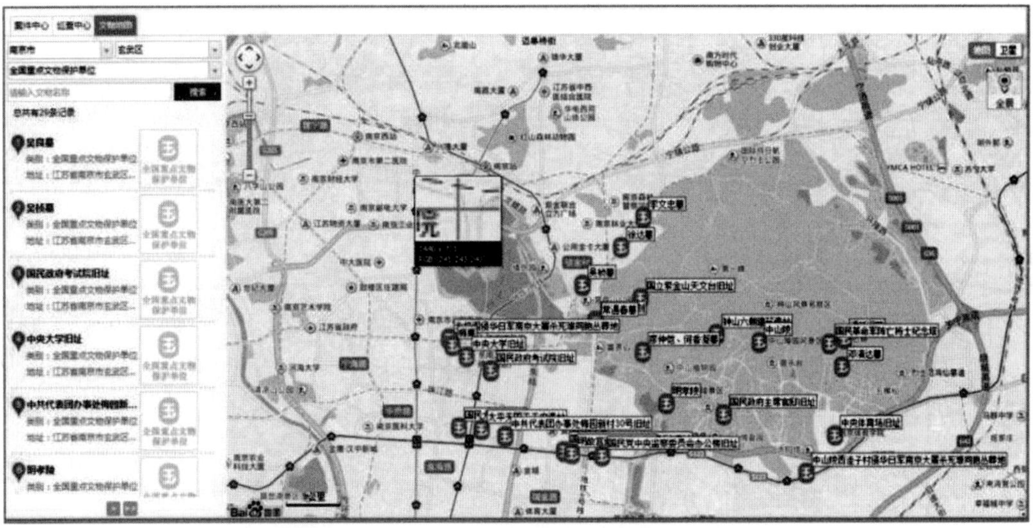

文物地图

巡查中心：地图上展现移动端上传的巡查记录信息。

案件中心：地图上展现移动端上传的案件上报信息。

分类统计：以图表形式对案件、巡查、文物等信息进行分类统计。

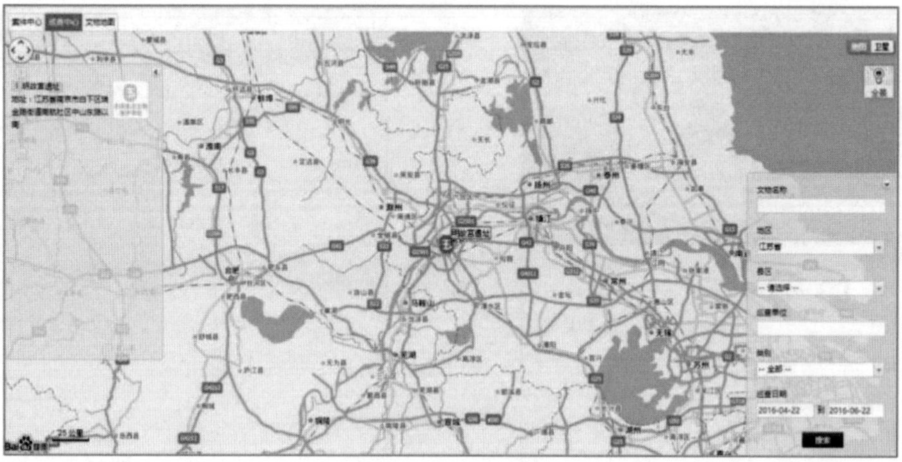

巡查中心

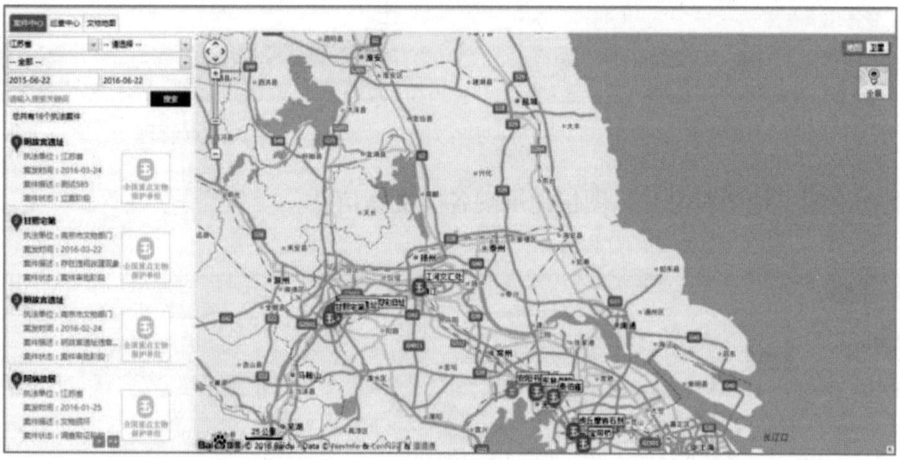

案件中心

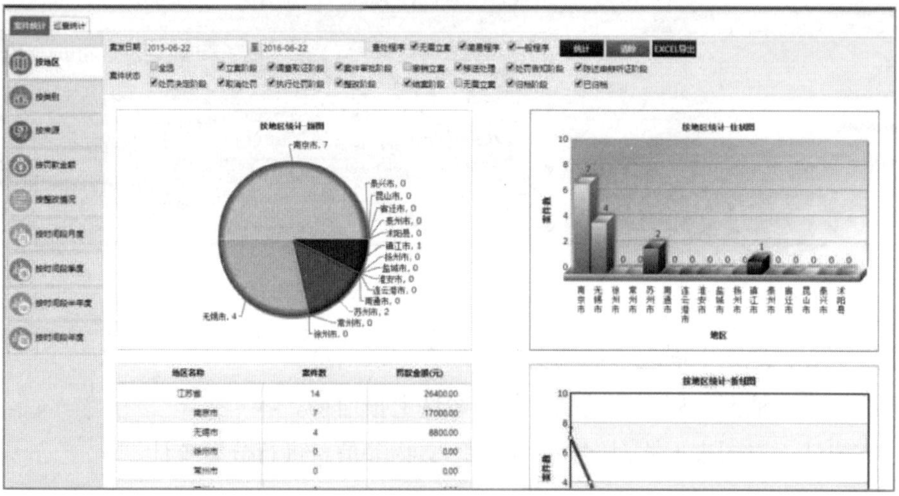

分类统计

基础信息管理：对不可移动文物、博物馆、工地、文物等信息进行统一数据管理。

系统管理：对组织、权限、角色、数据等进行统一管理。

基础信息管理

系统管理

陕西省文物局综合管理平台建设建议书

（2020）

信息化是一个全局化的工作，信息化的顶层设计要由量的变化到质的飞跃。要科学有序的发展，避免重复建设（如OA系统、电子讲解、展厅数字化展示等）。要全面提升文化遗产的管理水平（投入产出评估），提升五到十年后的管理水平。

我们结合公安处、安全监管平台，以及秦始皇帝陵博物院、省文保院、省考古院、省文研院、陕西历史博物馆、碑林博物馆、汉景帝阳陵博物院等单位的情况，较为充分地了解各单位在信息化建设方面，特别是在专业数据库建设方面的情况，制定此省局综合管理平台建议书。它整合现有信息资源、建立新的数据梳理团队，提高数据利用率，避免成为信息孤岛。加强信息基础建设，推进业务信息化、管理信息化、在加强管理力度，创新工作模式，量化系统管理和业务工作方面，有诸多创新。

一、平台建设规划要求

（1）明确定位。如果是作为博物馆的管理平台，既要开展管理研究工作，同时要满足观众参观学习需求。就是说博物馆是连接观众和博物馆业务研究、管理的桥梁。而省文物局的综合管理平台应该是省局针对各市级文物管理部门和全省博物馆的相关业务体系，观众服务体系则相对弱化。

（2）保证局里要有行政权。

（3）要有制度和奖惩，明确责任。

（4）体现决策数据和决策意识。

二、平台的主要内容

（1）业务基础和管理体系必须完善。金融行业为何信息化管理较快？因为，金融行业业务数据比较单一，以往的业务管理工作由于和人们的财产打交道，所以说业务基础工作基本没有差错，也就是业务工作较为优秀，信息化工作也就开展得比较好，这离不开平时扎实的业务管理。那快递业务为何发展迅速？因为他是一个新型行业，原有数据积累就少，所以信息化工作实施起来就比较顺利、规范和容易。文物系统的数据较为繁杂，既有不统一标准的不可移动数据库、可移动文物数据库、文物修复数据库、遗址数据库等专业数据库，同时还有衍生的文物、遗址的三维数据库，VR数据库，并且还有不同流程的OA数据库，以及观众票务、预约系统数据库，标准各异的视频数据库，同时还有要不断加强的行政数据库。原有的这些数据库要进行统一规范或信息整合，都是不现实的。有公司说可以整合，但都是各异数据库的大杂烩做法，根本形不成数据统一、数据共享和数据通体展示及分析。这种情况下就要由两种方法来解决：一是加强行政管理力度，规范原有业务数据申报制度，也就是加快文物系统的进一步规范化管理和体系治理；二是综合平台管理系统要有一个团队支持数据统一梳理和系统维护，以及数据分析的数据筛选。没有以上两个因素做保障，系统运行和维护一定是不可持久和短视的。我们知道的文旅平台和交通管理平台都是统一数据的展示平台，具有实时号令的管理功能。而文物系统的综合管理平台应该有规划板块、展示板块、应用板块、安全报送板块、决策板块。

（2）省文物各处室的管理工作进度效率平台，分为年度工作计划和局务会的临时决策进度效率系统。

（3）各地市文物局的工作效率平台，以政务、文件响应为主的痕迹管理体系和项目推进效率平台。各级博物馆的项目督办进展平台以及投入产出分析平台，主要展示行政和业务项目之间的督办效率情况。

（4）全省每一个市区博物馆的展览展示：VR展览，三维数据展示，陕西文物之声网络电台展示（声音播报），讲读博物馆（以讲解员为主的音视频讲解），陕西云赏博物馆展示（以领导政策解读、专家讲解和馆长讲解为主的高端视频平台），陕西数字博物馆展示（以全省博物馆数据分析为主的展示内容）。全省专业数据库展示和分析：不可移动数据梳理展示，全省可移动文物数据梳理展示，全省遗址数据梳理展示，全省考古数据梳理展示。观众数据统计和展示（以两种形式展示，第一种是由门禁系统的接入展示，第二种是每日的报送数据由后台运营人员的数据添加为主的数据展示）。

（5）数据应用平台。这部分内容分为社会数据应用和行业内数据应用。社会服务包括行政执行力度统计、文物犯罪打击、文物展览数量（包括基本陈列、临时展览和省级交流展）、文物对外（国外）交流数量。行业内专业数据库应有申报和应用效果统计。

（6）文物安全巡更上报系统。文物库房、遗址、文物修复室、安全数据中心、专业文物数据中心每日两次手机微信安全情况报送（安全责任在各文物、数据管理部门，省文物局检测数据安全与否的动态信息，为下一步安全方案的部署和安全检查做督办及规划）。

（7）业务工作进度提示和决策模型依据展示。局机关各处室工作进度较慢的三个处室在此板块显示，提示局主管领导及时督办。各市级文物局重要事项进展的后三名对比也在此显示，提示局主要领导及时督办做数据提示。

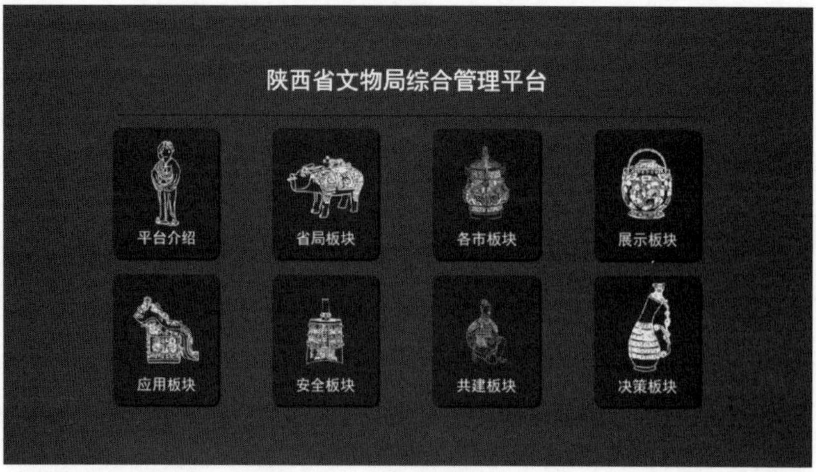

主页面

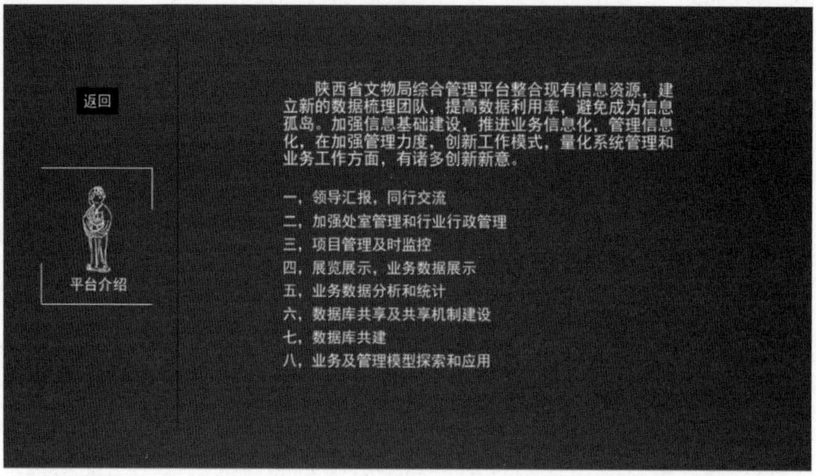

平台介绍

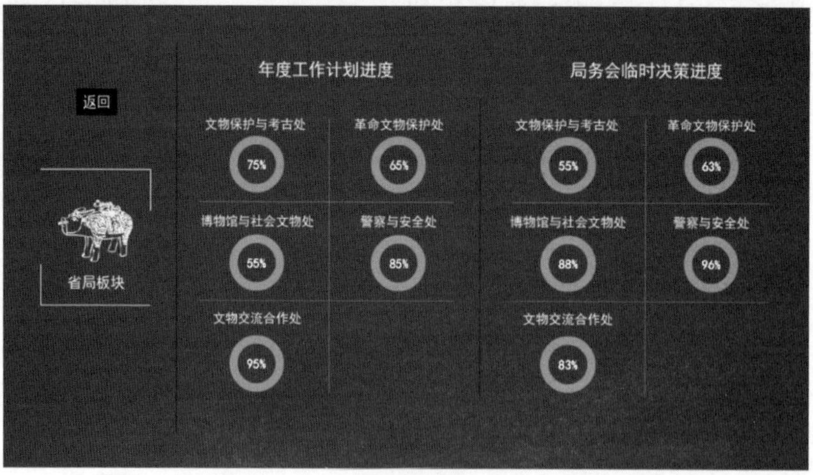

省局板块

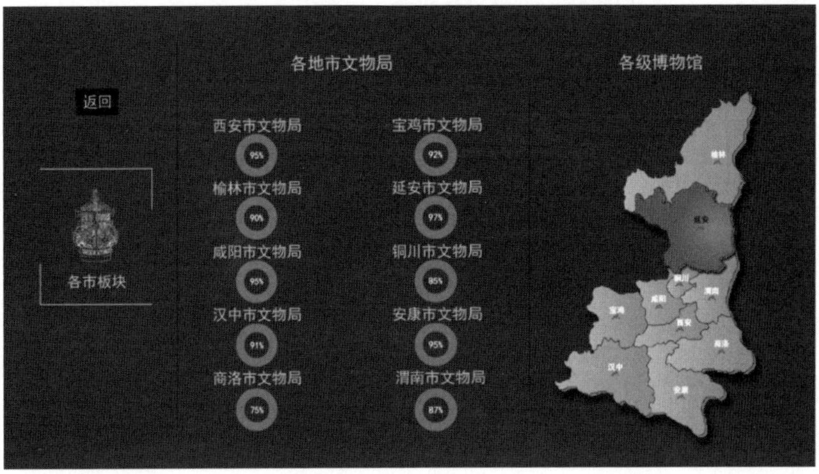

各市板块

展示板块

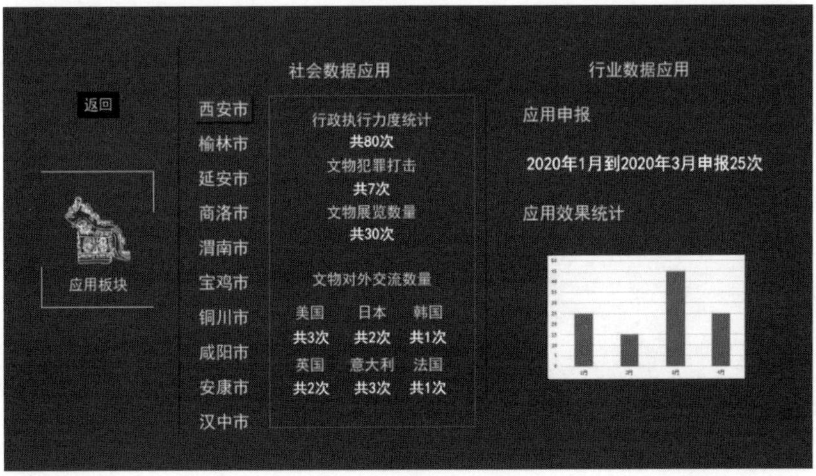

应用板块

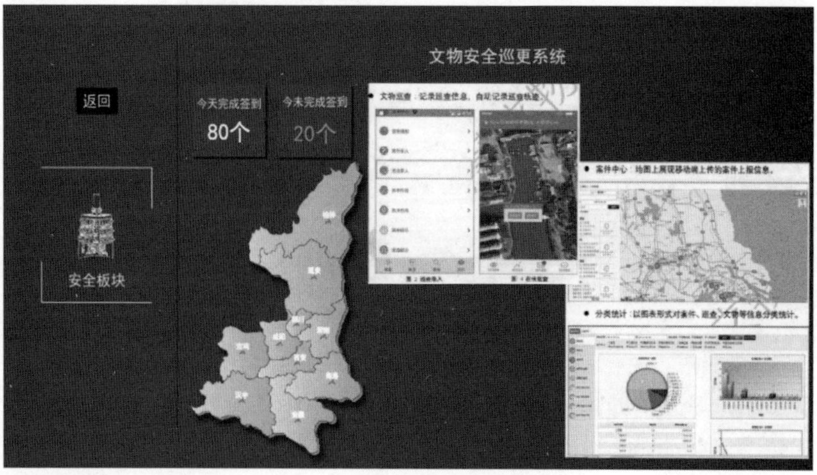

安全板块

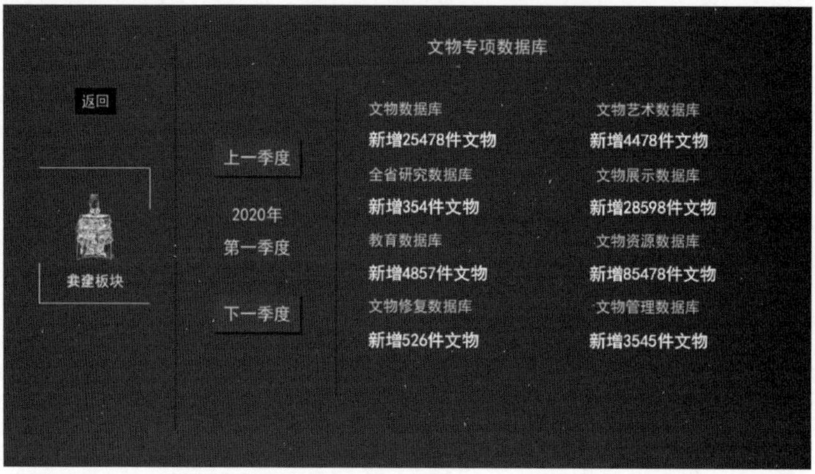

共建板块

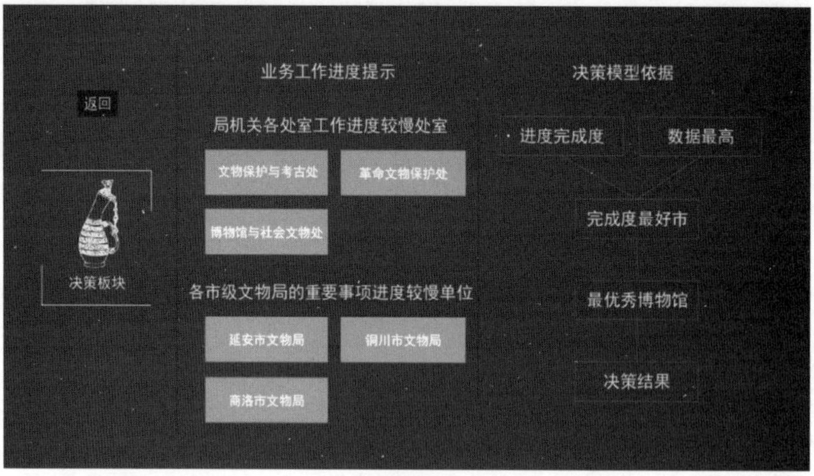

决策板块

三、平台的工作机制

要有专业的运行管理团队。

四、平台的优点体现

（1）做到对上级领导汇报有规划方案、执行有力度保障、实施有数据展示。同时可以展示观看网上展览、业务数据统计和专业领域数据分析。

（2）加强管理力度，创新工作模式。

（3）量化系统管理和业务工作内容，提升了业务工作力度数量化管理。

（4）量化年度单位评比有据可依。

五、平台实施的便利性

目前已开展的工作有：博物馆数字上报平台、业务上报平台、全省OA系统和数字资产、讲读博物馆、文物局官网、汉唐网微博微信。正在做的工作有云赏博物馆、文物电台、门禁系统（文物安全员、文物拍卖）。

要认识到信息化不是解放原有工作，而是要推进管理，提供分析决策的依据。

结合汉景帝阳陵博物院、碑林博物馆、省考古研究院等已完成的工作，数据中心初步形成了由博物馆按照要求提供数据，与大学开展合作建立模型研究，最终交由公司推动方案实施的要求：统一硬件系统建设；云平台与本地平台相结合；业务数据的实时与线下数据上报相结合；数据显示与数据决策相结合；管理数据与观众数据实时显示；建立平台，各个单位自报数据。

建立文物局综合管理平台，既要满足业务管理需求，又要保障社会服务需求。结合这一定位，已建设的系统包括：文物调查数据库系统、文物普查系统、不可移动文物数据系统、文物三维数据系统、革命文物数据系统。

未来，该平台工作规划、业务数据上报、数据展示和数据分析是在以管理为中心的基础上，向文博行业投入产出评估，整合观众数据分析和文物数据社会化利用，以为政府建立数据管理平台服务为指导，以进一步向智慧文博标准管理化迈进为目标而不断推进。

省考古研究院现有OA系统、工地项目管理平台。

文物库房管理系统、考古档案系统、壁画管理系统（包括照片、具体位置）。

六、数字资产数据库建设

各地市文物管理部门（十个地市文物局），各博物馆，每年计划项目的实施完成情况，并交付数字资产。内容包括基本陈列、陈列大纲、形式设计、出版物（电子版）等。

1. 文物专项数据库包含 8 个部分

（1）文物数据库：可移动文物、不可移动文物。

（2）文物艺术数据库：文物图形、三维数据、VR 视频、语音及视频等。

（3）全省研究数据库。

（4）文物展示数据库。

（5）教育数据库。

（6）文物资源数据库：陵墓、遗址、庙宇、古塔、古建等。

（7）文物修复数据库。

（8）文物管理数据库。

2. 建设方式如下

（1）专业团队建设：文物信息中心、文物普查等。

（2）各地区文物管理部门及博物馆上报、拷贝送达、网上报送等形式。

3. 共建共享专项数据库方式

形成专项数据库共享应用机制：使用部门提出申请→报批相关管理部门→使用。

4. 建设贡献度考核

对项目建设进度、完成情况进行考评。

省文物局综合管理平台建设建议书

（2020）

互联网时代，信息化的建设是一个事关全局化的工作，信息化的顶层设计需要产生量变到质变的飞跃，要科学有序的发展，避免重复建设（如OA系统、电子讲解、展厅数字化展示等），要全面提升文化遗产的管理水平（投入产出评估），制定长远的发展规划。

我们结合省文物局公安处、陕西历史博物馆、秦始皇帝陵博物院、碑林博物馆、汉景帝阳陵博物院、省文物保护研究院、省考古研究院等单位的实际情况，以及安全监管平台信息的数据分析，较为充分地了解各省直单位在信息化建设方面，特别是在专业数据库建设方面的实际情况，制定此省文物局综合管理平台建议书。该平台将整合现有信息资源、建立新的数据梳理团队，提高数据利用率，避免成为信息孤岛；加强信息基础建设，推进业务信息化、管理信息化；在加强管理力度、创新工作模式、量化系统管理和业务工作方面有诸多创新。

一、平台的工作机制

（1）团队管理机制。

（2）数据报送机制。

（3）数据库共享线下线上互通机制。

（4）数据应用审批机制。

（5）项目建设跟踪机制。

（6）计划和临时工作督办机制。

（7）数字资产建立机制。

（8）文博行业通盘管理机制。

二、平台的优点体现

（1）领导汇报、同行交流。

（2）加强处室管理和行业行政管理。

（3）项目管理能做到及时监控。

（4）展览展示、业务数据图示化展示。

（5）业务数据分析和统计。

（6）数据库共享及共享机制建设。

（7）数据库全行业共建功能。

（8）业务及管理模型探索和应用。

三、平台建设规划

（1）明确定位。博物馆是连接观众和博物馆业务研究、管理的桥梁，作为博物馆的管理平台，既要开展管理研究工作，同时要满足观众参观学习需求。而省文物局的综合管理平台应是省局针对各市级文物管理部门和全省博物馆的相关业务体系，观众服务体系则相对弱化。

（2）保证省文物局的行政管理权（保障数据报送、项目考核、奖惩机制等）。

（3）要有制度和奖惩体系，明确责任。

（4）体现决策依据和决策意识。

四、平台的主要内容

业务基础和管理体系必须完善。金融行业为何信息化管理较快？因为金融行业的业务管理工作主要是和人们的财产打交道，业务数据比较单一，基础工作推进扎实，业务管理成效显著，所以信息化工作也就开展得比较顺利。快递业务为何发展迅速？因为其作为新型行业，原有数据积累少，信息化工作实施起来就比较顺利、规范。而文物系统的数据较为繁杂，既有不统一标准的不可移动数据库、可移动文物数据库、文物修复数据库、遗址数据库等专业数据库，还有衍生的文物、遗址的三维数据库、VR 数据库，并且还有不同流程的 OA 数据库，以及观众票务、预约系统数据库，标准各异的视频数据库，同时还有不断加强的行政数据库。原有的这些数据库要进行统一规范或信息整合，都是不现实的。有公司说可以整合，但都是各类数据库的大杂烩做法，根本无法形成数据统一、数据共享和数据通体的展示和分析。

针对这种情况，可用两种方法来解决：一是加强行政管理力度，规范原有业务数据申报制度，也就是加快文物系统的进一步规范化管理和体系治理；二是综合平台管理系统要有一个团队支持数据统一梳理和系统维护，以及数据分析的数据筛选。没有以上两个因素做保障，系统运行和维护一定是不可持久和短视性的。我们知道的文旅平台和交通管理平台都是统一数据的展示平台，具有实时号令的管理功能。而文物系统的综合管理平台应是规划板块、展示板块、应用板块、安全报送板块、决策依据板块的综合系统。

（1）省文物局各处室的管理工作进度效率平台（分为年度工作计划和局务会的临时决策进度效率系统）。

（2）各地市文物局的工作效率平台（以政务、文件响应为主的痕迹管理体系和项目推进效率平台）。

（3）各级博物馆的项目督办进展平台以及投入产出分析平台，主要展示行政和业务项目的督办效率情况。

（4）全省每一个市区博物馆的展览展示：VR 展览，三维数据展示，陕西文物之声网络电台展示（声音播报），讲读博物馆（以讲解员为主的音频、视频讲解），陕西云赏博物馆展示（以领导政策解读、专家讲解和馆长讲解为主的高端视频平台），陕西数字博物馆展示（以全省博物馆数据分析为主要展示内容）。全省专业数据库展示和分析：不可移动数据梳理展示，全省可移动文物数据梳理展示，全省遗址数据梳理展示，全省考古数据梳理展示。观众数据统计和展示：一是由门禁系统的接入展示，二是每日的报送数据由后台运营人员的数据添加为主的数据展示。

（5）数据应用平台。内容分为社会数据应用和行业内数据应用。社会服务包括行政执行力度统计、文物犯罪打击、文物展览数量（包括基本陈列、临时展览和省级交流展）、文物对外（国外）交流数量。行业内专业数据库应用申报和应用效果统计。

（6）文物安全巡更上报系统。文物库房、遗址、文物修复室、安全数据中心、专业文物数据中心每日两次手机微信安全情况报送（安全责任由各文物、数据管理部门承担，省文物局检测数据安全与否的动态信息，为下一步安全方案的部署和安全检查做督办规划）。

（7）业务工作进度提示和决策模型依据展示。局机关各处室工作进度较慢的三个处室在此板块显示，提示局主管领导及时督办。各市级文物局的重要事项进展的后三名对比也在此显示，提示局主要领导及时督办。

五、平台实施的可行性

目前已开展的工作有：博物馆数字上报平台、业务上报平台、全省 OA 和数字资产管理系统、讲读博物馆、省文物局官网、汉唐网微博及微信。目前正在开展的工作有云赏博物馆、陕西文物之声网络电台、门禁系统（文物安全员、文物拍卖）。

六、信息化的建设与推进，必将实现数据的互联互通、共享协同，推进管理，提供分析决策的依据

结合汉景帝阳陵博物院、碑林博物馆、省考古研究院等已完成的工作，陕西文物数据中心初步形成了由博物馆提供数据、与大学开展合作建立模型研究、最终由技术公司推动方案实施的模式。具体实施的要求标准：统一硬件系统建设；云平台与本地平台相结合；业务数据实时与线下数据上报相结合；数据显示与数据决策相结合；管理数据与观众数据实时显示；建立平台，各个单位自报数据。

建立省文物局综合管理平台，既要满足业务管理需求，又要保障社会服务需求。结合这一定位，已建设的系统包括：文物调查数据库系统、文物普查系统、不可移动文物数据系统、文物三维数据系统、革命文物数据系统。

未来，该平台的工作规划、业务数据上报、数据展示和数据分析等版块，以日常管理为中心，向文博行业投入产出评估，整合观众数据分析和文物数据社会化利用，以为政府建立数据管理平台服务为指导，以进一步向智慧文博标准管理化迈进为目标而不断推进。

七、附件

（一）各类数据库

1. 数字资产数据库建设

各地市文物管理部门（十个地市文物局），各博物馆，年度计划项目的实施完成情况，并交付数字资产。内容包括：基本陈列、陈列大纲、形式设计、出版物（电子版）等。

2. 文物专项数据库

（1）文物数据库：可移动文物、不可移动文物。

（2）文物艺术数据库：文物图形、三维数据、VR 视频、语音及视频等。

（3）全省研究数据库。

（4）文物展示数据库。

（5）教育数据库。

（6）文物资源数据库：陵墓、遗址、庙宇、古塔、古建等。

（7）文物修复数据库。

（8）文物管理数据库。

3. 数据库建设方式

（1）专业团队建设：文物数据中心、文物普查等。

（2）各地区文物管理部门及博物馆上报、拷贝送达、网络报送等形式。

4. 共建共享专项数据库使用方式

形成专项数据库共享应用机制：使用部门提出申请→报批相关管理部门→使用。

5. 数据库建设贡献度考核

对项目建设进度、完成情况进行考评。

（二）省直单位现有数据库建设现状及系统

1. 陕西历史博物馆

陕西省可移动文物信息管理系统、陕西省第三次不可移动文物普查信息管理系统、全省非国有博物馆藏品备案收藏单位数据库、全省 VR 数据库、陕西省珍贵文物三维数据管理系统、陕西省革命文物数据库、全省 OA 系统和数字资产、文物局官网、汉唐网微博及微信、陕西数字博物馆、文物网络电台全省文物音频数据库、云赏博物馆视频数据库、门禁系统观众数据库、全省文物安全员系统、全省文物拍卖系统。

2. 陕西省考古研究院

陕西省考古研究院综合管理平台、人事管理系统、财务管理系统、田野调查 / 勘探 / 发掘管理系统、文物库房管理系统、考古档案管理系统、壁画管理系统、图书借阅系统、资产管理系统、私有云存储。

3. 陕西省文物保护研究院

陕西省不可移动文物环境信息监测平台、陕西省露天不可移动文物雷达安防系统、陕西省可移动文物馆藏环境监测平台、陕西省可移动文物保护修复信息管理系统、陕西省可移动文物馆藏环境监测平台。

4. 秦始皇帝陵博物院

藏品数据库、遗址及藏品三维数据采集、馆藏文物三维数据采集、秦陵一号铜车马三维数据采集、地理信息技术的应用、GIS 在文化遗产资源管理中的应用、秦始皇陵考古地理信息系统建设与应用、物联网技术在文化遗产中的应用、基于物联网相关技术的博物馆观众行为分析与应用、博物馆公共安全管理与服务物联网技术集成应用示范、移动互联网环境下面向观众的智慧博物馆关键技术研究与示范。

5. 汉景帝阳陵博物院（导览 APP）

文物保护环境在线监测系统、安全防范系统、遗址数据库及文物信息管理平台、电子票务智能系统、互联网 + 文物教育平台、内控信息平台。

6. 西安碑林博物馆（网站）

官方网站升级改版，搭建智慧博物馆总平台、5G+ 博物馆及其与三大运营商洽谈合作、互联网 + 智慧导览及音视频讲解、精品动漫益智游戏并可介绍文物背后的故事、昭陵六骏数据采集及 VR 虚拟原址实景复原展示。

陕西数字博物馆“十四五”建设设想

（2020）

当下博物馆的发展，已经不再是实体博物馆的单一发展模式。随着互联网技术在不同行业的应用，互联网思维的提出，特别是智能博物馆、数字博物馆、物联网、云计算的不断渗透，博物馆的发展有了更大的展示空间，在互联网思维下的智慧博物馆已经成为我们博物馆建设的方向。

2012 年陕西省文物局推出的陕西数字博物馆，近 8 年的对外开放，对陕西博物馆的信息化发展起着积极的推动作用，同时，在业界具有很高的知名度。

为了进一步推动陕西省博物馆行业信息化和智慧化的发展进程，在“十四五”即将开端之年，我们对陕西数字博物馆引领下的发展做如下规划。

一、引入智慧博物馆思路

“十四五”时期，是全面建设社会主义现代化国家新征程、向第二个百年奋斗目标进军的第一个五年，也是文物事业改革发展的关键时期。十九大报告中明确指出，要加强文物保护利用和文化遗产保护传承。在“互联网+”上升为重要国家战略的背景下，国家文物局启动了“互联网+中华文明”行动计划，坚持保护为主、保用结合，坚持创造性转化和创新性发展，传承中华优秀传统文化，让历史说话，让文物活起来，讲好中国故事，提升中华文化国际影响力，让宝贵遗产世代传承、焕发新的光彩，用文明力量助推发展进步。

陕西数字博物馆要通过观念创新、技术创新和模式创新，向智慧博物馆建设迈进。从管理、保护、研究、服务、展示、传播等多层面统一构建博物馆文化资源数字化保护、展示与管理体系，推进文物信息资源、展览内容、传播渠道、研究成果、观众互动全链条设计，不断丰富展览和服务，进一步发挥文物在培育弘扬社会主义核心价值观、构建中华优秀传统文化传承体系和公共文化服务体系中的独特作用。以充满生机和活力的崭新面貌，为人类的物质文明和精神文明建设做出更大的贡献。

1. 交互智慧化

陕西数字博物馆的任务首先是为社会及其发展服务、为公众服务。智慧博物馆开展公众教育是基于公众对于和自身相关的事物更为关注、更易产生共鸣的理念搭建的智慧化平台。

2. 传播智慧化

陕西数字博物馆拉近实体博物馆与公众的距离，整合从博物馆认知、信息获取、展览增强到评论分享的流程。传统实体博物馆的陈展空间，通过互联网 + 模式，保证公众不受时间、空间、地域的限制。满足公众对博物馆的需求，实现参观的时间延伸、空间拓展、移动终端随时随地保证运行。

3. 管理智慧化

利用现代化技术和信息化手段，实现博物馆内部工作，如博物馆运营、人财物管理、保护、研究、安保的智能化，构成博物馆智慧化运行新形态和新模式。

4. 分析智慧化

利用专业的文物数据库、观众数据库、管理数据库、行业内外数据库和政府数据库，对博物馆的未来进行分析和数据趋势研判，为博物馆管理者提供数据决策依据。

二、清晰智慧化建设内容

1. 专业数据库建设

（1）完善全省博物馆藏品管理系统和相关数据库统一研究、利用平台。

（2）建立全省科研专业数据库。

（3）建立全省观众和志愿者需求专业数据库。

（4）建立全省管理大数据数据库。

（5）完善全省文物保护数据库等专项专业数据库。

（6）统筹全省票务系统和信息资料统一平台。

（7）安全技防数据库的统一数据建设。

（8）专家数据库建设。

2. 管理数据库建设

（1）省文物局 OA 系统规范。

（2）各市级管理部门管理数据库建设。

（3）博物馆管理系统整合。

3. 决策模型研究

决策模型是用于经营决策的数学模型。由于博物馆数据来源多样，既有纯关系结构的数据，还有离散数据结构的数据，博物馆的管理运行系统错综复杂，决策因素纵横交错，任何决策者仅凭直观和经验，都难以做出最优的决策。因此，做好模型结构研究，建立各决策变量之间的关系公式与模型，用以反映决策问题的实质，把复杂的决策问题简化，是博物馆决策或智慧博物馆运行的必要研究课题。

4. 展示宣传教育

网上展示已成为博物馆展示的重要手段之一，如H5、VR、AR、3D、沉浸式等。

5. 数据分析探索

陈列展览、教育活动、参观人数、文物及修复、科研质量、文物征集、博物馆管理等。

三、明确建设项目

“十四五”期间，陕西数字博物馆将以以下建设项目为依托，带动全省博物馆的信息化、智慧化建设。

1. 展示平台

（1）云赏博物馆。

（2）秒读博物馆。

（3）观众数据可视化。

（4）遗址（VR）展示。

（5）不可移动文物三维数据展示。

（6）管理数据可视化。

（7）业务数据可视化。

（8）业务、管理、观众、行业内外、政府数据可视化。

2. 服务平台

（1）数字资产管理系统。

（2）全省网上票务、服务预约平台。

（3）文物安全巡更上报平台。

（4）文物外展服务平台。

（5）革命文物、遗址服务平台。

3. 专业数据库

（1）不可移动和可移动文物数据库对社会开放平台。

（2）全省展览分析系统。

（3）全省科研数据库系统。

（4）全省专业数据库（文物修复；文物数字化保护；文物外展数据库；专家数据库；文物艺术数据库：文物图形、三维数据、VR 视频、语音及视频等；教育数据库；陵墓、遗址、庙宇、古塔、古建等数据库；田野调查 / 勘探 / 发掘管理系统；考古档案管理系统；壁画管理系统）。

4. 分析系统

（1）陕西省博物馆投入产出上报分析展示系统。针对每年全省各市文物管理部门和各博物馆的报送数据，由陕西文物数据中心将数据录入“分析上报系统”。

投入：财力、人力、物力。

产出：藏品保护。

陈列展览。

学术研究。

人才培养。

交流合作。

社会影响力。

（2）省文物局管理分析系统。业务工作进度提示和展示。局机关各处室工作进度较慢的三个处室在此板块显示，提示局主管领导及时督办。各市级文物局的重要事项进展的后三名对比也在此显示，为局主要领导决策提供数据依据。

（3）博物馆管理决策系统。

5. 标准化建设

在加强陕西数字博物馆建设力度的同时，要在“十四五”期间，规划全省博物馆信息化和智慧化博物馆建设的规范化和标准化，制定以下规范和标准。

（1）藏品二维数字采集与加工标准。

（2）藏品三维数字化采集与加工标准。

（3）博物馆信息基础数据元标准。

（4）数字资源核心元数据标准。

（5）数字资源分类与代码标准。

（6）博物馆数据库建设规范标准。

（7）博物馆数据存储标准。

（8）业务系统数据安全处理技术标准。

（9）界面设计标准。

（10）统一身份认证标准。

（11）集成平台技术标准。

（12）信息共享标准。

明确和规范博物馆内部信息共享交换流程、交换范围、交换方式、交换接口、数据结构、数据加密、安全认证和授权访问机制等，用于指导采购人新建应用系统的设计开发以及已有应用系统集成，保障馆内各类信息交换共享规范、有序、高效地开展。

现有博物馆信息化今后凡向陕西省文物局申报博物馆信息化建设项目，为了统一规范，必须参考该指南。以便全省的信息化建设工作能够统一标准和统一规范，为今后全省博物馆信息化统一应用和建设做准备。凡未按照本指南规定要求申报的项目，一律按非规范申报处理。

四、创新文博数据共享共建中心

陕西数字博物馆下设的数据资源中心，是在云数据中心的基础上，建设智慧博物馆业务数据资源体系、统一数据管理平台、数据共享交换引擎及数据共建交换接口等，是陕西省文物局的数据创新基地。保证各业务系统之间可实时调取、处理，建立统一数据标准，并通过大量数据的统计分析，对全省博物馆所有信息化系统进行数据整合。通过大数据方式进行存储、管理、查询、统计、分析、挖掘等，并以可视化的展现形式达到让数据说话、以数据依据为决策的目标，满足智慧博物馆中智慧管理、智慧展示、智慧服务和智慧运营的各种需要，对博物馆的规划发展做出辅助决策。

陕西历史博物馆智慧化博物馆“十四五”建设规划

（2020）

一、规划概述

陕西历史博物馆是中国第一座大型现代化国家级博物馆，被誉为“古都明珠，华夏宝库”。开馆以来，充分发挥文物藏品优势，坚持“有效保护、合理利用、加强管理”的原则，把收藏保管、科学研究和宣传教育功能有机结合，举办了各种形式的陈列展览，形成了基本陈列、专题陈列和临时展览互为补充、交相辉映的陈列体系，从多角度、多侧面向广大观众揭示历史文物的丰富文化内涵，展现华夏民族博大精深的文明成就。同时，以开放的姿态走出国门，将灿烂辉煌的中华文明、光彩夺目的三秦文化呈现给世界各国人民。

“十三五”期间，在全面建成小康社会的决胜阶段，在“互联网+”上升为重要国家战略的背景下，国家文物局启动了“互联网+中华文明”行动计划，坚持保护为主、保用结合，坚持创造性转化和创新性发展，传承中华优秀传统文化，让历史说话，让文物活起来，讲好中国故事，提升中华文化国际影响力，让宝贵遗产世代传承、焕发新的光彩，用文明力量助推发展进步。为此，我们博物馆做了大量的智慧化博物馆实践工作。

在即将来临的“十四五”前夕，我们筹划如下陕西历史博物馆智慧化博物馆建设规划，以对我们在“十四五”期间的建设有章可循。陕西历史博物馆通过观念创新、技术创新和模式创新，建设智慧博物馆，从管理、保护、研究、服务、展示、传播等多层面统一构建博物馆文化资源数字化保护、展示与管理体系，推进文物等信息资源、内容、产品、渠道、消费全链条设计，不断丰富文化产品和服务，进一步发挥文物在培育弘扬社会主义核心价值观、构建中华优秀传统文化传承体系和公共文化服务体系中的独特作用。以充满生机和活力的崭新面貌，为人类的物质文明和精神文明建设做出更大的贡献。

二、规划目标

通过充分运用云计算、物联网、移动通信、大数据等新一代信息技术，智能感知、计算、分析博物馆运行相关的人、物、活动和数据信息，实现博物馆征集、保护、传播、研究、管理活动智能化，提升博物馆服务、保护、管理能力。结合长期信息化建设进程和遵循文博行业的智慧化发展方向，提升陕西历史博物馆管理水平和社会公众服务水平，促使博物馆社会功能和科普教育、文化传承责任进一步完善。

具体来讲，要实现以下目标。

1）交互智慧化

博物馆的任务首先是为社会及其发展服务、为公众服务。智慧博物馆开展公众教育是基于公众对于和自身相关的事物更为关注、更易产生共鸣的理念搭建的智慧化平台。基于虚拟现实、物联网、云计算和大数据技术，通过计算机硬件的配置，在充分尊重历史、尊重真实的前提下，公众体验“穿越”到展品的历史点，以角色扮演等模式融入真实历史的虚拟再现进程中，加强切身认知。实现珍贵文物、标本的建模，满足公众的好奇、求知欲望，在虚拟空间达到让公众切达到摸到想要触碰的文物、标本的效果，或观赏，或把玩，虽然是虚拟设备，但令公众有真实感受。通过建立情感关联，实现公众的情感融入。只有将凝聚着先人智慧结晶的文物与现代人的意识形态共融，博物馆的智慧光芒才会耀眼夺目。

2）传播智慧化

智慧博物馆拉近了博物馆与公众的距离，她整合了从博物馆认知、信息获取、展览增强到评论分享的流程。传统实体博物馆的陈展空间通过互联网+的模式，保证公众不受时间、空间、地域的限制。满足公众对博物馆的需求，实现参观的时间延伸、空间拓展、移动终端随时随地保证运行。博物馆承载人类文明思维，保存宝贵文化遗产。基于互联网思维的博物馆建设，颠覆传统空间位置观念，打破藏品的孤立元素，实现博物馆与博物馆之间的信息沟通和资源共享，重拾文物的关联性。

3）管理智慧化

利用现代化技术和信息化手段，实现博物馆内部工作，如博物馆运营、人财物管理、保护、研究、安保的智能化，构成博物馆智慧化运行新形态和新模式。

三、规划思路

（一）人性化的馆务管理平台

通过统一的事务管理平台将博物馆业务进行整合，保证全系统应用操作的一致性和关联性，内部管理的全局性，保证系统多层次实现便捷操作、高效管理，实现工作流、管理流、数据流统一，实现“一处登录，全网漫游”。

（二）专业的自动化运维

本方案以“顶层设计、互通共享、技术创新、深度应用”为原则，按照云平台+

云节点的模式建立智慧博物馆云平台，秉承“集约高效、共享开放、安全可靠、按需服务”的原则实现各类资源根据业务需求动态调度、弹性伸缩，所有信息化资源统一部署、集中管控。

（三）智能的公共服务体验

智慧博物馆有效结合博物馆的传播能力和公众参与能力、教育审美目标，结合信息推送、社交分享、虚拟参观、条码凭证、互动展览、数字导览、电子商务等多种技术手段，通过网站、官微、手机导览、教育项目、免费 Wi-Fi、大众点评、实时观众分析等服务方式，为公众提供更便利、更具参与感的服务和更好的交互体验。

（四）智慧化的业务数据分析

智慧博物馆重视业务数据的分析利用，搜集博物馆每一天、每一小时的观众人数、馆内观众的实时方位、博物馆收藏的体量、藏品与展品的比例、博物馆实体空间、常设陈列的传播能级、博物馆的远程传播如网站、微信、APP 和临时展示及活动的传播效应；通过展馆 APP 及 Wi-Fi 信号抓取的客流数据，还可实时了解各展厅的人流实况，并根据预设环境预警阈值自动对出现人流拥挤的状况进行报警，保证观众安全、舒适的参观体验。

（五）全新的文化产业探索

智慧博物馆探索让文物“活起来”的新路径，深入挖掘蕴含在文物之中的丰富文化内涵，运用新兴技术让文物展示从静态转为动态，让古老文物在新时代焕发新的活力，打造一批文创品牌，推进文物信息资源、内容、产品、渠道、消费全链条设计，探索全新的文化产业模式，推进文化产业升级转型。

四、规划内容

建设智慧博物馆需要建设稳定高性能的基础设施、安全可靠的数据中心、标准规范的信息数据库、集中便捷的综合业务平台，依据健全的信息化建设运行管理体系和网络信息安全保障体系，制定数据采集标准、数据交换标准。本次建设共包括以下 5 部分：综合布线系统设计规划、数据中心机房设计规划、业务平台设计规划等、标准运维体系设计规划、信息安全体系规划。

（一）综合布线系统设计规划

综合布线系统作为“信息高速公路”的重要组成部分，必须满足本项目信息链入的传输需要，并结合智慧博物馆功能应用，充分考虑未来“物联网、大数据、云计算”

发展趋势。

采用合理的“星型”或“网状”结构，将工作区子系统、水平布线子系统、垂直干线子系统、设备间子系统、管理区子系统等有机结合，并严格遵循 GB50311-2016《综合布线系统工程设计规范》。

（二）数据中心机房设计规划

数据中心机房通过智能化、虚拟化、资源整合、能源管理等新技术的应用，提供安全、稳定的物理环境保障，从而实现对数据信息的集中、存储、传输、交换、管理等关键业务的支撑。

数据中心机房设计规划在结合陕西历史博物馆整体业务拓展需求的同时，严格遵循 GB50174-2017《数据中心设计规范》，对机房整体选址、机房供配电、机房空调送风、机房环境 / 动力监测、机房气体消防报警等关键子系统建设提出合理化规划。

（三）业务平台设计规划

以智慧博物馆大数据中心建设为核心，构建“1 中心 +4 平台”智慧博物馆大数据框架。其中“1 中心”是以博物馆管理、服务和历史科学知识数据为基础的智慧博物馆大数据中心，“4 平台”是从业务上分别由面向管理的综合业务平台和智能馆务平台，面向服务的现场体验服务平台和互联网服务平台组成。

综合业务平台设计规划：是立足于文物、展品数字化保护和利用，着眼于资源的全方位、多专业、深层次信息的管理与传承，为资源的保管、陈列、研究等各类业务工作服务。

现场体验服务平台设计规划：针对公众服务需求，以现场多维展现互动形式，实现公众与博物馆藏品交互的高度完美融合，为公众提供细致周到的服务，主要包括现场观众服务、展示与体验、活动策划实施、活动数字资料采集和归档等。

互联网服务平台设计规划：依据“互联网 + 中华文明”的政策指引，通过“互联网 +”模式，保证公众不受时间、空间、地域的限制。满足公众对博物馆的需求，实现参观的时间延伸、空间拓展、移动终端随时随地保证运行。

智能馆务平台设计规划：实现博物馆内部工作，如博物馆运营、人财物管理、保护、研究、安保的智能化，构成博物馆智慧化运行的新形态。

云数据中心设计规划：建立统一数据标准，整合所有数据，可以对博物馆专业藏品数据、学术研究、文创产品营销、运营数据、办公业务数据、博物馆网站数据及各类多媒体数据等所有信息化系统进行数据整合，通过大数据方式进行存储、管理、查询、统计、分析、挖掘等，并以可视化的展现形式达到让数据说话、以数据依据为决策的目标，满足智慧博物馆中智慧管理、智慧展示、智慧服务和智慧运营的各种需要。

（四）标准运维体系设计规划

信息化标准规范体系建设以数据标准为核心，建立包含总体标准、管理标准、安全标准、运维标准、基础设施标准、应用支撑标准、应用规范标准的陕西历史博物馆信息化标准体系。信息化运维体系对各类设备、基础软件、应用软件开展统一运行管理。

建立运行维护机制与管理制度，明确系统和设备的维护规程、培训制度、资金保障等内容，为信息化系统更好地服务一线应用提供保障。

（五）信息安全体系规划

结合陕西历史博物馆对档案信息安全业务的需求，遵循“准确定级，依据标准、同步建设，突出重点、确保核心，明确责任、加强监督”的体系规划。

制定符合实际运用环境技术和管理相结合的信息安全体系，确保物理环境、系统冗余、网络交互、备份机制等多维度的安全策略的制定。

五、应用系统建设方案

本规划以“整体规划，优化设计，统筹安排，分步实施”为原则，依托物联网、大数据、云计算、移动互联等现代信息技术，结合博物馆特色完成博物馆顶层设计。采用统一框架和标准，构建一个以信息网络为支撑，以文化资源中心为基础，以智慧传播、智慧服务、智慧保护、智慧管理、智慧运行为核心的面向多层次受众的信息系统，实现文化的数字积累、互动展示及信息传播，将博物馆建设成一座智慧的现代博物馆。

（一）综合业务平台

综合业务平台是立足于文物数字化保护和利用，着眼于资源的全方位、多专业、深层次信息的管理与传承，为资源的保管、陈列、研究等各类业务工作服务。

综合业务平台信息表

藏品管理系统	基于自定义编目建立藏品目录体系，与馆内的业务相互结合，业务包括征集入馆、鉴定入藏、编目入库、库房管理、统计分析、修复保护、陈展教育、学术研究等，构建藏品的“生命档案”。通过提供系统化运营，优化原有业务模式，实现流程再造，同时通过各种技术手段保护藏品数字化资源，提高资源的信息安全性
数字资产管理系统	数字资产管理系统提供一个开放平台，支持对多媒体数据的采集、创建、管理、存储、归档、检索、传输和显示，其中包括图像、视频、声音、文本、3D 模型和电影剪辑等，可复合管理描述藏品各类数字资源信息、学术研究资料、考古资料、修复过程等影像。数字资产不仅自身极具典藏价值，同时也为其他信息化应用提供主动、丰富的数据内容，包括内部查询、网站发布、研究报告、资料出版、产品制作、观众服务等。同时将数字资产管理与工作流程相结合，让数据采集与日常工作无缝融合，让数据整理从采集开始，实现数据质量管理的关口前移
库房管理系统	库房管理系统包括藏品入库（征集、借入藏品等）、出库（借入文物退还、外借、展览、提用、修复等）、归库的登记管理

续表

文物修复管理系统	包括修复文物分类、修复材料管理、修复方法管理、修复过程管理、修复结果查询比对、修复文物统计、环境监测分析、专家库管理、经验库等功能
展览管理系统	根据展览项目管理的生命周期，展览管理系统主要包括展览策划管理、展览申请管理、展览遴选管理、展览方案管理、展览筹办管理、展览运行管理、展览收尾管理、综合统计分析等功能模块
文献管理系统	文献管理系统包括书目管理、内容管理、图像管理、元数据管理等功能，并在此基础上提供文献资料阅读、智能检索及研究等
专家研究系统	专家研究系统是为专业人员记录管理资料、资源、研究成果提供的编研平台

（二）现场体验服务平台

现场体验服务平台针对公众服务需求，以现场多维展现互动形式，实现公众与博物馆藏品交互的高度完美融合，为公众提供细致周到的服务，主要包括现场观众服务、展示与体验、活动策划实施、活动数字资料采集和归档等。

现场体验服务平台信息表

导览管理系统	导览管理系统使用室内定位技术、实现场馆内精确定位。分为导览服务和导览管理两部分，包括展览讲解、馆内导航、游客定位、智能推送、服务中心等功能，拥有语音导览、微信导览等多种模式，可以推送文字、图片、语音、视频等多种形式的导览信息，用户可以根据实际情况和业务模式进行不同的选择和组合，满足用户对展馆展览导览和后台管理的需求
票务管理系统	票务管理系统融合机电一体化技术、信息识别技术等，集预售票、检票、统计于一体，支持微信、网站、小程序购票，支持第三方支付。高效准确地为博物馆统计游客数量，为实现博物馆科学规范管理提供全面的技术支持
多媒体互动系统	多媒体互动系统是整合互动投影、全息影像、虚拟现实 VR、三维动画、魔墙、增强现实 AR、体感互动等。多媒体互动系统包括多媒体资源管理发布、展厅灯光管理控制、互动体验终端等
观众数字化系统	观众数字化系统为每个观众建立档案记录，收集观众位置、预约、消息订阅、停留时间、文物偏好、点评、转发等个人行为，结合观众行为分析算法，使博物馆能够准确掌握观众基本信息和行为偏好。主要对观众服务、信息发布进行统一管理的系统，其集成智能导览系统、票务管理系统、客流监测系统的接口和数据，实现对观众服务的业务管理
客流量管理系统	观众流量是重要的衡量工具，通过这一准确的量化数据，不但可以获得博物馆正在运行的情况，还可以利用这些高精度的数据，进行有效的组织运营工作
志愿者管理系统	志愿者管理系统是通过志愿者申请的方式将志愿者信息添加至系统中，包括志愿团队、志愿活动等，能够更便捷地完成出勤登记，了解服务调度安排，与其他志愿者进行沟通交流，同时也有利于志愿者进行勤务统计、服务数据分析
社教活动管理系统	社教活动管理系统提供专业、学术、教育活动的基本信息维护、日常管理、活动管理、成员管理、档案管理、活动信息发布等功能

（三）互联网服务平台

互联网服务平台是依据“互联网 + 中华文明”的政策指引，通过“互联网 +”模式，保证公众参观不受时间、空间、地域的限制。

互联网服务平台信息表

门户网站系统	满足博物馆日常运行的网络宣传需要，网站覆盖博物馆的各项业务，对内包括博物馆各项日常业务的网上办理。包括藏品征集、藏品保护、精品鉴赏、学术研究、展览预约、虚拟展览、志愿者、学术活动、社会教育、文创产品等，可以结合博物馆的需求，定制外网门户网站，同时适配移动端
网上预约系统	网上预约系统提供展览和活动的网上预约功能，包含网站预约、微信预约、预约查询、预约取消等。并通过统一平台实现不同消费手段的统一管理，为今后各项增值服务提供信息管理基础
在线商店系统	在线商店系统包括文创基本资料管理、设计文档管理、多媒体资料管理、文创产品信息管理、文创产品查询检索、文创产品数据分析、产品销售统计分析及热门产品推送等
微信公众系统	微信公众系统包括自定义微信菜单、消息回复、推送管理、用户管理、业务管理、活动管理等，构建完整的微信服务平台，通过资源整合，优化微信原有的资源，同时通过H5等前端技术手段，结合360°全景、三维建模等数据技术，提高微信观众服务的多样性和趣味性，使之成为带有博物馆自身特色的服务窗口
虚拟博物馆系统	在三维建模展厅中，将场景、图文、音频、视频介绍以及高清大图整合进行展示，用户可以自由、便捷地行走，也可通过点击兴趣点或展品框体的方式浏览。三维展厅同时支持三维展品的嵌入，能够实现简单的游戏交互功能
历史专题管理系统	历史专题管理系统立足于整个行业，根据博物馆的历史及特色制定、管理专题类综合信息。面向全国各行业名人和大众提供多途径、多层次的信息查询、展示交流、信息共享的平台
青少年教育系统	互联网更新了博物馆青少年教育理念，汇聚和整合了博物馆青少年教育资源，推进了博物馆青少年教育活动机制的形成并建立独具特色的运作模式，从而发挥博物馆在青少年素质教育方面的优势。博物馆在教育课程、体验活动等项目的设计策划上，包括活动目标、活动准备、活动过程、活动教具教材开发等方面

（四）智能馆务平台

智能馆务平台是实现博物馆内部工作，如博物馆运营、人财物管理、保护、研究、安保的智能化，构成博物馆智慧化运行新的形态。

智能馆务平台信息表

统一门户系统	通过门户形式的整合，使博物馆内部应用形成一个有机整体，保证全系统应用操作的一致性和关联性，内部管理的全局性，保证系统多层次实现便捷操作、高效管理，实现工作流、管理流、数据流统一。 统一门户系统包括单点登录、待办任务、公共信息、应用集成、个性化设置等功能。系统建立在各业务系统之上，负责应用调度与管理、信息共享与通信的整合平台，通过与信息整合交换平台的配合，建立起特定可视化的逻辑关联联系，充分发挥平台的整体应用效果
协同办公系统	利用工作流技术和电子签章技术，结合馆内日常办公和业务处理流程，满足日常办公文书收发、人事管理、党政事务等办公需求，为办公室业务实现全馆人事、外事、信息资讯等工作的自动化流转
多媒体控制系统	为博物馆构建以多媒体资源控制发布为核心的管理平台，结合多媒体资源管理和多媒体终端设备管理，对常设展区区域内所有电子图文类、独立播放的音视频类、集成媒体类、装饰类投影和一些特殊类的播放内容及终端设备进行统一管理，集中控制博物馆展陈区的多媒体展示和互动系统
后勤保障系统	后勤保障系统采用流程化的处理模式，实现各后勤保障业务的流程化管理，为博物馆工作人员提供良好的工作环境，做好高效的后勤保障

续表

资产管理系统	资产管理系统对固定资产实物从登记、转移、调拨、处置，资产的运行、借用、盘点、清理到报废等方面进行全方位准确监管，结合资产分类统计等详细报表，真正实现“账、卡、物”相符
环境监测系统	环境监测系统包括实时监测、数据分析、异常警告、功能展示、灵活变更等功能
安防数字化管理系统（集成）	可根据博物馆实际情况及客户要求，提供安防数字化集成接口，以 BA 系统（楼宇设备自控系统）为基础完成馆内设备集成控制数据接口，实现报警联动

（五）数据资源中心

数据资源中心是在云数据中心的基础上，建设智慧博物馆业务数据资源体系、统一数据管理平台、数据共享交换引擎以及数据共享交换接口等。保证各业务系统之间可实时调取、处理，并通过大量数据的统计分析，对博物馆的规划发展做出辅助决策。

建立统一数据标准，整合所有数据，可以对博物馆所有信息化系统进行数据整合，通过大数据方式进行存储、管理、查询、统计、分析、挖掘等，并以可视化的展现形式达到让数据说话、以数据依据为决策的目标，满足智慧博物馆中智慧管理、智慧展示、智慧服务和智慧运营的各种需要。

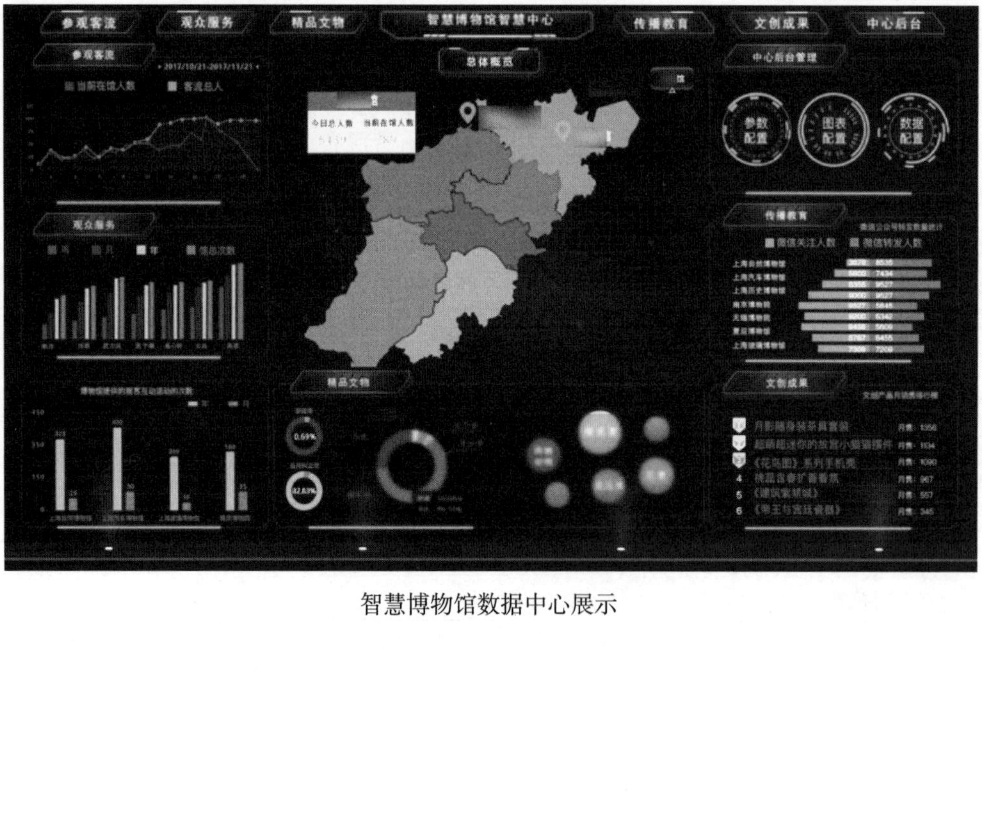

智慧博物馆数据中心展示

第三部分　实　　践

陕西历史博物馆开馆以来与信息化相关的实施项目

陕西省文物数据库的系统集成与应用

（2009）

文物数据库建设是随着信息化时代的到来，国家文物局做出的加强文物管理的重要举措。其宗旨是以数字化手段调查、完善我国文物、博物馆领域的资料，建立并运行动态的数据库管理系统，为各级政府和有关部门及时、准确地掌握各类文物的保护与管理状况，加大文物保护管理力度提供决策依据和可靠保证。陕西省作为第二批推广省份，2006 年 3 月全面启动了文物数据库建设项目。

在数据库建设中，系统集成是非常重要的环节，它的定型和拓扑直接关系到整个数据库系统数据运行环境的优劣。在资金许可的范围内既要考虑系统的实用性，还要考虑可扩展性，以此为出发点，在三年多的工作实践中，我们在国家文物局制定的设备配置标准的基础上对我省数据库设备进行了定型购置和系统集成，并在一些具体技术环节上提出了创新意见。下面就简单谈一谈这方面的体会，希望有助于我国文物数据库建设的顺利开展。

一、文物数据库的建设回顾

（一）陕西省文物数据库的设备配置原则

国家文物局文物信息咨询中心在 2002 年文物数据库建设试点过程中，从文物管理的具体情况出发，为试点省份制定了比较完备的设备配置标准。在推广过程中，对此“标准”又进行了一定的修正，要求各省参照执行。

为了实现数据库设备的最佳配置，我们对先期开展数据库建设工作的辽宁、河南、山西及湖南、湖北等省的数据库系统集成进行了调研，在充分总结各省设备定型经验的基础上，我们特别确定了设备集成的网络配置原则。包括五个方面。

1）高性能

网络作为信息运行的承载平台，在设备集成中有着举足轻重的作用。为满足具体的要求，保证语音、图像等实时性强的交互业务应用，必须具备高性能的网络传输能力。为此，我们在设计时首先要考虑有足够的骨干带宽、合理的网络拓扑结构、先进适用的技术，同时还要努力实现网络的无阻塞性，不使网络成为业务应用的瓶颈。

2）高可靠性

网络系统的稳定可靠是应用系统正常运行的关键保证。在网络设计时，选用高可靠性的网络产品、合理的网络架构，制订可靠的网络备份策略，保证网络具有较好的故障自愈能力。否则在运行中，一旦网络中断，将造成巨大的损失，到那时再考虑网络的可靠性问题，无疑是一种投资浪费。

3）高安全性

解决安全性问题需制定统一的网络安全策略和过滤机制，充分使用各种不同的网络技术，如虚拟局域网络（VLAN）代理、防火墙等。从数据安全的角度来讲，还应将重要的数据服务器集中放置，构成服务器群，以方便采取措施集中保护，并对重要数据进行备份。

4）高效管理性

企业网络作为一种地理范围，分布于较大的园区网（甚至是一种多个园区网连接而成的广域网），日常管理及维护的工作量较大。为了尽可能提高工作效率，减少网络停顿时间，同时为未来网络的发展打下基础，必须使网络具有良好的可管理性。选择方案时应考虑以下几个方面：第一，对网络实行集中监测，分权管理，并统一分配资源；第二，选用先进的网络管理平台，可以集中对全网设备（路由器、以太网交换机等）实施具体到端口的管理能力，并可提供及时的故障报警和日志；第三，选用的网络设备及其他连接在网络上的重要设备都应支持远程管理。

5）技术的先进性

先进合理的技术是投资保护的重要方面。网络核心设备应考虑使用国内外主流厂家生产的设备，同时要把先进的技术与国际公认的标准结合起来，使网络支持国际上通用的标准网络协议。

除网络设备外，数据库系统的完整性也是我们应充分考虑的问题。本次方案设计，既要完全满足国家文物局的技术文件要求，做到系统设计完整，又要满足陕西省文物信息中心数据库发展的需要，保证与国家文物信息系统的无缝连接。

为了保证以上要求的实施，我们还要多倾听第三方专家的意见，注意从使用的角度倾听集成公司或其他兄弟馆用户的意见，对由厂商自己介绍的先进技术必须加以确认。各主流厂商都有其优秀产品，按照实际需要进行选择非常重要。

（二）陕西省文物数据库的设备选型

按照前述原则，我们对我省数据库设备进行了选型，品牌及设备参数暂不详述。国家文物局关于主服务器给出了两种选择：小型机或 PC 服务器，二者在不同的应用上各有优劣。

一般而言，小型机的操作系统都是基于 Unix 封闭系统，具有安全性高、可靠性高及高速运算能力。但由于各公司在小型机的设计构架上有很大不同，所使用的插卡，如网卡、显卡、Scsi 卡等一般都是专用的，对用户而言，也有在维护上非常不便、维护费用高的致命缺陷。

而 PC 服务器是应用 Intel 处理器架构的通用开放系统，使用的是 windows 2003/ windows NT 系统。windows NT 在操作界面的易用性、通用性、易开发性、应用软件的支持上占有绝对的优势，支持现在流行的 Linux、Unix、Solaris for x86 等 Unix 操作系统，对于文件和打印服务器 Novell Netware 操作系统而言，windows NT 相对其他操作系统也有很多优势。

但有一段时间，社会上出现了一种 PC 服务器操作系统在安全性和可靠性上都很差的声音，这主要是社会上对 Microsoft 存在的偏见，导致 windows NT 口碑不佳造成的。事实上，windows NT 在安全性、可靠性和运算速度上并不差，尤其在 windows 2003 发布以后，越来越多的人都认识到了这一点。从目前服务器操作系统市场看，ms windows 2003/NT 市场占有率已经在 50% 以上，就能充分说明 PC 服务器还是被大多数使用者所认可的。

PC 服务器被广泛使用的原因还在于其操作的简易性和较高的性价比。就操作简易性而言，只要会使用 PC 机，就很容易学会 PC 服务器的操作，这一点对于文物数据库建设非常重要，因为数据库从建设到使用必须依赖基层的文博工作人员，而目前的状况是很多基层工作人员并不具备很高的计算机知识，甚至很多人根本没有接触过电脑。使用 PC 服务器可以使基层人员尽快地学会数据库的应用，便于工作的顺利进行。除此以外，较高的性价比也是我们选择 PC 服务器的重要理由。

基于以上考虑，经过认真筛选后，我省文物数据库最终采用了惠普 DL580G4 和 DL360G5 两款 PC 服务器。按照国家文物局的要求，各省数据库的磁盘阵列应在 2TB 以上，由于我省文物数量很大，我们配置了 6TB 的存贮空间。

（三）陕西省数据库网络拓扑结构

网络拓扑结构对数据的传输、管理和安全有很重大的影响。我们经过广泛的调查研究，首先确定了拓扑结构的一些设计原则。这些原则如下。

（1）网络档次高、层次分明。采用目前最高性能的交换机，按照网络层次依次选择合理产品，各层次产品之间系列化程度高，可靠性强。

（2）负载分担的网络。以最大化网络资源负载分担为原则，通过设备间链路的分配调整，实现网络资源合理分布，增加可靠性。

（3）安全的双平面设计。网络结构通过利用建设中的设备，充分保证网络安全备份及冗余性，整体提高网络的可靠性等级系数。

（4）良好的网络兼容性能。选择 H3C 设备，主要考虑到其表现出与其他设备厂商良好的互通性。

（5）优化的网络性能。本方案能够保证网络在故障情况下快速实现业务流量疏导，提高整个网络质量，保证网络能够承载。

（6）多业务的 IP 网络。优化后的网络具备极强的可扩展性能，除了具备大流量承载能力，还可提供 IPTV 等多种业务。

（7）平滑的割接方案。网络割接可以保证网络调整到合理的结构，在保证现网业务尽可能不受影响的前提下，保证能平滑割接以后各地市的网络及扩建。

（8）平滑地向 IPv6 过渡。我们本次采用的华为产品，具备 IPv6 高性能转发，满足未来性能要求，并支持多种过渡解决方案，例如 IPv4/IPv6 双栈、多种过渡隧道等，是业界过渡方案中最好的产品，能够极大方便实际网络 IPv4 → IPv6 过渡的灵活性。

（9）服务器和存储设备我们选用惠普公司的系列服务器和磁盘柜，以满足陕西省文物信息中心海量信息存储的要求。

根据以上原则，我们设计的拓扑结构如下图。

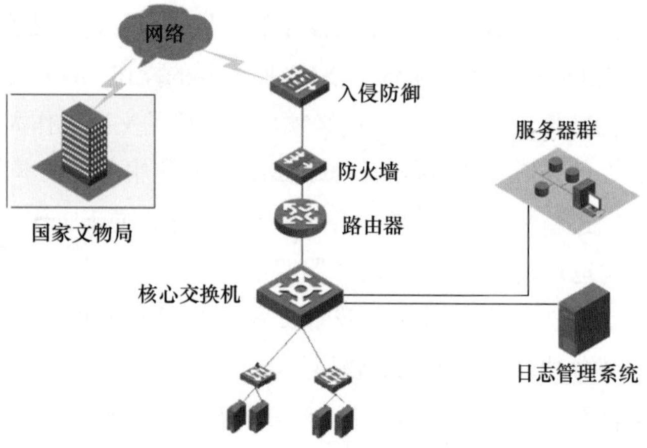

拓扑结构

图中的接入层部署的各种应用服务器，采用 WEB 的三层结构：WEB 层、应用层 / 中间件层、数据库层。汇聚层由网络基础设施组件构成，包括防火墙、入侵检测、SSL 加速、负载均衡等。核心层连接汇聚层，提供高速数据交换和路由快速收敛。

使用双核心节点增加了系统的高可靠，当一个节点发生故障时，另一节点可以提供足够的带宽和容量来为整个网络服务。这种模式的汇聚层设备成对出现，可以提供足够的汇聚带宽和容量。

与国家文物局的网络我们采用 VPN 连接方式。

按照国家文物信息中心的要求，各省数据库应以 DDN 方式与国家局进行网络连接。DDN（digital data network），是以数字交叉连接为核心，集合数据通信、数字通信、光纤通信等技术，利用数字信道传输数据的一种数据接入网络。它主要完成OSI七层协议中物理层和部分数据链路层协议的功能。用户端设备（主要为网关路由器）一般通过基带Modem或DTU（调制解调器）利用市话双绞线实现网络接入。多年的工作实践告诉我们，文物数据库采用VPN连接方式较DDN方式有着更明显的优势。VPN（virtual private network，虚拟专用网络）即是指在公众网络上建立的企业网络，并且此企业网络拥有与专用网络相同的安全、管理及功能等特点，它替代了传统的拨号访问，利用internet公网资源作为企业专网的延续，节省昂贵的长途费用。VPN乃是原有专线式企业专用广域网络的替代方案，VPN并非改变原有广域网络的一些特性，如多重协议的支持、高可靠性及高扩充度，而是在更为符合成本效益的基础上来达到这些特性。

为此，我们向国家文物信息中心提出了省级平台与国家局采用VPN进行连接方式的建议，得到国家文物局文物信息咨询中心专家的认可。

（四）陕西省数据库网络安全设计

网络安全是数据库正常运行的保障。陕西省文物信息中心数据库项目的网络安全设计方案，包括网络防火墙、入侵防御系统、日志管理系统，以及具有安全防御性能的核心交换机和路由器。遵循“安全渗透理念”，将安全渗透到整个数据中心的设计、部署、运行、维护等方面。为数据中心搭建起了一个立体的、无缝的安全平台，使安全保护无处不在。

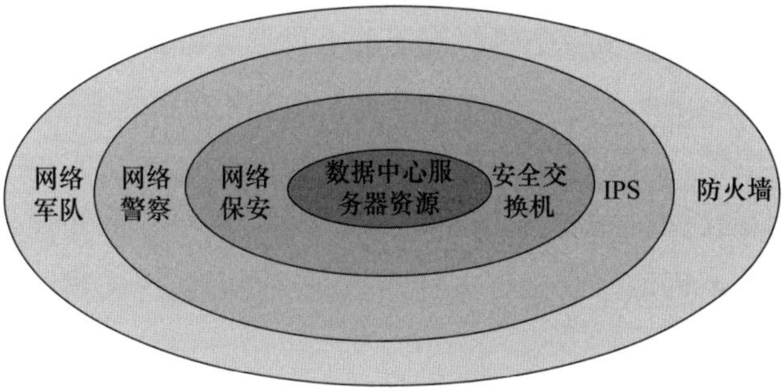

三重保护、多层防御模型

从图中我们可以形象地看出，以数据中心服务器资源为核心向外延伸，有三重保护功能。依托具有丰富安全特性的核心交换机构成为数据中心网络的第一重保护。以ASIC、FPGA和NP技术组成的具有高性能精确检测引擎的IPS，提供了对网络报文的深度检测，构成对数据中心网络的第二重保护。第三重保护是凭借高性能硬件防火墙构成的数据中心网络边界。

我们的安全系统由网络防火墙、入侵防御系统、日志管理系统、核心交换机及路由器组成。需要指出的是，国家文物信息中心最初要求省级数据库在安全上采用网络入侵检测系统（IDS），而我们在实践中发现，采用入侵防御系统更为合理，可以大大提高数据库的网络安全系数。

所谓入侵防御系统（IPS），简单理解就是防火墙加上入侵检测系统。防火墙是粒度比较粗的访问控制产品，在 TCP/IP 协议的过滤方面表现出色，而且在大多数情况下，可以提供网络地址转换、服务代理、流量统计等功能，甚至有的防火墙还能提供 VPN 功能。IPS 的检测功能类似于 IDS，但 IPS 检测到攻击后会采取行动阻止攻击，是建立在 IDS 发展的基础上的新生网络安全产品。

实践证明，单一功能的产品已不能满足客户的需求，安全产品的融合、协同、集中管理是网络安全重要的发展方向。从早期的主动响应入侵检测系统到入侵检测系统与防火墙联动，再到最近的入侵防御系统，是一个不断完善的安全升级过程。IDS 向 IPS 的发展，就是一个寻求在准确检测攻击基础上防御的过程，是 IDS 功能由单纯的审计跟踪到审计跟踪结合访问控制的扩展和延伸。随着互联网络的飞速发展，网络上的攻击行为越来越多、越来越泛滥，一台刚刚联网的计算机，在几个小时之内就可能有恶意黑客或蠕虫侵入。通过对数据库系统的分析和网络安全的发展研究，我们认为使用防火墙加 IPS，比防火墙加 IDS 能更好地保护系统来自各处的攻击。将 IDS 改为 IPS 得到了国家文物信息中心专家的认可，并将这种变动推广到其他省份。

二、陕西省文物数据库的应用探索

数据库建成后，文物数据信息的使用就要提到我们的议事日程中。2009 年 4 月，陕西省文物数据库建设项目领导小组召开了关于我省文物数据网络二级节点建设会议，确定了数据库二级节点建设工作方案。为全省 150 家文物收藏单位，115 家文物行政部门配发数据库专用电脑，用于文物信息采集和文物信息管理。到 2009 年底，网络节点要联结到主要文博单位文物库房，实现文物信息的实时更新、监控文物变动情况，使数据库能够更全面、准确地反映全省文物的状况；同时实现文物行政部门对辖区内文物的安全管理。

（一）二级节点的建立标志着陕西文物数据库进入应用的起步阶段

省级文物数据库与市县文博单位通过互联网以 VPN 方式链接，同时推广使用“博物馆藏品综合管理信息系统”软件。在原有设备基础上，省文物数据中心另行添置服务器，划分若干数据库分库，对应市县文物收藏单位。这些单位作为系统内部用户通过终端机密码登录，将数据录入在服务器为各自划分的数据库中。省级数据中心将各市、直属单位报来的数据进行审核，再导入采用物理隔绝的省级中心备份库。这种方式将有效保证省级中心库的数据安全。这个系统投入费用低，今后的主要机器维护集中在省级节点，各市和直属单位无须就此项工作专门配备服务器，同时省去分支防火墙、网络病毒软件以及大量维护费用。

二级节点的拓扑结构如下。

2009 年 9 月 9—10 日，陕西省文物局在西安举办了文物数据库应用管理短期培训班，邀请中国文物信息咨询中心的专家前来授课。来自全省主要博物馆的近 50 名文物数据库管理人员及信息采集人员参加了培训。在简短的开班仪式上，中国文物信息咨询中心主任游庆桥向陕西省文物局数据中心赠送了“博物馆藏品综合管理信息系统”软件。

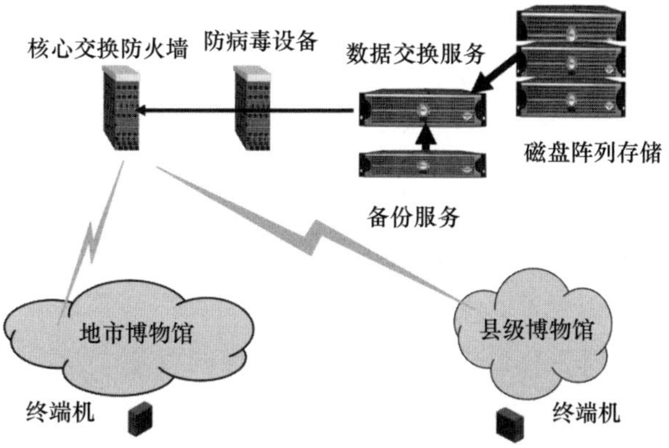

二级节点的拓扑结构

此次培训提高了文物业务人员操作计算机应用软件的水平。为在全省逐步展开文物数据库二级节点建设，推广应用博物馆藏品综合管理信息系统，加强文物数据库的管理利用，打下了坚实的基础。

（二）积极推动数据资源在工作中的应用

从国家文物局数据中心反馈的信息得知，与兄弟省市相比，我省文物数据库建设各方面都走在了全国前列。除了按时完成等级文物数据采集合成之外，也是第一个开展非等级文物信息采集的省份。在文物数据库应用方面，陕西省去年投入 30 万元用于文物数据库日常管理维护，并积极开展文物数据库应用探索。

（1）直接利用文物数据库组织文物展览，拓展了业务范围。陕西省文物局外展处利用文物数据库资源开展多项外展项目。

（2）利用文物信息积极开展多媒体展示。搭建起宣传平台，在中西部贸易洽谈会、西部旅游博览会等大型会议上将数字文物进行多媒体展示，推介我省的文物特色和优势，塑造了陕西文物工作的新形象。

（3）利用文物信息积极开展文物科研活动。秦始皇帝陵博物院承担了国家文物局“陕西省陶质彩绘文物调研”课题，文物信息库为课题的顺利完成起到积极的作用；在陕西省社科院组织编写全省碑刻、墓志铭大全的前期调研过程中，起到重要作用。

（4）利用文物信息积极开展文物信息咨询活动。在文物数据库未做宣传，未对外开放的情况下，从去年 10 月份到今年 10 月份这一年来，共接受业内文物信息咨询 36 人次，其中 6 人次表示满意，30 人次表示非常满意。

看来数据库的应用在不经意间，已在工作中起到了不可或缺的积极作用。

（三）建立陕西省文物网上在线探索文物数字资源应用新途径

截至目前，陕西文物数据库建设后的应用工作也在二级节点项目和博物馆业务工作的应用中得到充分的体现，我们不满足于现状，还在积极地探索行进中。我们认为通过网络来做文物数据动态管理系统的承载平台，也显得势在必行，同时随着网络应用的不断发展，我们提出建设陕西省文物网上在线（www.sxwwxx.com）系统。我们在目前形势下，提出建立该系统体现出如下建设优势。

（1）到目前没有一个省份建立网上文物在线系统，陕西省文物网上在线的建设必将成为文物信息展示的拓荒者。

（2）等级文物已全部入库，近 11 万件，有雄厚的资源优势。一般文物数据的采集工作将于 2010 年完成，到时将有近 90 万件文物信息供展示应用。

（3）二级节点的完成，只是博物馆间的数据交流和管理应用，文物信息的社会化展示才是文物信息应用的根本。

我们会依托陕西历史博物馆的技术优势，提出以下建设形式。目前网上展示支持数据库的网站大多使用 ASP+SQL，我们只需通过简单的技术连接就能够建立自己的数据库网站，所以在技术上实现文物信息检索和展示将极为便捷。我们提出该项目由两部分组成：一是可以对原有数据库进行扩容，实时增加文物信息量；二是数据库网站内容可以进行实时展示、扩展及调整，在信息采编平台、权限应用、板块设置等后台管理，以及新闻频道、政务信息、视频信息、网站专题管理、全文检索系统等前台功能上得到充分的支持。

陕西省文物网上在线系统的建设形势为自主建设。以陕西历史博物馆的技术为依托，以陕西文物数据中心的现代化机房为保障，以陕西文物数据中心的数据资源为基础，添加 Web 服务器、流媒体服务器等独立主机和足够的存储空间，就可以在极为短暂的时间里建立起陕西省文物网上在线系统。现就我们设定的网站页面呈现如下。

陕西文物网上在线系统包括陕西省博物馆大全、网上文物专题和文博汇三大部分。它的建成必将在文博行业带来令人瞩目的社会效益和文化冲击。

首先，陕西省文物网上在线必将对文物知识的传播起到巨大作用。其次，陕西省文物网上在线必将激发文博资源与旅游资源的高效整合，不仅带来文博界自身管理方式的重大变革，更会带来旅游业的发展新机遇，文博相关的旅游网站也将

陕西省文物网上在线网站展示

成为网络经济中“异军突起”的一支力量。再次，陕西省文物网上在线同时也将激发现代教育发展新机遇。最后，陕西省文物网上在线必将激发娱乐业发展新机遇。与此同时，陕西省文物网上在线具有使传统历史文化资源转化为经济资源的可能性。以往被认为处于经济生活“边缘”的文博事业，特别是一向依赖于财政拨款的文博界，也将可能被接入经济开发的中心地带。更为重要的是，提升了陕西文物大省在网络时代和 IT 行业大展拳脚的知名度。

文物数据库建设和应用作为一个新生事物，没有现成的经验可供借鉴，我们将在工作实践中得到的经验和教训及时进行归纳总结，如果能对进行数据库建设和应用的省份有所启迪，我们便深感欣慰。

在陕西数字博物馆开馆仪式上的讲话

（2012）

尊敬的景俊海部长、郑晓明副省长，女士们、先生们：

大家好！

陕西省文物数据库在国家文物局和陕西省委、省政府的大力支持和扶持下，经过近6年的建设，取得了显著成效，并被国家文物局确定为先进典型。

文物数据库是国家的重点建设项目，它的建立为科学的研究、保护、展示，以及便捷地查询文物相关数据信息等带来了极大的便利，为文物事业在科技时代的发展提供了坚实的基础与平台。基于此，我们专门成立了陕西文物数据中心。

近年来，省委、省政府将文化惠民纳入了民生工程，这对我们文物工作者如何更好地保护好、传承好、管理好、利用好我们掌管的文物资源提出了更高的要求。今天，我们即将上线的陕西数字博物馆就是将文物数据库转化为实实在在的文物惠民项目。

众所周知，现在是一个网络的时代、信息的时代，陕西数字博物馆就是依托先进的网络科技手段，通过全面整合我省的文物信息资源，采用动态模拟、三维演示等先进的文物数字化展示手段，将我省博物馆的陈列展览及丰富的馆藏呈现在观众面前。目前，陕西数字博物馆主要设置了五个重点栏目：一是以虚拟三维技术全方位多角度展示全省实体博物馆的“虚拟现实馆”；二是利用数据资源举办文物数字专题展览的“数字专题展”；三是展示正在举办和已经结束的省内临时展览及国际省际交流展览的“临展与交流展”；四是通过二维与三维方式鉴赏陕西精品文物的“精品文物鉴赏”；五是制作上传文博专家的专题视频讲座与相关博物馆语音讲解的“讲坛与讲解”。另外，还设立了“博物馆新闻”“交流与论坛”“数字文库”“博物馆大全”等辅助栏目。这些栏目与网络的有机结合，我们可以清楚地看到她的优势和长处，一是不受时间、空间和地域的限制，进一步扩大了博物馆的受众面；二是可以对文物的细节部分放大欣赏，不损坏文物，满足了文物爱好者的需求；三是可以欣赏到已经撤展的精彩临时展览，可以聆听到已经结束的专家学者的讲座，弥补了观众与其失之交臂的心里遗憾，延展了临时展览和专家学者讲座的生命力；四是可以及时了解陕西博物馆行业的各类信息资源。

陕西数字博物馆的开馆，可以毫不夸张地说，是陕西省委、省政府实施文物惠民工程和体现党中央号召的文化成果并让社会共享的一项重要举措，是我国第一座以省级文物数据库为依托建立的数字博物馆，也是陕西省在利用文物数据库和博物馆建设发展方面为全国文博事业带头做的一个有益探索和尝试。

希望大家能够喜欢这座数字化的博物馆，谢谢大家！

陕西数字博物馆正式开馆

（2012）

2012年8月28日上午，陕西数字博物馆开馆仪式在陕西历史博物馆举行。省委常委、宣传部部长景俊海和副省长郑晓明出席了开馆仪式并启动陕西数字博物馆开馆。

开馆仪式由省文物局副局长刘云辉主持，首先，陕西省文物局局长赵荣介绍了陕西数字博物馆的建设情况；随后嘉宾欣赏了陕西数字博物馆宣传片。陕西数字博物馆在景俊海部长和郑晓明副省长按动象征开馆按钮的同时启动了。这一刻，标志着陕西博物馆事业正式进入全民数字时代，亦标志着陕西文博事业驶入浩瀚的网络新时代。

仪式结束后，陕西数据中心专家为嘉宾现场演示陕西数字博物馆。以虚拟三维技术全角度、全方位游览全省19座实体博物馆；利用陕西馆藏文物数据库资源举办的陕西文物数字专题展览29个；展示正在举办和已经结束的省内临时展览及国际省际交流展览49个；通过二维与三维方式鉴赏陕西精品文物39个；聆听文博专家的专题视频讲座与陕西实体博物馆的语音讲解12个。共欣赏到这五大板块的展览和讲座多达148个。

陕西是著名的文物大省，文物资源十分丰富。如何保护好、利用好、传承好陕西丰厚的文化遗产，如何使全社会都能领略陕西文物的风采，长期以来一直是全省文物工作者共同的责任和神圣的使命。

2006年，作为国家第二批试点省份，陕西启动了“文物调查及数据库管理系统建设项目”，经过数年来全省文物工作者的辛勤努力，已基本完成了全省近百万件馆藏文物的数字化建设工作。实体文物变成了虚拟数据，这就为我省百万馆藏文物在社会公众面前展示创造了条件。在贯彻落实党的十七届六中全会关于促进社会主义文化大发展大繁荣的时代背景下，作为今年我省重要的文化惠民工程，陕西数字博物馆应运而生。

陕西数字博物馆依托现有馆藏文物数据库，运用先进的网络技术，在全面整合我省丰厚的文物资源的基础上，采用动态模拟、三维演示等先进的文物数字化展示手段，将全省的实体博物馆及其丰富的馆藏呈现在观众面前。

陕西数字博物馆目前主要设置五个重点栏目：一是以虚拟三维技术全角度全方位游览全省实体博物馆的“虚拟现实馆”；二是利用数据资源举办文物数字专题展览的“数字专题展”；三是展示正在举办和已经结束的省内临时展览及国际省际交流展览的

“临展与交流展”；四是通过二维与三维方式鉴赏陕西精品文物的“精品文物鉴赏”；五是让观众聆听文博专家的专题视频讲座与陕西实体博物馆语音讲解的“讲坛与讲解”。五个重点栏目之外，我们还设立了“博物馆新闻”“交流与论坛”“数字文库”“博物馆大全”等辅助栏目。

陕西数字博物馆是实现文化遗产成果全社会共享走出的重要一步，是我国第一座集观赏性、知识性、互动性为一体的省级数字博物馆。

陕西历史博物馆在博物馆日对外免费开放 Wi-Fi 服务

（2013）

5 月 18 日是国际博物馆日。国际博物馆日是由国际博物馆协会（ICOM）发起并创立的。1977 年，国际博物馆协会为促进全球博物馆事业的健康发展，吸引全社会公众对博物馆事业的了解、参与和关注，向全世界宣告 1977 年 5 月 18 日为第一个国际博物馆日，并每年为国际博物馆日确定活动主题。

2013 年 5 月 18 日为第 37 个国际博物馆日。今天，“陕西历史博物馆 Wi-Fi 免费向公众开放启动仪式”在陕西历史博物馆中央大厅举行。从今日起，陕西历史博物馆免费向游客开放室外、室内 Wi-Fi 网络。陕西历史博物馆成为全省首个向公众免费开放 Wi-Fi 的博物馆，使更多的游客在迈向智慧博物馆的时代畅享“无线”的快乐生活。

（1）站点覆盖博物馆前区。陕西历史博物馆实现全馆免费 Wi-Fi 覆盖，这个“免费午餐”的说法其实已有一段时间。陕西历史博物馆无线网络建设经过方案制定、功能论证和严格的施工建设，于 2013 年 5 月顺利建成，并于 5 月 18 日国际博物馆日对外免费开放。只要拿着具有 Wi-Fi 功能的移动电子产品，就能在陕西历史博物馆的前区搜到信号，便可以进行上网免费冲浪。

此次室外、室内 Wi-Fi 网络免费开放的范围为陕西历史博物馆的前区，具体位置为庭院、东走廊、西走廊、中央大厅、东休息厅、西休息厅等区域，以及正在建设中的发票处的排队等候区。

（2）上网过程不复杂。如何用免费 Wi-Fi 上网呢？点击“sxhm”的无线网络，就会跳出了一个网页，目前无须输入密码，就可以免费上网（开通日之后则需输入密码，方可免费上网。这个密码有效期为一周）。

（3）视频暂时不开放。由于陕西历史博物馆的游客量为全国综合类博物馆之最，为了给更多的游客提供同时免费 Wi-Fi 上网、不会遭遇网络拥堵，并考虑到流量问题，所以视频功能是暂不开放的。

还有一点要说明的是，目前开放的终端只有手机和 iPad 这样的平板电脑，PC 和笔记本电脑暂时不能使用免费 Wi-Fi。

随着网络的高速发展，陕西历史博物馆的局域网也越来越普及，办公区域建立了局域网，可以通过陕西历史博物馆局域网登录互联网。随着社会的进步，展览区域也需要对游客开放 Wi-Fi 系统，并对原有网络进行改造优化，解决发票处和宣教部的网络稳定、畅通，以及前区现有网络的优化和 Wi-Fi 开通，提出以下功能和技术要求。

此次网络区域改造和 Wi-Fi 开通共有 E 区（业务楼主机房）、A 区（宣教部）、C 区（西休息厅）、F 区（发票区）、D 区（中央大厅）、T 区（庭院）的区域，总计六区一中心。信息中心总机房已建成 20M 光纤引入。要求：A 区和 D 区开通 20M 以太网接入端口。无限 AP 端口总计 5M 端口宽度。

一、区域要求

1. 系统拓扑结构

区域要求达到甲方要求，可参照拓扑图。

① 前区（观众服务区）：AP50 个点。

② 后区（博物馆办公区）：AP50 个点。

该系统的目标在于建立一套先进、完善的数据配线系统，既能满足现在的需要，又能考虑到将来发展的需要，使系统达到配置灵活、易于管理、易于维护、易于扩充的目的。楼内数据线采用 6 类双绞线连接，选用的缆线及其连接配件必须采用知名品牌产品，谨慎施工，避免干扰，做到传输速度快、容量大。楼外采用无线网络连接。

（1）综合布线系统的设计，包含实现整个系统工程目的所需的工作区子系统、水平子系统、管理子系统、垂直子系统、设备间全系列布线产品（包括各种双绞线、光纤缆、配线架、模块、面板、插座、插头和用于产品本体安装的配套施工安装器材、19" 标准）。

（2）为工程提供的主要产品是由同一厂商生产的全系列产品（包括双绞线、配线架、模块、面板、插座、插头等）。

（3）用户面板要符合相应规范的安装要求。

（4）布线系统做到易于安装维护的明显识别标志。

（5）路由器 4 口 300 用户，国际著名品牌 HP。

（6）交换机 24 口，国际著名品牌 HP。

2. 综合布线系统具体技术要求

（1）网络信息点基本确定，提前考察施工现场，根据各单体楼的实际情况绘制各层平面图、综合布线设计图纸（CAD 图纸）和配线图。

（2）施工完成后提供所有信息点专用检测仪器的测试报告（纸质文件 3 份及所有信息点的电子文件）。

3. 网络结构图

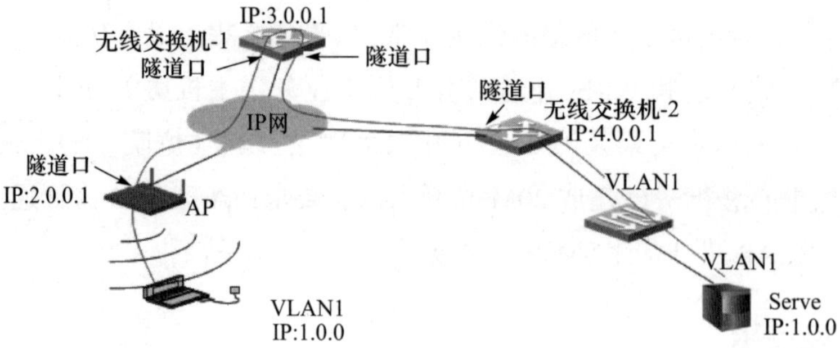

网络拓扑图

4. 线槽基本要求

（1）各种弱电线槽布局、走向、做法等由投标人设计提出，可采用明装 / 暗装方式。

（2）主干线槽建议采用喷塑金属线槽或不锈钢线槽，局部区域可采用优质 PVC 线槽，室内采用优质 PVC 线槽。

（3）信息盒安装位置：信息盒装在各房间墙上离地 30 厘米处。

（4）所有管材使用著名品牌的优质产品，以确保有较长的使用时间。

（5）线槽安装应尽量整齐、规范，要横平竖直。

（6）避免楼间连接时在墙上打孔，需要在建筑物开孔等施工，在线槽铺设完毕后要按原样恢复。

二、设备、施工及服务要求

品牌要求：国际著名品牌思科。涉及设备包括 6 类网线、交换机、无线 AP（分室内和室外两种）。

（1）无线网络构架清晰。

（2）无须改造现有馆舍网络。

（3）一个月内完成部署该环境系统。

（4）核心单元控制整个无线网络。

（5）更换和升级 AP 方便。

（6）流量分担的方式可人工干预。

（7）由于 AP 较多，应注意 AP 的信道规划。相邻 3 个区域内要采用完全不干扰的频段。

（8）POE 推动无线部署。

（9）对客户提供针对产品的技术培训，如针对无线局域网产品等。

陕西数字博物馆口袋版

（2014）

陕西数字博物馆网络版是2012年陕西省政府推出的一项重要的惠民文化工程，是陕西省文物局依托已经建成的陕西馆藏文物数据库资源，着力打造的一个文物数字化展示、保护与交流的专业平台。

陕西数字博物馆于2010年开始酝酿筹建，至2011年底实现了上线试运行，于2012年8月28日正式上线，目前已经形成了虚拟现实馆、数字专题展、临展与交流展、精品文物鉴赏、讲坛与讲解这五大特色栏目。它是一个没有围墙的博物馆。

2013年12月12日，陕西数字博物馆移动网络版正式向公众推出，得到了社会媒体的强烈反响。新华网、人民网、中央电视台、中国网、中国文物网、新浪、腾讯、网易、百度、西部网、陕西传媒网等多家媒体进行了报道，得到社会的极大关注。

移动网络版的面市，让陕西文博在移动互联领域又有了新的探索，给传统的博物馆添加了无限的生机与活力，让越来越多关注互联网、移动互联网的博物馆爱好者的目光汇聚陕西，让世界用新兴手段更加了解陕西的历史文明和灿烂辉煌，为实现陕西的智慧博物馆迈出了坚实的一步。

在2014年6月14日的中国文化遗产日之际，陕西省文物局所属的陕西文物数据中心推出了陕西数字博物馆口袋版。它是网络版的补充和扩展，它是一个随身携带的可以带回家的博物馆，是一个集文字、图片、三维场景和语音讲解于一身的增强现实博物馆。你也有机会拥有这家博物馆。

目前已经推出了25家博物馆的口袋书。我们还将不断推出陕西省全省其他博物馆的系列口袋版。

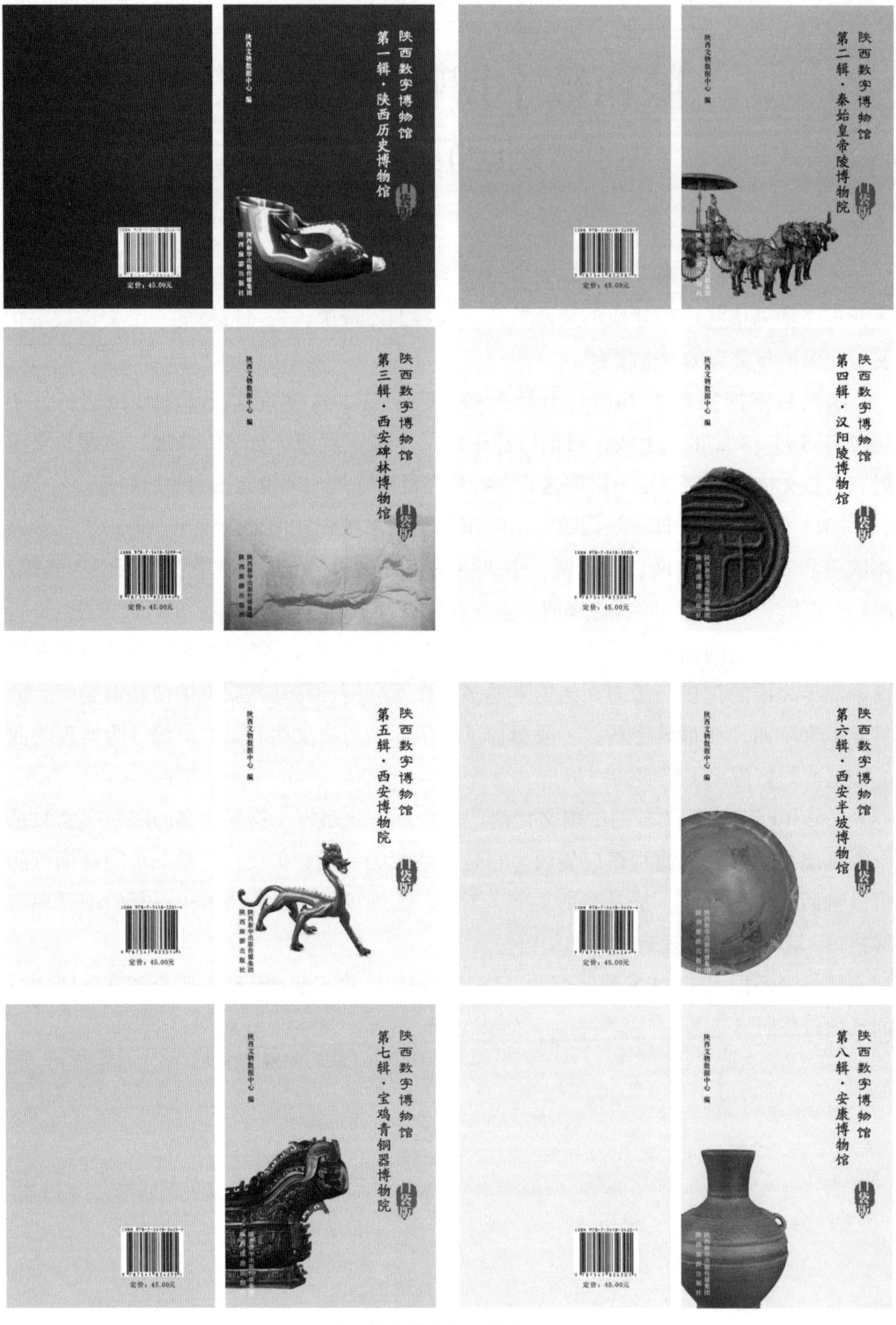

陕西数字博物馆口袋版展示

陕西数字博物馆口袋版展示

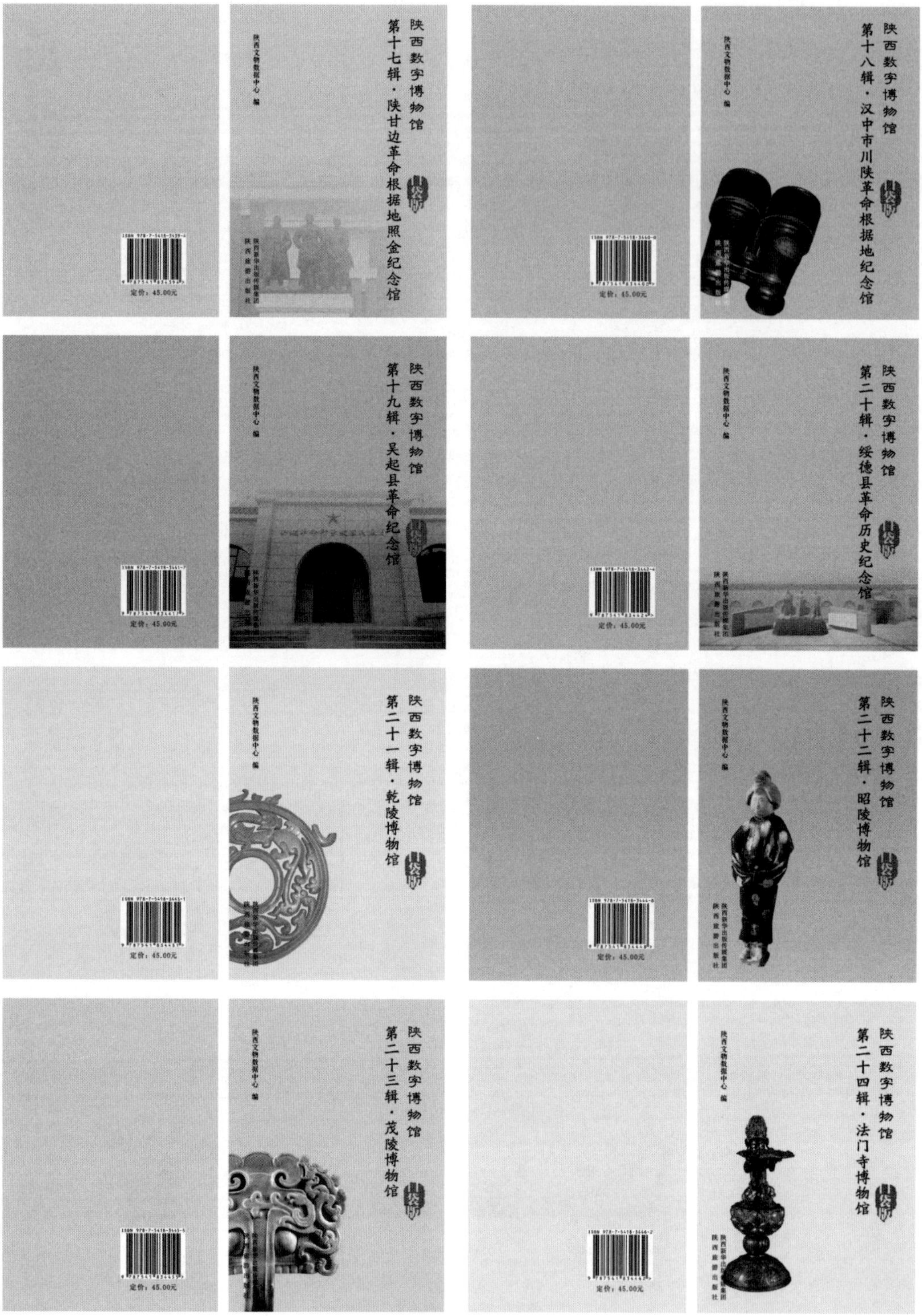

陕西数字博物馆口袋版展示

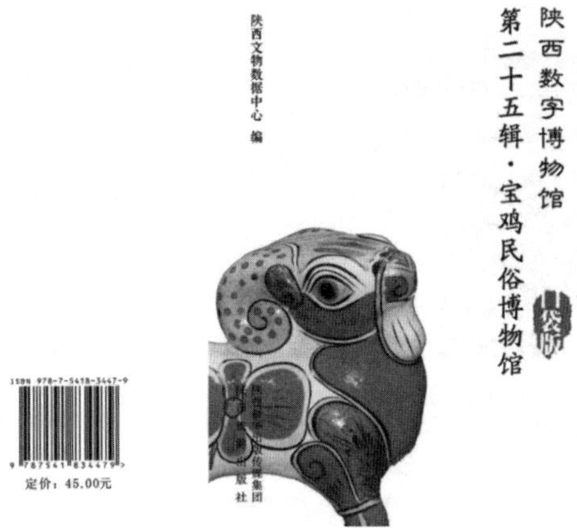

陕西数字博物馆口袋版展示

陕西数字博物馆口袋版内容是采用三维摄像技术，实景拍摄后，结合展厅实际陈列布局，制作成博物馆展厅导览图。

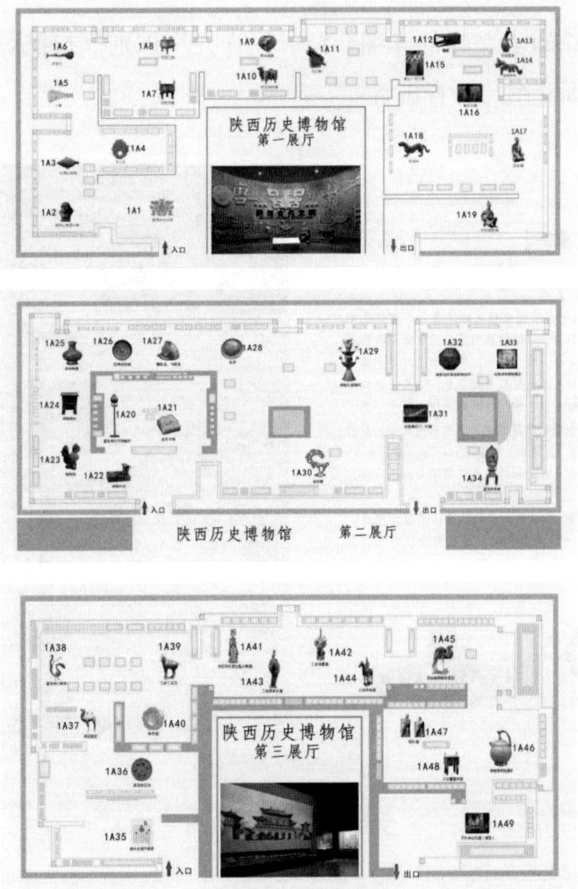

博物馆展示导览图

使用时，根据使用说明，扫描对应二维码（当时所使用的二维码）。

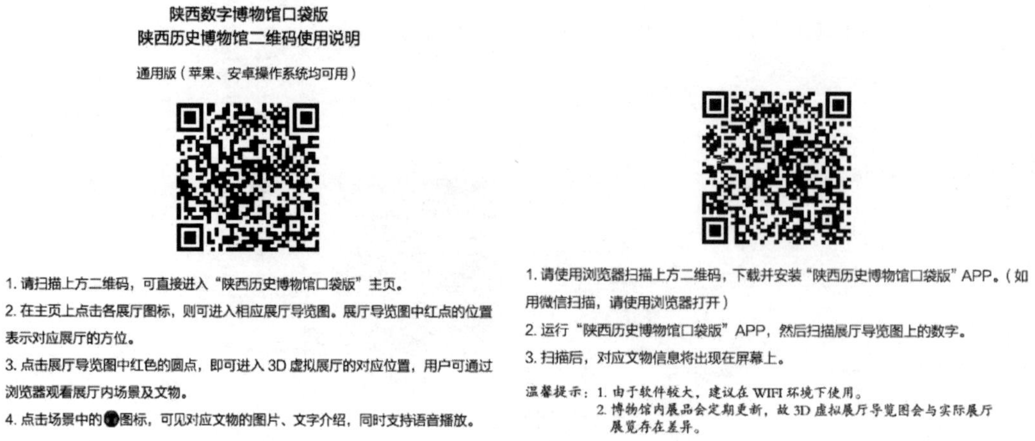
陕西数字博物馆口袋版
陕西历史博物馆二维码使用说明
通用版（苹果、安卓操作系统均可用）
1. 请扫描上方二维码，可直接进入“陕西历史博物馆口袋版”主页。
2. 在主页上点击各展厅图标，则可进入相应展厅导览图。展厅导览图中红点的位置表示对应展厅的方位。
3. 点击展厅导览图中红色的圆点，即可进入3D虚拟展厅的对应位置，用户可通过浏览器观看展厅内场景及文物。
4. 点击场景中的图标，可见对应文物的图片、文字介绍，同时支持语音播放。
1. 请使用浏览器扫描上方二维码，下载并安装“陕西历史博物馆口袋版”APP。（如用微信扫描，请使用浏览器打开）
2. 运行“陕西历史博物馆口袋版”APP，然后扫描展厅导览图上的数字。
3. 扫描后，对应文物信息将出现在屏幕上。
温馨提示：1. 由于软件较大，建议在WIFI环境下使用。
2. 博物馆内展品会定期更新，故3D虚拟展厅导览图会与实际展厅展览存在差异。

陕西历史博物馆口袋版二维码

下载安装app后打开，使用识别框扫描导览图上的编码，即可进入该位置的三维场景。

导览图后是各馆重点文物的详细介绍。同样使用识别框扫描对应文物的编码，即可进入该文物的详细介绍与语音讲解。

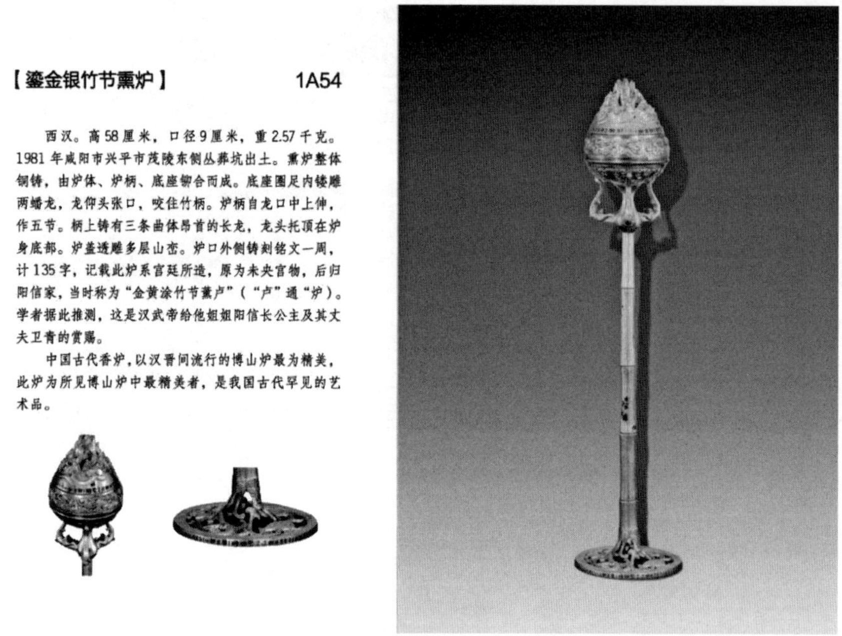
【鎏金银竹节熏炉】　1A54
西汉。高58厘米，口径9厘米，重2.57千克。1981年咸阳市兴平市茂陵东侧丛葬坑出土。熏炉整体铜铸，由炉体、炉柄、底座铆合而成。底座圈足内镂雕两蟠龙，龙仰头张口，咬住竹柄。炉柄自龙口中上伸，作五节。柄上铸有三条曲体昂首的长龙，龙头托顶在炉身底部。炉盖透雕多层山峦。炉口外侧铸刻铭文一周，计135字，记载此炉系宫廷所造，原为未央宫物，后归阳信家，当时称为“金黄涂竹节薰卢”（“卢”通“炉）。学者据此推测，这是汉武帝给他姐姐阳信长公主及其丈夫卫青的赏赐。
中国古代香炉，以汉晋间流行的博山炉最为精美，此炉为所见博山炉中最精美者，是我国古代罕见的艺术品。

文物的详细介绍页面

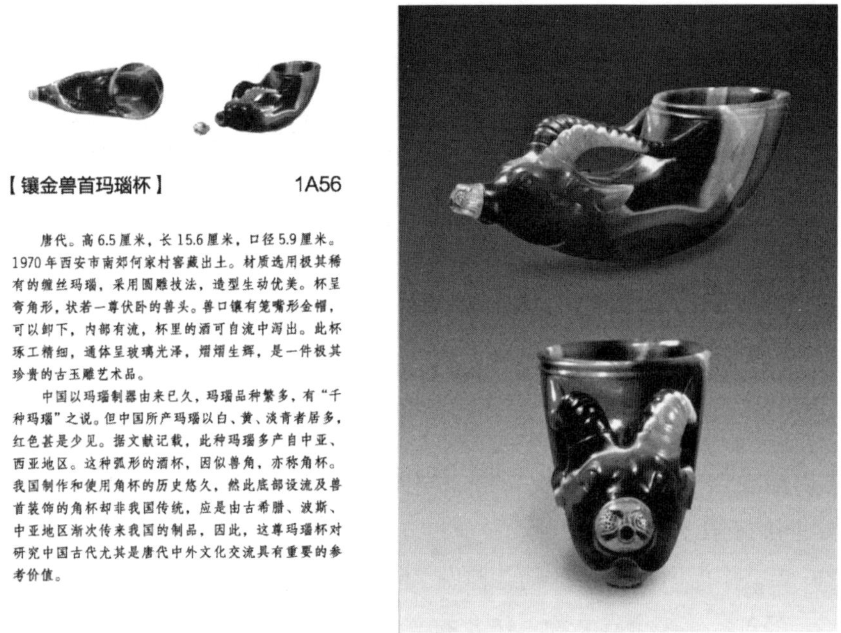

【镶金兽首玛瑙杯】 1A56

唐代。高6.5厘米，长15.6厘米，口径5.9厘米。1970年西安市南郊何家村窖藏出土。材质选用极其稀有的缠丝玛瑙，采用圆雕技法，造型生动优美。杯呈弯角形，状若一尊伏卧的兽头。兽口镶有笼嘴形金帽，可以卸下，内部有流，杯里的酒可自流中泻出。此杯琢工精细，通体呈玻璃光泽，熠熠生辉，是一件极其珍贵的古玉雕艺术品。

中国以玛瑙制器由来已久，玛瑙品种繁多，有“千种玛瑙”之说。但中国所产玛瑙以白、黄、淡青者居多，红色甚是少见。据文献记载，此种玛瑙多产自中亚、西亚地区。这种弧形的酒杯，因似兽角，亦称角杯。我国制作和使用角杯的历史悠久，然此底部设流及兽首装饰的角杯却非我国传统，应是由古希腊、波斯、中亚地区渐次传来我国的制品，因此，这尊玛瑙杯对研究中国古代尤其是唐代中外文化交流具有重要的参考价值。

文物的详细介绍页面

最后，随书附录陕西数字博物馆与汉唐网相关二维码（部分二维码在当时使用，附于书中供读者参考），方便大家查阅及使用。

陕西数字博物馆手机版二维码

陕西文物之声电台二维码

陕西数字博物馆网上商城二维码

汉唐网移动端二维码

汉唐网微博二维码

汉唐网微信公众号二维码

陕西数字博物馆与汉唐网相关二维码

陕西历史博物馆成功创建陕西省电子商务示范企业

（2014）

陕西是著名的文物大省，文物资源十分丰富。如何保护好、利用好、传承好陕西丰厚的文化遗产，如何使全社会都能领略陕西文物的风采，长期以来一直是全省文物工作者共同的责任和神圣的使命。

2006年，作为国家第二批试点省份，陕西启动了“文物调查及数据库管理系统建设项目”，经过数年来全省文物工作者的辛勤努力，已基本完成了全省近百万件馆藏文物的数字化建设工作。实体文物变成了虚拟数据，为我省百万馆藏文物在社会公众面前展示创造了条件。

为使数据资源得到广泛应用，2009年，我馆向陕西省文物局提出了建设陕西数字博物馆的设想，该项目得到了省文物局的大力支持。经过市场调研和技术开发，陕西数字博物馆于2011年7月实现了试运行。陕西数字博物馆建成后，以文化信息消费为主要产品结构，积极推动信息消费工程建设。为创新经营模式，更好地把文化产品传播到千家万户，我们开发了文物数字摩卡和陕西数字博物馆口袋版两套文化创新产品，在传统销售模式的前提下，架设B2C电子平台，拓展商务渠道，在全国具有示范引领作用。

一、基本情况

在得到陕西省文物局的大力支持下，陕西历史博物馆信息资料中心（该中心有IT专家7人、外聘技术工程师9人、商务人员11人）承担该项建设工作的具体实施（后在2012年6月4日，成立陕西文物数据中心负责该项目建设，该中心挂靠陕西历史博物馆，属陕西省文物局和陕西历史博物馆双重领导）。

陕西数字博物馆建成后，积极推动信息消费工程的启动。以文化信息消费为主要产品结构，目前开发文物数字摩卡和陕西数字博物馆口袋版两套文化创新产品，在传统销售模式的前提下，架设B2C电子平台，更好地把文化产品传播到千家万户，创新经营模式，拓展商务渠道，在全国具有示范引领作用。

主要产品及服务领域、启动年份、团队人数、经营模式与创新情况、信用及用户权益保障措施，守法经营情况和获得的荣誉等。

二、电子商务发展情况

陕西历史博物馆在其官网和陕西数字博物馆网站上做了 B2C 方式的电子商务平台，主要销售文物复仿制品和文化创意产品。特别是今年开发的文物摩卡和陕西数字博物馆口袋版，销售极为火爆，每天线下销售达到万元，目前的线上销售额也在每月 30% 的增长中。极为重要的是文物摩卡和陕西数字博物馆口袋版，目前仅开发了陕西历史博物馆一个博物馆的产品，按照省文物局的计划，一到三年开发出全省 15 家博物馆的文物数字摩卡和陕西数字博物馆口袋版，这样，销售前景值得期待。

这种以文物资源和移动互联技术相结合，以图文识别技术为支撑的技术模式，以线下和线上经营模式为创新的文物文化产品 B2C 销售模式在全国为首家，具有很强的示范引领作用。该平台参考博物馆导览业务的流程来分析设计各模块的主要功能。针对上千种展区展品，文字介绍解说是必须具备的首要功能。图片介绍功能：为使游客有更直观的体验，能更清楚地了解展览的内容，以实物图片配合文字介绍，实现图文并茂的导览功能。视频介绍功能：对于馆方的导览解说，视频介绍功能是最为直观、最为生动的，游客通过点击视频介绍功能按钮，便可自动播放精心录制的视频讲解，让游客享受视觉、听觉的双重体验，展示智能导览系统的新鲜体验。定位功能：博物馆属于大型展览景区，展品琳琅满目，有些展区设计独特，游客如果不熟悉地图或者没有注意指示，很容易出现迷路的情况，通过定位技术，能准确地根据游客手持的移动终端实现定位服务，让游客随时清楚了解自己所处的展区位置。

对于该系统的开发，我们采用基于 MVC 模式的框架。框架整体设计根据微软 Asp.net MVC 框架结构，并且依据软件代码复用的原则，采用三层结构体系将整个业务应用划分为表现层（UI）、业务逻辑层（BLL）、数据访问层（DAL）。表现层负责数据的展现和采集，数据采集的结果提供给业务逻辑层。业务逻辑层按照预定的业务逻辑处理表现层提交的数据，并根据需要使用数据访问层提供的资源。Sqlserver 数据库是美国微软公司研发的以分布式数据库为核心的数据库软件，在客户 / 服务器或 B/S 体系结构的数据库中现在是最流行的数据库软件之一，也是现在全球应用最广泛的数据库管理系统，Sqlserver 数据库是一个通用的数据库系统，它具非常完善的数据管理功能；Sqlserver 数据库也是关系数据库，它是完整关系的产品；Sqlserver 数据库也是分布式数据库，它具有分布式处理的功能。Sqlserver 数据库对于使用者而言，它的兼容性非常好，在任何 OS 系统和服务器上熟悉了并了解 Sqlserver 数据库，就可以在任何的 OS 系统和服务器上应用。

陕西数字博物馆是实现文物全民数据共享而走出的重要一步，是我国第一座省级集观赏性、知识性、互动性于一体的数字博物馆。陕西数字博物馆的开馆，得到了人民网、新华网、华商网、中国日报、中国文物报、西安晚报、陕西广播电视台、西安

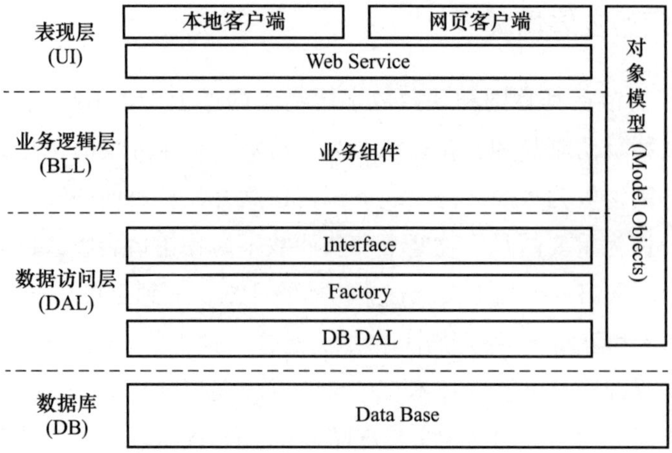

系统三层体系架构

广播电视台等多种形式媒体的报道，得到了全社会的广泛关注。今后，我们会不断丰富展览形式和内容，不断进行技术创新，把陕西数字博物馆建设成为体现陕西“文化强”的靓丽品牌。

三、项目目标

陕西数字博物馆的文物摩卡项目和口袋版将通过移动互联网技术的使用，实现对陕西历史博物馆所有馆藏文物的信息延伸和扩展：把原来简单有限的馆藏文物介绍变成内容丰富、多角度的数字信息内容介绍；把原本空间位置固定的馆藏文物呈现到移动互联网上，游客可以随时随地地欣赏文物；把原本单一、静止的馆藏文物变成 3D 真实模型，并且附以声音、视频、动画效果等，带来极强的感官互动体验和娱乐性。

陕西数字博物馆文物摩卡项目和口袋版项目的实施，将陕西历史博物馆的信息化水平提升到一个新的高度。从内容上面深度挖掘陕西历史博物馆及其馆藏文物特点并展现给游客，建设健全文物的多角度展现机制，丰富文物的文字、音频、视频、动画模型等信息，通过移动互联网技术、增强现实技术、多媒体体验技术使陕西历史博物馆的信息化水平、游览体验领先全国。

四、成果和效益

（1）它突破了游客参观陕西历史博物馆原有空间和时间的藩篱，能在更广袤的范围、任何时间、任何地点上网参观。文物阅览量、知名度、传播范围大幅度增加，综合社会效益稳步提升。

（2）它能对实体博物馆数字资源（包括文字、图像、声音等）进行整合、加工、提升和频繁更换，并运用多媒体手段营造逼真、形象、生动的展示效果，使提供的知识、信息丰富多彩。

（3）它能利用移动互联网平台，通过游客的评论、留言、互动和微博微信分享功能，扩大文物的互联网宣传性。

（4）它应用世界领先的增强现实技术，虚拟互动、多媒体沉浸式影音体验方式，极大提高了游客在博物馆的参观体验，带来更强的文物互动性和娱乐性。

（5）它提供全面的游客数据管理分析服务，提高了博物馆运营的信息化水平，积累了丰富海量的游客数据，通过大数据的运作，为博物馆的经营决策提供数据依据。

（6）通过简单有效、可持续性的商业运营模式，预期可以为陕西历史博物馆带来良好的经济效益。

五、项目实施指导思想

陕西历史博物馆文物摩卡项目和口袋版项目实施，最终目的是提高陕西省的博物馆为公众提供丰富历史文化信息的能力，提高陕西历史博物馆提供更优质、更全面馆藏文物展示的能力，提高陕西历史博物馆文物资源发掘、整合、传播的能力。

在这个思想指导下，我们充分调研了各类用户，包括博物馆领域的专家、文化机构群体，以及来博物馆参观旅游的游客，结合陕西历史博物馆自身特点，以及未来移动信息技术发展方向，综合考虑，力争达到“花小钱，办大事”的效果，用最适合、最具性价比的技术和设备，在保证充分满足当前及远期使用需求的同时，选择价格适宜，易于维护，可拓展性较好的移动信息化解决方案。

六、开发流程

陕西历史博物馆文物摩卡项目和口袋版项目实施过程，参考国外先进成熟的移动信息化博物馆产品开发流程及实施过的成功案例，先于陕西历史博物馆集中讨论，广泛征求信息化意见和建议，确定具体的工作内容，梳理项目进度流程。在项目实施过程中时刻沟通，确定需求意见充分满足，达到预订要求。项目成型后，试运行阶段中，确保有问题及时改进，保证最后交付使用。

如图所示。

七、经济效益

创新的商业模式首次把互联网技术服务和传统商业模式相结合运用在博物馆领域，游客通过线下购买、线上认证信息服务的模式，不仅可以为游客提供便捷的多元化展览体验新方式，也可以为馆方带来一定的经济效益，从而更好地促进馆方的积极性和参与度，让平台能够更好地运转和升级，使博物馆突破空间、时间限制。

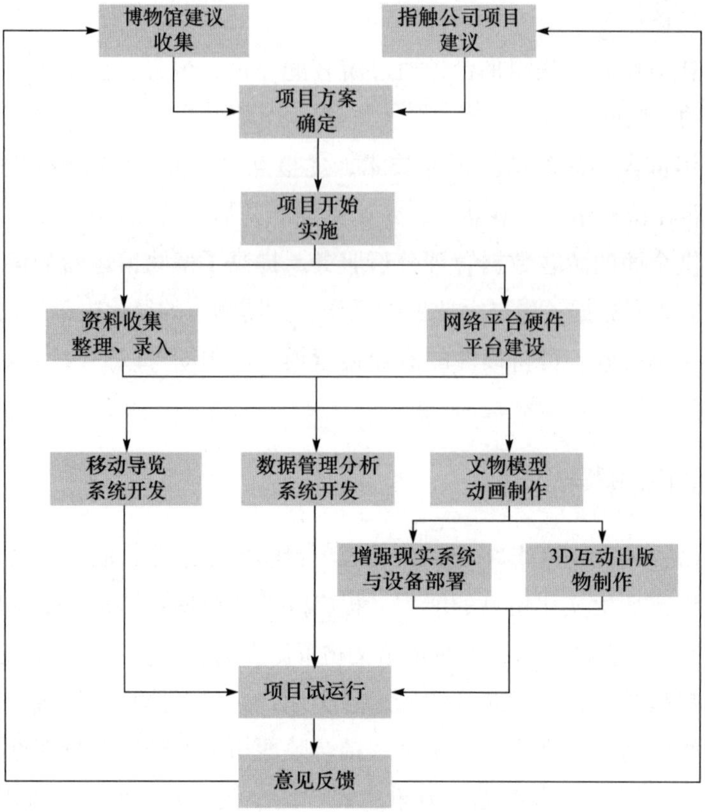

开发流程

八、社会效益

本课题中的信息服务平台部分完成后，可为游客提供丰富全面的交互式及多感官的个性化导览体验，特别是增加了对青少年观众的吸引力。改变过去游客走马观花、只能看说明牌、离开博物馆便无法再次欣赏展品的现象，丰富游客对于博物馆文化内涵深层次的了解渠道和多感官的内容体验方式；二维码导览可以实现游客快捷获取多元化的文化信息，为馆方提供游客数据统一分析依据；增强现实三维互动卡片，可以实现把博物馆带回家，把文物带回家的愿望，实现文物间关联数据的共享调用，看一件物品时有线索地引导其查看其他与之年代相关的文物，继而能够对一个朝代或文明有所了解。

（1）电子商务建设总体情况［包括电子商务运行（应用）年限、许可和备案情况、平台运行情况等］。

（2）电子商务资本、运营、盈利模式及核心竞争力等。

（3）企业电子商务应用（服务）机构、组织体系及专业人员构成。

（4）企业电子商务应用（服务）平台建设的主要内容及功能：① 平台建设技术路

线及技术解决方案；② 信息流管理；③ 资金流管理；④ 物流管理；⑤ 安全管理（包括防控传销、欺诈、售假等）；⑥ 客服管理；⑦ 平台与企业内部信息管理系统的衔接。

（5）近两年平台建设资金投入情况及下一步计划安排。

（6）平台主要技术经济指标及技术水平评价。

九、电子商务应用（服务）平台绩效评价

（1）近两年（2013—2014 年）的经营业绩（主营业务收入、产品销售产值、实现利润、利税总额、电子商务交易额等）。

（2）业务平台及年运行费用。自有平台、借助第三方平台、提供公共服务平台。

（3）电子商务全流程环节现状。产品上线、支付、物流、售后服务。

（4）行业带头示范作用和对相关产业的推动作用：① 平台功能发挥；② 实现网上交易的主要客户规模；③ 企业近两年应用电子商务的采购额、销售额及其增长情况，占企业总采购额、销售额的比重；④ 企业应用电子商务的经济效益和社会效益绩效评价；⑤ 企业电子商务应用平台在国内、省内同行业的知名度评价、示范作用和推广价值评价。

十、电子商务的发展规划

（1）预期目标。

（2）市场定位。

（3）发展和投资方向。

（4）主要措施。

陕西文物全民知识地图

（2014）

在知识经济时代，各组织、单位开始对知识进行管理。但是知识管理是一个很复杂的过程，涉及到组织、单位的方方面面，是将组织、单位的智力资本转化为价值的一系列过程，包括知识的创造、获得、组织、应用、共享和更新等。要进行知识管理，需要有技术和工具的支持，而知识地图被认为是一种有效的知识管理工具。目前很多大型公司都在使用知识地图，比如 Microsoft 公司在 1995 年就开始制作知识地图，50% 以上的知识管理项目都要用到比目前的组织、单位公共网站复杂得多的知识地图。

陕西数字博物馆作为陕西文物展示的重要窗口，发挥了其积极的社会宣传作用。但一直以来，其知识管理，或者说智慧功能甚为欠缺。为了更好地发挥陕西数字博物馆在智慧化博物馆中的作用，我们提出“陕西文物全民知识地图”项目的建设工作。

陕西文物全民知识地图是陕西数字博物馆的应用延伸，更是落实陕西建设智慧博物馆的重要举措。

1. 概念

知识地图的概念最早是由布鲁克斯（B.C.Brooks）提出的。他提出的知识地图的概念主要是指人类的客观知识，他认为人类的知识结构可以绘制成各个单元概念为节点的学科认识图。在企业知识管理中，知识地图有它特定的含义，是一种知识库管理系统技术（DBMS）与因特网技术相结合的新型知识管理技术。泛微软件对知识地图的理解是这样的：第一，知识地图是一个向导，它本身并不是一个知识的集合。这是知识地图不同于以往信息工具的最突出的一点。对用户来说，大部分的信息是在知识地图所指向的知识源中，而不是被包含在知识地图本身当中。这是知识地图和其他一些工具如 CASE，数据库，群件和 BPR 等软件的一个最大的不同之处。知识地图不是具体的知识，而是关于知识来源的知识。第二，知识地图指向的是知识源，而这些知识源不仅可以是已经固化在一定的载体上的各种形式的文献、数据库，也可以是大脑中存储了丰富的隐性知识的专家或其他人员。第三，知识地图不仅仅要揭示知识的存储地，通常也要揭示知识之间的关系。很多学者认为，知识地图在试图揭示知识之间的关系时，往往会发现以往所没有发现的某些知识之间的新的关系，从而产生新的知识。第四，知识地图的最终目标是帮助组织、单位实现知识的共享。知识地图之所以要尽量完整地揭示组织、单位的知识源，就是要使使用者在需要知识时，能够很有效地找到它们，而不管这些知识是以什么形式存在的，是显性的还是隐性的。这样做的最终目的是使组织、单位已有的知识能够被所需要的人找到，实现企业知识资源的充分共享，最大限度地发挥组织、单位知识资源。

2. 主要内容

在知识经济时代，各组织、单位开始对知识进行管理。

但是知识管理是一个很复杂的过程，涉及到组织、单位的方方面面，是将组织、单位的智力资本转化为价值的一系列过程，包括知识的创造、获得、组织、应用、共享和更新等。要进行知识管理，需要有技术和工具的支持，而知识地图被认为是一种有效的知识管理工具。目前很多大型公司都在使用知识地图，比如 Microsoft 公司于 1995 年就开始制作知识地图，50% 以上的知识管理项目都要用到比目前的组织、单位公共网站复杂得多的知识地图。

陕西数字博物馆作为陕西文物展示的重要窗口，发挥了其积极的社会宣传作用。但一直以来，其知识管理，或者说智慧功能甚为欠缺。为了更好地发挥陕西数字博物馆在智慧化博物馆的作用，我们提出“陕西文物全民知识地图”项目的建设工作。

陕西文物全民知识地图是陕西数字博物馆的应用延伸，更是落实陕西建设智慧博物馆的重要举措。知识地图有它特定的含义，是一种知识库管理系统技术（DBMS）与因特网技术相结合的新型知识管理技术。

陕西文物全民知识地图理解是这样的：首先，它是一个向导，它本身并不是一个知识的集合。这是陕西文物全民知识地图不同于以往信息工具的最突出的一点。对用户来说，大部分的信息是在知识地图所指向的知识源（也就是我们提到的文物数据库系统的文物数据和陕西省第一次全国可移动文物普查的数据）中，而不是被包含在知识地图本身中。这是知识地图和其他一些工具如 CASE、数据库、群件和 BPR 等软件的一个最大的不同之处。

3. 主要功能

（1）文物数据的提供（知识提供）和展示。

（2）老百姓进行共享。

（3）大众知识创新。

（4）知识互动交流，实现陕西提出的智慧博物馆功能建设。

陕西文物全民知识地图互动系统将动态图像投影于白色桌面上，供观众观赏不可移动文物地图标注信息，查询陕西可移动文物资料和陕西省博物馆相关资料讯息，以文字、图像、地图等方式展示，具有展示新颖，观众互动的功能。观众可以在桌面进行触控操作，取代传统的触摸屏，打破了其他电子产品程序复杂，使用麻烦的栅栏，让人和数字内容交互变得直接，使用户得到全新的操作体验，让陕西文物数据走进百姓中，让陕西文物数据真正的用之于民。

多点触摸系统基于先进的计算机视觉技术，获取并识别手指在投影区域上的移动，以自然的手势姿态控制软件，实现图像的点击、缩放、三维旋转、拖拽，是一种极为自然和方便的互动模式。

应用本系统，参观者不仅可以观看到高画质投影的图像，同时也可用手指触摸选择自己感兴趣的内容，或对相关信息进行查询。如一定时间内无人触摸时，系统可自主播放设置好的信息内容，当有人触摸时，则自动切换为互动式信息展示状态。

4. 知识地图内容设置

（1）陕西省博物馆分布图。

（2）陕西陵园分布图。

（3）陕西古院落查询版图。

（4）陕西古建筑分布图。

（5）陕西古遗址分布图。

（6）陕西可移动文物分市查询信息。

（7）青铜器分布图。

（8）玉器分布图。

（9）陕西壁画分布图。

（10）陕西摩崖石刻分布图。

（11）陕西寺庙亭分布图。

（12）近现代革命纪念地（抗日战争胜利 78 周年）等。

陕西历史博物馆数字资产管理办法

（2015）

第一章　总　　则

第一条　为了适应数字时代的发展，规范陕西历史博物馆数字资产管理，有效配置博物馆资源，提高数字资产的采集和使用，保证数字资产的安全完整，促进博物馆各项事业健康发展，结合我馆实际情况，特制定本管理办法。

第二条　数字资产管理的基本原则是：管理规范、责任明确、配置合理、共享优先的原则。

第三条　我馆数字资产实行归口信息资料中心统一管理。全馆各个部门设立兼职数字资产管理员，负责数字资产具体上报和管理。

第二章　数字资产采集范围及内容

第四条　数字资产采集范围及内容：

陈列部［每年展览次数（国内、国外）、展览文物资料（照片、展览大纲）交流活动、出版物等］。

保管部［库房文物信息（数量、展览出访文物名称及资料等）、文物修复数量（名称及照片、视频等）、交流活动、出版物等］。

科研处（科研数量统计、学术报告、出版物、学术交流等）。

宣教部（讲解批次数、讲解人数月报、接待数量、活动批次、微博数量、板件统计、交流活动、出版物等）。

信息资料中心（纸质图书、电子图书、信息化建设项目、文物照片视频拍摄、网站稿件及回复、数字博物馆展览资料、OA 资料统计季报、各部门数字资产半年统计、交流活动、出版物等）。

征集处（文物征集数量、照片视频、交流活动、出版物等）。

壁画中心［文物修复数量（名称及照片、视频等）、交流活动、出版物等］。

党委行政办公室（接待次数、会议记录、宣传数据、票务数据月报、用车数据等）。

人事处［人员在册数据、退休人员数据、工资月报（包括升资调薪等）］。

保卫处（安防、安检月报、演习活动、技防数据、突发事件等）。

财务处（年度用款计划、实际用款情况、项目推进月报等）。

后勤处（设备清单、报废清单、基建项目等）。

设备部（设备维护、设备添加改造、电量月报、空调数据、供暖数据月报等）。

纪检审计室（学习情况季报、招标数据、议标数据等）。

创优办（环境月报、观众调查月报等）。

文化产业部（新品开发数据季报、销售数据季报等）。

工会（活动数据、婚丧数据、参赛数据、获奖数据等）。

第三章　数字资产采集程序

第五条　信息资料中心按照数字资产类别、名称、规格、数据项、使用状况等统一编号，编制数字资产目录，建立数字资产数据库。

第六条　各部门定期（月、半年、年度）采集数字资产数据。

第七条　数字资产上报流程，由各部门采集本部门数字资产，将数字资产定期（每月底、半年、年）上报信息资料中心，信息资料中心统一上传我馆数字资产管理系统。

第八条　重大活动之视频、照片等由信息资料中心采集。

第九条　数字资产涉及部门：

陈列部、保管部、科研处、宣教部、信息资料中心、征集处、壁画中心、党委行政办公室、人事处、保卫处、财务处、后勤处、设备部、纪检审计室、创优办、文化产业部、工会。

第四章　数字资产应用及管理

第十条　数字资产使用部门及个人，需提前填写“数字资产申请表”，报部门负责人、部门主管领导审批后，交付信息资料中心，拷贝所批数字资产。

第十一条　离职（调职）人员应在所属部门领导的监管下，清空数字资产数据。不然，追究当事人和所属部门领导责任。

第十二条　《陕西历史博物馆数字资产管理办法》，涉及我馆各个部门（17个部门）。2015年9月2日馆务会决定，各部门数字资产要及时报送信息资料中心，报送工作纳入年终工作考评，年终考核数字资产上交不合格实施一票否决。

第五章　附　　则

第十三条　本办法中的数字资产是指基于文物及文物管理带来的数字信息。其中，数字资产可以包括文字、图片、视音频、图表和其他结构化与非结构化的数字信息。

陕西数字博物馆建馆历程

（2015）

2012 年 8 月 28 日上午，陕西数字博物馆开馆仪式在陕西历史博物馆举行。省委常委、宣传部部长景俊海和副省长郑晓明出席了开馆仪式并启动陕西数字博物馆。

陕西数字博物馆的开馆，标志着陕西博物馆事业正式进入全民数字时代，亦标志着陕西文博事业驶入浩瀚的网络新时代。

陕西是著名的文物大省，文物资源十分丰富。如何保护好、利用好、传承好陕西丰富的文化遗产，如何使全社会都能领略陕西文物的风采，长期以来一直是全省文物工作者共同的责任和神圣的使命。

2006 年，作为国家第二批试点省，陕西启动了“文物调查及数据库管理系统建设项目”，经过数年来全省文物工作者的辛勤努力，已基本完成了全省近百万件馆藏文物的数字化建设工作。实体文物变成了虚拟数据，这就为我省百万件馆藏文物在社会公众面前展示创造了条件。

陕西文物数据库建成后，如何发挥数据库的管理和社会应用功能，已成为陕西文博界的当务之急。陕西数字博物的建设，是为顺应社会主义文化大发展大繁荣的时代要求所作出的重要举措。为此，陕西省文物局明确指示：要求在做好数据库管理的同时，增强社会服务应用功能，提高利用水平。以陕西文物数据应用为主导，以为观众提供方便的文化观览为己任，建设好以陕西文物数据库的文物数据为依托的真正意义上的全国首家数字博物馆。

陕西数字博物馆是 2012 年陕西省政府推出的一项重要的文化惠民工程，它依托先进的网络科技手段，通过全面整合陕西文物信息资源，采用文物数字化展示、保护和交流、动态模拟、三维演示等，为用户打造更加便捷的知识分享平台。

陕西数字博物馆，现主要栏目有虚拟现实馆：以虚拟三维技术全角度全方位游览全省实体博物馆。数字专题展：利用陕西馆藏文物数据库资源举办的陕西文物数字专题展览。临展与交流展：展示正在举办和已经结束的省内临时展览及国际省际交流展览。精品文物鉴赏：通过二维与三维方式鉴赏陕西精品文物。讲坛与讲解：聆听文博专家的专题视频讲座与陕西实体博物馆的语音讲解等。

以五大主题栏目为主导，同时设立博物馆新闻、交流与论坛、数字文库、博物馆大全等信息服务，为公众提供集观赏性、知识性、互动性为一体的交流平台。

陕西数字博物馆，在以创新的数字媒体不断丰富展览形式外，还利用虚拟现实技术对馆藏文物制作了逼真的模拟效果。公众可通过键盘和鼠标进行前进、后退、缩小、放大等操作，在虚拟的场景中徜徉，在逼真的藏品中品味，感受网上展馆带来的真实可触、多维互动的创新接触体验！

目前，陕西数字博物馆已收录珍品文物几十万件，公众只要登录陕西数字博物馆，即可实时查询所需的博物馆资讯，了解珍品文物及其背后的精彩历史，真正做到足不出户尽享国内外文物饕餮。

陕西数字博物馆，在保证内容权威性的同时，深入挖掘历史文化内涵，突出文物数字化、文物展示和文物保护功能，使文化精髓得以快速共享，是真正的陕西文物数字专业门户，其有网络版、移动版、口袋版等多种形式。

1. 陕西数字博物馆网络版

陕西数字博物馆网络版是2012年陕西省政府推出的一项重要的文化惠民工程，于

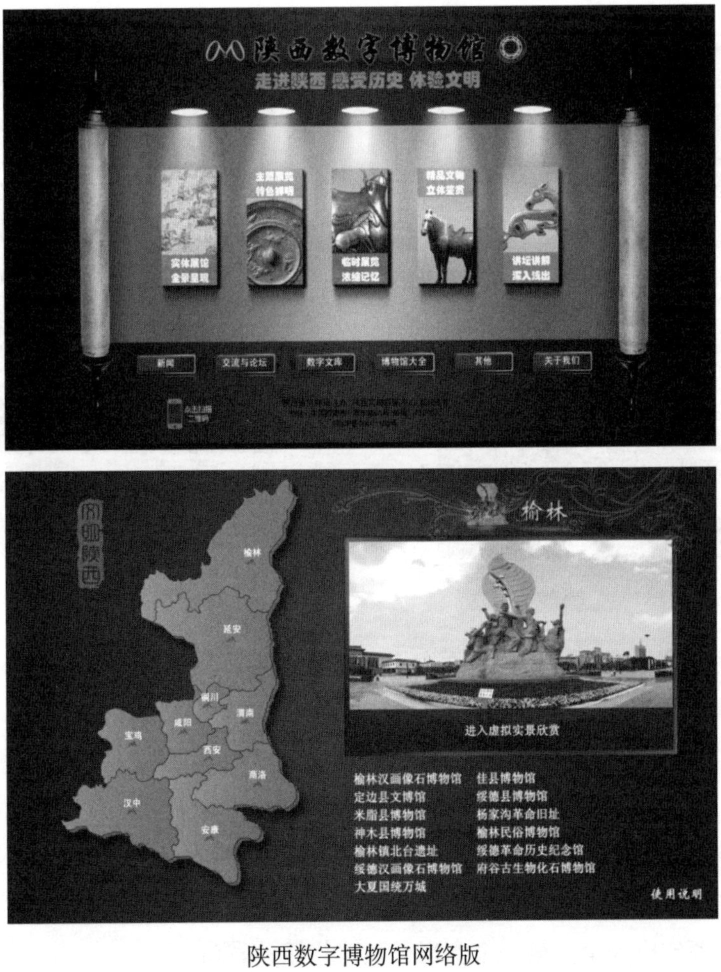

陕西数字博物馆网络版

2012 年 8 月 28 日正式上线开馆，一年多来，相继有人民网、新华网、凤凰网、中国日报、中国文物报、三秦都市报、西安晚报、陕西广播电视台、西安广播电视台等多种形式的媒体进行报道，得到了全社会的广泛关注。参观人数突破 50 万。它是一个没有围墙的博物馆。

2. 陕西数字博物馆移动网络版

2013 年 12 月 12 日，陕西数字博物馆移动网络版正式向公众推出。数字博物馆移动网络版的上线，让越来越多关注互联网、移动互联网的博物馆爱好者的目光汇聚陕西，一年来，点击人数突破 30 万。它是一个随身携带的博物馆。

3. 陕西数字博物馆口袋版

2014 年 6 月 14 日，是我国第九个“文化遗产日”，陕西省文物局在这里隆重推出陕西数字博物馆口袋版。有幸的是，陕西历史博物馆作为该口袋博物馆的第一分册，呈现在大家面前。

陕西数字博物馆移动网络版

陕西数字博物馆口袋版

陕西数字博物馆口袋版，从表面上看，是一本带有我国传统文化色彩的布面折页，实际上它是集当今互联网技术、移动互联技术和图文识别等先进技术为一身，把传统的纸质媒介与现代的网络媒介创新结合的一个综合体，实现了把历史装进口袋，把博物馆带回家，让文物活起来的愿望。它是一个可以带回家细细体验的博物馆。

陕西数字博物馆网络版，陕西数字博物馆移动网络版和陕西数字博物馆口袋版，是响应陕西省文物局提出实现智慧博物馆的探索和实践，我们衷心希望，通过我们的不断努力，陕西省成为全国第一个实现智慧博物馆的省份。

4. 陕西数字博物馆实体体验馆

陕西数字博物馆实体体验馆的建设，是对全省实体博物馆的资源整合，这必将改变博物馆的展览形式和传播手段。运用数字影像技术在实体博物馆基础上建立三维立体的虚拟历史空间，运用数码影像技术，使其从藏品到博物馆再到遗址环境（如墓室场景再现），都能得到完美再现。我们挖掘博物馆背后所蕴藏的文化积淀，通过数字化和影像、声像的方式去改变藏品的储存、保管、展示的原有手段，提出了文物保护、文物研究、文物展示、文物传播的新方法和新思路，必将对实体博物馆的数字化建设和管理方式起到巨大的补充和拓展。它是一个实体博物馆的延伸馆。

陕西数字博物馆实体体验馆

5. 陕西数字博物馆流动版

陕西省现有博物馆数量达到221座，随着文博事业的发展，人们对精神文化的要求不断提高，特别是新文物法的颁布和实施，广大人民群众对社会主义文化事业的需求，尤其是偏远山区、学校的需求非常迫切。由于陕西地域广阔、文物数量众多、博物馆分布不均，造成很多博物馆的精美展览不能很好地推向社会，得不到更多群众的参观浏览，文博人员的辛勤劳动得不到社会的共享，妨碍了文博事业发展的进程。

陕西数字博物馆流动版

根据各博物馆的地理位置以及不同的展示条件，建立一个以陕西流动博物馆（陕西数字博物馆流动版）为中心的广泛辐射的流动博物馆官网系统，整合已有全省的展览资源，充分利用文物数据库资源优势，更大地发挥各馆专业人才的积极性和创造性，提高展览水平，节约展览成本，降低运营费用，增强流动展览的安全保险系数，同时培养高素质的文博专业人才，都显得非常必要。

鉴于以上情况，筹备一批不同类型和规模的二维电子专题展览，依据各博物馆实体展览，制作三维虚拟展览，并以交互式互动的方式在山区和学校巡回展出，形成一个动态的展览网络系统。

6. 陕西数字博物馆数字摩卡

陕西数字博物馆数字摩卡，是陕西省博物馆集群研发的课题。在于完成一个基于二维码的移动交互导览系统的应用。为了提高陕西省内博物馆的社会服务水平和教育能力，更好地让博物馆通过现代化的技术手段服务于参观者，通过二维码自助导览的应用，让参观者可以便捷地对文物及景区的详细介绍及相关历史文化知识实现多感官的获取。同时通过游客大量扫码数据的积累，为博物馆提供全面的游客数据分析服务，包括游客数量、文物访问次数、地域来源等信息，为博物馆的日常管理决策提供数据支持和参考，为信息消费进行尝试性探索。

文物数字摩卡

陕西数字博物馆商务平台成功上线并获得陕西省开展电子商务示范企业

（2015）

一、情况说明

根据《陕西省商务厅关于开展电子商务示范企业创建工作的通知》（陕商发〔2014〕43号）的要求，2014年5月初以陕西历史博物馆（陕西数字博物馆商务平台）为单位，参加了省商务厅组织的各市区（县）商务主管部门电子商务示范企业申报活动。

这次参加评选的企业全省有60家。省商务厅组织专家按照公平、公开、公正并兼顾地区、行业分布的原则，依据《陕西省电子商务示范企业创建规范（试行）》，对申报材料进行了认真审核，确定陕西数字博物馆商务平台等20家企业为陕西省电子商务示范企业。

陕西历史博物馆（陕西数字博物馆商务平台）原有电子商务适合陕西历史博物馆联合开发的项目，原来的平台只有线上展示，在线下交易。考虑到陕西博物馆行业的发展和文创产品的不断涌现，我们于2014年开发了陕西数字博物馆文创产品交易平台。

二、陕西数字博物馆网上交易平台介绍

该平台是集陕西全省博物馆文创资源开发的网上交易系统。消费者通过网络在网上购物并支付。由于这种模式节省了客户和企业的时间和空间，大大提高了交易效率，特别对于工作忙碌的上班族，这种模式可以为其节省宝贵的时间。

本次解决方案采用模式：多用户综合B2C商城，同样是多用户商城，但区别在于综合B2C商城可以在商城统一的平台上展示自己的产品，类似“网上超市”的概念。这样通过统一的平台展示产品，一方面可以带动人气，另一方面也促进了销售，同时节省了成本。

1. 前台特色功能

（1）商品列表显示方式：商品列表显示多种组合人性化的查看方式，更加方便客户浏览商品列表。

（2）商品多图、多样式展示：全面展示商品图片，使客户订购更加精确。

（3）商品配件、相关商品：相关商品展示使客户订购更加方便。

（4）邮件通知：会员注册通知、订单确认通知。

（5）购物流程操作指南，让整个流程更人性化，使用更方便！

2. 流程及说明

申请企业支付宝账号（详细：https：//b.alipay.com/newlndex.htm，免费申请），形式就是邮件地址 pay@sxhm.com，支付宝账号对应的有支付秘钥等接口信息，把这些接口信息整合进我们的电商平台，消费者在我们电商平台选好商品到支付环节就能看见有支付宝支付，支付到我们的企业支付宝账户，我们将企业支付宝账户和我们博物馆的对公账号（一般用户就可以）绑定，在支付宝账户里体现我们企业的对公账户。

消费者在平台下订单后，系统后台有订单管理系统，就能知道消费者的信息和订单的信息，就是谁什么时间买了什么、数量、单价、总价、送到什么地方，我们系统里专门设有处理订单的管理人员对其进行处理，通知相关人员发货，系统里可以设置不同的管理人员。一个博物馆设一个订单处理人员，规定每天登陆几次处理订单，可以管理商品及库存信息。一般采用第三方发货，例如，顺丰、申通、圆通、ems 等。

我们平台的名字叫陕西数字博物馆电商平台（或网上商城），网址是 shop.0110m.com，在所有跟我们有关联的博物馆网站上放上我们商城的链接。目前只在陕西数字博物馆上链接，以后还会在汉唐网和各相关博物馆的网站上进行链接。

同时我们在淘宝上开一个我们的网店，把商品放上去，并使用我们申请的企业支付宝账号进行绑定。

三、网上商城链接及图示

网上商城链接如下：http://shop.0110m.com/。

四、获奖情况

根据《陕西省商务厅关于开展电子商务示范企业创建工作的通知》（陕商发〔2014〕43 号）要求，2014 年 5 月初以陕西历史博物馆（陕西数字博物馆商务平台）为单位，参加了省商务厅组织的各市区（县）商务主管部门电子商务示范企业申报活动。

本次参加评选的企业全省有 60 余家，最终确定陕西数字博物馆商务平台等 20 家企业为陕西省电子商务示范企业。2014 年 7 月 8 日，由中国商业联合会、商务部外贸发展局和陕西省商务厅共同举办的“2014 年陕西电子商务（跨境）交流合作促进大会”在曲江宾馆隆重召开。陕西省副省长王莉霞对于陕西电子商务的发展做了重要讲话。来自阿里巴巴、苏宁云商和京东商城的全球著名电子商务企业做了交流发言。会议最后举行了陕西省电子商务示范企业发牌仪式。

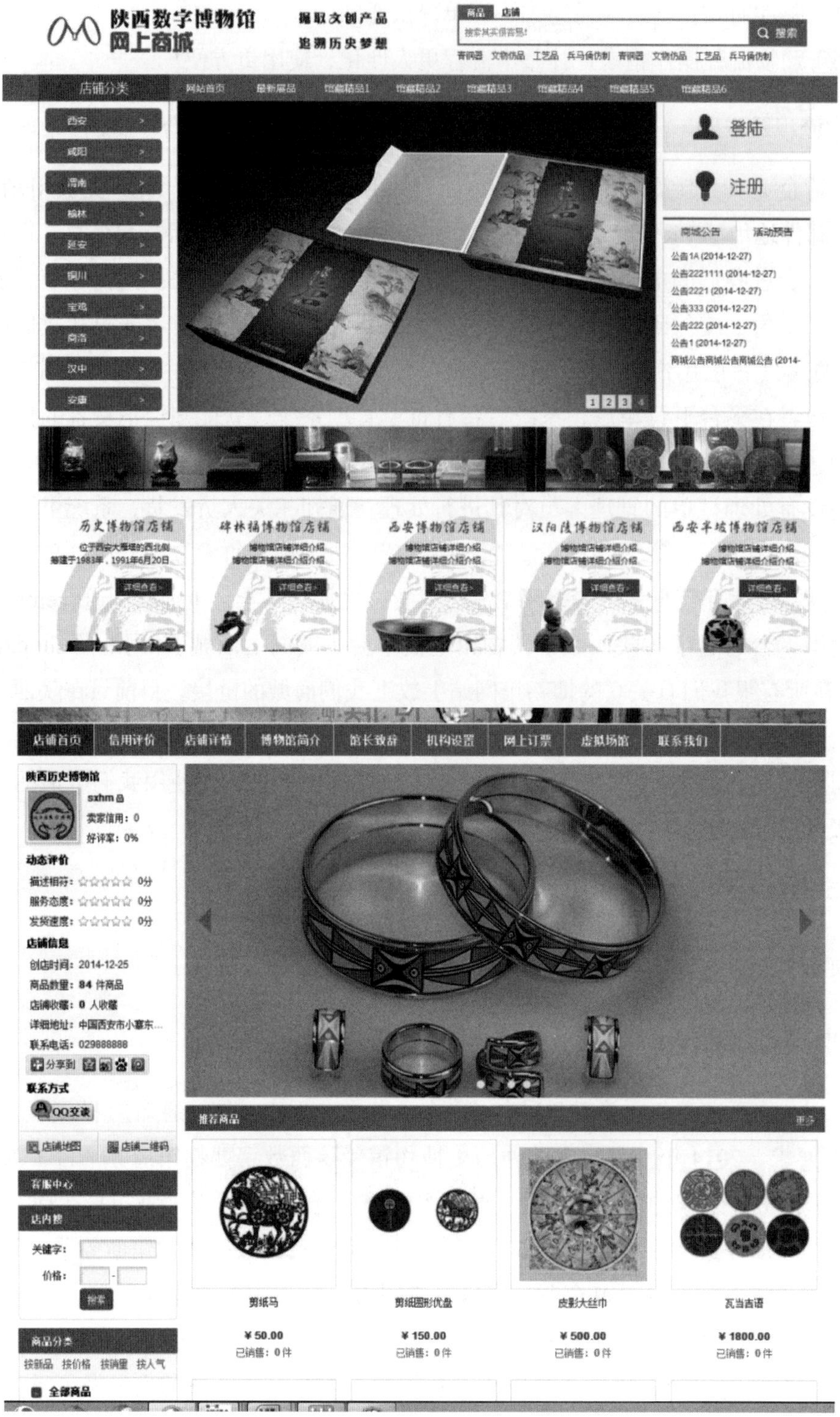

陕西数字博物馆网上商城

陕西省电子商务示范企业发牌仪式

附：陕西省电子商务示范企业名单，共20家，如下：陕西中农资讯有限公司、西安绝顶人峰网络科技有限公司、西安融联网络科技有限公司、上海石油交易所西部有限公司、陕西沙漠庄园果业有限责任公司、西安涅磐网络科技有限公司、西安树德网络科技有限公司、陕西全购通电子商务有限公司、陕西龙星新材料有限公司、陕西森弗高科实业有限公司、陕西美农网络科技有限公司、宝鸡市清姜工矿配件有限公司、延安市众圆网络科技有限公司、榆林煤炭交易中心有限公司、西安习悦信息技术有限公司、靖边县涌泉居现代农业科技服务有限公司、陕西医药控股集团派昂医药有限责任公司、杨凌秦岭山现代农业股份有限公司、西安麦家生活用品有限公司、陕西历史博物馆（陕西数字博物馆商务平台）。

《人民日报》对我省数字博物馆和口袋版建设进行深入报道

2015 年 5 月 16 日《人民日报》第 5 版“假日生活”栏目，由任维莹、王珏以《当数字化遇上博物馆——文物就这样“青春”定格》为题，对我省数字博物馆建设情况进行了深入报道。这充分体现了我省在数字博物馆建设方面的成就。

5 假日生活

当数字化遇上博物馆

文物就这样「青春」定格

花得少 玩得好

登山 徒步 看企鹅

人偶同台 展演经典

《人民日报》对数字博物馆的报道

全文摘录如下：

注重体验实现自我选择　把历史装进口袋里

我国数字博物馆建设是从20世纪90年代兴起的，经过十几年的快速发展取得了可喜的成绩。2001年7月16日，故宫数字博物馆网站的开通标志着我国第一个真正意义上的数字博物馆诞生。

陕西是文物大省，同时又是科技大省。陕西省文物局局长赵荣说："数字博物馆建设应该在把文化遗产传递给社会的过程中，以更具惠民的思维和更为便捷的方式，让博物馆的文物真正的活起来。"

2008年底，陕西省完成了全省文物数据库的建设工作；2012年8月28日，陕西数字博物馆正式开馆上线运行。目前，日平均浏览点击人数为1200余人，预计2015年点击人数将会突破80万人次；2013年推出"随身携带的"移动网络版；2014年推出《陕西数字博物馆（口袋版）》，实现了把历史装进口袋，成为一个可以带回家细细体验的博物馆。据了解，近期陕西数字博物馆还会推出全国第一个文创产品交易平台。

进入实体博物馆或是文化遗址中，很多游客觉得"看不够"，舍不得离开。省时又省钱，好玩又好看，"管饱"观众是数字博物馆的宗旨。360°全景视觉图像替代了冰冷的橱窗，品一杯香茗，感受文物映射出的朝代更迭与沧桑变迁。绘声绘色的文字编辑与图片色彩转换取代了实体参观时的"走马观花"和偶尔的心不在焉。在数字博物馆的畅游中，能及时有效获取文物信息、自主选择馆藏内容，既方便又快捷，感受与实体参观不一样的视觉体验。

"在强化教育功能的同时，数字博物馆也要开发具有文化娱乐功能的文化展示平台，"陕西省文物数据中心主任邵小龙说，"必须尊重网民的心理感受、审美趣味和认知特点。在这点上，就要引入'互联网思维'，让人民群众成为数字博物馆建设的参与者，这又要引入智慧博物馆建设的思想，让网络'原居民'和网络'移民'把控数字博物馆的明天。"

目前，以数字博物馆为基础，充分利用物联网、大数据和云计算等新技术，我国正在构建以全面透彻的感知、宽带泛在的互联、智能融合的应用为特征的新型博物馆形态。实现实体博物馆向数字博物馆转变，最终向智慧博物馆迈进，这是博物馆发展的大趋势。

以陕西省博物馆信息化建设为例探究智慧博物馆认知

（2015）

从理论上讲，博物馆信息化是指博物馆各个部门和各项职能都能够利用计算机作为日常工具，构成一个以藏品信息数据库为基础、以信息网络为支撑、以业务应用为核心的信息系统。随着互联网技术的不断发展，运用其强大的传播和互动能力，将博物馆的研究成果与观众进行沟通、互动，这已成为博物馆信息化建设的重要发展趋势。这就顺应了陕西省文物局赵荣局长于 2013 年 5 月 17 日在《陕西日报》最早提出“智慧博物馆可以更好地惠及民生”的概念。

今天我从博物馆信息化建设思路谈起，阐述智慧博物馆的建设步骤与方法，并以陕西省博物馆信息化建设为例，来展示陕西省博物馆在智慧博物馆建设方面的实践和探索。

一、博物馆信息化建设的思路及目标

在实体博物馆中，是以“物→人”为主。而数字博物馆实现了“数字—人”的双向信息交互，但“物→数字”的信息传递是单向的。智慧博物馆使“人—物”“物—物”“人—人”之间的双向信息交互成为可能，同时结合云计算和大数据分析技术应用，将进一步实现对“物”的智能化控制。智慧博物馆实现后，“数字”不再是核心，而演化成为一种必备工具，“人”重新回归为博物馆的核心。

由此来看，智慧博物馆是以数字博物馆为基础，充分利用物联网、云计算等新技术，构建的以全面透彻的感知、宽带泛在的互联、智能融合的应用为特征的新型博物馆形态。智慧博物馆 = 数字博物馆 + 物联网 + 大数据（云计算）。

智慧博物馆将是实体博物馆不可或缺的有机组成部分，如同神经系统是人体的有机组成部分一样。数字博物馆负责博物馆各组成要素数据的处理、存贮、分析和表达；而物联网负责博物馆各组成要素的信息采集和控制指令的传输和执行，云计算则负责根据已有的海量数据资源和当前物联网实时采集的数据，对其进行分析决策，并向博物馆各组成部分或要素下达控制指令。

二、智慧博物馆的实现步骤及方法

博物馆行业如何进行智慧化建设呢？我们认为大约可以分为四个阶段。

第一阶段是传播层面（实体博物馆数字化层面），也就是我们常说的社会化认可，利用网站、微博、微信和 APP 来展示博物馆的虚拟展览和品牌。

第二阶段是渠道层面（数字博物馆展示层面），也就是我们常说的 B2C 电子商务，把渠道从线下搬到线上，通过数字博物馆对博物馆的最新展览进行展示和推介。

第三阶段则是数据层面（数字博物馆的数据为王层面），用互联网思维重新架构博物馆的数据体系，对内部行政管理和业务流程数据进行收集，做到数据为王。

第四阶段是决策依据层面（智慧博物馆层面），让第三层面形成的大数据，通过云计算等手段进行数据挖掘，为决策层提供决策的数据支撑。真正做到让观众、员工、业务、行政的数据来驱动管理，实现互联网思维下的博物馆管理。

现在大多数博物馆对智慧博物馆的理解还停留在第一阶段和第二阶段，也就是上面说到的传播与渠道。要让整个博物馆实现智慧化，光有这些是不够的，要用互联网思维去改造自己的数据链和决策链，甚至包括博物馆的组织构架和博物馆文化，这才是互联网时代博物馆转型为智慧博物馆的根本要义。

对于现行博物馆实现智慧博物馆的实践，我们有几点思考：①加快数字博物馆的平台建设；②大数据概念的意识；③物联网技术的实践；④数据挖掘的尝试；⑤博物馆管理必须全面转型价值链。

人类社会每次经历的大飞跃，最为关键的并不是物质催化，甚至不是技术催化，其本质是思维工具的迭代。传统的博物馆行业互联网化的最高境界，就是用互联网思维去重构博物馆的价值链。博物馆的互联网思维转变，应该从决策层的互联网思维切换，博物馆企业文化的互联网思维变革和博物馆业务的互联网思维重构做起，重塑博物馆的价值链，全面启动互联网思维。

三、陕西省智慧博物馆建设现状

截至 2013 年底，陕西省博物馆、纪念馆总数达到 221 家，其中文博系统博物馆 135 家，行业博物馆 43 家，民办博物馆 43 家。其中，一级博物馆 7 家，二级博物馆 11 家，三级博物馆 18 家。

陕西省博物馆智慧化基础建设包含三方面：第一是全省文物相关数据查询管理系统；第二是文物资料库汇总；第三是向社会进行展示的部分。

（一）陕西省文物数据库二级节点安装情况（数字化建设）

省级单位安装情况

陕西省文物数据库二级节点省级单位安装情况如下：陕西省文物局共计安装 6 个点（信息管理系统、3 位局长，2 位处长）；陕西历史博物馆 9 个点；秦始皇帝陵博物院 1 个点；西安碑林博物馆 1 个点；西安半坡博物馆 1 个点；西安事变博物馆 1 个点；陕西省文物考古研究院 1 个点，共计安装 20 个点。

全省数据库二级节点上报及实际安装情况说明表

地区单位	上报点数	实际安装点数	备注
省级单位		19 个	其中省局 5 个
西安市	6 个	11 个	
咸阳市	26 个	17 个	9 个未安装
铜川市	6 个	6 个	
宝鸡市	29 个	32 个	增加了 3 个点
汉中市	20 个	22 个	增加了 2 个点
安康市	6 个	13 个	增加了 7 个点
商洛市	1 个	16 个	
渭南市	5 个	23 个	23 个点均安装
延安市	16 个	16 个	
榆林市	17 个	20 个	

全省实际安装点数合计 195 个。

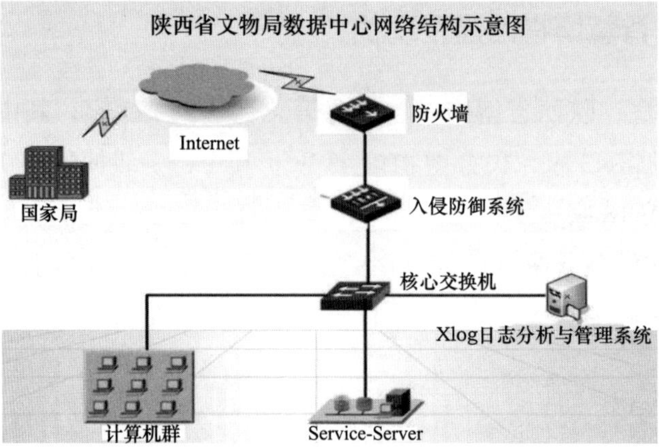

陕西省文物局数据中心网络结构示意图

陕西省文物查询系统

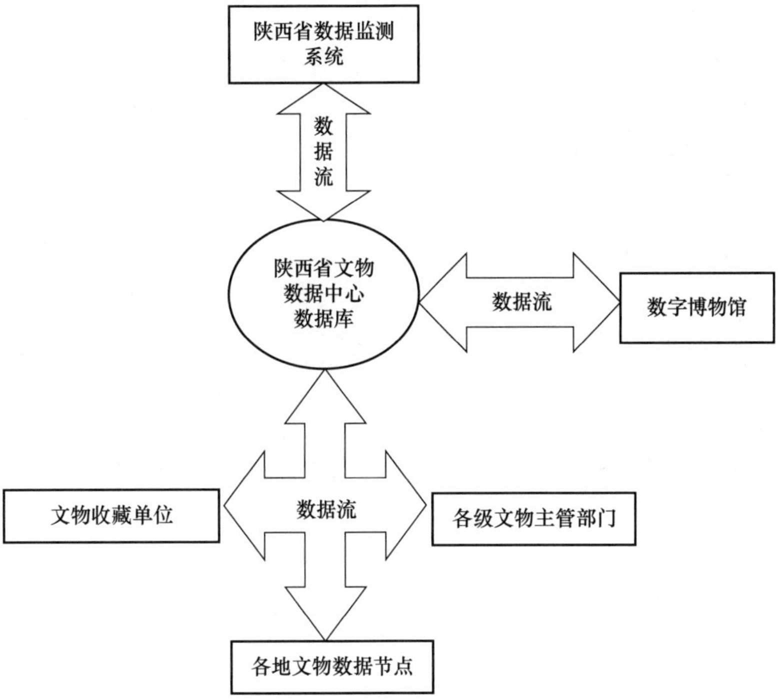

陕西省文物数据中心数据库

（二）陕西数字博物馆（数字化平台建设）

1. 陕西数字博物馆网络版

陕西数字博物馆网络版是 2012 年陕西省政府推出的一项重要的文化惠民工程，于 2012 年 8 月 28 日正式上线开馆，一年多来，相继有人民网、新华网、凤凰网、中国日报、中国文物报、三秦都市报、西安晚报、陕西广播电视台、西安广播电视台等多种形式的媒体进行报道，得到了全社会的广泛关注。参观人数突破 50 万。它是一个没有围墙的博物馆。

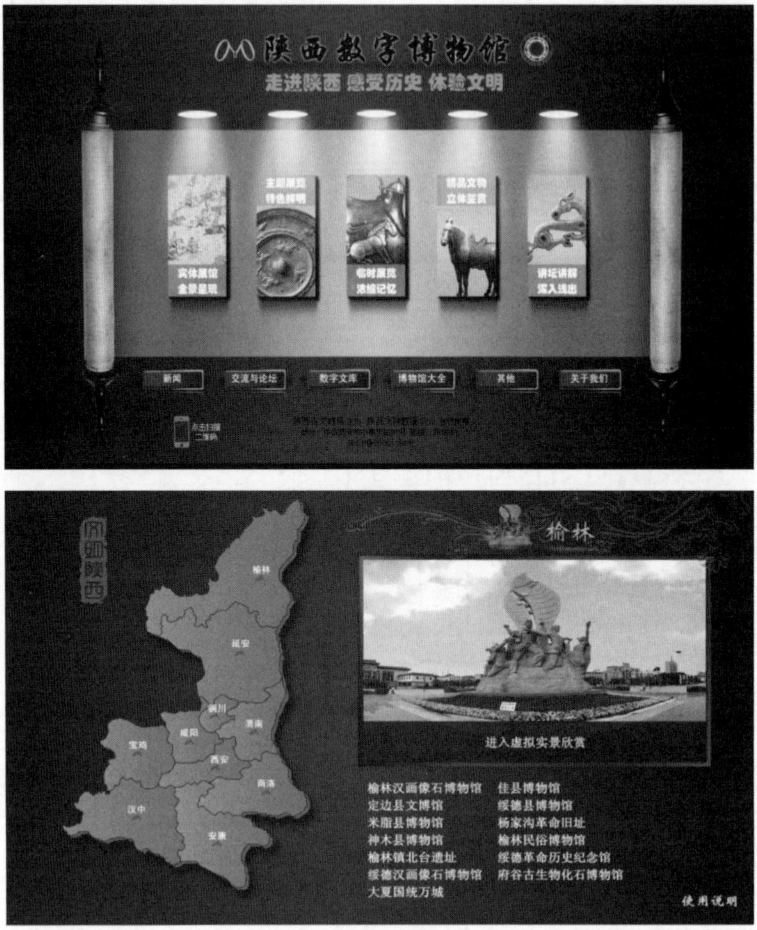

陕西数字博物馆网络版

2. 陕西数字博物馆移动网络版

2013 年 12 月 12 日，陕西数字博物馆移动网络版正式向公众推出。数字博物馆移动网络版的上线，让越来越多关注互联网、移动互联网的博物馆爱好者的目光汇聚陕西，一年来，点击人数突破 30 万。它是一个随身携带的博物馆。

3. 陕西数字博物馆口袋版

2014 年 6 月 14 日，是我国第九个“文化遗产日”，陕西省文物局在这里隆重推出陕西数字博物馆口袋版。有幸的是，陕西历史博物馆作为该口袋博物馆的第一分册，呈现在大家面前。

陕西数字博物馆移动网络版

陕西数字博物馆口袋版

陕西数字博物馆口袋版，从表面上看，是一本带有我国传统文化色彩的布面折页，实际上它是集当今互联网技术、移动互联技术和图文识别等先进技术于一身，把传统的纸质媒介与现代的网络媒介创新结合的一个综合体，实现了把历史装进口袋，把博物馆带回家，让文物活起来的愿望。它是一个可以带回家细细体验的博物馆。

陕西数字博物馆网络版，陕西数字博物馆移动网络版和陕西数字博物馆口袋版，是响应陕西省文物局提出实现智慧博物馆的探索和实践，我们衷心希望，通过我们的不断努力，陕西省成为在全国第一个实现智慧博物馆的省份。

4. 陕西数字博物馆数字摩卡

陕西数字博物馆数字摩卡，是陕西省博物馆集群研发的课题。在于完成一个基于二维码的移动交互导览系统的应用。为了提高陕西省内博物馆的社会服务水平和教育能力，更好地让博物馆通过现代化的技术手段服务于参观者，通过二维码自助导览的应用，让参观者可以便捷地对文物及景区的详细介绍及相关历史文化知识实现多感官的获取。同时通过游客大量扫码数据的积累，为博物馆提供全面的游客数据分析服务，包括游客数量、文物访问次数、地域来源等信息，为博物馆的日常管理决策提供数据支持和参考，为信息消费进行尝试性探索。

（三）陕西省文物综合信息系统管理平台（数据整合及分析）

随着数字化、信息化技术的迅速发展，陕西省不少文博单位在数字化、信息化工作方面都开展了大量的工作，像陕西历史博物馆的数字博物馆、馆藏珍贵文物数据库，陕西省考古研究院的三普数据库、考古工地视频监测系统，秦始皇帝陵博物院的物联网 - 智慧博物馆系统，以及陕西省文物保护研究院的陕西省文物保存环境检测系统等，在技术上、功能上都处于全国同行先进行列，为文博工作的科学发展发挥了很大的作用。

为了进一步提升我省文物保护和管理工作的水平，2013 年省文物局决定基于已有的体系，建成“陕西省文物综合信息系统管理平台”，集成已有的陕西数字博物馆网站、陕西省馆藏文物数据库、陕西省考古工地视频监测系统等，构建一个智能的、实时的陕西省文物综合信息大屏幕展示系统（局会议室大屏幕显示终端）。

本管理平台系统由以下三个部分构成、实现：① 大屏幕显示单元——高清 LED 拼屏成大屏幕；② 数据访问和接入；③ 软件平台集成。

已经建成了 5 个应用模块，包括：

（1）可以链接陕西数字博物馆网站，得以直观、便捷地浏览陕西数字博物馆网站的全部内容。

（2）通过 VPN 设备实现馆藏文物数据库数据的共享，并在平台上实现陕西省各地馆藏文物的查询、统计和分类研究。

陕西省文物综合信息系统管理平台

（3）系统可以访问省考古研究院、秦始皇帝陵博物院等单位的视频监控信息，实时查看有关考古工地、博物馆及客流高峰视频的监测画面。

（4）在省文物局即可实时掌握秦始皇帝陵博物院的文物保存环境、文物安全、文物库房人员出入等情况。

（5）实时了解、分析陕西省文物保存环境监测系统的数据（紫阳北五省会馆、唐顺陵、汉景帝阳陵博物院、陕西历史博物馆等）。

1. 陕西数字博物馆网站

平台可以链接陕西数字博物馆网站，得以直观、便捷地浏览陕西数字博物馆网站的全部内容。

（1）省内博物馆的虚拟漫游，可以在网上参观博物馆，三维漫游，可以按导览图自选参观不同展厅；进入第一展厅选择感兴趣的文物后，可以查看文物信息资料、文物背后的故事等。

（2）可以查看数字博物馆的文物，包括三维图像、资料信息（三尊佛）。

（3）数字博物馆可将临展变成长期展览，如国博宝鸡文物站，实景！

这个网站设计得非常好，内容丰富、数据量大、速度还很快，有一定的声誉，受到了计算机软件专业人员的好评。

2. 馆藏文物数据库

这个数据库，从2005年开始，共录入50万件文物的信息，可以方便地查询、研究各地馆藏珍贵文物的信息，有两种展示的模式。

（1）按行政区划查询，可以按图索骥，查到在册的文物，获得详细的信息资料，包括出土地、定级人员，甚至相关研究资料。

（2）文物查询功能，可以按年代、类型查询全省的文物。

3. 视频监控

视频监控模块，主要是通过实时在线技术，查看一些重点考古工地、重点博物馆的安全、客流情况，便于及时了解这些重点区域、重点部位的情况，便于文物局领导把握相关情况，及时、远程指导工作。

目前可以展示的视频信息如下。

（1）省考古院系统：壁画修复室、宝鸡工作站、泾渭基地。

（2）秦始皇帝陵博物院：售票口人流、1号坑展厅外广场、1号坑展厅内等。

4. 三普数据库

在我省第三次文物普查数据基础上，建立了全省不可移动文物数据库（三普数据库约40000处文物点），可以方便地查询、研究相关的不可移动文物信息。

有展示三种模式：

（1）按行政区划，可以查找登记在册的文物点信息，如延安市宝塔区水沟石窟，可以查到详细的四有档案、相关照片。

（2）通过文物查询功能，可以按照时代、保护等级或文物类别查看全省范围内同一时代的文物分布状况和规律，可以按照需求查看一个地区不同时代的全部不可移动文物，或一个地区某一时代不可移动文物的分布情况和规律，包括总体数量、不同时代数量。

（3）还可以按照级别、类别查询，例如国保、省保、县保单位，土遗址、古建筑等，1274处国保单位的类型、数量，一目了然。

5. 秦始皇帝陵博物院物联网系统

秦始皇帝陵博物院的物联网系统是国家文物局的示范项目，该系统包括秦俑环境监测、本体监测、资产管理和人员管理四个子系统。

（1）环境监测，首先是概览，可以了解布点情况、监测数据，还有预警阈值设定（人工设定、实时报警）、报警功能。

（2）本体监测，包括宏观到微观的监测，前者如南门阙点，微观监测可以看到三号坑的裂缝监测——高清裂隙图像监测。

（3）资产管理，可以对重点文物的位置和情况进行监控。

（4）人员管理，可以对重点部位的人员进行监控和统计。

6. 陕西省文物保存环境监测系统

全省已经有五处分别针对户外文物环境、馆藏文物环境、遗址文物环境和古代建筑文物环境开展保存环境特点的监测工作。

环境监测概况和布点情况以表面温度为例：除了实时数据，主要看基础曲线图，可以进行统计、判断平均温度、最高和最低温度，为文物保护、管理提供信息。

本体监测：高清照相定时定点查看本体、侵入抓拍、人为破坏。

分析功能：包括自动统计生成，给出文物保存环境综合报告，健康报告，给出探头自身稳定性评估，便于及时检修。

以上就是目前建成的"陕西省文物综合信息系统管理平台"的基本情况，这个系统是在陕历博、秦俑、省考古院和省文保院已有工作基础上的一个集成系统，内容丰富，也非常复杂。

本系统作为一个跨区域、多系统、实时在线的文物综合信息系统管理平台，在国内尚属初次尝试，针对文物领域的特点和需求，我们会把更多的信息查询、环境监测、视频监控、数字展示和数据挖掘等系统加入进来，做好向智慧博物馆运行体系发展的实践工作。

四、陕西省智慧博物馆再实践

为了推进陕西省智慧博物馆建设的步伐，整合全省各博物馆现有的文物数据资源，落实好陕西省文物局关于建设陕西智慧博物馆的总体要求，我们经过充分的调研，结合我省信息化建设的现有基础，我们在 2015 年，启动了陕西文博智慧信息互动平台的建设项目。

（一）总体目标

启动该项目的总体目标是：以省文物局为龙头，以全省各地市的博物馆为建设对象，以集中式文物信息数据库建设为核心，重点建设涵盖馆藏文物的全省性、超大型、分布式、规范化、可共享的馆藏文物数据库和不可移动文物数据库，加快推进数字博物馆的建设，基本建成以省文物数据中心为核心，以各市区（县）大型博物馆藏为骨干，以各小型博物馆为补充，初步建成连接全省各博物馆的信息资源共享互动平台。

该平台是一个行业内的数据查询中心，也是与省外和外行业进行信息化建设的交流中心，更成为陕西智慧博物馆的互动中心，是一个集内部信息查询和博物馆智慧互动于一体的平台体系。

（二）建设场地

建设地点设在陕西历史博物馆资料楼的 3 楼。

（三）项目平台包括的内容

1. 全省文物相关数据查询管理系统

（1）陕西省可移动文物数据库资料查询系统。
（2）陕西省文物普查数据查询系统。
（3）陕西省“三普”文物数据库（不可移动文物数据库）。
（4）陕西省长城资源数据库。
（5）陕西社会流散文物数据库。
（6）陕西司法文物数据库（陕西打击文物犯罪文物数据库）。
（7）陕西省文物安全监测数据管理系统。
（8）陕西省文物环境监测系统。
（9）陕西省博物馆观众行为管理系统。
（10）陕西省信息化建设数据库、建设平台和管理系统（新技术应用和开发，包括展览新技术、观众服务新技术等）。

2. 文物资料库汇总

（1）陕西省培训资料库。
（2）陕西省视频音频数据管理系统（数字资产管理系统）。

（3）陕西历史文化名城数据库。

（4）陕西省石窟艺术数据库。

（5）陕西省文物行政资料管理系统。

（6）陕西省文物抢救保护数据管理系统（陕西省数字保护系统）。

（7）陕西省文博单位、项目评审数据管理系统。

（8）陕西省考古勘探发掘数据系统。

（9）陕西省大遗址保护数据系统。

（10）陕西省对外文物、人员交流数据管理系统。

（11）陕西省文博科研成果数据管理系统。

（12）博物馆评级（一、二、三级博物馆）评估数据库。

3. 向社会进行展示部分

（1）陕西汉唐网。

（2）陕西数字博物馆。

（3）陕西电子图书查询系统。

（4）陕西省电子商务平台。

4. 与观众进行智慧互动部分

陕西省数字博物馆观众智慧互动系统。该系统是一个全省集电话呼叫、观众互动、网站信息沟通、微信和微博等新媒体于一体的互动交流中心。是省博物馆展览、票务信息、考古发现和相关文物知识的帮助和交流中心。

（四）功能介绍

（1）全省 27 个系统的建设和整合。

（2）27 个系统分为 4 个部分，第一是全省文物相关数据查询管理系统，第二是文物资料库汇总，第三是向社会进行展示部分，第四是与观众进行智慧互动部分。

该平台是一个行业内的数据查询中心，与外省和外行业进行信息化建设的交流中心，陕西省智慧博物馆的互动中心。

五、陕西省博物馆信息化建设的特点和智慧博物馆意识

陕西省博物馆信息化建设初期，群雄并起。多年来，陕西省的各个博物馆都在建设自己的信息化建设系统，形成群雄并起的局面。比如陕西历史博物馆、秦始皇帝陵博物院、陕西省考古研究院等，都在开发自己的信息化应用系统。

近几年，陕西省文物局总结各馆信息化建设的经验，发展集群效应，调动全行业

人员的积极性，共同建设，数据共享。比如“陕西数字博物馆”的建设、“陕西省文物综合信息系统管理平台”的建成等。

同时以大项目带动，“全省一盘棋”实施全省信息化建设方案。比如，陕西文物数据库的二级节点建设、陕西省各大博物馆的库房温湿度监测系统和陕西省田野视频监测系统的应用等，都是在大项目带动下体现信息化建设的具体体现。

这些历程也是大多数博物馆不断信息化建设实践的普遍路数，但近两年来，在陕西省文物局的领导下，陕西文物数据中心集合了多项信息化建设项目，并在此基础上顶层设计了信息化建设向智慧博物馆过渡的几个大项目，把智慧博物馆探索作为陕西省博物馆建设的重要组成部分，是群雄并起向大统一过渡的重要历史节点，开启了陕西智慧博物馆建设的新里程。

人类社会每次经历的大飞跃，最为关键的并不是物质催化，也不是技术催化，其本质是思维工具的迭代。当下这场互联网革命和其背后的互联网思维，由“产品经理”这类人的思辨引发，最典型的产品经理就是苹果公司的创始人乔布斯，他并没有真正伟大的物质发明，他的伟大之处就在于他把互联网思维运用到了极致。如今，这个思维已经不再局限于互联网企业，与当初的“文艺复兴”一样，这种思维将不断扩散，开始对整个大时代带来深远的影响。

思维决定行动，行动决定未来。处于思维变革的大时代，博物馆应尽早引入互联网思维这个民主思维模式，在云计算、大数据、互联网和物联网等技术的支撑下，由博物馆引导观众，向观众驱动博物馆管理模式的思维模式转变，经历 B2C、C2C 和 B2B 后，迎来真正的 O2O 的模式。也就是说，在改变传统思维，树立互联网思维模式，努力建设好数字博物馆的前提下，向最终实现智慧博物馆迈进。

向智慧博物馆迈进，是一个顶层设计的全省信息化建设过程。智慧博物馆建设涉及面广，同时受地理和经济条件限制。陕西博物馆智能化过程将是一个漫长的道路，我们将首先以陕西历史博物馆、秦始皇帝陵博物院、汉景帝阳陵博物院博物馆等重点博物馆为龙头，全面推进博物馆智能化工作，然后以 50 个免费开放的博物馆为目标，尽可能地推进智慧化。未来，我们还将拓展到其他对外开放的博物馆，让更多的百姓真正享受文化遗产给予我们的精神馈赠。

在陕西文物之声网络电台开播仪式上的讲话

（2017）

尊敬的领导，女士们、先生们：

大家好！

中华文化发展繁荣是中华民族伟大复兴的重要条件。饱含着对传统文化的深厚感情，担负着实现民族复兴的历史重任，加强历史文物保护、传承优秀传统文化始终为习近平总书记所关注、所思考。尤其是党的十八大以来，总书记多次就文物承载灿烂文明，传承历史文化，维系民族精神做出重要指示批示，对提升文物保护利用水平提出了更高要求。

在 2016 年 3 月的“国家文物博物馆事业发展十三五规划”中明确要求，加大文物数字化、科技保护和智慧博物馆建设的建设力度。

陕西是文物大省，地下和地上出土文物在全国名列前茅，如何在信息化发展的大时代背景下，保护好、管理好和传承好这些文物，至关重要。随着网络技术、信息技术、大数据和云计算的发展和这些技术在文物管理领域的逐步应用，文物管理工作发生了质的改变，陕西省在文物信息化管理方面也迈出了自己的步伐，并努力提升自己的信息化管理水平。

近年来，陕西省在智慧博物馆建设方面，进行了大量尝试。截至 2016 年底，建成了全省文物相关数据查询管理系统、陕西数字博物馆网络版、陕西数字博物馆移动版、陕西数字博物馆口袋版、陕西数字博物馆实体体验馆、陕西省文物综合信息系统管理平台（数据整合及分析）、陕西省博物馆和遗址视频监控系统、陕西省文物三普数据库、陕西省重要博物馆物联网系统等多项建设项目。以上项目的建设和应用，推动了陕西在数字博物馆、智能博物馆的建设力度，在全国处于领先地位。陕西省文物局在不断推进实体博物馆数字化、智能化后，正在积极探索陕西智慧博物馆的建设道路。智慧博物馆是以数字博物馆为基础，充分利用物联网、云计算等新技术，用互联网思维做指导构建的以全面透彻的感知、宽带泛在的互联、智能融合的应用为特征的新型博物馆形态。

今天我们推出的陕西文物之声网络电台正是联通博物馆与观众，进行互联、互动、互促的智慧博物馆建设新探索。

网络电台，顾名思义就是在网络上搭建的电台，是把传统意义上的电台搬到了网上，在这里没有又重又大的编录设备，只有轻便的电脑；没有发射塔，只有四通八达的网络；没有传统意义上收听电台要用的收音机，只要坐在电脑前或打开手机轻轻点击，就能听到电台传播的声音。

陕西文物之声网络电台，是陕西省文物局在信息化领域进行文物信息推广和宣传的新尝试。陕西文物之声网络平台以语音、文字、图片等多媒体形式，结合互联网、移动互联网、手机微信公众平台等手段，内容采集汇聚管理与共享服务及融合媒体互动应用于一体，为网络用户提供支持多终端播放的语音节目及其他内容服务，并支持通过微信、客户端等参与节目互动。打造内容丰富、多媒介互联互通，融合文物电台、微信互动、APP 应用和社会服务于一体的全媒体综合应用服务平台。

陕西文物之声网络电台是全国首家推出的文博网络电台，它不只是一个项目建设，还是一种新思维的展现。我们知道，人类社会每次经历的大飞跃，最为关键的并不是物质催化，也不是技术催化，而是思维工具的迭代。当下这场互联网革命和其背后的互联网思维，是由“产品经理”这类人的思辨引发的，最典型的产品经理就是苹果公司的创始人乔布斯，他并没有真正伟大的物质发明，他的伟大之处就在于他把互联网思维运用到了极致。如今，这个思维已经不再局限于互联网企业，与当初的“文艺复兴”一样，这种思维将不断扩散，开始对整个大时代带来深远的影响。

思维决定行动，行动决定未来。处于思维变革的大时代，在陕西省文物局的领导下，陕西省博物馆引入互联网思维这个民主思维模式，在云计算、大数据、互联网和物联网等技术的支撑下，由博物馆引导观众，向观众驱动博物馆的思维模式转变，经历 B2C、C2C 和 B2B 后，迎来真正的 O2O 的模式。也就是说，改变传统思维，在树立互联网思维模式，努力建设好数字博物馆的前提下，向最终实现智慧博物馆迈进。

陕西省文物购销拍卖信息与信用管理系统

（2017）

一、引言

本手册以业务流程为核心，结合实例数据来介绍相关操作，侧重讲解各项处理在整个系统中的作用、目的、操作流程和注意事项。

1. 编写目的

本手册的目的是介绍“陕西省文物购销拍卖信息与信用管理系统”（简称“文物购销拍卖系统”）为用户提供的各项功能、详细操作步骤，以及如何正确、有效地使用这些功能。

2. 常见按钮

按钮名称	按钮作用
新建	新建
删除	删除
保存	保存
注销	注销

二、系统功能概述

为落实国家文物局《关于进一步规范文物购销、拍卖经营活动监管工作的通知》，保障文物市场活跃有序发展，2017 年 6 月，陕西省文物局委托陕西文物数据中心开发了“陕西省文物购销拍卖信息与信用管理系统”，用来加强文物购销、拍卖经营活动事中事后监管。建立“陕西省文物购销拍卖信息与信用管理系统”，是进一步认真落实文物购销、拍卖经营活动监管责任，依法建立文物购销拍卖信息与信用管理体系，结合当地文物市场特点，加强对文物购销、拍卖经营主体开展文物经营活动日常监督检查，开展文物购销、拍卖经营资质年审活动，委托并指导文化市场综合执法机构开展文物市场执法工作。

三、运行环境与安装

文物购销拍卖系统是基于 Java 开发，采用 B/S 架构的 Web 工程，能够运行在目前各种流行的操作系统中。运行 Web 工程，首先服务器端需要有一个完整可运行的操作平台，同时操作系统一定要包含 JDK+ 支持 JSP 的 Web 应用程序 + 数据库，客户端只需要通过浏览器访问服务器对应的应用程序即可。

（一）硬件环境

台式机或者笔记本电脑。
参考配置：cpu 建议不低于 intel(R) Core(TM)2 Duo。
内存建议在 4G 以上。
网络环境：为了保证良好的上传速度，建议使用 8M 或 8M 以上宽带。

（二）软件环境

操作系统：win7、win8。
浏览器：推荐使用 IE8 以上的浏览器。

四、系统登录

（一）电脑登录

在浏览器中直接输入 http://113.200.27.210:6789/Z331IDW21/, 进入登录页面。

输入用户名和密码（用户名：西安市，用户初始化密码：123456）。注意：用户登录系统后请及时修改密码。

（二）手机二维码登录

用手机支付宝（或者微信）的扫一扫功能扫描二维码后即可直接输入用户名密码直接登录。

（三）初始化用户名和密码

用户名称	登录账号	密码
西安市	西安市	123456
铜川市	铜川市	123456
宝鸡市	宝鸡市	123456
咸阳市	咸阳市	123456
渭南市	渭南市	123456
延安市	延安市	123456
汉中市	汉中市	123456
榆林市	榆林市	123456
安康市	安康市	123456
商洛市	商洛市	123456
韩城市	韩城市	123456
杨凌示范区	杨凌示范区	123456

五、文物商店文物购销记录信息上报（各地文物商店上报信息）

（一）新建文物购销记录信息（各地文物商店填报购销记录）

登录文物购销拍卖信息系统后，进入以下页面，左侧是导航菜单，点击下面的子菜单会在右侧显示对应菜单里的内容。

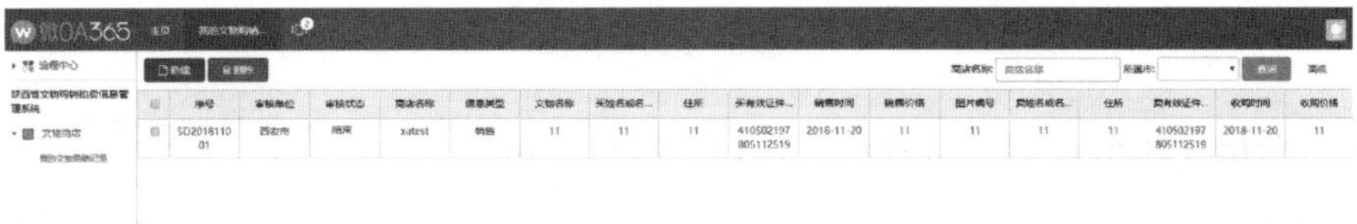

我的文物购销记录

点击文物商店中“我的文物购销记录”按钮，会打开所有我上报的信息和我下属单位上报的信息。点击 新建 按钮，打开文物购销记录表填报信息，其中带“*”者为必填信息，其余信息根据需要进行输入即可，如下。

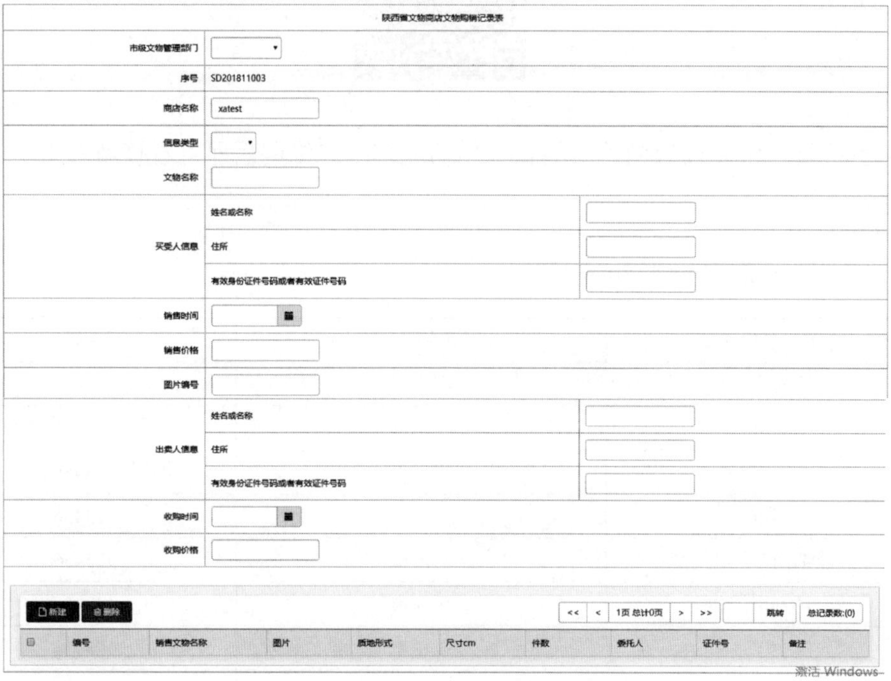

陕西省文物商店文物购销记录表

点击市级文物管理部门 市级文物管理部门 铜川市 并选择所属的市级文物管理单位。

（二）保存文物购销信息（各地文物商店）

填写完成后，点击左上角保存按钮 保存并启用流程 。

（三）添加销售文物信息（各地文物商店）

点击最下方新建按钮，如图。

添加销售文物信息

进入销售文物信息表按照要求填报相关信息，填报完毕后，点击保存并返回按钮，完成销售文物信息表的填报。注意：销售文物信息表可以根据实际的情况添加多条记录。如图：

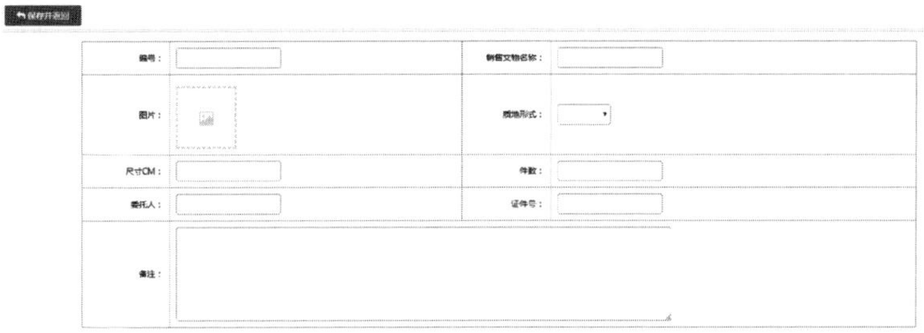

添加销售文物信息

（四）文物购销流程处理（各地文物商店）

填报完文物销售记录表和销售文物详表后，点击最上端流程处理按钮 流程处理 终止流程 开始流程处理。文物商店的审批图如下所示。

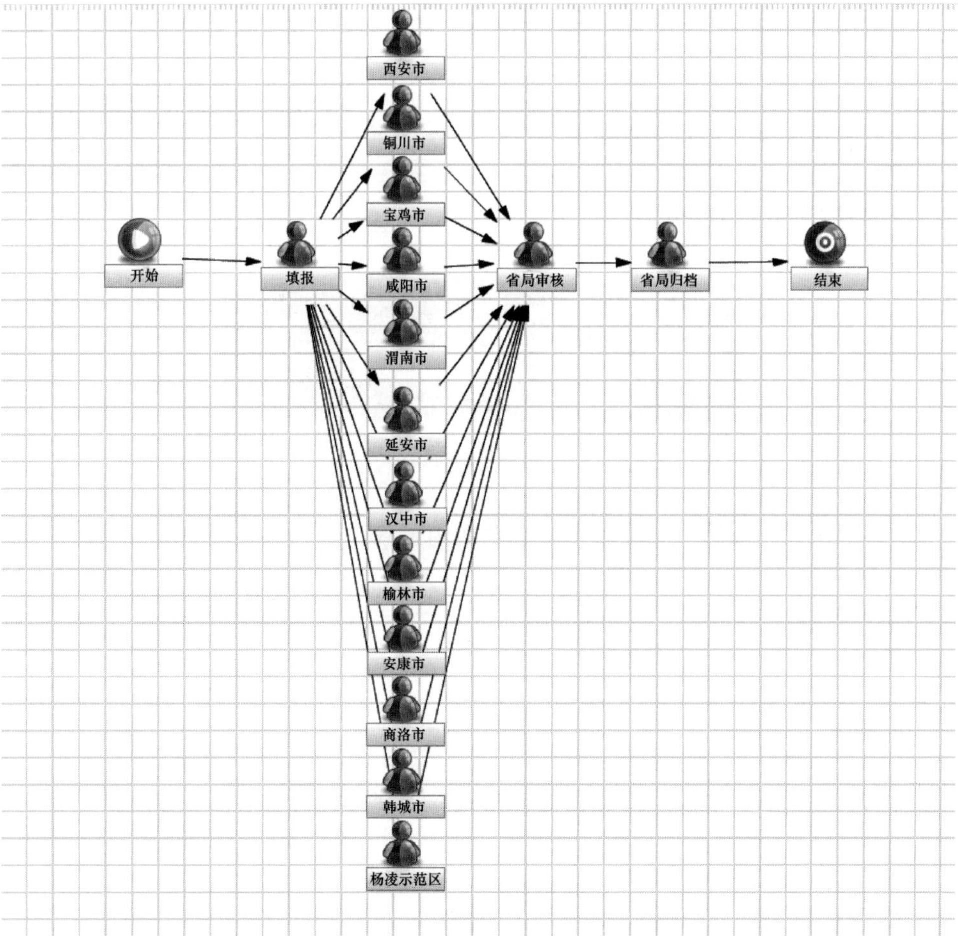

各地文物商店按照隶属的关系，选择相应的提交对象。以西安市为例，文物商店

xatest用户隶属于西安市，在这里选择提交至西安市，如图。选择后，点击确认提交，进入下一流程。

文物商店流程处理

点击右上角的流程状态 ∨ 流程历史按钮，可以查看当前的流程状态和流程历史。

（五）市级用户登录查看审核的记录

以西安市为例。如图。

西安市用户登录系统

登录后点击文物商店下的下级用户文物购销记录，查看所属市的审核信息，如图。

	序号	审核单位	审核状态	商店名称	信息类型	文物名称	买姓名或名...	住所	买有效证件...	销售时间	销售价格	图片编号	卖姓名或名...	住所	卖有效证件...	收购时间	收购价格
	SD201811001	西安市	结束	xatest	销售	11	11	11	410502197805112519	2018-11-20	11	11	11	11	410502197805112519	2018-11-20	11
	SD201811003	西安市	西安市	xatest	销售	文物名称	姓名或名称	住所	410502197805112519	2018-11-20	33	33	姓名或名称	住所	410502197805112519	2018-11-20	222

文物购销记录

核对信息无误后，继续点击流程处理按钮，提交省文物局审核。如图：

流程处理

如信息有误，可以点击回退按钮，退回信息至文物商店，文物商店修改信息后点击流程处理按钮继续上报信息。

流程处理

（六）查询

保存完毕后，点击返回按钮，进入文物购销查询视图。选择上部的查询条件可以进行查询，如图：

。点击高级按钮可以进行更多条件的查询，如图：

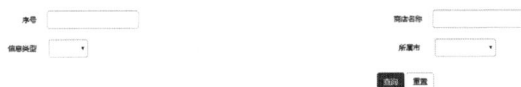

文物购销查询

六、文物拍卖企业文物拍卖记录信息上报（各地文物拍卖企业上报信息）

1. 拍卖企业登录

以 pmtest 用户为例，登录如图。

企业登录

登录后点击左侧菜单文物拍卖记录，如图。

文物拍卖记录

2. 文物拍卖记录的填报

点击新建按钮进行文物拍卖记录的填报。

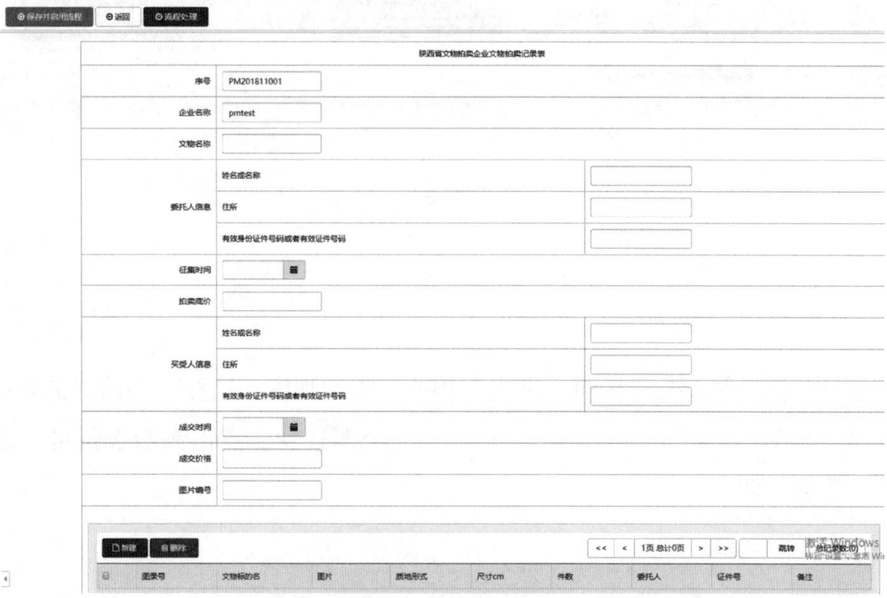

文物拍卖记录填报

3. 流程图

填报内容和文物商店操作一致。不同之处在于文物拍卖记录审核只有两级，而拍卖企业直接上报省文物局审核。

流程处理

流程图如下。

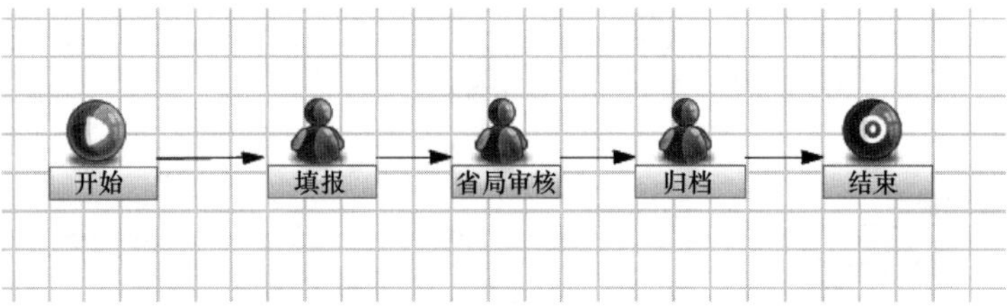

审核流程图

陕西省群众文物（长城）保护员信息管理平台正式启用

（2017）

一、引言

为落实新《中华人民共和国文物保护法》，弘扬中华文明，掌握全省文物拍卖转让实施情况，确保文物安全，省文物局研究决定，开发陕西省群众文物（长城）保护员信息管理平台。

二、功能概述

（一）目的及意义

如何对这么多群众文物（长城）保护员进行规范管理，指导监督他们充分发挥在田野文物一线安全管护中的作用，省文物局决定建立“陕西省群众文物（长城）保护员信息管理系统”平台，利用该信息平台对全省群众文物（长城）保护员规范管理，进一步达到保护全省田野文物安全的目的。

（二）功能定位

省文物局依托该系统平台对全省群众文物（长城）保护员实施上网管理，各地市通过该系统进行群众文保员年度网报网审，作为省局拨付文保员经费的凭据和随时随地进行工作检查、查验核实的方法途径。

（三）使用规范

（1）省文物对网上信息每年定时开放申报审定 1 次，每年抽检不少于 1 次。

（2）各地市文物部门通过该系统进行群众文保员年度网报网审，每年审报 1 次，其他时间不能填报信息，只能查看填报信息。分配代码的各市县两级文物部门和局属有关单位按照《陕西省群众文物（长城）保护员信息管理系统填报手册》的规定和要求，自行填报本辖区各类文保员的相关信息。

（3）各地市文物部门依照权限对各市（县、区）文物部门和市局直属单位填报的文保员信息进行审核，根据文物看护任务的需要合理确定文保员的数量和人员。审核确定后，以红头正式文件的形式向省文物局报告确认本地区各类文博单位（国保、省保、市县保、一般文物点、长城等）聘用的文保员数量及合计总数。

（4）各地市文物部门应当依照权限给审核确定的文保员制发规范统一的文保员证书。

（5）各地市文物部门应当依照权限对当年的群众文物（长城）保护员工作情况进行监督管理和考核，市级文物部门抽检每年不少于2次，县级文物部门抽检每年不少于3次，文博单位随时随机检查。

（6）根据每年考核情况，对考核合格的群众文物（长城）保护员继续聘用，不合格的解聘，需要增加的添加新人，通过该系统进行群众文保员新年度的网报网审。

（7）群众文物（长城）保护员的信息事关隐蔽性保护文物安全需要和个人隐私，我局将认真管理使用好该信息系统，各级文物部门和文博单位要区分权限，指定专人负责，严格代码密码管理，防止信息外流。

（四）督导检查群众文物（长城）保护员工作内容

（1）文保员本人是否知晓个人被受聘为文物保护员，是否有聘用协议或文保员证书，是否领取补助经费及证明。

（2）文保员本人是否有履行工作的条件和能力。

（3）文保员本人是否明确个人看护的文物对象本体及其保护范围和建设控制地带，是否知晓文物的保护标志碑和界桩所在位置。

（4）文保员本人对看护对象及其保护范围和建设控制地带内发生的涉嫌违法建设行为，破坏、盗窃、盗掘文物的行为是否发现并报告受聘单位。

（5）文保员本人对看护对象及其保护范围和建设控制地带内发生的涉嫌违法迁移、拆除文物保护单位行为、违法修缮文物保护单位行为、违法明显改变文物原状行为、违法原址重建已全部毁坏的文保单位行为、违法在文物保护单位内进行考古发掘的行为、违法擅自在文物保护单位开展经营性活动行为是否发现并报告受聘单位。

（6）文保员本人是否有落实看护文物工作的痕迹证明。

（7）受聘单位对文保员落实工作实施管理的手段、措施和痕迹物证。

三、运行环境与安装

文保员系统是基于Java开发，采用B/S架构的Web工程，能够在目前各种流行的操作系统中运行。运行Web工程，首先，服务器端需要有一个完整可运行的操作平台，同时操作系统一定要包含JDK+支持JSP的Web应用程序+数据库，客户端只需通过浏览器访问服务器对应的应用程序即可。

（一）硬件环境

台式机或者笔记本电脑。
参考配置：cpu 建议不低于 intel（R）Core（TM）2Duo。
内存：建议在 4G 以上。
网络环境：为了保证良好的上传速度，建议使用 8M 或 8M 以上宽带。

（二）软件环境

操作系统：Windows7、Windows8。
浏览器：推荐使用 IE8 以上的浏览器。

四、操作流程

以业务流程为主线，结合实例数据介绍“陕西省群众文物（长城）保护员信息管理系统”（简称文保员系统）相关操作，为用户讲解提供的各项功能及其详细操作步骤，以及如何正确、有效地使用这些功能。

（一）系统登录

1. 电脑登录

在浏览器中直接输入 http://113.200.27.210:6789/Z331IDW21/，进入登录页面。输入用户名和密码（用户名：西安市，用户初始化密码：123456）。注意：用户登录系统后请及时修改密码。

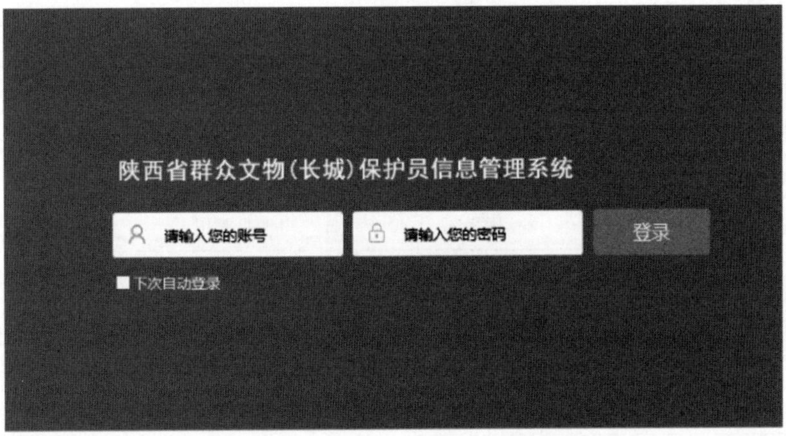

2. 手机二维码登录

用手机支付宝或者微信的扫一扫功能扫描二维码后即可直接输入用户名密码登录。

3. 初始化用户名和密码

初始化用户名和密码表

用户名称	登录账号	区域代码	初始密码
西安市	西安市	西安市	123456
新城区	新城区	西安市	123456
碑林区	碑林区	西安市	123456
莲湖区	莲湖区	西安市	123456
灞桥区	灞桥区	西安市	123456
未央区	未央区	西安市	123456
雁塔区	雁塔区	西安市	123456
阎良区	阎良区	西安市	123456
临潼区	临潼区	西安市	123456
长安区	长安区	西安市	123456
蓝田县	蓝田县	西安市	123456
周至县	周至县	西安市	123456
鄠邑区	户县	西安市	123456
高陵区	高陵县	西安市	123456
杨凌区	杨凌区	杨凌示范区	123456
西咸新区	西咸新区	西咸新区	123456
铜川市	铜川市	铜川市	123456
王益区	王益区	铜川市	123456
印台区	印台区	铜川市	123456
耀州区	耀州区	铜川市	123456
宜君县	宜君县	铜川市	123456
宝鸡市	宝鸡市	宝鸡市	123456
渭滨区	渭滨区	宝鸡市	123456
金台区	金台区	宝鸡市	123456
陈仓区	陈仓区	宝鸡市	123456
凤翔县	凤翔县	宝鸡市	123456
岐山县	岐山县	宝鸡市	123456

续表

用户名称	登录账号	区域代码	初始密码
扶风县	扶风县	宝鸡市	123456
眉县	眉县	宝鸡市	123456
陇县	陇县	宝鸡市	123456
千阳县	千阳县	宝鸡市	123456
麟游县	麟游县	宝鸡市	123456
凤县	凤县	宝鸡市	123456
太白县	太白县	宝鸡市	123456
咸阳市	咸阳市	咸阳市	123456
秦都区	秦都区	咸阳市	123456
渭城区	渭城区	咸阳市	123456
三原县	三原县	咸阳市	123456
泾阳县	泾阳县	咸阳市	123456
乾县	乾县	咸阳市	123456
礼泉县	礼泉县	咸阳市	123456
永寿县	永寿县	咸阳市	123456
彬县	彬县	咸阳市	123456
长武县	长武县	咸阳市	123456
旬邑县	旬邑县	咸阳市	123456
淳化县	淳化县	咸阳市	123456
武功县	武功县	咸阳市	123456
兴平市	兴平市	咸阳市	123456
渭南市	渭南市	渭南市	123456
临渭区	临渭区	渭南市	123456
华州区	华州区	渭南市	123456
潼关县	潼关县	渭南市	123456
大荔县	大荔县	渭南市	123456
合阳县	合阳县	渭南市	123456
澄城县	澄城县	渭南市	123456
蒲城县	蒲城县	渭南市	123456
白水县	白水县	渭南市	123456
富平县	富平县	渭南市	123456
韩城市	韩城市	渭南市	123456
华阴市	华阴市	渭南市	123456

续表

用户名称	登录账号	区域代码	初始密码
延安市	延安市	延安市	123456
宝塔区	宝塔区	延安市	123456
延长县	延长县	延安市	123456
延川县	延川县	延安市	123456
子长县	子长县	延安市	123456
安塞区	安塞区	延安市	123456
志丹县	志丹县	延安市	123456
吴起县	吴起县	延安市	123456
甘泉县	甘泉县	延安市	123456
富县	富县	延安市	123456
洛川县	洛川县	延安市	123456
宜川县	宜川县	延安市	123456
黄龙县	黄龙县	延安市	123456
黄陵县	黄陵县	延安市	123456
汉中市	汉中市	汉中市	123456
汉台区	汉台区	汉中市	123456
南郑区	南郑县	汉中市	123456
城固县	城固县	汉中市	123456
洋县	洋县	汉中市	123456
西乡县	西乡县	汉中市	123456
勉县	勉县	汉中市	123456
宁强县	宁强县	汉中市	123456
略阳县	略阳县	汉中市	123456
镇巴县	镇巴县	汉中市	123456
留坝县	留坝县	汉中市	123456
佛坪县	佛坪县	汉中市	123456
榆林市	榆林市	榆林市	123456
榆阳区	榆阳区	榆林市	123456
神木市	神木县	榆林市	123456
府谷县	府谷县	榆林市	123456
横山区	横山县	榆林市	123456
靖边县	靖边县	榆林市	123456
定边县	定边县	榆林市	123456

续表

用户名称	登录账号	区域代码	初始密码
绥德县	绥德县	榆林市	123456
米脂县	米脂县	榆林市	123456
佳县	佳县	榆林市	123456
吴堡县	吴堡县	榆林市	123456
清涧县	清涧县	榆林市	123456
子洲县	子洲县	榆林市	123456
安康市	安康市	安康市	123456
汉滨区	汉滨区	安康市	123456
汉阴县	汉阴县	安康市	123456
石泉县	石泉县	安康市	123456
宁陕县	宁陕县	安康市	123456
紫阳县	紫阳县	安康市	123456
岚皋县	岚皋县	安康市	123456
平利县	平利县	安康市	123456
镇坪县	镇坪县	安康市	123456
旬阳县	旬阳县	安康市	123456
白河县	白河县	安康市	123456
商洛市	商洛市	商洛市	123456
商州区	商州区	商洛市	123456
洛南县	洛南县	商洛市	123456
丹凤县	丹凤县	商洛市	123456
商南县	商南县	商洛市	123456
山阳县	山阳县	商洛市	123456
镇安县	镇安县	商洛市	123456
柞水县	柞水县	商洛市	123456
秦始皇帝陵博物院	秦始皇帝陵博物院	省直属	123456
西安碑林博物馆	西安碑林博物馆	省直属	123456
汉景帝阳陵博物院	汉景帝阳陵博物院	省直属	123456
杨凌示范区	杨凌示范区	杨凌示范区	123456
空港新城	空港新城	西咸新区	123456
沣东新城	沣东新城	西咸新区	123456
秦汉新城	秦汉新城	西咸新区	123456
沣西新城	沣西新城	西咸新区	123456
泾河新城	泾河新城	西咸新区	123456

（二）常见按钮

常见按钮

（三）信息上报

登录文保员系统后，进入以下页面。左侧是导航菜单，点击下面的子菜单，会在右侧显示对应菜单里的内容。

文保员系统页面

1. 新建文保员信息

点击个人工作中的“我的”信息按钮，会打开所有已上报的信息和下属单位上报的信息。点击 新建 按钮，打开文保员个人信息上报按钮，其中带“*”者为必填信息，其余信息，根据需要进行输入即可。

看护对象名称可以点击右侧选择按钮进行查找，如果没有可直接在文本框中输入看护对象名称。

2. 批量导入文保员信息

点击个人工作中的“我的”信息导入按钮，打开批量导入文保员信息视图，如下图。

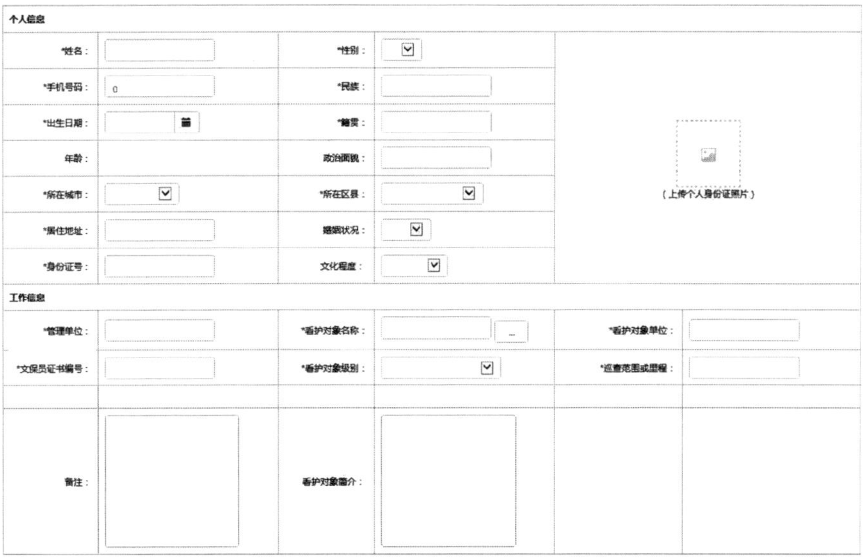

个人信息展示

输入看护对象名称

点击下载模板，按照模板要求批量填写信息。信息填写完之后点击文件上传，选择填报好的模板文件上传，即可批量录入信息。

3. 保存文保员信息

填写完后，点击左上角保存按钮保存信息

。

4. 查询

保存完毕后，点击返回按钮，进入文保员查询视图。选择上部的查询条件可以进行查询，如：

。点击高级按钮可以进行更多条件的查询。

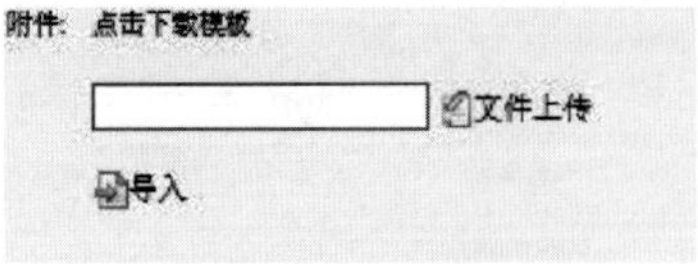

导入文保员信息视图

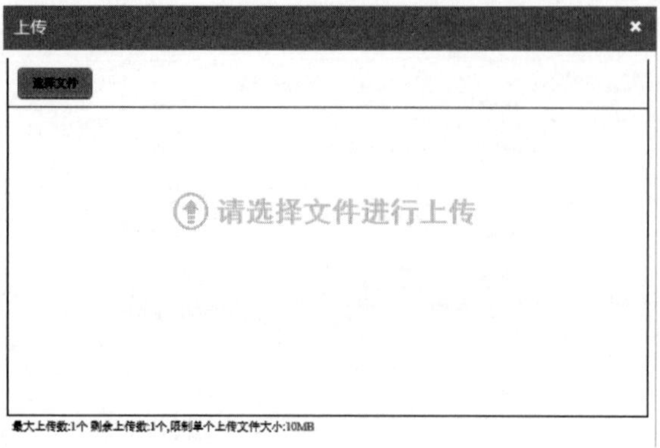

文件上传

查询文保员信息

五、2017—2018 年度数据汇总

（一）各地市国保单位数量统计

陕西省境内全国重点文物保护单位——分类数据统计表

序号	分类	数量	并入其他的数量	实际现有数量	备注
1	古遗址	79	1	78	
2	古建筑	84	1	83	
3	古建筑及历史纪念建筑物	7		7	
4	古墓葬	37		37	
5	石窟寺	2		2	
6	石窟寺及石刻	8		8	
7	石刻及其他	3		3	
8	革命遗址及革命纪念建筑物	4		4	
9	近现代重要史迹及代表性建筑	12		12	
10	其他	2	1	1	
陕西省境内的全国重点文物保护单位		238	3	235	

陕西省境内全国重点文物保护单位——地市分布统计表

地区	市县	数量	并入其他的数量	现有数量	备注
西安	西安地区小计	53	1	52	
宝鸡	宝鸡地区小计	22	1	21	
咸阳	咸阳地区小计	37		37	
铜川	铜川地区小计	11	2	9	
渭南	渭南地区小计	40		40	
延安	延安地区小计	30	8	22	
榆林	榆林地区小计	20		20	跨区重叠的共16处，251-16=235
汉中	汉中地区小计	19		19	
安康	安康地区小计	2		2	
商洛	商洛地区小计	12		12	
杨凌	杨凌地区小计	2		2	
韩城	韩城地区小计	15		15	
陕西省境内的全国重点文物保护单位		263	12	251	

陕西省境内全国重点文物保护单位——市县分布统计表

地区	市县	数量	并入其他的数量	现有数量	备注
西安	西安地区小计	53	1	52	
XA1	西安市	38		38	跨咸阳市1处
XA2	高陵区	3		3	
XA3	蓝田县	3		3	
XA4	周至县	4		4	
XA5	户县	5	1	4	
宝鸡	宝鸡地区小计	21		21	
BJ1	宝鸡市	5		5	
BJ2	岐山县	4		4	
BJ3	扶风县	5		5	
BJ4	凤翔县	2		2	
BJ5	麟游县	2		2	
BJ6	眉县	3		3	
咸阳	咸阳地区小计	37		37	
XY1	咸阳市	8		8	跨西安市1处
XY2	兴平市	3		3	
XY3	武功县	3		3	
XY4	乾县	2		2	跨渭南及本区跨县1处

续表

地区	市县	数量	并入其他的数量	现有数量	备注
XY5	礼泉县	2		2	跨渭南及本区跨县 1 处
XY6	泾阳县	4		4	跨渭南及本区跨县 1 处
XY7	三原县	4		4	跨渭南及本区跨县 1 处
XY8	永寿县	1		1	
XY9	彬县	2		2	
XY10	长武县	2		2	
XY11	旬邑县	3		3	跨内蒙古 1 处
XY12	淳化县	3		3	
铜川	铜川地区小计	12	2	10	
TC1	铜川市	11	2	9	
TC2	宜君县	1		1	
渭南	渭南地区小计	40		40	
WN1	渭南市	2		2	
WN2	华县	4		4	
WN3	华阴市	4		4	跨韩城市 1 处
WN4	潼关县	2		2	
WN5	合阳县	5		5	
WN6	大荔县	4		4	跨韩城市 1 处
WN7	蒲城县	3		3	跨咸阳及本区跨县 1 处
WN8	白水县	3		3	
WN9	富平县	5		5	跨咸阳及本区跨县 1 处
WN10	澄城县	8		8	
延安	延安地区小计	30	8	22	
YA1	延安市	10	8	2	
YA2	吴起县	2		2	
YA3	志丹县	2		2	本区跨县 1 处
YA4	延长县	1		1	
YA5	子长县	2		2	
YA6	甘泉县	1		1	本区跨县 1 处
YA7	宜川县	1		1	
YA8	洛川县	2		2	
YA9	黄龙县	1		1	
YA10	富县	5		5	本区跨县 1 处
YA11	黄陵县	3		3	本区跨县 1 处
榆林	榆林地区小计	20		20	

续表

地区	市县	数量	并入其他的数量	现有数量	备注
YL1	榆林市	4		4	
YL2	神木县	2		2	
YL3	府谷县	2		2	
YL4	横山县	2		2	
YL5	靖边县	2		2	
YL6	绥德县	1		1	
YL7	米脂县	3		3	
YL8	佳县	2		2	
YL9	吴堡县	1		1	
YL10	清涧县	1		1	
汉中	汉中地区小计	19		19	
HZ1	汉中市	2		2	
HZ2	南郑县	1		1	
HZ3	城固县	3		3	
HZ4	勉县	2		2	
HZ5	洋县	4		4	
HZ6	西乡县	2		2	
HZ7	略阳县	1		1	
HZ8	留坝县	1		1	
HZ9	宁强县	3		3	
安康	安康地区小计	2		2	
AK1	安康市	1		1	
AK2	紫阳县	1		1	
商洛	商洛地区小计	12		12	
SL1	商洛市	3		3	本区跨县 1 处
SL2	洛南县	3		3	本区跨县 1 处
SL3	山阳县	2		2	本区跨县 1 处
SL4	镇安县	1		1	本区跨县 1 处
SL5	柞水县	1		1	本区跨县 1 处
SL6	丹凤县	1		1	本区跨县 1 处
SL7	商南县	1		1	本区跨县 1 处
杨凌	杨凌示范区	2		2	
韩城	韩城市	15		15	跨渭南市 1 处

（二）各地市省保单位数量统计

陕西省级文物保护单位统计表（地市数量）

市	县区	1—6批	晋升	实有
西安市		115	8	107
宝鸡市		111	8	103
咸阳市		111	9	102
渭南市		122	14	108
安康市		86	1	85
汉中市		75	8	67
铜川市		30	2	28
商洛市		46	4	42
延安市		97	8	89
榆林市		88	3	85
杨凌区		3		3
韩城市		21	4	17
小计		905	69	836

陕西省级文物保护单位统计表（市县区分布）

市	县区	1—6批	晋升	实有
西安市	碑林区	12		12
	莲湖区	9	1	8
	雁塔区	5	1	4
	灞桥区	5	2	3
	未央区	2	1	1
	高陵区	6		6
	新城区	11		11
	临潼区	4		4
	长安区	14	1	13
	蓝田县	8		8
	鄠邑区	23	1	22
	周至县	16	1	15
小计		115	8	107
安康市	白河县	3		3
	汉滨区	18	1	17
	汉阴县	12		12
	岚皋县	9		9

续表

市	县区	1—6 批	晋升	实有
安康市	宁陕县	9		9
	平利县	8		8
	石泉县	9		9
	旬阳县	13		13
	镇坪县	2		2
	紫阳县	4		4
小计		87	1	86
宝鸡市	陈仓区	13	1	12
	凤县	4		4
	凤翔县	7	1	6
	扶风县	17	1	16
	金台区	8	1	7
	麟游县	14		14
	陇县	6		6
	眉县	12	1	11
	太白县	1		1
	渭滨区	8	1	7
	岐山县	13	2	11
	千阳县	8		8
小计		111	8	103
汉中市	城固县	14	1	13
	佛坪县	2		2
	汉台区	8	1	7
	留坝县	2		2
	略阳县	6		6
	勉县	6	1	5
	南郑区	6		6
	宁强县	4	2	2
	西乡县	6	1	5
	洋县	15	2	13
	镇巴县	6		6
小计		75	8	67
商洛市	丹凤县	9		9
	洛南县	5	2	3
	山阳县	5	1	4

续表

市	县区	1—6 批	晋升	实有
商洛市	商南县	3		3
	商州区	10	2	8
	柞水县	2	1	1
	镇安县	13		13
小计		47	6	41
铜川市	王益区	5		5
	耀州区	13	2	11
	宜君县	6		6
	印台区	7		7
小计		31	2	29
渭南市	白水县	10	1	9
	澄城县	4	1	3
	大荔县	12	1	11
	富平县	16	3	13
	合阳县	11	2	9
	华县	14	2	12
	华阴市	12		12
	临渭区	11	1	10
	蒲城县	27	2	25
	潼关县	5	1	4
小计		122	14	108
咸阳市	彬县	5		5
	淳化县	4		4
	泾阳县	14	1	13
	礼泉县	7		7
	乾县	6		6
	秦都区	2	1	1
	三原县	18	2	16
	渭城区	12		12
	武功县	15	3	12
	兴平市	6		6
	旬邑县	9	1	8
	永寿县	6		6
	长武县	7	1	6
小计		111	9	102

续表

市	县区	1—6 批	晋升	实有
延安市	安塞县	5		5
	宝塔区	26	2	24
	富县	9	3	6
	甘泉县	8		8
	黄陵县	2		2
	黄龙县	10	1	9
	洛川县	7	1	6
	吴起县	3	1	2
	延川县	9		9
	延长县	3		3
	宜川县	2		2
	志丹县	6		6
	子长县	7		7
小计		97	8	89
榆林市	定边县	7		7
	府谷县	7	1	6
	横山县	8		8
	佳县	10		10
	靖边县	10		10
	米脂县	7		7
	清涧县	1		1
	神木县	8		8
	绥德县	5	1	4
	榆阳区	22	1	21
	子长县	1		1
	子洲县	2		2
小计		88	3	85
杨凌区	杨凌区	3		3
小计		3		3
韩城市		21	4	17
小计		21	4	17

（三）按各地市上报文保员人数汇总

1. 文保员总人数及系统截图

全省 2017—2018 年度群众文物（长城）保护员总人数为 8017 人。

文保员总人数信息截图

2. 各地市上报文保员人数汇总表

陕西省群众文物（长城）保护员人数统计表（2017 年 9 月 14 日）

地市	国保	省保	市县保	一般文物点	博物馆				其他	长城资源	合计	备注
					1 级	2 级	3 级	一般				
西安市	230	136	255	185					28		834	
咸阳市	194	545	571	46							1356	
宝鸡市	120	203	223	152					2		700	
渭南市	171	111	255	49					12	49	647	
铜川市	75	45	79	27						16	242	
韩城市	5	19	195							26	245	
延安市	93	209	440	52				3	13	67	877	
榆林市	85	172	619	91						236	1203	
商洛市	121	94	239	24							478	
安康市	7	154	422	90							673	
汉中市	59	130	195	97							481	
杨凌区	6	5	13	1							25	
西咸新区	104	7	6	31							148	
汉景帝阳陵博物院	40										40	
秦始皇帝陵博物院	18				40						58	
西安碑林博物馆	10										10	
总计	1338	1830	3512	845	40			3	55	394	8017	

（四）各地市县上报数据汇总

1. 西安市上报文保员人数汇总

西安市群众文物（长城）保护员人数统计表（不含秦始皇帝陵博物院、西安碑林博物馆、汉景帝阳陵博物院、西咸新区，2017 年 9 月 14 日）

区（县）	国保	省保	市县保	一般文物点	博物馆				其他	长城资源	合计	备注
					1 级	2 级	3 级	一般				
西安市	230	136	255	185					28		834	
新城区	2	3									5	
碑林区	7	14	1	6							28	
莲湖区	4	8	5	2					4		23	
灞桥区	18	7	9	18					6		58	
未央区	67		12	75					9		163	
雁塔区	11	1		6							18	
阎良区	8		7	3							18	
临潼区	10	6	31	44							91	
长安区	67	8	8	13					9		105	
周至县	7	36	80	10							133	
蓝田县	3	10	42								55	
鄠邑区	20	34	44	8							106	
高陵区	6	9	16								31	

2. 咸阳市上报文保员人数汇总

咸阳市群众文物（长城）保护员人数统计表（不含汉景帝阳陵博物院、西咸新区，2017 年 9 月 14 日）

地市	国保	省保	市县保	一般文物点	博物馆				其他	长城资源	合计	备注
					1 级	2 级	3 级	一般				
咸阳市	194	545	571	46							1356	
秦都区		7	5								12	
渭城区		8	3								11	
三原县	32	20	50	6							108	
泾阳县	44	24	132								200	
乾县	15	6	69								90	
礼泉县	68	391	101								560	
永寿县	2	11	9								22	
彬县		6	15								21	
长武县	2	6									8	

续表

地市	国保	省保	市县保	一般文物点	博物馆				其他	长城资源	合计	备注
					1 级	2 级	3 级	一般				
旬邑县	4	5	22	26							57	
淳化县	5	1	39								45	
武功县	5	55	91	14							165	
兴平市	17	5	35								57	

3. 宝鸡市上报文保员人数汇总

宝鸡市群众文物（长城）保护员人数统计表（2017 年 9 月 14 日）

地市	国保	省保	市县保	一般文物点	博物馆				其他	长城资源	合计	备注
					1 级	2 级	3 级	一般				
宝鸡市	120	203	223	152					2		700	
渭滨区	5	17		36							58	
金台区	5	8	8	19							40	
陈仓区	3	27	52	55					2		139	
凤翔县	43	11	18	11							83	
岐山县	19	29	7	2							57	
扶风县	29	28	51								108	
眉县	8	17	10								35	
陇县		27	24								51	
千阳县		8	19								27	
麟游县	8	10	3								21	
凤县		20	26								46	
太白县		1	5	29							35	

4. 渭南市上报文保员人数汇总

渭南市群众文物（长城）保护员人数统计表（2017 年 9 月 14 日）

地市	国保	省保	市县保	一般文物点	博物馆				其他	长城资源	合计	备注
					1 级	2 级	3 级	一般				
渭南市	171	111	255	49					12	49	647	
临渭区	2	9	30	38							79	
华州区	7	15	37								59	
潼关县	25	9	26								60	
大荔县	4	11	12							2	29	

续表

地市	国保	省保	市县保	一般文物点	博物馆				其他	长城资源	合计	备注
					1级	2级	3级	一般				
合阳县	5	10	21							11	47	
澄城县	17	7	42	1						20	87	
蒲城县	83	21	19								123	
白水县	4	8	34	8						1	55	
富平县	20	9	13	2							44	
华阴市	4	12	21						12	15	64	

5. 铜川市上报文保员人数汇总

铜川市群众文物（长城）保护员人数统计表（2017年9月14日）

地市	国保	省保	市县保	一般文物点	博物馆				其他	长城资源	合计	备注
					1级	2级	3级	一般				
铜川市	75	45	79	27						16	242	
王益区	20	11	11	4							46	
印台区	19	6	6								31	
耀州区	15	21	24	18							78	
宜君县	21	7	38	5						16	87	

6. 韩城市上报文保员人数汇总

韩城市群众文物（长城）保护员人数统计表（2017年9月14日）

地市	国保	省保	市县保	一般文物点	博物馆				其他	长城资源	合计	备注
					1级	2级	3级	一般				
韩城市	5	19	195							26	245	

7. 杨陵区上报文保员人数汇总

杨凌区群众文物（长城）保护员人数统计表（2017年9月14日）

地市	国保	省保	市县保	一般文物点	博物馆				其他	长城资源	合计	备注
					1级	2级	3级	一般				
杨凌区	6	5	13	1							25	

8. 延安市上报文保员人数汇总

延安市群众文物（长城）保护员人数统计表（2017 年 9 月 14 日）

地市	国保	省保	市县保	一般文物点	博物馆				其他	长城资源	合计	备注
					1 级	2 级	3 级	一般				
延安市	93	209	440	52				3	13	67	877	
宝塔区	3	16	32					3	11		65	
延长县	2	6	46								54	
延川县		14	32								46	
子长县	7	16	80								103	
安塞区	8	12	58								78	
志丹县	4	12	17							3	36	
吴起县	8	3	26							38	75	
甘泉县	5	28	53	5							91	
富县	17	12	18	11					2	6	66	
洛川县	3	26	13								42	
宜川县	10	19	32	34							95	
黄龙县	8	43	15							13	79	
黄陵县	18	2	18	2						7	47	

9. 榆林市上报文保员人数汇总

榆林市群众文物（长城）保护员人数统计表（2017 年 9 月 14 日）

地市	国保	省保	市县保	一般文物点	博物馆				其他	长城资源	合计	备注
					1 级	2 级	3 级	一般				
榆林市	85	172	619	91						236	1203	
榆阳区	15	39	71	83						53	261	
神木县	18	5	48							1	72	
府谷县	11	9	62							38	120	
横山县	4	8	57							64	133	
靖边县	7	7	31	8						54	107	
定边县		7	11							26	44	
绥德县	2	8	93								103	
米脂县	10	37	17								64	
佳县	2	29	69								100	
吴堡县	7		23								30	

续表

地市	国保	省保	市县保	一般文物点	博物馆				其他	长城资源	合计	备注
					1级	2级	3级	一般				
清涧县	9	10	60								79	
子洲县		13	77								90	

10. 商洛市上报文保员人数汇总

商洛市群众文物（长城）保护员人数统计表（2017 年 9 月 14 日）

地市	国保	省保	市县保	一般文物点	博物馆				其他	长城资源	合计	备注
					1级	2级	3级	一般				
商洛市	121	94	239	24							478	
商州区	83	12	17								112	
洛南县	14	4	50								68	
丹凤县	5	23	8								36	
商南县		8	92								100	
山阳县	5	12	11								28	
镇安县		28	22	24							74	
柞水县	14	7	39								60	

11. 安康市上报文保员人数汇总

安康市群众文物（长城）保护员人数统计表（2017 年 9 月 14 日）

地市	国保	省保	市县保	一般文物点	博物馆				其他	长城资源	合计	备注
					1级	2级	3级	一般				
安康市	7	154	422	90							673	
汉滨区	2	28	79	4							113	
汉阴县		20	38	11							69	
石泉县		8	22								30	
宁陕县		26	30								56	
紫阳县	5	4	11								20	
岚皋县		9	21	20							50	
平利县		26	94								120	
镇平县		3	25								28	
旬阳县		26	94	55							175	
白河县		4	8								12	

12. 汉中市上报文保员人数汇总

汉中市群众文物（长城）保护员人数统计表（2017 年 9 月 14 日）

地市	国保	省保	市县保	一般文物点	博物馆				其他	长城资源	合计	备注
					1 级	2 级	3 级	一般				
汉中市	59	130	195	97							481	
汉台区	3	8	10	7							28	
南郑区	4	9	19	1							33	
城固县	9	26	26	22							83	
洋县	12	29	35	7							83	
西乡县	6	9	31	4							50	
勉县	6	9	18	13							46	
宁强县	13	3	13	3							32	
略阳县	3	12	12	13							40	
镇巴县		12	16	23							51	
留坝县	3	9	3	1							16	
佛坪县		4	12	3							19	

13. 西咸新区上报文保员人数汇总

西咸新区群众文物（长城）保护员人数统计表（2017 年 9 月 14 日）

地市	国保	省保	市县保	一般文物点	博物馆				其他	长城资源	合计	备注
					1 级	2 级	3 级	一般				
西咸新区	104	7	6	31							148	
空港新城	8	2	2	12							24	
沣东新城	14	2		2							18	
秦汉新城	64	3	4								71	
沣西新城	18										18	
泾河新城				17							17	

14. 省直单位上报文保员人数汇总

省直单位群众文物（长城）保护员人数统计表（2017 年 9 月 14 日）

地市	国保	省保	市县保	一般文物点	博物馆				其他	长城资源	合计	备注
					1 级	2 级	3 级	一般				
汉景帝阳陵博物院	40										40	

续表

地市	国保	省保	市县保	一般文物点	博物馆				其他	长城资源	合计	备注
					1级	2级	3级	一般				
秦始皇帝陵博物院	18				40						58	
西安碑林博物馆	10										10	

六、存在的问题和改进的方向

（一）存在的问题不足

1. 文保员信息采集内容不够完善和准确

体现在大部分人员的信息表中，一是“个人照片”没有上传；二是普遍没有文保员证书，编号不规范统一；三是对群众文保员所看护的文博单位的管理单位填写不准确；四是所看护的对象中具体看护的范围里程填写不准确；五是看护对象简介内容缺失；六是个别单位没有将长城作为“长城资源”一个类别单独列出，与国保、省保的类别放在一起，对统计“群众长城保护员”造成不便。

2. 文保员信息采集表设计存有歧义之处

如“看护对象单位”应该是“看护对象的管理单位”，“所在城市”及“所在区县”应该是“看护对象所在的城市”及“看护对象所在区县”，并且应该将“看护对象所在的城市”“看护对象所在区县”放在下面的工作信息栏中。

3. 文保员信息采集工作不够细致

一是对全省文保员信息管理系统的必要性、科学性和有效性认识不够，仅仅看作又一次文保员信息的统计工作；二是不少单位对文保员数量、设置、任务安排与所对应的文物管护的实际需要论证不够，在科学合理有效配置和充分发挥群众文保员的实际作用方面有待加强。

（二）改进的方向

1. 补充完善文保员信息采集内容

下一次填报信息时组织补充完善文保员信息内容，完善表格设计，上传个人照片和其他缺失信息。

2. 规范文保员证书式样、编号、制发、注销工作

全省要统一规范文保员证书的规格、式样、编号，明确制发、注销要求和程序。

3. 充分发挥好文保员系统的作用

下一步要利用好文保员系统，加强对群众文物（长城）保护员规范管理，指导监督他们充分发挥在田野文物一线安全管护中的作用，达到保护全省田野文物安全的目的。

陕西数字博物馆移动馆正式实施启用

（2017）

陕西数字博物馆系统在设计时充分考虑项目需求，在整体系统便携性、拆装方便性、内容互动性及人性化设计方面进行了专门设计。

一、系统要求

注重系统的便携性，系统组装、拆卸方便快捷，满足流动博物馆的需求。

移动馆展示区分为 5 个方面：① 大屏投影互动区；② VR 体验区；③ 陕西文物数据查询区；④ 电台录音区；⑤ 机器人表演展示区。

二、采用大屏 + 鼠标的形式

采用大屏 + 鼠标的形式，为观众提供了解陕西文物、文化及中华文明的可移动互动媒介，让陕西的文物、文化及中华文明可以更深入群众，使更多的人可以体验到陕西深厚的历史文化内涵及绚丽的中华文明。目前内容包括如下方面。

（1）陕西文物普查数据向社会公布。

（2）陕西省长城调查项目向社会公布。

（3）陕西古塔信息向社会公布。

（4）陕西省博物馆数据向社会公布。

巡展互动大屏系统使用流程

（1）巡展大屏在无人使用、大屏处于待机状态时，将轮播切换展示“陕西精品文物电子巡展欢迎您”之类的提示信息和精品文物图片。同时通过轮播中的宣传页面提示观众去服务台租借智慧笔。

（2）智慧笔的租借：观众可通过二代身份证租借或者领取智慧笔，工作人员通过管理系统读取观众的身份信息并与智慧笔进行绑定。

（3）大屏关联、区域激活：当观众拿到智慧笔之后，待机屏将提示观众绑定智慧笔开启完整视听体验，无智慧笔观众可点击按钮直接浏览。观众根据大屏幕上滚动显示的提示，使用智慧笔点击屏幕下方区域 NFC 触发点，将智慧笔与大屏绑定并激活关联区域。一个大屏可分为 3—4 个关联区域，在关联区域中的操作（收听详细讲解内容音

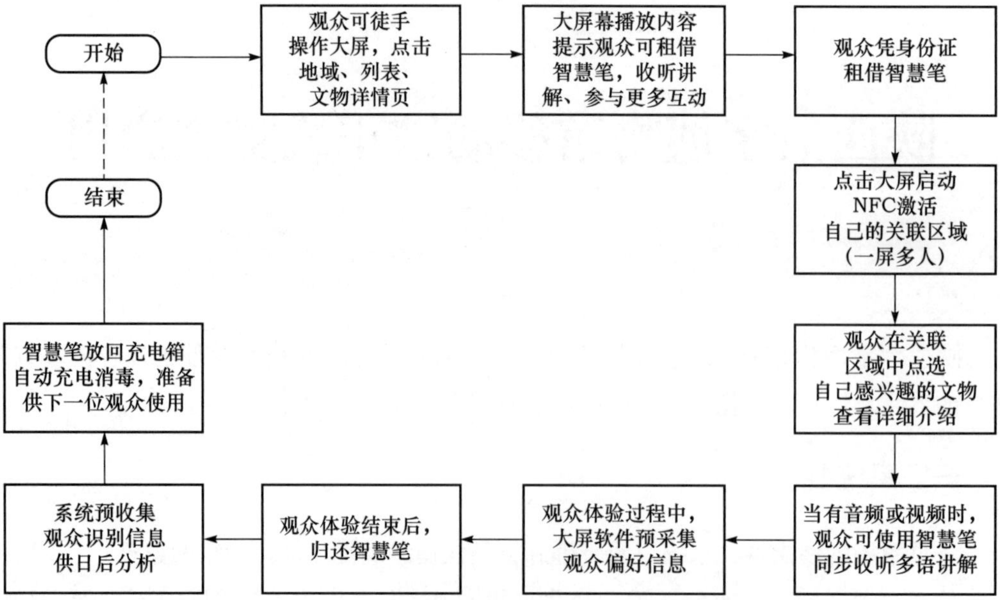

系统使用流程图

功能设计原型示意图

频同步）可自动同步到对应区域绑定的智慧笔上，同一区域绑定智慧笔的数量无限制。

（4）观众开启体验后，大屏对应区域利用开幕效果自然过渡，将整块大屏分成左、中、右三块区域。点击的区域首先展示陕西地图，观众可在陕西地图上选择自己感兴趣的地域或者文化带进行观看。而未激活区域的后面及两侧的屏幕分区继续滚动播放先前的提示或展示信息。

（5）待观众选择好自己感兴趣的区域之后，区域地图上将显示该区域内所有的博物馆名称，观众点击对应的图标，即可进入博物馆的“文物宝库”，浏览珍贵的文物信息。如观众选择西安市，则西安地图弹出，陕西地图自动移动到下方，大屏上自动出现西安市境内所有的博物馆，如陕西历史博物馆、西安博物院、汉景帝阳陵博物院等，观众将直观看到各博物馆的地理位置，并选择感兴趣的博物馆，或者点击下方陕西地图，重新回到区域选择界面。

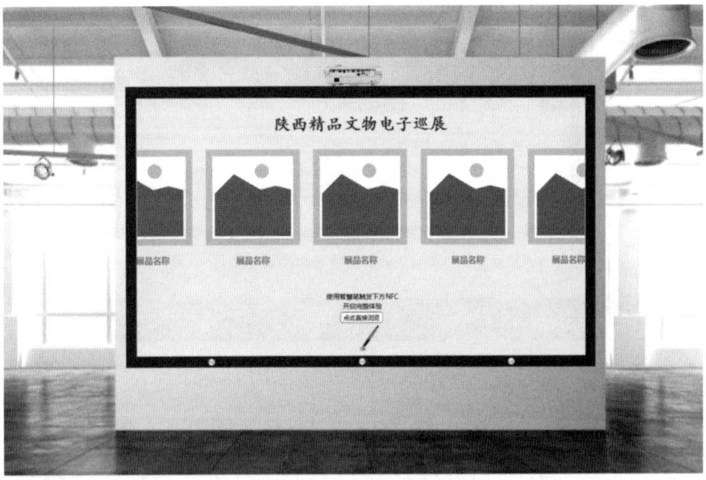

功能设计原型示意图

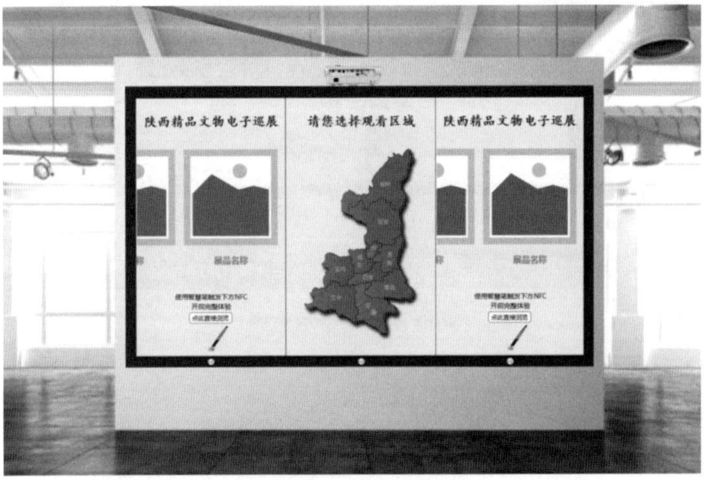

功能设计原型示意图

（6）观众进入博物馆界面后，将看到文物的大图和详情介绍，并可使用智慧笔听取文物语音讲解、文物缩略图，观众可以点击不同的缩略小图进行不同文物间的快速切换。除此之外，观众还可以点击陕西地图或西安地图，进行不同层级界面的快速切换。因大屏高度原因，考虑观众操作的便捷性，不在区域上部和下部设计过多的操作功能，而主要提供显示功能。

（7）每位观众可以通过自己手中的智慧笔各自收听讲解语音，保证观众之间不会相互干扰。观众点击“语音播放”按钮后，智慧笔将同步播放当前文物的语音讲解，同时不干扰其他观众使用其他区域的大屏体验。

功能设计原型示意图

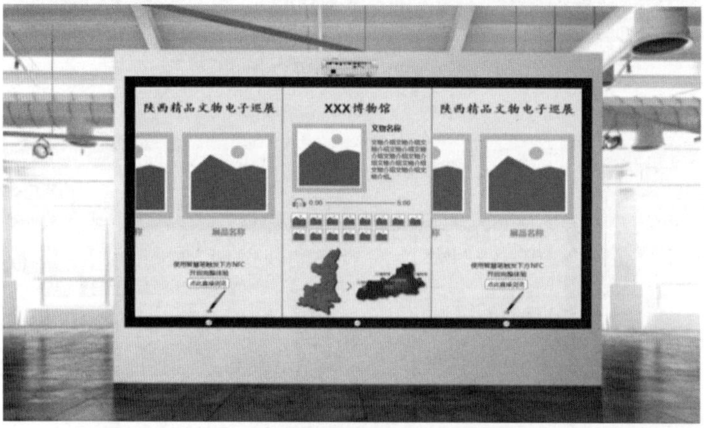

功能设计原型示意图

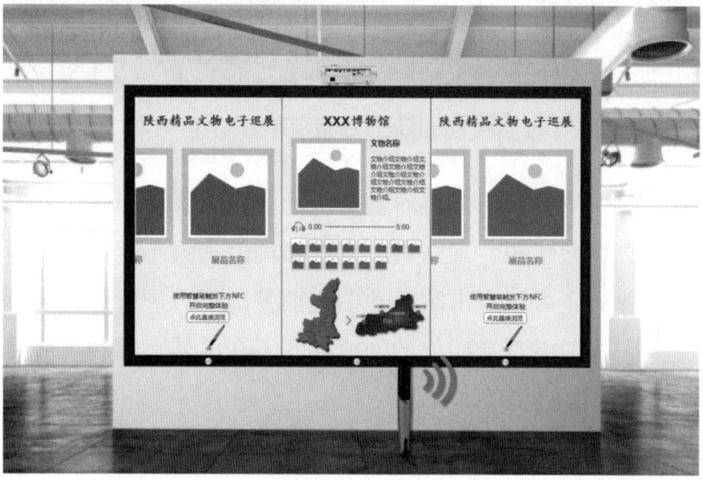

功能设计原型示意图

（8）巡展大屏可划分为3—4个区域，当一名观众正使用其中一块大屏时，其他观众可自行开启相邻的其他区域，欣赏其他博物馆的精品文物，每块区域相互独立，互不影响。

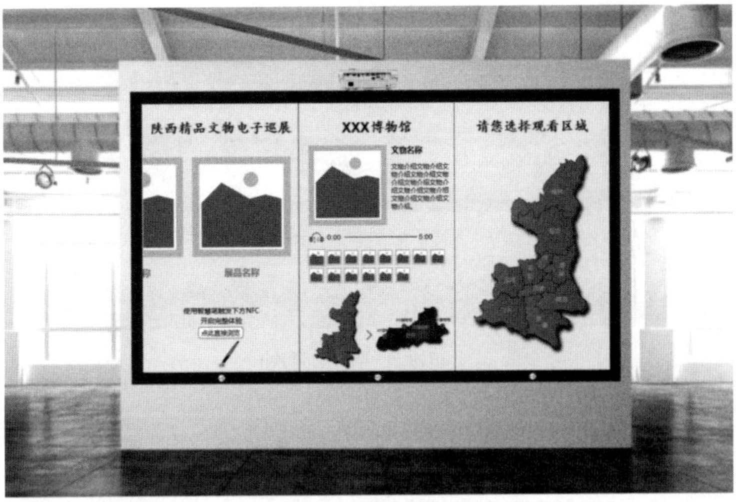

功能设计原型示意图

（9）另一名观众可进行相同的步骤操作，如选择延安地图区域。

（10）一名观众使用中部区域欣赏某博物馆文物时，另一名观众可欣赏相同或不同博物馆文物，二者可通过智慧笔同时、自主地进行语音讲解同步收听，互不干扰和影响。

（11）相同区域内绑定的智慧笔数量不受限制，如右侧区域可同时绑定四支智慧笔，实现“一人操作、多人收听”。

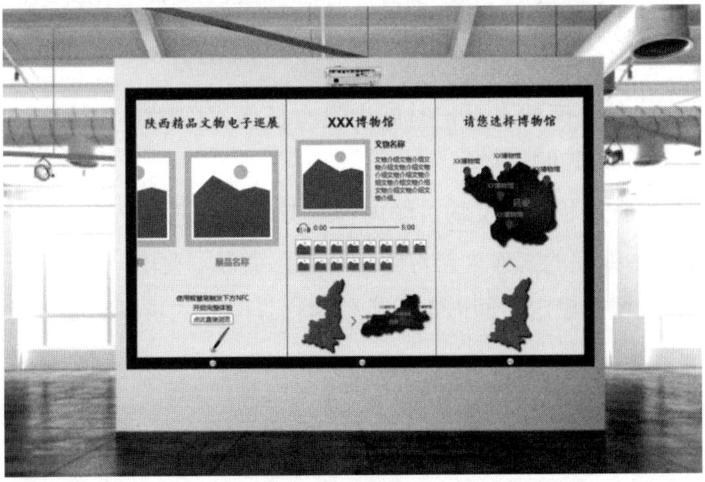

功能设计原型示意图

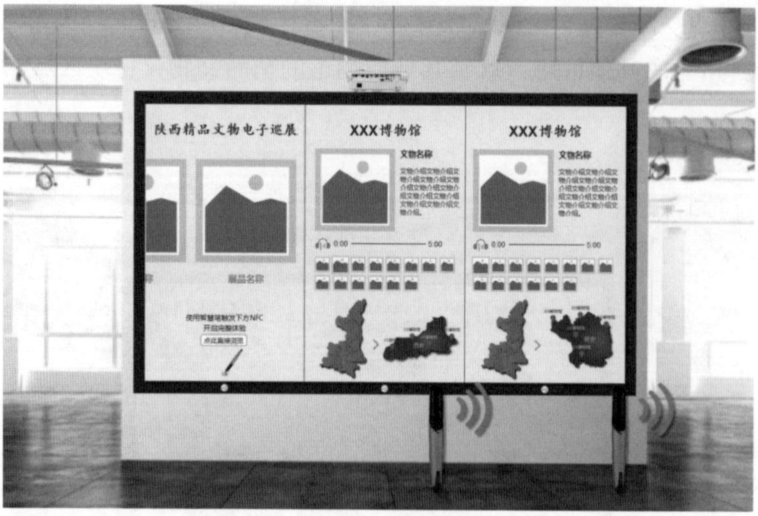

功能设计原型示意图

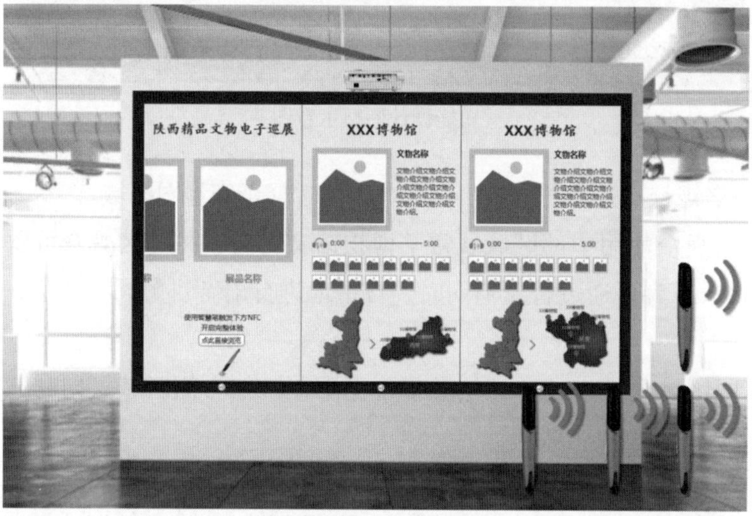

功能设计原型示意图

（12）当大屏的某块区域在设定时间内没有任何操作时，此块区域将回到待机状态，方便和提示下位观众进行体验。

（13）当观众收听完相应的文物讲解内容或者是本次巡展结束之后，观众到指定的位置归还智慧笔。由专门的工作人员对智慧笔进行消毒、充电、保存等工作。

（14）当所有区域在设定时间内都没有任何操作时，大屏回到初始状态，进行更为完整的电子巡展宣传。

三、VR 虚拟讲解头盔

用于 4 个博物馆的三维讲解虚拟展示。

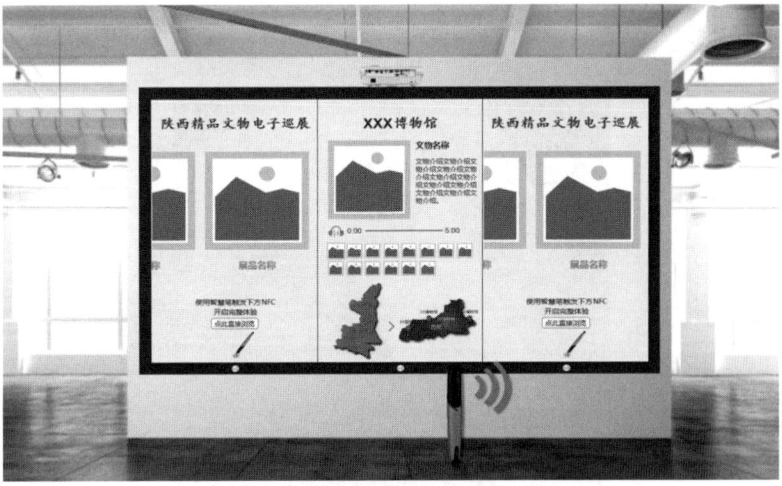

功能设计原型示意图

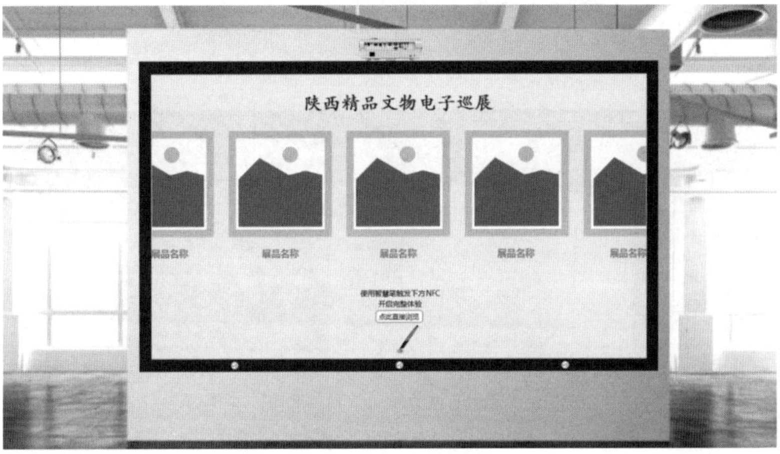

功能设计原型示意图

四、陕西文物之声网络电台（留言吧）

在移动馆中加入陕西文物之声网络电台的录制间，一是播放电台内容，二是采集观众录音并播放。

五、互动数据检索区

（1）触摸屏互动，把口袋版搬上显示器，还可与手机互动。

（2）陕西数字博物馆网上体验。

（3）全省最新展览展示区，可触摸互动。

六、展区示意图

顶视图

侧视图

背视图

实景图

陕西数字博物馆移动馆全省巡展第二站在韩城市开展。

陕西数字博物馆移动馆是通过数字化的方式挖掘博物馆背后所蕴藏的文化积淀，延伸传统文物的展示方式，通过新方法、新手段，实现博物馆的超级链接，为观众提供了解陕西历史文化及中华文明的可移动互动媒介。陕西数字博物馆移动馆的成立标志着陕西智慧博物馆建设工作迈出了新步伐。

该移动馆于 2018 年 5 月 18 日在陕西历史博物馆正式启动。由于该馆展览形式在全国尚属首创，近一月来得到媒体的高度关注和参观者的积极参与。在 2018 年 6 月 10 日的中国文化遗产日当日，陕西数字博物馆移动馆正式走入韩城。陕西数字博物馆移动馆在韩城市梁带村芮国遗址博物馆现场展示，欢迎大家互动体验。

陕西数字博物馆移动馆展示区有：大屏投影互动区、VR 体验区、陕西文物数据查询区、陕西文物之声网络电台录音区四部分。而走进韩城的陕西数字博物馆移动馆通过陕西文物数据联播板块展示以下内容：陕西文物之声网络电台，陕西出国展览最受欢迎文物与国家，陕西数字博物馆口袋版，陕西古塔展示，2017 陕西文物数据发布，一级博物馆三维视频讲解和头盔穿戴三维展示，陕西数字博物馆和渭南地区精品文物三维展示等。

走进陕西感受历史体验文明

——带你轻点鼠标畅游陕西数字博物馆

（2017）

陕西是文物大省，文物资源十分丰富。如何保护好、利用好和传承好这些丰厚的文化遗产，让全社会都能领略陕西文化遗产的风采，长期以来成为文物工作者困惑的问题。

2006 年，陕西启动了“文物调查及数据库管理系统建设项目”，经过数年的不懈努力，完成了全省百万件馆藏文物的数字化建设工作，实体文物变成了虚拟数据，为全省百万件馆藏在社会公众面前展示创造了条件。2012 年，陕西重点文化惠民工程——陕西数字博物馆应运而生。

陕西数字博物馆依托先进的网络科技手段，通过全面整合全省文物信息资源，采用动态模拟、三维演示等先进文物数字化展示手段，将全省实体博物馆和丰富的馆藏文物呈现在观众面前。

陕西数字博物馆是陕西省实施文物惠民工程的一项重要举措，是全国首座以省文物数据库为依托的数字博物馆，也是陕西文物事业在利用文物数据库方面为全国文物事业做出的示范项目。

一、全国首个数据库应用示范省

作为综合性文物展示平台，陕西数字博物馆是以馆藏文物数据库为数据支撑的。陕西馆藏文物数据库是财政部和国家文物局在全国开展的“文物调查及数据库管理系统建设项目”的第二批推广省份。当时，省政府成立了由时任副省长担任组长的领导小组，并配套 1000 万元资金作为项目经费开展这项工作。

自 2006 年项目启动以来，文物数据库建设取得了丰硕成果。2007 年 10 月顺利完成全省 10 万余件珍贵文物的数据库建设工作，2008 年下半年，开展了一般文物的数据库建设工作，已经完成 40 余万件一般文物的录入合成工作，全省馆藏文物完全数字化指日可待。

2010 年 6 月，在国家文物局召开的“文物调查及数据库管理系统建设项目”总结会上，陕西作为先进典型，介绍了数据库建设的工作经验。目前，全国只有陕西开展了馆藏一般文物的数据库建设工作。

文物数据库建设完成后，确定了服务文物管理、学术研究和广大群众等多个层次的应用方向。为文物管理和学术研究服务是通过二级节点实现的，即省文物数据中心与省文物局、省直属文博单位和各市县（区）文物行政管理部门和文物收藏部门等 208 个单位通过 VPN 方式网络链接，使各级文物行政管理部门都能实时掌握所辖文物的管理和流动情况，为正确决策提供帮助，同时，学术研究工作也可以通过二级节点查阅所需文物信息。

目前，陕西数字博物馆应用已经起步，它是向广大群众展示陕西文物、陕西实体博物馆的最新表现形式。但相比全国 2300 多座博物馆的 1600 多万件馆藏文物和数十万处文物保护单位，以及其他大量的物质文化遗产和非物质文化遗产，仍具有非常广阔和日趋增长的需求。

经过大量实地调研和行业分析，应采用比较成熟的科技技术与博物馆进行对接才是发展方向和指导思想。陕西数字博物馆采用了虚拟三维技术和多媒体手段进行数字博物馆建设的主要技术形式，这两项技术都是非常成熟的技术手段，无论从技术还是展示上来说，与数字博物馆的结合都是十分完美的。

二、全国首座综合数字博物馆

2012 年，陕西省政府推出一项重要的文化惠民工程——陕西数字博物馆建设，它依托先进的网络科技手段，通过全面整合陕西文物信息资源，采用文物数字化展示、保护和交流、动态模拟、三维演示等形式，为网民打造方便快捷地分享历史文化的平台。

网民可以通过两种方式方便地登录陕西数字博物馆。一是在搜索引擎中输入“陕西数字博物馆”就可以找到，二是在浏览器的地址中输入网址（www.0110m.com）亦可打开数字博物馆主页。

陕西数字博物馆主要栏目有虚拟现实馆——以虚拟三维技术全角度全方位游览全省实体博物馆，数字专题展——利用陕西馆藏文物数据库资源举办的陕西文物数字专题展览，临展与交流展——展示正在举办和已经结束的省内临时展览及国际省际交流展览，精品文物鉴赏——通过二维与三维方式鉴赏陕西精品文物，讲坛与讲解——聆听文博专家的专题视频讲座和陕西实体博物馆的语音讲解等。还设立博物馆新闻、交流与论坛、数字文库、博物馆大全等信息服务，为公众提供集观赏性、知识性和互动性于一体的交流平台。

在创新数字媒体不断丰富展览形式外，还利用虚拟现实技术对馆藏文物制作了逼真的模拟效果，网民通过键盘和鼠标进行前进、后退、缩小、放大等操作，可以徜徉在虚拟场景中，在逼真的藏品中品味和感受网上展馆带来的真实可触、多维互动的创新接触体验。

目前，陕西数字博物馆已收录珍品文物数据数十万件，网民只要登录陕西数字博物馆即可实时查询所需的博物馆资讯，了解珍品文物及其背后的精彩历史，真正做到足不出户尽享国内外文物饕餮。在保证内容权威性的同时，深入挖掘历史文化内涵，突出文物数字化、文物展示和文物保护功能，让文化精髓得以快速共享，是真正的陕西文物数字专业门户。

按照陕西省文物局要求，在继续做好数据库管理的同时不断增强社会服务应用功能，提高陕西数字博物馆的利用水平。以陕西文物数据应用为主导，以为网民提供方便的文化享受为己任，建设好以陕西文物数据库文物数据为依托的真正意义上的全国首家数字博物馆。

三、全国首家全省实体博物馆变身数字

目前，数字博物馆在技术上还存在许多问题，IT 技术与博物馆结合是否采用先进的科技技术手段与文物展示宣传结合，成为阻碍数字博物馆发展的瓶颈之一。经过大量实地调研和行业分析，认为采用比较成熟的科技技术与博物馆进行对接，才是发展方向和指导思想。

陕西数字博物馆采用虚拟三维技术和多媒体手段是主要的技术形式。陕西数字博物馆通过虚拟现实（VR）技术把全省博物馆、遗址等 70 余家实体博物馆进行系统的技术处理，使游客身临其境地参观。

博物馆是一个国家和民族的时代缩影，即使是在科学技术高度发达的今天，如果要问到哪里去寻找文明的记忆时，相信绝大多数人首先想到的是博物馆——365 天、24 小时“永不关门”的博物馆——陕西数字博物馆通过 VR 技术实现了网民的愿望。网民只需根据屏幕上的移动鼠标提示操作，便可全方位多角度观看、体验实体博物馆，身临其境。

比如，网民点开陕西数字博物馆的“秦始皇兵马俑博物馆”并选择一号坑，眼前的页面就像缓慢的长镜头，扫遍展厅的每一处角落，陶俑、陶马、木质战车整齐排列，气势磅礴。这是一个完全写实的现场，连那些小小弓、弩、矛等兵器都看得一清二楚。

陕西数字博物馆将实体博物馆通过虚拟现实技术搬到网上是一个系统工程。陕西首批完成了全省 10 个地级市中心博物馆的虚拟化，第二批完成了 51 座免费博物馆的上线，第三批完成了 3 座民办博物馆的制作合成；目前累计完成 73 座博物馆，下一步将要完成全省所有实体博物馆的网上游览。该项目是全国首个将全省实体博物馆有计划、具规模、系统化进行虚拟化的省份。

四、全国率先创新数字专题陈列

文物数据资源是陕西数字博物馆进行数字专题展览的资料源泉，陕西文物数据中心又是IT技术应用的专业机构，二者结合是完美呈现全国首座数字博物馆专题展览的创新和基础。

数据中心专题展是策划人前期进行展览策划，展览的主题由中心上报上一级领导拟订，再通过内容撰写人员进行内容编排和资料整理，最后由数字美工进行形式设计等方面构成。这种工作方法往往是推进数字博物馆文物数字展览的主要形式和最为便捷的方式，是推进展览及时上展的强有力形式。

文物展览策展模式的介入能够有针对性地策划展览主题，并对展览各个环节中的相应工作方式做出灵活、合理的分配，工作自主的弹性较大，有助于打破过去实体博物馆已有的任务机制，建立具有创新思维模式的展览运作模式。这一模式在数字展陈工作上形成了陕西的工作模式。

展览的生成是因势利导的过程，在推演它的发展方向时，思想性和视觉性的主导地位不应该一成不变，虽然内容设计要在展示方式和手段上对形式设计提出要求，但形式设计者同样有理由也有必要“干预”内容的设计，达成双向沟通，使陈列内容和形式的合作更为协调，并能够更服从于视觉规律和由此带来的受众心理学方面的要求。

数字主题展览的主要工作精力都会用在形式设计和展览技术实现上。根据具体的展览设计出合适的展览形式，时间久了就汇集了一大批展览形式，通过主题及形式的数据挖掘，总结出有规律的东西，把它们形成展览模板，对于新推出的展览就套用模板来制作，既节省人力又不失总体效果，既统一又有差异。

目前，陕西数字博物馆用得最多的几个模板有耀州窑博物馆主题展览的“推板形式”、岐山博物馆专题展览的“倒影形式”、龙年龙文化展的“展厅模拟形式”和西安半坡遗址专题站的“滑动条形式”等多种形式。

在主题已定的前提下，选择观赏性强、视觉形象突出的展览形式首当其冲，也是视觉主导的表征。陕西数字博物馆对视觉效果处理是陈列展览形式设计的第一要务，展览形式是目前国内数字博物馆中形式最多样、视觉冲击力最好的数字博物馆。

五、世界范围收录数量最多的数字博物馆

临时展览既是对基本陈列的补充，又是丰富博物馆教育内容的有效途径。所以，在办好实体博物馆展览的同时举办好各种临时展览，在陕西数字博物馆的日常工作中占有越来越重要的地位。

实体博物馆经常举办一些融知识性、艺术性和趣味性于一体的临时展览，对于弘扬中华优秀传统文化，丰富展示内容，增加博物馆对社会各界的吸引力等都有着积极

的作用；还有利于充分调动广大员工的积极性，提高其业务水平，锻炼队伍，带动博物馆各项业务的顺利开展。所以，陕西数字博物馆也把临时展览作为展览建设的重要一环。

多年来，在博物馆和纪念馆的社会教育功能中，基本陈列、临时展览和出国出省展览是相辅相成的有机组成部分。临时展览则是形式多样、能经常更换的临时性陈列，它是对基本陈列的补充，也是活跃博物馆和纪念馆对外宣传教育的有效方法；出国展览是加强国际之间文化交流的重要组成部分。在以往全国的数字博物馆中这一块没有得到重视和关注，这是陕西数字博物馆的一个与众不同之处。

文物欣赏使用二维和三维展示技术，与实体博物馆相比，数字博物馆是另外一种体验。在实体博物馆，游客们只能看到大部分文物的一面，数字博物馆做到了文物的360°旋转。陕西数字博物馆在保留一般大多数字博物馆采用的二维平面展示手段的同时，大体量地推出文物三维展示手段，数量之多、尺寸之大、展示尺寸之精美在全国尚属首例，目前已制作三维文物多达200件、展出50余件。

专家讲解和语音讲解可以服务更多人群。在欣赏博物馆文物的同时，又可以聆听到专家的精彩讲解，是一件受益匪浅的活动。陕西省文物局和陕西历史博物馆合办的《文博讲坛》在数字博物馆上不定期上传，人们可以看到专家的不同观点和最新研究成果，这是陕西数字博物馆的一大特色和历史知识传播的一个新途径。

陕西数字博物馆把全省实体博物馆的陈列简介词进行语音录制，放到数字博物馆上让更多的人群聆听历史。

“博物馆大全”是陕西数字博物馆的亮点之一，它收集了全世界3000余家博物馆的资料和网站链接，是目前全世界范围内收录数量最多的数字博物馆。

六、技术与展示完美结合

经过陕西文博工作者的不懈努力，2008年陕西完成了109716件（组）等级文物、40余万件（组）一般文物的信息录入和数据采集合成，将数据报送国家文物局文物信息咨询中心。50多万件文物的数据和科技的结合成为陕西数字博物馆的特色和亮点。在技术应用上主要采用了以下成熟技术。

（1）三维影像技术（多媒体技术）。集声音、图像、文字、三维和视频为一体，建立虚拟博物馆，实现多媒体藏品管理发布平台。

（2）虚拟现实（VR）技术。虚拟现实系统的主要功能是把整个博物馆、遗迹和文物进行三维成像，360°观看虚拟文物实景。

（3）照片缝合系统。可以按顺序拍摄一系列照片，系统无缝缝合巨幅画面。如敦煌已采用数码成像技术，再现洞窟中的壁画。

（4）Flash 动画技术。基于 Flash 动画技术的交互性，其在众多媒体平台得到了快速发展与应用，将这种应用广泛的成熟技术引入陕西数字博物馆中，是促使其不断成熟和发展的良好结合。

（5）CGI 技术（common gateway interface，数字博物馆发展的重要技术，通用网关接口）。实现 Web 动态内容的技术有很多，最常使用的是 CGI 技术，它根据用户输入的请求动态地传送 HTML 数据。CGI 并不是开发语言，而只是能够利用为它编写的程序来实现 Web 服务器的一种协议。使用 CGI 技术，当用户在 Web 页面中提交输入的数据时，Web 浏览器就会将用户输入的数据发送到 Web 服务器上。在服务器上，CGI 程序对输入的数据进行格式化，并将这个信息发送给数据库或服务器上运行的其他程序，然后将结果返回给 Web 服务器。最后，Web 服务器将结果发送给 Web 浏览器，这些结果有时使用新的 Web 页面显示，有时在当前 Web 页面中显示。

这项技术是今后网络发展的方向，在尝试应用这项技术的同时还会不断深入研究，把这项技术更广泛地应用到陕西数字博物馆与观众的互动交流应用方面，在探索应用的同时推动这项技术的方向性发展。

七、结语

陕西数字博物馆于 2011 年 12 月上线试运行，2012 年 8 月 28 日正式开馆后，得到了社会的广泛认可和网民的不断关注，截至 2016 年 6 月底，累计参观人数达 1215865 人次。年参观人数平均 40 万人次。

几年来，来自全国 31 个省份的网民在不同时段登录了陕西数字博物馆，还有来自美国、法国、英国、日本、新加坡、加拿大、澳大利亚、韩国等 80 多个国家和地区的网民参观浏览了陕西数字博物馆，在世界范围内有了很大的影响。

数字博物馆的一项长期而艰巨的任务是持之以恒地强化教育功能，只有不断解放思想，求实创新，以自身的作为来提高博物馆的地位，才能使博物馆这一爱国主义教育基地在社会主义精神文明建设中发挥更大的作用。

在当今的新形势下，为广大人民群众服务已经成为陕西数字博物馆的一项重要使命，而数字博物馆要想赢得网民的青睐，必须尊重网民们的感受心理、审美趣味和认知特点。数字博物馆拥有网络“原居民”和网络“移民”，就会拥有希望和明天，陕西数字博物馆将努力呈现给网民更多的惊喜和期待。

陕西文博办公及数字资产综合管理平台

（2018）

一、建设背景

随着计算机和网络技术的迅速发展，以及互联网络的广泛应用，数字资源已逐渐成为博物馆的核心资产之一，广泛应用于馆藏业务管理、文化展示、学术研究、观众服务等多方面，同时也为其他信息化平台提供生动、丰富的数据内容。

目前省内各博物馆经过多年的业务积累，已初步完成了馆内藏品数字资产的采集和编目工作，但由于缺乏系统的平台建设，存在数字资产分散不均、标准不一、家底不清、查询不便的管理弊端，缺乏对资产整体情况直观了解的数据统计依据。同时由于涉及数字资产、人事、合同等繁复的事务性工作给馆内日常办公带来负担，流程审批监督力度不够，导致办公效率无法得到真正提升。

二、建设目标

平台主要实现以本馆藏品为主的数字资产的管理和利用，形成符合国家、行业标准和本馆实际工作需求的文字信息记录、图片、音频、视频、模型等数字资产库，供馆内不同用户角色建档、查询、研究、展览、宣传等所用。在帮助博物馆统一化管理数字资产的同时，保障博物馆日常办公流程申请审批的便捷性和安全性，实现内部办公无纸化、流程化和标准化，能达到以下具体目标。

（1）在已有的数字资产建设基础上，建立突破时空限制并能源源不断扩充的数字资产库，为各项业务开展提供丰富的数据支撑。

（2）形成统一、安全的资产整合和版权管理规范，实现数字资产在全馆的集中管理、互联互通和便捷查询。

（3）通过报表统计分析，形成对馆藏数字资产基本情况的整体感知，深入挖潜数字资产的价值。

（4）实现办公流程审批可流转、可跟踪、可追溯，各级人员均可对审批进展进行快速处理和后续动态的实时掌控。

（5）增强流程审批和办公决策的科学性，促进馆内跨部门间的数据流、业务流信息交换和融合，满足博物馆日常办公需要，提升工作效率。

平台的建设将成为博物馆智慧化管理工作中关键性、基础性的一步，并对于实现省内各博物馆数字化资产的充分利用和办公审批流程的科学管理起到积极的作用，同时促进陕西省文博行业及各馆文博业务的发展。

三、建设内容

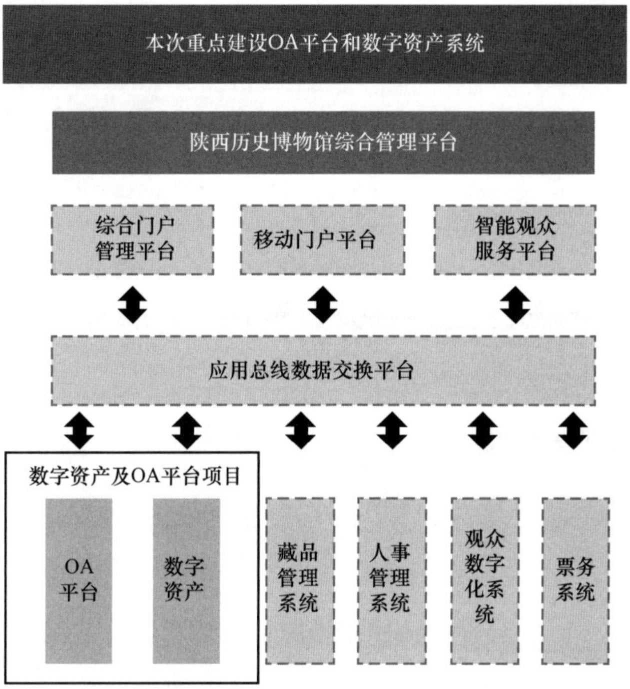

陕西历史博物馆综合管理平台

1. 首页登录

首页登录

2. 门户系统

门户系统

3. 数字资产管理模块功能

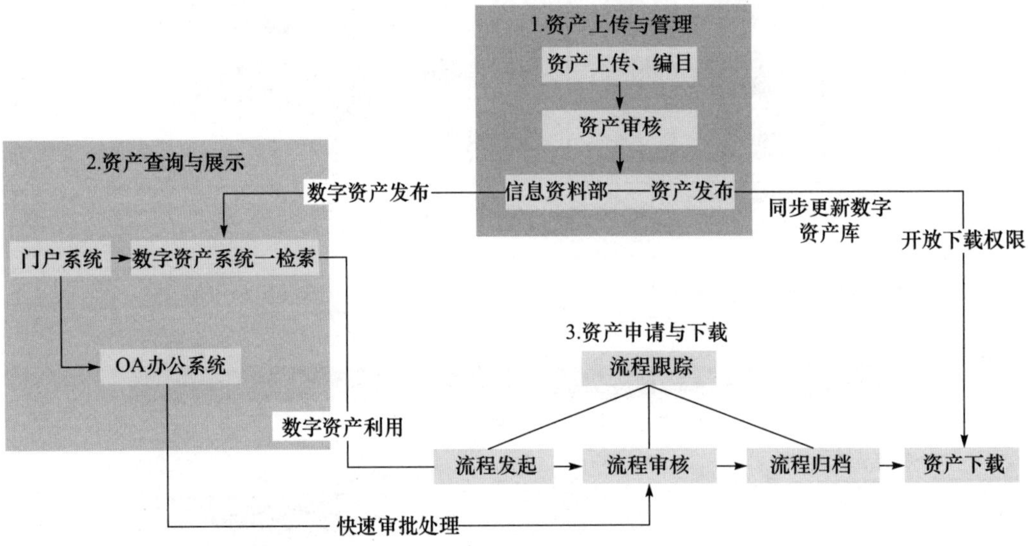

数字资产设计总图

4. 资产上传与管理

数字资产管理模块针对馆内类型丰富、数量庞大的藏品资产数据信息进行上传、编目、审核、入库、发布、利用、检索、统计的应用，可提供接口发布到相关业务板块，帮助馆方统一和规范化管理数字资产，保障资产安全，同时提升数字资产管理效率和共享水平。

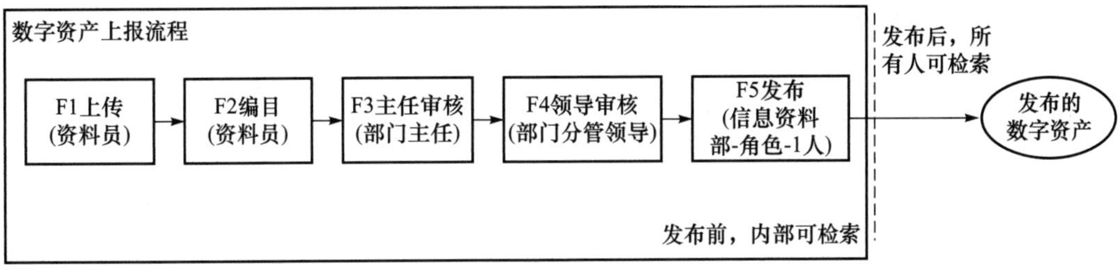

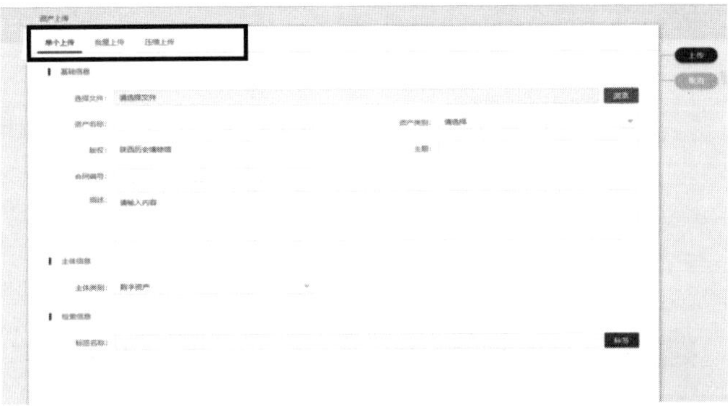

资产上报

5. 资产查询与展示

为馆领导及各业务部门提供唯一的系统访问入口与资产查询平台，显示发布的数字资产。

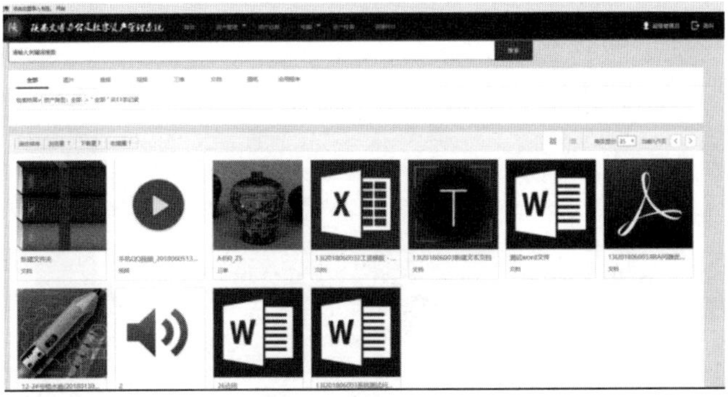

数字资产查询界面

6. 资产申请与下载

以博物馆数字资产利用为核心，实现高效审批和自动处理，帮助博物馆迅速建立科学、高效、透明、便捷的流程管理。

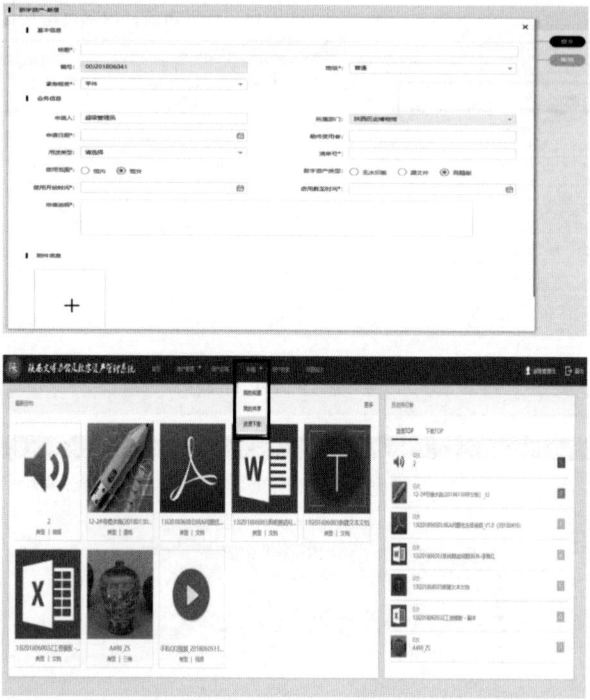

资产申请与下载

四、办公自动化模块功能

（一）流程发起

运用工作流引擎技术，迅速发起数字资产利用申请流程。

流程发起

（二）流程审批

工作流程发起后需要经过层层审批，通过工单提交、部门主管审阅、馆领导签发的审批环节进行业务审批或办结处理，支持驳回流程、录入驳回意见或使用快捷回复。

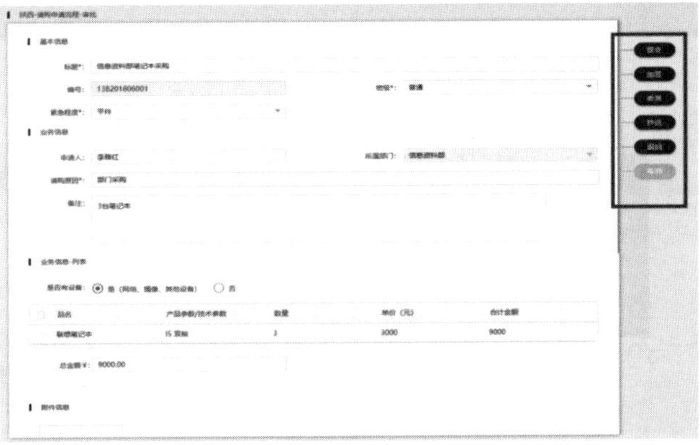

流程审批

（三）流程归档

当工作流程结束后，相关数据可以分类归档并更新到归档工单。

流程归档

（四）流程跟踪

实现对流程审批及处理情况的跟踪，用户可以查看本人办理流程的单据。

流程跟踪

（五）流程内容

1. 请购申请

经办人申请→部门领导→分管副馆长→财务管理处→财务分管副馆长→信息资料部（有计算机采购时）→后勤保障处。

2. 合同申请

经办人申请→部门领导→法律顾问→纪监审计室→财务管理处→党政办公室→分管副馆长→法人代表。

3. 费用报销

经办人申请（关联合同）→部门领导→分管副馆长→信息资料部→财务管理处→财务分管副馆长。

4. 出差申请

经办人申请→部门领导→分管副馆长→财务管理处→财务分管副馆长。

5. 考勤异常

各个部门考勤员→部门领导→分管副馆长→人事考勤专员（导出月份，可以全馆导出，也可分部门导出）。

6. 公务接待

经办人申请→部门领导→党政办公室→党政办分管副馆长→财务管理处→财务分管副馆长。

7. 公务用车

经办人申请→部门领导→党政办公室→党政办分管副馆长→党政办服务保障科。

8. 拍照摄像

经办人申请→部门领导→信息资料部（口头通知指派经办人）。

9. 发文管理

党政办公室秘书科（发送给全部的部门正职领导或指定的部门正职领导）→各部门领导手动点击“已阅”，完成阅办经办进行反馈→党政办公室主任。

10. 数字资产申请下载

经办人申请→部门领导审批→分管信息资料部的馆领导审批→信息资料部领导审批→数字资产管理人员操作。

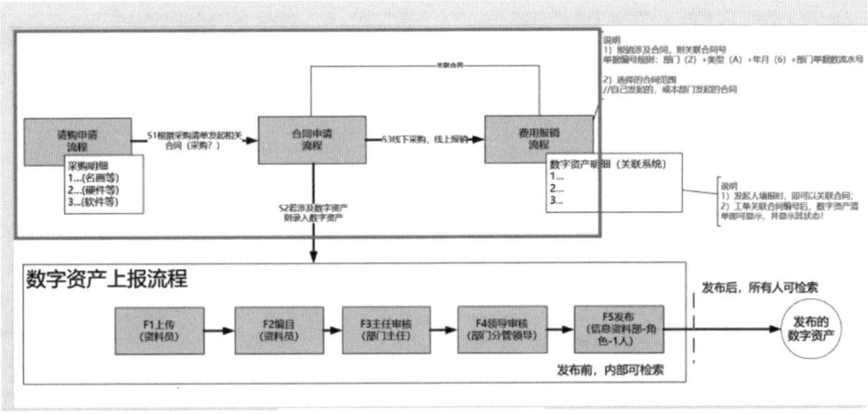

数字资产上报流程

五、系统管理、个人中心模块功能

（一）用户管理

可显示用户列表并查看用户信息，支持用户信息的添加、删除、修改和检索。

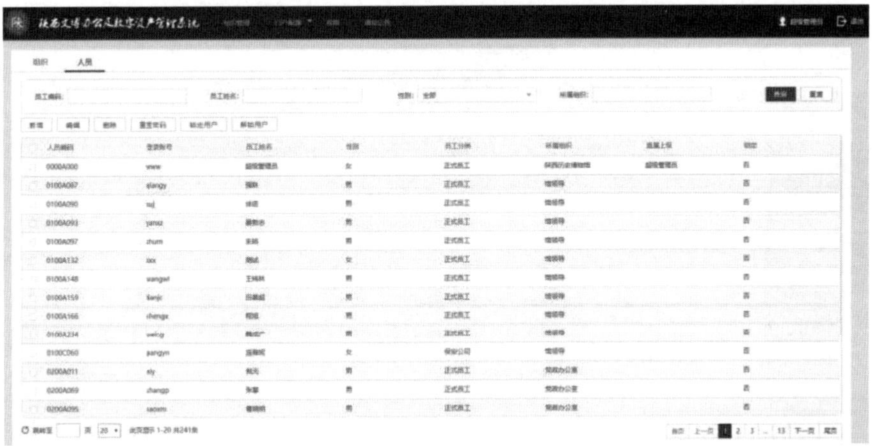

用户管理

（二）权限管理

可配置不同角色的功能权限和数据权限，实现对系统操作和数据访问的控制。

（三）日志管理

记录每个用户的登录日志和操作日志，支持查看、导出日志。可按数字资产名称、用户名称、日期等检索条件查看操作日志。

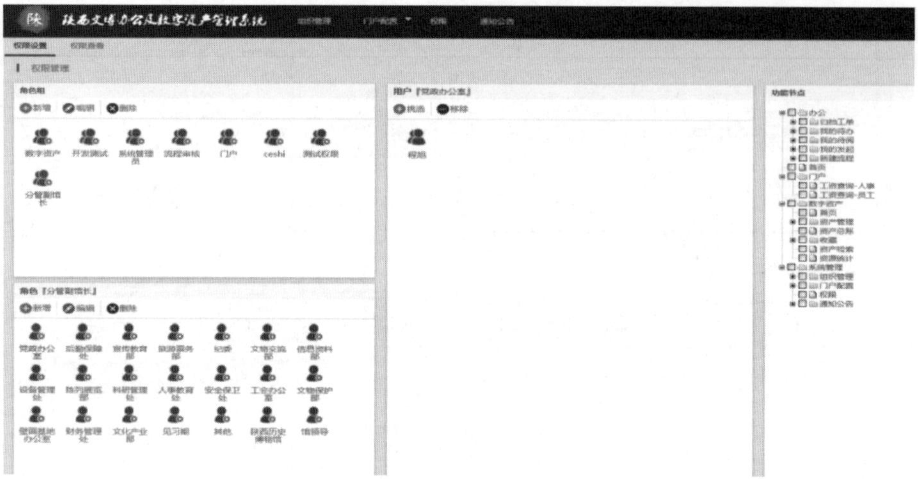

日志管理

（四）数据共享

用于上传数据共享资料，分享给馆内所有人员查看、下载。

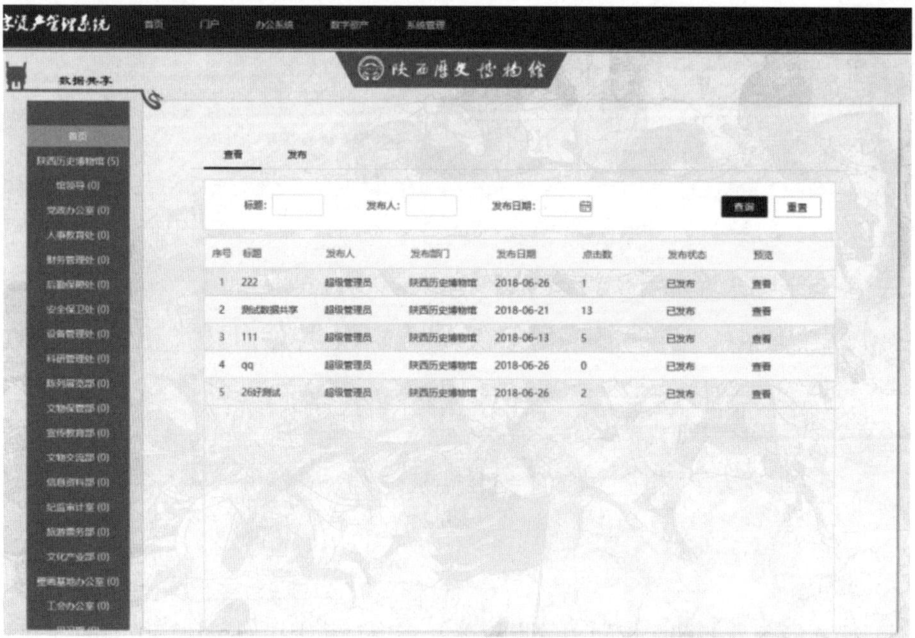

数据共享

（五）通知公告查看

通知查看

陕历博之友“佛教祖庭探秘活动”报名启事

发布者：超级管理员　发布部门：陕西历史博物馆　发布时间：2018-05-29　阅读数：76

广大陕历博之友会员及文博爱好者：

陕历博之友协会本年度确定以探秘佛教祖庭为主线开展系列活动，现定于5月25日组织广大博友前往位于鄠邑区的“三论宗”祖庭草堂寺和位于长安区的“律宗”祖庭净业寺参观学习。

活动概述：本次活动将继续邀请佛教研究专家袁志伟副教授随行解读。届时，我们将在专家的带领下登幽山，甩佛寺，听佛法，观祖庭。

欢迎有意参加者尽快报名。若人数过多，陕历博之友会员优先参加。

一、报名要求：

凡对中国传统文化有兴趣者均可报名

二、报名时间：

5月22日至5月24日

三、报名方式：

电话或微信报名

四、联系人及报名热线：

张女士 13720650255

陕西历史博物馆 宣传教育部启

2018年5月22日

通知公告

走进陕西智游博物馆聆听中国故事

——讲读博物馆 APP

（2019）

中华文化的发展繁荣是中华民族伟大复兴的重要条件。党的十八大以来，总书记多次就文物承载灿烂文明，传承历史文化，维系民族精神做出重要指示批示，对提升文物保护利用水平提出了更高要求。

近年来，陕西省在智慧博物馆建设方面进行了大量尝试，陕西数字文博工作始终走在全国前列。截至目前，建成了全省文物相关数据查询管理系统、陕西数字博物馆、陕西数字博物馆网络版、陕西数字博物馆移动版、陕西数字博物馆口袋版、陕西数字博物馆实体体验馆、陕西文物之声网络电台、陕西省文物三普数据库等多项建设项目。

自国家文物局推出“互联网 + 中华文明”行动计划以来，陕西省文物局持续发力，在 2019 年国际博物馆日到来之际，推出又一重点项目——讲读博物馆 APP。它是博物馆与观众进行互联、互动、互促的智慧博物馆建设思路的又一全新探索。它的上线标志着全国首家省域博物馆讲解全面进入互联新时代。

首期上线的全省十市百家博物馆语音讲解导览服务平台，形式包括现场语音讲解、VR 视频讲解、三维文物展示、展馆虚拟漫游等。公众通过手机在展厅聆听文物讲解，还可以在线收听文物之声，浏览最新展览内容，探究文物背后的故事，详尽了解陕西文化，轻松实现将博物馆带回家。

陕西省博物馆讲读平台的上线，不仅改善了观众的参观体验，更为重要的是，省文物局数据中心可根据后台下载量、展厅文物关注度等大数据分析，了解观众需求，为省文物局决策提供依据，为全省博物馆在服务、教育、研究、展览等方面做出更好的决策，传播陕西文明，服务社会。

一、讲读博物馆 APP 功能介绍

讲读博物馆 APP，含有陕西全省百家博物馆语音讲解导览服务，内容包括现场语音讲解、VR 视频讲解、三维文物展示、展馆虚拟漫游等，还有论坛讲解、临展展示、专题展览等专栏，以及信息推送、现场拍照、分享好友、语音翻译等功能，用户可以

切身体验，帮助用户将博物馆带回家，详尽浏览欣赏陕西文化。

讲读博物馆 APP，通过智能手机 APP 和微信讲解的方式实现陕西省百家博物馆语音及视频讲解，分布于全省的百家博物馆，按照地域划分为十个区域，分别为：西安市、宝鸡市、咸阳市、榆林市、延安市、铜川市、渭南市、商洛市、汉中市和安康市。每个城市用图形文字结合城市最突出特点的图案作为图标。讲读博物馆 APP 首页包含 10 个地市的按钮和功能栏目，分别为论坛讲解、临展讲解、专题展览、分享好友、拍照留念和语音识别等。点击城市按钮可浏览相应地区的博物馆，点击栏目按钮可浏览相应栏目的内容。点击城市图标，进入该城市所属的博物馆列表，该列表可以上下划动浏览，找到需要的博物馆点击即可进入博物馆界面。

页面展示

（1）语音讲解：语音讲解界面，可以手动控制音量和进度，画面可以放大及缩小。右上角图标打开可以让游客定位自己在展厅的位置。

（2）VR 视频讲解：在这里，讲解员会带您进入奇妙的全景视频界面，全景三维画面会随着手机自动陀螺仪让您随心所欲地聆听及欣赏。打开右下角的功能按钮，带上立体眼镜，把手机放在相应的位置上，便可以身临其境地体验。

（3）文物故事：包含各个博物馆的精品文物语音讲解及三维展示。

（4）虚拟展厅：可以畅游展馆，手指触摸到的地方近在眼前，可以细细品味历史，感受文化。

语音讲解

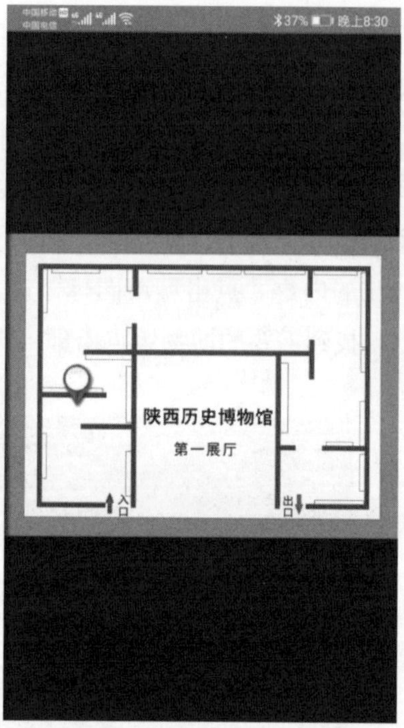

定位

VR 视频讲解

文物故事

虚拟展厅

二、讲读博物馆 APP 使用方法

讲读博物馆 APP，可以通过扫描二维码下载 APP 安装到手机，也可以在微信公众平台登录并关注陕西数字博物馆公众号下载安装。

1. 通过手机扫描二维码安装 APP 进行浏览

安卓版　　　　苹果版

二维码获取途径如下。

（1）通过关注陕西数字博物馆微信公众号下载。

（2）陕西数字博物馆官方网站获取。

（3）陕西历史博物馆官方网站获取。

（4）汉唐网官方网站获取。

2. 第二种浏览途径

通过微信小程序搜索讲读博物馆，即可以直接浏览，或者用微信扫描微信小程序

微信扫一扫，使用小程序

的二维码亦可直接浏览。

3. 手机应用商店

各个手机的应用商店都可以搜索下载讲读博物馆 APP，比如苹果、华为、小米等主流手机应用商店。

三、创新点

（1）覆盖面广，全国首家涵盖全省的博物馆移动讲解服务平台。

（2）技术全面，是融合计算机信息、图形图像处理、海量数据压缩存取、虚拟现实、VR 全景视频体验、三维文物移动端展示等先进技术的集中体现。

（3）讲读博物馆 APP 是数字博物馆赋能文物数字化生存，是文化遗产数字化保护的有效手段。

（4）无须下载专门的控件，解决了全景技术展示的技术瓶颈。图像清晰度高，不变形，体现了三维虚拟现实的真谛。

（5）三维文物展示显示速度快，功能强大，具有自动巡航、局部放大、鼠标灵活控制的特点。

（6）微信界面设计新颖，用户接受度高。语音讲解清晰，使用方便。

（7）和二维地图结合的实景展示，实景层面上可以叠加文字、图片、音视频等多媒体信息。三维实景与二维地图之间有精确关联，浏览时，地图上会出现视角扫描的“雷达”，这样，就能迅速查看到任一区域、任一主要文物的实景，并能进行 360° 实景观察欣赏。

（8）利用图像快速配准算法的改进提高了图像拼合速度和拼缝质量。数据垂直搜索引擎改进，可以对博物馆和文物进行快速检索。

（9）本项目留有 API 接口，可以很方便地接入其他管理系统；文物部门使用的其他软件也可以嵌入该系统，软件具有宽容的通用性和相容性。

四、平台互动管理能够支持对观众意见反馈的汇总统计，从官网、APP、微信等多种途径获取观众对博物馆或者遗址的反馈

建立科学、公正、准确的用户评估体系，采用网络方法，从官网、APP、微信等多种途径选择相对合理的样本。后台管理根据用户登录频率和习惯，结合观众意见反馈，进行统计汇总，总结出用户的地域分布、爱好、性别、国籍等分类信息，反映出讲读博物馆 APP 和微信讲解系统有多少人看，观众为何要看，他们对内容的感受和质量的评价。统计结果可以用数据库、柱状图、饼图、折线图等直观科学的方式放映，以利于领导决策和软件完善工作。

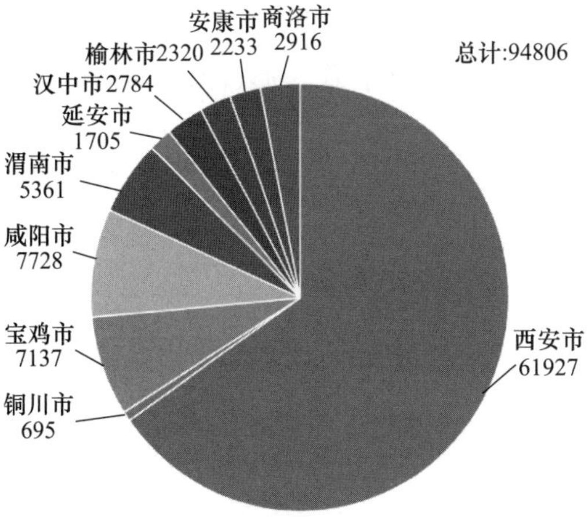

石器、石刻、砖瓦反馈结果饼状图

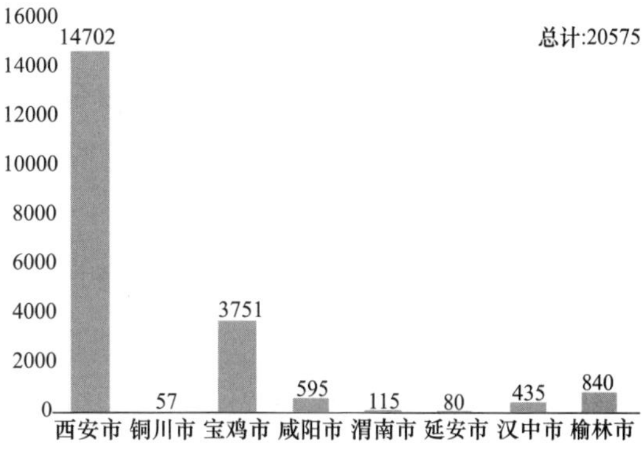

牙骨角器反馈结果柱状图

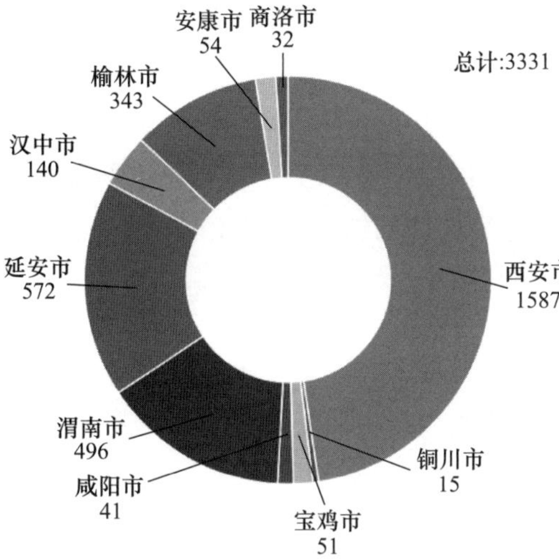

织绣反馈结果饼状图

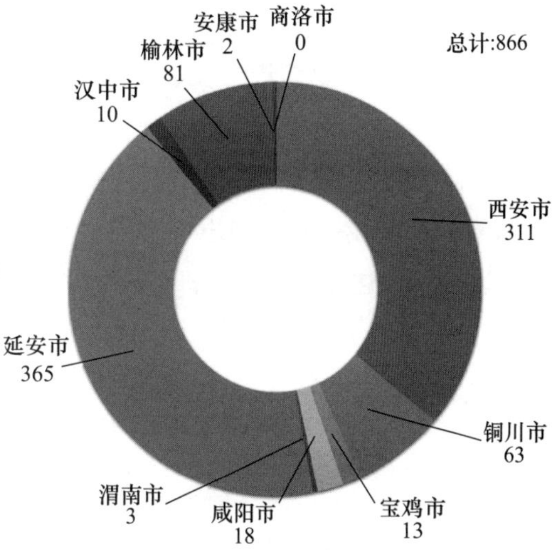

名人遗物反馈结果饼状图

五、未来推广规划

（1）陕西省各个博物馆门前布置宣传展板，印制“‘讲读博物馆 APP’陕西省文物信息展示讲解服务平台”说明信息海报，以及讲读博物馆 APP 下载界面和微信讲解应用二维码及下载使用方法。

（2）在陕西数字博物馆官网和陕西文物局官网首页推广。

（3）在陕西省文物局微信、微博等自媒体平台常年推送。

（4）与陕西省 100 家有网站的博物馆合作推广“讲读博物馆 APP”陕西省文物信息展示讲解服务平台。

（5）与陕西省有门票预约的博物馆合作进行网上推广。

（6）应用推荐网站的应用商店通过开发者平台上传应用。

（7）与类似“抖音”、腾讯视频等具有影响力的新媒体合作，通过网络媒介来增加曝光率，制作风趣典雅的宣传节目进行多方位推广。

（8）策划有奖互动活动。通过设置多重奖品来刺激参与者，并且在推广渠道不断地宣传来刺激观众的参与度。奖品方面不光设置单次奖，还可以设置多个参与奖，这样可以调动用户的积极性。

（9）搭建自定义回复接口。通过自定义回复接口，可以实现查询周边路况、旅游咨询等信息，吸引更多用户参与。

（10）免费发放应用。对“讲读博物馆 APP”和微信讲解进行限时营销（免费促销）等有效手段，供应无广告、无注册要求或其他附加条件的高级应用，在某一特定时段将这些应用无偿供应给网站访问者，提高用户信任度和知名度。

（11）参考其他有该方面成功经验的案例进行宣传推广。

（12）数字博物馆进学校、社区进行推广。

未来，该平台将持续整合全省文博信息，通过门户网站、手机 APP、公众号等新媒体矩阵的数据整合和数据分析，将智慧博物馆由理论推向实践。陕西省文物局将不断思考并积极践行互联网思维方向、利用大数据发挥博物馆文化中枢的作用，继承好文化遗产，讲述好陕西历史，弘扬中华优秀文明！

2020 年陕西数字博物馆改版获得成功

（2020）

陕西数字博物馆网站以数字博物馆标志为基础，通过三个英文字母 Q（代表陕西三秦大地）和变形的英文字母 M（博物馆 museum 首字母）组合幻化引导出主界面，上方镶嵌六个仿古青铜门钉，代表六个一级栏目，触碰门钉弹出相应栏目，叩开栏目进入下一级界面。网站整体简洁，便于浏览，查找方便。

陕西数字博物馆网站结合互联网、手机微信公众平台等手段，内容集数据管理与服务共享及融合媒体互动应用于一体，可为网络用户提供多终端支持及其他服务内容，并支持通过微信、客户端等浏览网站。实现多媒介互联互通，融合文物电台、微信平台、APP 应用和社会服务于一体的全媒体综合应用服务平台。

陕西数字博物馆改版后一级栏目：数字藏品，网上展览，网络教育，业务研究，政府数据，关于我们。

陕西数字博物馆首页

首页中间滚动栏目：陕西省抗击新冠疫情展览，最新展览展示，传统中华展览，文博要闻。

首页中间滚动栏目

一、数字藏品栏目包含内容

1. 全省各市文物数据

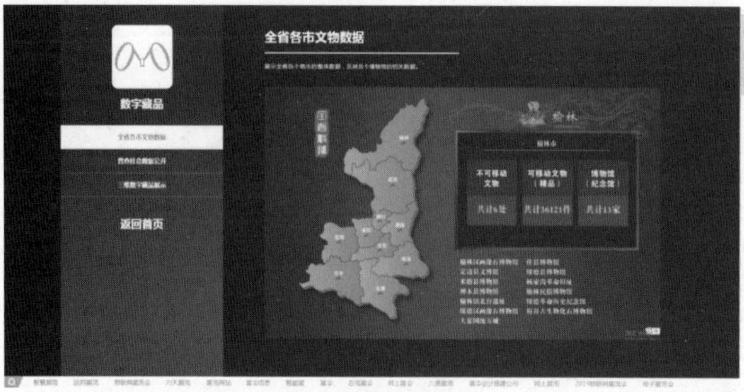

全省各市文物数据

2. 普查社会数据公开

普查社会数据公开

3. 三维数字藏品展示

主要是通过图文展示及其三维形式来多个角度展示文物。

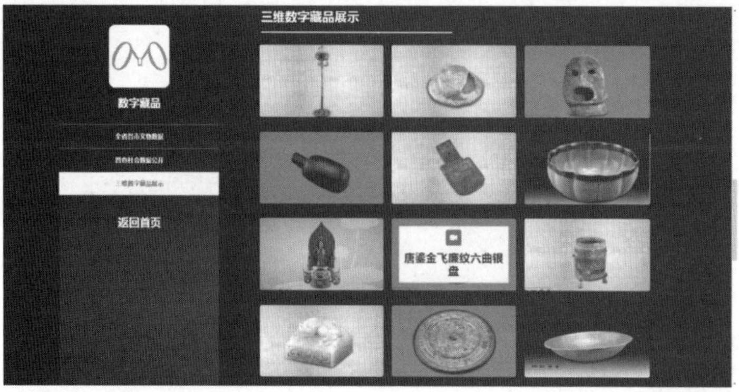

三维数字藏品展示

二、网上展览栏目包含内容

1. 基本陈列展示

主要展示全省博物馆，通过虚拟现实的方式将全省博物馆数字化。

基本陈列展示

2. 临时展览展示

主要是把各个博物馆的临时展览通过虚拟现实的形式展示并留存资料。

临时展览展示

3. 数字专题展

主要是定期展示专题类型的文物文化展示。

4. VR 全景视频展示

主要是通过 VR 全景视频形式来展示博物馆。

数字专题展

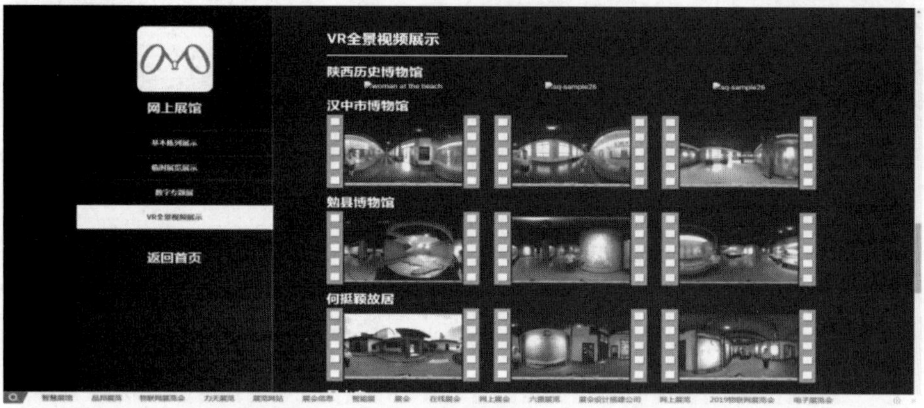

VR 全景视频展示

三、网络教育栏目内容

1. 讲座短视频

讲座短视频

2. 讲解员讲解

讲解员讲解

3. 讲读博物馆

讲读博物馆

四、业务研究栏目内容

业务研究栏目对全省博物馆数据进行分析，包含以下子栏目。

1. 全省基本数据

展示全省不可移动文物、可移动文物及行业资质信息。

全省基本数据

2. 全省平台数据分析

展示陕西数字博物馆官网、讲读博物馆 APP、陕西文物电台、汉唐网、微信平台、微博平台数据，分别对各平台用户数量、用户来源、访问量、访问渠道、栏目受欢迎程度、微信微博粉丝变化等进行量化统计分析，结果用折线图、直方图、饼图等形式直观表达。

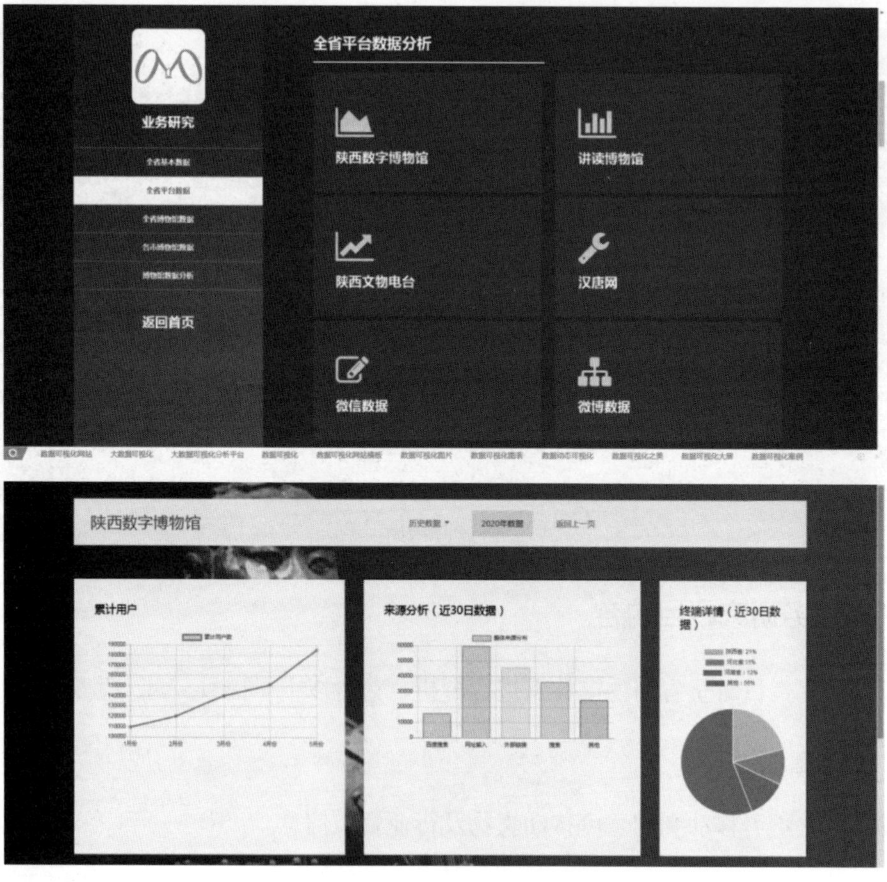

全省平台数据分析

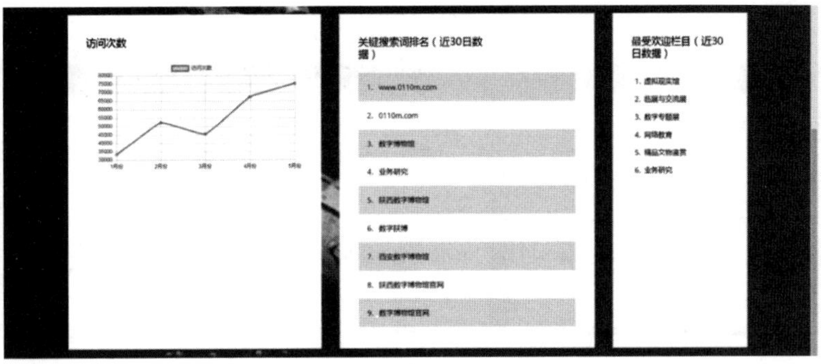

用户访问次数

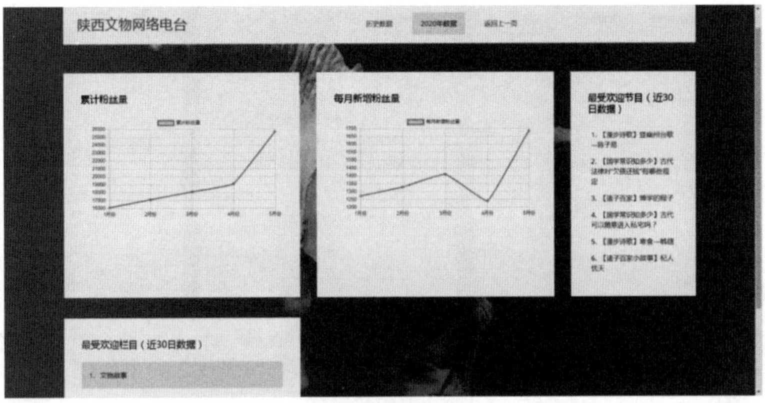

陕西文物网络电台粉丝数量变化分析

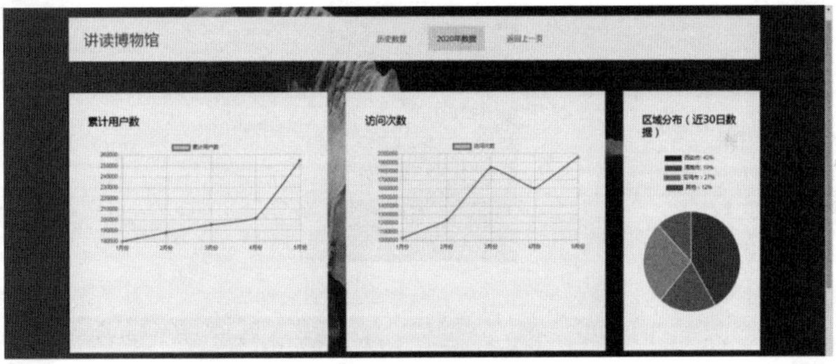

讲读博物馆用户数量分析

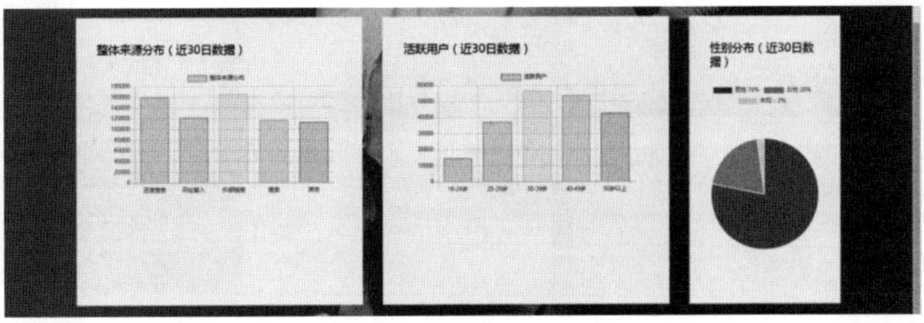

数据来源

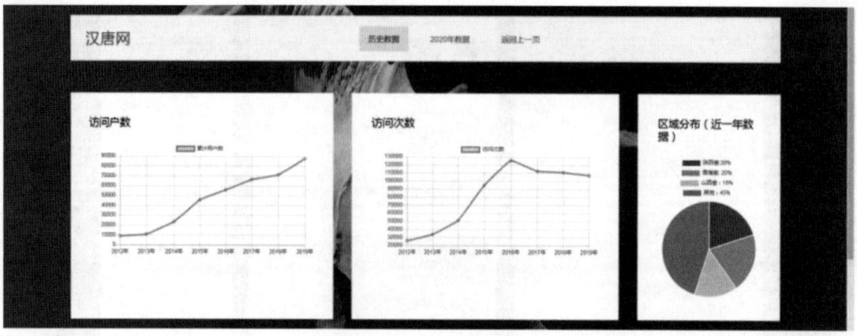

汉唐网用户访问数据分析

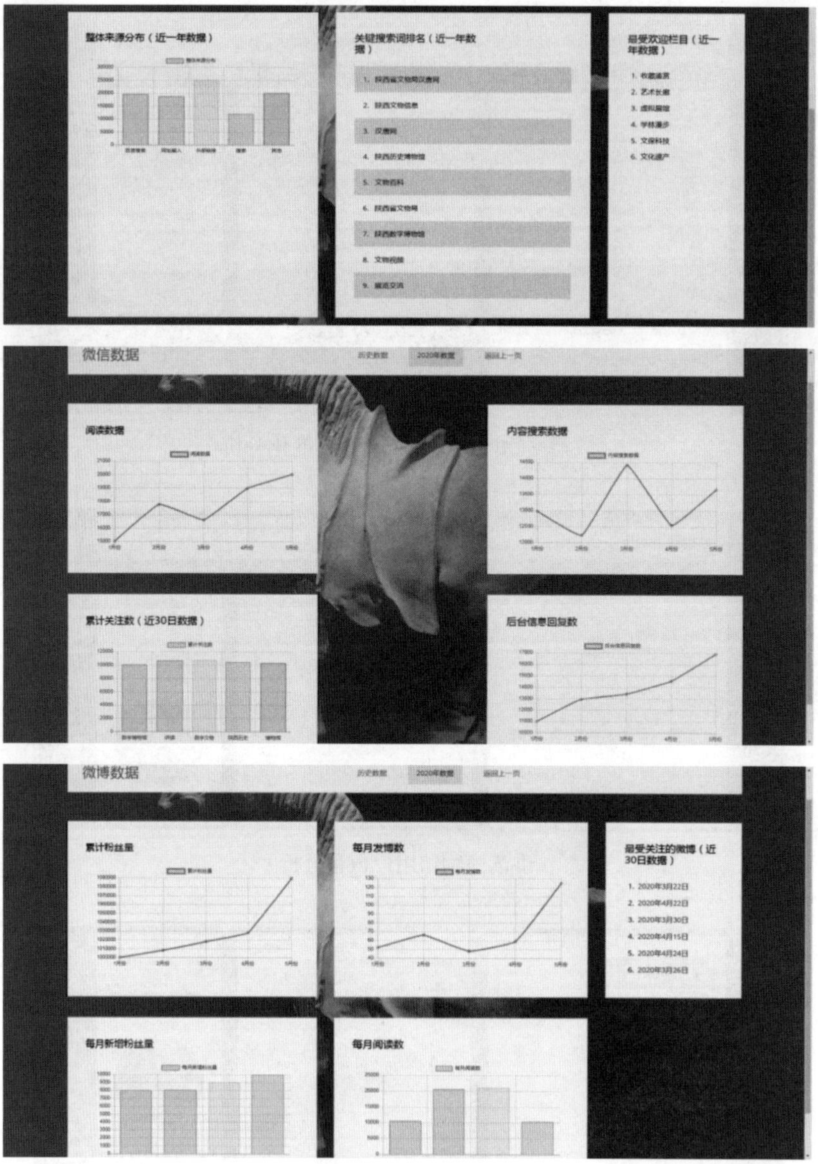

微信、微博粉丝数据分析

3. 全省博物馆数据

对全省博物馆陈列展览、教育活动、参观人数、文物修复、科研数量、文物征集等数据进行展示。

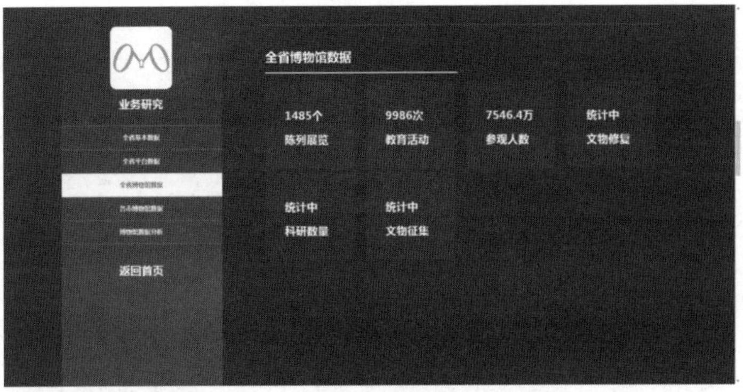

全省博物馆数据

4. 各市博物馆数据

对全省十个地市博物馆陈列展览、教育活动、参观人数、文物修复、科研数量、文物征集等数据进行展示。

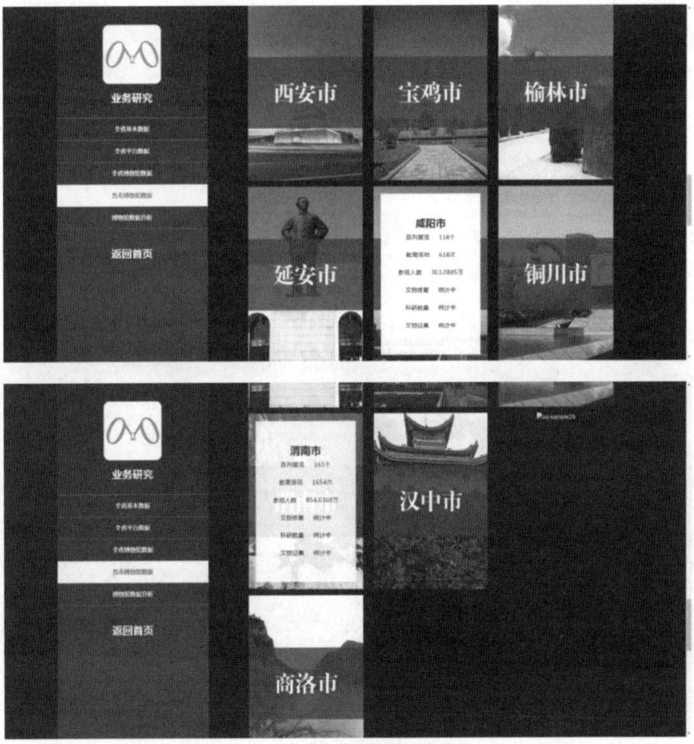

各市博物馆数据

5. 博物馆数据分析

对全省每一个博物馆的陈列展览、教育活动、参观人数、文物修复数量、科研数量、文物征集数量进行展示，全方位表现博物馆的工作面貌。

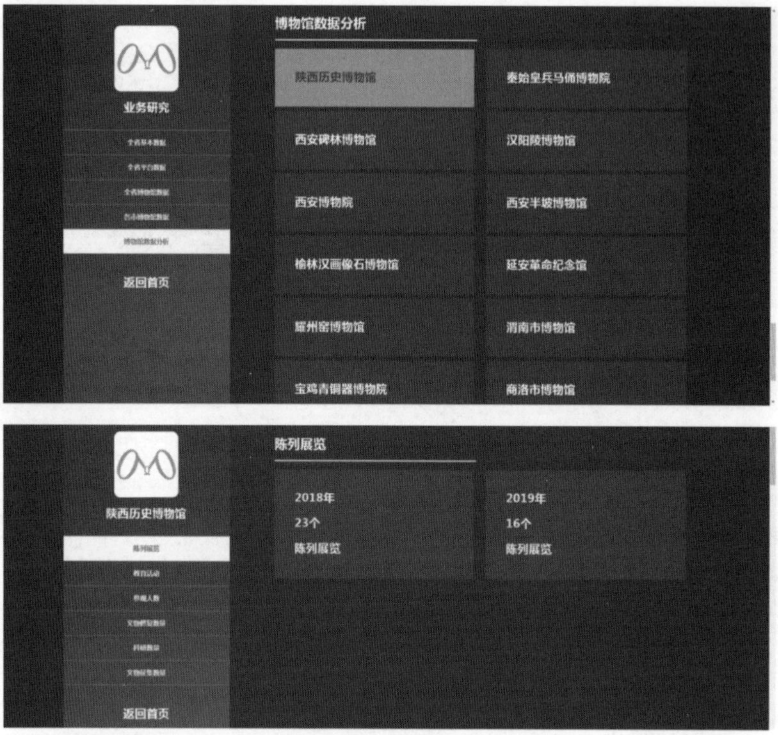

博物馆数据分析

五、政府数据栏目内容

1. 政策法规

政策法规

2. 政策解读

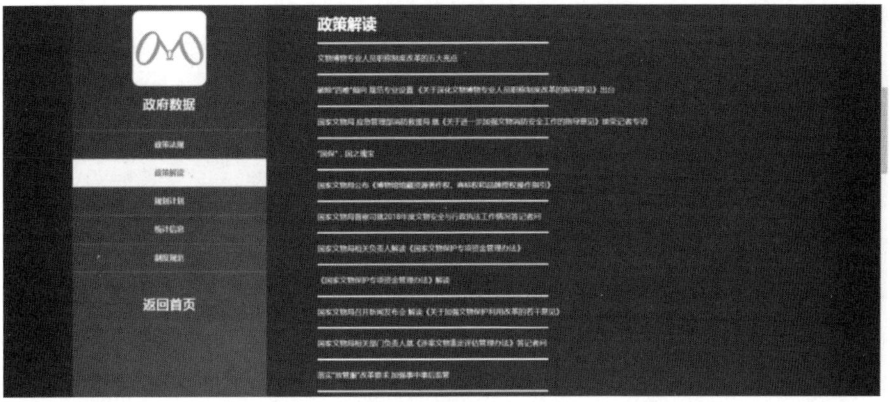

政策解读

3. 规划计划

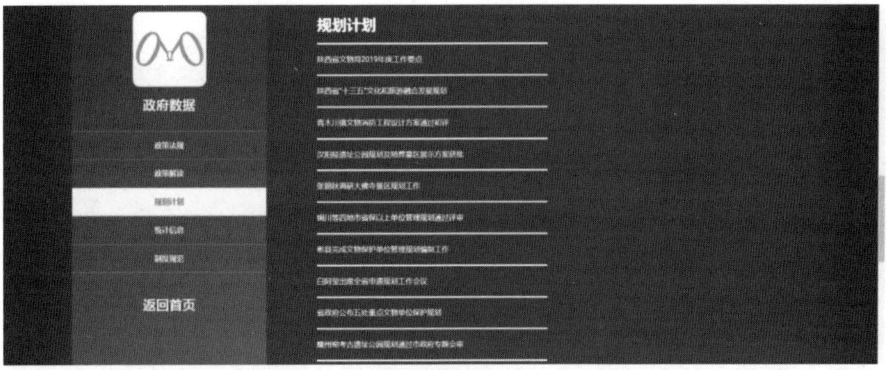

规划计划

4. 统计信息

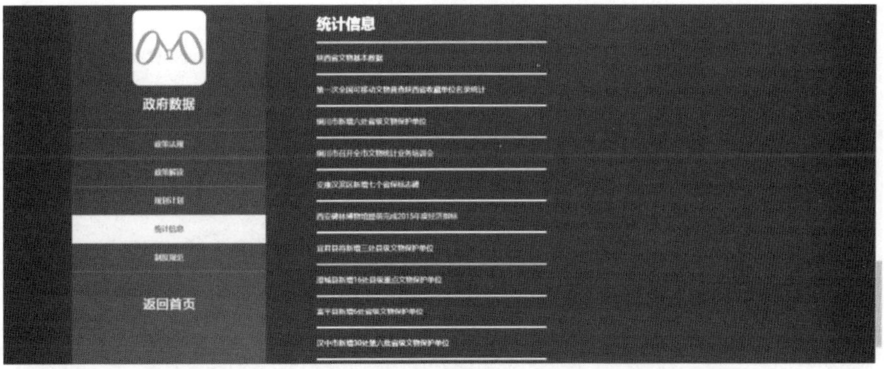

统计信息

5. 制度规范

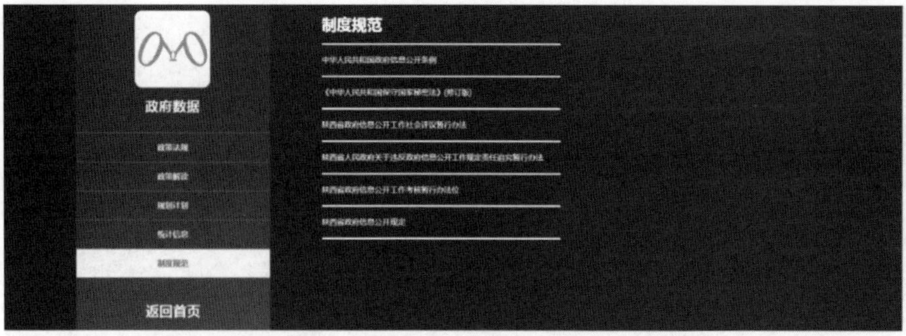

制度规范

六、联系我们栏目内容

1. 关于我们

关于我们

2. 视频介绍

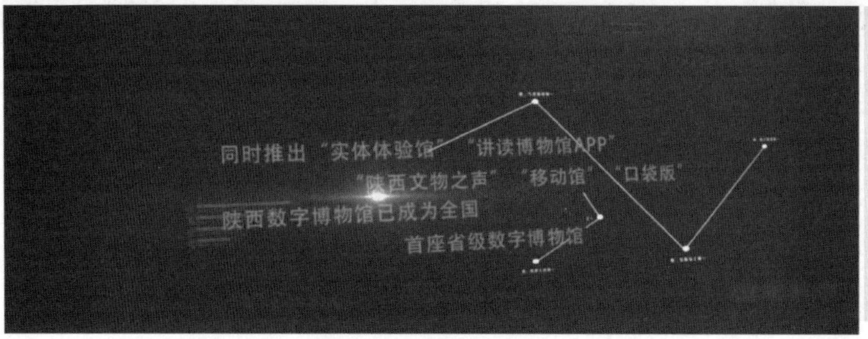

视频介绍

陕西数字博物馆网站使用方法。

（1）网络版：计算机网络或移动端用户通过陕西数字博物馆网址（www.0110m.com）登录。

（2）关注微信公众服务平台，可以浏览官网、文物电台、讲读博物馆 APP 和小程序。

（3）支持触摸屏等应用。

陕历博整合数字资源、加强基础研究
——疫情期间积极创新网上博物馆公共服务
（2020）

在2020年新春伊始，特殊的时期给博物馆带来了前所未有的冲击和影响，陕西历史博物馆闭馆之后，按照省文物局的工作要求和馆党委的具体部署，在第一时间积极调整原有工作内容和社会服务方式，改为线上推送和宣传的主要工作模式。

陕西历史博物馆在数字化线上展示工作主要体现在以下几个方面：整理原有数字化资源；与各大新媒体联系；大力开展线上教育推广活动；疫情见证物征集工作；深入开展文物研究，为数字化展示和文物保管保护工作打基础；不断创新数字化展示新模式。

一、整理原有数字化资源，独立举办网上展览制作

（1）在疫情期间，完成了全省文物三维数据库建设工作。

（2）更新陕西历史博物馆官网内容，更好地服务大众。

（3）整理全省革命文物资源，年底完成数据库建设工作。

（4）整合全省VR数据库，制作数字博物馆网上体验（预计为12期）。

（5）整理原有专家讲解视频库，制作推出讲坛视频25期。

二、与各大新媒体积极沟通，做好多维线上宣传推广活动

（1）在国家文物局平台上做“国宝很有戏”活动。

（2）通过锻炼同志和广电融媒体的合作，宣扬陕西数字博物馆网络版、讲读博物馆。

（3）与人民日报田立阳联系做“陕历博给你讲故事”。

（4）与人民日报新媒体方玮雯做“在家逛博物馆是怎样的体验”。

（5）国办平台（国家文化旅游平台上）宣传陕西数字博物馆等。

三、大力开展线上教育推广活动

（1）利用自有媒体做好做大做强教育活动。在陕西历史博物馆官方微信推送系列

精美文物图文，先后推出“青铜”“金银”“玉杂”“壁画”等多个文物宣传专栏，供网友居家期间学习鉴赏，并结合文物特点向公众宣传普及防疫知识。截至3月4日，共发图文推送35篇，平台浏览量共42.7万次，受到广大网友“点赞”和“在看”好评，其中，“当文物宅在家”一文在线阅读量达到1.7万次；积极响应教育部“停课不停学”要求，针对青少年群体策划开发了“周秦汉唐”系列线上教育课程，“鼠你最牛”“锦囊妙计”“虎狼之师的集结号”“一只身世不凡的蚕”“鼎鼎有铭话多友”等课程兼具知识性、趣味性、娱乐性，深受少年儿童的喜爱，截至目前已推出“周秦汉唐”系列课程10次；利用陕历博青少年活动家长微信群（491人）开展“线上博物馆文化小使者”活动，组织群内成员积极参与；此外，还组织讲解员、志愿者利用官方微信自媒体，以海报绘画、诗歌文章、吟咏诵读、音乐舞蹈等各种形式向疫情防控一线“最美逆行者”表达支持和敬意，截至目前，共发布致敬推文11篇，点亮“在看”累计超过1.1万人次。并在部门内部开展“停工不停学”线上学习活动，组织讲解员坚持每日中英文讲解能力提升培训，抓紧一切时间促进宣教业务水平的提高和宣教队伍的建设。

信息资料部在我馆官方网站推出“虚拟展馆、时空无限、只等你来”系列线上展览，充分发挥文物文化在传播知识、宣传文化、振奋精神方面的积极作用，鼓舞各地，特别是湖北省武汉市疫情防控一线战士士气，传递来自博物馆的人文关怀；在官方微博推出“云看展·过不一样的文化年”活动，邀请网友在线参观虚拟现实馆；在“世界野生动植物日”之际，与新浪微博联合发起#拒吃野生动物#倡议，倡导文明新风，呼吁大众保护野生动物，维护生态平衡。官方微博上线“宅家看展·回顾博物馆往期精彩展览”专题，先后更新“长安丝路东西风”等多个数字展。截至目前，观众在线参观量达15.5万次，“与天久长”展览精品文物在线分享阅读量39.2万次，“云游博物馆”线上展览推介分享阅读量25.8万次。

（2）通过陕西文物之声网络电台，在蜻蜓FM、喜马拉雅两个平台上传15期文博音频节目；陕西数字博物馆响应国家文物局号召，推出省内144家博物馆虚拟展馆、125个数字专题展览、145个线上专题讲座、900余件文物介绍和百家博物馆讲读平台。

陕西文博系统第一官方自媒体——汉唐网公众微信号面向全省积极开展以陕西文物、疫情防控为核心元素的原创漫画组稿活动，发布《闭馆、不闭展、宅家看展》原创文物漫画10幅，展示了“不出门”“勤洗手”“不恐慌”“多通风”“少串门”“戴口罩”“不接触和食用野生动物”“别扎堆”“平安”“雷神出行图”等主题，为武汉前线战“疫”鼓励加油，引发了热烈响应，目前，《人民日报》和汉唐网已联合发布《唐妞系列防疫图》；汉唐网官方微博每日推出背诗词歌赋专栏，通过“一字飞花令”传递中华传统诗词文化，组织书法爱好者为湖北手写祝福的活动，阅读量已达800余万。

此外，由我馆运营的多个自媒体协同推出“文物系荆楚祝福颂祖国”文物祝福接力活动，发布我省五家文博机构参与的国家宝藏新春特别节目《“黄河之水天上来”国宝音乐会》的有关内容，供观众在线欣赏，点击量达到128.6万次，以文博界特有的方式支持全面打赢疫情防控的人民战争、总体战、阻击战。

（3）联合社会媒体进行多维宣传。与畅听旅行平台合作推出精品线上节目《神器长安开讲啦》，组织我馆讲解员录制“唐美丽讲故事”，节目发布在喜马拉雅FM，并走进展厅进行“云探国宝”现场直播，为广大公众特别是青少年学生提供了丰富的博物馆教育服务。

（4）联合国内国家级新媒体平台推出丰富的高端教育活动。陕西数字博物馆推出的博物馆虚拟展馆、数字专题展览、线上专题讲座、文物介绍和百家博物馆讲读平台推送至国家文物局官网；配合国家文物局授权北京意外艺术公司推出的《国宝很有戏》系列节目活力上线，“多友鼎”等文物C位出道；联合人民日报新媒体中心推出“云课堂·奇妙漫游云看展”专题活动；与央视网推出新开的年度大展“彩陶中华”的网络直播；新华社客户端所属公司新华炫闻（北京）移动传媒科技有限公司在新华网客户端、学而思云课堂、学习强国等平台，以“打造青少年博物馆素养教育工程”为主题设置精品课程宣传我馆文物。通过大量的线上创新宣传，让广大公众实现了疫情期间足不出户线上观展，共享陕西丰富文化遗产的美好需要，深入挖掘、精准传播中华文化精髓，厚植家国情怀、培育精神家园、增强文化自信。

四、疫情见证物征集工作

陕西历史博物馆在2月22日抗击疫情的关键时期，向社会推出了公开征集抗击疫情见证物的社会活动，是率先提出征集战“疫”见证物的几大博物馆之一。对于参加此次抗击疫情的单位和民众发出捐赠抗疫见证物的号召，目的是记住这一段特殊的历史及特殊时期的人和事。以实物、影像、照片、文字档案及艺术作品为主，针对反映抗击疫情一线工作者的事迹，也可以是普通人的典型事例。选择有系统性，有代表性的各种物证留存下来，记住民族今天的历史，谱写国家未来的篇章。

五、深入文物研究，为数字化展示和文物保管保护工作打基础

疫情期间，文物保管部征集科在整理文物的过程中，发现了2019年陕西历史博物馆征集了一件1948年12月28日陕甘宁边区政府发布的关于开展1949年防疫工作的指示文件。文件记录了1948年间发生在陕甘宁边区的瘟疫肆虐情况及边区政府的应对措施和工作部署。从这份70年前的防疫工作部署中可以窥见中国共产党的初心就是为人民服务，始终坚持将人民的利益放在第一位，边区政府在防疫过程中处处体现着以人民为中心的理念。其中许多举措在我们今天面对新冠病毒的工作中也具有非常重要的指导意义。

六、数字化展示工作不断创新

1. 穿越远古，相遇未来

与人民日报客户端联动上线“奇妙漫游云逛展”陕西历史博物馆专题，向社会公众提供安全便捷的线上观展服务，用户足不出户，便可在人民日报客户端云课堂频道“云参观”精品馆藏。既可以感受厚重的中国文化和璀璨的世界文明，也可以在线领略大自然的神奇，探索科学奥秘，开启一场纵览古今的视觉盛宴，弥补疫情期间大家无法实地“逛馆”的遗憾。

2. 陕西数字博物馆（网络版和移动网络版）影响力节节攀升

陕西数字博物馆响应国家文物局号召，因地制宜开展线上展览的展示工作，上线了省内 144 家博物馆的虚拟展馆、策划推出 125 个数字专题展览、145 个线上专题讲座、900 余件文物介绍、省内数百家博物馆讲读平台，并已上线国家文物局和国办平台，实现足不出户看展览、与公众共享陕西丰富的文化遗产资源的愿望。汉唐微信发布的原创稿——《“互联网 +”让博物馆服务不缺位精彩不缺席》也对全省可以免费观看的展览进行了梳理，对宅在家可以免费观看的陕西省内数字博物馆资源进行了图文教程式的发布。目前，陕西数字博物馆正在与人民日报新媒体合作开展网上展示和课堂教育活动，在全国范围内进一步扩大了影响力。

3. 陕西文物之声网络电台，闭馆不闭“耳”

陕西文物之声网络电台，在疫情期间，仍然为听众的线上需求做了充足的准备方案，每日持续上传音频，在蜻蜓 FM、喜马拉雅两个平台持续播出，上传节目 15 期，累计发布音频数量达 1700 条，点击率 68 万人次；新增了抗疫特别节目“助力武汉，加油中国”栏目；通过抗击疫情文艺创作平台上传陕西文物之声文化历史类节目。虽然被疫情阻挡的脚步不能像从前那样自由惬意，但在文物之声网络电台里品国学经典，聆听诸子百家、了解北宋皇家乐器大晟钟等文物背后的传奇身世，还有老陕西的趣闻传说等，丰富了居家隔离的精神文化生活，拓展了文物的传播方式和受众范围，满足了观众的新需求，让更多公众了解文物的价值，共享优秀文化资源。

4. 讲读博物馆（APP、小程序），感受陕西文明，聆听陕西历史

讲读博物馆 APP 覆盖面广，是全国首家涵盖全省的博物馆移动讲解服务平台；技术全面，是融合计算机信息、图形图像处理、海量数据压缩存取、虚拟现实、360° 全景视频体验、三维文物移动端展示等数字互联最新技术的集中体现；是数字博物馆赋能文物数字化生存，是文化遗产数字化保护的有效手段；无须下载专门的控件，解决

了全景技术展示的技术瓶颈，图像清晰度高，不变形。

疫情期间，陕西数字博物馆利用讲读 APP 平台陆续推出网上体验活动 8 期（预计 12 期），每期更新发布省内十家博物馆，内容包括现场语音讲解、VR 视频讲解、文物故事、展馆虚拟漫游等，扫描识别相应的二维码，用全新方式欣赏陕西文化。

七、今后的打算——云博馆建设思路

（一）社会宣传服务功能建设

（1）加大网上直播（线上活动）：云讲解，云修复，云讲座，云故事。

（2）增加互动新模式：弹幕发送，与观众的互作功能。

（3）线下活动：合作微信、微博，出版物，反哺创作，博物馆与观众线下共同参与智慧博物馆的建设。

总之，新技术、新手段吸引更多的人走进网上和线下博物馆。

（二）丰富网上数据服务功能

（1）文物数据。

（2）文物三维数据。

（3）博物馆刊物。

（4）博物馆大事记。

（5）投入产出数据。

（三）整合全方位数据为智慧博物馆建设探路

（1）业务数据（全省博物馆数据上报系统）。

（2）管理数据（全省 OA 和数字资产管理系统）。

（3）观众数据（票务系统、门禁系统、全省讲读博物馆平台）。

（4）行业外数据（加强行业之间的业务交流和数据共享）。

（5）政府数据（政府网站，省政府正在做各厅局网站统一建设平台）。

（四）陕西数字博物馆改版主要内容（智慧博物馆探索）

（1）以上五维数据的搜集。

（2）全省博物馆业务、管理数据上报系统。

（3）博物馆投入产出评估体系建设。

（4）虚拟展厅、省内外和国内外临时展览、专题展览、专家讲座视频。

（五）博物馆数据分析平台

在对以上几方面的数据进行模型处理，形成数据决策挖掘，初步形成全国第一个智慧博物馆雏形。

1. 总体内容

（1）全省博物馆数据上报系统（全国第一个省级业务数据上报平台）。

（2）数据分类分析（省域全数据分析）。

（3）数据可视化展示（数据转图）。

（4）博物馆智慧化模型研究和决策系统应用（全国第一个省级全域智慧博物馆系统）。

2. 投入

财力、人力、物力。

3. 产出

藏品保护、陈列展览、学术研究、人才培养、交流合作、社会影响力。

陕西历史博物馆在疫情期间网上公众服务新模式的推行，将会结合博物馆原有工作模式，并进行不断完善，通过门户网站、手机APP、公众号等新媒体矩阵的数据整合和数据分析，必将把智慧博物馆由理论推向实践。

陕西省文物管理信息上报分析系统

（2020）

开发陕西省文物管理信息上报分析系统，是将全省各地市文物管理部门和博物馆（预计 316 个操作点）通过网上注册用户，上报馆藏藏品、科研产出、陈列展览、宣传教育、文物修复、政务管理、对外交流、社会反馈等数据，从业务数据（全省文物普查藏品、展览、科研、保护、宣教、信息）、管理数据（开发全省各博物馆 OA 系统的数据自动读取）、观众数据（全省票务预约系统和全省电子讲解系统的下载数据、陕西数字博物馆观众数据、陕西文物网络电台数据等）、政府数据（陕西省文物局网站、行业外政府数据）等方面进行分类分析，并对数据进行可视化展示。再对以上几方面的数据进行模型处理，形成数据决策，初步形成全国第一个智慧博物馆雏形。

总体内容如下。

（1）全省博物馆数据上报系统（全国第一个省级业务数据上报平台）。

（2）数据分类分析（省域全数据分析）。

（3）数据可视化展示（数据转图）。

（4）博物馆智慧化模型研究和决策系统应用（全国第一个省级全域智慧博物馆系统）。

通过本项目的建设，提高文物管理部门和全省各地博物馆信息集约化共享、整合各类资源、提升整体工作水平；通过对文物信息采集分析展示流程的梳理，为文物管理提供信息支持，提高业务协作和数据整合的效率，最终希望建立一个具有高度效能、前瞻性、先进性、可扩展性和易于集成的综合性文物信息管理平台。

陕西省文物管理信息上报分析系统采用分层和解耦方式开发，完全组件化，高内聚、低耦合，实现高度的灵活性和扩展性，各模块根据实际工作需求定制增删组合。系统包含内容：组织模型及权限管理、数据人工上报和自动获取管理、内容表单管理、数据分析管理和结果展示管理等。

第一部分：数据来源

一、用户注册 / 登录

用户管理对文物管理部门或博物馆用户、用户组进行管理，包括以下功能。

（一）用户管理

组织用户管理包括数据存储、组织管理、用户管理等功能。

使用主流 MySQL 或 Oracle 数据库存储组织用户数据，并支持实时同步数据到 AD、OpenLDAP 目录，方便 WindowsAD 域认证、遵循 LDAP 协议的设备应用对接。

组织管理支持多维组织架构，组织增删改查、迁移、合并等功能。

用户管理支持用户属性自定义扩展、用户主账号定义、用户增删改查、禁用、启用、过期、临时授权等操作。用户类型支持管理员、普通用户等类型，不同用户类型可以赋予不同的有效期，以及和对应用户组关联赋予不同的认证策略和应用访问权限。

（二）用户组管理

可以把用户分配到不同的用户组（例如按地市分组），用户组可以用在上报业务数据中，包括用户属性自动分组、用户授权、认证策略等。

权限管理支持用户应用权限、用户应用功能权限。

用户应用授权：决定用户拥有哪些应用的访问权限，无论是通过统一门户访问还是单独访问应用系统，都需要进行权限判断。支持用户组授权、用户授权、应用授权三种方式，有效应对批量用户授权、用户同步授权、新增用户授权、新增应用授权等业务场景。

用户授权：可以单独对用户进行应用授权，如果该用户拥有相关的用户组权限，那么便可取得用户最终所能拥有的应用权限。

用户应用功能授权：集中对各应用系统角色权限进行管理，集中对用户应用角色进行授权。总体方案是上报平台集中进行权限管理、用户登录时下发角色权限信息、应用系统内部进行权限控制，具体方案如下。

（1）管理员在平台导入或创建各应用角色权限信息，并对应用角色权限进行管理。

（2）管理员按照用户组、用户维度对新增用户进行应用角色授权。

（3）用户登录时下发角色权限信息、应用在会话中保存用户角色权限信息，并根据需要写入本地数据库、具体权限控制。

二、数据人工填报和自动获取

实现对数据的远程录入，可按照地市文物管理部门、具体博物馆用户相应录入信息。

数据源管理的主要目的是把文物管理部门或博物馆用户数据实时同步 / 上报到系统平台，平台支持主流的数据源同步方案，并形成模板化配置，可以快速完成数据源同步工作。

LDAP 同步：支持从 AD、LDAP 源同步组织用户数据到平台。

数据库同步：支持从上游系统数据库同步组织用户数据到平台。

API 拉取同步：支持通过 API 方式从上游系统定时同步组织用户数据。

API 推送同步：提供组织用户推送 API，供上游系统实时推送数据到平台。

从陕西数字博物馆、汉唐网及各个博物馆网站自动获取（读取）后台数据；自动获取微博、微信公众平台等媒体数据。

（1）多级细分流量来源，记录网站流量来源，并按照来源的形式（如引擎、媒体）进行数据细分。

（2）辅助流量排序，利用来源、受访升降榜，高级筛选、搜索等功能，快速定位流量升降原因。

（3）实时统计，获取统计代码添加嵌入到指定网站，查看网站实时更新的流量报表。

（4）直击网站内容热点，统计网站各页面被浏览的情况及热点图、用户视点，记录访客在页面上的鼠标点击行为、后续浏览行为。

（5）从门票预约获取参观人员信息。对全省有门票预约功能的博物馆进行整合，通过陕西数字博物馆官网集成门票预约板块，方便游客参观，从后台获取相应信息。

三、数据生成

对文物管理基本信息进行分类汇总，方便后续对数据进行分析。生成文物信息数据，包括：馆藏藏品、陈列展览、文物修复、科研产出、宣传教育、政务数据、对外交流、社会反馈等。

第二部分：数据分析

一、分析方式

（1）站在全省角度，采用数据库、统计图表、交互展示等方式对文物管理部门、博物馆在馆藏藏品、陈列展览、文物修复、科研产出、宣传教育、政务数据、对外交流、社会反馈等方面的全方位分析。

（2）站在文物管理部门或者博物馆角度对各类数据进行统计分析。

（3）分析参观者人流量。

（4）游客趋势。

（5）游客来源分布。

（6）年龄区间。

（7）性别比例。

（8）对博物馆或者文物兴趣度。

（9）使用终端设备型号。

（10）用户活跃度。

（11）网站访问留存时间。

（12）通过微信、微博等自媒体分享情况等。

（13）其他方式。

二、分析目的

（1）提升文物部门在藏品管理、科研成果、陈列展览、宣传教育、政务管理、对外交流、社会反馈等方面的数据信息管理水平。

（2）全方位洞察用户，深入透析博物馆参观者的需求。

（3）人群画像，用户分群，剖析用户特征，助力提升文管部门的管理水平。

（4）全域挖掘数据能力，洞察用户分群特征，让陕西数字博物馆网站及信息化管理更聚焦，提升游客留存度。

（5）全方位透析用户价值及分群管理，从价值、行为、偏好、习惯、忠诚度等方面进行用户分群，实现用户管理和价值提升。

（6）行为洞察，行为路径深度解构，提升关键环节转化。

（7）自定义事件分析、自定义留存等高级分析功能，例如最受欢迎的博物馆、最受关注的文物等，灵活匹配业务需求，实现对指定用户群、行为、路径等的深度挖掘，定位关键问题、放大优势环节。

（8）潜在用户智能推荐，通过全域画像洞察高潜用户特征，智能输出人群策略、媒体策略，大幅度提升游客量。

（9）用户管理，用户全生命周期管理，精准预测用户价值，全面提升用户价值。

三、分析结果表现形式

（1）陕西数字博物馆官网数据分析板块。

（2）陕西数字博物馆体验馆展示。

（3）陕西数字博物馆移动馆远程展示。

（4）提供 API 接口，满足其他需要展示的场合。

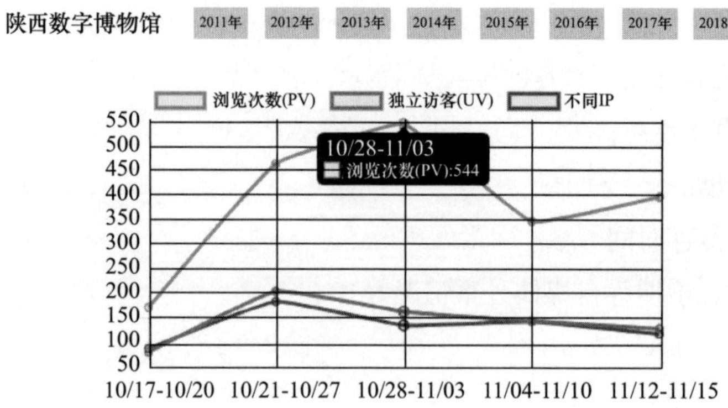

趋势分析

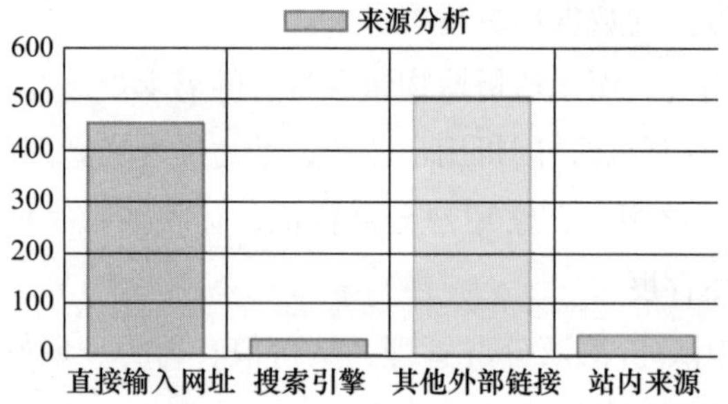

来源分析

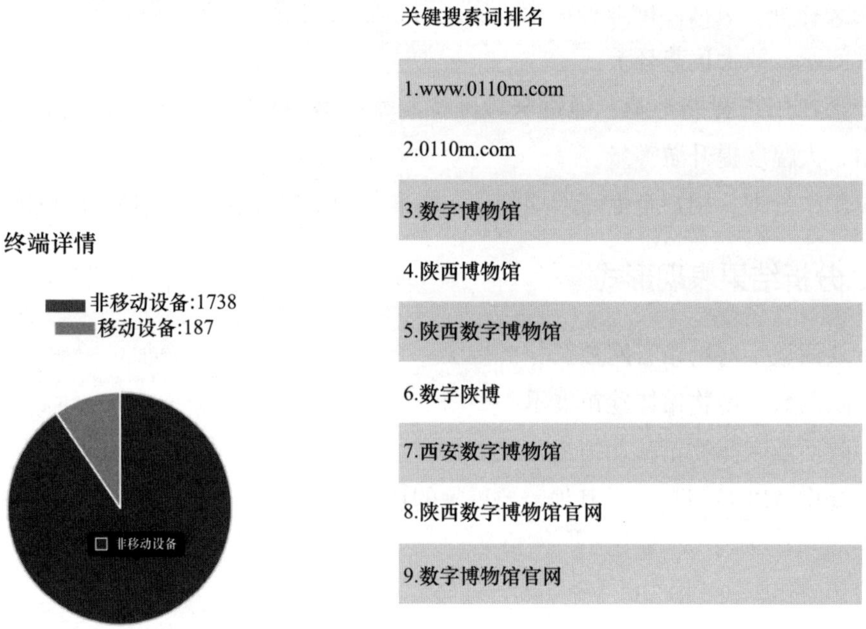

分析结果

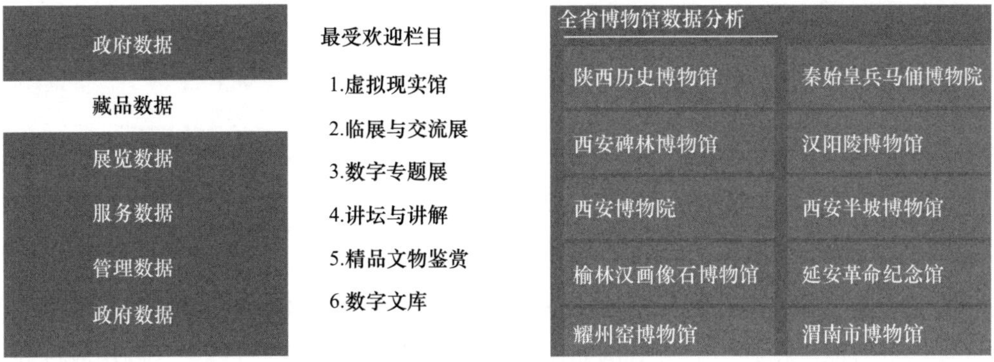

数字博物馆藏品数据栏目展示

第三部分：分析系统设计要求

陕西省文物管理信息上报分析系统设计具有前瞻性，要求进行模块化设计，能够独立使用；预留 API 接口，能够方便嵌入其他管理部门软件或者网站；系统可支持大并发用户同时在线，平均每个用户访问重点页面的系统响应时间不低于 0.5 秒，用户峰值状况下，登录完成平均耗时不低于 0.5 秒。

陕西省文物管理信息上报分析系统基于 Spring 开发框架，遵循 J2EE 的标准规范，采用 JAVA 高级语言，同时引入 Html5、Css3、Object-c 等多种高级语言开发。系统采用 MVC 编程模式，分层式设计，达到分散关注、松散耦合、逻辑复用、标准定义的目的。系统配置通过 XML 完成，数据层采用 Hibernate 的对象关系映射，对 JDBC 进行轻量级对象封装，可以应用在任何使用 JDBC 的场合，满足实现集成多种数据库应用，如 Oracle、SQLServer、Access 等。

陕西省文物管理信息上报分析系统要求简单易用，快速构建业务流程。面向管理人员或业务人员，完全图形化界面快速构建适合自己的业务流程，并且采用基于 B/S 结构的 web 流程设计器，支持 IE、FireFox、Chrome、Safari 等主流浏览页面系统。

数据来源模块设计要求：支持 XML、CSV、JDBC、webService 等多种来源的数据交换引擎，能够快速、灵活、便捷的将第三方系统的数据交换到陕西省文物管理信息上报平台系统中，实现数据集成。

分析、展示系统要求：基于以人为本的思想和 XML 技术，提供可视化的基础数据、操作设置、流程设置、控件设置等，支持基础表单应用。提供易用且高效率的报表设计方案，采用主流的数据双向扩展，真正无编码形式设计报表；拥有完善的报表展示功能，具备图形化、透明化、可视化等特点，经过业务梳理和流程设计之后，可以搭建完整的展示界面，支持大屏幕、触摸屏、移动终端设备、各类主流手机用户等。

智慧化模型要求：智慧博物馆模型要求包括以下 5 个部分。

（1）博物馆测度评价模型。

（2）博物馆预测和模拟模型。

（3）运筹和决策模型。

（4）博物馆改变影响评估模型。

（5）博物馆运作模型。

上述 5 类智慧模型不是孤立地发挥作用，而是协调配合着共同解决博物馆中的问题或提供更智能的博物馆服务。例如，智慧博物馆在观众数据过程中，利用测度评价模型发现了某个异常现象或博物馆问题，马上从运作模型库中寻找、匹配可以合理解释该现象或问题的运作模型，并进行标定，作为后续分析的基础；然后运用预测模型模拟问题的演化趋势；通过运筹决策模型生成多个方案，并通过改变影响评估模型对这些方案进行综合评估，从中挑选出最优方案进行实施；在方案实施过程中，智慧博物馆还会通过测评模型、监测博物馆运行状况、评估问题的解决情况，继续“发现问题—解决问题”的过程。如此形成一个智慧的循环，保证博物馆的健康运行。

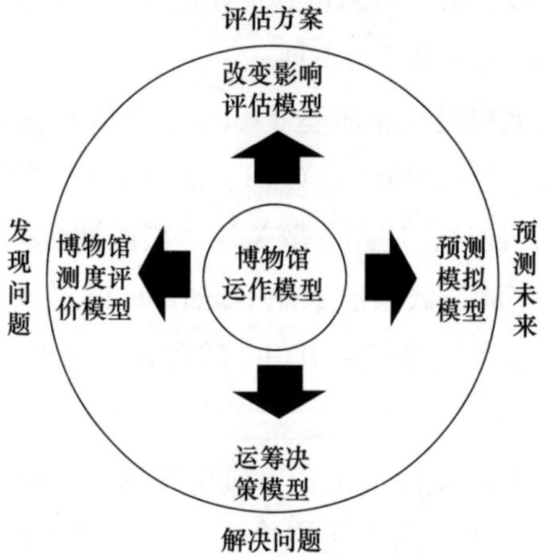

博物馆运作模型

第四部分　所　　思

对于博物馆其他相关专业和人生事业的思考

从免费开放博物馆看陕西历史博物馆信息中心如何利用网络宣传弘扬陕西历史文化

（2012）

今天的博物馆已少有怀疑数字信息重要性的说法，无论大、小，还是国内、国外大部分博物馆都建有信息中心的部门或类似的机构，其从事的业务不尽相同，尤其是博物馆免费开放后，在当今数字世界，以摩尔定律下产生的新技术层出不穷，人们对信息中心的工作有了更多的期待和盼望。

下面谈谈陕西历史博物馆信息中心在博物馆免费开放后，如何利用网络宣传弘扬陕西历史文化。

我们一直以来把计算机技术和网络服务作为我们的副业，而把数据资源的建设、传播和数据挖掘作为信息工作的重点和长期目标。顺应数据决定一切的未来发展需要，我们主要通过网络做了以下的文化文物传播工作。

一、在我馆的网站上开辟主要栏目，推进全民历史文明宣传

在网站上开设了“最新展览”“展览交流”和“虚拟展览”等栏目用于展览宣传。

“最新展览”栏目主要展出我馆的最新临时展览。像“人民科学家钱学森”“日本考古展——古都奈良考古文物精华”“陕西历史博物馆新入藏文物精华展”“中原文明 华夏之光——中华文明起源展”“丝绸之路——大西北遗珍”“澳门回归十周年全国巡回图片展”等 22 个展览。

在“展览交流”栏目中，重显在杭州举办的“风姿绰约——陕西古代陶俑艺术展”、在大连举办的“永远的长安——陕西历史博物馆馆藏唐代文物精品展”等近 50 个展览。

在“虚拟展览”中，把“陕西历史博物馆的基本陈列”全部 3 个展厅，“唐代壁画珍品馆”和“大唐遗宝专题展”全部做成虚拟展馆，使观众在网上就可以身临其境地看到陕西历史博物馆的全部实体馆展览，网站浏览人数 144 万人次 / 年。

二、重新开发对外宣传平台，向世界展示中国历史文明

在1997年开设陕西历史博物馆中文网站以来，又在博物馆免费开放后，对1999年开办的英文、日文网站进行了重新改版，扩大了宣传半径，把陕西的历史文明和历史文化推向了世界。

三、整合观众导览调查系统，更好地服务观众

陕西历史博物馆观众信息服务网络管理系统，原来其主要致力于广大游客能方便、快捷、详细地了解博物馆内的信息，如馆内的整体布局、主要物品的馆藏布局、卫生间等。博物馆免费开放以来，观众对服务有了更多的要求，比如周边的景区、西安市内地铁及主要公交线路的详细信息。同时，我们增加了观众调查信息功能，就是在观众进行资料查询的基础上，进入该系统时加入了观众电子调查模块。我们按月、季度和年度对观众的信息进行统计和数据挖掘，对展览、环境、服务和管理进行决策支持，是一款人性化的服务性系统，既解答了广大游客在浏览中所能遇到的疑难问题，又提高了博物馆管理部门人员的管理能力和水平，为宣传陕西历史文明和弘扬中国优秀文化，筑起数据支持和管理决策起到重要作用。

四、在陕西数字博物馆上推广陕西文物，宣传陕西历史文化

2006年，陕西启动了陕西文物数据库项目，该项目建成后，如何发挥数据库的管理和社会应用功能，已成为陕西文博界的当务之急。陕西数字博物建设，是顺应社会主义文化大发展大繁荣的时代要求所作出的重要举措。为此，陕西省文物局明确指示：要求在做好数据库管理的同时，增强社会服务应用功能，提高利用水平。以陕西文物数据应用为主导，以为观众提供方便的文化观览为己任，建设好以陕西文物数据库为依托的真正意义上的全国首家数字博物馆。

陕西数字博物馆是2012年陕西省政府推出的一项重要的文化惠民工程，它依托先进的网络科技手段，通过全面整合陕西文物信息资源，采用文物数字化展示、保护和交流、动态模拟、三维演示等，为用户打造更加便捷的知识分享平台。

陕西数字博物馆，现主要栏目有虚拟现实馆（以虚拟三维技术全角度全方位游览全省实体博物馆，到目前为止建设全省虚拟博物馆19座）、数字专题展（利用陕西馆藏文物数据库资源举办的陕西文物数字专题展览，现有展览29个）、临展与交流展（展示正在举办和已经结束的省内临时展览及国际省际交流展览，现有展览49个）、精品文物鉴赏（通过二维与三维方式鉴赏陕西精品文物，现有藏品39个）、讲坛与讲解（聆听文博专家的专题视频讲座与陕西实体博物馆的语音讲解，现有讲座和讲解12个）。五大板块的展览和讲座多达148个，在全国首屈一指。

以五大主题栏目为主导，同时设立博物馆新闻、交流与论坛、数字文库、博物馆大全等信息服务，为公众提供集观赏性、知识性、互动性于一体的交流平台。

陕西数字博物馆，以创新的数字媒体不断丰富展览形式外，还利用虚拟现实技术对馆藏文物制作了逼真的模拟效果。公众可通过键盘和鼠标进行前进、后退、缩小、放大等操作，在虚拟的场景中徜徉，品味逼真的藏品，感受网上展馆带来的真实可触、多维互动的创新接触式体验！

目前，陕西数字博物馆已收录珍品文物几十万件，公众只要登录陕西数字博物馆，就可实时查询所需博物馆资源，了解珍品文物及其背后的精彩历史，真正做到足不出户尽享国内外文物饕餮。陕西数字博物馆在保证内容权威性的同时，深入挖掘历史文化内涵，突出文物数字化、文物展示和文物保护功能，让文化精髓得以快速共享，是真正的陕西文物数字专业门户。陕西数字博物馆正是我们通过网络平台，为全世界的“数字原居民”和逐渐成长中的“数字移民”呈现的弘扬陕西历史文化的精神食粮。

综上所述，博物馆信息中心的主要工作体现在数字资产的采集、利用和管理上。未来文化竞争的核心就是原数据的竞争，而博物馆信息中心在这场事关民族文化兴亡的竞争中无疑担当了急先锋的角色，这使信息中心承担了前所未有的责任及挑战。其成功的关键是在掌握数字资产的同时，拥抱更多的“数字原居民”和逐渐成长中的“数字移民”们。

博物馆库房管理信息化建设思考

（2014）

当今博物馆不应当只是一个单纯的市民文化补习、怀古思今的地方，更重要的，它应该成为市民文化休闲的重要文化场所之一，获得知识、接受熏陶、收获启迪当然不可或缺，享受幽雅、体验静谧的文化氛围也必不可少。

如何高度重视和全力搞好博物馆管理，就成为博物馆一切工作的重中之重。而文物藏品是博物馆各项业务活动的物质基础，藏品保管是博物馆一项经常性的工作，其作用之关键，更是直接影响到博物馆工作的开展是否顺利、业务效益是否明显，也作用于是否能为其相关学科的研究最大限度地提供利用方面。

一、藏品保管的历史实践和发展诉求

从现代博物馆学角度而言，收藏并妥善保管藏品是博物馆的基本功能，藏品登记著录是妥善管理藏品的前提，这项工作与博物馆共同存在、共同发展。在现代博物馆管理中，完整、妥善记录博物馆藏品的信息与保护藏品本体安全有着同样重要的地位。

国际博物馆协会在1946年成立，正是基于对藏品登记著录活动重要地位的认识，4年之后，即1950年，其成立了登记著录专业委员会（CIDOC）。目前，登记著录专业委员会作为国际博物馆协会所属的国际委员会之一，已拥有来自四十多个国家和地区的五百多名专业会员，成立了8个工作组，在藏品著录标准、技术应用等方面开展了大量工作，有力地推动了各国博物馆藏品登记著录工作水平的提升。

中国博物馆的登记著录专业组织起步较晚，建立于国际博物馆协会第22届大会召开前夕。2010年7月12日，由故宫博物院、首都博物馆、天津博物馆、山西博物院、江西省博物馆、四川博物院等多家文博单位共同发起成立了中国博物馆学会登记著录专业委员会。自专业委员会成立以来，密切联系广大同行，积极推动国内外相关交流与合作，开展了标准规范研究、普查方案研订、应用技术推广、专业人员培训、学术研讨活动等多方面的工作，为推进馆藏品登记著录的规范建设发挥了积极作用。

在现代公共博物馆三百多年的发展历程中，登记著录活动经历了由以单纯纸质为载体到电子介质和纸质媒介并存的演变。

以纸质为载体的登记著录活动开展较早，大概与现代公共博物馆同时存在。1906年，美国大都会艺术博物馆率先以纸质卡片为载体，建立了藏品目录体系，为藏品管理带来了极大便利。法国从20世纪60年代起通过专门法律建立了国家主导的艺术财产普查登记机制，并于1985年成立了古迹和艺术财富全国普查委员会。意大利于1975年成立了国家文化遗产登录中心，专门负责文化遗产登录和编目。日本在1950年颁布的《文化财保护法》中明确规定了“文化财登录制度”，建立了完整的文物藏品登记体系。

在中国，从第一所博物馆——南通博物院1905年创办时起就已经开展了对藏品的登记活动。1924年清帝溥仪出宫后，国民政府组织的“清室缮后军会”对紫禁城宫廷文物进行全面核查登记，这是中国博物馆界比较早期的一次大规模系统性登记著录活动。1930年，南京国民政府制定、公布的《古物保存法》要求“明确古物管理规章，登记造册上报中央”“私有重要文物应向地方机构登记，再上报中央”。中华人民共和国成立后，中国博物馆界进一步加强了对藏品登记著录理论和标准的研究，形成了一套较为完善的藏品登录规则。1978年，在国家文物事业管理局公布的《博物馆藏品保管试行办法》中明确规定了博物馆藏品总账和藏品档案的登记方法。1986年，文化和旅游部发布的《博物馆藏品管理办法》又对博物馆藏品的登记著录规则进行了细化。根据这两个基本规则的要求，绝大多数博物馆都建立了相对完整、细致的《藏品总登记账》《藏品分类账》和《藏品编目卡片》。其中，《藏品总登记账》作为国家科学、文化财产账，各博物馆均设有专人负责管理，永久保存。按照规定，全国博物馆的《藏品总登记账》实行统一的格式和登记标准，对于藏品的定名、计件、计量单位、时代、现状、来源等信息要严格按照文物行政部门制定的规范进行记录，逐件、逐项进行登记。2002年，《中华人民共和国文物保护法》（简称《文物保护法》）修订颁布，它规定了馆藏文物档案的备案制度，并要求国务院文物行政部门建立国家一级文物藏品档案。2004—2005年，国家文物局实施了全国馆藏一级文物建档备案项目，共完成全国文物（文化）系统博物馆46630件（套）馆藏一级文物的纸质档案备案。

随着人类进入信息时代，数字技术的应用为藏品登录及利用信息资源开展藏品的保护和管理提供了更大的便利。世界许多国家的博物馆纷纷将数字技术与藏品管理相结合，开展数字化的藏品登记著录工作，使得登记著录的载体逐渐由纸质表格、卡片转向电子介质。美国国会图书馆的“美国记忆计划（American Memory）”、加拿大的“遗产信息网络（Canadian Heritage Information Network）”、日本的“全球数字博物馆（Global Digital Museum）计划”等，都为博物馆藏品数字化登记著录提供了良好的范例。

20世纪80年代，中国博物馆界开始尝试利用信息技术进行数字化藏品登记著录，故宫博物院、上海博物馆、陕西历史博物馆等单位先后建立了计算机藏品信息管理系统。时至今日，“数字故宫”“陕西数字博物馆”已经成为中国数字化博物馆的“知名品牌”。

自2001年起，我国财政部、国家文物局联合开展了由国有文物收藏单位参加、针对馆藏珍贵文物的“文物调查及数据库管理系统建设项目”。经过近十年的探索与实践，全国31个省份的上万名专业人员参加了文物调查及数据登录工作，建立了国家、省、市博物馆三级文物登录信息存储体系。截至2010年6月30日项目截项时，共登录160多万件馆藏珍贵文物数据（其中一级文物48006件），拍摄图片400余万张。此外，还登录一般文物数据137万余条，数据总量超过20TB。“文物调查及数据库管理系统建设项目”是我国政府主导的大规模、系统性藏品登记著录活动的经典案例。在项目的基础上，2012年10月1日，国务院印发《关于开展第一次全国可移动文物普查的通知》（国发〔2012〕54号），决定开展第一次全国可移动文物普查，通过国家统一组织、由专业部门采用现代信息手段集中调查统计的方式，对可移动文物进行调查、认定和登记，掌握可移动文物现状等基本信息，为藏品的科学管理和有效利用提供支持。

为了确保藏品登录信息的质量，自2001年以来，国家文物局颁行了《博物馆藏品信息指标体系规范（试行）》《博物馆藏品二维影像拍摄技术规范（试行）》等标准，它们在文物调查项目中得到了大力推广和普及，有关部门结合计算机登录的要求对其进行了具体细化，有力促进了藏品数字登录的标准化建设。

与传统的纸质档案管理模式相比，数字化登记著录具有明显的优势。对于一件藏品而言，除了其固有的审美和艺术价值外，还蕴含着丰富多彩的历史信息、科学信息、文明信息，是凝固的历史。藏品数据从表面上看是对藏品本身的描述，实际上更是对藏品这一特殊载体所蕴含信息的诠释。与藏品实体的唯一性、分散性和不可再生性相比，藏品数字登录信息是无限的、可关联（共享）的、可再生的。一方面，它可以被无限地复制、存储、加工，通过网络和其他介质任意传输，还可发布在互联网上供用户浏览和下载，这有利于博物馆藏品及其所附着的文化内涵的广泛传播；另一方面，藏品数据资源还可以将不同地域的藏品以一定的特征联结起来，改变藏品本体因分散保管在各个博物馆中而很难集中研究和展示的现状，以最低的成本实现最广泛的信息共享，使得用户可以方便地检索和查询藏品数据，为研究和集中虚拟展示藏品提供了极大的便利。

实践证明，通过开展博物馆藏品数字化登录，可以推动博物馆从“实物导向”向“信息导向”的转变，实现“藏品实物不可再生，但数字化的藏品资源可以无限开发利用”的新模式、新思路，从而提升博物馆的公共文化服务能力，为博物馆事业发展带来更广阔的空间。

二、信息化时代给文物保管带来什么？

（一）飞速发展的计算机网络技术

摩尔定律是30年前提出来的，且在过去的30年里都相当准确。摩尔说每18个月，

CPU 的处理速度就会加倍，后来这个定律不仅仅是覆盖 CPU，还延伸到存储、外设等硬件。可以认为摩尔定律在以后的 10 年或 20 年里会继续有效，就是说整个存储和计算的发展还会按照指数性的方式前进。

贝尔定律是另外一个定律，讲的是如果保持性能不变，每 18 个月器件的价格或者体积就会减半，就是说价格越来越低。

麦特卡夫定律讨论计算和带宽的效应。当我们打电话的时候，一个人和另外一个人沟通，这个时候的价值是 1；当我们做广播的时候，一个对多个，价值是 N；当我们把 N 个用户和 N 个装备连接起来的时候，这个价值是按照 N 平方的速率增长。由于我们有 N 个用户在这个系统中得到 N 个平方的价值，那么 N 就会不断增长，所以我们得到的价值就会很大。由于 N 在增加，N 平方会越来越大，N 就反馈增长，这就是正向的循环，就是网络效应。

吉尔德定律预测：在未来 25 年，主干网的带宽将每 6 个月增加 1 倍。其增长速度超过摩尔定律预测的 CPU 增长速度的 3 倍！

把这四个定律联系起来就是网络计算发展的基石。

（二）我国文物库房藏品档案的管理现状

藏品档案能够全面、系统、准确地反映藏品的全貌和内涵。应收录入档的材料可概括为藏品的历史资料、鉴定记录、研究与著录资料、保护措施记录、提供使用记录、形象资料等诸多方面，具体应归档立卷的材料分述如下。

藏品的历史资料：指藏品搜集时原始记录或访问记录，藏品接收清单和入库凭证是随着接收藏品而来的第一份书面材料，其中来源是主要的，应说明发掘、采集、调拨、交换、捐赠、征集、收购等途径。属于考古品，应在接收文物的同时，收集有关藏品的发掘、采集记录，记述准确的时间、地点、考古发掘主持人。

鉴定记录：包括藏品的历次鉴定人鉴定意见、定级评语和运用现代技术和仪器对藏品进行鉴定的各项检测、分析报告等。鉴定记录是专家学者对该藏品的真伪、时代、作者等作出鉴定意见；定级记录是鉴定人员根据藏品的历史、科学、艺术价值评定级别的评语，鉴定意见和定级评语，最好由鉴定人本人审核签字盖章。对于先后不同的分歧意见亦应一并入档保存。鉴定意见和定级评语是确定文物是否入藏和评价文物价值的依据，是重要的档案材料。

研究与著录资料：对国内外专家学者研究有关藏品所发表的文章、专著、报刊、图录等，应原文或通过剪辑、复印等方式收集入档，并注明作者、书名、出版时间、出版单位等。此外，史书上的记载与考证也应著录进去。

保护措施记录：包括藏品历次进行的检测、修复、复制、装裱和清洁整理等工作记录。各项工作记录的内容有实施的单位、时间、所使用的材料、采取的方法、操作者及上级主管部门和有关领导的审批件、修复后历年变化的观察记录等，都应入档收存。

提供使用记录：即藏品的动态记录，是指藏品在各方面发挥作用的记录，包括藏品在国内外、馆内外提出陈列展览、科学研究、供人观赏，以及绘图、拍照、拓片、出版等使用的时间、地点、经手人、负责人、藏品提出使用的凭证及展览合同、藏品出库前后的现状等，都应在档案中有所体现。

形象资料：包括藏品照片、音像带、拓片等。照片可根据器物的不同，拍摄正面、侧面、背面、局部特写等照片。藏品照片是文字难以代替的直观形象。照片、拓片、音像带等都是档案中不可缺少的资料，这些资料可使藏品的全部信息充分体现出来，所以均应入档保存。

其他资料：藏品调出或因藏品已失去保存价值被剔削或被盗等情况。发生以上情况均应有领导的批示和处理意见，这更需将原件或复印件录入档案备查。

（三）信息技术与库房管理的融合

1. 文物数字化的社会发展需求

这里有几个数据可以给大家分享一下。人类历史上所有产生的信息在3EB左右，1000GB是1TB，1000TB是1PB，1000PB是1EB，历史上产生这么多的数据，在过去三年，互联网不停发展，这些数字超过了人类产生的所有数据，未来的两三年左右产生的数据将接近8000EB。

从历史到现在，很多信息是在衰减的，其实这些衰减的信息是人类的精华。我们为什么研究遗产和保护遗产呢？它是人类历史信息的总结，未来由于互联网的发展，大量信息是不断放大的，而我们的文物信息，这些代表人类智慧结晶的信息，原本就是浩瀚世界信息群中的很小一块，怎么能保护好呢？这就要求我们从今天的文物库房的文物数据采集做起。

再有，历史上记录文明的方式是记录在纸上的，是刻在石头上的，是烙在竹简上的，到了人类文明不断延伸的当今，信息化成为社会生活的一部分，我们更应该通过技术手段和信息化的方式去还原历史的细节。

发展到云计算和大数据的今天，我举一个例子，大家看过一个电影叫《黑客帝国》，他描述未来的世界，人都活在虚拟的世界里面感受相关的事情。在文物本体随着岁月的流逝不断消失的今天，到了明日我们可能连虚拟数字化的文物也无法再现。

2. 文物数字化的管理需求

1）动态化管理是藏品管理工作的重点

必须制定一个严格的藏品提用制度。藏品进出库房是为了使用，做好动态藏品的年终统计，可以准确反映出各类藏品的利用率和它在宣传教育、科学研究中发挥的作用，进而有计划、有目的地运用藏品为社会文化事业服务。严格办理、填写相关的藏品进出库房凭证，如提借日期和原因、藏品的名称、总登记号、完残情况等，相关领导和经手的工作人员要分别签字，如此才形成了一份完整而具有法律效力的藏品进出库房凭证。各种进出凭证要妥善保管，使每一件进出藏品都有账可查，有理可据。明确藏品在博物馆中只有一个进出关口。

2）数字化是藏品管理工作的有效手段

藏品数字化管理主要是建立在藏品信息的数据化管理系统上。利用计算机多媒体技术，把馆藏文物的文字资料、图形、图像资料、音频、视频资料等信息，系统、准确、多角度地进行存储备份，提供准确高效的查询、修改、统计、复制、输出等功能性服务。同时也是博物馆实现办公自动化、管理现代化、工作高效率、工作人员高素质建设的重要步骤，是博物馆与时俱进、开拓创新的重要途径和必然选择。

数字化管理系统中植入藏品出入库管理模块。内容应包括核对藏品出库时的审查口令；提供藏品的现状、数量和存放架位；记录藏品的出库时间、理由和去向；藏品归库时的现状、数量等。有了这一功能，可以使工作人员很轻松地从电脑中检索到藏品的方位。并且使得馆藏文物除展出、保养外无须提取文物本身，减少了文物的流通次数，降低损坏的风险。

数字化管理系统提高了博物馆科技含量，促进了科学研究事业的发展。藏品展览可以将计算机多媒体技术，甚至虚拟环境技术结合起来，使展场变得丰富多彩、开放生动。以馆藏文物数字化管理为基础，可以将博物馆的自动化控制防盗、防火等安全报警系统连接起来，形成一套完整的管理控制体系。可以将博物馆的信息资源连接到网上，建成数字博物馆。藏品实现数字化管理不仅能更好地满足博物馆藏品实物库房管理的需要，还可以为博物馆的可持续发展提供取之不尽的资源。

3. 文物库房信息化管理的几个重要技术

1）数据库技术

数据管理技术具体就是指人们对数据进行收集、组织、存储、加工、传播和利用的一系列活动的总和，经历了人工管理、文件管理、数据库管理三个阶段。每一阶段的发展以数据存储冗余不断减小、数据独立性不断增强、数据操作更加方便和简单为标志，各有各的特点。

数据管理的 3 个发展阶段如下。

第一，人工管理阶段。

在计算机出现之前，人们运用常规的手段从事记录、存储和数据加工，也就是利用纸张来记录和利用计算工具（算盘、计算尺）来进行计算，并主要使用人的大脑来管理和利用这些数据。

到了 20 世纪 50 年代中期，计算机主要用于科学计算。当时没有磁盘等直接存取设备，只有纸带、卡片、磁带等外存，也没有操作系统和管理数据的专门软件。数据处理的方式是批处理。该阶段管理数据的特点如下。

（1）数据不保存。因为当时计算机主要用于科学计算，对于数据保存的需求尚不迫切。

（2）系统没有专用的软件对数据进行管理，每个应用程序都要包括数据的存储结构、存取方法和输入方法等。程序员编写应用程序时，还要安排数据的物理存储，因此程序员负担很重。

（3）数据不共享。数据是面向程序的，一组数据只能对应一个程序。

（4）数据不具有独立性。程序依赖于数据，如果数据的类型、格式或输入 / 输出方式等逻辑结构或物理结构发生变化，则必须对应用程序做出相应的修改。

第二，文件系统阶段。

这一阶段的主要标志是计算机中有了专门管理数据库的软件——操作系统（文件管理）。

20 世纪 50 年代中期到 60 年代中期，计算机大容量存储设备（如硬盘）的出现推动了软件技术的发展，而操作系统的出现标志着数据管理步入一个新的阶段。在文件系统阶段，数据以文件为单位存储在外存，且由操作系统统一管理。操作系统为用户使用文件提供了友好界面。文件的逻辑结构与物理结构脱钩，程序和数据分离，使数据与程序有了一定的独立性。用户的程序与数据可分别存放在外存储器上，各个应用程序可以共享一组数据，实现了以文件为单位的数据共享。

但由于数据的组织仍然是面向程序，所以存在大量的数据冗余。而且数据的逻辑结构不能方便地修改和扩充，数据逻辑结构的每一点微小改变都会影响到应用程序。由于文件之间互相独立，因而它们不能反映现实世界中事物之间的联系，操作系统不负责维护文件之间的联系信息。如果文件之间有内容上的联系，那也只能由应用程序去处理。

20 世纪 50 年代后期到 60 年代中期，随着计算机硬件和软件的发展，磁盘、磁鼓等直接存取设备开始普及，这一时期的数据处理系统是把计算机中的数据组织成相互独立的被命名的数据文件，并可按文件的名字来进行访问，对文件中的记录进行存取的数据管理技术。数据可以长期保存在计算机外存上，可以对数据进行反复处理，并支持文件的查询、修改、插入和删除等操作，这就是文件系统。文件系统实现了记录内的结构化，但从文件的整体来看却是无结构的。其数据面向特定的应用程序，因此数据共享性、独立性差，且冗余度大，管理和维护的代价也很大。

第三，数据库系统阶段。

20 世纪 60 年代后期以来，计算机性能得到进一步提高，更重要的是出现了大容量磁盘，存储容量大大增加且价格下降。在此基础上，才有可能克服文件系统管理数据时的不足，而满足和解决实际应用中多个用户、多个应用程序共享数据的要求，从而使数据能为尽可能多的应用程序服务，这就出现了数据库这样的数据管理技术。数据库的特点是数据不再只针对某一个特定的应用，而是面向全组织，具有整体的结构性，共享性高，冗余度减小，具有一定的程序与数据之间的独立性，并且对数据进行统一的控制。

此阶段的特点如下。

（1）数据结构化。在描述数据时不仅要描述数据本身，还要描述数据之间的联系。数据结构化是数据库的主要特征之一，也是数据库系统与文件系统的本质区别。

（2）数据共享性高、冗余少且易扩充。数据不再针对某一个应用，而是面向整个系统，数据可被多个用户和多个应用共享使用，而且容易增加新的应用，所以数据的共享性高且易扩充。数据共享可大大减少数据冗余。

（3）数据独立性高。

（4）数据由 DBMS 统一管理和控制。数据库为多个用户和应用程序所共享，对数据的存取往往是并发的，即多个用户可以同时存取数据库中的数据，甚至可以同时存放数据库中的同一个数据，为确保数据库数据的正确有效和数据库系统的有效运行，数据库管理系统提供以下四方面的数据控制功能。第一，数据安全性控制：防止因不合法使用数据而造成数据的泄露和破坏，保证数据的安全和机密。第二，数据的完整性控制：系统通过设置一些完整性规则，以确保数据的正确性、有效性和相容性。第三，并发控制：多用户同时存取或修改数据库时，防止相互干扰而给用户提供不正确的数据，并使数据库受到破坏。第四，数据恢复：当数据库被破坏或数据不可靠时，系统有能力将数据库从错误状态恢复到最近某一时刻的正确状态。

数据管理技术三个阶段特点的比较：如果说从人工管理到文件系统，是计算机开始应用于数据的实质进步，那么从文件系统到数据库系统，就标志着数据管理技术质的飞跃。20 世纪 80 年代后，不仅在大、中型计算机上实现并应用了数据管理的数据库技术，如 Oracle、Sybase、Informix 等，在微型计算机上也可使用数据库管理软件，如常见的 Access、FoxPro 等软件，使数据库技术得到广泛应用和普及。

2）条形码、二维码、物联网 RFID

一维码优势：便宜，识别敏捷度高。劣势：同时只能进行一个样品的识别，编码位数不能是中文而且一般超过 40 位。原理：图形黑白条识别，比如说最常见的 CODE128、CODE39 等。

二维码优势：存储信息量大（可以到 K 级以上），可以存储中文或图像、声音等。劣势：同时只能进行一个样品的识别，扫描设备成本相对高，识别敏捷度低。原理：

图像识别，对指定的图片地区进行模式识别，根据制式规范不同而定，比如说最常见的 QR、PDF417 等。

RFID 优势：自动感应和识别，多个样品的同时识别。劣势：成本高。原理：无线电波负载调制，根据需求使用相应频率，比如国内银行卡、身份证为 13.56，根据 iso14443 定义，物流标签一般走 UHF、iso18000。

RFID 是 radio frequency identification 的缩写，即射频识别，俗称电子标签。

什么是 RFID 技术？ RFID 射频识别是一种非接触式的自动识别技术，它通过射频信号自动识别目标对象并获取相关数据，识别工作无须人工干预，可工作于各种恶劣环境。RFID 技术可识别高速运动物体并可同时识别多个标签，操作快捷方便。

埃森哲实验室（Accenture，其前身是著名会计师事务所安达信，据《字匠》作者弗兰克调查，在安达信出事以前，公司内部已经分裂，审计部与咨询部矛盾很大，最后法庭判定公司拆分成两家，审计部沿用原名安达信，咨询部必须在 147 天内另行取名。为此，安达信请来专业命名机构兰道协会出手相助，同时还向全球雇员求救。结果，兰道与安达信员工累计取名达 5600 个，最后由兰道把 5600 个精简到 30 个，由安达信 1250 名伙伴投票。Accenture 高票胜出，它由一名丹麦员工奉献，取意“重在未来”。2001 年 1 月，安达信咨询正式更名 Accenture，新名字备受客户欢迎，尤其是来得格外及时，因为这一年底，安达信就因为安然公司丑闻而身败名裂，而 Accenture 则毫发无损）首席科学家弗格森认为 RFID 是一种突破性的技术：“第一，可以识别单个的非常具体的物体，而不是像条形码那样只能识别一类物体；第二，其采用无线电射频，可以透过外部材料读取数据，而条形码必须靠激光来读取信息；第三，可以同时对多个物体进行识读，而条形码只能一个一个地读。此外，储存的信息量也非常大。”

什么是 RFID 的基本组成部分？

最基本的 RFID 系统由三部分组成。① 标签（Tag）：由耦合元件及芯片组成，每个标签具有唯一的电子编码，附着在物体上标识目标对象；② 阅读器（Reader）：读取（有时还可以写入）标签信息的设备，可设计为手持式或固定式；③ 天线（Antenna）：在标签和读取器间传递射频信号。

RFID 技术的基本工作原理是什么？其原理并不复杂：标签进入磁场后，接收解读器发出的射频信号，凭借感应电流所获得的能量发送出存储在芯片中的产品信息（passive tag，无源标签或被动标签），或者主动发送某一频率的信号（active tag，有源标签或主动标签）；解读器读取信息并解码后，送至中央信息系统进行有关数据处理。

4. 举例说明（陕西省数据库后台查询监测系统）

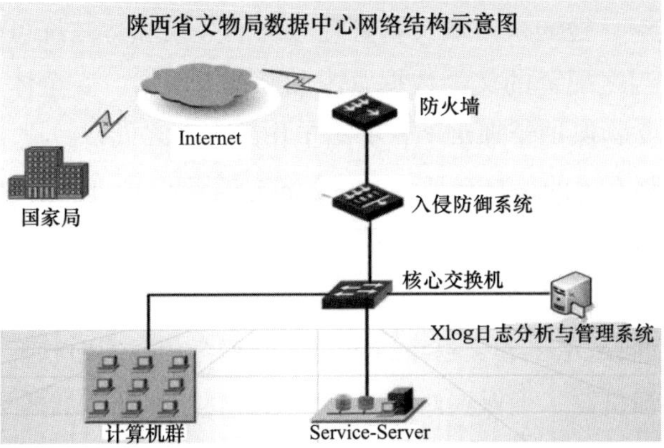

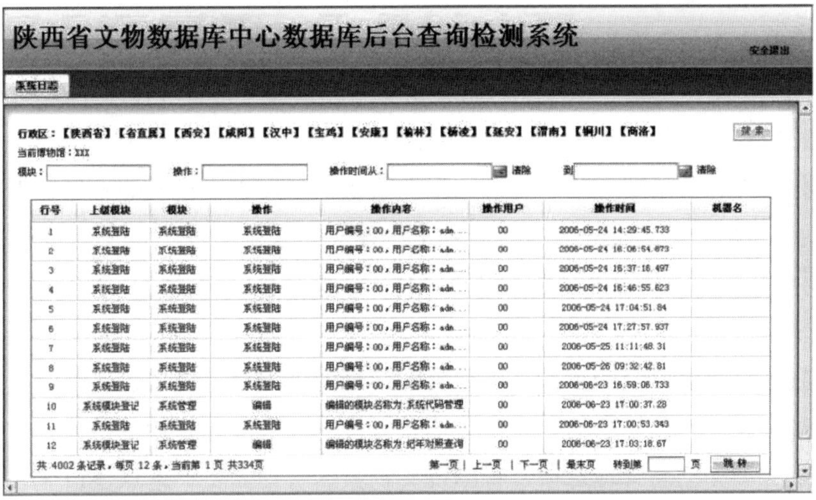

数据库后台查询检测系统

直属单位查询系统

1）建设目标

项目的建设目标是：建立并运行在已建成的陕西文物数据库系统上，安全执行全省文物数据信息监管、检测，馆藏文物管理系统的登录和行政许可管理，完善文物数据安全监管。推进与之配套的文物数据资源和标准、网络、安全体系建设标准和制度建设实验，为提升文物保护管理水平，提高工作效率，降低行政成本，保障文物安全，扩展公共服务提供强有力的信息和技术支撑，推动文物保护事业的科学发展。

2）主要建设内容

（1）全省文物数据安全信息监管系统：本系统建设的目的是为209个二级节点（动态增加）的文物收藏单位和文物主管部门建立安全信息实时检测和信息上报、定期统计分析和督察反馈机制，确保陕西省文物数据中心能够及时掌握重点文物安全信息，提高工作效率和监管水平。

（2）馆藏文物信息管理查询系统：本系统建设的目的是建立全省馆藏文物信息的调拨、交换、修复、复制、拓印等信息更正业务的在线综合管理体系，提高工作效率，降低行政成本，保障文物安全，提升管理水平。

（3）数据资源及基础支撑平台（体系）建设：在完成已建成的满足数据管理需要的陕西文物数据库文物数据资源的基础上，建立完善与之配套的基础支撑平台（体系），主要有文物信息化标准规范、基础设施与网络环境、综合应用管理平台、安全保障建设等规范和制度建设。

文物数据资源建设包括数据采集和资源管理两个方面，要求建立满足文物数据库建设和管理标准，以及统一的文物监测体系和文物信息资源管理单位体系，对信息资源进行统一分类和动态管理。项目将围绕文物数据管理需要，重点建设全省完整的文物数据资源库；同时结合业务监管工作的要求，有针对性地开展文物收藏单位数据库，以及建立和管理相关规范和标准。

信息化标准规范建设内容包括研究制定文物数据管理信息化规范标准框架，以及文物信息化目录、元数据及其代码、基础环境建设、信息安全、数据管理等各类标准。本期项目建设将侧重文物信息化标准规范体系搭建和各类基础性、急需标准规范的制定，同时根据二级节点信息系统建设的实际需要，制定相关的特殊性标准规范。

基础设施与网络环境建设要建立以陕西省文物数据中心为核心的各级文博机构信息化基础设施，通过搭建高效、协同、一体化的信息系统，推动和保障不可移动文物数据库建设，国有一般文物普查、长城调查系统的建设为统一执行打下前期基础，为四库的并网运行和实施探索经验和规范操作，实现文物信息化网络的互联互通。

3）网络系统建设

数据中心网络监测系统是信息系统数据传输的平台，它为文物系统内提供安全信息传输通道，是数据中心系统建设的基础和关键。网络系统解决方案包含了网络评估，

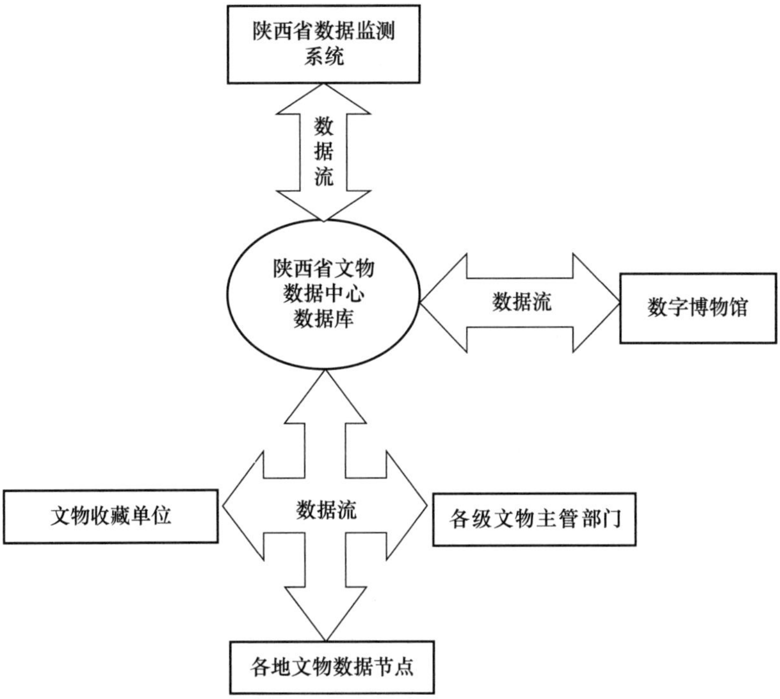

全省文物安全信息监测系统模块功能示意图

内容为利用专业工具，提供全方位的网络分析、检测、整合，包括信息收集、数据分析、整合分析报告和下一步网络建设措施。网络集成解决方案则覆盖从Internet/Intranet建设，Call Center基础网络建设到IP Telephony、WLAN、VPN、IPV6等技术方面的内容，是数据中心面向各类用户提供端到端的网络服务的基础。随着业务的不断增加，各种不同类型的应用将改变传统的数据流模型，数据中心人员应该有能力提供网络优化和实施工作。网络维护内容为对网络系统进行健康检查，制订运行维护规范，满足用户网络系统高可靠性运行的要求。

网络系统解决方案主要解决以下问题：面向文博行业的各种应用类型、各种用户的网络异构化提供接入平台，能够访问数据中心数据资源；解决用户访问传输通道的安全问题，对不同类型的用户提供不同安全传输机制；解决网络传输单点故障，建立冗余网络架构，保证业务连续性和网络结构高可靠性。

4）模块功能

陕西文物数据监测查询管理系统：系统具有文物收藏单位登记相关文物信息，采集文物数据，监测登录单位查阅执行情况的自动提醒功能，对文物收藏单位、各级文物行政部门读取信息、统计分析的智能化管理系统。

（1）文物收藏单位：数据采集及数据库管理2.0系统的数据监测和数据查询。

（2）各级文物行政部门：登录监测和数据查询。

（3）复旦大学博物馆 RFID 藏品管理应用案例：RFID 通过无线射频识别方式，进行非接触双向数据通信。这就意味着，在博物馆藏品上以合适方式安放电子标签后，对藏品的盘点统计和信息管理可以达到远程、非接触的目标。或者说在博物馆数字化将物与其信息分离后，通过 RFID 技术，结合原有的藏品信息数字化管理系统，我们终于使得实物藏品及其信息再次一体化了。

在复旦大学博物馆中，他们将芯片的作用限定在极为简单的范围之内，故选用 915MHz 无源 RFID 电子标签，通过防金属封装方式，为每件藏品写入各自的唯一身份标识——藏品总登记号。同时，选取超高频段的 RFID 读写器（13.56MHz），内置陈红京教授主导开发的博物馆藏品管理软件，通过学生实习采集创建相关藏品数字信息，完成了无线射频识别技术在库房的应用实例。

对于藏品管理员而言，这样的改进意味着什么？在复旦大学博物馆的案例中，首先是藏品管理员从此不必手握纸笔来回奔波于实物藏品排架与办公桌之间，只需手持 RFID 藏品管理机在库房内走一圈就行。即使需要对藏品的信息描述进行更改，也只需在 RFID 藏品管理机中输入单体藏品的身份信息（总登记号），按其库房排架信息所示直接走到藏品保存处，重新编写其总登记号即可。其余的信息更改则可以在与藏品管理机相连的藏品信息数据库中进行，数据的同步性保证了 RFID 藏品管理机中信息与电子标签之间的唯一标识性，实现实物藏品及其信息之间的随时合一。

其次，在藏品盘点的工作中，藏品管理员也能从紧张的数字核对和人工清点中解脱出来。在不接触实物的情况下，通过 RFID 藏品管理机读取器身号完成藏品数量清点工作。按藏品总登记号核对每个排架上藏品数量与藏品管理信息系统记录的差异，轻松获得即时藏品排架信息或需更改及注意的内容，并避免藏品由于接触、搬动可能导致的损毁风险。数量统计的劳动在实践多年的藏品信息管理系统中早就实现了，而与之对应的藏品人工盘点工作在 RFID 藏品管理机的帮助下，大幅降低了劳动强度。因为对多数排放信息准确的藏品而言，藏品保管员所做的只是手持 RFID 藏品管理机在排架前隔空扫视，由管理机自动核对其信息即可。统计藏品数量的同时，排架信息的偶然错误也可通过 RFID 藏品管理机的自动记录一并被发现，这对于拥有海量藏品的博物馆而言，无疑事半功倍。对于保护为主，合理利用藏品为目标的博物馆工作，更是具有重大意义。

再次，针对相似藏品的挑选调用，使用 RFID 管理机可以精确便利地查找单个藏品，达到点对点的精准提取。例如在大量外形相似的书画作品中，RFID 藏品管理机能通过长短不一的蜂鸣声提示选中的目标（书画立轴的轴头中放入了电子标签），直接选中可避免打开每幅检阅的行为。与藏品信息管理系统十多年的数字化实践相比，远程、非接触式的藏品管理方式显然为博物馆库房工作勾画出物联网时代的蓝图。

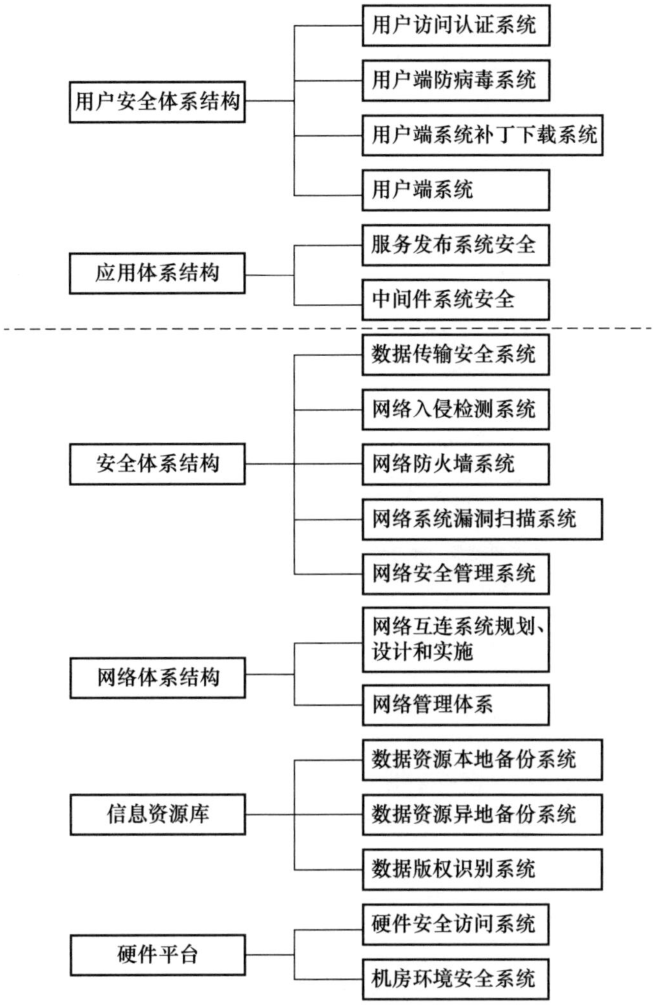

安全信息安全体系

《文物保护法》第四条明确规定："文物工作贯彻保护为主、抢救第一、合理利用、加强管理的方针。"如何在藏品管理过程中贯彻落实保护第一的理念？非接触的工作方式是提高藏品管理安全的重大创新。这种方式的实现有赖于物联网关键技术——RFID技术的进一步发展，特别是其可读取距离进一步加大。超高频段的RFID技术，理论上可提供远距离的高度识别能力，而这种技术经由电子标签的合理摆放，可大幅度减少博物馆日常管理工作中对藏品的频繁接触，实现藏品的非接触式精准管理。以新技术变革工作方式，由新工作方式实现文博界人士一直呼吁的保护第一理念，正是RFID技术在博物馆工作中的巨大优势所在。

（4）馆藏文物信息管理系统。馆藏文物信息管理系统主要用于馆藏文物信息的管理，系统提供了文物数据采集、数据检查、备份恢复管理、文物信息报送、动态指标管理等功能，为实现馆藏文物信息的统一、规范管理提供了有力的支持。

馆藏文物信息管理系统

博物馆藏品综合管理信息系统 2.0 版本

系统功能表

功能名称	完成功数
文物数据采集	主要进行馆藏文物数据的录入管理
数据检查	对数据的唯一性和正确性进行检查，例如检查总登记号是否唯一，对检查过的数据进行审核
备份恢复管理	主要进行数据的备份和恢复管理，包括文物数据的导入 / 导出，完全备份 / 完全恢复
文物信息报送	进行文物数据的上报、变更管理以及数据的接收
图像批量处理	进行图片的管理，包括图片批量命名、图片批量导入等
统计报表	包括统计分析和通用报表，可以对系统中的数据进行统计分析，并打印格式报表
特殊字管理	对文件中的特殊字符进行处理
动态指标管理	进行指标维护和定制指标
系统管理	进行地区代码、单位代码、系统代码、系统参数和权限的维护

三、数字时代背景下博物馆藏品管理的实践与思考

从20世纪80年代至今，中国博物馆界开展数字化的藏品登记著录工作已走过了近30年的历程。这30年既是一个不断摸索数字化藏品登记著录模式与方法的探寻历程，也是一个反复重新认识博物馆藏品登记著录意义与内容的思考历程。经过这个历程，中国博物馆界对于博物馆藏品登记著录有了许多新的认识。

（一）关于登记著录标准

标准是藏品登记著录工作的前提和基础，按照国家标准《标准化基本术语》（GB3935.1-83）第一部分中所做的定义："标准是对重复性事物和概念所做的统一规定。它以科学、技术和实践经验的综合成果为基础，经有关方面协商一致，由主管机构批准，以特定形式发布，作为共同遵守的准则和依据。"在博物馆藏品登记著录过程中，所谓数据标准，是指利用信息技术记录和描述博物馆藏品时所有规则的集合，其内容一般要包括完整描述一个具体藏品所需的数据项集合、各数据项语义定义、著录规则和计算机应用时的语法规定。

国家文物局于2001年发布的《博物馆藏品信息指标体系规范（试行）》包括3个指标群、33个指标集、139个指标项，涵盖了与藏品本体、管理和声像信息相关的各个方面。文物调查项目执行的《馆藏珍贵文物数据采集指标项及著录规则》将每件文物登录的核心指标项定为28项，包括文物名称、时代、类别、级别、完残、尺寸、质量、特征描述、保护记录等内容。

目前，中国博物馆协会登记著录专业委员会正在与国际标准化组织（ISO）和国际博物馆协会登记著录专业委员会（CIDOC）等国际组织进行交流与合作，倡议各国在

ISO 和 CIDOC 框架内共同研究制定国际博物馆藏品登记著录标准规范，形成博物馆藏品登记著录的“世界语言”，推动藏品数据的跨国交流与共享。

（二）关于数据资源管理

数据管理是数据资源“生命流程”中的关键环节。在博物馆藏品数字化登记著录工作中，存在着采集成本高、应用成本低的特性。由此可见，加强数据资源的安全管理是十分重要的。数字资产成为文物资源的一个重要组成部分。

（1）数据资源管理是应用信息技术和软件工具完成组织数据资源管理任务的管理活动。

（2）技术参数和数据结构。

（3）保障数据机房安全。通过在线磁盘阵列存储、离线磁带备份、远程异地备份等多种措施，确保数据安全；通过应用防火墙、安全审计、入侵检测等技术手段，确保网络运行安全。

（三）关于数据资源应用

数据共享是信息社会最基本的特点，也是数据登录的重要目标。藏品数据除了携带研究藏品所应有的信息以外，还可以利用技术手段广泛复制和远距离传输，将藏品数据最大限度地予以共享就等于无限地扩大了博物馆的教育、研究和欣赏功能，拓展了博物馆开展社会教育的范围，提高了博物馆的公共文化服务能力。按照现代信息学界的观点：资源只有被使用才能显现出它的价值。

陕西数字博物馆首页

伴随着信息技术的发展，藏品登记著录的内容将更加丰富，手段将更加便捷，成果将更广泛地被应用，中国博物馆界藏品登记著录也将会进入一个崭新的阶段。相信在不久的将来，越来越多的人会通过广泛传播的藏品登录信息，穿越时空隧道，感受中华文明的无上魅力。

（四）我们真的需要追求大数据和云计算吗？

大数据这个概念已经被沸沸扬扬地广为传播，一说到“大数据”，估计多数人都会一头雾水，因为获取最多的都是关于大数据的种种神奇之处，比如大数据不光可以用于服务业，还可以用于经济预测、防灾避险、疾病诊断、识别潜在犯罪分子等，尤其走红的《大数据时代》一书，简直将“大数据”神化了。有人说如果现在还没有加入大数据的阵营，如果数据量很小，等着的只能是被淘汰！随着大数据的炙手可热，这样的论调逐渐多了起来。

在这种情况下，文物数据是否需要“大数据”化呢？如果我们不抓紧进行大数据化，是否就会落伍？就说国家级的文物数据，已经有了第三次全国不可移动文物普查数据、馆藏珍贵文物数据、文保单位数据、长城资源调查数据及各种业务数据等结构化数据，而且正在进行“全国第一次可移动文物普查”，数据量将剧增。这算作“大数据”吗？一定需要按“大数据”和“云计算”来处理吗？

我来谈谈大数据与云计算和物联网的关系。《互联网进化论》一书中提出“互联网的未来功能和结构将与人类大脑高度相似，也将具备互联网虚拟感觉，虚拟运动，虚拟中枢，虚拟记忆神经系统”，并绘制了一幅互联网虚拟大脑结构图。

根据这一观点，我们尝试分析目前互联网最流行的四个概念——大数据，云计算，物联网和移动互联网与传统互联网之间的关系。

从下图中我们可以看出：物联网对应了互联网的感觉和运动神经系统。云计算是互联网的核心硬件层和核心软件层的集合，也是互联网中枢神经系统萌芽。大数据代表了互联网的信息层（数据海洋），是互联网智慧和意识产生的基础。包括物联网，传统互联网，移动互联网在源源不断地向互联网大数据层汇聚数据和接收数据。

大数据时代的到来，是全球知名咨询公司麦肯锡最早提出的，麦肯锡称：“数据，已经渗透到当今每一个行业和业务职能领域，成为重要的生产因素。人们对于海量数据的挖掘和运用，预示着新一波生产率增长和消费者盈余浪潮的到来。”近几年，大数据一词的持续升温也带来了大数据泡沫的疑虑，大数据的前景与目前云计算、物联网、移动互联网等是分不开的，下面就来了解一下大数据与这些热点的关系。大数据市场格局从严格意义上来说，早在20世纪90年代，“数据仓库之父”比尔·恩门（Bill Inmon）便提出了“大数据”的概念。大数据之所以在最近走红，主要归结于互联网、移动设备、物联网和云计算等的快速崛起，全球数据量大大提升。可以说，移动互联

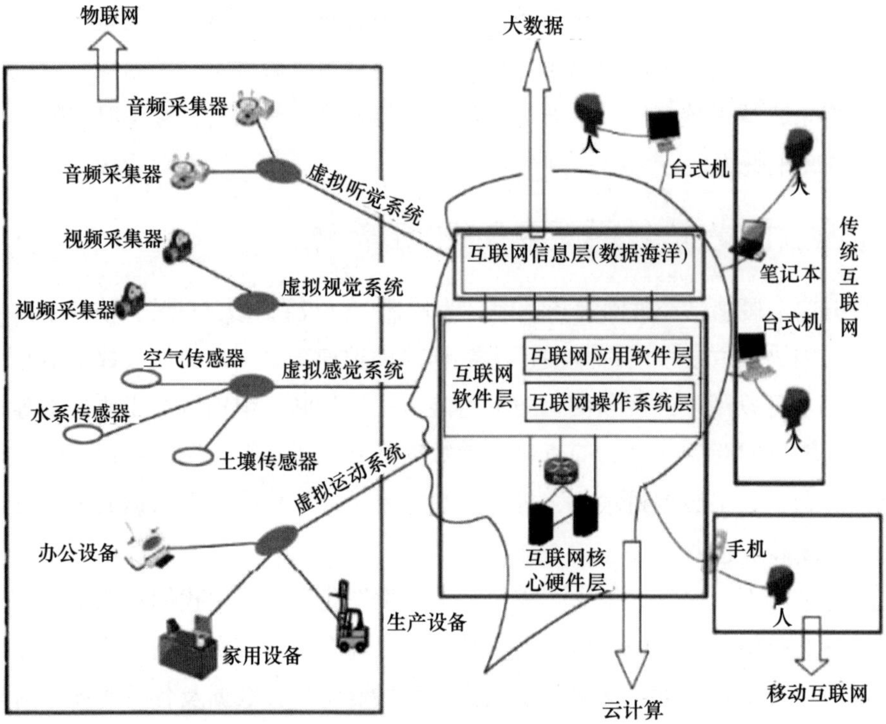

互联网最流行的四个概念关系图

网、物联网以及云计算等热点崛起在很大程度上是大数据产生的原因。

我们可以通过这样一张图片，形象地知道大数据与移动互联网、物联网以及传统互联网的关系。物联网，移动互联网再加上传统互联网，每天都在产生海量数据，而大数据又通过云计算的形式，将这些数据筛选处理分析，提出有用的信息，这就是大数据分析。大数据与移动互联网、物联网以及传统互联网作为数据存储巨头，EMC 的大数据理念是，首先从“大”入手，“大”肯定是指大型数据集，一般在 10TB 规模左右。很多用户把多个数据集放在一起，形成 PB 级的数据量。同时从数据源来谈，大数据是指这些数据来自多种数据源，以实时、迭代的方式来实现。

从人类文明出现到 2003 年，人类总共才产生了 5EB 的数据，但是当前的人类两天内就创造出了相同的数据量，全球 90% 的数据都是在过去两年中生成的，到 2020 年，全球数据使用量将大概需要 376 亿个 1TB 的硬盘进行存储。

当然，大数据并不等同于目前的海量数据。目前全球均比较认可 IDC 对“大数据”的定义：为了更经济地从高频率获取的、大容量的、不同结构和类型的数据中获取价值，而设计的新一代架构和技术。此定义也可以概括为四个特点，即高容量（volume）、多样性（variety）、速度（velocity）以及价值（value），包括基础架构、数据管理、分析挖掘和决策支持四个层面。当然，也有其他不同的观点，IBM 对于大数据的定义便是规模性（volume）、多样性（variety）、高速性（velocity）和真实性

（veracity）的“4V 理论”，NetApp 大中华区总经理陈文所理解的大数据包括 A、B、C 三个要素：大分析（analytic）、高带宽（bandwidth）和大内容（content）。

物联网、移动互联网等是大数据的来源，而大数据分析则是为物联网和移动互联网提供有用的分析，获取价值。云计算又与大数据有什么关系呢？这个问题其实早在 2011 年就有人进行了分析，例如 EMC World 2011 的大会主题就是“当云计算遇见大数据”。

云计算与大数据两者之间有很多的交集，业界主要做云的公司有谷歌、亚马逊等，都拥有大量大数据。EMC 总裁基辛格强调大数据应用必须在云设施上跑，这就是两者的关系——大数据离不开云。同时，支撑大数据以及云计算的底层原则是一样的，即规模化、自动化、资源配置、自愈性，这些都是底层的技术原则。因此，基辛格认为大数据和云之间存在很多合力的地方。

另一方面，随着互联网信息量的激增，用户单个数据集达到数以 TB 计，有的客户甚至已达到 Pera 级（1000Tera）了，用现有的存储系统结构处理数据量级较小，而且只能处理单数据源数据，面对大数据的压力，在处理大量级以及多数据源的数据能力非常弱。基辛格很明白，大数据的战争不仅仅在于存储和保护，数据分析能力的强弱将成为这个时代的关键点：我们已经解决了数据存储和保护的问题，所需要的只是时间，但是海量数据分析的问题，我们还没有在大数据到来时做好准备。

谈到大数据的特点，一是数据规模是 PB 级，二是多数据源，能够把半结构化、非结构化和结构化的数据很好地融合起来。同时具有实时、可迭代的特点。具体形容就是大数据类似于 Facebook 环境，随时可以添加变量。基辛格一再指出，数据分析的历史已有 30 年，现在我们已进入大数据时代。

陕西历史博物馆 RFID 应用
——观众行为研究系统设想
（2014）

RFID（radio frequency identify）运用之范围目前已愈来愈广，但在中国大陆博物馆的应用还未出现。博物馆的观众行为研究及观众调查，运用信息技术的研究在我国大陆仍然是空白，而在国外博物馆和我国台湾博物馆得到一定的应用。我们提出把 RFID 技术运用在博物馆的展示导览服务以及观众行为研究上，对到馆参观的观众服务、展厅规划设计等，提供最佳的协助。

一、在博物馆透过 PDA 进行展示导览服务

本系统的系统架构主要设备及架构如下。

（1）LCMS 客户机：提供 PDA 展示多媒体档案管理、导览内容网页产生及报表作业。

（2）RFID 工作站：进行各 RFID 对应连接数据之输入、导览内容网页输入作业。

（3）无线网络控制主机：提供 PDA 无线上网服务账号管理协助，无线网络入口网站。

（4）PDAP：提供观众使用进行导览服务，包含 CF 界面的 RFID 读卡界面、1GB SD 记忆卡。

（5）RFID 卡片：与读卡设备相对应的短距离 RFID 卡片。

在软件系统方面主要分为三部分，包含内容管理子系统、RFID 管理设定子系统、PDA 读取显示子系统。

二、RFID 进行顾客行为分析系统

国外博物馆同仁曾在一份报告中指出博物馆观众调查的意义与目的：“如果说藏品是博物馆的心脏，那么使用充分的信息和有启发性的方法展示藏品的教育意义便可称为博物馆的灵魂。”随着社会的发展，博物馆在社会精神文化领域所起到的重要作用日益突显，博物馆的教育职能得到普遍认可。

本系统主要用于收集博物馆参观观众的各展览点停留信息，再通过数据汇出、筛

选作业，以供后台服务器的统计软件进行数据分析，统计出顾客之参观路线以及展品喜好项目的数据。

对于观众的参观路线、各展示厅中展品的喜好程度进行了解，目前大多采取随机问卷或访谈模式进行，借由问卷及访谈的内容了解观众对于博物馆各展厅中展品的喜好程度，以及其展示参观路线。但事实上，研究观众行为的最好模式是让观众在未特别注意的情况下，以自然行动模式进行数据收集，本方案即通过发给游客可佩戴在身上的 RFID 卡片，通过在展厅布设中长距离的 RFID 读取点，读取进出展品周遭之时间记录，本系统主要以中长距离的 915MHz RFID 读取器及其对应的 RFID 卡片，以持续读取 RFID 数据这一模式，记录佩戴 RFID 卡片的参观民众数据，本系统采用的 RFID 读取距离最远可达 7.2 公尺，在展示现场必须依照实际展示品的大小、观赏距离进行调整，即本设备可依需求调整接收卡片的距离，以免与其他展品造成观赏范围的冲突，以及驻足观赏与路过的情形误判。

本系统软件主要拥有参观者数据管理，以及 RFID 卡片接收、储存、计算停留时间、汇出等功能。其主要操作模式如下。

（1）设定调查观众信息，包含参观者的性别、年龄、教育程度、居住地、对应 RFID 卡号等数据。

（2）参观时将对应的 RFID 配发给参观者，透过中长距离 RFID 读取装置，系统可以获知佩戴者在某一存取点的进入时间、离开时间、停留时间等信息。

（3）工作站将所收集数据进行整理后传送至数据库服务器中，作为统计数据留存。

（4）操作者于数据收集结束后，通过汇总将所需要的字段予以输出，并由专业统计分析软件和数据挖掘进行观众行为分析研究。

陕西省文物信息化建设情况调研

（2014）

陕西省的文物信息化建设为统筹规划，分步实施；以需求为导向，以应用促发展；制度保障，确保安全；以资源整合为重点，以项目带动战略为主要指导思想。

文物信息化建设以体制创资源整合为动力，确保分散的文物信息资源的整合利用。在馆藏文物数据库、不可移动文物数据库和文物地图多媒体数据库及社会文物数据库等各类文物数据库项目的建设带动下，实现文物信息化战略的顺利实施。

2013 年，全面建成全省文物信息网，100% 馆藏等级文物和 50% 以上的一般文物建成专业数据库；建成了不可移动文物数据库；初步建成陕西不可移动文物地图多媒体数据库。2013—2014 年，全省 100% 的馆藏文物、不可移动文物数据库和文物地图多媒体数据库以及社会文物数据库四库合一，并与海关文物稽查和电子政务相配套的办公网络进行网络合并，初步完成陕西文物数据和办公平台的信息化建设雏形。

主要任务：根据全省电子政务建设总格局，与电子政务同步建设相配套的文物信息化建设，重点建设具有交互功能的电子政务系统、具有核心地位的专业文物数据库和具有保存、保管作用的数据备份基地，努力在陕西信息化建设中发挥出文物部门应有的积极作用。

（1）逐步建成以馆藏文物数据库、不可移动文物数据库和文物地图多媒体数据库以及社会文物数据库为龙头的全省数字文物网络。加强以围绕政务公开、服务民生为主要内容的数字文物资源建设，全面推动馆藏文物、不可移动文物数字化和文物地图多媒体数据库建设持续稳步地发展，推进文物信息的应用与服务。

（2）将电子政务作为重要政务信息资源库来建设。各级文物管理部门建立为各级党政机关服务的电子政务和为社会公众服务的政府信息公开网站，依托电子政务数据交换平台、集成办公平台，在线采集、接收和利用电子文件，根据《中华人民共和国政府信息公开条例》，依法接收、采集各级政府机构包括已公开现行文件在内的政府公开信息。

（3）在建成的文物数据的基础上，进一步推动全省文物数字化工作。在网络上，推出了在全国具有靓丽品牌效应的陕西数字博物馆，向全国展示陕西文物数字化的新成果。

（4）以陕西汉唐网为平台，建立面向社会、服务公众的公众网上办事新平台，重点建设网上政府信息公开系统，为打造阳光政府提供服务。

一、提速文物信息化基础设施建设

（1）全面提高和普及全省各级各类博物馆、文物行政管理部门的计算机和网络技术应用程度，实施电子文档一体化和馆院一体化管理模式。到2013年，全省大型博物馆和行政管理部门应用计算机的普及率达到了100%。

（2）进一步提高文物管理软件的技术和应用水平。全省要认真贯彻落实《电子文件归档与管理规范》（GB/T18894-2002）、《文物数据中心数据交换管理办法》和《文物管理软件功能使用规定》等标准规范，陕西省文物局统一推广应用符合文物工作业务规范的文物管理软件，为文物信息交换、实现文物信息资源共享创造条件。

（3）加强和完善文物局域网建设，并与陕西省政务网联通。到2017年，大型博物馆和各级文物管理部门全部建立局域网，2018年，各级博物馆局域网建设率达到90%。

（4）新建、改建各级各类博物馆，同步设计文物信息化建设软硬平台、相关的自动化控制系统及安防系统方案，分步实施；有条件的整体设计、同步建设，使其“四位一体”功能得以充分发挥。

二、加强基础文物数据库建设及应用工作

1. 完善馆藏文物数据库建设

陕西文物数据库是国家数据库建设系统的重要组成部分，自2006年3月全面启动建设，现已初具规模，目前已完成了全省11万余件馆藏等级文物的数据录入、上报，并通过了国家文物局组织的专家组验收。

在今年将实现全省100余万件一般文物的数据建设。

2. 不可移动文物数据库建设

依据第三次文物普查数据，完善现有的不可移动文物数据库，做到集中完善、统一规划，建设了陕西省不可移动文物数据库。在建设中，充分结合我省文物遗迹较多的实际情况，建立起了具有我省特色的专业不可移动文物数据库。

3. 积极推进文物地图多媒体数据库建设

文物地图多媒体数据库的建立应以现实需要为前提，分阶段、分步骤稳妥实施，重点加强对珍贵、重要历史遗迹的信息进行数字化转换工作。从2011年开始，全省各市区（县）遗址初步实现数据采集和电子档案建设。到2015年，全省遗址档案数字化率达到95%，建立起我省的文物地图多媒体数据库。

4. 加快电子政务建设

各级博物馆依托各地建立的电子政务内（外）网平台，发挥文物管理部门交流优势，建立电子政务系统（办公自动化），及时接收电子文件，为党委和政府当前工作提供服务。在大型博物馆和市级文物管理部门进行试点，2011—2013 年，大型博物馆建立电子政务系统，2015 年各级博物馆及其他文物管理部门全面建立网上电子政务系统。电子政务与政府信息公开工作紧密结合，既有电子政务实体，又有网上政府信息公开窗口。

5. 积极促进我省数据库的整合工作，大力推进文物信息资源的应用

为了进一步提升我省文物保护和管理工作的水平，2013 年，省文物局决定基于已有的体系，建成“陕西省文物综合信息系统管理平台”，集成已有的陕西数字博物馆网站、陕西省馆藏文物数据库、陕西省考古工地视频监测系统等，构建一个智能的、实时的陕西省文物综合信息大屏幕展示系统（局会议室大屏幕显示终端）。

我们已经初步建成了这个管理平台，初步实现了对上述系统、数据库的访问、接入和调用，实现了图像、文字和数据库的同步和在线网络化监测，实现了跨区域的信息共享，可以为省文物局查看、分析、判读与定位研究我省文物保护管理提供及时、动态的信息，为省文物局的科学管理、决策提供依据。

三、加快博物馆文物资源信息化建设

（1）加强各个博物馆的信息化建设。主要体现在文物数据的采集和多媒体的信息化方面。

（2）加强各博物馆的办公自动化建设。在各博物馆进行办公自动化建设方面，省局进行了统一的部署。

（3）博物馆和各级文物管理部门要将信息化工作体现在专业数据库建设和行政网络建设两部分。本单位办公自动化建设和文物数据库建设同步发展，适应办公自动化和电子政务建设的要求，博物馆和各级行政管理部门文档通用。

四、全面建成全省文物信息网

实现文物信息资源的共享是全省文物信息化建设的最终目的。建设全省文物信息网是实现文物信息资源共享的有效途径。各地应根据全省文物局信息化建设的统一部署，分阶段、分区域、有步骤地实施全省文物信息网建设。

（1）完成虚拟专网建设。在 2013 年前，全省各级博物馆全部完成馆藏所有文物数据建库工作，使用 VPN 技术，利用电子政务统一平台，将现有文物数据库与各市博物馆实

现馆际互联共享，建成虚拟专网，供连通电子政务业务网和全省博物馆馆际查询应用。

（2）优化“陕西省汉唐网”网站建设，以领导、机关、公众和广大文物工作者为主要服务对象，以公布政府公开信息内容和开放文物信息为主要目的，有计划地、确保安全地使上载文物信息有限度地开放，向社会提供网上查询和利用服务。2013 年，全省各大型博物馆建成区域性文物信息网，2015 年，省内其他博物馆和文物行政部门全部建立自己的网站，全面构成“陕西省文物网”网站大全。

（3）2013 年，初步构建全省范围内的政府公开信息、电子文件及文物信息等网上报送及应用平台。全省各博物馆应当利用基于政务业务网的网上报送平台，定期向省市或者区（县）文物管理部门报送行政文件和文物信息资料。省文物局要应用国家文物局配置的文物管理软件，以及按统一标准开发的政务平台软件与各相关单位和部门传输各种信息，建立基于因特网和政务业务网的政府公开信息报送平台，并构建基于因特网的政府公开信息一门式查询系统，方便省内各级文物管理部门和市民及时查询公开信息目录及相关文件，为市民提供更为规范、及时、准确的政府公开信息及相关文件。

五、建成陕西数字博物馆

陕西数字博物馆是陕西省于 2012 年推出的文化惠民工程，以虚拟现实的手段展示陕西省的实体博物馆，目前收录全省博物馆 80 余家，在全国尚属首例。该数字博物馆由陕西历史博物馆和陕西文物数据中心开发和维护。

陕西数字博物馆是文物全民共享走出的重要一步，是我国第一座省级集观赏性、知识性、互动性为一体的数字博物馆。陕西数字博物馆的开馆，得到了人民网、新华网、华商网、中国日报、中国文物报、西安晚报、陕西广播电视台、西安广播电视台等多种形式媒体的报道，得到了全社会的广泛关注。陕西数字博物馆经过不断丰富展览形式和内容，不断进行技术创新，已经成为体现陕西“文化强”的靓丽品牌。

省内博物馆的虚拟漫游，可以在网上参观博物馆，三维漫游，可以按导览图自选参观不同展厅；进入每个展厅，选择感兴趣的文物，可以查看文物信息资料、文物背后的故事等；可以查看数字博物馆的文物，包括三维图像、资料信息（例如三尊佛）；并且，数字博物馆可将国内外的临展变成长期展览！

今年我们又进一步加强陕西数字博物馆的建设步伐，通过以下项目的实施，使陕西数字博物馆迈向深入。

1. 陕西数字博物馆网络版

陕西数字博物馆网络版是 2012 年陕西省政府推出的一项重要的文化惠民工程，于 2012 年 8 月 28 日正式上线开馆，一年多来，相继有人民网、新华网、凤凰网、中国日报、中国文物报、三秦都市报、西安晚报、陕西广播电视台、西安广播电视台等多种形式的媒体进行报道，得到了全社会的广泛关注。参观人数突破 40 万。它是一个没有围墙的博物馆。

2. 陕西数字博物馆移动网络版

2013 年 12 月 12 日，陕西数字博物馆移动网络版正式向公众推出。数字博物馆移动网络版的上线，让越来越多关注互联网、移动互联网的博物馆爱好者的目光汇聚陕西，一年来，点击人数突破 30 万。它是一个随身携带的博物馆。

3. 陕西数字博物馆口袋版

2014 年 6 月 14 日，是我国第九个“文化遗产日”，陕西省文物局在这里隆重推出陕西数字博物馆口袋版。有幸的是，陕西历史博物馆作为该口袋博物馆的第一分册，呈现在大家面前。

陕西数字博物馆口袋版，在表面上看，是一本带有我国传统文化色彩的布面折页，实际上它是集当今互联网技术、移动互联技术和图文识别等先进技术于一身，把传统的纸质媒介与现代的网络媒介创新结合的一个综合体，实现了把历史装进口袋，把博物馆带回家，让文物活起来的愿望。它是一个可以带回家细细体验的博物馆。

陕西数字博物馆网络版，陕西数字博物馆移动网络版和陕西数字博物馆口袋版，是响应陕西省文物局提出实现智慧博物馆的探索和实践，我们衷心希望，通过我们的不断努力，第一个从陕西实现智慧博物馆的博物馆梦。

4. 陕西数字博物馆文物数字摩卡

“智慧博物馆移动互联信息服务平台及三维卡在博物馆信息展示中的应用”是陕西省博物馆集群研发的课题，在于完成一个基于二维码的移动交互导览系统的应用。为了提高陕西省内博物馆的社会服务水平和教育能力，更好地让博物馆通过现代化的技术手段服务于参观者，通过二维码自助导览的应用，让参观者可以便捷地对文物及景区的详细介绍及相关历史文化知识实现多感官的获取。同时通过游客大量扫码数据的积累，为博物馆提供全面的游客数据分析服务，包括游客数量、文物访问次数、地域来源等信息，为博物馆的日常管理决策提供数据支持和参考，为信息消费进行尝试性探索。

六、重视文博行业人员培养体系建设

信息化人才队伍建设是文物信息化可持续性发展的前提和保障。全省文物部门一方面是要想方设法引进信息化技术人才，另一方面也要留住人才。电子政务建设与信息资源整合是一项全新的事业，需要一大批既懂信息化、电子政务知识，又懂文物管理、信息组织与计算机操作知识的专门人才。各级各部门要结合实际，制定详细的培训计划，2013—2014 年，全省文物系统的业务干部都能上网工作，关键技术部门和保障岗位都有过硬的技术骨干和后备人选。各市区和部分县博物馆在 2013 年保证配备 1—2 名计算机专业人才，负责网络、数据库的管理及相关工作的业务指导。各区（县）博物馆要重视对馆内人才的发掘，通过送出培训的方式，使得具有一定计算机基础的人才能够较快地承担馆内文物信息化工作。

七、文博行业信息化建设思路和建议

博物馆信息化建设应“全省一盘棋”，调动全行业人员的积极性，共同建设，共同享用。但在执行时往往可以分步实施，各个博物馆在前 5 年建设自己的信息化系统，形成信息化建设的陕西各馆群雄并起，比如陕西历史博物馆、秦始皇帝陵博物院、陕西省考古研究院等，都在开发自己的信息化应用系统。这几年陕西省文物局总结各馆信息化建设的相关性，发展集群效应，比如陕西数字博物馆的建设、“陕西省文物综合信息系统管理平台”的建成等。同时以大项目带动，实施全省信息化建设方案，比如，陕西文物数据库的二级节点建设、陕西省各大博物馆的库房温湿度监测系统和陕西省田野视频监测系统的应用等，都是在大项目带动下体现的信息化建设。

信息化建设必须“数据先行”。随着大数据时代的到来，信息化建设应以各种数据建设为中心，不论是陕西省可移动文物数据库，陕西省不可移动文物数据库，陕西司法文物数据库（陕西打击文物犯罪文物数据库），陕西省“三普”文物数据库，陕西省长城资源数据库，陕西社会流散文物数据库等文物资料数据库，还是陕西省文物行政数据管理系统，陕西省文物安全监测数据管理系统，陕西省文物抢救保护数据管理系统，陕西省文博单位、项目评审数据管理系统，陕西省对外文物、人员交流数据管理系统等管理数据库，都是信息化建设的基础工作。全省信息化建设围绕以实现智慧博物馆为目标，将全省信息化建设向社会服务的高度推进。

信息化建设关键在人才，应注意建立一支素质较高、相对稳定的工作队伍，包括文物博物馆、计算机、信息管理、艺术等各方面的人才。及时将信息化建设的成果运用到博物馆的文物保管、研究、陈列、教育和业务管理工作中，发挥效益，鼓舞士气，实现良性循环。不断关注新技术的进步和发展，及时借助和融合 IT 企业的力量，互利共赢。

同时建设文物信息化质量评估体系。建立信息系统功能和质量评估机制，建立文物信息化建设绩效评比机制，建立文物信息化建设先进评比和典型示范机制。在文物信息化规划执行过程中强调层层分解、细化，并与评比、考核相结合，以加强对文物信息资源的控制力，避免分散建设和低水平重复建设。充分发挥文物专家和信息化专家的作用，建立专项考评制度和办法，开展相关评比活动，树立先进典型，推广先进经验，带动全省文物信息化健康、全面发展。

精品陈列展览数字化采集技术参数

（2014）

第一部分　数字化采集原则

一、安全性

（1）拍摄人员不得触碰藏品，在拍摄时应在博物馆方有专业资质人员的陪同下进行拍摄采集。

（2）拍摄人员、采集设备应与藏品保持安全距离，拍摄人员的服装等条件也应符合文物拍摄的要求，如拍摄时应要求佩戴口罩，着软底鞋，不得在拍摄区域内饮水、吸烟与进食。

（3）拍摄条件不得低于陈列条件，温度、湿度、光照、粉尘等条件都在文物保护要求的范围之内。

二、真实性

（1）拍摄的文物、遗址图像应忠实于文物、遗址本体，不对文物、遗址的图像进行艺术加工。

（2）文物拍摄时应采用标准光源，建议采用 D65 光源，色温 6500K，功率 18W。

（3）文物拍摄时加色卡、比例尺，供后期调色和加工参考。

三、适宜性

采用成熟度高，价格适宜的技术，符合公众服务、宣传教育等用途，适用于互联网端及移动互联网端等设备。

四、高效性

在保证藏品安全，不影响观众参观的情况下，保证拍摄质量。快速、高效地完成采集工作，以满足博物馆数字化采集的现实需求。

第二部分　数字化采集实施细则

一、文物高清图片拍摄

（一）拍摄对象

古籍、画稿、图册、平面纹理等二维文物。

（二）设备与器材

（1）相机：全画幅数码单发相机（建议设备：Canon/ 佳能 5D Mark Ⅲ）。

（2）镜头：标准镜头（建议：50mm 标准镜头、100mm 微距镜头、200mm 长焦镜头）。

（3）云台：节点云台（Nodal Ninja4），球形阻尼云台。

（4）三脚架：全部展开高度不低于 160cm（BENRO 百诺 C474TH10 碳纤维）。

（5）色卡：专业校色卡（x-rite 爱色丽 Color Checker/Digital SG140 色数码色卡）。

（6）摄影灯：标准光源，D65 光源，色温 6500K，功率 18W。

（7）小型手动转台。

（8）不同刻度比例尺。

（9）二维滑轨：适宜二维文物长度的直形双轨。

数码色卡

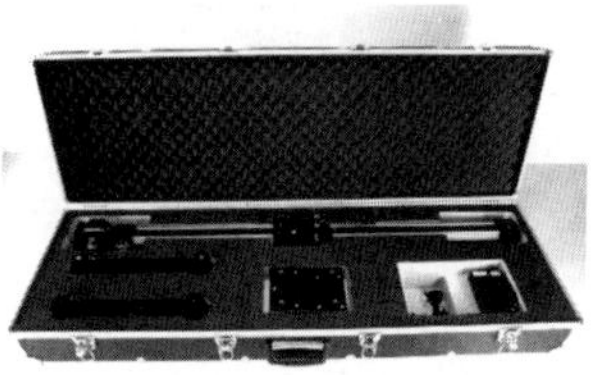

二维滑轨

（三）拍摄环境

拍摄环境的搭建应遵守以下标准，确保文物在安全范围内。

拍摄环境

事项	内容
拍摄地点	选取符合文物展藏品拍摄的场地，不受外界环境光线的影响
拍摄环境	搭建摄影平台，布置灯光，摆放色卡标尺，再次检查用电安全与设备安全，用电线缆应用胶带固定于地面

续表

事项	内容
拍摄对象的摆放	藏品应垂直固定于平整的物体或是墙体的表面，藏品底部距离地面高度不小于 1m
拍摄距离	将立体轨道和藏品水平摆放，距藏品距离不小于被摄藏品的宽度（安全距离）
拍摄温度	现场安置温度检测设备，在安全范围允许的情况下开展工作
拍摄湿度	现场安置湿度检测设备，在安全范围允许的情况下开展工作

（四）拍摄流程

（1）拍摄前的准备：做好对拍摄对象的地理、天气、环境、交通，以及是否允许试用三脚架、闪光灯等前期准备的记录；检查拍摄地点用电安全；检查相机、镜头、色卡、标尺、三脚架、清洁工具、快装组件、二维滑轨等装备是否安装牢固，设备是否完好。确认无误后，请库管员摆放藏品。

（2）遵照以下参数，设置相机拍摄模式。

拍摄模式

事项	内容
相机拍摄模式	手动模式（M 档）
图片格式	JPEG+RAW
白平衡	自动
对焦模式	单次 AF
光圈	f=5.6
感光度	iso=100

（3）设置曝光值（试用矩阵测光或平均测光、包围曝光模式、快门速度和感光度）：包围曝光模式（±3 档）。

（4）用移轴拍摄模式进行拍摄时：将相机安装在立体轨道上，调整相机位置水平放置，相机与被摄藏品保持平行。用亿像素拍摄方法拍摄完整的亿像素照片时，每平方米拍摄 100 张照片。亿像素拍摄时，以藏品左上角为起点，先拍摄一张照片，然后水平向右移动相机，拍摄第二张照片，两张照片重合度为 30%，记录相机在轨道移动的距离，根据藏品的宽度计算出相机移动的次数，即为藏品横向拍摄照片的张数；以藏品左上角为起点，先拍摄一张照片，然后垂直向下移动相机，拍摄第二张照片，两张照片重合度为 30%，记录相机在轨道移动的距离，根据藏品的宽度计算出相机移动的次数，即为藏品纵向拍摄照片的张数；用横向拍摄照片数量乘以纵向拍摄照片数量即为完整藏品所拍摄的照片数量。

（5）拍摄后的检查：检查曝光值、清晰度，以及是否有漏拍等情况，确认无误后，请库管员收回藏品。

（6）储存和备份：异机保存两份，并用 1000G 以上的移动硬盘保存；在拍摄完毕后第一时间备份原始拍摄素材；备份的文件名称为时间 + 地点 + 场景名 + 图像原始名，填写拍摄工作表格及存储表格。

（五）采集标准

（1）亿像素图片的格式：PSB（大型文件格式）。
（2）亿像素图片的尺寸：不低于 1 亿像素。
（3）亿像素图片的文件大小：不低于 300M（PSB 格式）。

二、文物 360° 环视图片拍摄

（一）拍摄对象

青铜、金器、陶器等材质无特殊要求的立体可移动文物。

（二）设备与器材

（1）相机：全画幅数码单反相机（建议设备：Canon/ 佳能 5D Mark Ⅲ）。
（2）镜头：标准镜头（50mm 标准镜头、100mm 微距镜头、200mm 长焦镜头）。
（3）云台：节点云台（Nodal Ninja 4），球形阻尼云台。
（4）三脚架：全部展开高度不低于 160cm（BENRO 百诺 C474TH10 碳纤维）。
（5）色卡：专业校色卡（x-rite 爱色丽 Color Checker/Digital SG140 色数码色卡）。
（6）标尺。
（7）摄影灯：标准光源，D65 光源，色温 6500K，功率 18W。
（8）柔光箱。
（9）小型手动转台。
（10）立体轨道：适宜三维文物长度的环形双轨。

摄影灯

环形双轨

拍摄环境

事项	内容
拍摄地点	选取符合文物展藏品拍摄的场地
采用柔光箱	选择边长、宽、高大于 1m 的桌子，根据藏品的体积选择合适的柔光箱，并放置于桌子中心
采用转台	根据藏品底部直径大小，选择合适的手动转台，并放置于柔光箱内部，居中水平放置，将带有刻度的标定物放置于转盘上方（标定物放置的位置，标定的圆心要与转盘的圆心重合，以保证转盘旋转的过程中，标定物和放在标定中心的藏品不会偏离中心），藏品的大小不同，选择标定物的型号也不同，按被摄展藏品大小，选择 25cm 或 40cm 直径的标定物。藏品由专业人员水平放置于转盘中心，并保证整个拍摄过程展藏品安全
拍摄距离	建议距藏品的距离大于三脚架的高度
拍摄灯光	分别在柔光箱左侧、右侧和上方放置摄影灯，并调整灯光参数以达到最佳拍摄效果
拍摄温度	现场安置温度检测设备，在安全范围允许的情况下开展工作
拍摄湿度	现场安置湿度检测设备，在安全范围允许的情况下开展工作

（三）拍摄环境

拍摄环境的搭建应遵守以下标准，确保文物在安全范围内。

（四）拍摄流程

（1）拍摄前的准备：做好对拍摄对象的地理、天气、环境、交通，以及是否允许试用三脚架、闪光灯等前期准备的记录；检查相机、镜头、色卡、三脚架、清洁工具、快装组件和全景云台等装备是否完好；确认无误后，请库管员摆放藏品。

（2）遵照以下参数，设置相机拍摄模式。

拍摄模式

事项	内容
相机拍摄模式	手动模式（M 档）
图片格式	JPEG+RAW
白平衡	自动
对焦模式	单次 AF
光圈	f=5.6
感光度	iso=100

（3）设置曝光值（试用矩阵测光或平均测光、包围曝光模式、快门速度和感光度）：包围曝光模式（±3 档）。

（4）拍摄过程。

（5）拍摄后的检查：检查曝光值、清晰度，以及是否有漏拍等情况。确认无误后，请库管员收回藏品。

（6）储存和备份：异机保存两份，并用1000G以上的移动硬盘保存；在拍摄完毕后第一时间备份原始拍摄素材；备份的文件名称为时间＋地点＋场景名＋图像原始名，填写拍摄工作表格及存储表格。

拍摄过程

拍摄步骤	拍摄内容
第一步	将相机安装在三脚架上并固定，三脚架与藏品平行摆放，距藏品距离大于三脚架的高度，再次检查设备是否安全
第二步	调整相机位置，将镜头中心与藏品中心置于一条中心线上，由专业人员在保证藏品安全的情况下转动转台（根据标定物的刻度从0°开始转动，每10°转一次，共计转动36次），每转动一次拍摄一张照片，水平方向共计拍摄36张照片
第三步	调整相机位置，将镜头中心与藏品底部中心置于一条中心线上，调整相机上仰45°，由专业人员在保证藏品安全的情况下转动转台（根据标定物的刻度从0°开始转动，每10°转一次，共计转动36次），每转动一次拍摄一张照片，此方向共计拍摄36张照片
第四步	调整相机位置，将镜头中心与藏品顶部置于一条中心线上，调整相机下俯45°，由专业人员在保证藏品安全的情况下转动转台（根据标定物的刻度从0°开始转动，每10°转一次，共计转动36次），每转动一次拍摄一张照片，此方向共计拍摄36张照片
备注	完整的物体360°全景由36×3=108张照片组成

（五）采集标准

（1）360°环拍文件的格式：由36张JPG图片组成的swf文件。

（2）360°环拍文件的尺寸：单张图片不低于1500万像素。

（3）360°环拍文件的文件大小：swf文件在10M以内。

三、文物3D模型建立

（一）拍摄对象

陶瓷、石器、铁器、木质等材质的馆藏文物。

（二）设备与器材

1. 基于多图像的三维文物模型构建方法

（1）可控云台：通过控制系统可以控制云台转动以及移动的方向。

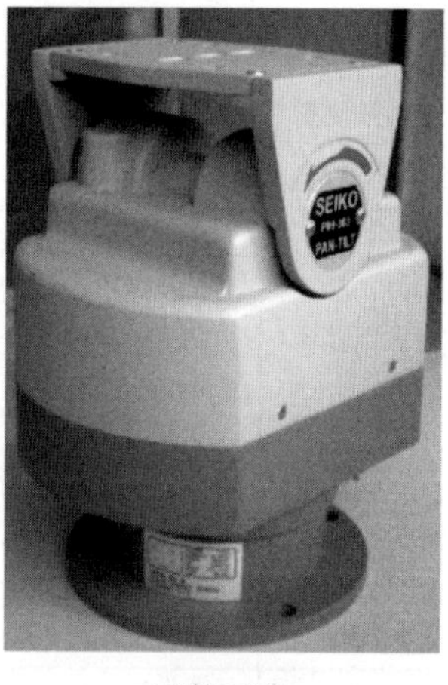

可控云台

（2）相机：全画幅数码单反相机（建议设备：Canon/

佳能 5D Mark Ⅲ)。

(3)控制系统：控制云台转动。

(4)镜头：标准镜头(50mm 标准镜头、100mm 微距镜头、200mm 长焦镜头)。

(5)相机云台：节点云台(Nodal Ninja 4)，球形阻尼云台。

(6)三脚架：全部展开高度不低于 160cm(BENRO 百诺 C474TH10 碳纤维)。

(7)色卡：专业校色卡(x-rite 爱色丽 Color Checker/Digital SG140 色数码色卡)。

(8)摄影灯：标准光源，D65 光源，色温 6500K，功率 18W。

2. 基于激光扫描的三维馆藏文物的建模方法

(1)可控云台：通过控制系统可以控制云台转动以及移动的方向。

(2)相机：全画幅数码单反相机(建议设备：Canon/ 佳能 5D Mark Ⅲ)。

(3)控制系统：控制云台转动。

(4)镜头：标准镜头(50mm 标准镜头、100mm 微距镜头、200mm 长焦镜头)。

(5)相机云台：节点云台(Nodal Ninja 4)，球形阻尼云台。

(6)三脚架：全部展开高度不低于 160cm(BENRO 百诺 C474TH10 碳纤维)。

3D 激光扫描设备

(7)色卡：专业校色卡(x-rite 爱色丽 Color Checker/Digital SG140 色数码色卡)。

(8)摄影灯：标准光源，D65 光源，色温 6500K，功率 18W。

(9)三维扫描仪：能够达到扫描精度为微米级别的三维扫描仪，参考型号：JWSCAN-200。

(三)拍摄环境

拍摄环境

事项	内容
拍摄地点	选取符合文物展藏品拍摄的场地
采用柔光箱	选择边长、宽、高大于 1m 的桌子，根据藏品的体积选择合适的柔光箱，并放置在桌子中心
采用转台	根据藏品底部直径大小，选择合适的手动转台，并放置于柔光箱内部，居中水平放置，将带有刻度的标定物放置于转盘上方(标定物放置的位置，标定的圆心要与转盘的圆心重合，以保证转盘旋转的过程中，标定物和放在标定中心的藏品不会偏离中心)，藏品的大小不同，选择标定物的型号也不同，按藏品大小，选择 25cm 或 40cm 直径的标定物，藏品由专业人员水平放置于转盘中心，并保证整个拍摄过程藏品安全
拍摄距离	将立体轨道和藏品水平摆放，距离藏品不小于被摄物体的宽度(安全距离)
拍摄灯光	分别在柔光箱左侧、右侧和上方放置摄影灯(安全范围内)，并调整灯光参数达到最佳拍摄效果
拍摄温度	现场安置温度检测设备，在安全范围允许的情况下开展工作
拍摄湿度	现场安置湿度检测设备，在安全范围允许的情况下开展工作

（四）拍摄流程

1. 基于多图像的三维建模方法

（1）拍摄前的准备：做好对拍摄对象的地理、天气、环境、交通，以及是否允许试用三脚架、闪光灯等前期准备的记录；检查相机、镜头、色卡、三脚架、清洁工具、快装组件和全景云台等装备是否完好；确认无误后，请库管员摆放藏品。

（2）遵照以下参数，设置相机拍摄模式。

拍摄模式

事项	内容
相机拍摄模式	手动模式（M 档）
图片格式	JPEG+RAW
白平衡	自动
对焦模式	单次 AF
光圈	f=5.6
感光度	iso=100

（3）设置曝光值（试用矩阵测光或平均测光、包围曝光模式、快门速度和感光度）：包围曝光模式（ ± 3 档）。

（4）拍摄过程。

拍摄过程

拍摄步骤	拍摄内容
第一步	将相机安装在三脚架上并固定，三脚架与藏品平行摆放，距藏品距离大于三脚架的高度
第二步	调整相机位置，将镜头中心与藏品中心置于一条中心线上，由博物馆藏品管理员在保证藏品安全的情况下转动转台（根据标定物的刻度从 0° 开始转动，每 10°转一次，共计转动 36 次），每转动一次拍摄一张照片，水平方向共计拍摄 36 张照片
第三步	调整相机位置，将镜头中心与藏品底部中心置于一条中心线上，调整相机上仰 45°，由专业人员在保证藏品安全的情况下转动转台（根据标定物的刻度从 0°开始转动，每 10°转一次，共计转动 36 次），每转动一次拍摄一张照片，此方向共计拍摄 36 张照片
第四步	调整相机位置，将镜头中心与藏品顶部置于一条中心线上，调整相机下俯 45°，由专业人员在保证藏品安全的情况下转动转台（根据标定物的刻度从 0°开始转动，每 10°转一次，共计转动 36 次），每转动一次拍摄一张照片，此方向共计拍摄 36 张照片；调整相机的角度，在另外一个角度拍摄 36 张，直至将物体的所有角度拍摄完整
备注	完整物体 360°的多图像由 36 × 5=180 张照片组成

（5）拍摄后的检查：检查曝光值、清晰度，以及是否有漏拍等情况。确认无误后，请库管员收回藏品。

（6）基于多图像的三维重建计算：根据这些照片计算出完整的三维数字化模型，生成具有纹理的点云数据，然后根据点云数据构成三角网格模型。

（7）储存和备份：异机保存两份，并用1000G以上的移动硬盘保存；在拍摄完毕后第一时间备份原始拍摄素材；备份的文件名称为时间+地点+场景名+图像原始名，填写拍摄工作表格及存储表格。

2. 基于激光的三维建模方法

（1）采用激光扫描仪根据采集流程，将馆藏文物的几何数据进行扫描，得到馆藏文物的几何数据及带有灰度的纹理数据。

（2）几何数据和拍摄的纹理数据配准：根据几何上的灰度信息和拍摄的纹理数据进行高精度的配准，形成配准后的三维数字化模型。

（3）储存和备份：异机保存两份，并用1000G以上的移动硬盘保存；在拍摄完毕后第一时间备份原始拍摄素材；备份的文件名称为时间+地点+场景名+图像原始名，填写拍摄工作表格及存储表格。

（五）采集标准

（1）三维数据的文件格式：OBJ或者3DS。

（2）三维数据的文件精度：文物展藏品几何精度到0.1mm级。

（3）三维数据的文件大小：遗址场景三维模型的文件大小为100M至30G（包含几何和纹理）；馆藏文物的三维模型文件大小为20M至1G。

四、博物馆环境360°全景拍摄

（一）拍摄对象

博物馆展厅内部、外部环境。

（二）设备与器材

一体化全景摄像头

（1）相机：全画幅数码单反相机（建议设备：Canon/佳能5D Mark Ⅲ）或一体化全景摄像设备。

（2）镜头：鱼眼镜头（建议15mm鱼眼镜头）。

（3）云台：节点云台（Nodal Ninja 4），球形阻尼云台。

（4）三脚架：全部展开高度不低于160cm（BENR0百诺C474TH10碳纤维）。

（5）色卡：专业校色卡（x-rite爱色丽Color Checker/Digital

SG140 色数码色卡）。

（6）摄影灯：标准光源，D65 光源，色温 6500K，功率 18W。

（三）拍摄环境

清空拍摄现场与文物展览无关的器物，调整光源到适宜拍摄的亮度。

（四）拍摄流程

（1）拍摄前的准备：做好对拍摄对象的环境、照明等前期准备的记录；检查相机、镜头、色卡、三脚架、清洁工具、快装组件和全景云台等装备是否完好。

（2）遵照以下参数，设置相机拍摄模式。

拍摄模式

事项	内容
相机拍摄模式	手动模式（M 档）
图片格式	JPEG+RAW
白平衡	自动
对焦模式	单次 AF
光圈	f=8
感光度	iso=100

（3）设置曝光值（试用矩阵测光或平均测光、包围曝光模式、快门速度和感光度）：包围曝光模式（±3 档）。

（4）拍摄过程。

拍摄过程

拍摄步骤	拍摄内容
第一步	规划展厅内的拍摄线路，并在展厅内做好记录，供后续拍摄执行
第二步	支稳三脚架，对准镜头节点，根据预先规划好的路线选取拍摄的理想位置
第三步	单反相机：水平一圈 360°，分别以 60°、120°、180°、240°、300°、0°转动相机，水平拍摄 6 张照片 一体化全景摄像头：一次成像
第四步	相机上仰 90° 拍摄一张照片，相机下俯 90°拍摄一张照片
备注	完整的球形全景由 8 张照片组成（水平 6 张，天空和地面各 1 张）

（5）如采用一体化拍摄设备，预先与博物馆方沟通，在展厅内规划出拍摄线路和拍摄机位，利用一体化采集设备在规划好的线路、机位上迅速采集展厅信息。

（6）拍摄后的检查：检查曝光值、清晰度及是否有漏拍，检查补天图四周是否有足够的细节和纹理，有太阳的那张图是否有耀斑、光晕等情况。

（7）储存和备份：异机保存两份，并用1000G以上的移动硬盘上保存；在拍摄完毕后第一时间备份原始拍摄素材；备份的文件名称为时间＋地点＋场景名＋图像原始名。

（五）采集标准

（1）全景图片的格式：TIFF格式（高位彩色图像格式）。

（2）全景图片的尺寸：8000×4000（长边不低于8000像素的2∶1图片）。

（3）全景图片的大小：不低于5M（JPG格式），不低于20M（TIFF格式）。

五、大遗址环境360°全景拍摄

（一）拍摄对象

遗址遗迹、考古现场等室外环境。

（二）设备与器材

（1）相机：全画幅数码单反相机（松下GH4）。

（2）镜头：鱼眼镜头，标准镜头（适马12—24mm镜头，蔡司21mm镜头）。

（3）云台：节点云台（Nodal Ninja 4），球形阻尼云台。

（4）三脚架：全部展开高度不低于160cm（BENR0百诺C474TH10碳纤维）。

（5）色卡：专业校色卡（x-rite爱色丽Color Checker/Digital SG140色数码色卡）。

（6）摄影灯：标准光源，D65光源，色温6500K，功率18W。

（7）搭载平台：适宜负载拍摄设备的手推车或背包式设备。

（三）拍摄环境

在文物遗址保护范围内，选择光照充足的晴天进行拍摄。

（四）拍摄流程

（1）拍摄前的准备：检查相机、镜头、色卡、三脚架、清洁工具、快装组件和全景云台等装备是否完好。

（2）遵照以下参数，设置相机拍摄模式。

拍摄模式

事项	内容
相机拍摄模式	手动模式（M 档）
图片格式	JPEG+RAW
白平衡	自动
对焦模式	单次 AF
光圈	f=8
感光度	iso=100

（3）设置曝光值（试用矩阵测光或平均测光、包围曝光模式、快门速度和感光度）：包围曝光模式（±3 档）。

（4）拍摄过程。

拍摄过程

拍摄步骤	拍摄内容
第一步	规划遗址的拍摄线路并做好记录，供后续拍摄执行
第二步	选取合适的拍摄机位，将三脚架支稳，对准镜头节点，根据预先规划好的路线选取拍摄的理想位置
第三步	水平一圈 360°，分别以 60°、120°、180°、240°、300°、0° 转动相机，水平拍摄 6 张照片
第四步	相机上仰 90°拍摄一张照片，相机下俯 90°拍摄一张照片
备注	完整的球形全景由 8 张照片组成（水平 6 张，天空和地面各 1 张）

（5）拍摄后的检查：检查曝光值、清晰度，以及是否有漏拍，补天图四周是否有足够的细节和纹理，有太阳的那张图是否有耀斑、光晕等情况。

（6）储存和备份：异机保存两份，并用 1000G 以上的移动硬盘保存；在拍摄完毕后第一时间备份原始拍摄素材；备份的文件名称为时间 + 地点 + 场景名 + 图像原始名，填写拍摄工作表格及存储表格。

（五）采集标准

（1）全景图片的格式：TIFF 格式（高位彩色图像格式）。

（2）全景图片的尺寸：8000×4000（长边不低于 8000 像素的 2∶1 图片）。

（3）全景图片的大小：不低于 5M（JPG 格式），不低于 20M（TIFF 格式）。

博物馆行业营销形式及策略分析思考

（2016）

一、博物馆网络营销概述及策略

国内外一些大型博物馆已经逐步开始从事网络营销，有的通过建立自己的网络商店进行销售，靠自身的力量对网店进行宣传和推广，吸引网民关注，联系物流单位进行配送，采用汇款等相对传统的资金流转方式实现商品结算；而更多的是借助成熟的电子商务平台建立自己的店铺，利用商务平台的影响力吸引网民关注，使用统一的第三方支付形式进行交易，物流配送、售后服务也由平台进行监督，以确保资金和货物的安全。博物馆网络营销是对传统营销的重要补充，主要优势体现在两个方面。

1. 销售成本更低

由网站提供的规范的交易平台主要有三种模式，以阿里巴巴网站为代表的B2B（business to business，供应商对需求商）；以当当网、卓越网、美国亚马逊网上商店为代表的B2C（business to customer，供应商对客户）；以淘宝网、eBay为代表的C2C（customer to customer，客户对客户）等。这些网站经过多年的发展，已经形成了一定的规模，具有“高流量、多渠道、大利润、易发布、低风险、货运畅、支持全”的特点，跟传统的营销相比节省了实体店的租赁费用、销售人员聘用费用、营销差旅费用、多次物流费用等，大大降低了成本，提高了营销效率。

2. 受众范围更广

互联网使用者都是网络营销的潜在客户，网络消除了空间、时间、消费习惯等市场障碍，形成一个真正意义上的社区消费环境。一些外地观众由于在博物馆参观时错过了选购的机会，或是购买的物品受到其他人关注需要再次进行购买，或是在网络随意浏览时看中某种商品，而不能亲自到博物馆商店时，网上营销就为他们提供了购买甚至多次购买的可能性。博物馆通过网络营销，将文化衍生产品的销售范围扩大至世界各地。

近年来，包括苏州博物馆在内的江苏博物馆在对国内外经验的学习基础上，开始进行网络营销的尝试，并且积累了有益的经验。2005年底，苏州博物馆建立了自己的官方网站和论坛；2010年初，苏州博物馆在豆瓣网建立了“苏州博物馆”小站；2011

年初，苏州博物馆手机短信平台开通。网站、论坛、手机网络平台的建立和完善，为苏州博物馆培养了忠实的志愿者、会员和网络用户，这些都成为博物馆网络营销的潜在客户。2011 年，苏州博物馆通过对客户需求进行调查和分析，在淘宝网建立了苏博淘宝网店，开始网络营销的尝试，此举在江苏尚属领先。网店销售的前期工作主要是设计网店页面、申请支付宝账号、联系物流公司、招聘专职营销人员，熟悉整个交易流程。淘宝网的交易流程一般为：客户了解商家产品——客户咨询商家——客户下订单——客户付款给支付宝（第三方账户）——商家联系物流、发货——客户收货后确认付款（从支付宝付款到卖家账号）——客户进行售后评价，商家进行售后服务。目前，苏博淘宝网店主要销售博物馆自主开发的商品，这些商品根据博物馆的馆藏特色和建筑特色而设计，主要包括图录、徽章、笔袋、布包、书签、明信片、装饰画等 55 大类、176 小类产品，形成了独特的品牌特色，深受客户喜爱。由于客户范围变广、流通速度加快，网络营销已成为实体店面营销的重要补充部分。除了苏州博物馆，江苏其他博物馆也在网络营销方面进行探索和尝试，如镇江博物馆 2010 年完成“镇江博物馆网上商店”的课件制作工作。博物馆的网络营销将文化产品本身所赋予的文化广泛传播，让更多的人了解博物馆文化和历史背景，也间接培养了买家参观博物馆的兴趣，从而基本达到了文化事业和文化产业协调发展、互相促进的初衷。

通过对多家博物馆网络营销情况进行分析和对比，目前博物馆网络营销还存在一定的困难和问题，主要体现在服务意识不强、宣传渠道单一、专业人员缺乏等方面。为促使博物馆网络营销能规范、有序、健康发展，有以下方面值得关注。

（1）争取博物馆网络营销的政策支持。江苏省委、省政府对文化产业发展高度重视，提出到 2012 年，江苏省文化产业增加值占全省生产总值的 5% 以上，成为国民经济支柱产业的目标。为支持文化产业发展，江苏省政府设立了文化产业引导资金，从每年安排 1 亿元提高到 2 亿元。江苏省委、省政府提出设立初始规模约 20 亿元的省级文化产业发展基金，通过贷款贴息、补助、投资参股、有偿使用等形式支持文化产业的发展。这些都为包括博物馆网络营销在内的文化产业发展提供了更大的政策平台和经济支持。国家文物局在“十二五”规划中，也提出要联合社会资源，培育博物馆文化产品研发的基地和示范项目，创造具有区域特色、在国内外有影响力的创意品牌，增强博物馆文化产品在文化产业和消费体系中的竞争力。因而，博物馆的网络营销作为文化产业发展的新模式，也应争取地方政府的政策支持，在项目、资金、专业人员等方面加大支持力度，推进文化产业更好更快发展。

（2）领会博物馆网络营销的实质意义。网络营销并不是单纯在互联网上开设网店或者简单地把博物馆商店搬到网络中，而是一项综合、系统的工作。网店销售产品的主要特性、设计理念等需要有充分的文字、图片资料，有些还需要准备声像资料向消费者介绍使用、搭配、保养等知识；网店的客服人员要对产品要有充分的了解，善于理解客户的需求，耐心解答客户的疑问，还要及时调整网页上的商品信息和布局，并将客户的意见反馈给产品设计人员，客服人员的在线时间应该围绕网络用户确定；物流选择应稳定、可靠，防止产品在运输过程中出现意外。每一笔交易的每一个步骤都需要仔细、耐心、专业，才能保证交易成功，从而建立网店的信誉，促进网络营销工作的良性发展。

（3）树立博物馆网络营销的品牌意识。网店是博物馆展示形象和实力的窗口，市场观念和品牌意识是网络营销成功的关键环节。博物馆网络营销人员多为博物馆工作人员，市场服务意识不强，不能做到二十四小时全天在线，网民无法在业余时间及时与客服人员进行交流，网络本身不受时间限制的优势无法体现，间接削弱了网民的积极性，也直接影响了网络营销的销售业绩。博物馆的网络营销还要有品牌意识，设计与实体博物馆风格相统一、协调的网页，使用统一体系的商标，建立统一的形象识别系统，制作精美的产品介绍图片及其他音视频资料，网店整体应能体现博物馆的独特内涵，具有自身的文化气息。作为新兴事物，博物馆网络营销正在探索之中，与之相应的专业人员极度匮乏，包括品牌推介人员、产品开发人员、网页设计人员、网络营销人员在内的专业人员也将成为今后博物馆文化产业营销的重点培养人才。

（4）扩大博物馆网络营销的宣传力度。博物馆大多借助平面媒体进行展览、活动的宣传，网络营销的渠道也应该做进一步的宣传。成熟的电子商务平台有成千上万的商家，博物馆网店往往采取消极等待客户的做法，很少会在交易平台的首页、相关的网站上做一些广告和互动式的交流，这些都导致博物馆网络营销的社会知晓度不足。如何吸引网络用户，使博物馆的网店在海量的网络店铺中脱颖而出，宣传是必不可少的手段。可以利用网络优势，在博物馆的官方网站和论坛、网络上知名的互动论坛、电子交易平台上进行推广，还可以利用馆内免费发放的导览图、介绍手册等宣传材料，印上网上商店的网址，或者在商店里印制名片无偿提供给观众进行推广，使网上商店与实体商店产生合力。

（5）文化产业的发展是实现博物馆社会效益和经济效益的重要途径。当前，文化产业处于良好的发展态势，由于网络的开放性、平等性等特点，博物馆的规模、级别不再是文化产业发展中的决定性力量，中小型博物馆也有能力将自己的商品与服务通过互联网快速推向全球，并形成自己网上营销的特色，使文化产业的发展充满活力。随着信息技术的发展、电子商务环境的规范，网络营销必将成为博物馆文化产业发展的新模式。

二、博物馆微博营销概述及策略

博物馆微博营销是指以微博为渠道，把每一个粉丝（听众）都当成潜在营销对象，通过微博的更新及与网民的互动交流，向网民传播博物馆信息、历史文化知识，以达到聚拢公众、树立博物馆形象、让公众走进博物馆，最终达到知识传播的目的。

如今国内大部分的博物馆都有自己的官方微博，每个博物馆的微博都各具特色，但普遍面临一些问题，一是小众传播，二是话题少且不聚众。因此，探索博物馆微博营销策略，不仅能加大博物馆微博营销的力度，提高粉丝对博物馆微博的关注度，更能加强博物馆利用新媒体进行知识传播的效果。在此，本人结合首都博物馆微博管理实践，谈谈个人对博物馆微博营销策略的粗浅认识。

（一）高度注重价值传递

纵观中国国家博物馆、故宫博物院、首都博物馆的微博，虽然有诸如："故宫藏珍""城市记忆""微博看展"等各式微博栏目，但总结起来无外乎都是一些文物介绍、展览介绍、各类活动介绍、特色文化宣传、微活动、博物馆新闻和业内动态。我们发现文物介绍、特色文化、展览介绍是网民追捧的微博话题。

高度注重核心价值传递是博物馆微博营销的重要策略。我们应做好以下两个方面的工作。

一是高度注重文化遗产的展示：博物馆是征集、典藏、陈列和研究代表自然和人类文化遗产实物的场所，内容丰富且各具特色的文化遗产构成了每个博物馆不同的特质。网民们最关注的是该博物馆所珍藏或展出的特色文化遗产，通过关注微博来获取相关知识和信息。故宫博物院微博"晒家底儿"，每条"评论 + 转发"人次平均超过百余次之上；中国国家博物馆微博的国之重器、首都博物馆微博的馆藏精品，每条"评论 + 转发"人次，也都在各栏目中名列前茅。

二是高度注重特色文化的展示：特色文化是博物馆赖以生存的又一重要支柱，也是粉丝关注的又一个焦点内容，更是粉丝对博物馆进行关注的重要原因。首都博物馆微博中的"城市记忆""老北京三百六十行"；故宫博物院微博中的"文化专题""紫禁美景"都是粉丝热衷的微博栏目。每个博物馆都应深度挖掘自身文化特质，开展自身特色文化展示宣传，这是博物馆微博营销的又一关键策略。

（二）科学规律安排发布

"新浪企业微博"在对 40 个行业的 120 家微博进行了 2 个月的跟踪研究后发现：对于企业微博，每天发布 5—10 条信息，在一小时内不要连发数条微博，效果最好。另外，要抓住高峰发帖时间及时进行微博更新。高峰时间是：工作日午餐时分（11—12 点）、下班前后（17 点），微博营销价值最大；周末午饭后（13 点）、晚饭前后（17—20 点）及夜晚 23 点之后，微博用户的互动行为更加积极，微博可以获得较多的粉丝反馈。其次，对于教育类微博，加强利用周三、周四的高反馈时间段，积极组织互动性微活动，也会起到良好的效果。

（三）善于回复粉丝评论

要积极查看博物馆微博并认真回复粉丝的评论，如果博物馆想获取更多评论，就要用积极的态度对待评论，及时回复评论是对粉丝们的尊重。

由于博物馆微博 24 小时处于开放状态，网民随时可能提出各种各样的评论，有些评论可能会很尖锐，而这些尖锐评论恰恰又是众多网民所关注的，简单回避不能解决问题，反而可能因在网友之间不断传播而造成更大的负面影响，引发更多网民的猜疑。因此，除了积极回复粉丝的评论外，还要善于回复粉丝的评论，相应的办法有：①建立微博问题快速反应机制，当博物馆微博出现尖锐评论时，迅速启动快速反应机制，通过请示领导、专家，快速为回复评论准备相应的资料，并及时予以回复；②微博管理员应牢记以下基本回复要点：当出现带有政治性、不同业务观点以及与博物馆无关的评论时，可不直接回应；当出现与博物馆有关且直接关系到博物馆形象的不良评论时，可以先回应“收到”，然后选择适当的时机，以适当的口径陈述观点，做到不卑不亢、有理有据。

（四）积极互动寻找热点

微博的魅力在于互动，互动是使微博持续发展、扩大铁杆粉丝群体的关键。

“活动内容 + 奖品 + 关注（转发 / 评论）”的模式一直是博物馆微博组织互动活动的主要方式，但实质上认真回复留言，用心感受粉丝思想，才能真正换取情感的认同，实现扩大铁杆粉丝群体的目的。2012 年 4 月 16—20 日，首都博物馆在微博上发起了“晒北京古迹遗址”照片的互动活动，短短几天，活动聚拢了上万粉丝的关注，贴图总数达数千张，微博营销的作用彰显无遗。

寻找热点也是博物馆微博很重要的营销策略之一，2012 年，为迎接 5.18 国际博物馆日的到来，湖南省博物馆、湖北省博物馆、山西博物院、首都博物馆、中国国家博物馆联合发起了“博物馆联盟”的微博互动活动，得到了数万粉丝的围观、转发。

三、博物馆体验式营销概述及策略

博物馆的问题由来已久，引起了学者和管理者的反思，寻求管理方式的转变，比较突出的是营销理念的引入。这一转变是伴随着事业单位的改革而进行的，事业单位一直属全民所有，非营利性质。但在市场经济下，事业单位弊病重重，改革的方向之一就是引入企业经营模式，改变以往只重研究而不重观众的做法，以“消费者”即参观者为中心，开发文化产业，发掘博物馆的潜力，实现经济效益和社会效益的双赢。

回顾营销理论的发展历程，我们可以发现，涉及文化的价值观念、社会思想、社会关系等因素在营销中的影响比重越来越大。学者们开始认识到，顾客需求的满足不纯粹是企业与顾客需求的单一关系，它还受到政治、舆论、环保、制度等社会因素的制约和影响。解决顾客需求必然同处理、解决相关的社会问题密切相关。市场营销的目标已突破了经济利益最大化的追求，将终极目的定位于“为组织与其环境之间的联系架起桥梁，使组织摆脱官僚惯性，对环境变化和顾客需求及时作出反映，确保组织目标与战略的实现”。社会营销突破了营销的传统领域，并逐渐转向包括博物馆在内的非营利机构，因为这些机构与政治、文化等社会因素存在着互动关系，营销市场有必要去开发其中的价值。

另外，随着经济的高速增长，人们在满足了基本生活需求后，必然有更高一级的文化生活的消费追求，这种消费突出消费者个性、情感性、感觉个性，为博物馆等文化机构提出了新的要求和挑战。越来越多的博物馆认识到，博物馆发展的真正和持久动力来自公众的支持，而公众对博物馆的需求已经不再局限于某次特定展览或活动的期待和参与，而是一种综合了博物馆物理和人文环境的文化体验，参观者希望在博物馆参观中得到更有参与感的经历。因此，让参观者真正“体验”博物馆，是博物馆营销的重头戏。体验式营销是站在消费者的感官、情感、思考、行动、关联五个方面，重新定义和设计营销的思考方式。这种思考方式突破了传统上“理性消费者”的假设，认为消费者消费时是理性和感性兼具的，消费者在消费前、消费时、消费后的体验，才是研究消费者行为与企业品牌经营的关键。体验式营销随着服务行业的兴起而发展，注重消费者的个性需求。营销者以体验为向导设计，制造和销售产品，在营销过程中，营销人员不再孤立地去思考一个产品，而要通过各种手段和途径来创造一种综合的效应以增加消费体验。消费者在使用产品时，不仅仅只是在发现它的实用价值，更在于通过使用体验一种环境和氛围。在对营销的思考方式上，通过综合各个方面来考虑扩展其外延，并在较广泛的社会文化背景中提升其内涵，而这一切都有赖于对体验过程的设计，良好的情景模拟可以使消费者产生深刻的内心响应，从而忠实于产品，从消费中获得享受。博物馆作为文化传播的服务机构，符合体验式营销的主体要求。博物馆在我国一直被定性为非营利性的事业单位，未曾受到市场竞争的真正风险影响，而单一保护型的所有制体制带来了落后的管理观念和恶劣的服务态度，这一直为参观者所诟病。

如今，所有制的单一性已有所松动，部分民间资本开始尝试入驻博物馆，而随着这些活跃的资本进入，竞争意识日渐加强，使博物馆管理理念的改革成为可能，企业化的营销逐渐兴起。另一方面，体验需要有一个“主题”，体验式营销是从一个主题出发，并且所有服务都围绕这主题，或者其至少应设有一个“主题道具”。而现在博物馆一般都是以主题形式组织展览的，大型高层次的博物馆内一般都分布有多个展览厅，这些展览厅即是以主题而设立，而且一般也会不定期地举行一些主题性的展览。博物馆有着先天性的产品质量优势，博物馆的物品基本为文物，它们具有高价值、唯一性、垄断性、可以反复使用的优点，不像其他产品受使用期限的限制，使博物馆在产品环节上节约了大量成本。但高质量的产品如何推销出去并赢得参观者的认同？比较常见的方式是通过博物馆及媒体宣传，以“馆藏珍品”“镇馆之宝”等“震撼”的字眼吸引参观者。

但在传统的展览模式下，经过几次视觉印象后，参观者审美疲劳，一成不变的形式使观众兴趣递减，产品的价值无法再次实现。而在体验式营销下，宣传手段只是前期准备工作，参观者感受到的不仅仅是视觉或者听觉上的机械反应，他们将转为主动式的体验，体验是复杂的，又是多种多样的，可以分成不同的形式，且都有自己所固有而又独特的结构和过程。这些体验形式是经由特定的体验媒介所创造出来的，而体验媒介又是与产品的特征和消费者的文化需求相吻合的，这主要通过与主题的内容和形式相配套，但主题与体验媒介应当是适时变化的，使参观者对展览充满期待和新鲜感。学者们对博物馆的营销提出了许多具体而有益的构思，包括从内部管理机制的构建到外部宣传营销方式的运作，从产品资源的开发到品牌价值的经营，从阶段性的营销策略到整体性营销体系的建立。而在这些营销体系中，产品及参观者始终处于核心地位，正如消费者是企业营销的主体对象，消费者的感受决定着产品的销售，进而决定企业的生存。不言而喻，参观者的体验结果和回应决定着博物馆经营的成败，体验式营销就是其中一支催化剂，因而，体验式营销在博物馆营销体系中的地位非常重要。

四、博物馆服务营销概述及策略

（一）博物馆服务营销的兴起

20 世纪末到 21 世纪初的 10 余年间，博物馆注重服务的趋势愈演愈烈。为了争取观众，在政府支持下，各大博物馆与美术馆竞相投入巨资改善博物馆的服务环境，加强或增加服务项目，借以转型为文化休闲中心。例如德国、西班牙、意大利与英国的博物馆着力营建更体贴的休闲设施，更宽敞的公共空间，更时髦的餐厅和商店，更现代的展示场地与更精彩的展览活动。欧洲有些以文化休闲旅游为主要体验的博物馆，在博物馆附设小酒吧，并有现场音乐表演，甚至根据观众需要，把展馆开放时间延长到晚上 10 点。

这一趋势反映了对博物馆原有运营方式的改变，是博物馆适应大多数观众将博物馆作为文化休闲设施的需求。根据对观众参观行为的跟踪调查，人们发现“有四分之三的人不到 20 分钟参观完一个展厅……却花费大量时间逛博物馆礼品店，在博物馆餐厅就餐，在馆内休息，这种现象非常典型”。观众大都感受过博物馆疲劳症的干扰：必须站立很长时间并不停地走路，很少有休息区，很少有生动的讲解，有太多而不是太少的感官刺激，以至于看不过来，很容易产生审美或求知疲劳。博物馆服务品质远低于参观者的心理需求，与大多数观众所追求的文化休闲目的背道而驰。这是大多数人不去博物馆参观的主要原因之一。

这一趋势产生的另一个主要原因是随着旅游业日益繁荣，博物馆成为人们旅游的主要目的地，国外大型博物馆所面对的大多数观众都是旅游观众。我国大型博物馆旅游观众所占比例如下：上海科技馆为50%（历年上海科技馆观众调查统计结果），陕西历史博物馆为58.7%，河南博物院为74.7%，故宫博物院为87.7%。旅游观众的特点决定了观众对于博物馆的服务产品和服务设施关注较多。

第三个原因是博物馆观众数量不断增加的趋势的需要。经济发展和博物馆发展的同步性已经在先进国家得到证实，大型博物馆的兴建计划已经成为许多西方国家政治上的重大决策之一，从而我们坚信，博物馆的参观人数还会不断增加。目前，我国正处于博物馆大发展时期，今后10到20年内，中国经济社会发展已经具备的基础和进一步发展的潜力，将为博物馆事业提供最大人口规模的市场、最快速增长的需求、最集中的建设高潮。然而，我国博物馆服务理念却远没有跟上博物馆快速增长的速度，缺乏完善的服务项目和服务意识。博物馆如何为社会服务、如何满足观众的需求、如何形成系统的服务营销体系，已经成为博物馆经营最为重要的课题之一。

（二）博物馆服务营销的实质

服务营销是企业在充分认识消费者需求的前提下，在营销过程中为满足消费者所采取的一系列活动。随着社会的进步，人民生活水平的提高，消费者需要的不仅仅是一个产品。根据马斯洛的需求层次理论：人最高层次的需求是“尊重需求”和“自我实现需求”。博物馆服务营销就是面向观众，提供围绕博物馆展览所开展的满足特定或个性化需求的一系列有形或无形的活动，让观众感觉被尊重，感觉完成自我实现，这种感觉是培养博物馆忠诚观众群的基础。

参观博物馆不是一个单一的行为，参观者在博物馆的体验并不局限于观看展览。博物馆体验的历程范围很广，包括获取展览信息，离家、到达博物馆、排队购票、在入口处受到的欢迎，参观过程受到的服务，休息、就餐、观看表演，乃至购物和回家，等等。博物馆不可能控制一次参观活动的方方面面，但可以将自身责任看得更宽泛，将博物馆体验的相关历程与展览内容一同包括进来。

博物馆针对以上方面，形成一系列服务产品，以满足参观者的需求为目的，以超越观众心理期望的、超越常规的全方位服务为载体，这就是博物馆的服务营销。服务产品是围绕展览展开的，但也有其相对独立性，有独立的营销目的、考评指数，与展览具有同等的营销地位，这是博物馆服务营销的实质。

（三）博物馆服务产品分类及营销策略

在博物馆服务营销体系中，有四类博物馆服务产品，共同服务于收藏、展览等博物馆的核心功能。这四类服务产品有各自不同的服务营销策略。

博物馆服务产品分类及营销策略表

服务产品类型	主要内容	营销策略
实体服务类型	博物馆环境本身，即内外部的建筑和设施	服务有形化 服务包装化
基础服务类型	满足博物馆运营的基础服务，如接待、导览、餐饮、购物等	服务标准化
技术服务类型	博物馆教育活动产品：讲解、科学实验辅导、讲座、表演和社会事件等	服务技能化 服务角色化
扩展服务类型	具有扩展性质的博物馆外延产品，博物馆网站、杂志、通信、会员等	服务网络化 服务倾斜化

传统博物馆的经营，假使没有后三类博物馆服务产品，只要有建筑、藏品、展示这些硬件设施，不管每年能有多少观众来参观，博物馆都是基本可以存在的，但是博物馆发展的趋势已经不容这么怠慢观众的馆继续存续了。随着博物馆建设数量的增加，文化市场日益呈现一种全方位、立体化的竞争。根据营销理论，客户满意度的实现方式随着买方市场或卖方市场的变化而不同。在卖方市场条件下，博物馆的竞争优势主要体现在标本、藏品、展览、电影等核心产品的质量和更新率上。当博物馆市场竞争进入买方市场时，博物馆核心产品逐渐出现均质化，此时，服务就成为制胜法宝。在商业领域，买方市场时有一个定律，再次光临的顾客可以为公司带来25%～80%的利润，而吸引观众再来的因素首先是服务，其次是商品本身，最后才是价格。企业在顾客流失的原因调查中发现，顾客选择离去的原因有68%是因为员工没有礼貌所造成的，因产品不满意而离开的只有16%。博物馆的重复参观率同样是衡量一个博物馆成功与否的重要标准。

我国大多数博物馆，始终把观众量作为一个追求的目标，但是，却很少把博物馆定位为买方市场的竞争者，没有把服务提到一个足够的高度去重视和实施。博物馆的展览等核心产品依然很重要，但是，服务质量更需要被重视。科技馆和科学中心是相似性远大于个性的博物馆类型，特别需要通过服务使各馆做得与众不同，科技馆之间的竞争与其说是展览的竞争，不如说是服务的竞争。可以说，目前我国的博物馆界，尤其是科技馆界应该进入服务营销的时代了。

1. 实体服务产品及其营销策略

实体服务产品指博物馆内外建筑环境本身，是“硬件”服务环境。实体服务产品往往采取有形化、包装化的营销策略。

（1）服务有形化，主要针对博物馆的建筑本身。博物馆实体服务产品营销，首要注重的是建筑的品牌识别特性。建筑是博物馆出现在人们眼前的第一个产品。一个让人一眼难忘的建筑，会成为该博物馆从此深入观众心灵的首要原因，因而，博物馆建筑始终是世界知名设计师展现才华的焦点，那些知名大馆无一不是该地著名的建筑地标。

服务营销强调博物馆的地理位置具有便利性。是否位于市中心？是否有公共交通直接抵达？是否有方便的停车场？博物馆服务的起点是观众出行的方便。然而，不是所有的博物馆建筑都得天独厚。假使博物馆的地理位置不理想，就要根据各馆的实际情况完善服务，采取适当方式弥补这一缺憾。例如，给予观众获取交通图的便利、开设公交运营的专线（迪士尼经常采取的方式）、免费停车补贴。国外许多城市采取DM行销方式，在机场、火车站、著名景点等地方，针对旅游观众放置博物馆宣传集锦小册子，任观众选取，针对本地观众采取邮寄的方式，在小册子中详细介绍城市里各类博物馆的情况，把博物馆建筑、交通方式告知目标观众。这些措施都属于服务有形化范畴。

我国博物馆数量近年来增长很快，但是，对于博物馆的宣传却没有相应跟上。服务有形化对于在当今娱乐和旅游时代争夺公众的闲暇时间，使博物馆进入大众节假日活动安排的选择地点具有重要意义。

（2）服务包装化，是指博物馆内部环境的改善，是服务品质提升最显性的部分。近年来，国外各大博物馆把博物馆建筑内环境按照服务导向进行规划，展厅面积占博物馆使用面积的比例逐渐减少，公共空间座椅的设置增加，以尽量减少产生参观疲劳的可能。色彩丰富、环境轻松、高雅明快，可以表达博物馆休闲的环境风格，传播博物馆严谨仔细的服务态度。

博物馆服务环境营销就是让观众有一个舒适宜人的参观和休闲学习环境，有利于展览信息的有效传播。筹建中的上海科技馆自然博物分馆设计了一个“1868咖啡馆”，是服务包装化的典型案例。1868年，法国人建立了中国第一个博物馆——徐家汇博物院。咖啡馆环境装饰仿照博物馆最初的方式，墙壁上悬挂着兽角标本，仿古的展柜内放置着密集的自然物标本，古老泛黄的标签和说明文字，令观众仿佛穿越140余年，回到“徐家汇旧天主堂”的偏殿里。在这里，观众以一种轻松写意的心情来欣赏标本和图书，那独有的经历，将成为观众永远回忆的时刻。

服务营销的第一战，往往针对着博物馆实体服务产品展开。

2. 基础服务产品及其营销策略

接待、导览、卫生、餐饮、购物等满足博物馆运营的基础性服务，是博物馆的

“软性”服务环境，属于高接触性服务产品，无论对第一次来博物馆的观众，还是博物馆的常客，均会产生深刻影响。2011 年，中国国家博物馆西区开放，每天都吸引大批游客前来参观，也引来了“挑刺”的网友。一则名为“国家博物馆 N 宗‘最’”的帖子在网上流传，细数“国博”服务之败笔，有硬件服务的问题，更多的是博物馆软件服务的欠缺。这一热帖对“国博”造成的负面影响不可估量。

基础服务产品具有标准化的特点，是唯一可以进行标准化管理的。依据博物馆制定接待、导览、餐饮、安全、卫生、购物等标准和规范，进行全面的质量监控，使服务活动及其质量的偏差被控制在尽可能小的范围之内。博物馆标识是否醒目，卫生间的设计密度是否合理，参观线路是否有明确指示，休息服务区设置是否能够满足需要，等等。上海科技馆在卫生方面是按照五星级旅游景点的标准制定的，即使是在人流高峰时期，也能够始终保持展厅、公共空间和卫生间的五星级卫生水平。有位从国外来的观众说：“在国内看了很多博物馆，上海科技馆的卫生间最令人满意，没有异味。”这就是服务营销的体现，一个良好的口碑就是一个活广告。确保观众的基本需求能得到满足，保持良好的参观情绪，不会因为这些非主体的服务欠缺而使博物馆的主体服务质量受到影响，甚至前功尽弃。

3. 技术服务产品及其营销策略

技术服务产品包括博物馆的各种教育活动，如讲解、科学实验辅导、讲座、表演和社会热点事件等。同样属于高接触服务项目，但其强调的是技术和技巧，是博物馆特有的服务产品，是使博物馆骨肉丰满、形象立体、深入人心的核心服务产品。

在博物馆硬件设施无法及时改进的情况下，技术性服务是提升和保持博物馆口碑的最有效方式。德国曼海姆科技馆展示 18 世纪德国工业化生产时期的科学技术，该馆规模小、主题受限、设备陈旧，主要依靠讲解、科学表演、博物馆俱乐部等教育活动吸引观众。一个主题区讲解 1 个多小时，讲解内容透彻，与观众有较多的互动，讲解员都是曾经在工厂里工作过的工人，在当地非常受欢迎。依靠多样的教育服务产品，该馆每年 20 万人的观众量，在仅仅有 30 多万人口的曼海姆市，真是创造了一个奇迹。

博物馆技术服务产品属于能够让观众产生超越心理期望、超越博物馆总产品价值的感觉。普通观众参观博物馆多是抱着浏览展厅展品的目的，若有热情、贴心的讲解和其他教育活动，则往往超出了观众的期望值。这是博物馆产品的附加值，根据产品营销理论，附加值越大，顾客满意度越高，品牌价值越大，营销效果越好。博物馆值得花费更多的资源来完善其技术服务，使博物馆实体更加丰满。

（1）服务技能化，讲解和表演等技术性服务是与观众的高互动性服务，根据观众类别的不同，员工在服务中表现出应变性、灵活性和创造性。员工必须要了解服务对象的不同特点，不同年龄、文化、地域等背景对于服务的需求也是不同的。

这就要求员工在服务技艺、技术、知识、文化乃至信息等方面有较高的造诣。此类技术性服务对于喜欢钻研技巧、技术的员工有内在吸引力且能为其带来成就感，选择合适的人员进入该类服务岗位方能促进服务营销。

（2）服务角色化，角色化是技术服务的另一个特色，要求服务人员在与观众互动中必须按照活动所设计的仪表、语言和行为举止等要求进入角色，进入忘我的境地。索尼探梦馆的科学表演属于行内翘楚。该馆日常的科学表演和“索尼探梦科普万里行”在国内各馆的巡演都让观众大开眼界。各位演员都是从普通讲解员中产生，服务技巧和角色扮演水平都很高，这成为该馆的知名品牌，在观众群和业内均有相当声誉。其实每一个馆都能够培养自己的演出团队，就看博物馆的经营者是否重视，是否具有这样的服务营销意识。

4. 扩展服务产品及其营销策略

扩展服务产品包括博物馆网站、会员、教师团队等。该服务发生在博物馆建筑之外，通过网络和传统媒体伸出触角，让更多人与博物馆发生联系。

博物馆产品和服务总是照顾大多数观众的兴趣和爱好，而真正的博物馆忠实观众群，是博物馆的重度使用者，仅占总观众的20%。他们对于博物馆的期盼和需求，有别于普通观众：“经常参观的一类人最看重三个因素是：获得学习的机会、获得新体验、做些有价值有意义的事。”博物馆扩展类服务产品的服务对象就是博物馆的忠实观众，因为他们需要更多的信息，需要与博物馆有更紧密的联系。

此外，扩展性服务产品营销还应针对的重要人群有：学校的教师群体、旅游业相关人员、政府相关人员和媒体记者等。

（1）扩展服务网络化，网络服务是博物馆无形服务的有形化。多次多地博物馆观众调查显示，观众的受教育程度与参观博物馆的次数成正比，网络也是高学历者获取博物馆信息的重要途径。建立一个丰富而有深度的博物馆网站，是服务博物馆忠实观众群的重要举措。

伦敦自然科学史博物馆网站始建于1994年，是英国第一家网上的博物馆。与许多在线博物馆不同，它借助于网站在资料检索、双向交互方面的优势，推出“都市树木调查计划”“海藻调查计划”，召集全国民众参与调查，将他们在住家附近或在国内旅行时观察到的种类、数量和生态状况记录下来，上传给博物馆研究人员，由研究人员进行资料整理和分析。

该类项目把博物馆核心观众群紧紧吸引过来。同时，发挥观众的作用，可以说是博物馆网络扩展服务的升级版。

（2）扩展服务倾斜化，博物馆服务资源有限，无法面向各个群体，向重要观众群体倾斜是必然的。根据各馆不同，重要观众群体可以是：赞助商、政府机构、新闻机构、教师群体、会员、相关旅游从业者等，他们需要博物馆提供许多额外的服务。定期举行赞助商、政府部门、记者、教师、相关旅游从业者的招待会、介绍会、年终酒会、培训会等，及时提供博物馆展览和教育活动的最新资料、参观优惠、购物优惠，这些服务项目付出有限，却效果显著，是商业企业营销的重要手段，也是国外博物馆惯常使用的营销服务手段。

上海科技馆有着非常庞大的华东区域旅游营销网络，定期对该网络里的相关旅游从业人员进行来馆培训，及时发放展览和活动信息资料，服务好这个群体，确实对营销起到事半功倍的效果。志愿者是上海科技馆一个独特的群体，建馆 10 年来，上海各大高校输送了 20 万的志愿者，他们来自全国各地，上海科技馆给他们留下什么印象，他们就将把 20 万份印象带到全国各地。服务好这个群体，其口碑宣传所起的作用不可估量。

五、博物馆文化产品营销概述及策略

文化营销系一组合概念，简单地说，就是利用文化力进行营销，是指企业营销人员及相关人员在企业核心价值观念的影响下所形成的营销理念，以及所塑造出的营销形象，此二者在具体的市场运作过程中所形成的一种营销模式。

企业卖的是什么？麦当劳卖的仅是面包加火腿吗，答案是否定的，它卖的是快捷时尚个性化的饮食文化（QSCV 形象）。柯达公司卖的仅是照相机吗？不是，它卖的是让人们留住永恒的纪念。中秋节吃月饼吃的是什么，我们难道只吃的是它的味道吗？不是，我们吃的是中华民族传统文化的团圆喜庆。端午节吃的是粽子吗？不是，端午节我们是在感受历史文化。过生日吃的是蛋糕吗？也不是，吃的是人生的希望与价值。喝百事可乐喝的是它所蕴含的阳光、活力、青春与健康；喝康师傅冰红茶喝的是它的激情、酷劲与时尚。

总之，通过以上例子我们看到，在产品的深处包含着一种隐性的东西——文化。同样，博物馆向消费者推销的不仅仅是表面的产品，产品在满足消费者物质需求的同时还满足消费者精神上的需求，给消费者以文化上的享受，满足他们高品位的消费。这就要求博物馆转变营销方式进行文化营销。

物质资源是会枯竭的，唯有文化才能生生不息。文化是土壤，产品是种子，营销好比是在土壤里播种、耕耘，培育出品牌这棵幼苗。可口可乐只是一种特制饮料，和其他汽水饮料也没有太大的差别，但它之所以能够成为全球知名品牌，并有一百多年历史，是因为它与美国的文化有紧密的联系，可口可乐的每一次营销活动无不体现着美国文化，是其品牌成为美国文化的象征，因此，喝起它常常会有一种感受美国文化的感觉。

文化营销是指把博物馆作为文化的载体，通过市场交换进入消费者的意识，它在一定程度上反映了消费者对物质和精神追求的各种文化要素。文化营销既包括浅层次的构思、设计、造型、装潢、包装、商标、广告、款式，又包含对营销活动的价值评判、审美评价和道德评价。

博物馆文化产品营销包括两层含义：①博物馆需借助于或适应于不同特色的环境文化开展营销活动；②文化因素需渗透到市场营销组合中，综合运用文化因素，制定出有文化特色的市场营销组合。

唐墓实景数字复原保护思考
——从陕西历史博物馆馆藏唐墓壁画来源展开
（2016）

陕西历史博物馆位于西安大雁塔的西北侧，筹建于 1983 年，1991 年 6 月 20 日落成开放，是中国第一座大型现代化国家级博物馆，它的建成标志着中国博物馆事业迈入了新的发展里程。这座馆舍为“中央殿堂、四隅崇楼”的唐风建筑群，主次井然有序，高低错落有致，气势雄浑庄重，融民族传统、地方特色和时代精神于一体。馆区占地 65000 平方米。建筑面积 55600 平方米，文物库区面积 8000 平方米，展厅面积 11000 平方米。馆藏文物多达 370000 余件，上起远古人类初始阶段使用的简单石器，下至 1840 年前社会生活中的各类器物，时间跨度长达一百多万年。

该馆收藏的唐墓壁画数量为 554 幅，面积约 1200 平方米（一级品 108 幅，二级品 74 幅，三级品 170 幅，一般壁画 202 幅）。其中 473 幅揭取自 21 座信息相对明确的墓葬，其余 81 幅无法确定出处。这些唐墓壁画不仅数量多、级别高，而且形成完整的序列，是研究唐代历史、艺术及社会生活等极其珍贵的资料。

陕西历来重视唐墓壁画保护修复工作，从 1953 年配合基本建设从咸阳底张湾揭取张去奢墓、薛氏墓等唐代贵族墓群壁画开始，陕西成为我国最早掌握对古代墓葬壁画采取揭取迁移，异地保护技术的省份。随后的 50 多年，在墓葬壁画的揭取保护、复原修复、加固处理等方面基本处于全国领先地位。随着 1961 年乾陵陪葬墓永泰公主墓的发掘，1972 年章怀太子墓、懿德太子墓等大型墓葬的发掘，出土了大量精美的壁画珍品，国家文物局组织国内一批文物保护专家在陕西开展墓葬壁画揭取、加固、复原修复方面的技术研讨、方法试验及人员培训，所形成的揭取方法及环氧树脂 + 木龙骨支撑体结构后来成为我国墓葬壁画揭取修复的方法，并得到推广。

20 世纪 70 年代，不仅对懿德太子墓、章怀太子墓、房陵公主墓、李寿墓等出土的大量壁画进行了很好的修复加固，而且在原陕西省博物馆专门修建了壁画楼，使得这一珍贵文化遗产得以妥善保存。

自 1991 年陕西历史博物馆开馆伊始，专门设计了由中央空调控制的恒温恒湿的唐墓壁画珍品库，并设计了集陈列与收藏于一体的在当时领先的轨道式储藏柜，为壁画有限度对外开放和保存创造了良好的环境，取得了良好的效果。并在 2011 年，与意大利政府合作完成了唐代壁画珍品馆工程，集展示与保护于一体，实现了文物珍品与观众见面的文物保护新模式。同时，文保人员不断总结以往唐墓壁画揭取保护的经验，开展新的馆藏环境下的壁画保护研究，承担省级及国家级的有关陕西唐墓壁画保护研究课题，开展与意大利、日本、美国等国家相关博物馆专家的合作，推动了唐墓壁画保护修复研究水平的提高。

但展示的手段为橱窗式，观众不能在各个墓道身临其境的体验，由于馆藏壁画是多年的藏品沉淀，发掘报告信息也不是很全，以及壁画在墓道和墓室中的位置也成为一个待研究课题，这给墓室壁画研究者和壁画的欣赏带来很多遗憾。为了再现当时墓道和墓室的原貌，我们使用科技手段“复原”其原型。

预定目标为如下：①利用现存文物遗址现场的图片、文字、视频等资料，通过合理推想，进行虚拟建模，使用 VTK（Visualization toolkit）软件系统，通过对二维图片采集参考点，参考已有类似的遗址现场，重构再现虚拟场景；②需要回填或者部分被破坏的文物遗址，使用三维激光扫描仪或者数字摄影，结合 3D 建模工具，再现场景。

具体方法为：建立墓道和墓室空间数据库，实现文物遗址模拟还原工作的信息化，对采集的数据进行处理、存储和管理；三维激光扫描能高速度、高精度、非接触式、安全地获取文物遗址复杂面的三维数据信息；三维激光扫描技术获取三维点云数据，经过后期数据处理后得到三维激光建模的数据，通过标准接口格式转换给软件直接使用。

运用 VR 技术进行实景还原、壁画贴图，使场景再现。

陕西历史博物馆网络安全工作责任制实施办法

（2017）

为了响应中共中央办公厅印发的《党委（党组）网络安全工作责任制实施办法》的通知要求，加强陕西历史博物馆计算机网络、软件系统的安全维护运营管理，确保网络数据库安全、稳定地运行发展，特制定本管理规定。

一、适用范围

本单位内部所有计算机网络系统的运行维护和管理均适用本制度。

二、网络管理制度

（一）安全管理制度

（1）自觉遵守国家有关保密法规，不得利用国际联网泄露国家秘密。

（2）涉密文件、资料、数据严禁上网流传、处理、储存；与涉密文件、资料、数据和涉密科研课题相关的微机严禁联网运行。

未经网络管理员批准，任何人不得改变网络拓扑结构，网络设备布置，服务器、路由器配置和网络参数。

（3）任何人不得进入未经许可的计算机系统更改系统信息和用户数据。

（4）单位内部任何人不得利用计算机技术侵占用户合法利益，不得制作、复制和传播妨害单位稳定的有关信息。

（5）各部门定期对本部门的计算机系统和相关业务数据进行备份，以备发生故障时进行恢复。

（二）账号管理制度

（1）网络管理员对用户账号执行管理，并对用户账号及数据的安全和保密负责。

（2）网络管理员必须严守职业道德和职业纪律，不得将任何用户的密码、账号等保密信息、个人隐私等资料泄露出去。

（三）病毒的防治管理制度

（1）任何人不得在单位的局域网上制造和传播任何计算机病毒，不得故意引入病毒。

（2）网络管理员应及时升级病毒数据库，并提示各部门对杀毒软件进行在线升级。

（四）OA 管理制度

（1）系统网络管理员每日定时对机房内的网站服务器、数据库服务器、OA 服务器、图片服务器、视频服务器进行日常巡视。

（2）对于系统和网络出现的异常现象，系统管理员应及时组织相关人员进行分析，制定处理方案，采取积极措施，并如实记录异常现象。针对当时没有解决的问题或重要的问题，应将问题描述、分析原因、处理方案、处理结果、预防措施等内容进行记录。

（3）每月对相关服务器数据进行备份。

（4）每月维护 OA 服务器，及时组织清理邮箱，保证服务器有充足空间，OA 系统能正常运行。

本规章陆续更新中，自颁布之日起生效。

博物馆 IP 逐渐成为文化领域的热点思考

——答《光明日报》记者采访

（2018）

1. 问：近年来我们可以看到博物馆 IP 逐渐成为文化领域的热点，比如博物馆文创产品的热卖，影视节目《国家宝藏》等引起广泛关注，博物馆成为春节旅游的热门去处等，可以说博物馆文物逐渐走进了大众生活。那么就您所观察到和了解到的，博物馆文化热还有哪些表现呢？有没有具体的例子能说明的呢？像陕西历史博物馆今年春节的游客数据是什么样的情况呢？

答：博物馆 IP 逐渐成为文化领域的热点，是多年文化积淀，以及通过国家战略的指引而促成的。对于博物馆 IP 热，未来将会以一种更为亲民的形式展示出来。比如西安市雁塔区与陕西历史博物馆合作的数字博物馆进社区，将成为博物馆文化热的又一个展示方面。高铁的快速发展，促成了成都来西安参观的人数剧增，家长带孩子较多的特点，由于与西安举办的“西安年最中国”，也引领了人们追逐传统文化的热潮。对于我馆的参观人数问题，由于我们基本陈列展关闭，每日限定参观人数，春节人数达 64329 人次。

2. 问：目前对于博物馆 IP 资源的开发除了上一个问题中提到的博物馆与文创、与影视、与旅游的结合，还有哪些方式呢？您知道哪些做得比较好的例子呢？

答：藏品的设计版权授权成为博物馆与社会团体合作的新趋势。博物馆与 BAT 的结合遍地开花。比如陕西历史博物馆与腾讯的战略合作；秦始皇帝陵博物院与百度公司开展的战略合作；国博牵手阿里鱼，要成为 IP 界“最懂历史”的玩家，与阿里鱼（阿里巴巴旗下 IP 交易平台）以及天猫达成合作，陆续将藏品的设计版权授权于多个天猫商家等。

3. 问：您认为出现博物馆 IP 引领文化热点的现象有哪些原因呢？或者说背后有哪些推动力？

答：泛娱乐时代下，IP 爆款成了比黄金还要稀缺的产品，现象级产品的横空出世不仅引发强大的经济效益，更带来了巨大的流量，从线上线下拓宽了博物馆理念的接受度和藏品的知名度。随着竞争的激烈，博物馆 IP 在进行简单的授权后，必将进一步推动这个社会文化热潮，因为博物馆人已经把博物馆热潮提高到民族自豪感的层次来进行思考和运行了。这是在党中央引导提高文化自信的前提下，不断进行的文化深层次向国际化渗透的具体体现。

4. 问：您认为博物馆文化火热的现象有哪些意义呢？比如对于满足人们的文化生活需求，提升文化自信，繁荣民族文化等有哪些具体的促进作用呢？

答：博物馆文化既是人类社会财富，又是人类历史进程。所谓社会财富，是指人类认识世界和改造世界所创造的物质财富和非物质财富的总和，其中包括历史遗留的物质文化和非物质文化；所谓历史进程，是指人类在认识世界和改造世界的过程中，不断地改造自己的主观世界，使自己的素质不断提高的文明化过程。

博物馆文化火热的现象是社会文化的重要组成部分，它将进一步推进人类文化发展的进程，标志着人类文化的发展逐步走向成熟。在欧美发达国家博物馆为代表的博物馆文化取得突飞猛进的发展当下，我们中国博物馆通过IP逐渐成为文化领域的热点，使博物馆和博物馆文化成为社会和民族文化建设中不可缺少的重要部分。伴随着社会和民族文化的快速发展，努力提升中华民族文化自信，繁荣民族文化得以迅速发展和提高，必将在人类民族之林谱写中国篇章。

5. 问：目前博物馆IP资源的开发是否存在一些问题呢？可以做哪些方面的努力来解决这些问题呢？您觉得今后博物馆运营和IP开发还有哪些前景？

答：作为在全国具有较高盛誉的陕西历史博物馆来说，在做文化IP资源开发方面面临着许多挑战。第一，陕西历史博物馆的研究者和管理者对于博物馆IP推介方向有待研究。第二，对待藏品的文化价值，哪些要有所为，哪些又有所不为。第三，近年来博物馆IP与商业化运作合作较为频繁，这是否会局限博物馆IP的发展和推进。

对于今后博物馆运营和IP开发还有哪些前景需要改变，我觉得在免费展览的同时，博物馆也要掌握赚钱的能力，做到取之于民用之于民，我认为，通过良性的自我运营，为人民带来更多的文化精神食粮，通过互联网+博物馆，互联网思维和大数据应用博物馆的运行决策，将成为博物馆向智慧博物馆发展的大方向。

陕西历史博物馆信息化建设及其他思考

（2019）

一、基本情况

1. 人员现状

正式员工 15 人、临聘人员 17 人。正高 1 名，无副高，中职 7 人。

2. 经费情况

65 万运营经费，78 万汉唐网维护经费。

项目经费不定。三维 600 万，数字博物馆 120 万，博物馆自动化 60 万，装修 200 万。

办公区域：6 楼、2 楼。2、3 楼阅览室。陕西历史博物馆西地下数字展馆。

3. 工作内容如下

（1）文物局工作承担文物局官网和汉唐信息网、微信、微博、数字博物馆、陕西文物之声网络电台、移动博物馆、全省讲解系统、普查数据库、不可移动文物数据库、革命文物数据库、政府数据库、管理数据库、博物馆专业数据库的运营及维护。

（2）我馆工作内容网站、微博维护；照相摄像采集、LED 大屏（展厅多媒体没有交付，陈列部在维护），西地下数字展馆，OA 及数字资产管理系统、网络及系统维护，机房维护（保管部的温湿度、文物修复、后勤的资产管理系统、全馆网络配置等）。

图书采编借阅、文物数据库。

二、存在的问题

（一）信息资料部的问题清单

（1）网络安全成为工作重点之一。软件正版化已经成立领导小组，还要成立网络安全领导小组、正版化管理中心、网络安全维护中心、数据应用中心、数据分析提供中心。

4 月 28 日，参加全国公安机关网络安全执法检查工作电视电话会议，会议主要部署了 2019 年网络安全检查工作，学习了《2019 年陕西省公安机关网络安全执法检查工作实施方案》。

5 月 7 日，参加省委网信办组织的全省网评队伍指挥管理培训班，省委网信办主任鲍永能做了开班动员并对今年的网评工作做了部署，聘请中央网信办、各大央媒及国防大学的网络资深评论人员，从理论、实践及思想战略上对网评工作的开展进行讲授；5 月 22 日，参加省委网信办举办的 2019 年网络安全检查工作培训会议，会议对今年的网络安全检查工作做了部署，并从管理及技术的角度对网络安全的防控做了介绍。

5 月底，我们编写了《陕西省文物局文博数据管理规定》，文物数据安全将成为陕西文物数据中心今后的主要工作之一，而开展这项工作急缺高素质的网络安全人员。

希望馆里把网络安全提到政治高度给予重视，配备网络安全专职人员，因为网络安全牵扯到硬件环境安全和网络内容安全。

（2）统一多媒体管理，对宣传、微信、微博、网站进行统一管理，加强文物数据、业务数据、观众数据和管理数据的统一管理，为数据采集、数据资料查阅、数据分析和数据决策提供依据。

（3）人员待遇较低，造成聘用科技人员难。信息资料部主要负责全省文物信息化管理，开展文物信息化研究和技术推广应用工作；负责全馆科技新技术（IT）的引入，方案制定、系统开发和管理；负责全馆数字资产收集、采集和管理；负责我馆图书购买、编目、入库、上架及开放借阅等工作。以上工作实施都牵扯到聘用人员。目前信息资料部人员正式职工 15 人，聘用人员 17 人。

但聘用人员的工资待遇较低，造成两种情况：一是聘不到合适的人才，二是人员不稳定，不断有人员流失现象。

（4）信息中心工作责任执行时不够明确。信息资料部其实有着比较明确的工作责任。但执行起来，并没有做到专业部门做自己分内的事。往往馆里的临时性和随意性决策使得信息化建设工作不能归口管理。不是凡信息化的项目就必须由信息资料部来做，而是凡牵扯各部门的信息化建设项目必须由信息资料部统一数据规范和统一项目标准，在数据建设上把关、通用、共享。

智慧博物馆需要业务数据、管理数据、观众数据、行业内数据、行业外数据、政府数据等，这些必须有一个部门统一管理。部门定位明确，但执行不力，这与不按规定执行有关，有如下几点：① OA 及数字资产管理系统应用不力；② 票务系统；③ 宣教展览讲解、微信等；④ 科研平台；⑤ 文物修复平台（文物局责令文保院做了全省文物修复项目）；⑥ 保卫处安保项目；⑦ 后勤财产管理系统。

以上 1—6 项为各部门各自为政的项目，没有由信息资料部参与或统筹规划。博物馆信息化必须由信息资料部这个部门统一规划，并协同其他部门统一实施，才能将数据以一个标准统一管理，为智慧博物馆的规划做准备。

（二）全馆的问题清单

（1）项目申报技巧有待提高。

（2）全馆业务规划有进一步提升的空间。

（3）全馆各个层面获奖不少，但基础业务工作薄弱。

（4）全馆专业人才培训和复合型人才引进要有长期规划。

（5）资金支付力度总是进度不畅。

（6）数据安全和管理要由专门部门监管。

三、剖析问题根源及整改措施

（一）信息资料部总体职责

（1）负责全馆数字化、信息化发展规划，年度计划以及分阶段实施方案。

（2）负责我馆有关数字化、信息化建设工作和统一管理。

（3）负责 IT 在管理和文博专业领域的实施和推广。

（4）负责现有信息化、数字化、网络化应用方面的维护，对各部门的信息收集和数据进行分析工作。

（5）负责陕西文物数据中心的工作。

（二）具体工作内容

1. 负责全馆数字化、信息化发展规划，年度计划以及分阶段实施方案

（1）全馆数字化、信息化建设由信息中心统一规划。各部门信息化和数字化建设项目要报信息资料中心进行统一管理和实施，避免造成各部门的数字化和信息化的管理无序。

（2）数字化主要体现在文物数字化建设上，比如前期建设的文物数据库；文物信息化主要包括数字化信息的应用和维护，这两方面的工作由信息资料中心联合相关业务部室统一规划。

（3）信息化规划主要包括全馆的管理制度、管理流程和管理内容，由信息资料中心结合现有的 OA 平台联合相关部门统一规划。

2. 负责我馆有关数字化、信息化建设工作和管理工作

（1）文物数字化包括展览文物、保管文物、征集文物，以及壁画的数字化建设、数据存储和维护，就是说文物数字化的数据应交由信息资料中心统一存储和维护。

（2）各部门的信息化、数字化新项目建设，需报信息资料中心进行项目备案，建设完工后，须由信息中心参与验收。

3. 负责 IT 在管理和文博专业领域的实施和推广，对于现有信息化、数字化、网络化应用项目的归口和整合

（1）信息资料中心负责 IT 在我馆管理和业务领域的推广和建设。

（2）对于现有的展览文物、保管文物、征集文物以及壁画的数字化数据，交由信息资料中心统一存储和维护。门禁、观众统计系统、网上订票系统的数据定期交由信息中心统一数据整合、统一管理。前区多媒体展示、电子导览和手机导览、各种电子屏幕、观众电子调查、网站和 OA 系统、图书数字化和电子借阅、数字图书和数字期刊、资料借阅和资料收集、网络维护和电脑维护、现有文物和壁画数字信息的整合和统一管理均由信息资料中心进行维护和升级。

4. 负责各部门的信息收集和数据分析工作

对于管理部门的管理数据来源，主要通过 OA 系统、各部门数据报送和数据搜集，信息资料中心对得到的数据进行分析，不定期上报馆级领导，为工作决策做好数据支撑。

对于业务数据，主要通过业务建设项目和展览、藏品、征集、宣教和科研部门的数据上报和整理，建立相关的业务数据库资料体系，为数据仓库的建设打好数据基础。

5. 负责陕西文物数据中心的工作

（1）文物普查工作。

（2）陕西数字博物馆的建设和管理。

（3）数据库的建设。

（4）文物局新项目的建设。

6. 在上述工作的基础上统一规划全馆智慧系统建设

博物馆其他部门的信息化建设项目必须要在信息资料部统一标准的前提下开展建设工作，这样才能使得信息化系统具有一致性，数据信息才能统一共享、统一分析、统一挖掘、统一决策。

（三）做好数据积累、数据分享、数据利用的数据智慧化管理

现阶段，博物馆的大数据建设成为部门最主要的基础工作。数据的具体来源主要包括以下几个方面：一是博物馆藏品经过长年累月的数据收集和统计，筛选后所得到的基础数据储备；二是由观众在参观时的行为所构成的系统数据；三是社会社交网络广泛应用所产生的未经过处理和筛选的数据；四是与兄弟博物馆相互交流藏品展览所获得的数据；五是博物馆工作人员在日常工作中收集到的数据；六是科研形成的数据；七是宣教形成的大量数据；八是博物馆安防数据；九是政府的指导执行数据等。

只有将这些数据由信息中心统一管理，才能将数据统一化、共享化、平台化、决策化。而不是哪个部门都可以建设、都可以自成一体的数据孤岛化，这样就会阻碍博物馆数据和信息的智慧化发展。这是一个部门分工问题，同时也是一个博物馆的信息化规划问题，更是博物馆未来发展的专业化道路选择问题。

（四）信息化人才队伍建设方面

由于我们常年和省文物局签订了多项工作任务，对人员数量和素质都会有新的要求，在此，我们两条腿走路，一是要高薪招聘高素质的 IT 人才，二是要对现有聘任人员进行加薪。这将成为陕西文物数据中心能否继续发展的主要问题。

（1）陕西省文物数据中心设在我们部门，每年文物局定期定额经费 78 万 +65 万，用于人员经费和维护工作。文物局一直要求我们维护好现有业务工作，提高技术人员待遇。规划聘用人员数量达到 30 人以上。

（2）多年来信息资料部聘用人员流动性太大，致使工作持续性差。培养 1–2 年就跳槽。从 2007 年至今，我们聘用人员有 31 名之多，而工作时间超过 5 年的只有区区 2 人。

（3）信息资料部招聘人员以信息化建设相关专业为主，属于 IT 行业，该行业在社会大环境下，人员工资待遇较高，但目前，他们的工资待遇与我馆其他部门工资看齐，没办法留住人才。

（4）近两年信息资料部有 5 人辞职。

（5）由于没有参考社会上的合理工资，招聘来的人员素质不会很高。截至目前，我们招聘的人员中没有一名一本高校学生。

（6）在编人员大多从事管理工作，聘用人员多为系统维护和系统开发等技术岗位，造成聘用人员技术水平要求相对较高，工资待遇要参考社会 IT 行业用工标准。

希望对我们信息中心在聘用科技人员上，在工资待遇上给予倾斜。希望馆里高度重视信息化建设工作，明确信息资料部责任。

四、对我馆整体发展的意见和建议

（1）设备部长此以来把主要的精力放在了最为重要的设备正常运行上，为近 30 年来我馆供暖、供冷、供气、供电等的正常运转做出了巨大贡献。但由于在设备更新运筹，折旧、报废等规划上没有对应经费支持，造成设备 30 年来无法统一更新。为了摆脱这种被动局面，我们要转换思维模式，积极应对不利因素，比如制冷机的更新，可以走文物环境保护的方式申报项目资金。设备安全不是小事。

（2）全馆长远规划有进一步提升的空间。比如，一，人才队伍要有梯队建设，不可出现人才断档现象。二，每年的经费和项目申报馆党委要在同一规划的基础上，由部门按“规定动作”和“自选动作”进行申报。三，信息中心的数据管理，保管的库房信息化管理系统等要提到文物安全和展览之后第三重要的环节进行统一规划，缘由在于文物是博物馆的重中之重，且信息化将是博物馆未来运营成功的不二选择。四，部门之间合作有待改进，相互支持不够，说明良好的博物馆文化没有形成。五，管理是关键，但业务是出彩。长期以来行政管理统领全局，但薄弱的业务工作没有科学规划性。比如展览的社会全方位参与度建设，文物保护的基础建设，宣教的社会责任体系建设，科研成果在展览宣教中的社会化推广和基础科研定位认知，信息化在行政和专业贴近度建设等方面都极为薄弱。实际上，我馆在很多时候行政执行力度又显得极为乏力，如行政规划力、定位准确率等。六，随着第三次工业革命以信息化技术为核心的发展，决策已由单一的人为经验发展成为经验与大数据分析相聚合的人类发展新业态。大数据业务将成为博物馆行政服务、决策依据和文博专业的核心业务。七，科研兴馆喊了多年，起色不大，主因是业务工作没有提到一个高度来得到认可。而每每的展览获奖，宣传获奖，信息获奖等都是专业部门的重大付出，而相关的业务奖励和人才机制没有很好地体现出来。再者，在长此以往业务基础极度薄弱的前提下，科研兴馆可行吗？科研兴馆的口号无误，但定位不明确，一直无法发挥其在陈列、保管、科学保护、社会教育，以及信息化在业务工作的渗透性。文物的展览加入教育、讲解、科技保护、数字演绎等组合拳，也只是文物单体、族群对观众的呈现，没有科研成果参与其中，就是没有“灵魂”的展现而已。当然，基础科研也要定位范畴进行规划。八，专业方面的基础工作太差，比如保管部的库房信息化管理程度、陈列的业务队伍梯队建设、科研的奖励机制、信息化与博物馆业务工作的贴合度、宣教工作的社会渗透力、壁画办的前端引领作用等。九，就算展览、宣教多年来获了不少奖。分析来看，能获奖的部门大多是“个体”行为，基本不需要部门之间的协作，或者就算有协作也是通过行政命令，时段性的协作一次而已。获奖为我馆挣得了许多荣誉，也确立了我馆在“8+3”博物馆中的地位，但并不能掩盖部门之间的相互制约，缺乏的是真诚协作进取的现实。

我们更希望我馆能按照业务第一，行政辅助的信念进行认知。“长远规划，永续领先。模糊正确，预上新基。”具体是以一级博物馆体系为指导，制定我馆发展新方向和为实目标，统一业务工作长远规划，加强业务工作的基础建设，改变业务工作的不位之位，提升行政工作为专业工作的服务意识，提倡部门之间积极协作，期待形成不为私利的优秀博物馆文化。

（3）自身业务基础工作薄弱，弥补方法待改。比如一级馆的资料申报时，总是数据整理汇集有问题，往往是借助外来公司帮助完成的，这就说明我们的业务基础工作太薄弱。再有，每每都是请公司来帮助我们作自己分内的数据统计工作，并没有起到通过一次工作来锻炼自己队伍的意识。这又进一步说明我们的数字资产工作开展得极为失败。又比如文物在库房、展厅的搬移，那是业务人员零距离接触文物，发现文物是否需要保护和修复的最好途径，但我们也总是在请所谓的专业公司搬移。

总之，我馆在业务工作中有许多需要改进和统一规划之处。减少行政干扰，少些形式管理，实抓业务工作统一规划，强调业务基础工作建设。

（4）对于我馆的专业人才培训和复合型人才引进等问题。人才规划在最低不能出现年龄断档的基础上，通过“青训”来解决，重点要放在自身培训上。当然对于高端人才引入也是必由之路。明确用人目的，广开奖励模式和激励机制。比如临聘人员是干活还是搞管理，具体工作由外包服务公司来做，正式职工和临聘人员又都成了管理者，就成了滑稽的用人制度了。

（5）资金为什么支付力度总是进度不畅。审纪部门的主要工作内容是监督检查。在项目推进方面，纪检人员应该在不违规的情况下，帮助大家想办法快速执行。提高监督意识的同时，加强服务意识的建设。

（6）数据安全和管理要由信息资料部统一监管。

陕西历史博物馆智慧博物馆建设调研报告

（2019）

从理论上讲，博物馆信息化建设是以博物馆各项职能都能够利用互联网及其相关技术为支撑，构成一个以藏品信息数据库为基础、以信息网络为支撑、以业务应用为基础、以观众诉求为核心的信息系统。随着互联网技术的不断发展，运用其强大的传播和互动能力，把博物馆的研究成果与观众进行沟通、互动，已成为博物馆信息化建设的重要发展趋势，也是在目前实体博物馆建设基础上，向智慧化博物馆迈进的必由之路。

一、我对智慧博物馆的理解

实体博物馆解决了“物→人”为主的问题。

数字博物馆实现了“数字—人”的双向信息交互，但“物→数字”的信息传递是单向的。

智慧博物馆使“人—物”“物—物”“人—人”之间的双向信息交互成为可能，同时结合云计算和大数据分析技术应用，将进一步实现对“物”的智能化控制。

智慧博物馆实现后，“数字”不再是核心，而演化成为一种必备工具，“人”重新回归为博物馆的核心。

由此来看，智慧博物馆是以数字博物馆为基础，充分利用物联网、云计算等新技术，构建的以全面透彻的感知、宽带泛在的互联、智能融合的应用为特征的博物馆新形态。

智慧博物馆将是实体博物馆不可或缺的有机组成部分，如同神经系统是人体的有机组成部分一样。数字博物馆负责博物馆各组成要素数据的处理、存贮、分析和表达；而物联网负责博物馆各组成要素的信息采集和控制指令的传输和执行，云计算则负责根据已有的海量数据资源和当前物联网实时采集的数据，对其进行分析决策，并向博物馆各组成部分或要素下达控制指令。

实际上，智慧博物馆是博物馆未来发展的一种历史形态，是一种主观意识，是一种目标信仰。它没有什么特别的，只是把博物馆的主要业务工作及博物馆文化通过互联网思维，更好地传播给观众的一种新形态。说到底，就是打实基础业务工作（展览、保护、教育和科研）是根本，引入互联网思维是前提，更好地为民众服务是目标。

博物馆行业如何进行智慧化建设呢?

(一)主抓博物馆主业

(1)展览。

(2)文物保护和家底信息。

(3)科研基础研究和为博物馆展览教育业务服务研究。

(4)管理科学制度化。

(5)观众需求研究。

(二)互联网思维引入博物馆

在引进新技术的前提下，没有实体博物馆做支撑，没有数字博物馆做基础，没有智能博物馆做基础，没有互联网思维做指导，就不会有未来智慧博物馆的实现。在以上的论述中可以看到，实体博物馆、数字博物馆、智能博物馆和新技术都是物质的，只有互联网思维是意识形态的东西。而没有意识形态做指导，事物就不会有突破和变迁。互联网思维是智慧博物馆实现的魂。什么是互联网思维？其实互联网思维是相对于工业化思维而言的。互联网思维是一种商业民主化的思维，是一种用户至上的思维。对于博物馆来说，就是在做业务工作的基础上，充分研究观众需求的思维形式。

(三)主业和互联网思维通过新技术相结合

将云计算、大数据、物联网、移动互联网、人工智能等技术与博物馆业务场景进行深度融合。

国内博物馆通过多年的信息化建设，有了一定的进展。其建设之路大约可以分为四个阶段。第一阶段是传播层面（实体博物馆数字化层面），也就是我们常说的社会化认可，利用网站、微博、微信和 APP 来展示博物馆的虚拟展览和品牌。第二阶段是渠道层面（数字博物馆展示层面），也就是我们常说的 B2C 电子商务，把渠道从线下搬到线上，通过数字博物馆对博物馆的最新展览进行展示和推介。第三阶段则是数据层面（数字博物馆的数据为王层面），用互联网思维重新架构博物馆的数据体系，收集内部行政管理和业务流程数据，做到数据为王。第四阶段是决策依据层面（智慧博物馆层面），通过云计算等手段，对第三层面形成的大数据进行数据挖掘，为决策层提供决策的数据支撑。真正做到让观众、员工、业务、行政的数据来驱动管理，实现互联网思维下的博物馆管理。

现在大多数博物馆对智慧博物馆的理解还停留在第一阶段和第二阶段，也就是上面说到的传播与渠道。要让整个博物馆实现智慧化，光有这些是不够的，要用互联网思维去改造自己的数据链和决策链，甚至包括博物馆的组织构架和博物馆文化，这才是互联网时代博物馆转型为智慧博物馆的根本要义。

对于现行博物馆实现智慧博物馆的实践，我有几点思考：① 加快数字博物馆的平台建设；② 大数据概念的意识；③ 物联网技术的实践；④ 数据挖掘的尝试；⑤ 博物馆管理必须全面转型价值链。

在现阶段，传统的博物馆行业引入互联网思维，成为其最高境界。核心是用互联网思维去重构博物馆的价值链。

博物馆的互联网思维转变，应该从决策层的互联网思维切换，博物馆文化的互联网思维变革和博物馆业务的互联网思维重构，必将重塑博物馆的价值链。

二、陕西历史博物馆智慧化建设现状

陕西历史博物馆作为中国第一座现代化博物馆，开馆时就设立了计算机中心，负责全馆的信息化建设工作。建馆初期，计算机中心实施了人事管理、工资管理、藏品管理和图书管理这四个系统的建设。特别是近年来，陕西历史博物馆在信息化建设方面，为全馆的业务、管理和信息传播等方面做出了一定的贡献。

2009 年在编写《信息化建设的制度化管理》的基础上，完成了文物“数据库”建设，采集文物数据 10 余万件。2010 年至 2011 年完成全省一般文物数据录入 50 余万件（组）。这是陕西历史博物馆藏品第一次全规模的数据化建设。体现了文物数据库建设的重要性。2012 年推出了陕西数字博物馆建设（www.0110m.com），为业内人员与观众进行交流数据来源和电子化展示观众喜爱度数据来源的主要通道。2013 年推出“陕西历史博物馆 OA 系统”，实现管理数据共享应用，为管理数据采集进行初探。2014 年 7 月 8 日，由中国商业联合会、商务部外贸发展局和陕西省商务厅共同举办的“2014 年陕西电子商务（跨境）交流合作促进大会”上，陕西历史博物馆（陕西数字博物馆商务平台）获得陕西省电子商务示范企业。创建了文创产品与观众的互动数据来源。2014 年推出陕西数字博物馆口袋版正式出版物，是实现观众与博物馆展览衍生品数据书进行互动的新尝试。2016 年推出陕西数字博物馆实体体验馆，是线下观众数据来源的再探索。2017 年推出全国文物行业首创的陕西文物之声网络电台，通过声音传播博物馆文化，这是听众数据来源的新途径。2018 年研发推出陕西数字博物馆移动馆，是走出博物馆、面向更广阔天地展示博物馆文化和新群体人员数据来源的又一新途径。2019 年推出全省博物馆讲解新平台——“讲读博物馆”，它的上线标志着能采集到博物馆观众对展览和文物的更精准的数据来源，以及观众的行为数据。2019 年推出我馆办公自动化流程管理和数字资产管理系统。2019 年推出的机器人观众电子调查系统的应用，进一步拓宽观众意愿数据的采集方式。

以上信息化工作体现了智慧化思路和互联网思维，以及数据建设为主的指导思想。我们知道博物馆的智慧化建设是一个系统工程，同时也是一个规划工程。虽然陕西历史博物馆近年在此方面取得了一定的成绩，但在统一思想认识、引入互联网思维、重视综合管理数据应用等方面还存在着诸多不足。如下。

（1）没有统一的藏品管理系统和相关数据库。文物征集、捐赠渠道少、无专家库。藏品征集与藏品保管、信息资料部的文物数据和图书馆数据、保卫处的安全数据、票务部的观众数据信息没有统一规范。科研处的业务没有业务数据库。志愿者和观众需求没有数据库。文物、人员和管理没有大数据分析系统。没有建立征集线索、捐献来源、鉴定专家数据库。没有统一规范的大数据平台。

（2）基础设施和管理没有形成数据库。设备管理部冷水机组近30年没有更新，风机盘管生锈，空调过滤网需改造设备数据没有形成数据库。楼控、灯控、电梯没有整合到一个大系统，缺失智能联动、智能共享、任务分配、智能决策。

（3）管理数据来源方面，虽然有了办公自动化系统，但是执行不严格，形成的数据不完整。手机客户端移动办公正在开发中。人事管理没有业务管理系统和数据平台。各部门之间的业务往来没有网上管理痕迹留存。

（4）观众信息、志愿者信息、行业人员信息、跨行业人员信息没有建立。观众票务系统和信息资料部统一平台数据不兼容。

（5）安全保卫部的视频复核、巡检等技术目前尚未设置，重大活动人车复杂，目前存在安全隐患。没有建设火灾视频复核，设置火演摄像头。

造成以上问题的原因如下。

（1）业务基础工作不够重视，管理工作没有形成网上数据留痕，观众信息研究不够。造成智慧博物馆需要的数据来源要么没有建立起来，要么数据没有统一规范。

（2）对信息中心工作责任执行时不够明确，信息资料部其实有着比较明确的工作责任，但执行起来，却没有做到自己分内的事。往往馆里的行政命令使得信息化建设工作不能归口管理。不是凡是信息化的项目就必须由信息资料部来做，而是凡牵扯各部门的信息化建设项目必须由信息资料部统一数据规范和统一项目标准，在数据建设上把关通用、共享。

（3）全馆业务规划要进一步提升。文物保管基础建设待加强，展览规划需规范，科研定位是服务，观众教育服务要提升。

（4）互联网思维没有被充分认识。比如观众数据研究不够，势必造成智慧化建设目标的缺失。这也是博物馆行业对于智慧博物馆建设在互联网思维上的缺失引起的。

三、陕西历史博物馆智慧建设规划

（一）规划概述

陕西历史博物馆，中国第一座大型现代化国家级博物馆，被誉为“古都明珠，华夏宝库”。开馆以来，充分发挥文物藏品优势，坚持“有效保护、合理利用、加强管理”的原则，把收藏保管、科学研究和宣传教育功能有机结合，举办了各种形式的陈列展览，形成了基本陈列、专题陈列和临时展览互为补充、交相辉映的陈列体系，从多角度、多侧面向广大观众揭示历史文物的丰富文化内涵，展现华夏民族博大精深的文明成就。同时，以开放的姿态走出国门，将灿烂辉煌的中华文明、光彩夺目的三秦文化呈现给世界各国人民。

“十四五”时期，是全面建设社会主义现代化国家新征程、向第二个百年奋斗目标进军的第一个五年，也是文物事业改革发展的关键时期。十九大报告中明确指出，要加强文物保护利用和文化遗产保护传承。在“互联网+”上升为重要国家战略的背景下，国家文物局启动了“互联网+中华文明”行动计划，坚持保护为主、保用结合，坚持创造性转化和创新性发展，传承中华优秀传统文化，让历史说话，让文物活起来，讲好中国故事，提升中华文化的国际影响力，让宝贵遗产世代传承、焕发新的光彩，用文明力量助推发展进步。

陕西历史博物馆要通过观念创新、技术创新和模式创新，建设智慧博物馆。从管理、保护、研究、服务、展示、传播等多层面统一构建博物馆文化资源数字化保护、展示与管理体系，推进文物等信息资源、内容、产品、渠道、消费全链条设计，不断丰富文化产品和服务，进一步发挥文物在培育弘扬社会主义核心价值观、构建中华优秀传统文化传承体系和公共文化服务体系中的独特作用。以充满生机和活力的崭新面貌，为人类的物质文明和精神文明建设做出更大的贡献。

（二）规划目标

通过充分运用云计算、物联网、移动通信、大数据等新一代信息技术，智能感知、计算、分析博物馆运行相关的人、物、活动和数据信息，实现博物馆征集、保护、传播、研究、管理活动的智能化，提升博物馆服务、保护、管理能力。结合长期信息化建设进程和遵循文博行业的智慧化发展方向，提升陕西历史博物馆管理水平和社会公众服务水平，促进博物馆社会功能和科普教育、文化传承责任的进一步完善。

具体地讲，要实现以下目标。

1. 交互智慧化

博物馆的任务首先是为社会及其发展服务、为公众服务。智慧博物馆开展公众教育基于公众对于和自身相关的事物更为关注、更易产生共鸣的理念搭建智慧化平台。基于虚拟现实、物联网、云计算和大数据技术，通过计算机硬件的配置，在充分尊重历史、尊重真实的前提下，公众体验“穿越”到展品的历史点，以角色扮演等模式融入真实历史的虚拟再现进程中，加强切身认知。实现珍贵文物、标本的建模，满足公众的好奇、求知欲望，在虚拟空间实现让公众切实触摸到想要触碰的文物、标本的效果，或观赏，或把玩，虽然是虚拟设备，但令公众有真实感受。通过建立情感关联，实现公众的情感融入，只有将凝聚着先人智慧结晶的文物与现代人的意识形态共融，博物馆的智慧光芒才会耀眼夺目。

2. 传播智慧化

智慧博物馆拉近了博物馆与公众的距离，她整合了从博物馆认知、信息获取、展览增强到评论分享的流程。传统实体博物馆的陈展空间，通过互联网＋模式，保证公众不受时间、空间、地域的限制。满足公众对博物馆的需求，实现参观的时间延伸、空间拓展、移动终端随时随地保证运行。博物馆承载的是人类文明思维，并保存宝贵的文化遗产。基于互联网思维的博物馆建设，颠覆传统空间位置观念，打破藏品的孤立元素，实现博物馆与博物馆之间的信息沟通和资源共享，重拾文物的关联性。

3. 管理智慧化

利用现代化技术和信息化手段，实现博物馆内部工作，如博物馆运营、人财物管理、保护、研究、安保的智能化，构成博物馆智慧化运行的新形态和新模式。

（三）规划思路

1. 人性化的馆务管理平台

通过统一的事务管理平台将陕西历史博物馆业务进行整合，保证全系统应用操作的一致性和关联性，内部管理的全局性，保证系统的多层次，实现便捷操作、高效管理，实现工作流、管理流、数据流的统一，实现“一处登录，全网漫游”。

2. 专业的自动化运维

以“顶层设计、互通共享、技术创新、深度应用”为原则，按照“云平台＋云节点”的模式建立智慧博物馆云平台，秉承“集约高效、共享开放、安全可靠、按需服务”的原则，实现各类资源根据业务需求动态调度、弹性伸缩的目的，所有信息化资源统一部署、集中管控。

3. 智能的公共服务体验

智慧博物馆有效结合博物馆的传播能力和公众参与能力、教育审美目标，结合信息推送、社交分享、虚拟参观、条码凭证、互动展览、数字导览、电子商务等多种技术手段，通过网站、官微、手机导览、教育项目、免费 Wi-Fi、大众点评、实时观众分析等服务方式，为公众提供更便利、更具参与感的服务和更好的交互体验。

4. 智慧化的业务数据分析

智慧博物馆重视业务数据的分析利用，通过搜集博物馆每一天、每一小时的观众人数、馆内观众的实时方位、博物馆收藏的体量、藏品与展品的比例、博物馆实体空间、常设陈列的传播能级、博物馆的远程传播如网站、微信、APP 和临时展示及活动的传播效应；通过展馆 APP 及 Wi-Fi 信号抓取的客流数据，还可实时了解各展厅的人流实况，并根据预设环境预警阈值自动对出现人流拥挤的状况进行报警，保证观众安全、舒适的参观体验。

5. 全新的文化产业探索

智慧博物馆探索让文物“活起来”的新路径，深入挖掘蕴含在文物之中的丰富文化内涵，运用新兴技术，让文物展示从静态转为动态。让古老文物在新时代焕发新的活力，打造一批文创品牌，推进文物信息资源、内容、产品、渠道、消费全链条设计，探索全新的文化产业模式，推进文化产业升级转型。

（四）规划内容

建设智慧博物馆需建设稳定高性能的基础设施、安全可靠的数据中心、标准规范的信息数据库、集中便捷的综合业务平台，依据健全的信息化建设运行管理体系和网络信息安全保障体系，制定数据采集标准、数据交换标准。建议在夯实业务工作，打通数据关联和观众需求的基础上，制定陕西历史博物馆智慧化建设的五个部分：综合布线系统设计规划、数据中心机房设计规划、业务平台设计规划、标准运维体系设计规划、信息安全体系规划。

1. 综合布线系统设计规划

综合布线系统作为“信息高速公路”的重要组成部分，必须满足本项目信息的链入传输需要，并结合智慧博物馆功能，充分考虑未来“物联网、大数据、云计算”的发展趋势。

采用合理的“星型”或“网状”结构，将工作区子系统、水平布线子系统、垂直干线子系统、设备间子系统、管理区子系统等有机结合，并严格遵循 GB 50311—2016《综合布线系统工程设计规范》。

2. 数据中心机房设计规划

数据中心机房通过智能化、虚拟化、资源整合、能源管理等新技术的应用，提供安全、稳定的物理环境保障，从而实现对数据信息的集中、存储、传输、交换、管理等关键业务的支撑。

数据中心机房设计规划将结合陕西历史博物馆整体业务拓展需求的同时，严格遵循 GB 50174—2017《数据中心设计规范》，对机房整体选址、机房供配电、机房空调送风、机房环境 / 动力监测、机房气体消防报警等关键子系统建设提出合理化规划。

3. 业务平台设计规划

以智慧博物馆大数据中心建设为核心，构建“1 中心 +4 平台”智慧博物馆大数据框架。其中“1 中心”是以博物馆管理、服务和历史科学知识数据为基础的智慧博物馆大数据中心，“4 平台”由面向管理的综合业务平台和智能馆务平台，面向服务的现场体验服务平台和互联网服务平台组成。

综合业务平台设计规划：是立足于文物、展品数字化保护和利用，着眼于资源的全方位、多专业、深层次信息的管理与传承，为资源的保管、陈列、研究等各类业务工作服务。

现场体验服务平台设计规划：针对公众服务需求，以现场多维展现互动形式，实现公众与博物馆藏品交互的高度完美融合，为公众提供细致周到的服务，主要包括现场观众服务、展示与体验、活动策划实施、活动数字资料采集和归档等。

互联网服务平台设计规划：依据“互联网 + 中华文明”的政策指引，通过“互联网 +”模式，保证公众不受时间、空间、地域的限制。满足公众对博物馆的需求，实现参观的时间延伸、空间拓展、移动终端随时随地保证运行。

智能馆务平台设计规划：实现博物馆内部工作，如博物馆运营、人财物管理、保护、研究、安保的智能化，构成博物馆智慧化运行的新形态。

云数据中心设计规划：建立统一数据标准，整合所有数据，可以对博物馆专业藏品数据、学术研究、文创产品营销、运营数据、办公业务数据、博物馆网站数据，以及各类多媒体数据等所有信息化系统进行数据整合，通过大数据方式进行存储、管理、查询、统计、分析、挖掘等，并以可视化的展现形式达到让数据说话、以数据依据为决策的目标，满足智慧博物馆中智慧管理、智慧展示、智慧服务和智慧运营的各种需要。

4. 标准运维体系设计规划

信息化标准规范体系建设以数据标准为核心，建立包含总体标准、管理标准、安全标准、运维标准、基础设施标准、应用支撑标准、应用标准的陕西历史博物馆信息化标准体系。信息化运维体系对各类设备、基础软件、应用软件开展统一运行管理。

建立运行维护机制与管理制度，明确系统和设备的维护规程、培训制度、资金保障等内容，为信息化系统更好地服务一线应用提供保障。

5. 信息安全体系规划

结合陕西历史博物馆对档案信息安全业务的需求，遵循“准确定级，依据标准、同步建设，突出重点、确保核心，明确责任、加强监督”的体系规划。制定符合实际运用环境技术和管理相结合的信息安全体系，确保物理环境、系统冗余、网络交互、备份机制等多维度的安全策略的制定。

四、陕西历史博物馆智慧化建设具体规划

本规划以“整体规划，优化设计，统筹安排，分步实施”原则，依托物联网、大数据、云计算、移动互联等现代信息技术，结合博物馆特色完成博物馆顶层设计。采用统一框架和标准，构建一个以信息网络为支撑，以文化资源中心为基础，以智慧传播、智慧服务、智慧保护、智慧管理、智慧运行为核心的面向多层次受众的信息系统，实现文化的数字积累、互动展示及信息传播，将陕西历史博物馆建设成为一座智慧的现代博物馆。

（一）综合业务平台

综合业务平台是立足于文物数字化保护和利用，着眼于资源的全方位、多专业、深层次信息的管理与传承，为资源的保管、陈列、研究等各类业务工作服务。

综合业务平台信息表

藏品管理系统	基于自定义编目建立藏品目录体系，与馆内的业务相互结合，业务包括征集入馆、鉴定入藏、编目入库、库房管理、统计分析、修复保护、陈展教育、学术研究等，构建藏品的“生命档案”。通过提供系统化运营，优化原有业务模式，实现流程再造，同时通过各种技术手段保护藏品数字化资源，提高资源的信息安全性
数字资产管理系统	数字资产管理系统提供一个开放平台，支持对多媒体数据的采集、创建、管理、存储、归档、检索、传输和显示，其中包括图像、视频、声音、文本、3D 模型和视频剪辑等，可复合管理描述藏品各类数字资源信息、学术研究资料、考古资料、修复过程等影像。数字资产不仅自身极具典藏价值，同时也为其他信息化应用提供主动、丰富的数据内容，包括内部查询、网站发布、研究报告、资料出版、产品制作、观众服务等。同时将数字资产管理与工作流程相结合，让数据采集与日常工作无缝融合，让数据整理从采集开始，实现数据质量管理的关口前移
库房管理系统	库房管理系统包括藏品入库（征集、借入藏品等）、出库（借入文物退还、外借、展览、提用、修复等）、归库的登记管理
文物修复管理系统	包括修复文物分类、修复材料管理、修复方法管理、修复过程管理、修复结果查询比对、修复文物统计、环境监测分析、专家库管理、经验库等功能
展览管理系统	根据展览项目管理的生命周期，展览管理系统主要包括展览策划管理、展览申请管理、展览遴选管理、展览方案管理、展览筹办管理、展览运行管理、展览收尾管理、综合统计分析等功能模块
文献管理系统	文献管理系统包括书目管理、内容管理、图像管理、元数据管理等功能，并在此基础上提供文献资料阅读、智能检索及研究等
专家研究系统	专家研究系统是为专业人员记录管理资料、资源、研究成果提供的编研平台

（二）现场体验服务平台

现场体验服务平台针对公众服务需求，以现场多维展现互动形式，实现公众与博物馆藏品交互的高度完美融合，为公众提供细致周到的服务，主要包括现场观众服务、展示与体验、活动策划实施、活动数字资料采集和归档等。

现场体验服务平台信息表

导览管理系统	导览管理系统使用室内定位技术、实现场馆内精确定位。分为导览服务和导览管理两部分，包括展览讲解、馆内导航、游客定位、智能推送、服务中心等功能，拥有语音导览、微信导览等多种模式，可以推送文字、图片、语音、视频等多种形式的导览信息，用户可以根据实际情况和业务模式进行不同的选择和组合，满足用户对展馆展览导览和后台管理的需求
票务管理系统	票务管理系统融合机电一体化技术、信息识别技术等，集预售票、检票、统计于一体，支持微信、网站、小程序购票，支持第三方支付。高效准确地为博物馆统计游客数量，为实现博物馆科学规范管理提供全面的技术支持
多媒体互动系统	多媒体互动系统是整合互动投影、全息影像、虚拟现实 VR、三维动画、魔墙、增强现实 AR、体感互动等。多媒体互动系统包括多媒体资源管理发布、展厅灯光管理控制、互动体验终端等
观众数字化系统	观众数字化系统为每个观众建立档案记录，收集观众位置、预约、消息订阅、停留时间、文物偏好、点评、转发等个人行为，结合观众行为分析算法，使博物馆能够准确掌握观众基本信息和行为偏好。主要对观众服务、信息发布进行统一管理的系统，其集成智能导览系统、票务管理系统、客流监测系统的接口和数据，实现对观众服务的业务管理
客流量管理系统	观众流量是重要的衡量工具，通过这一准确的量化数据，不但可以获得博物馆正在运行的情况，还可以利用这些高精度的数据，进行有效的组织运营工作
志愿者管理系统	志愿者管理系统是通过志愿者申请的方式将志愿者信息添加至系统中，包括志愿团队、志愿活动等，能够更便捷地完成出勤登记，了解服务调度安排，与其他志愿者进行沟通交流，同时也有利于志愿社进行勤务统计、服务数据分析
社教活动管理系统	社教活动管理系统提供专业、学术、教育活动的基本信息维护、日常管理、活动管理、成员管理、档案管理、活动信息发布等功能

（三）互联网服务平台

互联网服务平台是依据“互联网＋中华文明”的政策指引，通过“互联网＋”模式，保证公众参观不受时间、空间、地域的限制。

互联网服务平台信息表

门户网站系统	满足博物馆日常运行的网络宣传需要，网站覆盖博物馆的各项业务，对内包括博物馆各项日常业务的网上办理。包括藏品征集、藏品保护、精品鉴赏、学术研究、展览预约、虚拟展览、志愿者、学术活动、社会教育、文创产品等，可以结合博物馆的需求，定制外网门户网站，同时适配移动端
网上预约系统	网上预约系统提供展览和活动的网上预约功能，包含网站预约、微信预约、预约查询、预约取消等。并通过统一平台实现不同消费手段的统一管理，为今后各项增值服务提供信息管理基础
在线商店系统	在线商店系统包括文创基本资料管理、设计文档管理、多媒体资料管理、文创产品信息管理、文创产品查询检索、文创产品数据分析、产品销售统计分析及热门产品推送等

续表

微信公众系统	微信公众系统包括自定义微信菜单、消息回复、推送管理、用户管理、业务管理、活动管理等，构建完整的微信服务平台，通过资源整合，优化微信原有的资源，同时通过 H5 等前端技术手段，结合 360°全景、三维建模等数据技术，提高微信观众服务的多样性和趣味性，使之成为带有博物馆自身特色的服务窗口
虚拟博物馆系统	在三维建模展厅中，将场景、图文、音频、视频介绍以及高清大图进行整合展示，用户可以自由、便捷地行走，也可通过点击兴趣点或展品框体的方式浏览。三维展厅同时支持三维展品的嵌入，能够实现简单的游戏交互功能
历史专题管理系统	历史专题管理系统立足于整个行业，根据博物馆的历史及特色制定、管理专题类综合信息。面向全国各行业名人和大众提供多途径、多层次的信息查询、展示交流、信息共享的平台
青少年教育系统	互联网更新了博物馆青少年教育理念，汇聚和整合了博物馆青少年教育资源，推进了博物馆青少年教育活动机制的形成并建立独具特色的运作模式，从而发挥博物馆在青少年素质教育方面的优势。博物馆在教育课程、体验活动等项目的设计策划上，包括活动目标、活动准备、活动过程、活动教具教材开发等方面

（四）智能馆务平台

智能馆务平台是实现博物馆内部工作，如博物馆运营、人财物管理、保护、研究、安保的智能化，构成博物馆智慧化运行的新形态。

智能馆务平台信息表

统一门户系统	通过门户形式的整合，使博物馆内部应用形成一个有机整体，保证全系统应用操作的一致性和关联性，内部管理的全局性，保证系统多层次实现便捷操作、高效管理，实现工作流、管理流、数据流统一。 统一门户系统包括单点登录、待办任务、公共信息、应用集成、个性化设置等功能。系统建立在各业务系统之上，负责应用调度与管理、信息共享与通信的整合平台，通过与信息整合交换平台的配合，建立起特定可视化的逻辑关联联系，充分发挥平台的整体应用效果
协同办公系统	利用工作流技术和电子签章技术，结合馆内日常办公和业务处理流程，满足日常办公文书收发、人事管理、党政事务等办公需求，为办公室业务实现全馆人事、外事、信息资讯等工作的自动化流转
多媒体控制系统	为博物馆构建以多媒体资源控制发布为核心的管理平台，结合多媒体资源管理和多媒体终端设备管理，对常设展区区域内所有电子图文类、独立播放的音视频类、集成媒体类、装饰类投影和一些特殊类的播放内容及终端设备进行统一管理，集中控制博物馆展陈区的多媒体展示和互动系统
后勤保障系统	后勤保障系统采用流程化的处理模式，实现各后勤保障业务的流程化管理，为博物馆工作人员提供良好的工作环境，做好高效的后勤保障
资产管理系统	资产管理系统对固定资产实物从登记、转移、调拨、处置，资产的运行、借用、盘点、清理到报废等方面进行全方位准确监管，结合资产分类统计等详细报表，真正实现“账、卡、物”相符
环境监测系统	环境监测系统包括实时监测、数据分析、异常警告、功能展示、灵活变更等功能
安防数字化管理系统（集成）	可根据博物馆实际情况及客户要求，提供安防数字化集成接口，以 BA 系统（楼宇设备自控系统）为基础完成馆内设备集成控制数据接口，实现报警联动

（五）数据资源中心

数据资源中心是在云数据中心的基础上，建设智慧博物馆业务数据资源体系、统一数据管理平台、数据共享交换引擎及数据共享交换接口等。保证各业务系统之间可实时调取、处理，并通过大量数据的统计分析，对博物馆的发展规划做出辅助决策。

建立统一数据标准，整合所有数据，可以对博物馆所有信息化系统进行数据整合，通过大数据方式进行存储、管理、查询、统计、分析、挖掘等，并以可视化的展现形式达到让数据说话、以数据依据为决策的目标，满足智慧博物馆中智慧管理、智慧展示、智慧服务和智慧运营的各种需要。

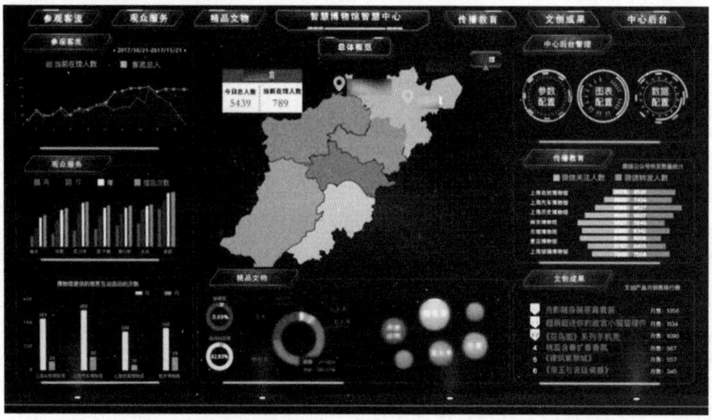

数据资源中心数据展示分析示意图

陕西省文物局关于国家文化大数据体系怎么建设的想法和实际工作内容

（2020）

今年两会的政府工作报告中提出，重点支持既促消费、惠民生，又调结构、增后劲的“两新一重”建设。文化数据是中国最重要的文化资源，而文物数据化并不仅是一个专业领域的专业工作或专业管理的工作，需在采集端更大力度推进数据共享的同时，加大算法和算力的支撑以及软硬件配套能力，让数据释放更多动力。

建设国家文化大数据体系是新时代文化建设的重大基础性工程，也是打通文化事业和文化产业、畅通文化生产和文化消费、融通文化和科技、贯通文化门类和业态，推动文化数字化成果走向网络化、智能化的重要举措。

结合陕西省文物局工作特点和实际工作内容，在国家规划的八大任务中，省文物局的工作内容可以体现在七个方面。看来，陕西省文物局在“国家文化大数据体系”建设中要发挥很大的支撑作用。

现在，我结合陕西省文物局近年来在文化数字工程方面的工作建设，谈谈我们的一些主要内容。

一、主要内容

1. 专业数据库建成内容多

单丝不成线，独木不成林。为避免省内各馆单打独斗，各自采集制作馆藏数字资源，造成资源浪费。我局以陕西文物数据中心为依托，先行试点，着力开展全省一级文物的数字化建档工作，坚持一个标准，运用一套体系，先后投入省级文物保护专项资金 600 万元，协调陕西文物数据中心完成全省 11 个地市、39 家单位、4963 件一级文物的三维数据采集工作，为数字化保护、数字化利用、数字化教育、互联网传播、文创产品开发提供基础材料。

（1）完成了文物普查数据库的建设工作。2017 年 4 月 22 日，陕西省第一次全国可移动文物普查工作结束，文物收藏单位共计 522 家，共普查文物 3009455 件（套）、7748750 件。

（2）建立了全省科研专业数据库。

（3）建立了全省观众和志愿者需求专业数据库。

（4）建立了全省博物馆管理大数据数据库。

（5）完善全省文物保护数据库等专项专业数据库。

（6）统筹全省票务系统和信息资料统一平台。

（7）安全技防数据库的统一数据建设。

（8）文博专家数据库建设。

2. 管理数据库建设规划在实施

“十三五”以来，先后投入资金建设了“省级文物保护项目网报网审系统”“陕西可移动文物保护修复管理系统”，实现了项目管理的数字化、便捷化，缩短审批时间，使管理更加透明规范。支持部分地市级博物馆建设了“藏品管理系统”，规范了馆藏文物的科学管理。在以上工作的基础上，努力做到以下三个保障。

（1）全省文物系统 OA 系统规范。

（2）各市级管理部门管理数据库建设。

（3）博物馆管理系统整合。

3. 决策模型研究不断探索

决策模型是用于经营决策的数学模型。由于博物馆数据来源多样，既有纯关系结构的数据，还有离散数据结构的数据，博物馆的管理运行系统错综复杂，决策因素纵横交错，任何决策者仅凭直观和经验，都难以做出最优的决策。因此，做好模型结构研究，建立各决策变量之间的关系公式与模型，用以反映决策问题的实质，把复杂的决策问题简化，是博物馆决策或智慧博物馆运行的必要研究课题。目前的陕西数字博物馆经过今年的改版，已经在决策模型方面不断体现其优势。

4. 展示宣传教育影响力不断扩大

网上展示已成为博物馆展示的重要手段之一，如 H5、VR、AR、3D、沉浸式等。陕西数字博物馆在 2012 年 8 月 28 日建成，响应国家文物局号召，因地制宜开展线上展览展示工作，上线了省内 144 家博物馆的虚拟展馆、策划推出 125 个数字专题展览、145 个线上专题讲座、上千件文物介绍、省内数百家博物馆讲读平台，并已上线国家文物局和国务院办公厅平台，实现足不出户看展览、与公众共享陕西丰富的文化遗产资源的目标。

5. 数据分析探索加快了步伐

陈列展览、教育活动、参观人数、文物及修复、科研质量、文物征集、博物馆管理等数据分析都有了长足进步。陕西数字博物馆的新版、数字可视化和数据分析向社会推出，尚属全国首例。

二、今后的工作计划

最后再谈谈今后的工作计划。“十四五”期间，陕西省文物局的数据化建设工作，将以以下建设项目为依托，带动全省博物馆的信息化、智慧化建设，为国家文化大数据体系建设做好基础工作。

1. 展示平台

（1）云赏博物馆。

（2）秒读博物馆。

（3）观众数据可视化。

（4）遗址（VR）展示。

（5）不可移动文物三维数据展示。

（6）管理数据可视化。

（7）业务数据可视化。

（8）业务、管理、观众、行业内外、政府数据可视化。

2. 服务平台

（1）数字资产管理系统。

（2）全省网上票务、服务预约平台。

（3）文物安全巡更上报平台。

（4）文物外展服务平台。

（5）革命文物、遗址服务平台。

3. 专业数据库

（1）不可移动和可移动文物数据库对社会开放平台。

（2）全省展览分析系统。

（3）全省科研数据库系统。

（4）全省专业数据库（文物修复；文物数字化保护；文物外展数据库；专家数据库；陕西文物资源应用数据库；文物艺术数据库：文物图形、三维数据、VR视频、语音及视频等；教育数据库；陵墓、遗址、庙宇、古塔、古建等数据库；田野调查/勘探/发掘管理系统；考古档案管理系统；壁画管理系统）。

数据是数字经济的核心。文化数据是中国最重要的文化资源，而文物数据化并不仅是一个专业领域的专业工作或专业管理的工作，需在采集端更大力度推进数据共享的同时，加大算法和算力的支撑以及软硬件配套能力，让数据释放更多动力。

中国文化不断向世界传播和发展的当下，我们认为中国文化遗产标本库建设、中华民族文化基因库建设、中华文化素材库建设是建设国家文化大数据体系的重中之重和内容基础，陕西省文物局积极响应国家部署，为不断探索中华民族文化数据建设工作再打基础。

陕西省革命文物管理问题建议和管理系统功能简介

（2020）

2020年初，由陕西省委宣传部、陕西省文物局联合下发《关于开展革命文物保护利用工程实施情况中期评估的通知》，将对全省革命文物保护利用工程实施情况进行评估。

作为陕西文物局的数据中心，2019年我们以陕西省第一次全国可移动文物普查数据为基础，对全省革命文物进行了查询、认定，并对其数据进行了整理。

为了下一步对革命文物进行评估，发现工作中存在的诸多难点，现将其梳理如下。

一、整体问题体现

（1）思想认识有待提高。习近平插队故地——陕西延川梁家河村受到了及时的保护，但许多地方对革命文物的保护利用存在认识上不到位、有差距，没有相应的保护利用规划和专门机构的情况。

（2）经费投入有待保障。虽然各级政府相继成立了革命文物处、革命文物科，但工作机制、经费投入、功能规划等还没有形成固定模式，管理力量有待充实。

（3）与经济发展有待融合。近年来红色旅游红红火火，但革命文物开发利用现状没有与自然风光、经济发展相结合。遗址类革命文物保护利用与经济发展结合有待重视。

二、技术层面存在的问题

（1）可移动革命文物认定规则相对简单模糊，缺少详细的认定标准。其只是将革命文物的年代、类别、名称以及相关的历史事件和人物作了列举，并没有详细的认定标准。例如，陕西历史博物馆有一件文物，名称为“民国二十三年孙中山像银元”，符合年代在民国时期，同时名称包含孙中山这一历史人物，但这件文物是否属于革命文物，有待商榷。

在可移动革命文物认定规则中，有一条为“文物类别为名人遗物的民国文物”，检索时，以类别为“名人遗物”且年代为“中华民国”作为条件，反馈结果中有一件文物名称为“民国时期井勿幕藏《后汉书》”，还有一件文物名称为“第二次国内革命战争时期《唐诗合解》”，这两件文物是否算在革命文物之列？这恐怕需要专家进一步认定才行。在可移动革命文物认定规则中的“文物类别为武器的民国文物”“文物名称中包含军字的民国文物”也是同样的情况。

（2）国家文物局发放的数据库录入软件中藏品名称与革命文物相关性不强所导致的无法检索问题。有很多单位在给文物命名时，没有考虑到文物本身与革命事件或革命相关历史人物的关联，这样就无法根据文物名称来判断其是否属于革命文物，从而导致在以革命事件或历史人物名字为关键词检索时系统反馈结果为零，但实际上这部分文物是存在于数据库里的，只不过我们难以查出。

（3）单位名称中包含“革命”“旧址”“会址”等词组的单位，其收藏的文物不一定全是革命文物。根据认定规则，单位名称中包含“革命”“旧址”“会址”“展览”“陈列”“纪念”“党史”等词组的单位，需筛选出其文物，但实际情况却是其收藏的文物不一定全是革命文物，这也给革命文物查询带来不少困难。例如，西安事变纪念馆符合该规则条件，但是其所收藏的民国《生活星期刊》、“民国西北农林创刊号”、民国梅瓶等文物，应该都不是革命文物。

（4）1949 年至今的文物需人工筛选出革命文物。在认定规则中，需人工在年代为“中华人民共和国”且级别为“一级”“二级”“三级”的文物中筛选出革命文物。人工筛选需要详细的革命文物认定标准，或由专家来认定，如果都没有，非文物专业人员将很难完成这项工作。

三、工作建议

（1）统筹安排，制定革命文物保护利用总体规划。

（2）明确主体，加强对革命文物和遗址的保护管理举措。

（3）开拓创新，充分发挥革命文物传统教育功能。

（4）扩大宣传，做好革命文物的人人保护意识。

（5）金山与红色结合，发挥革命文物在新时期的经济效益。

四、正在实施的项目

为了更好地做好革命文物的管理工作，陕西省文物局指定陕西文物数据中心，正在开发陕西革命文物数据库建设工作。该系统用于采集全省博物馆革命文物藏品数据，生成数据包并报送省文物局，同时具有查询、统计、打印等功能。

通过本软件不仅可以使各单位对其藏品进行有效的管理，促进单位内的信息共享，提高工作效率，而且还可以使其日常业务管理进一步规范化。该系统采用 B/S 结构，有服务器端录入、导入、修改、Excel 批量导入、图片批量处理、统计、系统管理等功能，以及客户端查询、统计、汇总、Excel 批量上报等权限，对革命文物的采集、管理、利用具有极大的推动作用。这是全国第一个革命文物省级管理系统。

陕西“云赏博物馆”专家讲解

（2020）

大家好，在这次新冠疫情期间，陕西开启了“云赏博物馆”之陕西历史博物馆专家系列讲解。我今天与大家来交流一下博物馆信息化建设的内容。

陕西历史博物馆于 1991 年 6 月 20 日对外开放，是中国第一个现代化博物馆。当时信息化建设方面的现代化主要体现在设立了计算机中心，主要负责藏品管理、图书资料管理、人事管理和工资管理四个方面的信息化建设和维护工作。

随着社会和博物馆业务的不断发展，博物馆信息化建设工作也在全国遍地开花。到了 21 世纪初，人们对博物馆的信息化和数字化有了很多思考。特别是近年来，对博物馆智慧化建设的规划，已经到了每谈博物馆信息化建设就成为避不开的话题，成了博物馆建设的主要内容之一。

智慧博物馆建设已经谈了很多年了。什么叫智慧博物馆？怎么实施博物馆智慧化建设？

今天我来谈谈个人的观点。

人类社会每次经历的大飞跃，最为关键的并不是物质催化，甚至不是技术催化，其本质是思维工具的迭代。

比如说，当下这场互联网革命和其背后的互联网思维，就是由“产品经理”这类人的思辨引发，最典型的产品经理就是苹果公司的创始人乔布斯，他并没有真正伟大的物质发明，他的伟大之处就在于他把互联网思维运用到了极致。

如今，这种改变社会的思维，已经不再局限于互联网企业，与当初的“文艺复兴”一样，这种推动社会进步的思维将不断扩散，开始对整个大时代带来深远的影响。

博物馆的思维，也应该随着社会思维的进化而切换。

比如说，在当下博物馆的发展中，已经不再是实体博物馆的单一发展模式。随着互联网技术在不同行业的应用，互联网思维的提出，特别是智能博物馆、数字博物馆、物联网、云计算的不断渗透，博物馆的发展有了更大的拓展空间，互联网思维下的智慧博物馆已经成为我们博物馆建设的方向。

既然一种思维对社会发展有着不可估量的影响，那么我先来谈谈思考能力的分级。根据看问题的深度不同，可以把思考能力分四层。

第一层是数据，就是我们能观察到数据，观察到事实。这一层的思维是简单、直白的，是不会转弯的，说一就是一。

第二层是信息，信息是数据被分析后的结果，是经过简单归纳的数据，能够把不同事实联系起来后，得出的结论。第二层比起第一层，从简单思维到开始启动了思考，开始考虑不同的人的区别，开始跳出是非黑白，说一不二，知道有了例外，会观察吞剑失败的，吞剑成功的，会分析吞的剑和普通的剑有什么区别？

而第三层，就升级到了知识。知识是什么？这个问题看似非常简单，其实很容易掉进坑里。把知识层面理解为一套方案。地球体积有多大，中国海岸线有多长，李白的静夜思有几个字？这些算是知识么？前者是事实，后者最多算是信息，而知识的产生，我们回顾历史可以发现，知识总是发生在解决一个问题之后的。所以，知识其实是能够解决问题的信息和技能。比如一场大火发生了，面对大火，应该用什么技术扑救，知道怎么组织人员最高效就是一种知识，通俗理解就是一种事实方案。

比知识高的第四层，叫作智慧。

如果我们细看从第一到第三层，我们可以发现，信息是很多事实数据归纳以后产生的，而知识是很多信息集合以后再次归纳产生的，所以，智慧就是很多不同类型、不同挑战背后的知识集合到一起后产生的。把智慧层理解为多套方案的设计，供系统进行方案优化选择。

智慧既然是一种多方案的选择，那么多方案从何而来？

如果用《模型思维》作者斯科特·佩奇的说法，那么智慧的背后，就是多模型思维，一个人大脑里有多少套面对实际问题的模型，就有多大的智慧。

普通人只能看到一个模型，比如不管什么事情总是喜欢分好人和坏人，总是喜欢对错，因为他习惯了对立的模型。而有智慧的人，就会根据不同的场景，采取不同的模型。

宏观层面的牛顿力学，到了量子层面就不起作用了，三个臭皮匠赛过诸葛亮，背后又是厨子多了煮坏汤，这些看似相互矛盾的模型，其实背后是应用场景的转换。

用一个模型观察世界的人，注定是适应不了这个复杂的世界的，我们需要的是根据环境的变化，随时抛弃大脑中的那个模型，去尝试用新的模型重新开启你的探索之路。当然前提就是你大脑中掌握很多事物发展的演化逻辑，特别是不同场景之间，完全相反的那种逻辑。

菲茨杰拉德的金句又来了，一流的智慧，就是大脑里有多个模型，随时调用，随时分析，随时分分钟看透本质，然后你就会变成《教父》里那个半分钟看透事物本质的柯里昂教父了。

从以上讲述来看，模型将成为博物馆智慧发展的主要内容。对此，我把智慧博物馆的规划和建设，主要从三个方面进行分工：① 博物馆做数据采集和整合；②科研机构（比如大学等）做模型分析研究；③ 社会公司实现系统研发。

三维一体做好智慧博物馆的研发和建设工作。具体内容如下。

（1）博物馆要做的是：业务数据、管理数据、观众数据、行业外数据和政府数据的采集和整合。

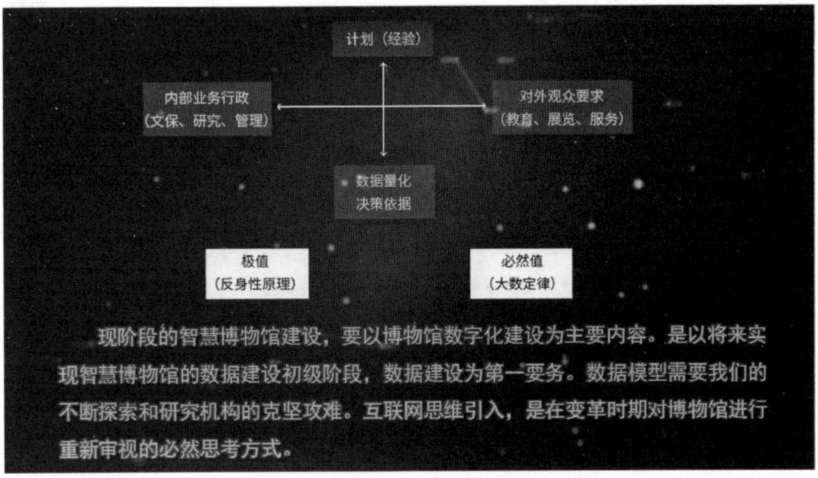

现阶段博物馆数字化建设内容关联图

实际上，博物馆的信息化建设分为两个层面，一个是为传统的博物馆业务和管理工作提供服务（为传统工作提供更为便捷的工作渠道）；另一个是信息化本身业务工作的建设（数据分析、挖掘和决策）。以上两个层面的工作都应该围绕以上所述五个方面的数据内容来开展。

（2）大学和科研机构为博物馆做智慧博物馆模型研究。

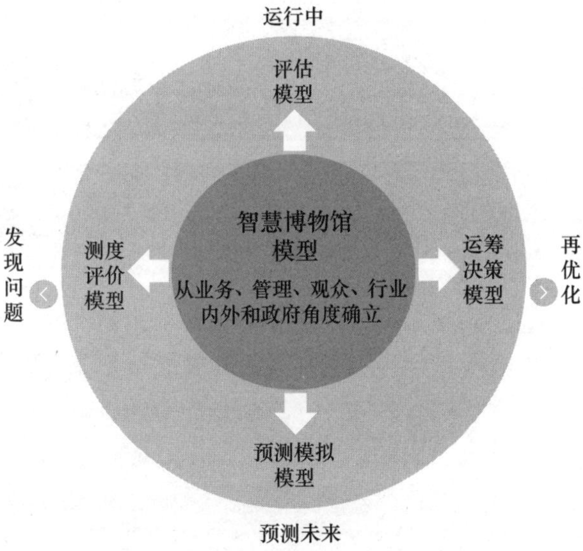

智慧博物馆模型

（3）公司要做的是以上数据和模型的系统化实现。

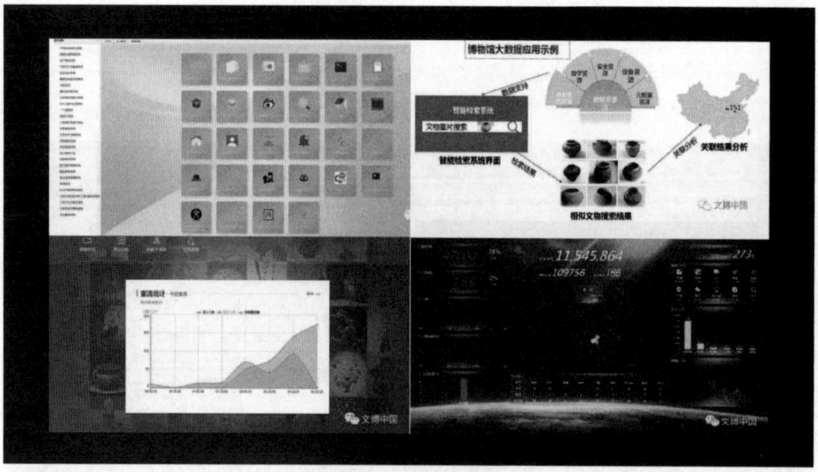

博物馆大数据应用示例

所以说智慧博物馆的规划思路就出来了。

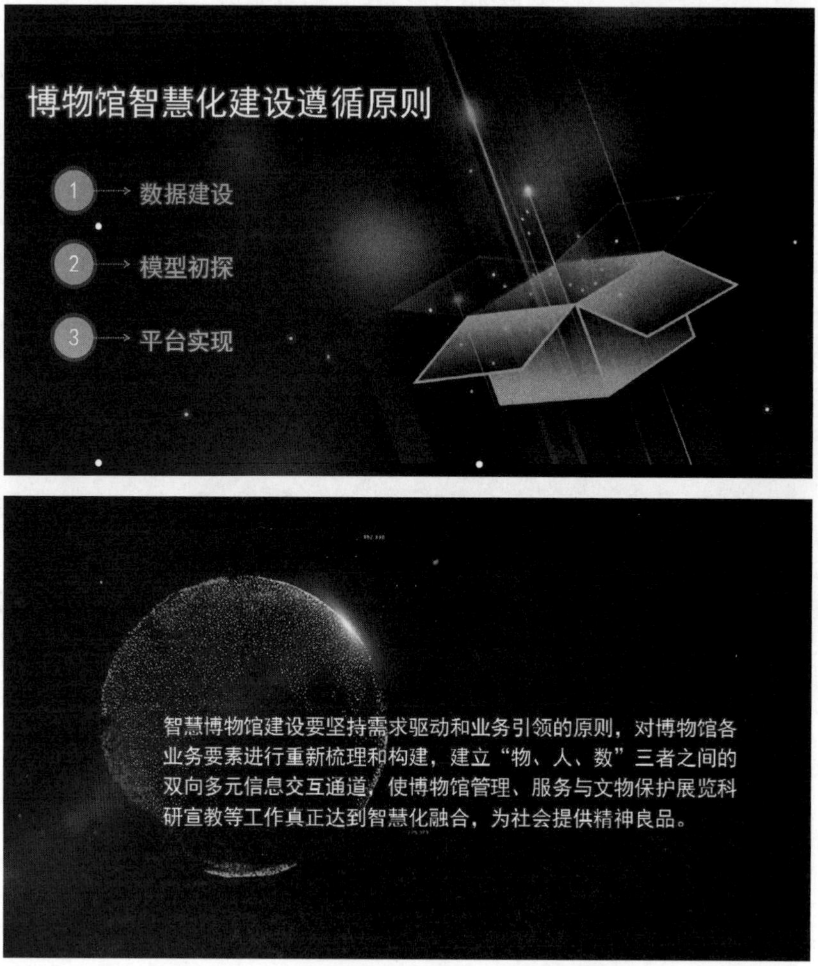

智慧博物馆规划思路

对智慧博物馆的再思考和猫眼电影的举例分析如下。

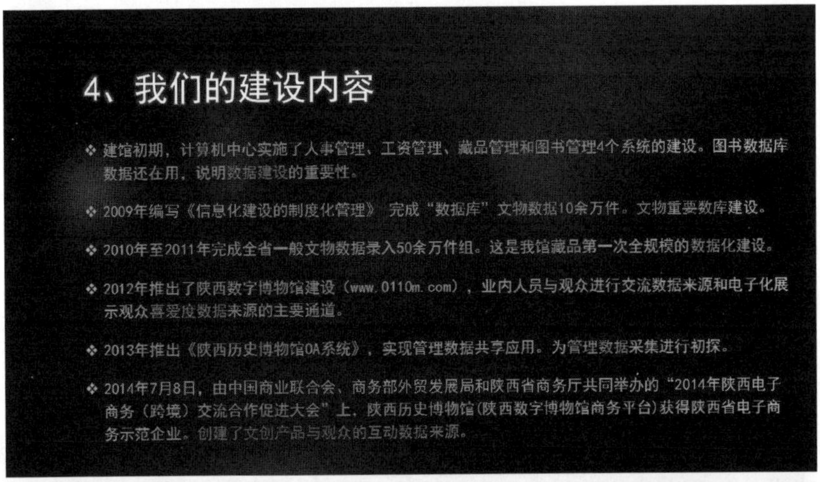
4、我们的建设内容
❖ 建馆初期，计算机中心实施了人事管理、工资管理、藏品管理和图书管理4个系统的建设。图书数据库数据还在用，说明数据建设的重要性。
❖ 2009年编写《信息化建设的制度化管理》 完成“数据库”文物数据10余万件。文物重要数库建设。
❖ 2010年至2011年完成全省一般文物数据录入50余万件组。这是我馆藏品第一次全规模的数据化建设。
❖ 2012年推出了陕西数字博物馆建设（www.0110m.com），业内人员与观众进行交流数据来源和电子化展示观众喜爱度数据来源的主要通道。
❖ 2013年推出《陕西历史博物馆OA系统》，实现管理数据共享应用。为管理数据采集进行初探。
❖ 2014年7月8日，由中国商业联合会、商务部外贸发展局和陕西省商务厅共同举办的“2014年陕西电子商务（跨境）交流合作促进大会”上，陕西历史博物馆(陕西数字博物馆商务平台)获得陕西省电子商务示范企业。创建了文创产品与观众的互动数据来源。

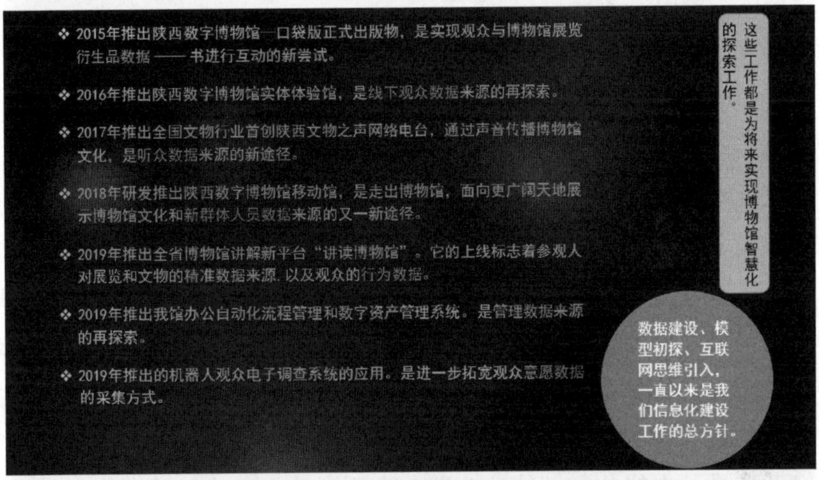
❖ 2015年推出陕西数字博物馆—口袋版正式出版物，是实现观众与博物馆展览衍生品数据——书进行互动的新尝试。
❖ 2016年推出陕西数字博物馆实体体验馆，是线下观众数据来源的再探索。
❖ 2017年推出全国文物行业首创陕西文物之声网络电台，通过声音传播博物馆文化，是听众数据来源的新途径。
❖ 2018年研发推出陕西数字博物馆移动馆，是走出博物馆，面向更广阔天地展示博物馆文化和新群体人员数据来源的又一新途径。
❖ 2019年推出全省博物馆讲解新平台“讲读博物馆”。它的上线标志着参观人对展览和文物的精准数据来源，以及观众的行为数据。
❖ 2019年推出我馆办公自动化流程管理和数字资产管理系统。是管理数据来源的再探索。
❖ 2019年推出的机器人观众电子调查系统的应用。是进一步拓宽观众意愿数据的采集方式。
这些工作都是为将来实现博物馆智慧化的探索工作。
数据建设、模型初探、互联网思维引入，一直以来是我们信息化建设工作的总方针。

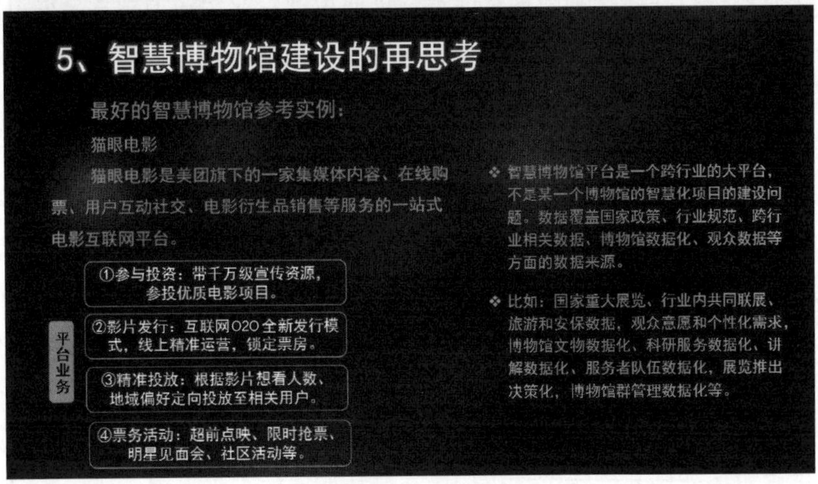
5、智慧博物馆建设的再思考
最好的智慧博物馆参考实例：
猫眼电影
猫眼电影是美团旗下的一家集媒体内容、在线购票、用户互动社交、电影衍生品销售等服务的一站式电影互联网平台。
平台业务
①参与投资：带千万级宣传资源，参投优质电影项目。
②影片发行：互联网O2O全新发行模式，线上精准运营，锁定票房。
③精准投放：根据影片想看人数、地域偏好定向投放至相关用户。
④票务活动：超前点映、限时抢票、明星见面会、社区活动等。
❖ 智慧博物馆平台是一个跨行业的大平台，不是某一个博物馆的智慧化项目的建设问题。数据覆盖国家政策、行业规范、跨行业相关数据、博物馆数据化、观众数据等方面的数据来源。
❖ 比如：国家重大展览、行业内共同联展、旅游和安保数据，观众意愿和个性化需求，博物馆文物数据化、科研服务数据化、讲解数据化、服务者队伍数据化，展览推出决策化，博物馆群管理数据化等。

智慧博物馆建设的再思考

新媒体营销与博物馆文化传播的关系和推演

（2023）

随着社会和博物馆业务的不断发展，博物馆信息化建设工作也在全国遍地开花。到了21世纪初，人们对博物馆的信息化和数字化有了很多思考。特别是近年来，对博物馆智慧化建设的规划，已经到了每谈博物馆信息化建设就成为避不开的话题，这成了博物馆建设的主要内容之一。

博物馆信息化的发展分为两个方面，一个是原有业务的数字化和信息化，二是博物馆数字化的信息化分析。今天我们谈到的数字化营销和博物馆文化传播应该属于二者的结合范畴。

随着信息技术不断更新迭代、媒介环境的变迁，“互联网＋博物馆”的文化创新传播方式在博物馆领域相继应用。数字经济时代下，数字化营销方式与博物馆文化传播也相互融合，推动博物馆提高公共文化服务能力，打造文化IP，彰显博物馆品牌效应。

数字化营销即“借助互联网络、计算机通信技术和数字交互式媒体来实现营销目标的一种营销方式，将尽可能地利用先进的计算机网络技术，以最有效、最省钱的方式，谋求新市场的开拓和新消费者的挖掘……数字化营销正以‘技术＋数据’双轮驱动，对传统营销进行在线化和智能化改造，进而帮助企业构建消费者全渠道触达、精准互动和交易的数字化营销平台”。诸多博物馆借助互联网丰富的传播渠道及便捷、高效的传播方式，充分利用数字化技术，引入营销概念尝试数字化营销新方式（如运营微博、微信、抖音、快手等新媒体账号，建设网上虚拟展厅等），对博物馆形象、优秀传统文化、馆藏文物等内容进行线上推广，使观众得到了跨越时空的参观体验。数字化营销在博物馆宣传领域的实践，是博物馆运用互联网和新媒体进行的一次有益探索，将为其他文化教育场所利用数字化营销方式进行推广提供事实依据和决策参考。

我想通过我国“8+3”博物馆在新媒体营销的具体事例罗列，并结合博物馆文化传播的方式，以归纳法谈谈两者在过去和现在的关系。并以“为什么/因为”式连续问答的一连串论证，从逻辑结构上再次论证两者的推理过程。在文章的最后，以过去和现在的博物馆多媒体营销和博物馆文化传播在科技发展的未来去向，谈一谈它们在科技引领下的方向和趋势。

论述名词确定：① 多媒体营销，以多媒体线上做实体推广和自创内容相结合；② 博物馆文化传播，以线下实体馆展览为主，辅以图书、文创产品、线下文化活动。

一、论证

（一）归纳论证

1. 陕西历史博物馆

2012 年 8 月 28 日，陕西重点文化惠民工程——陕西数字博物馆应运而生。

2013 年 12 月 12 日，陕西数字博物馆移动网络版正式向公众推出。它是一个随身携带的博物馆。

2014 年陕西数字博物馆口袋版推出，作为一个集多种先进技术于一身，将传统纸质媒介与现代网络媒介创新结合的综合体，实现了把历史装进口袋，把博物馆带回家，让文物活起来的愿望。

2015 年，陕西文创产品电子商务平台上线。

2016 年 2 月，陕西数字博物馆实体体验馆建成，向公众开放。

2017 年，陕西文物之声网络电台的上线发布，让文物蕴含的价值划破时空的介质融入人们生活。

2018 年 5 月，陕西数字博物馆移动馆自启动在全省运行。

2019 年，我馆新改版的 OA 系统和数字资产管理系统正式投入应用。

2019 年，推出又一重点项目——讲读博物馆 APP。

2020 年，陕西省文物管理信息上报分析系统建成并启动。

以上系统和平台的推出，标志着陕西历史博物馆的新媒体和管理运营进入了互联网时代。近几年，陕西历史博物馆新媒体平台又得到了突破性发展，在日常运维中，各平台官方账号的发布内容主要以“图片 + 文字”的形式进行信息发布、宣传推广及与观众交流互动。随着工作的深入，在实践中发现，博物馆账号的受众群体对科普内容的需求在逐渐增长，对优质科普内容的期待越来越高。因此，陕西历史博物馆开始探索以视听效果更丰富、更立体的“科普视频”进行历史文化宣传，着力打造系列科普视频 IP。为了适应当下移动互联网碎片化传播形势，并且以观众观看视频的心理满足为落脚点，开始了系列科普短视频的筹备与制作。

以上系统和平台的推出，对于实体陕西历史博物馆参观人数的增加起到了一定的推动作用。2015 年至 2021 年，陕西历史博物馆年观众量统计如下：2015 年观众总量约 341 万，其中 18 岁以上人员约 242 万，18 岁以下人员约 99 万；2016 年观众总量约 364 万，其中 18 岁以上人员约 257 万，18 岁以下人员约 107 万；2017 年观众总量约 381 万，其中 18 岁以上人员约 270 万，18 岁以下人员约 111 万；2018 年观众总量约 400 万，其中 18 岁以上人员约 280 万，18 岁以下人员约 120 万；2019 年观众总量约 417 万，其中 18 岁以上人员约 290 万，18 岁以下人员约 127 万；2020 年观众总量约 139 万，其中 18 岁以上人员约 104 万，18 岁以下人员约 35 万；2021 年观众总量约 151 万，其中 18 岁以上人员约 135 万，18 岁以下人员约 16 万。

2. 故宫博物院

从 2012 年开始，故宫博物院开始了新媒体运营尝试。

比如，《胤禛美人图》，“故宫淘宝”微信公众号，“微故宫”微信公众号，IP 形象“故宫猫”，《雍正：感觉自己萌萌哒》推文，“朝珠耳机”，《皇帝的一天》，《韩熙载夜宴图》，《每日故宫》，《故宫陶瓷馆》，《清代皇帝服饰》，文化创意体验馆，《够了！朕想静静》微博，开放故宫数字博物馆，《我在故宫修文物》纪录片，出品《穿越故宫来看你》，借势《大鱼海棠》，与腾讯、凤凰卫视、亚马逊跨境合作，《国家宝藏》，彩妆口红，“见大臣”微信小程序等线上和线下活动。这些都充分彰显互联网时代的烙印。

这些以新媒体为主的营销模式可以归属为：IP 营销、微博营销、微信营销、APP 营销、借势营销、跨界营销、饥饿营销、公关营销八大类。

再从故宫近几年的实地参观人数来看（2020—2022 年的疫情期间不做统计）。2019 年，故宫博物院实行每日 8 万人次限流措施的总天数为 111 天，2018 年为 76 天，2017 年为 52 天，2016 年为 47 天，2015 年为 32 天。

从新媒体营销的不断推陈出新和实地参观人数的不断增长来判断，虽然不具备线性等比例增长关系，但以逻辑来推断，它们二者的关系具有互相促进之作用。

我们再来看看中国国家博物馆、故宫博物院、上海博物馆、南京博物院、湖南博物院、河南博物院、陕西历史博物馆、湖北省博物馆、浙江省博物馆、辽宁省博物馆、重庆中国三峡博物馆、首都博物馆和山西博物院等在中国有着引领作用的博物馆在新媒体营销方面的情况。这些博物馆也都建立起了各自的新媒体平台矩阵，在不同侧重方面与博物馆的文化传播起着同样重要的作用。

通过对“8+3”博物馆新媒体矩阵的统计，可以大概率了解博物馆行业利用新媒体营销在博物馆文化传播实践中的基本规律。本次统计选取了中央地方共建国家级博物馆、部分省级博物馆、遗址类博物馆等 21 家文博单位，所统计的新媒体平台包括：新浪微博、微信公众号、抖音、快手、哔哩哔哩弹幕网、今日头条、人民号、微信视频号共 8 个平台。统计内容涵盖：新媒体平台名称、账号创建时间、粉丝数、发布数、更新内容等。

（二）逻辑论证

以上是从现象到结果的归纳法论述。

接下来，以“为什么 / 因为”式连续问答的一连串论证，从逻辑结构上再次论证两者的推理过程。

我们看看下面这个假设对话举例。有一个人想到博物馆参观，那么在目前的情况下，会和朋友有这么一个逻辑对话场景。

A：你为什么要去博物馆？

B：为了提高我对民族文化的了解。（问题提出）

A：为什么必须去博物馆？

B：那还有什么别的方式吗？

A：因为网络已经成为我们的生活方式之一了，对吧？网上博物馆不行吗？（公设原因）

B：为什么？（给我论证）

A：因为博物馆官方推出的新媒体矩阵具有线下博物馆不具备的优势吧！（逻辑结果）

这就是完完全全的科学论断式对话。因为它有“公设”，又有逻辑和结论。是不折不扣的逻辑推理论断。当然，都有个人认知偏见的抬杠是一个哲学问题，而怒视一个科学推理过程，应该不在此论述范畴之内。

“为什么 / 因为”式连续问答的一连串论证方法，核心是有一个公认的逻辑点，即“为什么”的问题及它们的“因为”回答是如何产生一系列证明的。“为什么 / 因为”式连续问答必须以一个“因为”的答案结束，对于这个答案，继续问“为什么”这个问题时没有必要，其具有误导性或者是毫无意义的。

通过以上两种论证方法的结果来看，新媒体营销实践和博物馆文化传播的关系依存，这就是我们的结论。

二、趋势推演

新媒体技术不断扩展其传播能力，以及与大众的传播模式。互联网已经从 Web1.0 发展到 Web2.0，并将进入 Web3.0 时代。移动互联网也从 4G 走向 5G 时代，物联网、三网融合、云计算等已逐步进入我们的生活。新媒体技术让博物馆传统文化也获得了新生。

Web3.0，也称 Web3，一言以蔽之，它是互联网的下一个时代，也称未来互联网。人们对于 Web3.0 的构想，是一个相对去中心化的 IT 架构、分布式技术所支持的访问模式，以业务数据价值回归为前提的自动化、智能化的全新互联网世界。我们的每一个互动都应该被记录并且量化，并且更多地参与到数据价值链当中去。这需要包括区块链、人工智能和加密算法在内的多项技术的共同探索。

在 Web2.0 时代，博物馆紧随其科技发展步伐，以上述博物馆的新媒体发展历程来看，“功绩”卓越，待到下个时代的到来，博物馆的新媒体营销也会如同昨日 Web1.0 和今日的 Web2.0 一样去迎接 Web3.0 的应用与发展。这是科技的发展趋势，也是人们生活的必然。博物馆作为传统文化与现代科技的交叉点，也会随着互联网技术的进步和发展在原有 Web2.0 的基础上如影随形。那为什么博物馆还会向 Web3.0 的方向进展呢?

以故宫博物院来看，在 IP 营销、微博营销、微信营销、APP 营销、借势营销、跨界营销、饥饿营销、公关营销这八大类型中，至少微博营销、微信营销、APP 营销、借势营销、跨界营销、公关营销这六大类型，会带给你不同程度的去中心化现象，以及浓浓的新媒体矩阵味道。

陕西历史博物馆等其他“8+3”博物馆，也都有这两大特色，在此，不再一一列举。

新媒体矩阵营销是一种新趋势，去中心化是其主要特点。以前博物馆只运营一个公众号，但现在已经不能满足需求了。结合现在的市场来看，只有将新媒体营销矩阵化，才能让传播效果发挥到最大。以前以博物馆为主的主平台营销已经势单力薄，结合互联网技术进入 Web3.0 时代的到来，去中心化是新媒体营销之必然。这既是时代的要求，也是大众的需求，更是技术的支撑。

如果需要逻辑论证，那就是这样的一个过程。

1. “公设”含义

（1）互联网的科技发展的引领作用，方向就是 Web3.0 的到来。

（2）新媒体矩阵营销是一种新趋势，去中心化是其主要特点。

（3）博物馆作为技术应用的小行业，不会自主去研发新的其他支撑技术。

（4）惯之以来的技术应用习性和显著效果。

（5）社会大环境的归属感。

2. 论证过程

博物馆从互联网的 Web1.0 发展到 Web2.0 的过程中，新媒体营销实践和博物馆文化传播的关系依存取得了显著的成效。

3. 逻辑结果

在 Web3.0 下的新媒体营销的矩阵化和去中心化是其发展之必然。

今后，从博物馆新媒体营销和博物馆传统文化传播的发展趋势来看，会体现以下特点。

首先，以博物馆制作为主体、依托本馆馆藏文物及历史文化背景，联合行业内博物馆和其他行业，用新媒体矩阵这个工具，面向公众进行文化传播的方式逐渐成为进行文化推广、历史知识普及的新模式，成为博物馆被更多观众了解、熟知的有益尝试。

其次，依托各馆现有的新媒体矩阵进行宣传推广，传播渠道丰富，特别是面向青少年、历史文化爱好者、账号关注者等受众，在进行广泛传播的同时，还可以实现新时代下新受众的对位教育作用。

再次，新媒体矩阵上线后，按照固定频率进行更新，通过转发、评论、点赞、与观众互动交流等数字化营销手段，推广文化传播中的思想和传统历史文化内容，达到全社会的社会教育、文化传承的最终目的。

在新媒体和传统文化传播的相互作用下，不只是依靠博物馆自身力量，更多的是借助更广泛的社会力量——新闻媒体进行数字化营销，将优质内容进行更广泛的推广和新媒体范畴内的不断发酵，在更多样的传播渠道和去中心化的趋势下，博物馆传统文化传播可以借助互联网 Web3.0 的优势发酵出去，使得博物馆的中国民族文化得以广泛传播与世界认可。

三、结语

博物馆作为重要的公共文化机构的品牌，通过开展数字化营销手段的探索，可以促使博物馆重新审视自身的功能和价值，把公众和社会需求摆在重要位置，为公众提供优质文化和服务，借用数字化营销的策略做好文化传播工作。并运用市场营销理念去推动博物馆自身品牌形象的建立，充分发挥社会功能，实现价值目标。

新媒体是处于不断发展中的媒体，新媒体的“新”注定其要不断迭代。新媒体与传统媒体相比有明确的特点和属性，新媒体将有以下五大发展趋势。

1. 去中心化

在新媒体时代，媒体平台多样化，生产媒体信息的人员也多样化，信息分发由平台直接完成，改变了传统 + 媒体自上而下的传播方式，因此新媒体有去中心化的特点。

2. 移动化

互联网已从 PC 端时代进入到移动端时代，目前，微博、微信等新媒体平台的用户也主要集中在移动端，因此，新媒体不管是在平台选择上，还是在用户依赖上，都呈现出了移动化的特点。

3. 全民化

新媒体在发展之初，就呈现出了年轻化的特点。新媒体平台的核心用户以年轻的互联网用户为主。发展到现阶段，各年龄段的互联网用户都参与到了新媒体的信息生产和传播过程中，新媒体已呈现出全民化的特点。

4. 融媒体化

新媒体发展到现阶段，除了与传统媒体有区别之外，还体现出了融合传统媒体的特点。新媒体不仅要发展自己的新，还要借传统媒体的优势，在内容和平台上与传统媒体进行融合。

5. 矩阵化

新媒体的去中心化特点，使其在内容和平台上变得更加多样化。企业及组织为了充分发挥新媒体的传播作用，在新媒体的运营规划上，呈现出了矩阵化的特点。博物馆通过建立账号传播矩阵，进行有规划的内容运营，实现新媒体传播效果的最大化。

新时代的互联网飞速发展为包括博物馆新媒体营销在内的中国传统文化传播提供了更多样的方式、更独特的视角及更新奇的发酵。灵活运用各种数字化营销，用观众更加喜闻乐见的方式进行文化教育及知识普及，促使博物馆立足自身，把握机遇，发挥好新媒体矩阵与传统文化两者的互相促进作用，以更为符合互联网发展趋势的去中心化知识发酵，赢得博物馆的进一步发展。

对智慧博物馆及博物馆中国文化传承和传播的认识

（2023）

智慧博物馆已是上个十年的话题，但是它依然会是未来博物馆的主要工作内容。在我即将退休之际，重提智慧博物馆话题，是对我三十多年工作认知的总结，更是为推动博物馆事业发展抛砖引玉。

1973 年，周恩来总理来陕西视察时，有感于陕西丰富的文物资源和已有博物馆小而简陋的状况，提出应在陕西建一座新博物馆的指示。1983 年，陕西省历史博物馆筹建，属国家“七五”计划重点建设项目。鉴于陕西在中国历史上的地位，国家和陕西省政府共同投资 1.44 亿元人民币兴建陕西历史博物馆。

陕西历史博物馆是中国第一座现代化博物馆，当时就已设立计算机中心。其数字化工作主要体现在四个方面：一是藏品数字化，二是藏书数字化，三是人员管理数字化，四是工资管理数字化。

随着博物馆事业的进一步发展，博物馆信息化工作不断推进。1996 年开通了陕西历史博物馆网站、多媒体观众导览系统、电子导览系统、图书借阅系统等。

到了 2000—2012 年，藏品数字化、信息化应用不断深化。我们推出了陕西数字博物馆。

2010 年前后，中国智慧化博物馆理念成为爆款热词。我们在数字博物馆的基础上，推出为观众服务的陕西文物网络电台，讲读博物馆 APP，票务网上预约系统，微信、微博互动通道。内部管理方面的馆内科研平台，藏品管理系统，OA 管理和数字资产管理系统。展示方面的数字博物馆 VR 技术展示，电子创意展，实体博物馆虚拟展等智慧化项目。

以上博物馆的数字化、信息化、智慧化的实践和创新，让我在博物馆智慧化建设道路上，对于智慧一词有了很多切身的感悟和理解。

我们先来看看百度对“智慧”一词的解读：智慧是一个汉语词语，拼音：zhì huì，一指聪明才智，二指梵语“般若”（音 bo-re）的意译。出自《墨子·尚贤中》：“若此之使治国家，则此使不智慧者治国家也，国家之乱，既可得而知已。”

智慧是生命所具有的基于生理和心理器官的一种高级创造思维能力，包含对自然与人文的感知、记忆、理解、分析、判断、升华等所有能力。智慧与智力不同，智慧表达智力器官的综合终极功能，与“形而上之道”有异曲同工之处；智力则谓“形而下之器”，是生命的一部分技能。

在我们的日常生活中，智慧体现为更好地解决问题的能力。

我们再来看看智慧博物馆是怎么回事。2009 年 1 月“智慧地球”的概念诞生之后，“智慧城市”“智慧旅游”“智慧社区”“智慧交通”……各种冠以“智慧”的提法不断被推出，但解释起来都很复杂。那到底什么是智慧博物馆？

我一辈子都在从事博物馆的信息化工作。对在博物馆数字化、信息化基础上发展起来的智慧博物馆的“智慧”一词有着个人的认知。

博物馆的智慧化就是为服务博物馆传播、研究、管理工作目标而结合现代科技应用的最恰如其分的方案或方法。

实际上，智慧博物馆是用智慧的方案（或方法）为博物馆的宗旨而服务的手段而已。那么，博物馆的宗旨是什么呢？

一般来说，博物馆的使命和宗旨包括以下几个方面：① 保护和维护文物和艺术品，弘扬民族文化，传承历史文脉；② 培育普及艺术文化素养，提高观众的审美能力；③ 服务社会、传播人类文化，为公众提供艺术文化资源。

个人认为，博物馆就是传承民族文化和精神的主要场所。智慧博物馆就是为这个宗旨服务的最佳方案。

提到博物馆的使命和宗旨。我既有兴奋，同时也有担忧。

让我们从大学讲起吧。大学应该是一个民族文化、精神的中心。博物馆更应该是民族智慧、民族之魂传播之殿堂。但是，中国的大学由于受国家发展方向的指导和西方文化的入侵，已经向着产业化的方向而去了。这是为了民族复兴的战略调整，同时也是西方文化入侵的显现。这种产业化的发展，带动中学，甚至小学向升学率看起，淡化了在民族文化和精神的作用，同时加重了西方文化的渗透。这既是悲哀，也是希望。悲哀的是中国文化在淡化，希望是中国民族复兴有盼头。

中国文化极其灿烂，中国哲学思想极其人性。但由于西方哲学孵化出的科学认知，使得西方科学与资本融合，在科学精神与资本物质的共同推进中，不断发展与壮大，使其文化极具暂时侵略性和渗透性。在这种形式下，我们的大学也在追逐科学认知和与资本融合的道路上发展和追赶前行。这实际是给了博物馆更多施展传播中华精神、民族文化的机会和空间。

西方哲学以科学理性为理念，科学所提供的真理是逻辑的真理，它是人类心灵形式抽象的表述，它是用心灵去发现真理和整理真理。中国的哲学是以直觉感悟为理念，直觉是人们类心灵想象力的产物，它是用心灵去感悟真理和重建世界。两种哲学思想都是人类智慧的象征。

目前，中国大学为了民族复兴，承担起赶超西方科技发展之任，博物馆更应承担起传承中国智慧和民族精神，传播中国文化的使命。

关于对中国文化精神的阐述，以下这篇文章极为精彩（共青团常州纺织服装职业技术学院委员会网站）。

“中国文化精神”实际上就是中华民族的“文化基因”。这一概念涵盖了中华民族文化相对于世界上其他族群的不同的、差异性的内容与特征，也涵盖了能够得到不断延续的中国文化的主要内容与特征，同时还表达了现代语境下中国人的诉求与对现代性的回应。

1. 存有连续与生机自然

所谓“存有的连续”，即把微生物、植物、动物、人类和灵魂统统视为在宇宙巨流中息息相关乃至互相交融的连续整体，这种观点区别于将存有界割裂为神界、凡界的西方形而上学。受此影响，中国古代思想家始终聚焦于生命哲学本身，没有创世神话，不向外追求第一原因或最终本质等抽象答案，不向超越的、外在的上帝观念致思。所谓“生机的自然主义”，指中国哲学认为“自然是一种不断活动的历程，各部分成为一种有生机的整体形式，彼此动态地关联在一起……此种活动的历程是阴与阳的相互变动，在时间的历程中来实现自己”。中国哲学并不强调主体和客体、物体和精神之间的分辨，而是一种自然的相应，互为依藉和补充，在互为依藉和补充以及自然的相应中，就成就和保存了生命与理解。

2. 整体和谐与天人合一

中国人有着天、地、人、物、我之间的相互感通、整体和谐、动态圆融的观念与智慧。中华民族长期的生存体验形成了我们对于宇宙世界的独特的觉识与“观法”和特殊的信仰与信念，即打破了天道与性命之间的隔阂，打破了人与超自然、人与自然、人与他人、人与内在自我的隔膜，肯定彼此的对话、包涵、相依相待、相成相济。与这种宇宙观念相联系的是宽容、平和的心态，有弹性的、动态统一式的中庸平衡的方法论。“天人合一”体现了中国哲学精神中存有的连续和有机的整体。

中国文化重视人与自然之间，各族群、民族之间，人与人之间的和谐统一的关系。所谓“天人合一”，包含有经过区分天人、物我之后，重新肯定的人与自然的统一，强调的是顺应自然而不是片面征服、绝对占有自然。中国人在观念上形成了“和而不同”“协合万邦”“天下一家”的文化理想，既重视各民族、族群及其文化、宗教的分别性、独特性，又重视和合性、统一性。在人与人的关系问题上，善于化解与超越分别与对立，主张仁爱、和平、和为贵与协调性，有民胞物与的理想，厚德载物，兼容并包，爱好和平，从不侵略别人，反对以力服人，主张“远人不服，则修文德以来之”。

3. 自强不息与创造革新

中国文化是“尊生”、“重生”、创造日新的文化，所崇拜的“生”即创造性本身。“天行健，君子以自强不息；地势坤，君子以厚德载物。”人们效法天地的，就是这种不断进取、刚健自强的精神与包容不同的人、事物与文化、思想的胸怀。人在天地之中，深切体会了宇宙自然生机蓬勃、盎然充满、创进不息的精神，进而尽参赞化育的天职；由此产生了真善美统一的人格理想，视生命之创造历程为人生价值实现的历程。在天地宇宙精神的感召之下，人类可以创起富有日新之盛德大业，能够日新其德，日新其业，开物成务。所以《礼记·大学》引述古代经典说：“汤之《盘铭》曰：‘苟日新，日日新，又日新。’《康诰》曰：‘作新民。’《诗》曰：‘周虽旧邦，其命维新。’是故君子无所不用其极。”无论是对我们民族还是个人，我们不能不尽心竭力地创造新的，改革旧的，推陈出新，革故鼎新，这是天地万象变化日新所昭示给我们的真理。

中国文化凸显了积极有为、自强不息的精神，强调革故鼎新，创造进取，即人要向天地学习。无数的仁人志士奋发前行，不屈服恶劣的环境、势力与外来侵略者的凌辱压迫，正是这种刚健坚毅的精神使然。

4. 德性修养与内在超越

中国文化的特点特别鲜明地体现在道德文明层面，并且用道德取代了宗教的功能。儒、释、道、宋明理学四大思想资源与思想传统，最根本处是做人，是强调人的德性修养。这四大思想传统的道德精神并非只停留在社会精英层，相反通过教化，通过民间社会、宗教与文化的各种方式，如蒙学、家训、家礼、戏文、乡约、行规等，把以“仁爱”为中心的五常、四维、八德等价值渗透到老百姓的日用常行之中，成为他们日常生活的伦理。而这些伦理是具体的、有生命的，甚至其中每一个赞扬与责备都包含很高的智慧。

中国人以仁义为最高价值，崇尚君子人格，肯定“三军可夺帅也，匹夫不可夺志也”“富贵不能淫，贫贱不能移，威武不能屈”的大丈夫精神，弘扬至大至刚的正气，舍我其谁的抱负，强调人人都有内在的价值与不随波逐流的独立意志，以“知其不可而为之”的气概，守正不阿，气节凛然，甚至杀身成仁，舍生取义。

内在超越的精神是中国传统哲学在面对超越性与内在性问题时展现出来的共同精神。儒家的天道性命之学、为己之学，是“以道德理想的提升而达到超越自我和世俗的限制，以实现其超凡入圣的天人合一境界”；道家的道德论和逍遥思想，“以其精神的净化而达到超越自我与世俗的限制，以实现其绝对自由的精神境界”。内圣外王之道，同样为中国传统哲学中儒、道、释（禅宗）所共有，以此作为达到理想社会的根本办法。

5. 秩序建构与正义诉求

中国文化中不仅有理想胜境，而且有系统的现实社会的治理的智慧与制度。长期以来，中国社会秩序的建构，靠的是“礼治”。“礼治”区别于“人治”“法治”。“德治”是“礼治”的核心，但“礼治”的范围比“德治”更广。

在“礼”这种伦理秩序中，亦包含了一定的人道精神、道德价值。荀子推崇“礼”为“道德之极”“治辨之极”“人道之极”，因为“礼”的目的是使贵者受敬，老者受孝，长者受悌，幼者得到慈爱，贱者得到恩惠。在贵贱有等的礼制秩序中，含有敬、孝、悌、慈、惠诸德，以及弱者、弱小势力的保护问题。礼乐文化不仅促进社会秩序化，而且有“谐万民”的目的，即促进社会的和谐化并提升百姓的文明水准。

一个稳定和谐的人间秩序总是要用一定的礼仪规范来调节的，包括一定的等级秩序、礼文仪节。礼包含着法，礼既是道德规范，又是法律制度。儒家主张“明德慎罚”“德主刑辅”“一断于法”“赏当其功，刑当其罪”“执法必信，司法必平”等公平原则。儒家总体上肯定德本刑用，省刑慎罚，反对不教而诛。

中国人重视教育，强调教育公平，即“有教无类”，这为达到“政治公平”起到一定的作用。中国社会等级间的流动较快，这是文官政治的基础。儒家强调知识分子在社会政治中的指导作用，甚至提出士大夫与皇帝共治天下的主张。儒家有其言责，批判与主动建言，为广开言路而抗争。传统民本主义主张：“民为邦本，本固邦宁”“天视自我民视，天听自我民听”“民之所欲，天必从之”“人无于水监，当于民监”“民为贵，社稷次之，君为轻”。民本主义肯定人民是主体；人君之居位，必须得到人民的同意；保民、养民、教民是人君的最大职务。

6. 具体理性与象数思维

中国的理性是具体的理性。《论语》中孔子就是对某个具体的人物、具体的情况做出评判，这一点就与我们现代的学术讨论习惯大不相同。西方理性主义的主要特征是人有抽象和演绎的理性能力。中国哲学所展示的具体理性，无论是在认识实践的层面，还是在伦理政治甚至本体论的层面，始终不与经验相离。中国古代不缺乏抽象思维，有明确的概念、范畴。古代辩证思维发达，这属于理论思维，包含了抽象过程。中国思维有两大特征，一是整体观，二是阴阳观。前者从整体上把握世界或对象的全体及内在诸因素的联系性、系统性；后者重视事物内在矛盾中阴阳、一两关系的对立与平衡。

相对于西方用理性思辨的方式来考察、探究形而上学的对象，中国哲人重视的则是对存在的体验，是生命的意义与人生的价值，着力于理想境界的追求与实践功夫的达成。中国哲学的实践性很强，不停留于“概念王国”。这不是说中国哲学没有“概念”“逻辑”“理性”，恰恰相反，中国哲学有自身的系统，中国哲学的“道”“仁”等一系列的概念、范畴，需要在自身的系统中加以理解。中国哲学有关“天道”“地道”“人道”的秩序中，含有自身内在的逻辑、理性，乃至道德的、美学的、生态学的含义。其本体论、宇宙论及人道、人性、人格的论说无比丰富，而这些都需要在自身的语言、文化、思想系统和具体的语境中加以解读。

7. 知行合一与简易精神

我国有经世致用精神，强调知行合一，践形尽性，经国济民，兼重文事武备，明理达用，反对空谈高调。在朱熹、王阳明和王夫之的知行统合观中，他们各自强调的侧面或有所不同，但把价值理想现实化并实践出来，而且从自我修养做起，落实在自己的行为上，完全出自于一种自觉、自愿、自由、自律，这是颇值得称道的。

孔子、老子、《周易》、禅宗、宋明儒等都主张一种“简易”精神，强调大道至简。孔子讲“居敬而行简，以临其民”。《周易》哲学肯定“乾以易知，坤以简能；易则易知，简则易从”，善于在“变易”中把握“不易”的“简易”原则。中国文化强调要言不繁，以简御繁，便于实行。

儒家并不脱离生活世界、日用伦常，相反，恰恰在庸常的俗世生活中追寻精神的超越。外王事功，社会政事，科技发展，恰恰是人之精神生命的开展。因此，中国文化精神可以与现代文明相配合，弥补宗教、科技及现代性的偏弊，与自然相和谐，因而求得人文与宗教、与科技、与自然，调适上遂地健康发展。

博物馆就是要在传播民族文化、民族精神中起到重要作用。不要再把博物馆当作旅游的打卡地，休闲的好去处，娱乐的新殿堂。而是要重拾博物馆的使命与宗旨，把博物馆作为民族的祠堂，国家精神的圣殿。

而对于博物馆展览的形式设计，我以为应该是这样的。

无论采取实物展陈、图片展陈、虚拟展陈、图文并茂展陈、半实物展陈、主题展陈，还是表演展陈，在目前博物馆多采用透过客观去认识客观的方法来展示文物和认识历史，这是一种被动认识世界的展示方法。也就是说我们认识客观世界，一定是借助于工具或者其他物质手段的，而这种工具或者物质一定就具备逻辑特性。这种认识世界的手段叫逻辑。这是“人类”认识世界，认识宇宙，认识万物的根本尺度工具。这也是现代科学得以建立和发展的根本原因。因为逻辑，科学就产生了两个概念，第一个是时间，第二个是空间。时间具有前后秩序，空间具有方向和距离。而这一切都是逻辑的表现，所有物质才能体现出来的体积、颜色、状态、密度等都是逻辑显现。这也是西方社会认识世界的主要手段。

我以为在中国的博物馆展览中应该多采用第二种认识世界的手段，它是通过主观去认识主观或者客观。这是一种主动认识世界的方法，对于中国文化的体验和传播具有重大意义。这叫“觉”，包括感觉、知觉、直觉、信念、信仰等。这是所有生物认识世界、认识宇宙的一种本能——非逻辑方式。比如说植物，它们的生存方式就是一种“觉”。这种没有逻辑理念的认知方法就是一种智慧。我们对主观世界认识的基本工具是“觉”。这是一种与逻辑毫不相关的另一种方法论。比如我们的信仰可能没有任何逻辑，没有任何理由，完全就在于你的信念和直觉。

那到底什么是“觉”呢？现代世界受到西方社会文化的侵蚀，物质世界的逻辑秩序正在逐渐渗透进我们的感官世界中，促使人类的感官逐渐变得具有明显的逻辑化趋势。这是人体对物质世界的适应性需求。我个人认为逻辑和“觉”有一个明显的区别，逻辑是单向的线性运动，也叫因果律，因一定是在果的前面。所以时间只有一个方向，所以我们永远无法跨越时空之门。这个答案在线性逻辑的世界里是成立的，而在非线性逻辑的世界里是不成立的。宇宙的基本原理不是逻辑的。这种非逻辑化认知世界的方法就是中国文化智慧对人类世界的重大贡献。比如说中医和西医的一个本质区别就在于逻辑与非逻辑关系。

在西方逻辑认知的入侵下，在中国文化处于弱势的情形下，我们的博物馆又在目前大学承担赶超西方科学的当下，更应该承担起传承、传播中国文化根脉的任务来，无论是在内容上还是形式上，都应该积极体现中国文化智慧的特点，为人类真正的幸福体现责任与担当。

从以上阐述来看，博物馆的智慧化建设是博物馆传播中国文化的护航工具。智慧博物馆建设要以为实体博物馆服务之精神不断进取，为博物馆的使命和宗旨服务，为民族复兴、国家昌盛用心尽力。

博物馆新媒体去中心化趋势与边缘问题思考

（2023）

百度对新媒体定义是：新媒体是利用数字技术，通过计算机网络、无线通信网、卫星等渠道，以及电脑、手机、数字电视机等终端，向用户提供信息和服务的传播形态。从空间上来看，“新媒体”特指当下与“传统媒体”相对应的，以数字压缩和无线网络技术为支撑，利用其大容量、实时性和交互性，可以跨越地理界线最终得以实现全球化的媒体。

新媒体技术不断扩展其传播能力，以及与大众的传播模式。互联网已经从 Web1.0 发展到 Web2.0，并将进入 Web3.0 时代。移动互联网也从 4G 走向 5G 时代，物联网、三网融合、云计算等已逐步进入我们的生活。新媒体技术让博物馆传统文化也获得了新生。

Web3.0，也称 Web3，一言以蔽之，它使互联网更具时代性，也称未来互联网。人们对于 Web3.0 的构架设计，是一个相对去中心化的 IT 架构、分布式技术所支持的访问模式，以业务数据价值回归为前提的自动化、智能化的全新互联网世界。我们的每一个互动都应该被记录并且量化，并且更多地参与到数据价值链当中去。这需要包括区块链、人工智能和加密算法在内的多项技术的共同探索。

博物馆在引入新媒体的过程中，做了很多实践工作，值得肯定。

以故宫博物院来看，在 IP 营销、微博营销、微信营销、APP 营销、借势营销、跨界营销、饥饿营销、公关营销这八大类型中，至少微博营销、微信营销、APP 营销、借势营销、跨界营销、公关营销这六大类型中间似乎都体现出某种浓浓的相似性的味道来。

陕西历史博物馆等其他“8+3”博物馆在新媒体的运营中，也都有类似的特色，这是一种什么力量，或者是一种什么东西的体现呢？

博物馆作为重要的公共文化研究和传播机构，通过实体博物馆的展览促使博物馆展示自己的功能和价值，把公众和社会需求摆在重要位置，为公众提供优质文化和服务，充分发挥其社会功能和弥足珍贵的文化传承功能。博物馆的业务主要体现在搜集、展览、典藏、修护四大功能。展览是博物馆的主体策划的产物，体现着民族文化和国家意愿的正能量内容，是一个主体的正统思想体现。原本博物馆的精神输出，大约有这么几个渠道，实体展览、图书出版和互联网 Web2.0 时代下的“一言堂”输出。是一种“我教，你学”的状态。而对于新媒体发展到今天的 Web3.0 时代，就出现了一个值得我们探讨的问题来。

新媒体是处于不断发展中的媒体，新媒体的“新”注定其要不断迭代。新媒体与传统媒体相比有明确的特点和属性，新媒体体现出去中心化、移动化、全民化、融媒体化和矩阵化五大发展特点。其中的去中心化是我们博物馆最值得讨论的问题。为什么？

原来，博物馆为制作主体、依托本馆馆藏文物及历史文化背景，最多联合行业内博物馆和其他行业的展示和宣传资源，面向公众进行文化传播，成为博物馆被更多观众了解、熟知的百年老模式。而新媒体矩阵的出现，也就是区块链技术的应用，去中心化是其主要特点。以前博物馆只运营一个网站渠道与观众信息交流和沟通，现在已经不能满足现状了。互联网技术进入 Web3.0 时代，去中心化是新媒体营销之必然。自媒体的传播、自我创造出不同原有文化信息的“自创”认知成为趋势。

从博物馆新媒体营销和博物馆传统文化传播的发展趋势来看，会体现以下特点。

首先，以博物馆制作为主体、依托本馆馆藏文物及历史文化背景，联合行业内博物馆和其他行业，用新媒体矩阵这个工具，面向公众进行文化传播的方式逐渐成为进行文化推广、历史知识普及的新模式，成为博物馆被更多观众了解、熟知的有益尝试。

其次，依托各馆现有的新媒体矩阵进行宣传推广，可以传播渠道丰富，特别是面向青少年、历史文化爱好者、账号关注者等受众进行广泛传播的同时，可以实现新时代下对新受众的对位教育作用。

再次，新媒体矩阵上线后，按照固定频率进行更新，通过转发、评论、点赞、与观众互动交流等数字化营销手段的利用，推广文化传播中的思想和传统历史文化内容，达到全社会的社会教育、文化传承的最终目的。

在新媒体和传统文化传播的相互作用下，不只是依靠博物馆自身力量，更多的是借助更广泛的社会力量——新闻媒体进行数字化营销，将优质内容进行更广泛推广和新媒体范畴内的不断发酵，在有了更多样的传播渠道和去中心化的趋势下，博物馆传统文化传播可以借助互联网 Web3.0 的优势发酵出去，使得博物馆的民族文化得以广泛传播与世界认可。

此后，来自整个社会的方方面面的人士，都会以自己的视角和世界观参与到博物馆的文化“讨论”中。这些人士来自各行各业，具有不同的文化背景。文化界、艺术界、科学界、哲学界、政治经济界以及宗教界等，都会通过新媒体去中心化带来的便利进行“文化大辩论”。

文化界，牵扯到中国文化和外国文化。例如中国文化的起源问题，中国文化的人文情怀，文字是文化宝库的门户，诗文化的贡献，儒家的历史脉络，道家的学问与渊源，佛学与中国文化的融通，易学的统领，四书五经的精神，家的社会基础等。外国文化的希腊时期到当今欧美文化的变迁，它的人文科学的精神贡献，由宗教及哲学文化思脉，哲学与科学的相互递嬗，科学的进步带来人文文化的颓废，武力与武器的侵略野心，经济与财富的欺凌弱小等，都将进入博物馆文化传播的“辩论”范畴。

宗教界，西方的犹太教、基督教和伊斯兰教均崇拜宇宙唯一的救世主。整个西方社会的历史就是在宗教影响下的历史。基督教对西方的影响超过中国的“神、佛、道、儒”对中国的影响。中国的宗教已经从主导中国皇帝以及朝政的主流意识形态，下降为一种民间的、潜意识的、传统文化遗留的一种形态。而在西方，基督教仍在不断影响着西方的政治、经济、军事、文化、科技、法律等几乎所有领域。这些也都将进入以博物馆文化传播的“辩论”范畴。

政治经济界，古代中国《大禹谟》的“正德、利用、厚生、惟和”，传民百代的“风调雨顺”“国泰民安”“安居乐业”是古时的政治大原则。司马迁的《货币列传》与《平淮书》，以及班固的《食货志》是中国经济的初稿。今日之中国的社会主义价值观的政治理想，实现中华民族伟大复兴的中国梦等也都将进入博物馆文化传播的“辩论”范畴。

而今天我们要着重谈起的是哲学与科学为理念，在新媒体传播时代的出现与思考。对于以上的形而上还是形而下的问题，都是在人类理性、经验统一认知内的范畴。由于新媒体的去中心化，使得“人们”从各自的认知谈论历史，辨别真伪，发表个人见解，无形中就会出现哲学的边缘问题。

什么是边缘问题？北大已故教授张祥龙这么定义：它出现在面对“不可测”的边缘形势中，当我们穷尽了现有的手段，比如技术化的、常规科学的、感官常识的、概念推衍的认知手段之后，这个问题还是没有得到真正解决，但是它又好像可以被解决，而且在深入的追求中，的确可能得到时机化的解决。

由于博物馆的新媒体带有意识形态上的形而上的东西，就是在社会主义理论体系下，唯物主义世界观和科学推演理论指导下，在某些特殊情况下，往往也不会有一个明确的结果，使得大众不可能有统一认知与认可。是哪些原因造成这种问题呢？

比如“一个注定要以死亡结束的人生还有什么意义吗？”“国家的存亡是什么？”“民族复兴的实现是怎样一个实现？”“庄生晓梦迷蝴蝶是梦境还是现实？”等这样的问题，都是边缘问题，因为它不会像常规的数学、科学问题那样被解决，但是，我们都必须直接面对这个问题。

我们今天谈的是行而上的问题，与感官世界无关。在当今，我们受西方文化的影响，多是用理性和逻辑来判断和理解世界。当然，中国和西方共同使用的归纳法依然在用。撇开中国人常用、常熟的归纳法不谈，主要谈谈西方的理性和逻辑推演，比如

“二值逻辑（是或非是）”“实体 / 属性说”“形式 / 质料说”“因 / 果说”“形式推演”“功利计算”“真理符合论”“真理一致论”等的“定域性”思想由我们的常识做“基础”，是极为容易认知和接受的，但对于“定域性”之外的认知思想，我们能接受吗?

说到“定域性”，我们就从“定域性”和“非定域性”来入手，以科学为基础，引入到哲学的边缘问题，以及边缘问题在博物馆新媒体去中心化下对博物馆传统文化及文化推演所起的作用。

在爱因斯坦看来，科学乃至人类理性的底线是“定域性”，绝对不可违背。那什么是“定域性”呢? 一般说来，“定域”指某个确定的地方，所以“定域性”是指这样一种思想倾向，即认为无论什么东西，都有个可对象化的来头或因果出身，不是突然从虚空中蹦出来的。

自从海森堡提出了关于量子自身态的不可确定性原理，玻尔等人则提出哥本哈根解释。在量子世界中，原子核处于一种“叠加态”，比如“薛定谔量子态的猫”，或是死或是活的现象是否现实，是否存在“纠缠”，就是一种非定域性的量子行为。

实际上，“非定域性”才是我们这个世界的原有特征。“非定域性”则意味着可以超定域地相关联，而表现为一种顽强的不可充分确定的原本状态。人们就是以更大的宽度、高度和广度去认知“非定域性”，也不可能把它作为是“定域性”的特殊情况来看待。

超定域现象很新奇，它绝不是反理性的“幽灵”，其关联性和真随机性具有一定的“科学性”，亦不是玄学或是神学，而是在科学基础上的猜测、预见，同时，它也不是一个常规科学的问题。回到量子力学的概念上来，对于量子是定域还是非定域性的这个问题，就成了一个边缘问题了。

回到我们的思路，可以大致这么说：量子行为的非定域性，可以看作是我们要表达的边缘性的一个例子。量子纠缠超出了链式因果关系，不符合我们今天的逻辑认知，但它又是微观物理的真实状况，包含着消抹不掉的随机性和纠缠性。

在中国，“道”是一种玄学，还是一种神学，或是一种信仰，但这都不重要，重要的是对它是否“接纳”。它很有可能是一种幽灵般的量子纠缠。说到底，只有当科学与哲学相融合了，我们才可能对哲学的边缘问题采取接受的态度。

从以上对于“定域性”的发展来看，我们现有的“定域性”认知，都是在牛顿经典力学和爱因斯坦相对论的基础上，由经验或者逻辑推理进行认知的。而对于以量子力学为基础的“非经验、非逻辑”的认知，我们就不能一下子接受。一是过去未曾接触，二是对量子力学的量子纠缠支撑认知的不可信。

对于新媒体 Web3.0 技术去中心化在博物馆的应用，我们必须接受，也必然会接受。因为我们一同走过了 Web1.0 和 Web2.0 时代，无论是技术的沿用还是时代的要求，这都是躲不过的。对于“定域性”一路走来的认知世界的方法，为我们认知世界、认知生活起到了引领作用，是逻辑的力量，也是理性的作用，更是哲学的探索。实际上我们一直在用哲学方法更好的认知世界，无论是从古希腊哲学，一直延续到现代的西方哲学，以及以它们为研究范式的哲学，还是东方智慧的中国哲学和印度哲学，甚至包括一切其他民族的精神智慧，都给我们带来终极智慧的学问。看得出，无论哲学的多元化、广义化和多范式化，为我们认知世界、民族智慧融合都起到了关键的作用。

从哲学的多元化来看，我们勿用排他。哪种哲学思想都会为我们认识世界带来智慧和求真精神。比如说，中国的留学生在世界级的知识竞赛和考试能力方面往往独占鳌头，但为什么在成年后的诺贝尔科学奖上往往排序无名，那不仅是教育体制问题，实际更重要的是哲学认知问题。我们中国的哲学认知是分科明细，界定分明，搞数学的往往不“插手”哲学，搞物理的也往往与艺术相隔离。这样造成在各自的研究方面进展飞速，成效显著，但同时，视野也被限制了。在关键时刻最有可能突破的当下，未能感触到问题和认知的边缘，未有奇思妙想，也难出现伟大的科学家。原因很简单，长期在一种框架下，过于习惯其规范，难以产生边缘想象。还有，我们中国人的传统认知在对待外国人的“异想天开”方面，也同样具有框架概念。比如，马斯克提出的人类进入其他星球生活的想象，完全不在中国人的认知框架内。我们会认为那是离经叛道，不尊道。但这往往是符合哲学的范畴所为，是边缘问题向理性科学论证路上的必由之路。哲学就是对边缘问题做合理探讨的思考和学问。

在新媒体去中心化的时代，在不只是博物馆主体“发声”的大背景下，我们要努力接受这种还在边缘问题附近游荡的观点和思想，把我们在新媒体去中心化的博物馆展览、科研、管理和文物研究方面的问题，以跨越“定域性”思维向“非定域性”思维去过渡，接受一切现阶段带有不完全科技支撑、没有相关逻辑理性的边缘化思维，丰富我们的认知方法，以西方人对于“异想天开”的精神指导下的“丰功伟绩”，借鉴他人之哲学思辨，为中国哲学做探索，更为我国博物馆事业在互联网时代的精神开拓做引领。

总结一下，本文以博物馆经历了互联网 Web1.0 到 Web2.0 的应用，在博物馆事业的发展中起到了顺应时代，丰富服务大众的积极作用为起点，通过如今迎来的 Web3.0 时代，顺应过往，适用今天，充分发挥好新媒体去中心化的作用（因为这是时代对我们博物馆人的新要求，也是博物馆服务大众，大众推进博物馆发展，为民族复兴探索认知的时机与契机）。

又通过在新媒体去中心化时代，不再是博物馆施教，大众跟学的年代的阐述。比如，要从博物馆小众专家研究文物、探索历史、开拓思绪的原有局面，推进大众都来参与探索、研究、传播中国文化的新角色。更成为认知世界，传播、探索东方哲学的排头兵，引出各个行业、各个专业、不同视角、不同认知的人群，传播更为新颖，更为边缘的认知。在原有“定域性”思维体系的范畴里，碰发出“非定域性”认知的确认与接纳问题。得出我们的观点：勇于接纳，善于借鉴，积极传播，不仅在媒体去中心化的过程中为博物馆文化传播贡献力量，更重要的是为我们民族和人类的科学认知，非逻辑认知，来丰富和发扬哲学对边缘问题的思索和贡献的一系列论述，来确定我们的认知真切性和正确性。

我想对于边缘问题的接纳，会逐渐回答类似以下这些哲学和精神问题：

“一个注定要以死亡结束的人生还有什么意义吗？”

“国家的存亡是什么？”

“民族复兴的实现是怎样一个实现？”

“庄生晓梦迷蝴蝶是梦境还是现实？”等这样的问题。

让我们处在思考中吧……

后　　记

数字基础　智慧引航——32 年来工作情况梳理

（2023）

信息网络的快速发展将人们带入了数字化时代，也为博物馆发展带来新的机遇。如何利用现代信息技术，把实体博物馆的职能以数字化方式表现出来，正成为当今文博工作者探索实践的主题。

1991 年，陕西历史博物馆正式对外开放，建设初期就定位为我国第一个现代化博物馆。在建设初期的 1991—1995 年的几年中，投入了大量资金和人力用于信息化建设。单机版的文物数字图像系统，基于 DOS 版的图书管理系统、藏品检索管理系统、人事管理系统、财务管理系统等，这些系统源于当时的技术和设备均为单机版系统，没有网络化，信息资源未能互通共享，没有给以后的信息化建设留下再利用的信息“资源”。但这些系统的建成与应用为以后的信息化建设在技术上和人们的认识上起着极为重要的作用。

1996 年后，在原有信息化建设的基础上，对图书系统进行了改进，由原来的 dBase 数据库环境升级为 SQL Server 数据库系统，同时实现了网络互联。

1997 年，独立开发出陕西历史博物馆多媒体导览系统，同时对原有大屏幕电子导览系统进行了改造。

1998 年，建立起陕西历史博物馆网站，12 年来经过 5 次改版，发挥着与观众和其他兄弟博物馆沟通和交流的作用。

2000 年，开通了我馆的互联网，让我馆在网上与外界有了交流的途径。

我们在 2001 年开馆 10 周年的时候，对人事管理、财务管理系统逐渐实现了独立体系的网络化管理。同时建立起了藏品的网络版管理系统，但由于种种原因，该系统没有正式投入使用，直到 2007 年配合国家文物局开展文物数据库调查项目后，建立起了与全省互联的我馆的藏品管理系统。

从这个发展过程可以看出，我馆的信息化建设起步早，涉及面广，是真正意义上的全国第一个信息化建设博物馆。同时也可以看出我馆的信息化建设在 2001 年就有了建设雏形，发挥着积极的作用，但也从另一个方面反映出，由于我馆一直实行自收自支的财务政策，在信息化建设方面投入的资金较少，每次的项目建设都是相互孤立的，并没有能够相互共享的信息，这一直是我馆信息化建设的瓶颈。从2008年我们免费对外开放后，项目资金有了保障，2009年我们又成立了真正意义上的信息中心，同时又遇到“十二五”规划的大好时机，我们有理由也有信心，通过3年打基础、5年上台阶，使我馆的信息化建设再次走向全国博物馆的前列。

2006年，陕西启动了“文物调查及数据库管理系统建设项目”，经过数年的不懈努力，完成了全省百万件馆藏文物数字化建设工作，实体文物变成了虚拟数据，为全省百万件馆藏在社会公众面前展示创造了条件。在此文物数据库基础上，2012年8月28日，陕西重点文化惠民工程——陕西数字博物馆（www.0110m.com）应运而生，它的正式开馆标志着陕西博物馆事业正式进入全民数字时代，亦标志着陕西文博事业驶入浩瀚网络新时代。陕西数字博物馆主要栏目有虚拟现实馆、数字专题展、临展与交流展、精品文物鉴赏、讲坛与讲解等，同时还设立博物馆新闻、交流与论坛、数字文库、博物馆大全等信息服务。网民通过键盘和鼠标操作即可感受网上展馆带来的多维互动的创新接触体验。目前，累计参观人数已达百万人次。

2013年12月12日，陕西数字博物馆移动网络版正式向公众推出，让陕西文博在移动互联领域又有了新的探索，给传统的博物馆添加了无限的生机与活力，让世界用新兴手段更加了解陕西的历史文明和灿烂辉煌，这是一个随身携带的博物馆。

2014年，陕西数字博物馆口袋版推出，作为一个集多种先进技术于一身，将传统纸质媒介与现代网络媒介创新结合的综合体，实现了把历史装进口袋，把博物馆带回家，让文物活起来的愿望。目前口袋版图书已出版涵盖陕西历史博物馆、秦始皇帝陵博物院、西安碑林博物馆等25家博物馆。

2015年，陕西文创产品电子商务平台上线。该平台是集陕西全省博物馆文创资源开发的网上交易系统，消费者在网上购物、在网上支付。这是全国第一个省级区域电子交易平台，是推进陕西博物馆文创产品走向世界的新文化通道。

2016年2月，陕西数字博物馆实体体验馆建成并向公众开放。在五大展示区，观众通过手机和系统进行互动，体验触屏、查询、留言等多种操作，同时还可以阅读全省博物馆出版的纸质图书。

2017年，陕西文物之声网络电台的上线发布让公众足不出户便可聆听和观看来自陕西省各家博物馆的“最新展览”“文物故事”“基层动态”和“文博新闻”，让文物蕴含的价值划破时空的介质融入人们生活。

2018年5月，陕西数字博物馆移动馆自启动以来，已在省内多个博物馆展出，大屏投影互动展示、文博VR体验、文物之声网络电台录音区等多个展示区极大地丰富了公众的参观体验。

2019年，我馆新改版的OA系统和数字资产管理系统正式投入应用。OA系统在原有基础上添加了办公流程管理，实现了网上流程提交、网上流程审批、流程实时跟踪、流程信息归档等功能。结合馆内实际，本次 OA 系统共涉及十大流程管理（请购申请、合同申请、费用报销、出差申请、考勤异常、公务接待、公务用车、照相摄像、发文申请、数字资产申请）。

数字资产管理主要解决馆内数字资产的集中管理。针对馆内类型丰富、数量庞大的各种资源数据进行上传、编目、入库、发布、利用、检索和统计，统一、规范地对馆内数字资源进行管理，保障资源安全，同时提升数字资源管理效率和共享水平。

同时，办公流程管理系统的上线使用，弥补了我馆在信息化留痕管理方面的缺陷，落实了省文化厅纪检组的工作要求。

在 2019 年国际博物馆日到来之际，推出又一重点项目——讲读博物馆 APP。它是博物馆与观众进行互联、互动、互促的智慧博物馆建设思路的又一全新探索。它的上线标志着全国首家省域博物馆讲解全面进入互联新时代。

首期上线的全省十市百家博物馆语音讲解导览服务平台，形式包括现场语音讲解、VR 视频讲解、三维文物展示、展馆虚拟漫游等。公众通过手机在展厅聆听文物讲解，还可以在线收听文物之声，浏览最新展览内容，探究文物背后的故事，详尽了解陕西文化，轻松将博物馆带回家。

陕西省博物馆讲读平台的上线，不仅改善观众的参观体验，更为重要的是，省文物局数据中心可根据后台下载量、展厅文物关注度等大数据，了解观众需求，为省局决策提供依据，为全省博物馆的服务、教育、研究、展览等方面做出更好的决策，传播陕西文明，服务于社会。

未来，该平台将持续整合全省文博信息，通过门户网站、手机 APP、公众号等新媒体矩阵的数据整合和数据分析，将智慧博物馆由理论推向实践。陕西省文物局将不断思考并积极践行互联网思维方向、利用大数据发挥博物馆文化中枢的作用，继承好文化遗产，讲述好陕西历史，弘扬中华文明！

2020 年，陕西省文物管理信息上报分析系统启用，是将全省各地市文物管理部门和博物馆（预计 316 个操作点）通过网上注册用户，上报馆藏藏品、科研产出、陈列展览、宣传教育、文物修复、政务管理、对外交流、社会反馈等数据，对业务数据（全省文物普查藏品、展览、科研、保护、宣教、信息）、管理数据（开发全省各博物馆 OA 系统的数据进行自动读取）、观众数据（全省票务预约系统和全省电子讲解系统的下载数据、陕西数字博物馆观众数据、陕西文物网络电台数据等）、政府数据（陕西省文物局网站、行业外政府数据）进行分类分析，并对数据进行可视化展示。再对以上几方面的数据进行模型处理，形成数据决策挖掘，初步形成全国第一个智慧博物馆雏形。

总体内容有四点：① 全省博物馆数据上报系统（全国第一个省级业务数据上报平台）；② 数据分类分析（省域全数据分析）；③ 数据可视化展示（数据转图）；④ 博物

馆智慧化模型研究和决策系统应用（全国第一个省级全域智慧博物馆系统）。

通过本项目建设，提高文物管理部门和全省各地博物馆信息集约化共享程度、整合各类资源、提升整体工作水平；通过对文物信息采集分析展示流程的梳理，为文物管理提供信息支持、提高业务协作和数据整合的效率。最终希望建立一个具有高度效能、前瞻性、先进性、可扩展性和易于集成的综合性文物信息管理平台。

陕西省文物管理信息上报分析系统采用分层和解耦方式开发，完全组件化，高内聚、低耦合，实现高度的灵活性和扩展性，各模块根据实际工作需求定制增删组合。系统包含组织模型及权限管理、数据人工上报和自动获取管理、内容表单管理、数据分析管理和结果展示管理等内容。

多年来，随着“文物调查及数据库管理系统建设项目”和全国第一次可移动文物普查工作的实施，推进了文物数字化进程。后来推出了全省电子讲解系统、全省 OA 和数字资产管理系统，完善观众信息和博物馆内部管理信息化建设步伐。在此数字化建设的基础上，陕西博物馆数字化建设又迈向一个新的高度，这必将成为博物馆智慧发展的基石，为未来陕西博物馆智慧化建设保驾护航。

信息网络的快速发展将人们带入了数字化时代，也为博物馆发展带来了新的机遇。如何利用现代信息技术，把实体博物馆的职能以数字化方式表现出来，随着博物馆信息化和智慧化的不断深入，必将成为今后文博工作者探索实践的主题。

亦希望这部《未来以来——智慧博物馆文集》能为博物馆的智慧化发展和推进有所帮助和启迪。